中国数字人文发展报告

（第一辑）

中国人民大学数字人文研究院

主编　冯惠玲

副主编　夏翠娟　梁继红

中华书局

图书在版编目（CIP）数据

中国数字人文发展报告.第一辑/冯惠玲主编;夏翠娟,梁继红
副主编. —北京:中华书局,2024.12.(2025.1重印)
ISBN 978-7-101-16893-8

Ⅰ.C39

中国国家版本馆CIP数据核字第2024FW1253号

书　　　名	中国数字人文发展报告(第一辑)	
主　　　编	冯惠玲	
副 主 编	夏翠娟　梁继红	
责任编辑	李　佳	
文字编辑	马敬亚	
封面设计	毛　淳	
责任印制	管　斌	
出版发行	中华书局	
	(北京市丰台区太平桥西里38号　100073)	
	http://www.zhbc.com.cn	
	E-mail:zhbc@zhbc.com.cn	
印　　　刷	三河市中晟雅豪印务有限公司	
版　　　次	2024年12月第1版	
	2025年 1 月第2次印刷	
规　　　格	开本/710×1000毫米　1/16	
	印张32　插页2　字数480千字	
国际书号	ISBN 978-7-101-16893-8	
定　　　价	92.00元	

目　录

第三部分　比较研究视野下的国外数字人文发展前沿

第四部分　中国数字人文年度专题聚焦

附录

序言

见证、相遇与发现

在草长莺飞的季节，第一部《中国数字人文发展报告》从47位作者手中脱稿了，为数字人文的这个春天平添几分烂漫。数字人文的生长力令人惊叹，1999年末的一次国际研讨会上，一群人文计算学者感觉距离可称为"数字人文"的领域似乎还有千年之遥，然而年历轻翻几页，数字人文在世界范围已成气候。2004年《数字人文指南》的出版是"数字人文"凝聚概念共识并广为传播的标志性事件，20年后的今天，全球数字人文的风光让人目不暇接，学术共同体、科学研究成果、教育和实践项目花开遍地，精彩纷呈。

撰写《中国数字人文发展报告》的初衷是见证中国数字人文起步阶段的不凡旅程。确定本书意图时已是2023下半年，倡议一出，作者们即刻热情呼应，放下手头繁杂的工作迅速落笔，大约都带有一种回望来路、展望前程的心情。这些作者中不少是中国第一代数字人文学者，怀揣数字时代的学术理想，蹚过人迹罕至的路，艰难而执着地破土耕种。数字人文在中国不过十几年光景，真正落地有影响还不到十年，眼见它从无到有，从窄而阔，从浅至深，这片园地逐渐草木繁茂，竹笋拔节，果坠枝头，身在其中的人多有欣喜、感怀和体悟，希望把这一段过程记录下来，留给数字人文的未来和同路人。

见证以真实性或存在性为证。这部报告的作者们花费很大精力梳理我国数字人文各领域现状，用大量事实和数据描绘数字人文发展的真实图景。全书分为四部十八章，第一部分鸟瞰我国数字人文整体样貌，包括发展环境、理论脉络和方法体系、实践探索、研究机构、教育以及学术成果与学术交流；第二部分是相关学科和业界发展分梳，选择了语言文字学、文学、史学、历史地理学、艺术学等人文学科，以及图书馆、档案馆、博物馆、数字记忆与数字重建、技术与产业界发展等专题；第三部分概要介绍国外数字人文发展前沿，为中国同仁打开眺望世界之窗；第四部分是年度专题，本辑选择了AI技术应用。读者从这本报告中可以获知很多精心采集、整理、辨析的现状信息，例如关于数字人文的技术和政策环境，作者阅读了近3年发表的745篇相关论文，确定57个政策文本作为分析样本，得出了有依据有说服力的认识和结论；关于数字人文研究机构，作者做了大口径调查，94个机构进入统计范围；关于学术论文，作者以2,720篇文献作为分析对象，以3年为1个时间单位切片形成11个聚类，各专门领域也对研究成果做了统计分析或综述；关于海外概况，作者爬梳了10家联盟式研究机构，100家高校研究机构，19种学术期刊，以及遍及五大洲数十个国家140多所大学的教育项目。各部分陈述的发展历程，列举的典型案例，分析的特色与问题等，为我们看清目前中国数字人文概貌与情势提供了宏观轮廓和细微事实，称得上是对这段数字人文发展历史的回顾式见证。

撰写《中国数字人文发展报告》和数字人文发展历程一样有许多美好而特殊的相遇。相逢何必曾相识，来自18个单位不同学科的47位作者在本报告中相遇，使当下中国数字人文"大帐篷"中的丰富图景得以宽幅立体呈现。在传统的职业分工和学科分野中，这些作者中的多数可能终身都不产生交集，而数字人文将一大批不同学科、不同背景、不同专长的探索者汇聚于此，因相同的理念和追求投入这一火热的领域中。本报告对我国数字人文研究机构人员构成状况的初步统计表明，其至少来自12个学科门类的58个专业，远超一般意义的跨学科，此外，还有多类型技术服务公司、文化遗产保护机构、文化创意产业、出版社等加入进来，相互之间的多元连接融合很难用简单的交叉线描绘清楚。

很多章节的研究显示，多路主体的相遇与不同学科知识和技术方法的介入应用相生相伴。在数字人文的"大帐篷"下，不同分支领域支起了一顶顶"小帐篷"，汇拢了多学科知识和方法，比如，语言文字学遇见了计算机科学、信息科学、社会学、心理学、新闻传播等学科的知识方法，文学遇见了文化计算，艺术学遇见了定量分析和生成艺术，历史地理触发的人文社会科学空间转向遇见并应用于历史学、哲学、文学、社会学、人类学、建筑学等诸多领域，图档博学科的数字人文研究与实践、数字人文教育等都是多学科知识、多学科力量的相遇汇合。这些遇见、交叉与碰撞不仅发生在不同学科、不同领域之间，还发生在研究者个体知识结构上，很多从事数字人文研究和实践的人自觉出圈，补充吸收多学科知识和方法，在数字人文中遇见新的自己和新的可能。

　　撰写《中国数字人文发展报告》的过程是一段发现之旅，揭示了许多隐藏在现象深处的问题和规律。几乎每一章都从归纳出发，把纷繁的事实条理化并形成从特殊到一般的推断，让读者从时间线或结构面上看清基本情况和内在逻辑。比如将目前数字人文政策的核心指向归纳为文化传承与弘扬、基础设施建设以及公共服务三个方面，将数字人文常用技术归纳为由6大类组成的结构化应用体系框架表；从8个学科视角讨论数字人文概念子集的内涵及演变，提炼了数字人文方法论的特点和原则；将数字人文实践成果划分为基础设施、中间成果和工具成果三大类等。各分支学科也对本领域情况做了清晰化描述；如语言文字学篇归纳了数字人文视阈下的六个主要领域，文学篇拎出一条从早期的文献数字化、数据库检索、文献计量和文体测量，到现如今文学计算批评的发展脉络等，给读者提供了一条条便于理解和思考的线索。

　　数字与人文结缘的本质追求是收获前数字时代难以形成的视角，难以发现的问题和难以生成的知识及表达。本报告作者用数字人文理念和方法做数字人文报告，以开放包容和批判思维，广泛应用文本分析、时空分析、社会网络分析、数据可视化等方法，加上各自的专业背景，对我国数字人文各领域现状、问题和前景的分析很有见地和意味，不少显性和潜在议题颇有几分穿透力，引人深思深究。比如数字人文如何超越"工具角色"，使"人"的维度在数字时代更具主导性和支撑力？数字与人文双向奔赴的价值有哪些？从数字人文政策文本和研究成果中提取的高频词缘何多有不同？数字人文产学研结合的内生动力和有效机制是什么？强势迭代的AI技术对数字人文产生哪些影响？等等。在分支学科亦有学术发现，如数字人文引发中国史学研究共时性的多维复杂化与历时性的长时段化，可否在数字手段下回归新的"宏大叙事"？数字人文中"空间"概念的扩展是否成为空间综合人文社会科学的新推力？很多问题都在书中有所提及，可能引发读者更多闪光的思想火花和深层的理论发现。

　　作为一本数字人文读物，我们尝试对报告涉猎领域和资料线索做了粗线条可视化表达，形成5张阅读导图（见书末《附录》部分），其中总图示意本报告叙述的我国数字人文发展"主干道"，包括发展环境、理论技术，相关人文学科和图档博领域的四个"主题站点"，每个站点延伸出多条"支路"，由相应章标题和序号表示。分图1—分图4示意四个主题站点中每条支路的内容脉络和资料图表，用层次化、类别化关联代替了很多书常用的图表索引，希望为读者通观全书结构和内容布局有所指引和帮助。受纸版书幅面限制，不便对全书丰富的数据做可视化呈现，读者可以按图索骥，在书中35张表、33幅图以及文字分析中获取细节信息。

我们深知，这个报告不足以呈现中国数字人文的全貌与全部内涵，作者的分析难以避免个人认知色彩，不同章节对于某些数据的统计口径和结果有些差异，各种粗浅错漏在所难免。我们只是希望这些破土时代的见证、相遇和发现能给中国数字人文留下一些历史的回响。

数字人文值得想象，值得憧憬，值得坚持，值得不断地破坏性创新。1949年，数字人文前身人文计算的奠基人罗伯特·布萨找到IBM（国际商业机器公司）创始人托马斯·沃森，希望借助计算机编制意大利哲学家、神学家托马斯·阿奎纳的著作索引，老沃森严肃劝告布萨：即便你的余生可以浪费也不能干这种事。幸好布萨用想象、憧憬和坚持最终说服了老沃森，成就了"电子学术编辑"这一人文计算的开端之作，开辟了后来成为数字人文的大千世界。如今，中国数字人文的"大帐篷"已经支起，它的内涵与建树还在扩充生长，它的神奇魔力远远没有施展，它的未来将是我们现在构想不出的异彩缤纷，无比壮观。

冯惠玲

2024年4月

序言

骐骥驰骋，悟道先行

德国哲学家卡尔·雅斯贝尔斯（Karl Jaspers）发现，人文科学作为人类知识学科化的早期探索，东西方几乎发端于同一时期，这就是他所称的轴心时代（Axial Age）。春秋六艺（礼、乐、射、御、书、数）与古希腊七艺（语法、修辞、逻辑、算数、几何、音乐和天文）均在此时得到建构和确立，这是人类对于自然、社会和人类自身探索的肇始，是人类告别混沌蒙昧、在精神和智识上独立于其动物祖先的系统性成就。此后，经过中世纪专注于人类自身精神的探索（包括宗教神学），直到文艺复兴时期，除了算数、几何、天文和逻辑等少数领域，人文科学一直是人类智力成果的主体，随着印刷革命带来知识的指数级增长，并伴随科学革命推动工业革命，逐渐缔造了整个现代社会。此时"科学"由于其"第一生产力"的巨大效用而崭露头角，成为新的主宰，学科分类伴随社会分工而越分越细，人类个体的价值淹没在马克思所说的社会化大生产中。在纷乱庞杂的知识体系中，人文科学已失去对人类精神活动的统一关照，无法提供对于人类生命意义的解释，人类的精神世界与人文学科一起迷失在高度的技术理性和制度化社会规范中。

进入21世纪，科技发展继续一往无前，"数字"进入人文，世界从此不同。数字人文的兴起让一些人文学者不失时机地疾呼"数字人文首先是人文的"，提醒要警惕"工具化僭取"[1]，寄希望于人文主义的重新崛起。面临通用人工智能（AGI）的核弹级风险，人文主义的确肩负前所未有的职责，几乎是"生存还是毁灭"的职责：一方面要对技术的应用进行有效的治理，使"超级对齐"（Superalignment）优先于"有效加速"（Effective accelerationism），以强有力

---

[1] 任剑涛：《数字人文：数字主体的或是人文归宿的？》，《广州大学学报（社会科学版）》2024年第2期。

的手段遏制技术"作恶"的可能性；另一方面也需要进一步厘清人文的边界和内涵，人文主义是埃隆·马斯克认为的"人类中心主义"，还是拉里·佩奇倡导的"泛人文主义"？这对于我们当下的人类是否能作出正确的策略抉择至关重要。借助于技术的能力，人文学科应该变得更为"科学"，而我们也因此更加聪明，从而彰显出人文主义在机器时代所具有的新的价值。

中国的数字人文只有十数年历史，起于青萍之末，而终成大潮。在这段不长的历史中，数字人文从概念的引入，到亦步亦趋，进而全面覆盖，近期更是提出了"中国问题"和"中国贡献"，与世界发展齐头并进，并开始具备独立的创新能力。《中国数字人文发展报告》系统地描述了这段历史，也为继往开来提供了一个重要的里程碑。作为系列报告的发轫之作，通过鸟瞰、分梳、比较和专述，纵分缕析，鞭辟入里，大开大阖，知无不言，多角度、多层次、多颗粒度地对中国数字人文的发展进行了详细解析和解读。全书近五百页，逾四十万言，足见其雄心之勃；内容涵盖这一时期数字人文的各个方面，足见其用力之深；其四部十八章布局堪称迄今为止中国数字人文的百科全书，甚至会让人产生后作难以接续之虞。

总体而言，报告全面展示了走向成熟的中国数字人文概貌，展示了中国数字人文研究在技术基础、政策支持、学术理论、多样化实践和学科建设等方面取得的显著成就，并特别强调了中国在数字人文领域的创新能力和独特贡献，涵盖了跨学科合作取得的丰富成果，总结了数字人文在图书馆、博物馆、档案馆、文学、史学等多领域的进展，最后通过对国内外数字人文前沿的比较研究和人工智能技术的应用分析，为未来的研究与发展提供了前瞻性的思考。全书的丰富内容和客观论述也反映了中国数字人文目前正处于一个十字路口和新的起点，主要表现在其范围还局限于成熟学科的"数字化尝试"，发展尚不平衡，学科交叉融合和创新不多，基础设施尚不牢固，技术方法与学科研究尚有"两张皮"现象，理论研究的系统性和深度不够，缺乏突破性成果等。

中国人民大学近年来逐渐崛起为中国数字人文学科研究的第一重镇，从开展本科专业教育，到设立数字人文硕士和博士学位点；从跨学科数字人文人才队伍建设，到举办期刊会议和学术活动；从2019年成立数字人文研究中心到

2022年升格为数字人文研究院，该校开创了国内多个"第一"。因此，毋庸讳言，中国人民大学是本报告诞生最理想之地。本书作者大多是研究院骨干成员，结合了相关领域的国内顶尖专家，给本书的成功写作与出版提供了坚实的保障。正如屈原在《离骚》中所言："乘骐骥以驰骋兮，来吾道夫先路"，让骏马在原野上恣意奔驰吧，自有贤者引领前路！

　　非常感谢冯惠玲教授嘱我作序，非常幸运成为本书的第一位读者。顶礼膜拜，惴惴而言，言不尽意，惶惶而止。本书不仅使我受益良多，更须置于案头，常作工具书参考之用。希望读者诸君亦知所感，并行如是，切切。

2024年7月

第一部分

中国数字人文发展鸟瞰

技术与政策：中国数字人文发展的外部条件环视

刘越男　（中国人民大学信息资源管理学院）

李少建　（中国人民大学信息资源管理学院）

余　敏　（中国人民大学信息资源管理学院）

引　言

得益于数字技术在科学领域的广泛应用，数字人文（Digital Humanities）应运而生，掀起了人文领域的"数字转向"。追溯历史，学界多以1949年意大利神父罗伯特·布萨（Roberto Busa）利用IBM计算机编制电子索引为肇始标志，这一时期计算机开始作为一种新的工具应用到人文领域来解决问题[1]，因此这种范式也称"人文计算"（Humanities Computing）。2009年，武汉大学王晓光教授发表名为《"数字人文"的产生、发展与前沿》[2]的论文，此文成为中国第一篇有据可查且被广泛接受的"数字人文"主题文章。同年，台湾大学举办第一届"数位典藏与数位人文"研讨会，提出将数字人文与数位典藏放在同样重要的位置。可以说自此以后，数字人文作为一个舶来概念正式进入中国学界，并在十几年间成为热议的论题[3]。尤其在2011年之后，越来越多以"数字人文"

---

[1] 王军：《从人文计算到可视化——数字人文的发展脉络梳理》，《文艺理论与批评》2020年第2期。

[2] 王晓光：《"数字人文"的产生、发展与前沿》，2009年教育部人文社会科学研究方法创新论坛论文，重庆，2009年11月。

[3] 陈静：《当下中国"数字人文"研究状况及意义》，《山东社会科学》2018年第7期。

为主题的论文出现在学术期刊上，越来越多的数字人文研究项目兴起发展，信息资源管理、历史、考古、文学、语言、文化遗产、地理、艺术等众多学科的研究者踏入数字人文浪潮，站在新的时代方位上审视数字技术与人文研究的关系及其带来的影响，利用数字方法和工具来重新考察传统人文学科的既有课题，并为人文研究提供新视角甚至产生新的研究范式[①]。同时，越来越多的数字人文研究机构成立，成为数字人文研究的前沿阵地。此外，为汇聚群智，扩大数字人文影响力，有关高校、研究机构举办各类数字人文会议、研讨会和工作坊，清华大学、中国人民大学和台湾数位人文学会还分别推出了《数字人文》《数字人文研究》和《数位典藏与数位人文》等领域集刊或期刊。随着研究的不断推进，数字人文学科发展和人才教育需求渐趋凸显。2019年，中国人民大学设置数字人文本科荣誉辅修学位项目；2020年，率先建立全国首个数字人文硕士专业，并于两年后设置数字人文博士点。2023年，内蒙古师范大学设立全国首个数字人文本科专业。数字人文的发展已经蔚然成风，而其风之繁盛离不开数字技术和国家政策双轮驱动。

数字人文之所以可以区别于传统的人文研究，主要是有了更多的学科交叉和更多的数字技术的引入[②]。先进数字技术的应用为数字人文发展提供了基础支撑。数字化工具、大数据处理技术、人工智能、虚拟现实等技术的不断发展，使得人们能够更有效地处理和分析文本、图像、音频、视频等多元异构的文化资料。计算能力和存储空间的不断提升，使得计算系统突破了原有算力可以处理更大规模的数据集，帮助人们开展更复杂、更深入的人文研究。开放数据和开放源代码的推动使得人们能够更方便地获取和共享数据，促进资源的重新整合、利用和开发。这些技术手段丰富了人文学科研究的数据来源，使得人文研究既有问题有了新的解决路径，又提供了传统研究者可能发现不了的新问题、新知识、新脉络。由此形成了跨学科、跨专业、跨方法、跨技术、跨媒介、跨团队和跨问题意识组成的数字人文"大帐篷"。

[①] 董洪川、潘琳琳：《数字人文与外国文学研究范式转换》，《西南民族大学学报（人文社科版）》2018年第9期。
[②] 陈涛等：《LIBRA技术理论及其在史料图像资源中的应用》，《大学图书馆学报》2022年第4期。

　　国家政策在数字人文发展中起着全方位的作用，如通过制定专项资金支持计划为数字人文领域提供资金支持，包括研究项目、数字化工程等方面的资金投入，促进数字人文项目的实施落地；或在科技政策中对数字技术的研发和创新提供支持，推动数字人文领域的技术创新；又或是通过教育政策支持数字人文领域人才培养，支持数字人文研究中心建设等措施，培养具备数字技术和人文学科知识的综合型人才等。政策既指导着数字人文的实践问题，又引领着数字人文的发展方向。

　　技术与政策两者相辅相成，共同推动数字人文领域的进步。了解数字领域内正在发生的技术创新和政策变革有利于把握当下，眺望未来。因此，本报告以透析中国数字人文发展外部条件为目的，综合使用多种研究方法，回顾中国数字人文发展的技术和政策环境，并在此基础上立足外部条件视角，总结和阐述中国数字人文技术发展和政策支撑的趋势、问题和建议，为数字人文的可持续发展提供科学指导和支撑。

一、数据来源和研究方法

（一）技术部分

　　数字技术日新月异的动态更迭深刻影响着数字人文的视阈拓展和边界延伸，全面回顾当前中国数字人文技术应用情状有助于摸清家底、把握未来发展。

　　本小节的数据来源：一是学术期刊论文。主要包括：为控制学术论文的质量，以"主题＝数字人文"为检索条件，以CSSCI和北大核心为期刊来源类别限制，在中国知网（CNKI）数据库进行文献调查，截至2023年6月30日，共得到相关期刊文献1,400篇。二是数字人文实践项目。主要包括：（1）2020—2022年中国数字人文大会历届获奖项目；（2）文化遗产数字重建项目；（3）《中国文化遗产数字化研究报告》（2022）"探元计划"案例项目；（4）2016—2022年上海图书馆开放数据竞赛历年获奖项目；（5）国内各大学或研究机构特色资源建设中的数字人文项目①。截至2023年6月30日，去除重复项目后共得150个

---

① 蔡迎春:《特色资源建设中的数字人文应用进展研究——基于国内数字人文相关项目及实践案例》，《图书馆建设》2018年第7期。

数字人文项目。

本小节的主要研究方法：一是文献计量和人工精读。主要用于分析以"数字人文"为主题的期刊论文。首先运用文献计量和可视化工具CiteSpace、VOSviewer等对文献进行统计和可视化分析。从中国知网中将文献数据按照RefWorks格式导出并使用转换工具将其处理成WOS格式，方便后续导入和分析。其次，近年数字人文主题相关文献发表呈猛增态势（图1），因此本节对近3年发表的745篇论文进行人工阅读，结合可视化分析结果明确数字人文研究关注的主题和关键词，在此基础上进一步剖析数字人文研究中的技术应用情况。二是网络调研和数据可视化。通过网络从文化遗产数字化官方网站（如"数字敦煌""云游故宫"等）、腾讯研究院微信公众号、上海图书馆开放数据竞赛网站、中国知网等渠道获取项目名称、项目团队、主要技术应用等相关信息，绘制中国数字人文项目主要技术应用列表，在数据收集的基础上使用Python编程对数字人文项目的应用技术进行词频统计和词云图绘制。

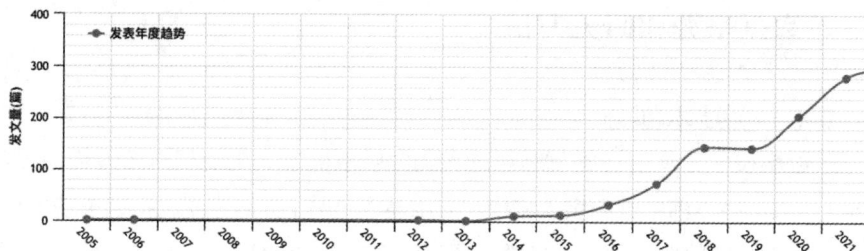

图1　数字人文主题发文年度分布

（二）政策部分

目前我国文化领域的引导性政策陆续出台，对数字人文领域的发展具有重要的推动作用，可促进数字人文领域的规范化、创新化和可持续发展。

为尽可能全面获取相关政策文本，本报告采用多种检索策略：**首先**，在国务院及其各部门的门户网站查找相关文件；**其次**，选择"北大法宝"政策法规数据库，利用检索词"数据""数字""文化""文化遗产""产业""教育"等进行组配检索；**最后**，利用搜索引擎进行检索。为使样本更具有针对性，本研究在保证完整性的前提下缩小了样本范围，将政策规定的层级限定为国家级，同时将政策规定宽泛、不具体和内容极少的样本进行二次过滤，最终确定57个政策文本作为分析的样本。使用NVivo 14软件对这些样本政策文本进行结构编码，把握政策内容偏向。

表1　政策文件部分样本信息

政策编号	政策名称	发文时间	发文单位
1	中共中央办公厅、国务院办公厅印发《关于推进实施国家文化数字化战略的意见》	2022.05.22	中共中央办公厅、国务院办公厅
2	中共中央办公厅、国务院办公厅印发《关于推进新时代古籍工作的意见》	2022.04.11	中共中央办公厅、国务院办公厅
3	国务院关于印发"十四五"数字经济发展规划的通知	2021.12.12	国务院
4	工业和信息化部办公厅关于印发《中小企业数字化赋能专项行动方案》的通知	2020.03.18	工业和信息化部
5	文化和旅游部办公厅关于印发《文化和旅游部政务数据资源管理办法（试行）》的通知	2020.11.18	文化和旅游部
6	文化和旅游部关于推动数字文化产业高质量发展的意见	2020.11.18	文化和旅游部
7	中共中央办公厅、国务院办公厅印发《数字乡村发展战略纲要》	2019.05.16	中共中央办公厅、国务院办公厅
8	文化和旅游部办公厅关于印发《公共数字文化工程融合创新发展实施方案》的通知	2019.04.16	文化和旅游部
9	国家发展改革委、教育部、科技部等关于发展数字经济稳定并扩大就业的指导意见	2018.09.18	国家发展改革委、教育部、科技部等
10	教育部关于数字教育资源公共服务体系建设与应用的指导意见	2017.12.21	教育部
……	……	……	……

二、中国数字人文技术环境的现状

（一）技术环境概述

数字技术是一个广泛的概念，通常情况下可以被界定为涉及数字信息处理、存储、传输和应用的技术，这些技术包括硬件和软件，用于执行计算、通信、数据分析和控制、数字呈现等各种任务。数字技术的发轫可以追溯到古埃及、美索不达米亚和古印度等文明出现的各种计数系统。然而，数字技术的腾飞式发展主要集中在近几个世纪。20世纪上半叶，第一台电子计算机问世掀起世纪革新，计算机性能、应用范围迭代扩展之路开启，尤其集成电路的发展使得计算机运算速度大幅提升、存储容量大大增加。至20世纪下半叶，微处理器的出现使得计算机变得更加小型和实用，个人计算机的普及转变了个人和办公室的工作方式，紧随其后万维网的发明使得互联网成为大众媒体和商业平台，进而彻底重塑了全球信息传递的方式。20世纪末至21世纪初，数字音乐、数字电视和数字摄像机等数字媒体的兴起为媒体传播和娱乐行业带来了深刻的变革，移动互联网技术的出现推动了智能手机的普及，进一步影响了人们的生活方式。此后，数字技术的处理能力进入爆炸增长期，摩尔定律促使计算机性能指数级增长，大数据、云计算技术使得大规模数据的计算、存储和分析变得更加容易，机器学习、自然语言处理等一系列人工智能技术的崭露为数字技术多个方面提供了增强、加速和创新的机遇，物联网技术、区块链技术的蓬勃兴盛更是在数据安全性、可用性和高效率性方面产生了强大的协同效应。可见，数字技术涵盖了以数字信息为基础的广泛技术领域，并在动态演化中推动着整个社会的数字化转型和变革。数字人文是变革中浓墨重彩的一笔。当技术的波澜泛及人文，便催生出人文学科向外延伸的新触角，形成"数字"与传统人文学科思想交融碰撞的新局面。在计算机、网络、多媒体和人工智能等数字技术的集成支持下，人文研究的范式、方法发生颠覆式变化，人文知识的获取、分析、集成和展示充满数字化理念，人文资料组织、标引、检索和利用过程贯穿使用数字化工具[1]。可以说数字人文技术应用引发数字人文研究实践，进而触发理论的建构，描绘出一个具有独特专业实践、研究方法和理论价值的多元领域。因此，在新技术不断涌现的背景下，把握数字人文发展的整体技术环境，梳理数字人文技术应用体系对数字人文的未来建设来说十分必要。

---

[1] 刘炜、叶鹰：《数字人文的技术体系与理论结构探讨》，《中国图书馆学报》2017年第5期。

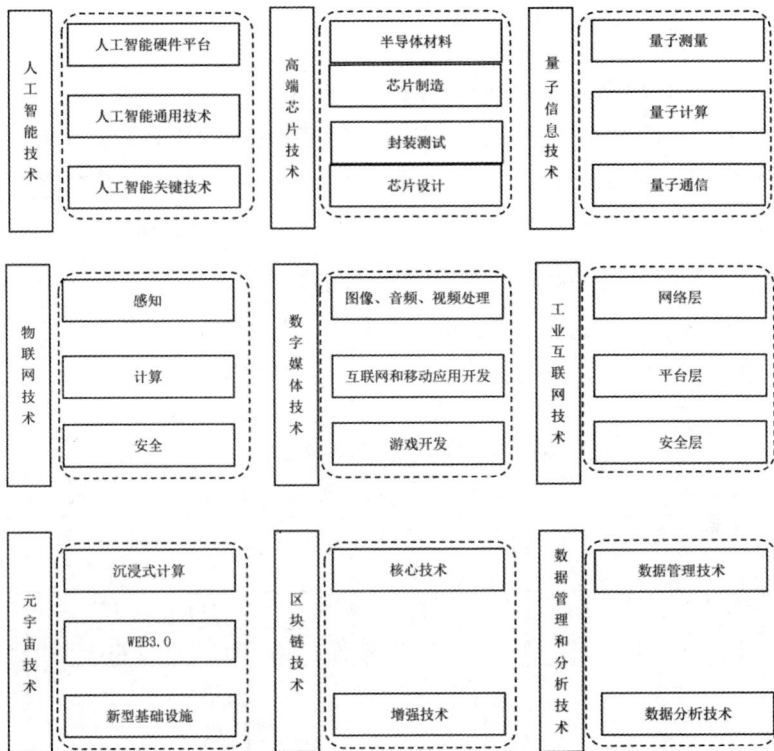

图2 数字技术9大分类示意图

数字技术可从不同视角进行分类，2023年9月，国家知识产权局发布《关键数字技术专利分类体系（2023）》通知①，本报告在该体系基础上结合数字技术的用途分类重新梳理数字技术的分类范围及所涉具体技术（见图2），以环顾数字人文发展的全技术条件，包括人工智能技术、高端芯片技术、量子信息技术、物联网技术、数字媒体技术、工业互联网技术、元宇宙技术、区块链技术、数据管理和分析技术9大类和下级技术分支。

---

① 《国家知识产权局办公室关于印发〈关键数字技术专利分类体系（2023）〉的通知》，2023年9月25日，https://www.cnipa.gov.cn/art/2023/9/25/art_75_187769.html，2024年2月20日。

（二）数据收集结果分析

1. 学术期刊论文关键词共现网络和可视化分析

文献关键词是文献的知识信息标签，是对文献全文内容的提炼和概括[①]。关键词频次可以反映领域研究热点及其演变，有助于把握学科发展现状。本节报告使用CiteSpace对期刊论文关键词进行频次统计，并按照关键词出现次数进行排名，排名前45的关键词有数字人文、图书馆、知识图谱、数字学术、可视化、图书馆学、关联数据、人工智能、大数据、人文计算、档案学、文化遗产、知识服务、本体等，如表2所示。

表2　出现频次排名前45的关键词

序号	关键词	频次	序号	关键词	频次	序号	关键词	频次
1	数字人文	968	16	新文科	19	31	历史档案	16
2	图书馆	76	17	数字化	18	32	档案资源	15
3	知识图谱	50	18	人文学科	17	33	会议综述	15
4	数字学术	48	19	数据库	17	34	知识发现	14
5	可视化	36	20	数字记忆	16	35	人文研究	14
6	图书馆学	32	21	远读	16	36	古籍	13
7	关联数据	30	22	人才培养	15	37	学科建设	12
8	人工智能	27	23	跨学科	15	38	数据服务	12
9	大数据	27	24	深度学习	14	39	数据科学	12
10	人文计算	25	25	研究热点	14	40	文本挖掘	10
11	档案学	24	26	元数据	13	41	档案	9
12	文化遗产	23	27	人文学者	12	42	档案开发	9
13	知识服务	22	28	情报学	12	43	知识库	9
14	本体	20	29	数字技术	12	44	资源建设	9
15	美国	20	30	档案馆	10	45	博物馆	8

这些高频关键词是整个数字人文研究网络的重要节点。为更快速深入地掌握数字人文研究的整体现状，本节报告使用VOSviewer进行关键词聚类分析，

[①] 肖荻昱：《基于CiteSpace的图书馆智库服务研究可视化分析》，《图书馆工作与研究》2018年第11期。

VOSviewer主要依据文献Title（标题）、Keywords（关键词）、Abstract（摘要）进行共现（Co-occurance）分析。本节报告主要展现VOSviewer提供的Network Visualization（聚类视图）、Density Visualization（密度视图）。在关键词聚类视图中（如图3所示），圆圈和标签组成一个节点，元素大小取决于节点的度、连线强度、被引量等，节点颜色代表其所属聚类，不同颜色表示不同聚类，通过该视图可以查看每个单独聚类，发现数字人文研究热点的结构分布，如数字人文聚类人文研究、知识服务、资源整合、数据挖掘、知识发现、数据库等内容；深度学习聚类命名实体识别、SikuBERT、BERT、知识库、预训练模型等内容；可视化聚类古籍数字化、数字化、文本挖掘、地理信息系统、GIS、信息化、语料库、远读等内容；关联数据聚类知识组织、知识图谱、本体、元数据、IIIF等内容；人工智能聚类ChatGPT、知识图谱、关联数据、本体、智慧图书馆等内容。在关键词密度视图中（如图4所示），密度大小依赖周围区域节点的数量以及这些节点的重要性，通过该视图可看到知识图谱、大数据、文本挖掘、可视化、人工智能、关联数据等是数字人文研究的重要知识领域。

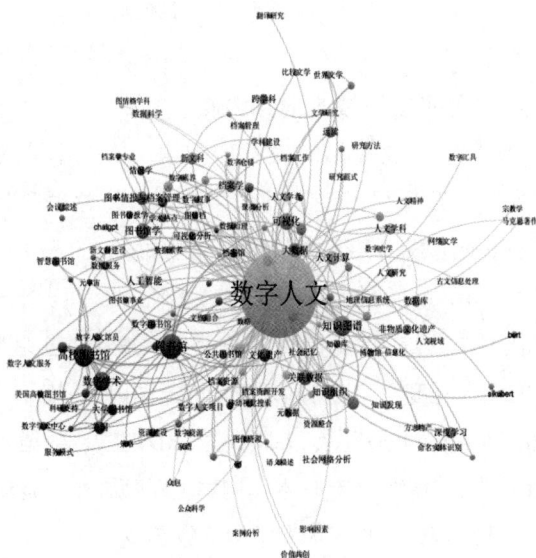

图3　关键词聚类视图

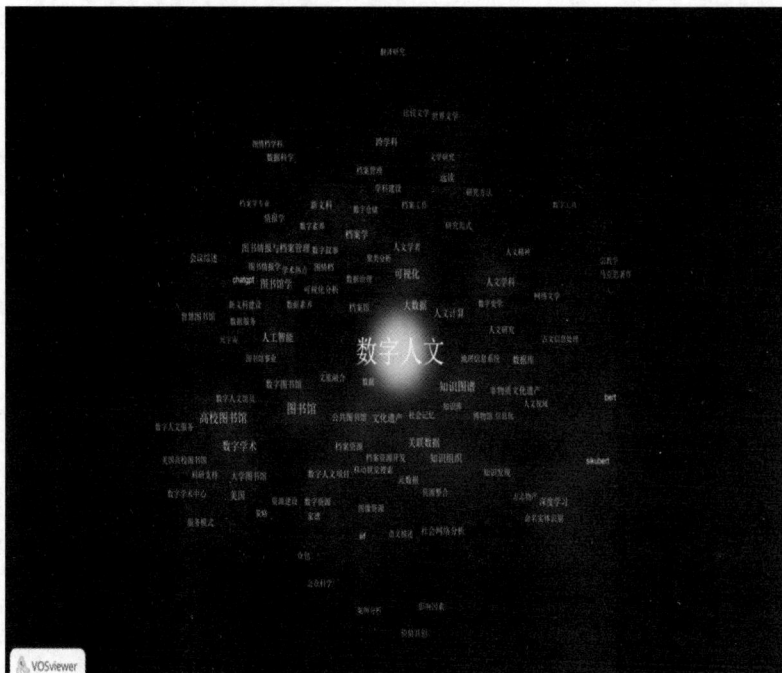

图 4 关键词密度视图

2. 数字人文实践项目技术应用分析

为全面把握数字人文领域的技术应用情况，本小节对从各渠道收集到的150个数字人文实践项目所使用的数字技术进行整理，利用jieba分词库和Python中的Counter函数和进行技术词组的词频统计（表3），并在此基础上使用词云生成库WordCloud绘制词云图，如图5所示。词云是一种对文本进行总结概括的可视化方法，其中的词汇大小由其在文本中的出现频率映射而来，直观地表达词汇的重要程度[1]。结合词频表和词云图可以清晰地看到，数字人文实践项目中数据库建设、网站开发、关联数据、3D建模、数据可视化、知识图谱、虚拟现实（VR）、人工智能、GIS、本体构建、动画制作、游戏开发、机器学习、社会网络分析、数字媒体等都是极为常用的数字技术。

---

[1] 包琛、汪云海：《词云可视化综述》，《计算机辅助设计与图形学学报》2021年第4期。

表 3　数字人文项目使用技术频次表

序号	技术名称	频次	序号	技术名称	频次	序号	技术名称	频次
1	数据库建设	57	17	文本分析	11	33	图像语义标注	2
2	网站开发	43	18	数字视频	10	34	图数据库	2
3	关联数据	44	19	机器学习	7	35	点云模型	2
4	数据可视化	36	20	动画制作	7	36	HGIS	2
5	3D 建模	24	21	AR	7	37	光学测量	1
6	知识图谱	23	22	语义标注	5	38	语音诵读	1
7	小程序开发	22	23	摄影测量	5	39	知识地图	1
8	用户界面	19	24	社会网络分析	5	40	深度学习	1
9	VR	18	25	游戏开发	5	41	自动标注	1
10	人工智能	18	26	语义搜索	4	42	计算机视觉	1
11	GIS	17	27	OCR 识别	4	43	聚类分析	1
12	本体构建	14	28	数字媒体	4	44	元宇宙	1
13	图像处理	13	29	数据挖掘	4	45	数据中台	1
14	激光扫描	12	30	超链接	4	46	点云数据	1
15	数字音频	11	31	3D 打印	4	47	信息美学	1
16	大数据	11	32	高清图像扫描	2	48	现代通信技术	1

图 5　数字人文项目技术名称词云图

（三）技术在中国数字人文领域的应用实践

数据管理和分析技术	• 数据采集（扫描识别、网络抓取等） • 数据清洗（去重复、数据填充等） • 数据存储（数据库、数据仓库等） • 数据安全（数据备份、访问控制等） • 语义网（关联数据、本体、RDF 等） • 国际图像互操作框架（图像 API） • 大数据（大数据处理框架、分布式等） • 数据挖掘（聚类分析、分类分析等） • 统计分析（描述性统计、假设检验等） • 数据可视化（图表分析、GIS 分析等） • 文本分析（情感分析、主题建模等） • 社会网络分析（网络模型、关系事件） • 实时数据分析（流式处理、复杂事件）	人工智能技术	• 机器学习（传统机器学习、深度学习） • 知识图谱（知识融合、知识提取等） • 类脑计算（大脑模拟、神经计算等） • 模式识别（模式分类、模式聚类等） • 自然语言处理（机器翻译、语义理解） • 智能语音（语音识别、语音合成） • 计算机视觉（图像识别、图像增强）
数字媒体技术	• 图像处理（图像采集和处理、图像编辑、计算机视觉等） • 音频处理（录制和编辑、压缩和编解码、合成语音） • 视频处理（录制和编辑、压缩和编解、流媒体） • 互联网和移动应用开发（网站开发、移动应用开发、Web 应用开发）	元宇宙技术	• 交互技术（扩展现实、光场显示、脑机交互等） • VR/AR（虚拟交互、虚拟游戏等） • 3D 重建（3D 建模、实时渲染、虚拟引擎、虚拟人等） • 非同质化通证（数字化资产） • 人工智能生成内容(AIGC) • 数字孪生（数字线程、动态建模、模型仿真） • 未来网络（5G、6G 等）
物联网技术	• 智能传感器（智能传感系统等） • 高精度定位（高清定位、北斗定位） • 近距离无线通信（WiFi、Z-Wave） • IPv6 技术（互联网协议第 6 版） • 边缘计算（端端协同、端云协同） • 数字孪生（数字映射、数字镜像） • 终端安全（隐私保护、终端防病毒） • 平台安全（身份鉴别与访问控制）	区块链技术	• 数据存储（分布式存储、数据归档等） • 密码算法（加密算法、非对称加密等） • 对等网络（P2P 网络、去中心化） • 共识机制（共识算法、共识节点） • 智能合约（智能合同、智能合约代码） • 隐私计算（机密计算、同态加密等） • 跨链技术（侧链、哈希锁定等）

图 6   数字人文技术应用体系框架

　　无论是学术研究还是实践项目，数字技术在人文社科领域中的应用都渐趋广泛化、体系化。如数据库技术多用于数字人文基础设施建设；可视化技术多用于数据挖掘、文本分析、知识重组[①]等数字人文研究；VR/AR技术多用于打造具有交互体验[②]的数字人文应用场景；人工智能、机器学习技术多用于古籍数字化、自动标注和实体识别[③]等研究；3D建模、激光扫描技术多用于文化遗产的数字修复和虚拟重建。基于此，本小节参照前文总结的核心数字技术分类标准，结合数字人文数字技术应用现状，将这些数字人文常用技术归纳为结构化的数字人文技术应用体系框架（如图6所示），包括数据管理和分析技术、人工智能技术、数字媒体技术、元宇宙技术、物联网技术、区块链技术6大类。需要说明的是，这些技术之间并非严格相对独立，而是有可能互相交叉和渗透的，比如人工智能技术向多个领域渗透。

1. 数据管理和分析技术应用

近年来，数据科学的迅猛发展已经为数据管理形成了一整套方法论体系，包括数据采集、数据清洗、数据组织、数据存储、数据备份和数据恢复、数据安全、国际图像互操作框架、大数据等。数据管理的第一步是采集数据（Data Collection），即通过扫描识别、网络爬虫、传感器、数据库查询、API（应用程序编程接口）等技术获取数据。数据清理（Data Cleaning）是数据管理中的关键技术，旨在识别和纠正数据中的错误、丢失、重复或不一致的信息，以提高数据的质量和可用性。数据组织（Data Organization）是指将数据以一定的结构和方式整理、分类、存储和管理的过程，有效的数据组织有助于提高数据的可访问性、可用性和利用价值，如语义网技术通过提供统一的语义标准，使数据更容易被机器理解，促进数据的互操作性和共享，关联数据则可以基于语义网原则，使用统一的标识符（通常是URL）来唯一标识资源，并使用RDF（Resource Description Framework）来描述资源之间的关系，实现全球范围内数据的链接。数据存储（Data Storage）技术旨在实现数据的持久保存，数字人文

---

①张强等：《基于知识重构的词人时空情感轨迹可视化研究——以辛弃疾为例》，《情报学报》2023年第6期。

②戴梦菲等：《AR技术在数字人文应用上的运用策略——以"从武康路出发"应用为例》，《图书情报工作》2021年第24期。

③刘江峰等：《数字人文视域下SikuBERT增强的史籍实体识别研究》，《图书馆论坛》2022年第10期。

研究中常涉及的数据存储技术有关系型数据库[①]、图数据库[②]、NoSQL数据库等。数据安全技术（Data Security）是一组旨在保证数据安全性和可用性的方法和工具，包括数据备份和恢复、加密、访问限制等。数据科学可面向不同领域，从数据中提炼、挖掘价值。越来越多的图档博机构、大学科研机构开始以数据思维进行人文资料的数据采集、清洗、组织、存储和应用研究[③]。

这一思维驱动下的数字人文研究主要有：（1）面向数字人文的档案资源整合[④]，将馆藏档案资源以数据为原始单位进行组织和结构化解析，如近代商会档案数据资源整合[⑤]、中央苏区档案数据多元整合[⑥]等。（2）面向数字人文的图书馆资源建设，锻造馆藏资源数字长期保存、管理和揭示的能力，如高校图书馆特藏资源建设[⑦]、音乐图书馆音乐文献资源数字化建设[⑧]等。（3）面向数字人文的博物馆文化遗产数据资源开发，以数字人文新范式解决当前博物馆文化遗产组织存在的问题[⑨]。这些研究都离不开"资源/数据集合"，即专题数据库建设的核心特质和内涵。专题数据库是接合人文社群与技术脉络的界面，也是承载人文批判与技术转型的基石[⑩]，尤其在数字人文实践项目中应用得十分广泛，据前

---

① 张毅、李欣：《面向数字人文的特藏资源揭示研究——以方志数据库建设为例》，《图书馆》2019年第6期。

② 高劲松、韩牧哲：《考古发掘资料图数据库的语义关联构建研究》，《图书情报工作》2021年第9期。

③ 曹高辉等：《数据科学理论与前沿：专业建设与科学研究》，《图书情报知识》2023年第2期。

④ 左娜、张卫东：《面向数字人文的档案资源整合模式构想：解构与重组》，《档案学通讯》2020年第3期。

⑤ 张芳霖、王毓婕：《近代商会档案数据资源整合的意义、底层逻辑和实现路径》，《档案学通讯》2023年第3期。

⑥ 边媛：《面向数字人文的中央苏区档案数据多源整合的动因、条件与路径研究》，《档案学研究》2022年第5期。

⑦ 张毅、赵晨鸣、陈丹：《数字人文在高校图书馆特藏资源建设中的实践与思考——以近代中译本全文特藏库建设为例》，《国家图书馆学刊》2023年第1期；陈以敏、张青青：《数字人文下高校图书馆手稿特色数据资源库建设研究》，《图书馆》2021年第6期。

⑧ 孙宇：《数字人文背景下音乐图书馆音乐文献资源数字建设研究》，《图书馆工作与研究》2023年第3期。

⑨ 马玉静：《"数字人文"视域下的博物馆文化遗产数据资源开发模式研究》，《中国博物馆》2022年第4期。

⑩ 肖鹏：《把"专题数据库"作为方法：数字人文的重新认识及其在AI时代的发展趋势》，《图书情报知识》2023年第5期。

文统计，运用专题数据库建设思路和相关技术的数字人文项目多达57个。而随着关联数据、资源描述框架（RDF）、本体构建、语义搜索等语义网技术的渐趋成熟，专题数据库已经开始从机构、资源导向转向"开放化""计算化""协同化""智能化"[①]。例如上海图书馆建构的"中国家谱知识服务平台"，早在2014年，上海图书馆便开始了数字人文项目的纵深探索，力求将学科服务发展到数据服务[②]。该馆在家谱保存、研究和服务方面一直是国内行业翘楚，其馆藏家谱数量庞大、种类齐全、特色突出。因此，上海图书馆将家谱知识服务平台建设作为其数字人文实践探索的先锋，在提供文献检索服务的基础上充分引入以关联数据为代表的新型数据管理技术，重组图书馆传统资源，构建历史文献数据服务平台。该平台经过基于BIBFRAME的本体设计，从RDB到RDF的数据转换，基于关联数据四原则的系统设计和基于语义技术框架的系统开发，支持面向万维网的书目控制，提供针对普通用户的寻根搜索服务和针对专业人士的分面可视化、语义搜索乃至数据挖掘服务，推动数据开放和知识流动[③]。上海博物馆开发的"董其昌数字人文展示系统"[④]、中山大学图书馆开发的"徽州文书数字人文平台"也都积极运用了这些知识组织技术以形成资源的全方位整合和开发[⑤]。此外，国际图像互操作框架（IIIF）的发展也为图像资源的描述、分发和访问提供了一种前所未有的新方法，并很快被文化遗产部门广泛采纳。如李永卉等以镇江焦山碑林为例，基于Drupal内容管理平台进行关联数据应用与IIIF服务集成，实现了碑刻资源概念间关系的关联发布及可视化展示[⑥]。武汉大学数字人文研究中心、武汉大学文化遗产智能计算实验室基于IIIF、图像语义标注等推出了"文物数字图像关联数据聚合平台"。

---

① 孙建军：《专题导语：推进人文社科专题数据库建设规范化管理研究》，《现代情报》2019年第12期。
② 胡娟、柯平：《我国图书馆数字人文项目建设经验与启示——以上海图书馆家谱知识服务平台项目为例》，《图书馆工作与研究》2022年第1期。
③ 夏翠娟等：《家谱关联数据服务平台的开发实践》，《中国图书馆学报》2016年第3期。
④ 童茵、张彬：《董其昌数字人文项目的探索与实践》，《中国博物馆》2018年第4期。
⑤ 马翠嫦、王蕾：《史学话语体系视角下徽州文书领域主题多维结构研究》，《图书馆杂志》2022年第7期。
⑥ 李永卉等：《碑刻资源语义化组织研究》，《数字图书馆论坛》2021年第12期。

数据分析技术涵盖了一系列的方法和工具，用于解析、转换、可视化或统计数据，从而提取有价值的信息以解决问题、支持决策、发现趋势。数字人文中的数字分析技术应用灵活多样，特色鲜明，常见的有数据挖掘、统计分析、人工智能（自然语言处理、机器学习等）、数据可视化、文本分析（词频、共现、关联关系）、社会网络分析、时序分析、GIS分析等。这一技术框架之下的数字人文研究主要集中在传统人文学科领域：**（1）面向数字人文的文学和语言学研究**，将量化方法运用于古代文学研究[1]，利用社会网络分析工具对文学作品中的人物关系进行挖掘[2]，将自然语言处理[3]、机器学习、深度学习等技术用于民间文学文本语料研究[4]，将文本挖掘、GIS空间分析用于小说文本研究[5]。**（2）面向数字人文的史学研究**，主要是利用量化方法、聚类分析、社会网络分析、时空分析、GIS地图等对历史文本进行的挖掘和重新阐释，如范文洁等基于社会网络分析以《左传》的战争为研究对象进行计量及可视化研究[6]，刘浏等以《春秋》三传中女性人物为研究对象从多维度对女性人文知识进行量化分析和可视化解读[7]。**（3）面向数字人文的视觉艺术研究**，包括电影可视化、绘画流派可视化、音乐可视化等研究，如中国电影知识体系下数字人文与影人年谱的可视化[8]、基于社会网络分析法的影人年谱研究[9]、TCPVis：基于谢赫六法的传统中国绘画画

[1] 赵薇：《量化方法运用于古代文学研究的进展和问题——以近年数字人文脉络中的个案探索为中心》，《文学遗产》2022年第6期。

[2] 魏会洋、袁曦临：《社会网络分析在文学阅读研究中的适用性问题——以数字人文视角下的〈白鹿原〉人物关系阐释为例》，《新世纪图书馆》2019年第3期。

[3] 诸雨辰：《自然语言处理与古代文学研究》，《文学遗产》2022年第6期。

[4] 陶慧丹等：《基于BERT的民间文学文本预训练模型》，《计算机技术与发展》2022年第11期。

[5] 郭佳欣等：《〈长安十二时辰〉对唐长安城市空间的当代重构——一种文学制图的视角》，《数字人文研究》2021年第2期。

[6] 范文洁、李忠凯、黄水清：《基于社会网络分析的〈左传〉战争计量及可视化研究》，《图书情报工作》2020年第6期。

[7] 刘浏等：《〈春秋〉三传女性人物的人文计算研究》，《图书情报工作》2020年第23期。

[8] 朱子彤：《循史纳新：中国电影知识体系下数字人文与影人年谱的可视化》，《电影评介》2023年第7期。

[9] 乔宁：《数字人文时代基于社会网络分析法的影人年谱研究初探》，《电影评介》2022年第2期。

派可视分析①、音乐可视化设计中的映射探究②。在实践领域，数据分析技术主要集成于数字人文应用平台，这些平台除了提供海量规范化数据之外，还会提供大量的软件应用和统计分析工具，如由哈佛大学费正清中国研究中心、北京大学历史学系和台北"中研院"历史语言研究所合作建设的开放式关系型数据库"中国历代人物传记资料库"（CBDB），为用户提供了历史人物数据可视化查询功能，用户通过"引得"平台点击可视化查询即可多维度生成可视化图形，包括传主空间分布、词云、历代人物数量统计、生卒时间统计、历代人物生卒地分布、社会交往关系视图、亲属关系视图等。

2. 人工智能技术应用

人工智能是指一类使机器能够执行通常需要人类智力参与的任务的计算机系统，具备包括学习、推理、问题解决、感知和语言理解等方面的能力。其目标是使计算机系统能够执行需要人类智慧和判断力的一些复杂任务，主要包括自然语言处理、机器学习、模式识别、智能语音、计算机视觉等技术分支。在数字人文领域，人工智能大有可为。

第一，自然语言处理、机器学习、深度学习等人工智能算法可用于文本处理、信息抽取、机器翻译等任务。研究人员可以利用这些技术分析海量历史数据，从大规模文本中提取有效信息，进一步发现关键概念、主题趋势和关系关联，如基于预训练语言模型的古籍文本智能补全研究③、基于SikuBERT预训练模型的古籍命名实体识别研究④、古籍自动标点研究⑤、古籍自动摘要研究⑥、词性自

① 王斯加等：《TCPVis：基于谢赫六法的传统中国绘画画派可视分析系统》，《图学学报》2024年第1期。
② 耿凌艳：《音乐可视化设计中的映射探究——以Thayer情绪模式与伊顿色彩理论的对应关系为例》，《装饰》2017年第7期。
③ 李嘉俊等：《基于预训练语言模型的古籍文本智能补全研究》，《数据分析与知识发现》2024年第5期。
④ 谢靖、刘江峰、王东波：《古代中国医学文献的命名实体识别研究——以Flat-lattice增强的SikuBERT预训练模型为例》，《图书馆论坛》2022年第10期。
⑤ 赵连振等：《面向数字人文的先秦两汉典籍自动标点研究——以SikuBERT预训练模型为例》，《图书馆论坛》2022年第12期。
⑥ 徐润华等：《面向古籍数字人文的〈资治通鉴〉自动摘要研究——以SikuBERT预训练模型为例》，《图书馆论坛》2022年第12期。

动标注研究[①]、古籍自动分词研究[②]等。

第二，知识图谱与自然语言、机器学习等技术相结合，可以进行智能文本分析、关系抽取和自动问答，为数字人文更便捷、深入地理解文本中的实体关系，挖掘隐藏在海量文献中的隐秘知识提供助力。例如数字人文视角下的领域知识图谱自动问答研究[③]、唐诗知识图谱的构建及其智能知识服务设计[④]。

第三，模式识别、智能语音、计算机视觉等技术在文化遗产数字化保护和传播中应用广泛。模式识别技术可用于文物表面纹理、图像符号、色彩等的识别，助力文物鉴定、文物分类和文物研究等工作。智能语音技术常用于提供文化遗产场所的语音导览。游客可以通过移动应用或设备，听取关于展览品、历史场所等的语音解说，以更深入地了解文化历史和背景，如"泉州：宋元中国的世界海洋商贸中心"智慧语音讲解平台可结合观众线下使用场景，通过轻松自然的语气和多种语言切换，给各国观众营造一种现场陪伴式的讲述感。计算机视觉技术是指让计算机系统能够理解、解释和处理图像或视频信息的领域。它涉及利用计算机算法和模型来模拟人体视觉系统的能力，从而使计算机能够识别、分析和理解图像中的内容。因此多用于数字人文领域文物、历史照片的自动识别，如基于图像模态迁移与集成的中国陶瓷派系识别模型构建研究[⑤]。除此之外还可用于文本数据与图像数据的关联，如将博物馆中的文本描述与艺术品图像关联起来，为观众提供更完整的背景关联。另外，还能促进智能化、自动化的图像搜索。

[①] 耿云冬等：《面向数字人文的中国古代典籍词性自动标注研究——以SikuBERT预训练模型为例》，《图书馆论坛》2022年第6期。

[②] 刘畅等：《面向数字人文的融合外部特征的典籍自动分词研究——以SikuBERT预训练模型为例》，《图书馆论坛》2022年第6期。

[③] 刘欢、刘浏、王东波：《数字人文视角下的领域知识图谱自动问答研究》，《科技情报研究》2022年第1期。

[④] 周莉娜、洪亮、高子阳：《唐诗知识图谱的构建及其智能知识服务设计》，《图书情报工作》2019年第2期。

[⑤] 石斌、王昊、邓三鸿：《基于图像模态迁移与集成的中国陶瓷派系识别模型构建研究》，《数据分析与知识发现》2023年第12期。

3. 数字媒体技术应用

数字媒体是一系列利用数字化技术（数字化信息处理和存储）来创作、编辑、传播和展示媒体内容的技术，包括文本、图像、音频、视频等形式的媒体。数字媒体技术的发展为数字人文领域带来了更广泛、更便捷的媒体形态和创作方式，也推动了数字人文研究成果的创新呈现和多样传播。

首先，数字人文领域资源的多元异构特征十分明显，图像处理、音频处理、视频处理等技术通常融合应用于数字人文的研究实践。由起承研究院建设的"中国非物质文化遗产基因数据库"、宁波诺丁汉大学宁诺数字人文研究组开发的"宁波城市历史数字人文信息化平台"、中国人民大学艺术学院等打造的"红色夏天　智能航宇"移动应用程序都综合应用了这些多媒体技术元素，为人文传播注入了高效性、丰富性和广泛性的色彩。

其次，据前文统计，网站开发、小程序开发、移动应用开发都是数字人文项目对外交流的常见窗口，其成熟的技术运用为数字人文资源、成果和产品的展示、共享和访问提供了更加便捷的方式。其中，小程序和移动应用为数字人文提供了移动平台，观众可以随时随地访问数字人文的数字资源和内容，还可通过API接口进行社交媒体的分享和互动。上海图书馆举办的开放数据竞赛中小程序和移动应用开发成果较多，如"民国百花""原印鉴章""丹红印记""沪动"等，契合了移动互联网时代观众接受信息的习惯偏好。同时，网站也是数字人文成果呈现的重要平台。网站作为全球性的数字平台，可以让观众在世界范围内访问和共享数字人文资源和成果，有利于文化、历史和艺术的对外推广。且网站支持多媒体内容的展示，能够很好地承载丰富立体的数字人文资源和成果，如由中国人民大学数字记忆团队开发的"北京记忆"系列项目，采取"前站后库"的框架结构，构建以网站为主体，以其他社交媒体为辅助途径的北京记忆文化数字传播平台。

最后，游戏开发技术是一系列用于设计、创建和发布电子游戏的技术，其技术关键词包括游戏引擎、3D建模、动画制作、云游戏等。游戏作为"第九艺术"，已经进入数字人文研究的广域视野中，尤以文化遗产的3D重建及互动沉浸体验开发为最热。最著名且最成熟的当属腾讯游戏与敦煌研究院、故宫博物院、长城保护单位等开展的一系列文博合作，腾讯自主研发的云游戏技术、PCG（Procedural Content Generation，程序化内容生成）技术、游戏引擎等在其中表现优异。如由中国文物保护基金会携手腾讯打造的"云游长城"项目综合应用创新技术对修缮后的喜峰口长城进行实地扫描和数字重建，该项目是全球首次通过云游戏技术，实现最大规模文化遗产毫米级高精度、沉浸交互式的数字还原。第一，该项目团队通过照片扫描建模技术，实现了毫米级测量及对超过5万张海量素材的渲染，生成了超10亿面片的超拟真数字模型；第二，在处理多达10亿面片长城墙体扫描资产的基础上，在周围山体"种植"了超过20万棵树，可以"一镜到底"，看到非常完整的自然环境；第三，通过实时渲染和动态光照技术，让人们可以在其中移步换景，甚至感受早晨、中午、黄昏的美景变化；第四，通过云游戏传输流控算法，确保在手机等移动端，能将庞大的数字资产以3A级的观看效果和交互体验呈现给观众[①]。通过"云游长城"，观众可体验长城修缮，在线体验修缮长城时需要经历的考古清理、砌筑、勾缝、砖墙剔补和支护加固等流程；还可以在游览过程中，收获包括长城排水口的分布、礌石孔、破损敌台、射孔、箭窗、刻字砖和敌台入口等的知识点科普[②]。除了提供更具科技感和沉浸感的体验之外，"云游长城"还能通过趣味互动，让人们了解长城常识和修缮知识。例如，在"长城轻阅读"版块中，可以了解各种"长城之最"；在"长城·万里共婵娟"里，可以选择最适合赏月的长城段，搭配古诗词生成浪漫唯美的图片；"答题识长城"也很有意思，答题互动之后可以获得"小红花"，这些"小红花"能通过公益平台配捐的方式，助力到对应的文保项目之中，让用户的线上参与变成线下公益。

4. 元宇宙技术应用

元宇宙是整合多种新技术而产生的新型虚实相融的互联网应用和社会形态，是基于扩展现实技术提供沉浸式体验，以及数字孪生技术生成现实世界的

---

① 《"云游长城"上线——解锁文化遗产保护新密码》，2022年6月27日，https://baijiahao. baidu.com/s?id=1736731480137277111&wfr=spider&for=pc，2024年2月20日。
② 《当古老文化遗产遇上先进数字化，会发生什么神奇反应？》，2022年6月11日，https:// baijiahao.baidu.com/s?id=1735353330656120460&wfr=spider&for=pc，2024年2月20日。

镜像①。元宇宙的搭建涉及感知交互设备、芯片算力、5G传输、人工智能、区块链、云技术、VR/AR、数字孪生等多领域硬件及软件核心技术及其应用。在数字人文领域，元宇宙的理念和技术融合尚处于初探期，但交互技术、3D重建、非同质化通证、人工智能、数字孪生等重要分支已稍露峥嵘，如虚拟数字人文、数字藏品、虚拟世界等应用已经开始了探索的脚步②。其中，虚拟现实（VR）和增强现实（AR）技术，是利用电脑模拟产生三维空间的虚拟世界，通过用户视觉、听觉、触觉等感官实时、直接观察或操控虚拟空间中的事物，能让用户具有身临其境的感觉。VR/AR技术集成了计算机图形、计算机仿真、人工智能、传感、显示及网络并行处理等技术，是数字人文技术中的高新技术③。据前文统计，应用VR技术的数字人文项目共18个，约占样本项目技术使用总量的4%（见表3），且大多数为文化遗产类数字人文项目。如"数字云冈"项目，在云冈石窟"数字档案"高清三维数据的支持下，云冈研究院打造了一套基于VR眼镜的多人在线沉浸式石窟体验系统，通过VR设备不仅可以使游客在虚拟场景中漫游，同时还能让游客欣赏石窟的高处以及在现场无法参观到的一些艺术之美④。随着技术的不断成熟，增强现实（AR）和混合现实（MR）技术也逐渐应用于文化遗产的数字展陈场景中，如由连偶（重庆）科技有限公司与三星堆博物馆合作推出的三星堆MR导览"古蜀幻地"项目，利用AR/MR技术以影视级的制作水准进行三星堆相关剧情策划和内容开发，通过现实展陈点位结合，为游客营造了场景内容丰富、视觉效果逼真的增强现实游览空间⑤。

　　另外，数字孪生也是文化遗产数字化保护和传播的重要方向，一方面，数字孪生是3D重建、虚拟现实、增强现实、区块链等技术的集合产物，另一方面，数字孪生是元宇宙最坚固的底层架构之一。当前，数字孪生已经开始作为新一代数字模拟技术应用于传统文化遗产的数字化研究，如水下文物遗产数字

---

①《什么是元宇宙？为何要关注它？——解码元宇宙》，2021年11月19日，http://www.news.cn/2021-11/19/c_1128081263.htm，2024年2月20日。

②张新新等：《共创元宇宙：理论与应用的学科场景》，《信息资源管理学报》2022年第5期。

③刘炜、叶鹰：《数字人文的技术体系与理论结构探讨》，《中国图书馆学报》2017年第5期。

④李丽红：《云冈石窟数字化历程》，《文物鉴定与鉴赏》2022年第7期。

⑤《中国文化遗产数字化研究报告》，2023年2月22日，https://mp.weixin.qq.com/s/KpTYUfJ888om5H63ConogQ，2024年2月20日。

孪生系统构建①、遗产桥梁数字孪生建造②、长城数字孪生建设③等，建模和仿真技术是数字孪生得以助力文化遗产数字保护、永续利用的核心关键。同时，综合性的文化遗产数字孪生平台也有所尝试，如故宫博物院与腾讯联合打造的"文化+科技"新型文物数据智慧化采集科研实体"故宫·腾讯联合创新实验室"于2023年5月18日正式落成。该实验室建立在故宫博物院数字与信息部摄影室基础上，应用了腾讯数字孪生、虚拟演播、云音视频创作等下一代互联网技术，加速文物数字资源采集、加工、展示的全流程智能化管理，助力故宫百万件文物的数字化采集与利用。实验室内共分布16处环境监测传感器，实时采集、传输环境数据给智慧管理平台，工作人员可实现对文物数字化空间的实时监控、实时调整。对于不同材质的文物，例如丝绸、陶瓷、青铜、玉石等，通过智慧平台设定适宜的温湿度，让它们在最安全稳定的空间里进行拍摄或三维扫描④。

5. 物联网技术应用

物联网技术是一种通过互联网连接和交互的方式，将各种物理设备、传感器、软件以及其他物体纳入一个定制网络中，实现数据的采集、传输、分析和应用的技术体系，多应用于工业、农业、零售业、智能交通、智慧城市等领域中。理想状态下，物联网技术能够促进数字人文研究和实践的智慧化、智能化和自动化，其所涉及的技术关键词有智能传感器、高精度定位、近距离无线通信、边缘计算、IPv6（互联网协议第6版）、数字孪生、终端安全和平台安全等。如智能传感器可以为数字人文研究提供实时的数据收集，结合遥感测绘获取地理实时数据，也可用于数字博物馆和展览的设计，通过在展品上集成传感器和标签，实现展品状态的实时监测，促进文物保护的高效性、智能性。相较于数字人文其他领域，文旅行业在与物联网技术的融合方面显得更加游刃有余，如高精度定位技术则可应用于博物馆、历史场所等区域的精准定位服务和虚拟导

---

① 王佳：《我国水下文物遗产数字孪生系统构建的必要性和可行性》，《长江丛刊》2018年第9期。
② 张方等：《桥梁文化遗产的规划与保护2020年度研究进展》，《土木与环境工程学报（中英文）》2021年第S1期。
③ 桑懿等：《长城文化遗产数字孪生技术框架与应用研究》，《科技创新与应用》2021年第35期。
④《故宫·腾讯联合创新实验室落成，以下一代互联网技术打造智慧文博样板间》，2023年5月19日，https://baijiahao.baidu.com/s?id=1766283827211353688&wfr=spider&for=pc，2024年2月20日。

览。游客可以通过手机或其他设备获取实时导览、展品信息，并获得定制化的导览体验。另外，还延伸出了"智慧文旅"的概念，即以文化为内涵、以旅游为载体、以科技为动力，利用物联网、大数据、人工智能等多种信息技术，整合通信和信息资源，对文化旅游资源进行分析和挖掘，最终通过智慧文旅产品贯穿于用户全场景的旅游服务中[①]。

6. 区块链技术应用

区块链技术是一种分布式账本技术，它通过将数据存储在不同节点组成的网络上，每个节点存放相同的数据，这些数据由顺序相连的区块构成（即区块链），并使用加密算法保证数据的安全性和一致性。区块链采用去中心化的方式，每个参与者都有拷贝完整的账本，且通过协商算法保证各节点之间的数据同步。这种特性使得区块链在消除中间商的同时保障了数据的透明性和不可篡改。理想情况下，首先，区块链技术可以用于保护数字人文研究和实践所形成的多模态数字文化资产（数字艺术品、数字藏品、数字故事视频等），如秦始皇帝陵博物院对外发布的文创数字藏品"秦陵彩绘铜车马一号车"，中国人民大学数字人文研究中心发布的"冰嘻嘻"，中国国家博物馆推出的四羊青铜方尊、西汉错金银云纹青铜犀尊等4件国宝级文物的数字藏品。通过构建更加透明和高效的数字版权管理系统，数字人文成果的创作者可以通过区块链记录版权信息，实现更精准的版权保护和授权管理，维护其数字成果的权益。例如，陈燕琳提出基于区块链技术的公共图书馆古籍数字化版权保护策略[②]。其次，区块链技术还可应用于馆藏文物信息资源的共享[③]。最后，区块链技术还可以用于建立数字人文产品的交易平台。通过智能合约，实现交易和支付的自动化，保证交易的透明性和安全性，促进数字人文产品的市场转化。然而，区块链技术和元宇宙、物联网技术一样都属于数字人文领域技术增进的未来方向，与数字人文的深入交融还需要长足的努力。

---

① 朱蓓琳:《"数字人文+"智慧文旅应用产品的功能展望》,《图书情报工作》2021年第24期。
② 陈燕琳:《基于区块链技术的公共图书馆古籍数字化版权保护策略》,《图书馆工作与研究》2023年第5期。
③ 高劲松等:《基于区块链的馆藏文物信息资源共享模型研究》,《情报科学》2022年第9期。

三、中国数字人文政策环境的现状

（一）政策环境概述

国家政策的制定与实施，为数字人文的发展指引方向。近年来，党和国家高度重视中华传统文化复兴以及文化与信息技术的结合，尤其是"十三五"以来，政府制定了一系列指导性的方针和政策用以鼓励创新数字文化产品的转化和开发。如2016年11月的《"十三五"国家战略性新兴产业发展规划》[①]，2017年1月《关于实施中华优秀传统文化传承发展工程的意见》[②]，2020年11月的《文化和旅游部关于推动数字文化产业高质量发展的意见》[③]《新文科建设宣言》[④]以及2021年11月的《交叉学科设置与管理办法（试行）》[⑤]，2022年5月《关于推进实施国家文化数字化战略的意见》[⑥]等，一系列规划文件促进了数字化技术和文化服务的深度融合、新文科建设与交叉学科的发展，文化数字化和中华文化全面复兴的推进，给数字人文的发展带来了优良的政策环境。

（二）政策文本量化分析

使用NVivo 14软件对样本政策文本进行结构编码，最终形成文化传承与弘扬、公共服务、基础设施建设、创新创业、产业发展、体制机制、人才培养、监督评价、法规标准、资金投入10个编码节点，如表4所示，参考点数量为该节点在所有政策文本中出现的次数，材料数量为出现该节点的不同材料数量。

---

① 《"十三五"国家战略性新兴产业发展规划》，2016年11月29日，http://www.gov.cn/zhengce/content/2016-12/19/content_5150090.htm，2024年2月20日。
② 《中共中央办公厅 国务院办公厅印发〈关于实施中华优秀传统文化传承发展工程的意见〉》，2017年1月25日，https://www.gov.cn/zhengce/2017-01/25/content_5163472.htm，2024年2月20日。
③ 《文化和旅游部关于推动数字文化产业高质量发展的意见》，2020年11月18日，https://www.gov.cn/zhengce/zhengceku/2020-11/27/content_5565316.htm，2024年2月20日。
④ 《新文科建设工作会在山东大学召开》，2020年11月3日，http://www.moe.gov.cn/jyb_xwfb/gzdt_gzdt/s5987/202011/t20201103_498067.html，2024年2月20日。
⑤ 《国务院学位委员会关于印发〈交叉学科设置与管理办法（试行）〉的通知》，2021年11月17日，http://www.moe.gov.cn/srcsite/A22/s7065/202112/t20211203_584501.html，2024年2月20日。
⑥ 《中共中央办公厅 国务院办公厅印发〈关于推进实施国家文化数字化战略的意见〉》，2022年5月22日，https://www.gov.cn/zhengce/2022-05/22/content_5691759.htm，2024年2月20日。

表 4　政策内容编码参考点与材料数量情况

序号	节点名称	具体内涵	参考点数量	材料数量	编码内容示例
1	文化传承与弘扬	各类政策中对文化传承与弘扬的表述	1,166	42	"构建中华优秀传统文化传承体系,加强文化遗产保护……""提高公共数字文化供给能力,创新公共数字文化服务机制……""支持开展全民科普和艺术普及、优秀传统文化传承活动……""构建统一的公共数字文化基础平台……"
2	公共服务	各类政策中对开展各类公共服务的表述	1,104	45	"推进社会服务数字化提升工程……""发挥古籍的文化价值和社会服务功能……""推进数字文旅服务创新发展……"
3	基础设施建设	各类政策中对加强基础设施建设的表述	926	52	"打造智能算力、通用算法和开发平台一体化的新型智能基础设施……""提升数字政府领域关键信息基础设施保护水平……""加快数字基础设施建设,着力发展壮大互联网、物联网、大数据、云计算、人工智能等信息技术产业……"
4	创新创业	各类政策中对技术创新、产业创新的表述	682	39	"构建数字文化创意产业创新平台,加强基础技术研发,大力发展虚拟现实、增强现实、互动影视等新型软硬件产品……""培育大中小企业和社会开发者开放协作的数字产业创新生态……""部署以大数据智能化为引领的创新驱动战略行动计划,规划 12 个智能产业的发展方向,以智能化为经济赋能……"
5	产业发展	各类政策中对文化产业发展要求的表述	602	30	"构建较为完善的现代公共文化服务体系和文化创意产业……""共建共享文化产业数据管理服务体系,促进文化数据资源融通融合……""实施文化产业数字化战略,加快发展新型文化企业、文化形态、文化消费模式……"
6	体制机制	各类政策中对文化数据管理体制机制的表述	299	31	"全面推动文化理论创新、文化体制机制创新……""推动数据技术产品、应用范式、商业模式和体制机制协同创新……""建立健全国家数据资源管理体制机制……"

续表4

序号	节点名称	具体内涵	参考点数量	材料数量	编码内容示例
7	人才培养	各类政策中对相关人才培养的表述	217	32	"依托国家文化人才培训基地和相关高校加强数字文化产业人才培养……""建立一支总量均衡、相对稳定、技术过硬、业务精湛的公共数字文化人才队伍……""鼓励高校根据经济社会发展需要和自身办学能力，加大数字领域相关专业人才培养……"
8	监督评价	各类政策中对各项活动开展的监督、监管、检测与评价的表述	187	21	"加强数据安全监督管理、检测评估、通报预警和应急处置等工作……""重点建立群众文化需求动态反馈、公共文化服务经费保障、社会力量参与公共文化绩效评价和监督……""完善科技投入管理监督机制，建立新形势下的科技经费监督管理和绩效评估体系……"
9	法规标准	各类政策中对法律法规、标准制定的表述	113	25	"推动数据资源标准体系建设，提升数据管理水平和数据质量……""建立数据开放、产权保护、数据交易、隐私保护相关政策法规和标准体系……""制定公共文化服务机构服务标准，逐步推进公共文化服务的制度化、标准化和规范化……"
10	资金投入	各类政策中对各类项目资金投入的表述	34	18	"拓宽公共文化服务资金来源渠道……""地方高校统筹地方财政高等教育资金和中央支持地方高校改革发展资金，支持一流本科课程建设……""加大古籍保护资金投入……"

1. 政策编码内容词频统计

为整体了解数字人文相关政策的主要关注点，利用NVivo 14对已编码的政策文本进行词频统计，如表5所示，同时绘制词云图，如图7所示。

首先，在政策导向上，"文化"一词出现频次最高，共计3,059次，"发展"一词其次，共计2,509次，体现出当前数字人文相关政策以文化和发展为目标的特点。

其次，词频前十的关键词还有"数字""服务""技术""数据""资源""公共""信息""创新"，分别共计2,378次、2,197次、1,383次、1,253次、1,202次、1,138次、1,100次、1,008次，词频均在1,000次以上，体现出国家政策导向通过技术创新、数字资源等方式和形式，提供公共服务、发展文化事业的基调。

表5　政策文本高频词统计

序号	关键词	词频	加权百分比（%）	序号	关键词	词频	加权百分比（%）
1	文化	3,059	1.75	16	企业	642	0.37
2	发展	2,509	1.43	17	标准	608	0.18
3	数字	2,378	1.34	18	经济	606	0.35
4	服务	2,197	1.24	19	共享	490	0.28
5	技术	1,383	0.79	20	信息化	459	0.26
6	数据	1,253	0.72	21	文物	433	0.25
7	资源	1,202	0.69	22	互联网	431	0.25
8	公共	1,138	0.65	23	出版	395	0.23
9	信息	1,100	0.63	24	科技	391	0.22
10	创新	1,008	0.58	25	**法规**	370	0.21
11	产业	988	0.57	26	乡村	331	0.19
12	古籍	868	0.5	27	图书馆	318	0.18
13	网络	793	0.45	28	**学科**	304	0.13
14	数字化	787	0.45	29	**知识**	272	0.16
15	教育	658	0.32	30	文化遗产	272	0.16

再次，在数字人文的具体应用场景上，"产业"988次，"古籍"868次，"网络"793次，"数字化"787次，"教育"658次，"企业"642次，"标准"608次，"经济"606次，"文物"433次，"出版"395次，"乡村"331次，"图书馆"318次，"学科"304次，"文化遗产"272次。整体主要体现出在企业、产业等经济发展方面，古籍数字化、学科教育、数字出版、乡村文化振兴、文化遗产保护、文物数字化保护等，这些都是数字人文推进文化数字化战略的切入点。

最后，在数字人文的具体要求上，"共享"490次，"信息化"459次，"互联网"431次，"科技"391次，"法规"370次，"知识"272次，整体体现出数字人文发展过程中对文化信息化、科技创新、法规标准、数据共享、知识互联等方面的具体要求。

图7　政策文本高频词云图

2. 政策编码内容具体偏向

为深入探析数字人文相关政策内容的具体偏向，绘制政策内容编码分布图（图8），结合表4政策内容编码参考点与材料数量情况分析如下。

文化传承与弘扬、基础设施建设和公共服务是政策中三个互相关联的核心领域，可视其为数字人文对国家文化数字化推进作用的具体体现。基础设施建设是这三者之间的基础和桥梁。特别是数字化基础设施的建设，不仅是实现其他目标的基础，也是推动数字经济发展的关键。基础设施建设在政策文本中广泛出现，拥有926个参考点和52个相关材料，显示了其高频率和广泛的政策覆盖。在基础设施的支持下，文化传承与弘扬得到了加强。作为政策中编码数量最多的节点，它拥有1,166个参考点和42个材料。这反映了政策对保护和推广传统文化的明确导向。通过数字化基础设施，如智能算力、通用算法和开发平台，文化传承与弘扬能够更有效地进行。数字人文不仅促进了数据基础设施的建设，也提供了丰富的数据基础，激励了学术和社会研究，进而促进了传统文化的保护和发展。而公共服务作为另一个重要节点，与基础设施建设和文化传承发展紧密相连。公共服务领域拥有1,104个参考点和45个材料，显示了政策对提高社会服务效率和质量的重视。数字化升级在公共服务领域尤为重要，包括古籍数字化和提升数字文化资源的可获取性等措施。这些举措不仅提升了公共服务的质量，也反映了利用数字技术保护和发展传统文化的策略。基础设施建设为文化传承与弘扬提供了必要的技术支持和平台，而文化传承与弘扬又通过在公共服务领域的实施，使传统文化得以在更广泛的社会层面得到保护和推广。这三者形成了一个互相促进和依赖的关系网络，共同推动了国家文化数字化发展。

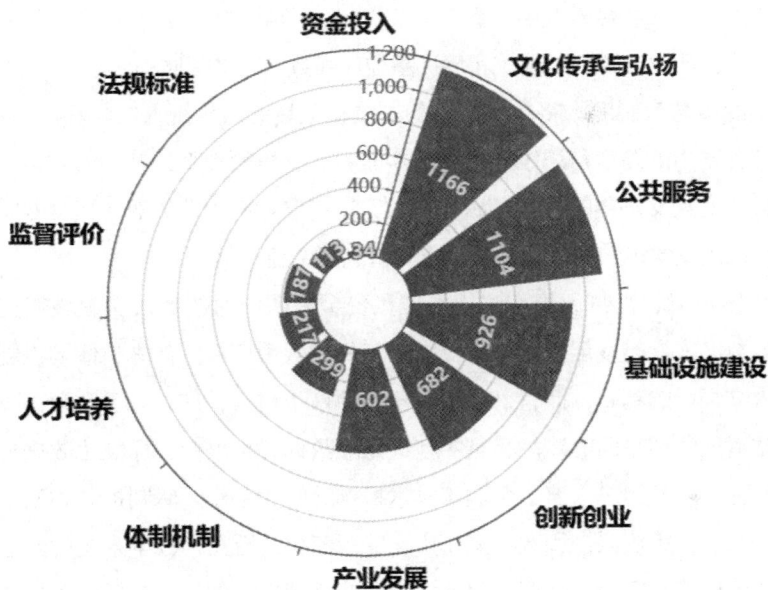

图 8　政策编码节点分布

创新创业、产业发展和人才培养是数字人文的创新引擎与发展动力。首先，创新创业作为推动数字人文发展的关键因素，获得了显著的重视，其参考点数量达到682个，材料数量为39个，反映出政策对于利用数字技术推动文化创意产业创新的重视。这不仅包括文化内容的数字化，还涉及新兴领域如AR/VR技术等的发展。通过建立数字文化创意产业创新平台，政策鼓励这些技术的融合和应用，旨在形成新的经济增长点和就业机会，进而推动数字人文学科与商业化和技术创新的结合。其次，产业发展作为数字人文领域的核心组成部分，同样受到政策的高度重视，其参考点数量为602个，材料数量为30个。政策着重于文化产业的现代化和数字化转型，包括发展数字出版、在线表演艺术以及利用大数据和AI技术进行市场分析和用户画像，从而提升文化产品的市场适应性和吸引力。此外，共建共享文化产业数据管理服务体系的提议表明了政府对文化产业数据集中化管理和服务化的支持，这有助于营造一个健康、有序的数字文化市场环境。最后，人才培养是这一体系中不可或缺的组成部分，其参考点数量为217个，材料数量32个。政策不仅强调了为产业发展培养人才的重要性，更突出了人才培养在整个数字人文领域，乃至国家文化发展中的全面性和核心地位。政策支持通过高校和培训基地加强数字人文领域的人才培养和建设，这包括改革教育制度，将数字人文的方法和工具纳入传统人文学科的课程中，从而培养学生的跨学科思维能力和数字素养。这样的教育改革和人才培养政策不仅会改变人文学科的教学和研究方式，还将培养出更多的数字人文专家，对中国传统人文学科的现代化和数字化转型起到关键作用。

体制机制、监督评价、法规标准和资金投入作为数字人文领域的支撑体系，为数字人文的发展提供框架支持与良好的政策环境。首先，体制机制作为数字人文领域的基石，拥有299个参考点和31个材料，这体现了政策在改革文化数据管理体系方面的着力，其中包括建立数据共享平台、标准化数据格式和管理流程，以及促进政府、企业和学术机构之间的协作。体制机制的改革集中于数据共享、版权保护和数字文化市场的规范化，旨在为数字人文创新创造良好的政策和管理环境，强调文化数据管理的体制机制创新，包括推动数据技术产品和应用范式的更新。其次，监督评价拥有的参考点为187个，材料数量为

21个，显示了政策对于监督数字人文项目的关注。加强监督评价可能意味着对数字项目的效果进行更严格的评估，以确保资源的有效利用，同时保障数据安全和隐私。这还包括对数字人文项目的质量和效果进行监督和评价，建立项目评估标准、实施定期审核和公众反馈机制，以确保项目的透明性和有效性。再次，法规标准拥有113个参考点和25个材料，表明政策对于建立清晰的操作框架和质量保证的倾向。制定相关法律法规和标准，旨在为数字人文领域提供清晰的操作框架和质量保证，这对于维护市场秩序和鼓励健康竞争至关重要。政策推动数据资源标准体系建设，这对于提升数据管理水平和数据质量具有重要作用，同时也强调了数据开放和产权保护的法规建设。最后，资金投入虽然相对其他节点而言参考点较少，仅有34个，但材料数量为18个，其重要性不容忽视。增加对数字人文项目的资金支持，尤其是在公共文化服务和高等教育领域，可以激发更多的创新活动和研究工作。资金扶持政策的出台对中国的数字人文项目至关重要，因为这些项目往往需要昂贵的软硬件支持。同时，优化的政策环境还将确保这些项目能在一个稳定和有利的法律及行政环境中运行。因此体制机制提供了管理的基础框架，监督评价确保了项目的有效性和透明性，法规标准维护了市场秩序和质量标准，而资金投入则为这些活动提供了必要的资源支持。这些方面的协调一致是实现数字人文领域成功发展的关键。

（三）政策特点分析

1. 自顶向下：战略的制定与实施

当前各项相关政策的首要特点是将国家发展战略作为制定各项政策的根本导向，立足国家发展需要与当前实际进行研制规划。在国家文化数字化战略等背景下，国家和地方纷纷制定了与之配套的实施政策，来满足新时代国家发展需要、社会多元需求，同时也促进了数字人文的发展。以国家文化数字化战略为例，自2022年5月中共中央办公厅、国务院办公厅印发《关于推进实施国家文化数字化战略的意见》以来，截至2023年底，福建、山西、江苏、宁夏、甘肃、广西、四川、山东、西藏、上海等地均出台了配套的地方文化数字化战略实施方案（详见表6）。为便于统计，仅收集了明确配套贯彻落实或推进国家文化数字化战略的省级地方政策文件，另各地亦有文旅、广电、文物等部门以推进国家文化数字化战略为目的出台相关政策。

表6 地方贯彻落实国家文化数字化战略情况

时间	省/自治区	文件名称
2022.10	福建	关于推进福建文化数字化战略实施方案
2022.11	山西	山西省推进实施国家文化数字化战略工作方案
2022.11	江苏	江苏省关于贯彻落实国家文化数字化战略的实施意见
2022.11	宁夏	关于贯彻落实国家文化数字化战略的实施方案
2022.12	甘肃	甘肃省推进国家文化数字化战略实施方案
2022.12	广西	广西贯彻落实国家文化数字化战略实施方案
2023.01	四川	四川省推进国家文化数字化战略实施方案
2023.04	山东	山东省文化数字化行动计划
2023.05	西藏	西藏自治区关于推进实施国家文化数字化战略的实施方案
2023.12	上海	上海市贯彻落实国家文化数字化战略的实施方案

其中四川省委办公厅、省政府办公厅印发了《四川省推进国家文化数字化战略实施方案》[1]，旨在贯彻落实党中央关于实施国家文化数字化战略的决策部署，更好发挥信息化牵引带动作用，加快建设数字四川和新时代文化强省。《西藏自治区关于推进实施国家文化数字化战略的实施方案》[2]，要求全区各地各部门结合实际，认真贯彻落实数字西藏建设工作部署，不断满足人民日益增长的精神文化需要，推进社会主义文化强国建设。宁夏出台《关于贯彻落实国家文化数字化战略的实施方案》[3]，以宁夏文化大数据体系建设为抓手，以深化文化领

---

[1]《省委办公厅、省政府办公厅印发〈四川省推进国家文化数字化战略实施方案〉》，2023年1月11日，https://www.sc.gov.cn/10462/10464/10797/2023/1/11/96015d3237c5494e9607cf78a2b4754c.shtml，2024年2月20日。

[2]《西藏出台推进实施国家文化数字化战略的实施方案》，2023年5月14日，https://www.gov.cn/lianbo/difang/202305/content_6857652.htm，2024年2月20日。

[3]《宁夏出台〈关于贯彻落实国家文化数字化战略的实施方案〉》，2022年11月7日，http://nx.people.com.cn/n2/2022/1107/c192482-40184196.html，2024年2月20日。

域供给侧结构性改革为主线，以满足人民日益增长的精神文化生活需要为根本目的，推进黄河文化传承彰显区建设，打造文化兴盛沃土，推动文化事业和文化产业高质量发展。文化数字化战略自顶向下地出台，以推进国家文化数字化，推动数字文化产业高质量发展，让文化数字化成果惠及更多人，政策制定体现出显著的服从国家大局、与时俱进等特性。

2. 重中之重：传承与弘扬中华优秀传统文化

相关政策第二个显著特点在于强调将传承与发展中华优秀传统文化置于重要位置。政策制定注重传承和弘扬中华传统文化，以文化自信为支撑，通过政策推动文化产业发展，加强文化教育，以提升国家文化软实力，这与数字人文以人文研究问题为落脚点不谋而合，复兴中华文化亦是数字人文研究的重要任务。如2017年中共中央办公厅、国务院办公厅印发《关于实施中华优秀传统文化传承发展工程的意见》[1]提出"制定文化产业促进法、公共图书馆法等相关法律，对中华优秀传统文化传承发展有关工作作出制度性安排"，"到2025年，中华优秀传统文化传承发展体系基本形成，研究阐发、教育普及、保护传承、创新发展、传播交流等方面协同推进并取得重要成果，具有中国特色、中国风格、中国气派的文化产品更加丰富，文化自觉和文化自信显著增强，国家文化软实力的根基更为坚实，中华文化的国际影响力明显提升"。《中华人民共和国公共文化服务保障法》[2]第三章专门针对公共文化服务提供，其中提到要"促进优秀公共文化产品的提供和传播，支持优秀传统文化传承活动"。《中华人民共和国国民经济和社会发展第十三个五年规划纲要》[3]提出要"构建中华优秀传统文化传承体系"，包括各地出台的文化遗产保护条例、红色资源保护条例、民间传统文化保护条例、古籍保护政策等，无不将传承和保护中华优秀传统文化作为

---

①《中共中央办公厅、国务院办公厅印发〈关于实施中华优秀传统文化传承发展工程的意见〉》，2017年1月25日，https://www.gov.cn/zhengce/2017-01/25/content_5163472.htm，2024年2月20日。

②《中华人民共和国公共文化服务保障法》，2016年12月25日，http://www.npc.gov.cn/zgrdw/npc/xinwen/2016-12/25/content_2004880.htm，2024年5月8日。

③《中华人民共和国国民经济和社会发展第十三个五年规划纲要》，2016年3月17日，https://www.gov.cn/xinwen/2016-03/17/content_5054992.htm，2024年5月8日。

重要内容之一，实施中华优秀传统文化传承发展的相关工程，是建设社会主义文化强国的重大战略任务，对于传承中华文脉、全面提升人民群众文化素养、维护国家文化安全、增强国家文化软实力、推进国家治理体系和治理能力现代化，具有重要意义。例如古籍作为中华优秀传统文化的重要载体，其数字化工作也是数字人文研究参与国家文化数字化战略的重要一环，为构建中国特色信息资源管理自主知识体系奠定了坚实的文献资料基础。

3. 有力抓手：数据基础设施建设

数字人文研究的资源类型十分广泛，包括红色文献资源、古诗词、先秦诸子典籍、儒学、史书、民国报纸、族谱、家谱档案、历史档案、少数民族档案文献遗产等[①]，尤其在数字化时代，信息资源已经成为各个领域的核心要素，因此建设好数据基础设施成为当务之急。无论是国家文化数字化战略的实施，还是数字人文研究的开展，做好数据的采集都是重要前提。当前相关政策也体现出以数据基础设施建设作为政策重要抓手的特征。国家互联网信息办公室发布《数字中国建设发展报告（2017年）》指出要"推动建立完善数据基础性制度，加快推动构建统一高效、互联互通、安全可靠的国家数据资源体系"[②]。2020年11月，《文化和旅游部关于推动数字文化产业高质量发展的意见》提出要"建设数据中心、云平台等数字基础设施，完善文化产业'云、网、端'基础设施，打通'数字化采集—网络化传输—智能化计算'数字链条"[③]。2022年6月国务院《关于加强数字政府建设的指导意见》指出要"扩大数字基础设施覆盖范围，优化数字公共产品供给，加快消除区域间'数字鸿沟'"[④]等。数据基础设施建设已经成为国家文化、经济等各项工作开展的重要前提和有力抓手。数据基础设施建设可以从数据的采集、加工、组织、展示、利用等几个角度入手，当前

[①] 张海、陈宇轩、王东波：《信息资源管理领域数字人文研究特征、研究体系及构建路径》，《情报理论与实践》2024年第2期。
[②]《国家互联网信息办公室发布〈数字中国建设发展报告（2017年）〉》，2018年8月17日，http://digital.china.com.cn/2018-08/17/content_40465726.htm，2024年5月8日。
[③]《文化和旅游部关于推动数字文化产业高质量发展的意见》，2020年11月18日，https://www.gov.cn/zhengce/zhengceku/2020-11/27/content_5565316.htm，2024年2月20日。
[④]《国务院印发〈关于加强数字政府建设的指导意见〉》，2022年6月23日，https://www.gov.cn/xinwen/2022-06/23/content_5697326.htm，2024年5月8日。

相关政策也都有所涵盖，如国务院办公厅《关于进一步加强古籍保护工作的意见》指出要制订古籍数字化标准，规范古籍数字化工作，建立古籍数字资源库。要整合现有资源，建立面向公众的古籍门户网站①。新疆维吾尔自治区人民政府办公厅《关于进一步加强我区少数民族古籍工作的通知》指出要全面了解和掌握本区少数民族古籍的存量、分布和流传情况，特别要做好对民间少数民族古籍和口碑传承古籍的保护和征集工作，实现古籍分级保护，为建立中华古籍联合目录和古籍数字资源库提供基础资料②。只有注重数据标准化和规范化，建设统一的数据标准和元数据体系，加强不同系统之间的数据交互和共享，制定并贯彻执行数据管理的规范，确保数据的质量和特色，提高数据资源的可信度和可用性，才能发挥数据基础设施建设作为推进文化数字化战略的关键支撑作用，才能形成数字人文研究能用、可用、好用的数据资源，从而发挥数字人文研究服务国家文化数字化等重大战略的作用。

四、数字人文技术发展与政策支撑的趋势、问题及建议

（一）技术发展趋势及影响

毫无疑问，技术的发展趋势影响数字人文的前行进路。2022年，新华三集团发布《面向未来的数字社会——2022十大技术趋势白皮书》③，将扩展现实推进元宇宙、云边协同促进智能机器人、隐私计算安全释放数据价值、通用基础模型降低AI门槛、新异构计算架构提供多样化算力等总结为"支撑下一个十年的十大技术发展趋势"。2024年1月，中国信息通信研究院发布《全球数字经

---

① 《国务院办公厅关于进一步加强古籍保护工作的意见》，2007年1月29日，https://www.gov.cn/zwgk/2007-01/29/content_511825.htm，2024年5月8日。
② 《关于进一步加强我区少数民族古籍工作的通知》2012年5月24日，https://www.xinjiang.gov.cn/xinjiang/zjgl/201205/f37c584084d74ee1b76ef02372c52ebb.shtml，2024年5月8日。
③ 《2022十大技术趋势白皮书：面向未来的数字社会》，2022年6月23日，https://kw.beijing.gov.cn/art/2022/6/23/art_9260_631042.html，2024年2月20日。

济白皮书（2023年）》[①]指出以5G为代表的新型网络技术开启万物互联时代、以人工智能（AI）或人工智能生成内容（AIGC）为代表的新型分析技术突破人类能力边界、以区块链为代表的新型互信技术支撑可信业务协作等数字化转型趋势加速。技术行业白皮书在一定程度上表明，新一代人工智能、元宇宙、区块链等数字技术是数字经济稳健发展和数字社会加快构建的广域蓝海。由此，本小节以新一代人工智能、元宇宙技术、区块链三大风口为技术典型，眺望其发展趋势和可能给数字人文带来的影响。当然，挂一漏万，还有很多技术将会投身数字人文领域待来人探索。

1. 新一代人工智能算法、算力和数据持续突破

新一代人工智能通常指人工智能领域的发展和技术进步，如更先进的算法、更强大的算力、更大规模的数据、更广泛的应用领域等。2023年，大模型、生成式人工智能等标志性技术革新推动了人工智能2.0时代到来[②]。超大规模预训练模型、跨模态预训练模型效果不断提升，现已能够处理文本、图像、语音三种模态数据，而未来使用更多图像编码、更多种语言以及更多类型数据的预训练模型会继续涌现[③]。鉴此，数字人文可以在现有数据处理方式上迭代增效，利用规模更大、模态更多的大模型算法，更高效、更准确地完成多源异构内容转化、海量数据集建设等数字人文研究基础工作。同时，轻量化深度学习技术不断发展，逐渐破除传统深度学习模型难以在存储空间和资源受限的环境下部署的障碍，数字人文可以借鉴其在大模型压缩剪枝、量化网络参数训练、大模型蒸馏等方向的算法优化从而设计出更紧凑高效、响应速度更快的模型来处理和分析多媒体数据，并拓展在移动设备、嵌入式系统等多种场景的应用。此外，AIGC

① 《全球数字经济白皮书（2023年）》，2024年1月，https://aigc.idigital.com.cn/djyanbao/%E3%80%90%E4%B8%AD%E5%9B%BD%E4%BF%A1%E9%80%9A%E9%99%A2%E3%80%91%E5%85%A8%E7%90%83%E6%95%B0%E5%AD%97%E7%BB%8F%E6%B5%8E%E7%99%BD%E7%9A%AE%E4%B9%A6%EF%BC%882023%E5%B9%B4%EF%BC%89-2024-01-08.pdf，2024年2月20日。
② 《〈新一代人工智能基础设施白皮书〉发布》，2024年1月3日，http://finance.people.com.cn/n1/2024/0103/c1004-40151817.html，2024年2月20日。
③ 《人工智能白皮书（2022年）》，2022年4月，http://www.caict.ac.cn/kxyj/qwfb/bps/202204/P020220412613255124271.pdf，2024年2月20日。

不断成熟，未来听、说、读、写等能力将有机结合，可望在创意写作与生成艺术、语言学研究、文化遗产保护、语义网络构建等领域拓展数字人文研究方向[①]。

2. 元宇宙关键技术推进多维发展

2023年11月，中国信息通信研究院等机构发布《元宇宙白皮书（2023年）》指出元宇宙的核心功能原理是数字网络空间与物理世界的开放互联与深度融合，并将元宇宙未来发展趋势总结为依托技术产业体系形成新信息形态、新数字器官、新经济模式、新社会图景等多个维度[②]。首先，以扩展现实（XR）为代表的沉浸式技术起飞提速是进入元宇宙的关键，以手机为代表的传统智能终端难以承载元宇宙概念下的新型人机交互需求（体验式），而XR终端设备发展有望进化为新的数字器官，形成自然互动、虚实沉浸、使用舒适的适人化终端。借助这一技术潜力，数字人文的教育培养、成果展示、文化遗产的数字化保护和传承、数字文旅等重点工作都可以朝着更具互动参与和虚拟沉浸的方向优化。例如可以通过创建虚拟现实环境，将文化遗产的物理形态和历史场景完整呈现，并使其能够被更广泛、更"真实"地参观、访问、互动和学习，同时减少实际遗产的磨损和破坏。其次，3D沉浸式影音技术也是元宇宙虚实结合、身临其境数字体验实现的重要支撑。一方面，人们可以显著感受到三维化、强交互的音视频体验；另一方面，3D沉浸影音将助推内容采集、编辑制作、传输分发、终端呈现等视听产业链上下游的迭代升级[③]。在此技术发展助推下，数字策展、数字动画、数字游戏等数字叙事创意开发可以搭建更具深度和立体感的观影空间，增强观众对历史事件、文化场景的欣赏、理解和情感共鸣。除此之外，沉浸式计算云服务平台的发展将重新定义"虚拟"和现实。云渲染平台侧重视频处理与图形渲染的能力优化，在内容拟真度、交互自由度、时空在线度上不断拓展，可助力数字人文各类系统平台在模拟视觉效果、实现多人实时异地协作方面持

[①] 王静静、洪爽、叶鹰：《GPT型技术应用重塑数字人文探讨》，《情报理论与实践》2023年第6期。
[②]《元宇宙白皮书（2023年）》，2023年11月，http://www.caict.ac.cn/kxyj/qwfb/bps/202311/P020240326626098688125.pdf，前言，2024年2月20日。
[③]《元宇宙白皮书（2023年）》，2023年11月，第18—19页。

续精进[1]。

3. 区块链技术多样化融合升级

区块链技术自诞生至今十余年时间里，通过与相关信息技术的融合应用，在新一轮科技革命和产业变革中迸发着勃勃生机。《区块链白皮书（2023年）》指出[2]，从技术发展态势来看，公有链技术聚焦可扩展性提升，以带动隐私计算技术的融合发展；联盟链技术面向应用深度优化，以满足更广泛的应用场景需求；开放联盟链技术融合公有链和联盟链特点，朝着使用成本较低、生态开放和公信力强等特征优化。从应用发展态势来看，基于区块链的数据共享平台将在数据开发利用、数据价值释放等方面发挥重要作用；数字资产规模和种类增长迅速，市场热度不减；数字身份支撑信任传递，分布式架构成为重要探索方向。[3]基于区块链技术应用和产业发展新趋势，其对数字人文的影响从短期来看，去中心化和加密等特性可以提高数字人文领域文化数据的安全性，加强数字文化资产的保护和溯源，确保其真实性和合法性，进而保障数字化文化资产的价值和信任度。中期来看，随着相关政策出台和数据设施建设的快速推进，公有链、联盟链和开放联盟链技术逐渐成熟，能够更加有力地支撑数字人文海量数据要素可靠、可信、安全流转，并通过区块链平台得到更好的保护和价值释放。同时数字身份系统和信任体系的日趋健全意味着人们可以更加安全、便捷地参与数字文化内容的创造、共享，推动数字人文领域的开放和合作。长期来看，区块链作为Web3.0、元宇宙等新产业的关键底层支撑技术，有望为新兴产业的实现落地探索可体验、可感知的新模式、新业态[4]，进一步推动数字人文与Web3.0、元宇宙等概念融合发展。

（二）数字人文技术应用的挑战及应对

总的来看，技术的应用为数字人文带来了丰富的人文知识生产方式、传播

---

[1]《元宇宙白皮书（2023年）》，2023年11月，第21—22页。

[2]《区块链白皮书（2022年）》，2022年12月，http://www.caict.ac.cn/kxyj/qwfb/bps/202212/P020230105572446062995.pdf，2024年2月20日。

[3]《区块链白皮书（2022年）》，2022年12月，第15—26页。

[4]《区块链白皮书（2022年）》，2022年12月，第35—37页。

教学方式和应用场景。初期致力于针对文本、图像和艺术品的数据库建设和数字工具开发；慢慢发展到数字媒体技术的综合应用，为文化遗产保护和传播书写新的体验篇章并催生出数字艺术、虚拟现实艺术等新兴艺术形态；再到数据科学、机器学习和人工智能的灵活运用，在更高级的工具和算力支撑下，走向更辽远和深刻的问题域。然而，技术与人文学科领域的结合之旅并非一帆风顺，也存在一些值得细究反思的问题。

1. 技术运用同质化问题及应对

技术运用同质化是数字人文技术应用的一个基础性问题。如从数据统计来看，许多数字人文项目开展路径为数据库建设，输出载体为网站，在成果推广和展示上表现较为单薄，在数字媒体、人工智能、元宇宙等前沿技术的融合运用上略显欠缺。这些研究采用相似的数字技术工具和方法，可能会导致研究设计缺乏多样性和创新性，研究结果缺乏新颖性和深度，不利于数字人文研究方法的创新和突破。同时，技术的同质性也会导致在数字人文研究中忽略某些领域或主题的新问题，造成研究视角的局限，不利于全面理解和诠释本身就十分复杂的文化、历史和社会现象。

面对这一问题，可积极鼓励数字人文研究者尝试使用不同类型、新兴的数字工具和手段，积极采用混合方法研究，创新研究设计和思路，尽量使用不同方法、从不同的渠道获取数据，丰富数字人文研究的问题视角，并积极开展跨学科研究，引入不同学科的方法和理论，扩展数字人文研究的广度和深度。

2. 前沿技术自主性、原创性和开放性不足及应对

当前中国数字人文领域所使用的方法技术已有初步的开拓创新，如"云游长城""数字敦煌"等文化遗产数字化保护项目中使用的腾讯自研的PCG工具、云游戏技术，但大量的方法技术仍引鉴自国外，尤其是机器学习技术、大模型技术的应用，对国外的开源模型如BERT、GPT等依赖性较大[1]。

在未来的发展中，需要加大对数字人文领域的技术创新投入，鼓励更多的

---

[1] 夏翠娟、祁天娇、徐碧姗：《中国数字人文学术体系构建考察——基于实践项目的内容分析和文献研究》，《数字人文研究》2023年第4期。

企业和机构进行原创性技术研究，并积极建立开源社区，提供资源共享、技术交流、联合研发的共享平台和机制，进一步推动技术创新和应用。

3. 技术介入导致偏见问题及应对

一方面，数字技术的应用会取代一部分传统人文研究的工作，比如人文资源的数据采集、处理等工作由机器替代，绘画等艺术美学由生成式人工智能完成，这既是提高研究工作效率的表现，又可能会给传统人文学者带来恐慌和不安，认为技术使用会丢失传统人文学科的文化意义和精神信仰，造成技术使用的偏见问题，甚至是数字人文研究者与传统人文研究者之间的矛盾对立；另一方面，数字技术已经在不容拒绝地改变着传统人文学科的研究场景，因此技术很容易成为数字人文研究的中心，尤其是技术驱动下的数字人文项目，人文学者可能在繁杂的技术池中迷失方向，导致相关研究仅仅停留于人文素材的整理、访问和传播等浅层问题上，而未深入人文研究的核心痛点。

因此，一方面，人文学者需要正视数字技术并积极投身技术的应用，为数字与人文的联姻提供重要的人文领域知识、关键问题和真实需求，挽救数字时代人文学科的式微。另一方面，迫切开展数字人文的批判性和反身性思考，改变"技术先行、理论落后"的发展现状，积极构建数字人文学科理论体系，深化数字人文学术内涵，有效延展观察历史、文化和社会的平台。

4. 技术运用引发伦理问题及应对

数字人文研究在涉及大量数据和使用新兴技术时，常常涉及人文领域的文化、社会、历史等敏感议题，因此不可避免地会产生一些新的伦理问题，如隐私问题。数字人文研究在进行大规模的数据收集、分析和处理时有可能会涉及个人身份信息、敏感信息，例如社交媒体数据收集，是否告知数据风险和获得个人知情同意都值得商榷。同时数字人文研究中的数据共享与开放原则与个体隐私之间也存在着天然冲突。此外，技术的使用也可能会增强社会研究机会的不平等，一些传统的人文学者无法获得或充分利用新技术，导致社会科学研究的数字鸿沟扩大。可见，数字人文领域技术的工具理性需要道德感性的约束，应根据本领域特点制定明确的伦理标准，这些标准应指向隐私保护、数据共享、文化倾向等方面以确保数字人文研究在社会伦理框架内进行。如提高研究透明度，明确研究的目的、方法和可能的风险，确保研究参与者充分了解研究过程，并获得同意知情，特别是在涉及个人数据的情况下。同时也应该建立伦理审查机制，对数字人文项目涉及的技术进行审查，确保项目的设计和实施符合伦理标准，确保其不带有偏见、不侵犯隐私，并尽量避免对特定人群的歧视性影响。

（三）政策环境发展建议

1. 促进数字人文相关政策相互衔接

数字人文的发展将紧密服务于国家文化数字化和中华文化全面复兴等重要国家战略。为了贯彻这一目标，应注重文化数字化与国家在文化保护、教育创新、科技发展等方面的重大战略相对接，将文化数字化发展重点与国家的发展目标紧密结合，并在配套政策中予以体现。比如，将文化数字化科技创新纳入科技发展重大发展方向；将文化数字化纳入智慧城市建设、数字经济发展等；将文化数据作为重要的数据要素资源；出台艺术资源、文物资源的数字化保护与开发利用相关的政策，积极做好新时代下中华优秀传统文化的创造性转化和创新性表达；鼓励利用数字人文工具和方法，如数字化和3D重建技术，保护和传播国家的文化遗产。积极发挥数字人文研究推动文化繁荣、科技创新、经济发展等多个方面的作用。

2. 优化数字人文专业教育相关政策

人才培养是政策编码结果中的一个重要方面，体现出当下国家发展对专业人才的迫切需要。新文科建设的全面部署为数字人文的发展提供了全新的机遇。数字人文教育相关政策首先应该明确更为合理的学科归属。2021年11月，国务院学位委员会印发了《交叉学科设置与管理办法（试行）》，并设置了若干交叉学科[①]。2023年4月，"数字人文"进入最新的《普通高等学校本科专业目录》，归入"文学"门类下的"中国语言文学类"。而在研究生教育层次，数字人文

[①]《国务院学位委员会关于印发〈交叉学科设置与管理办法（试行）〉的通知》，2021年11月17日，http://www.moe.gov.cn/srcsite/A22/s7065/t202112/20211203_584501.html，2024年2月20日。

学位点在"信息资源管理"学科之下。冯惠玲教授指出，尽管数字人文教育尚未成熟，如果必须进入一个一级学科的话，还是进入交叉学科相对合理，在其多学科交叉教育中面临的大量新问题需要在教育实践中逐一应对和破解[①]。其次，需要建立完善跨学科能力教育体系、培养体系，包括实践教育、导师配备、科技成果评价等。此外，还需要发挥数字人文教育对传统人文教育的支撑和牵动作用，将数字人文方法和工具纳入传统人文学科的课程中，强化学生的实践能力和数字素养，提高学生对人文数据的敏感性和分析能力。

3. 发展数字人文相关产业政策

产业是数字与人文结合的直接赋能者，需要不断拓宽数字人文的应用场景，挖掘数字人文产业的巨大潜力。如在文化产业创新领域，数字人文技术和方法可应用于电影、游戏、数字艺术等领域，提供新的创意和用户体验；通过利用人工智能、大数据分析等现代技术，数字人文可以提升文化产品的创新能力，如通过算法生成的艺术作品，或利用虚拟现实技术重现历史场景。因此，在政策制定和完善的过程中，需要着力推动和支持数字文化相关产业的持续发展：应加强对创新和技术研发的支持，包括提供资金支持、税收优惠以及研发设施；制定有效的监管政策以保护知识产权，同时鼓励公平竞争；促进产学研结合，加强与高等院校和研究机构的合作，培养行业所需的专业人才；积极参与国际交流与合作，借鉴国际成功经验，提升中国数字文化产业的国际竞争力。

结　语

总体而言，技术与政策是驱动中国数字人文发展的两辆马车。数字技术的发展和应用为文学、史学、语言学和艺术学等传统人文学科的问题解决提供了新的视野和方法工具，如海量人文数据高效收集、永久保存、准确分析，数字内容创新展示、沉浸交互，以及数字人文成果数字出版、广泛传播等。未来，数字人文还会利用更多新兴技术方法和手段来实现数字和人文的学科破立。元

---

① 冯惠玲：《新文科与数字人文教育之新》，《数字人文研究》2022年第4期。

宇宙、物联网、区块链技术乃至量子计算等尖端科技将以更合理的、更适配的方式引入数字人文，为数字人文的繁荣提供蓬勃的生命力。技术会始终处于不断发展变化之中，数字人文技术应用体系也将不断被补充和重塑。与此同时，相关政策的出台和实施为技术和人文的结合提供了指导和保障。

数字人文作为一个跨学科领域，在贯彻国家战略、人才培养、产业发展等方面发挥着重要作用。通过紧密结合国家的文化和科技发展战略，数字人文能够为国家文化的数字化转型和中华文化的全面复兴提供强有力的支持。同时，通过重视跨学科的人才培养和创新思维的培育，数字人文有助于培养出一代既了解传统人文学科又精通现代科技的新型人才，为社会发展注入新的活力。此外，数字人文未来将有丰富的应用场景，不仅能推动文化产业的创新发展，还能在商业决策、公共服务、城市管理等多个领域中发挥其独特优势。因此，数字人文不仅是一门学科，更是一个连接传统与现代、文化与科技、理论与实践的桥梁，对于推动社会进步和文化繁荣具有不可或缺的作用。

附表 1

中国数字人文项目主要技术应用列表（不完全统计）

项目名称	项目团队	主要技术应用	数据来源
中国家谱知识服务平台	上海图书馆（上海科学技术情报研究所）	本体构建、数据库建设、命名实体识别、语义检索、API 数据服务、语义标注、关联数据、文本分析、内容挖掘、知识图谱、GIS、社会网络分析、场景模拟、数据可视化	2020 年中国数字人文大会获奖项目
台大数字人文中心建构之数字人文分析系统与个人 DH 研究平台	台湾大学数字人文研究中心	数据库建设、统计分析、数据可视化、网站开发、文本分析、GIS	
"中国历代人物传记资料库"（CBDB）在线查询系统第二版	北京大学数字人文研究中心	本体构建、数据库建设、命名实体识别、语义搜索、API 数据服务、语义标注	
高迁数字记忆网站	中国人民大学	数字化扫描、数据采集、OCR 识别、本体构建、命名实体识别、网站开发、数据库建设、VR、3D 建模、航拍建筑数据测量、光学测量、动画制作、语音诵读	
宋元学案知识图谱可视化系统	北京大学数字人文研究中心	知识图谱、场景模拟、数据可视化	
基于 IIIF 的敦煌壁画数字叙事系统	武汉大学数字人文研究中心	本体构建、数据库建设、命名实体识别、语义搜索、API 数据服务、语义标注、IIIF	
董其昌数字人文展示系统	上海博物馆	本体构建、数据库建设、数据可视化、机器学习、深度学习（CNN、自动标注）、关联数据、语义标注	
中国古代皇室家族树	清华大学美术学院	知识地图、场景模拟、信息美学、数据可视化、3D 建模	
唐宋文学编年地图	中南民族大学	现代通信技术、GIS、数字媒体、数据库建设、词汇标注、数据可视化、命名实体识别、关联数据	
中国多代人口数据库	香港科技大学	数据库建设	

续附表1

项目名称	项目团队	主要技术应用	数据来源
南京地区侵华日军慰安所的 AR 故事地图	南京大学	摄影测量、高清图像扫描、3D 建模、文本分析、内容挖掘、GIS、Unity 场景搭建、社会网络分析、VR、AR、叙事音频、AR 相机	2020 年中国数字人文大会获奖项目
中国历史地理信息平台	复旦大学历史地理研究中心	数据库建设、GIS、数据可视化、数据存储、数据管理	2021 年中国数字人文大会获奖项目
徽州文书数字人文平台	中山大学图书馆	本体构建、数据库建设	
北京记忆—京剧脸谱	中国人民大学信息资源管理学院	数据采集、高清图像扫描、OCR 扫描、语义标注、机器学习、标签、网站开发	
本体服务中心	中山大学信息管理学院	本体构建、图数据库、知识图谱、图像语义标注、API 数据服务	
抗日战争与近代中日关系文献数据平台	中国社会科学院近代史研究所	数据库建设、网站开发、数字视频、数字音频	2022 年中国数字人文大会获奖项目
中国历史官员量化数据库（清代）：缙绅录（CGED-QJSL）	香港科技大学李中清、康文林研究团队	数据库建设、大数据、HGIS、数据可视化、网站开发	
"文都时空"文学大数据可视化平台	南京大学	数据库建设、大数据、文本分析、知识图谱、HGIS、数据可视化、网站开发、人工智能、数字音频、交互技术	
中文梗博物馆	邵泽浩	VR、数字媒体、3D 建模、VRChat	
中国人口贩运地理信息系统（CHTGIS）	西北大学	GIS、地理可视化、交互设计	
献礼二十大—历届党代会的信息可视化	华中师范大学信息管理学院等	数据库建设、数据可视化	
籍合网平台	古联（北京）数字传媒科技有限公司	数据库建设、网站开发、OCR 识别、人工智能	
中华传统音乐资源数据库平台	中国数字文化集团有限公司	数据库建设、数字音频、网站开发	
地图书知识库	成都发现时代科技有限公司	数据库建设、地理可视化、API 数据服务、数据可视化、网站开发	

续附表1

项目名称	项目团队	主要技术应用	数据来源
"北京孔庙"数字记忆项目	中国人民大学信息资源管理学院	数据库建设、数字媒体、网站开发	
宁波城市历史数字人文信息化平台	宁波诺丁汉大学宁诺数字人文研究组	GIS、动画制作、3D 建模、数字图像处理、数字音频、数字视频、网站开发	
苏州历史文化网	苏州大学	数据库建设、网站开发	
君从何处来——跨越千年的迁徙图可视化展项	上海图书馆系统网络中心	本体构建、数据可视化、交互设计、机器学习、数据挖掘、关联数据	
上海图书馆馆藏唱片知识库	上海图书馆（上海科学技术情报研究所）	数据库建设、数字音频、网站开发	
海外博物馆里的中国：文物数字图像关联数据聚合平台	武汉大学数字人文研究中心、武汉大学文化遗产智能计算实验室	图像语义标注、数据可视化、关联数据、知识图谱、IIIF、3D 建模、交互设计	2022 年中国数字人文大会获奖项目
多维度图像智慧系统（MISS）	中山大学信息管理学院	关联数据、IIIF、大数据、资源描述框架（RDF）、人工智能、识别技术、网站开发	
中国古籍基础数据应用平台	上海外国语大学	数据库建设、文本分析、数据可视化	
今鉴：清末民国社会调查数据库平台	中国人民大学历史学院、中国人民大学图书馆、上海精灵天下数字技术有限公司、福建教育出版社、广西师范大学出版社	数据库建设、数据采集、统计分析、数据可视化、网站开发	
中国非物质文化遗产基因数据库	起承研究院（上海起承人文智能科技有限公司）	大数据分析、知识图谱、网站开发、GIS、数字图像处理、数字视频、关联数据	
古文智能标引	清华大学人文学院中文系	人工智能、命名实体识别、深度学习	
灵境石语——碑帖建筑 VR 沉浸式体验展项	上海图书馆（上海科学技术情报研究所）、上海市虚拟环境下的文艺创作重点实验室（上海戏剧学院）	VR、游戏引擎（Unreal 引擎）、交互设计	

续附表1

项目名称	项目团队	主要技术应用	数据来源
珞珈图腾家谱数字化平台	武汉大学大数据研究院、武汉大学文化遗产智能计算实验室	数据库建设、大数据、图像识别技术、命名实体识别、机器学习、知识图谱	2022年中国数字人文大会获奖项目
红色夏天 智能航宇	中国人民大学艺术学院、中国人民大学数字人文研究中心	人工智能、移动应用开发、元宇宙、交互设计、数字图像处理、数字音频	
魂瓶：青瓷数字人文博物馆项目	宁波诺丁汉大学宁诺数字人文研究组	摄影测量、激光扫描、3D建模、网站开发、用户界面	
遇见缪斯·北京——艺术资源库	中国人民大学数字人文研究中心	数据库建设、交互设计、网站开发、地图	
"追溯灿烂生平，共忆兰台奠基"——吴宝康学术名人知识库	中国人民大学信息资源管理学院	数据库建设、数据分析、数据可视化、本体构建、知识图谱、GIS、关联数据、OCR识别、自然语言处理	
Learn Chinese Surnames	西交利物浦队	本体构建、关联数据、移动应用开发、API数据服务	2016年上海图书馆开放数据竞赛获奖项目
靠谱网	橄澜科技	网站开发、数据可视化、超链接	
家谱信息服务平台	ECNUGISer	GIS、统计分析、数据可视化、网站开发	
家谱互动平台	时光寻根	移动应用开发	
上图家谱寻根系统	南京谱牒研究	网站开发、数据库建设	
"谱渡"家谱续修微网站	拥抱开放数据团队	网站开发、关联数据、数据库建设	
家谱社交平台	海翼知谱团队	知识图谱、数据可视化、网站开发	
华夏家谱	Alpha Force	移动应用开发、API数据服务	2017年上海图书馆开放数据竞赛获奖项目
名人印象	随机森林	移动应用开发、数据可视化	
inBooks	054	小程序开发	
遇见名家	橄澜科技	移动应用开发	
追墨人	东方网	网站开发	

续附表1

项目名称	项目团队	主要技术应用	数据来源
近代名人堂	金橡树	网站开发	2017年上海图书馆开放数据竞赛获奖项目
听说 APP	SHU_VIZ_GROUP	移动应用开发	
名人之光	数据 Win8	网站开发	
星星猎手	星星点灯	移动应用开发、游戏开发	
寻踪·遇见	中国医学科学院医学信息研究所"医科数据共享"团队	OCR 识别、实体识别、语音播放、数据可视化、关联数据、知识图谱、API 数据服务	2018年上海图书馆开放数据竞赛获奖项目
民国百花	SHU_VIZ_Group	小程序开发、游戏开发	
原印鉴章	古书画觅踪	小程序开发、人工智能、计算机视觉	
树人者——二十世纪中华教育名家精粹	北京师范大学北师木铎金声	数据库建设、API 数据服务、关联数据、Web 应用开发、GIS、社会网络分析	
风华诗韵 APP	风华诗韵	移动应用开发、社会网络分析、人工智能、知识图谱	
时迹	随机森林	移动应用开发、关联数据、知识图谱、数据可视化	
诗友	陌上桑队	网站开发、数据库建设、关联数据、本体构建	
人文 360	数据暗流	网站开发、超链接、数据关联、本体构建、知识图谱	
古道有籍网	熊大快跑小队	网站开发、数据库建设	
Computing Len for Exploring the Historical People's Social Network	network-science-course-app	网站开发、社会网络分析	
丹红印记	清华大学图书馆"THU—学者库服务团队"	小程序开发、人工智能、关联数据、API 数据服务	2019年上海图书馆开放数据竞赛获奖项目
诗韵上海——融合 AR 的上海老建筑观览 APP	同济大学和北京大学"PoeticData"团队	移动应用开发、知识图谱、AR	
神秘书信	"拿了奖就回老家结婚"团队	移动应用开发、游戏开发	

续附表1

项目名称	项目团队	主要技术应用	数据来源
一筑·一事	华东师范大学的"sense"团队	移动应用开发、数字图像处理、人工智能、关联数据、知识图谱、数据可视化、数字视频	2019年上海图书馆开放数据竞赛获奖项目
缔造合众——关于合众图书馆的历史普及类游戏	北师木铎金声	网站开发、游戏开发、数字图像处理	
路名焉识 寻物影踪	H.O.C	网站开发、API数据服务、数据可视化、关联数据、GIS	
近代上海工商业建筑文脉	长风追海上好辰光	网站开发、动画制作、API数据服务、地图	
看见上海	idatar	网站开发、数据可视化、关联数据、数字图像处理	
光影流音	百年树木	移动应用开发、数字图像处理、数字视频、关联数据	
上海漫步	花果山	移动应用开发、地图、数字视频、关联数据	
we walk	一毛半	图像识别、关联数据、数字图像处理、数字视频、地图、超链接	
阅读建筑—武康路虚拟漫游系统	致诺团队	VR、移动应用开发、3D建模、用户界面	
沪动（RunningAboveSH）	采薇采微	小程序开发、用户界面	2020年上海图书馆开放数据竞赛获奖项目
佛教建筑时空地图	源工作室	网站开发、GIS	
红色记忆·申城寻踪	条条大路通DH|早睡早起队	数据库建设、地图	
沪上印记	fdu_ 以梦为马	小程序开发、关联数据、用户界面	
沪影云图	云端艺术	小程序开发、用户界面	
沪上民国	Anemoi	小程序开发、人工智能、用户界面	
翰墨风华	Good Omen	小程序开发、关联数据、API数据服务、用户界面	
千里姻缘一线牵——婚姻观的变迁	Memory Keeper	网站开发、用户界面	
梦中奇缘	淡黄的长裙	橙光游戏	
与诗行	州元山	小程序开发、人工智能、图像识别、用户界面	

续附表1

项目名称	项目团队	主要技术应用	数据来源
烽火青春	南大小分队	小程序开发、关联数据、知识图谱	
再造复兴——从"被殖民"到"为人民"	再造"复兴"	网站开发、无人机倾斜摄影、点云模型、3D 建模、用户界面	
申闻｜Once in Shanghai	柠檬饼	人工智能、语义搜索、网站开发、API 数据服务、地图服务、大数据、数据可视化	
陈年毅事	南京啊南京	小程序开发、关联数据、数据挖掘、数据库建设、知识图谱、统计分析、用户界面	2021 年上海图书馆开放数据竞赛获奖项目
红色夏天 智能航宇	云端艺术	小程序开发、动画制作、关联数据、数字音频、用户界面	
中国私家藏书楼时空地图检索平台	吹灭读书灯，一身都是月	数据库建设、网站开发、统计分析、关联数据、GIS、数据可视化	
沪工力量·Shanghai Power	一〇三七	小程序开发、数据库建设、关联数据、知识图谱、用户界面、众包	
绘画简史	小画家	小程序开发、用户界面、动画制作、数字音频、数据库建设、API 数据服务、关联数据	
医"图"寻踪——医学达人的诞生	花开数据	小程序开发、关联数据	
趣味诗词	same	小程序开发、关联数据、数据库建设、人工智能、用户界面	
中国篆刻·方寸之间见真章	StoryBox	网站开发、数据库建设、数据可视化、计算机视觉、文本分析、API 数据服务	
申图寻踪——沪上图书馆时空地图	SHUIM	移动应用开发、数据库建设、本体构建、地图、关联数据、计算机视觉	2022 年上海图书馆开放数据竞赛获奖项目
沪上红图地铁游	铁头小分队	小程序开发、用户界面、关联数据、超链接、数据库建设、知识图谱、API 数据服务	
迷雾寻芳	STA—创合	小程序开发、游戏开发、数字图像处理、数字音频、用户界面	
云瓷序	云瓷行者	网站开发、数据库建设、关联数据、API 数据服务、地图、数据可视化	

续附表1

项目名称	项目团队	主要技术应用	数据来源
遗风·寻迹	南天一柱	小程序开发、地图可视化、数据库建设、关联数据、IIIF、API 数据服务、用户界面	2022 年上海图书馆开放数据竞赛获奖项目
海上文华亭	七公三代五路居	小程序开发、数据可视化、关联数据、数字音频、用户界面	
成就源于劳动	数创未来	小程序开发	
数字虚拟人百年红色导览服务平台	小报童梦想嘉	网站开发、VR、数字视频、语音合成、建模与渲染、动作控制、计算机图形	
基于近景摄影测量法的竹木雕三维数字化存储与数字平台的展示	湖南师范大学"CHDC 文化遗产数字化团队"	近景摄影测量、数据库建设、3D 建模①	《中国文化遗产数字化研究报告》（2022）探元案例
石窟寺表面风化速度定量测定研究	云冈研究院	激光扫描、点云扫描、点云拼接、3D 建模	
佛光寺数字化展示项目	北京国文琰文化遗产保护中心有限公司	摄影测量、3D 建模、激光扫描、移动应用开发、数字视频	
基于虚实融合的文化遗产保护传承	广州欧科信息技术股份有限公司	自动化建模、关联数据、数字孪生	
中国非物质文化遗产基因挖掘与知识图谱绘制	起承研究院（上海起承人文智能科技有限公司）	文本分析、图像分析、人工智能、实体识别、本体构建、知识图谱、数据可视化	
数字化技术在文博美术领域的应用创新	雅昌文化（集团）有限公司	数据可视化、数据库建设、3D 建模、交互设计、智能图像处理技术、关联数据	
基于 3D 打印和 VR 技术的文化遗产传播与利用	山西云冈数字科技有限公司	光学定位、激光扫描、3D 打印、人机交互、VR	
VR 曾侯乙编钟音乐游戏	武汉渲奇数字科技有限公司	数字孪生、摄影测量、VR	

① 王巍、陈玉彬、吴雨珩：《基于近景摄影测量法的非遗三维数字模型生成与优化研究——以石市竹木雕为例》，《创意设计源》2022 年第 3 期。

续附表1

项目名称	项目团队	主要技术应用	数据来源
再造长安：基于文本大数据的历史城市分析与生成系统	清华大学未来实验室空间与媒体组	机器学习、人工智能、大数据、关联数据	《中国文化遗产数字化研究报告》（2022）探元案例
三星堆MR导览"古蜀幻地"	连偶（重庆）科技有限公司	AR、MR、元宇宙	
基于智能设计方法的中国风格数字文化创新与设计应用	数字文化创意智能设计技术文化和旅游部重点实验室（湖南大学）	图像高清扫描、图像语义理解、大数据	
基于文化遗产信息模型（CHIM）的场景应用开发	新维畅想数字科技（北京）有限公司	大数据、云计算、人工智能、VR	
光子照扫专项"投影游戏现实虚幻交互，实现高效数字留存"	光子工作室群	高清照扫、数字图像处理、3D建模	
画游千里江山	北京凤凰数字科技有限公司	巨幅动态投影、VR、交互设计、点云模型、游戏引擎、数字孪生	
预见珐琅	中国地质大学（武汉）珠宝学院	3D打印、VR	
撒梅传习所AR展示项目	亮风台（上海）信息科技有限公司	AR、3D建模	
数字圆明园	伟景行科技股份有限公司与北京市海淀区圆明园管理处、清华大学建筑学院郭黛姮团队	3D建模、计算机视觉、VR、AR	文化遗产数字重建项目
数字敦煌	敦煌研究院	激光扫描、3D打印、动画制作、游戏引擎（物理渲染和全局动光照）、VR、数字视频、数字图像处理、3D建模、云游戏、数据库建设、关联数据、知识图谱、测绘遥感	
数字云冈	云冈研究院	激光扫描、近景摄影测量、3D建模、3D打印、VR、数据库建设	

续附表1

项目名称	项目团队	主要技术应用	数据来源
数字故宫	故宫博物院	激光扫描、3D建模、AR、人工智能、数字图像处理、小程序开发、360全景相机、数据库建设、GPRS导航、LBS定位、语音交互、云计算、大数据	文化遗产数字重建项目
云游长城	中国文物保护基金会、腾讯公益慈善基金会等	激光扫描、3D建模、PCG、游戏引擎、云游戏、数据库建设	
张掖市马蹄寺石窟群数字化保护	甘肃恒真数字文化科技有限公司	激光扫描、摄影测量、3D建模、VR、AR、数据库建设、数据分析、计算机辅助设计、数字图像处理	
《文昭皇后礼佛图》数字还原	西安交大艺术系贾濯非研究团队、芝加哥大学东亚艺术中心	3D建模、计算机视觉	
北京智化寺海外藏藻井的数字化原境还原研究项目	西安交大艺术系贾濯非研究团队、芝加哥大学东亚艺术中心	VR、激光扫描、3D建模	
颐和园佛香阁三维重建	武汉大学数字文化遗产研究中心	激光扫描、近景摄影测量、3D建模	
中国基本古籍库	北京大学	数据库建设	高校与科研机构特色资源建设
全唐（宋）诗分析系统	北京大学中文系	数据库建设、数据分析、数据可视化、机器学习	
古汉语文本自动句读系统	北京大学中文系	数据库建设、自然语言处理、机器学习	
中国记忆	国家图书馆	网站开发、数据库建设	
数据可视化与人文艺术项目	清华大学美术学院	数据可视化、计算机视觉(图像识别)	
丝绸之路历史地理信息系统	陕西师范大学西北历史环境与社会经济发展研究院	GIS、数据库建设	
数字人文知识发现平台	上海财经大学图书馆	数据挖掘、文本分析、数据可视化	

续附表1

项目名称	项目团队	主要技术应用	数据来源
古籍文本可视化分析与挖掘	上海师范大学语言研究所	文本分析、大数据、数据可视化、统计分析	高校与科研机构特色资源建设
上海年华	上海图书馆	关联数据、数字音频、API数据服务、数据库建设、数据挖掘	
俄罗斯文学特色文献数据平台	上海外国语大学图书馆	文本分析、语义搜索	
中国文学地理学信息平台	首都师范大学	GIS、数据库建设	
清代档案人名权威档	台北故宫博物院	数据库建设、关联数据	
地理信息服务平台	中国社会科学院	GIS、统计分析	
西北人文资源环境基础数据库	中国艺术研究院	数字媒体、数据库建设	
古籍数字化记忆再造工程研究	武汉大学	关联数据、大数据、人工智能、知识图谱、人机交互、VR、IIIF	其他
历史人文大数据平台	上海图书馆	关联数据、文本分析、聚类分析、数据中台、知识图谱、IIIF、图数据库	
莫高窟《五台山图》交互式数字叙事系统	武汉大学王晓光教授团队	激光扫描、点云数据、3D建模、VR、动画制作	

多方交融：中国数字人文的理论脉络与方法体系

夏翠娟　（上海图书馆、中国人民大学信息资源管理学院）

余　敏　（中国人民大学信息资源管理学院）

王辉茹　（中国人民大学信息资源管理学院）

一、中国学术界关于"数字人文"概念独立讨论的学术史回顾

在研究数字人文发展史时，国外学者习惯找到一些标志性的、对领域发展有重要影响的活动来进行分期。较有影响的分期方法一般有两种：两段论和三段论。两段论以2009年发布的《数字人文宣言2.0》为代表，将数字人文的发展以2000年为界，分为以定量研究为主的时期和以定性研究为主的时期[①]。持三段论的学者以大卫·M.贝里（David M. Berry）为代表，认为第一波浪潮（1940s—2001）是人文计算（Computing in the Humanities）阶段，关注数据库和计算工具的构建；第二波浪潮（2002—2009）是数字人文（Digital Humanities, DH）阶段，关注界面和原生数字化方向；第三波浪潮（2009—）是"复数"的数字人文（DIGITAL HUMANITIES, DH）阶段，更加关注媒介和文化批判[②]。对于中国的数字人文发展来说，2009年武汉大学信息管理学院王晓

---

①Todd Presner et al., "The Digital Humanities Manifesto 2.0," *Multitudes*, 2015, https://www. humanitiesblast.com/manifesto/Manifesto_V2.pdf.

②David M. Berry, "The Computational Turn: Thinking about the Digital Humanities," *Culture Machine*, vol. 12, 2011, https://culturemachine.net/wp-content/uploads/2019/01/10-Computational-Turn-440-893-1-PB.pdf.

光教授在"教育部人文社会科学研究方法创新论坛"上首次将"数字人文"这一概念引入中国[1]，以及2016年北京大学举办的首届"数字人文论坛"国际学术会议和"中国历代人物传记资料库"（CBDB）项目团队在全国高校中对"数字人文"这一概念的推广活动，是尤其值得关注和铭记的。基于此，本报告将中国数字人文的发展分为以下几个阶段：2009年以前、2009年至2016年、2016年至今，来回顾数字人文这一概念的演变。

（一）2009年以前

与国外将数字人文的发展史明确划分为"人文计算"（Humanities Computing）和"数字人文"（Digital Humanities）不同，中国的数字人文发展难以在时间上明确区分"人文计算"和"数字人文"，大多的数字人文实践既包含人文计算的数据建模活动（数据基础设施建设即主要的数据建模活动），也包含批判的数字人文研究。在21世纪的最初十年，国外的数字人文经历了"人文计算"向"数字人文"转型的大辩论，到2009年王晓光教授将"数字人文"概念引入中国时，在国外，"数字人文"作为一种涵盖所有人文学科中应用计算机技术的实践活动的"大帐篷"，已经尘埃落定。

然而，实际上在2009年以前，关于计算机技术在人文学科中应用的实践活动和研究活动已在国内某些领域内展开，如人文地理学、语言学和教育学。2000年在地理学领域出现了关于计算机网络信息空间（Cyberspace）用于人文地理学研究的综述[2]。2004年发表了关于汉语信息处理和计算机辅助汉语史的研究[3]。2005年有学者发文讨论了华中农业大学文科实验室（计算机和计算机网络）使用现状，对其存在的问题进行简要分析，并提出了一些相应的对策[4]。

---

[1] 王晓光：《"数字人文"的产生、发展与前沿》，2009年教育部人文社会科学研究方法创新论坛论文，重庆，2009年11月。
[2] 张捷等：《计算机网络信息空间（Cyberspace）的人文地理学研究进展与展望》，《地理科学》2000年第4期。
[3] 尉迟治平：《汉语信息处理和计算机辅助汉语史研究》，《语言研究》2004年第3期。
[4] 尹发跃等：《人文社会科学实验室应用现状、问题及对策——以华中农业大学为例》，《中国教育技术装备》2005年第11期。

2001年、2003年、2008年出现了关于计算机辅助教育的讨论①。但这些研究并未将"人文计算"或"数字人文"作为一个独立的概念来给出定义。

（二）2009年至2016年

在2009年至2016年的这一时期内，"数字人文"的概念在国内已经被少量人文学者注意到，来自多个学科的探究性研究开始出现。陈刚认为历史地理信息化是一个新兴的交叉研究领域②。伴随近年来人文社会学科兴起的"空间转向"研究思潮，逐步形成了以GIS技术为支撑的"空间综合人文社会科学"，并对"数字人文"的概念作出解释：通俗来讲，数字人文是一个将现代信息技术（数字化、数据库、互联网络、统计分析、数据挖掘、可视化计算、GIS等）深入应用于人文社科研究的交叉与跨学科领域。来自信息资源管理学科的曾小莹认为"数字人文"包含在人文社会科学领域对研究对象知识本体的所有数字化研究与应用，如对信息资源的加工、分析、组织与服务等③。胡易容、张克认为数字人文与符号学的交界面并非一个自足的学科，而是交叉的领域④。为了区别于数学所称的数字，且为了凸显数字作为一种介质或传播手段的属性，该领域可称为"数字人文符号学"。其研究范畴是诸种数字技术背后对基于数字化诸现实的符号表意形式研究，它的上层论域是"自然科学的文化符号学"。刘炜在"数字人文与语义技术"2014年图书馆前沿技术论坛（IT4L）推介了一篇内部报告，对国际上在"数字人文"的产生、定义、实践等方面的研究成果进行梳理后，认为随着图书馆数字化转型和数字图书馆的兴起，"数字人文"已开始向图书馆领域渗透，只是图书馆界尚处于"数字人文"的适应期，相关研究集中在图书馆与"数字人文"的关系，以及图书馆在"数字人文"中应有的作为等方面。这些来自不同学科的研究主要是从"数字人文"与本学科的关系出发，来讨论何

---

①余菲：《论计算机辅助教学中的素质教育》，《中山大学学报论丛》2001年第6期；杨小敏、全力：《人文教学中计算机多媒体辅助手段的运用和研究》，《佳木斯大学社会科学学报》2003年第6期；王磊、吕晓飞：《计算机辅助教学之我见》，《时代文学（双月上半月）》2008年第2期。

②陈刚：《"数字人文"与历史地理信息化研究》，《南京社会科学》2014年第3期。

③曾小莹：《数字人文背景下的图书馆：作用与服务》，《图书与情报》2014年第4期。

④胡易容、张克：《从"数字化生存"到"符号的栖居"——论数字人文学的符号学界面》，《华南师范大学学报（社会科学版）》2016年第2期。

为"数字人文"、何以"数字人文"的问题。与此同时，也有学者开始引介与翻译国外的数字人文研究成果①。

（三）2016年至今

2014年，上海图书馆在IT4L 2014上提出的以语义技术实现从数字图书馆向数字人文转向的实践项目②逐渐开花结果，1月，基于数字人文理念和方法新推出的"中国家谱知识服务平台"上线。同年上线的还有后来在数字人文发展史中影响较大的数字人文项目——敦煌研究院的"数字敦煌"项目。随着北京大学举办首届"数字人文论坛"和CBDB项目团队的徐力恒、王宏甦等在全国各大高校人文院系举行的一系列推广活动，"数字人文"作为一个已经在国外发展成型的，具有自身的概念体系、方法体系，具备强大"伞式"效应的交叉研究领域，开始为国内众多人文学者所熟知。而有了基于CBDB数据集的具体研究案例和向广大人文研究者开放使用的CBDB数据集，尤其是CBDB项目团队举办的各种工作坊，使得数字人文成为一种可操作、可实践的研究领域，开始在国内各高校和各人文学科中蓬勃发展。

这一时期，伴随着数字人文实践的兴起，关于"数字人文"定义的研究、讨论和争鸣也热烈起来。陈静追溯了中国数字人文研究的缘起、梳理了前期中国数字人文实践和中国数字人文机构建设及研究进展③。郭英剑梳理了数字人文的概念、历史、现状及其在文学研究中的应用，认为所谓数字人文，是一种将新的技术工具与方法运用到传统的人文学科的教学、科研、服务以及其他创造性工作之中的新型学科④。反过来，数字人文学者也运用传统的人文学科研究的思维与方法去反思数字人文的应用与价值。张卫东、左娜认为在当下阶段，数

---

①Michael A. Keller、王宁：《数字人文和计算化社会科学及其对图书馆的挑战》，《现代图书情报技术》2014年第10期。

②2014图书馆前沿技术论坛："数字人文与语义技术"专题研讨会，会议简介：https://society.library.sh.cn/IT4L2014；夏翠娟等：《基于书目框架（BIBFRAME）的家谱本体设计》，《图书馆论坛》2014年第11期。

③陈静：《当下中国"数字人文"研究状况及意义》，《山东社会科学》2018年第7期。

④郭英剑：《数字人文：概念、历史、现状及其在文学研究中的应用》，《江海学刊》2018年第3期。

字人文是人文探索与数字技术相交融的结果，它可以看作是一种"速效胶"，为不同学科的融合提供了新的方法和途径，更深层的含义则需要从方法、技术、历史等视角进行解构①。董洪川、潘琳琳认为虽然数字人文的内涵和外延至今未有共识性的定义，但没有人否认交叉性是数字人文的核心，即它是数字媒介和传统人文的联姻，是将现代数字技术应用于传统人文研究的新型跨学科研究领域②。具体来说，数字人文站在一个新的理论高度重新审视数字技术与人文研究的关系及其带来的影响，使用数字媒介的工具和平台来重新考察传统人文学科的既有课题，检索、挖掘、分析和利用海量的数字资源，将人文学科各领域的研究成果数字化，并为人文研究提出问题、界定问题和解决问题提供新的视角，甚至产生新的研究范式。胡开宝、黑黥认为数字人文是将人文学科知识、数据收集和分析技术、网络基础设施和算法模型等融为一体所形成的交叉学科研究领域，旨在考察如何利用数字技术去提升和转化人文社会科学研究，数字人文研究的特征主要表现为数字化和数据化③。王丽华等认为数字人文作为各门人文学科应用了数字技术之后产生的新形态，其实就是"人文学科"的延伸和发展，是多门学科共同构成的一个新领域④。它既根植于传统的学科（至少目前是），又共同形成一个以"数字技术"作为方法和工具的新学科。随着数据处理在人文学科的不断应用，数字人文将人文学科带入了数据驱动型或数据密集型时代。2021年，在南京大学举办"定义数字人文"研讨会后，陈静在关于这次研讨会的会议综述中提出，虽然数字人文在西方起源较早且仍然充满争议，国内目前尚无公认的定义，但是学者们认为出于对社会和学生的解释，为数字人文下明确定义是非常重要的，并从方法的层面，将数字人文的发展分为两个方面，一是技术方法影响人文研究，二是人文研究应用数字范式。⑤成中英从实现方法的角度讨论数字人文，认为实现数字人文是一个方法论问题，数字人文的实现

---

① 张卫东、左娜：《面向数字人文的馆藏资源可视化研究》，《情报理论与实践》2018年第9期。
② 董洪川、潘琳琳：《数字人文与外国文学研究范式转换》，《西南民族大学学报（人文社科版）》2018年第9期。
③ 胡开宝、黑黥：《数字人文视域下翻译研究：特征、领域与意义》，《中国翻译》2020年第2期。
④ 王丽华、刘炜、刘圣婴：《数字人文的理论化趋势前瞻》，《中国图书馆学报》2020年第3期。
⑤ 陈静：《"是什么"与"怎么办"——"定义数字人文"研讨会综述》，《数字人文研究》2021年第1期。

可以赋予史料文本客观化、数字化的表达，概念的数字化处理首先应完成对语言层面最基本单位的数字化，当我们把文本、语言单位梳理清晰后，人文数字化才有意义，我们才能实现诠释现象、探索真理的目标①。刘圣婴等认为数字人文是各门具体人文科学采用数字方法的汇聚和总结，是一种"方法论共同体"（Methodological Commons）②。从上述对数字人文的定义来看，中国学者更多地将数字人文作为一种跨学科的方法来看待。

这一时期，"人文计算"与"数字人文"的关系也成为讨论的重点。林施望回顾了从"人文计算"到"数字人文"概念与研究方式的变迁，提出人文计算（Humanities Computing）与数字人文（Digital Humanities）常被认为肇始于罗伯特·布萨（Roberto Busa），但"人文计算"与"数字人文"并不完全相同③。通过梳理人文计算的定义，考察人文计算与数字人文各自的研究方法与研究对象，在此基础上，解析人文计算与数字人文的关系，追溯人文计算向数字人文转变的历史过程。黄水清梳理了人文计算与数字人文的概念、问题、范式及关键环节，认为"人文计算"或"数字人文"，两词在国内和国外的文献中都有使用，且指代基本一致，同时也都没有学界一致接受的定义④。从字面上看，两个词的共同点都凸显了信息及计算技术与人文科学的结合，区别在于人文计算落脚点在计算，体现了其面向数据、作为研究工具及研究手段的特点，而数字人文从字面上看范畴更大、含义更模糊、产生歧义的可能性也更多。王军在谈到人文计算和可视化的问题时，认为数字人文的前身是"人文计算"，这一命名反映了人们对此领域的最初认识：将计算机作为一种新的工具应用到人文领域来解决问题⑤。

---

① 成中英：《从哲学—人文板块的角度论数字人文》，《数字人文研究》2022年第2期。
② 刘圣婴等：《数字人文的研究范式与平台建设》，《图书情报知识》2022年第1期。
③ 林施望：《从"人文计算"到"数字人文"——概念与研究方式的变迁》，《图书馆论坛》2019年第8期。
④ 黄水清：《人文计算与数字人文：概念、问题、范式及关键环节》，《图书馆建设》2019年第5期。
⑤ 王军：《从人文计算到可视化——数字人文的发展脉络梳理》，《文艺理论与批评》2020年第2期。

二、交叉融合中各人文学科"数字人文"相关概念的辨析

中国学术界来自不同人文学科的学者在讨论"数字人文"相关概念时，往往结合本学科的发展，拓展出与"数字人文"相关的更多概念，如计算语言学、数字文学、文化分析、数字史学、空间综合人文学、数字艺术、数字记忆、数字学术、数字阅读等。这些新概念和新领域的出现，可视为数字人文与不同人文学科交叉融合的结果。

（一）语言文字学

通过引入其他学科研究方法，当代语言学衍生出相应的研究方向，例如计算语言学。计算语言学一词最早出现于1960年代初期，经过多年发展已经成为一门具有重要影响力的交叉学科[1]。柏晓鹏指出目前学界对计算语言学的认识是："其研究对象是人类语言，研究手段是计算技术，研究目的是对语言进行自动化处理，其研究过程涉及对语言的建模和对模型的评价。"[2] 与之并列的还有"自然语言处理"这一常见术语。不过"计算语言学"强调使用计算技术对语言进行研究，"自然语言处理"则关注语言处理技术。整体来看，计算语言学研究的方法论经历了基于规则的方法、基于统计机器学习的经验主义方法和基于深度神经网络的方法三个阶段。且从1940年代机器翻译工作开始，计算语言学逐渐形成了一种主流的研究范式来获取数据、训练模型、评测模型。这三个部分是目前进行计算语言学研究工作的必要环节。以计算语言学的研究方法和范式，基于语言资源的语料库、知识库构建成为计算语言学的典型项目，如基于现代汉语的北京大学人民日报标注语料库、南京农业大学新时代人民日报分词语料库。文本处理技术方面的语言生成、语义理解成为计算语言学的代表性应用，如词频统计、词典编纂、语义分析等[3]。深度神经网络和预训练模型技术方面的中文

---

[1] 蒋颖、逯万辉：《来源学科视角下的交叉学科发展机制研究——基于计算语言学的考察与分析》，《图书情报知识》2022年第4期。
[2] 柏晓鹏：《计算人文视阈下的计算语言学：现状和范式》，《图书与情报》2023年第1期。
[3] 黄水清、刘浏、王东波：《计算人文学科的内涵、体系及机遇》，《图书与情报》2023年第1期。

预训练模型框架如中文BERT、ELECTRA（现代汉语）、SiKuBERT（古代汉语）等成为计算语言学的前沿技术应用。

关于语言学与数字人文的关系、语言学研究者如何参与数字人文研究，有学者指出可用"语言数字人文"的概念来描述。如果数字人文是一顶"大帐篷"，则语言数字人文是数字人文这顶"大帐篷"下的"小帐篷"。语言数字人文具有天然的跨学科属性，在这顶"小帐篷"下，语言学、文学、翻译学、计算机科学、信息科学、社会学、心理学、新闻传播学等学科的智慧和方法交叉碰撞产生新知。具体而言，语言数字人文是采用数字技术与方法以提出或解决语言学及其相关问题为目标的研究领域[1]。不过，从学者构建的语言数字人文理论框架来看，其理论探索、应用研究、基础建设等内容都与计算语言学相关研究基本重合。

（二）文学

李泉提出"数字文学"（Digital Literature）是文学与文字研究数字转向后实现理论体系化的必然选择[2]，总体来看，文学研究的数字转向包含了四个方面的内容：一是文学研究对象的数字化。文学研究对象的数字化又可以细分为两个范畴，一种是原生性数字文学文本（Born-digital Literary Text），另一种是再生性数字文学文本（Reborn-digital Literary Text）。二是文学研究方法的数字化。文学研究方法从传统的主观性文史考证、文学美学批评转变为大数据分析、语料库、文本发掘和虚拟现实等数字研究方法。三是文学研究中信息检索、获取与共享的数字化，以及研究成果的发布、交流与评价方式的数字化。四是文学研究理念的数字化。在全面吸收传统文学研究理念的基础上，数字文学具有更宽泛的数字化研究对象、研究方法和研究理念来深入发掘数字文学文本在书写人和人性方面出现的新内容、新空间和新可能性，以及当下乃至未来人的数字化文学创作、文学阅读与文学接受异于传统理念与范式的新特征。

文学计算（Literary Computing），可看作是李泉提出的第二种文学研究数

---

[1] 雷蕾：《语言数字人文："小帐篷"理论框架》，《外语与外语教学》2023年第3期。
[2] 李泉：《数字人文的发展源流与数字文学的理论建构》，《西南民族大学学报（人文社科版）》2018年第9期。

字转向，即利用大规模文本数据和计算机技术，以计算的方式进行文学分析或批评的研究领域，是数字人文文学研究的主要分支。目前国内文学计算研究热点主要集中在对文学作品的文体特征、语言特征、人物形象以及意象蕴含进行分析，也有部分学者正在进行开拓性的工作，开始利用计算方法对文学作品的修辞手法、叙事特征、艺术规律和美学原理进行研究[①]。

与文学计算类似的概念，还有文化分析（Cultural Analytics）。数字人文文化分析是将数学、统计学和社会科学的定量分析方法应用于大规模、复杂的社会和文化数据集分析的研究领域，在数字人文中占有重要位置[②]。提到文化分析，便一定会提到弗朗科·莫莱蒂（Franco Moretti），他提出的"文化进化假说"（Hypothesis of Cultural Evolution）、"远读"（Distant Reading）等对数字人文与文学研究产生了深远的、奠基性的影响。在文学研究中开展定量研究和计算机研究之所以影响深远，是因为它可能会改变人们对几个世纪以来文学创作的进展或演化方式的思考，而这种思考必须通过定量分析才可能实现，如一些重要且实质性的文学历史问题无法通过一本书或者一组书籍的详细分析得以解决，而需要从统计或数据生成的角度去研究更广泛的文化演变问题。

（三）历史学

"数字人文"常被认为将"量化"方法引入人文研究中。实际上，在历史学领域中，运用量化方法的传统由来已久。在"数字人文"被引入历史学研究之前，"计量史学"或者说"量化史学"就已经在历史学研究方法体系中占据了不可忽视的地位[③]。量化史学作为数字人文谱系中的一支，经历了长期的发展。历史学和量化方法的联系曾引起过学界反对或沉默。从20世纪四五十年代起，关于量化方法在历史学中的运用经历了多次辩论。池翔认为将"数据"和"量化"放在历史学历次范式转移和知识转型的过程中，梳理"社会史""文化史"

[①] 刘洋、余思琪：《文学计算的理论、方法及发展挑战——刘洋博士访谈》，《数字人文研究》2023年第4期。

[②] 马修·威尔肯斯、杨晓燕：《数字人文文化分析领域及大语言模型应用前景解析——马修·威尔肯斯博士访谈》，《数字人文研究》2023年第2期。

[③] 马金生、李宏：《中国大陆"计量史学"现状的本土化反思》，《广播电视大学学报（哲学社会科学版）》2009年第2期。

和"数字人文历史"对量化方法的认知和使用，可以更好地理解和展望"数字计算"和"数字人文"为历史学科带来的挑战和机遇[1]。随着历史学的历次转向和量化工具的不断调试，历史学家从早期对"硬数据"和宏观"社会结构"的信念，转向了"社会网络""理性选择"等微观世界的重构。受中外史学传统的影响，中国的量化史学发展呈现出更多的可能性和更丰富的面向。数字人文技术下的量化研究已然成为近年来中国社会经济史的一个新的增长点。

2015年，王涛认为信息时代历史研究何去何从的问题是史学理论的宏大问题，对于具体的史学研究者而言，则是涉及个人研究工作安排的微观问题，史学的未来发展趋势，将会是"数字史学"的兴起，并以"数据挖掘"技术的应用为例，说明历史研究未来的研究方法[2]。由于信息技术日新月异，数字史学作为一门新生学科具有巨大发展前景，但它并不会挤压传统史学的生存空间。相反，历史研究将主动吸纳数字史学的概念和方法，实现学术研究的"数字化生存"。2017年，王涛从历史学的角度反思数字人文，认为数字史学关注网络的使用，以数据库建设为主，与数字人文存在不同，造成这种状况的原因是数字史学强调"数据驱动"，没有完成史学研究的"论证驱动"任务[3]。在学术研究已经实现"数字化生存"的今天，数字史学的方法与态度，能够为世界史研究提供站到与国际同行同一起跑线的机会。2021年，王涛再次对数字史学的价值与前景作出判断，以极具批判性的思维指出数字史学成功的必备前提是尊重史学家研究工作的自主性，其持久不衰的重要前提是建构起关于历史的解释框架，但这个解释框架有其限度，不能被滥用[4]。当下，对数字史学的认知需要回归到合理的位置，用一种"整体性"的思维来评价数字史学的价值。数字史学呈现的不是单纯的技艺或解释框架。无疑，数字史学在方法论层面能够对传统史学家珍视的"技艺"在效率上进行改善；同时，它基于量化、数据库思维供给了一种世界观，也需要参与对历史学或者宽泛意义上的人文学科的批判性反思。

---

[1] 池翔：《社会经济史量化研究的挑战与机遇》，《中国社会科学评价》2021年第2期。
[2] 王涛：《挑战与机遇："数字史学"与历史研究》，《全球史评论》2015年第1期。
[3] 王涛：《"数字史学"：现状、问题与展望》，《江海学刊》2017年第2期。
[4] 王涛：《数字史学的价值与前景》，《探索与争鸣》2021年第10期。

（四）历史地理学

现代历史地理学研究注重新资料、新方法、新技术的应用，历史地理信息化代表着其技术发展的趋向。这是以遥感（RS）、地理信息系统（GIS）、数字制图、文献数字化、计算机图形图象学、统计分析等多技术集成应用为特点的现代历史地理学技术体系[①]。在国内学界，历史地理学对于地理信息系统（GIS）的探索早于"数字人文"概念的引入，但GIS对于历史地理学自身和其他相关学科的支撑作用似乎并不明显。而"数字人文"的迅速升温却吸引了大批学者对GIS的探索热情[②]，并且历史地理信息化已经成为数字人文研究的主力军。潘威等人回顾了近20年历史地理信息化的发展成就，认为目前历史地理信息化（HGI）可定义为：基于各类历史文献记录，以计算机与互联网为主要辅助技术，在地理信息科学、统计学、数据库技术、文本数字化处理、可视化等手段的支持下，将历史文献记录转换为各类信息的操作过程及其规范、标准与管理方案，并对转换后的信息进行呈现与分析，用以解决历史地理学研究中的各类问题，或传播历史地理学研究成果[③]。赵耀龙等指出历史GIS常被应用于历史地理数据的管理、处理、空间分析、可视化表达等方面，为历史学研究提供了更加广泛的地理空间视角，并发挥出越来越重要的研究价值，如为历史学特别是历史地理文献中的描述性信息提供了空间化和定量化处理方法，为不同来源、不同类型、不同结构历史地理数据资源的有效整合提供了系统方法，为传统历史研究提供了空间可视化的表达方法，通过动态地图、三维GIS（3D GIS）等手段生动直观地展现历史数据的空间变化过程，等等[④]。

放眼更广阔的学术背景，空间综合人文社会科学是近年来兴起的"数字人文"研究的前沿领域，代表着人文社会科学研究的"空间转向"。这里的"空间"就不仅仅是传统地理学意义上的自然地域空间，而是赋予了人类社会及文

① 陈刚：《"数字人文"与历史地理信息化研究》，《南京社会科学》2014年第3期。
② 潘威：《"数字人文"背景下历史地理信息化的应对——走进历史地理信息化2.0时代》，《云南大学学报（社会科学版）》2018年第6期。
③ 潘威、王哲、满志敏：《近20年来历史地理信息化的发展成就》，《中国历史地理论丛》2020年第1期。
④ 赵耀龙、巢子豪：《历史GIS的研究现状和发展趋势》，《地球信息科学学报》2020年第5期。

化意义的自然—人文综合景观空间。这种"空间"概念受到历史学、哲学、文学、社会学、人类学、建筑学等学科的广泛重视，也激发了现代地理学重新发现"空间"的意义。重视空间，就需要运用地理学的研究工具与研究方法，以地图为空间语言，以空间分析与专题制图为手段展示时空的静态格局与动态变迁①。马瑞诗等提出"数字地图集"这一术语用来指代空间历史工作中的一类典型，这个术语是一个基于映射平台的多媒体项目的简称，它将空间参照的特征与非空间资源（如嵌入超链接文本、图像或视频）整合，按类别将空间信息组织成层，通过时间滑块筛选时间尺度的可见显示，通过平移和缩放控制筛选空间尺度的可见显示。其他一些使用文化地理学和地理信息科学方法的人文学者也将他们的研究命名为"空间人文"和"地理人文"。这是过去十年出现的同一领域的两个名称，该领域涉及一系列计算方法，主要通过制作展现历史现象的数字地图及利用这些地图展开分析和交流②。

（五）艺术学

由于信息技术在艺术学领域中的广泛深入应用，使得艺术学也成为数字人文大帐篷下最具活力的一员，催生了"数字艺术史""艺术分析""生成艺术"这样的新概念和新研究领域。

在数字人文与艺术史研究方面，陈亮提出数字人文与艺术史研究的关系体现于近些年来兴起的"数字艺术史"，它有时被视为数字人文的一个分支，但近年来的反思则认为它有着不同于数字人文的起源③。金家琴、夏翠娟认为基于数据库技术提供的数据量化计算功能，艺术史研究学者可以对艺术作品的各项特征，如材质大小等物理特征、笔法流派特征、时空、艺术作品图像中的内容对象等进行聚类、统计和分析，并作为研究的证据④。这样的定量分析方法，成为数字艺术史的新型研究范式。李斌指出在"艺术史"前冠以"数字"之名本

---

① 陈刚：《"数字人文"与历史地理信息化研究》，《南京社会科学》2014年第3期。
② 马瑞诗、埃莱娜·盖诺、田清：《虚拟地球上的丝路之旅：空间历史的教学方法、技术与评价》，《数字人文研究》2022年第2期。
③ 陈亮：《数字人文与数字艺术史浅议》，《美术观察》2017年第11期。
④ 金家琴、夏翠娟：《数字人文在视觉化艺术领域的应用前沿——图像艺术分析与计算机生成艺术》，《图书馆杂志》2021年第6期。

身就彰显"数字艺术史"与传统艺术史之间的差异性①。就学科建设而言，数字艺术史符合"新文科"理念，是艺术史领域交叉学科建设的典范。随着数字人文与艺术史研究的联系越发紧密，围绕数字技术与艺术史研究的理论建构和研究实践显著增加。就研究方法和策略而言，数字艺术史研究可以利用图像模拟、数字数据、计算方法、神经网络、深度学习等数字技术，对数字数据实施自动化、规模化分类和分析，以创建新的艺术关联性，实现艺术形式、内容、风格等动态变化的数字显示，发现纵向时间轴中艺术家创作主题或艺术风格的发展变化等，生成艺术史研究新视角。

在艺术分析方面，金家琴、夏翠娟将数据驱动的艺术分析的特点总结为三个方面：一是从定性分析到定量分析。艺术史领域的研究者们可以根据自己的需求借助数字技术自建面向专门领域特定研究问题的艺术数据库，对艺术作品的各项特征进行量化计算，以支撑自己的研究结论和观点。二是从抽样分析到全景透视。数字技术使得建设某个艺术家或某个艺术流派甚至某个艺术门类的全量级大规模的艺术数据库成为可能。艺术分析不再仅仅局限于有限数量艺术作品的抽样分析，而可以基于全量级大规模的数据库进行全景透视式的分析，将个体的艺术作品置于它所处的时代和文化背景中，置于艺术家其他的作品或与之同时代或同流派的艺术作品所形成的关系网络之中。三是从文本阐释到看图说话。数据可视化是视觉艺术的另一种艺术表达形式，在大数据时代，已成为越来越重要的工具，被深入地用在艺术分析领域。数据驱动的艺术分析往往由艺术家和计算机科学家共同参与，由于艺术家本身具备对视觉艺术的审美敏感性和理解深刻性，能更好地将量化分析的结果、概念和观点用更具艺术美感和视觉表现力的方式呈现出来。

在生成艺术方面，早在1950年代后期，艺术家们就开始使用计算机辅助艺术创作。菲利普·加兰特（Philip Galanter）认为"生成艺术是指艺术家将控制权交给一个具有功能自主性系统的艺术实践，由系统间接或直接完成艺术作品。该系统包括自然语言指令、生物或化学过程、计算机程序、机器、自组织

---

① 李斌：《数字人文与数字艺术史：理论、论争及启示》，《上海交通大学学报（哲学社会科学版）》2023年第6期。

材料、数学运算和其他程序发明"[1]。由此可见，计算机并不是生成艺术的唯一工具，但随着计算机硬件算力的大幅提升、云计算技术的加速升级、AI生成式算法的不断突破以及大语言模型的不断成熟，当下"生成"一词主要用来指称计算机程序所参与艺术的生成[2]。其中，生成式图像艺术的发展如火如荼，其重要的技术里程碑包括生成式对抗网络（GAN）、神经风格迁移（NST）、创意对抗网络（CAN）、DALL·E.（在线绘图软件）、对比语言—图像预训练模型（CLIP）等。这些具体技术的持续性突破不仅提高了效率，而且引发了艺术层面的持续性创新。因此，生成式图像艺术的一项潜力是通过机器学习并提炼全世界的艺术成果和人类艺术想象力，赋予每一位艺术创作者。

（六）信息资源管理学

信息资源管理学是包括图书馆学、情报学、档案学、出版科学等二级学科在内的一级学科，无论在国内还是国外，信息资源管理学及其相关的GLAMs[3]机构都是数字人文领域的积极倡行者和主要参与者。在信息技术应用过程中，提出的"数字人文基础设施""数据基础设施""数字记忆""数字阅读""数字学术"等概念，成为包容的、交叉的"数字人文"概念体系的一部分。

数字时代，阅读载体与渠道的变革使得读者的阅读方式与习惯随之更迭，数字阅读深入发展。张美娟等指出"数字阅读"就是阅读的数字化，指使用数字设备阅读文字、图片、音频、视频等数字文本的活动，且随着技术更迭和内容生产方式的多样化，数字阅读已经不再局限于文本的数字化载体呈现，转而进一步深化至新的融合阶段，拓展成为一项多感官、全媒体，且具有社交功能的全新的社会化实践[4]。区别于传统纸质阅读，杨瑞明认为"数字阅读"正在参

①Philip Galanter, "What is Generative Art? Complexity Theory as a Context for Art Theory," 2003, https://philipgalanter.com/downloads/ga2003_paper.pdf, accessed on February 11, 2024.
②高永杰、吕欣：《生成式AI技术进化与图像艺术生产范式革新》，《现代传播（中国传媒大学学报）》2023年第9期。
③GLAMs指代Galleries（美术馆）、Libraries（图书馆）、Archives（档案馆）、Museums（博物馆）。
④张美娟、苏华雨、王萌：《数字阅读空间中的信息流动、情感凝聚与虚拟互动》，《出版科学》2023年第2期。

与数字时代的文化塑造与文化转型，并重新聚集与整合知识的力量，在更高层次创造"数字人文"的特质，为21世纪的人文精神注入新的内涵①。在数字阅读的空间，人与人、人与世界的沟通与交流，超越了单一线性的模式，成为多元共时、多维交互的关系，使"人类心灵的不同向度重新结合起来"，塑造现实与精神世界。由此可见，数字媒介技术发展为读者带来新的阅读场景与体验的同时，也打破了传统纸质书籍阅读惯常的"孤独状态"，催生出数字化社交阅读现象。西蒙妮·雷博拉（Simone Rebora）等人将"数字社交阅读"（DSR）这一概念定义为在线或离线的阅读体验共享，但这一定义忽视了数字社交阅读社群中广泛的写作活动等②。

　　刘炜等将"数字人文的基础设施"定义为一种支持人文科研活动的基础设施（Research Infrastructure），是指在数字环境下为开展人文研究而必须具备的基本条件，包括全球范围内与研究主题相关的所有文献、数据、相关软件工具、学术交流和出版的公用设施及相关服务等③。夏翠娟将"数据基础设施"从"研究基础设施"中剥离出来并作出定义，认为"数据基础设施"以"数据"为基本的组成单位，"数据"最初的定义是"可被计算机传输和存储的信息"，对于人文研究来说，"数据"可理解为可被机器处理的信息单元，如文献或实物资源对象、概念、人物、机构、团体或其结构化的描述信息（包括变量、数值、文字符号或事实等）④。数字人文"数据基础设施"，除了具备"基础设施"的开放性、公共性和可持续性，还应充分体现出数据规模大，覆盖时间长，地域范围广，描述粒度小、维度多等特点，以支持全网域（Web-scale）的数据调度、融合和自动化分析、统计，以及数据可视化。同时还应独立于具体应用开发和特定领域研究之外，遵循通用的数据组织规范和开放共享规范，成为介于信息基础设施"后台"和特定领域研究"前台"之间的"数据中台"。进一步分析面向人文研究的"数据基础设施"的一般性功能需求和技术规范，包括跨机构的共

① 杨瑞明：《数字阅读的文化价值与人文精神的张扬》，《出版发行研究》2015年第2期。
② 西蒙妮·雷博拉等：《数字人文与数字社交阅读》，《数字人文研究》2022年第1期。
③ 刘炜等：《面向人文研究的国家数据基础设施建设》，《中国图书馆学报》2016年第5期。
④ 夏翠娟：《面向人文研究的"数据基础设施"建设——试论图书馆学对数字人文的方法论贡献》，《中国图书馆学报》2020年第3期。

建共享、跨网域的开放获取、跨领域的知识融通、跨时空的版本迭代四个方面。

　　冯惠玲提出"数字记忆"成为新一代文化记忆，在爬梳数字记忆由来和现状的基础上，阐述数字记忆的基本原理和社会价值，归纳出多资源互补、多媒体连通、迭代式生长、开放式构建等特点，从目标定位、文化阐释、资源整合、编排展示、技术支撑五个方面提出构建数字记忆项目的架构和要领[1]。冯惠玲进一步分析了"数字人文"和"数字记忆"的内涵、架构和方法论特征，试图厘清二者关系，寻找共同发展道路[2]，认为二者重合的基本面主要表现在领域对象的人文属性、数字资源的多样性、数字方法的近似性，以及成果形式的复合性等方面，体现了二者在深层目的和实现路径上的吻合。现阶段的不重合主要表现在数字方法应用规范性、拓展性、工具化程度，以及数字资源呈现理念与方式上的差异。在二者同向推进的过程中，数字人文需要在理论和实践中同步扩大包容性，超越人文计算格局，以数字方法代替计算方法作为方法论基础；数字记忆需要加强理论构建和方法论研究，促进叙事的数字化转型，通过故事数据化、数据故事化等方法提升科学性、规范性和功能度，加强与数字人文的对话交流，共同构建更加开放、宽阔的数字人文谱系。周耀林、刘晗梳理了数字记忆建构的缘起、理论与方法，认为数字记忆是刻写记忆新的进化形态，从产生初始就受到现代哲学建构论的深刻影响，强调现代信息技术与社会记忆建构的有机结合[3]。无论是原生数字资源，还是各类数字化迁移的实践，都不可避免地卷入社会记忆的建构和演变之中，催生了全球范围内多领域、跨学科、深融合的数字记忆项目的探索性成果。究其本质而言，数字记忆由人类数字化生存之"数据化"印痕构成，与数字身体的存在方式、交往方式密切相关，数字记忆的建构需要遵循面向数字遗产、面向数字知识、面向数字人文的建构理论，进而从数据管理的视角探索数据选择的遗忘机制，为社会记忆的建构、维护与传承提供合理性依据。在方法维度上，依据主体逻辑、数据逻辑、技术逻辑三个维度实现数字记忆资源的长期保存与利用。

① 冯惠玲：《数字记忆：文化记忆的数字宫殿》，《中国图书馆学报》2020年第3期。
② 冯惠玲：《数字人文视角下的数字记忆——兼议数字记忆的方法特点》，《数字人文研究》2021年第1期。
③ 周耀林、刘晗：《数字记忆建构：缘起、理论与方法》，《山东社会科学》2020年第8期。

关于"数字学术"，谢炜认为数字学术是将数字信息运用于学术生产全过程，将大数据、人工智能等新技术运用于学术研究[①]。王涛认为数字学术是在新的数字环境下为建立新的学术交流体系而提出的，数字学术包括数字证据和方法的使用，数字创作、数字出版、数字化管理和保存以及数字化利用和复用学术成果。数字学术与数字人文有着密切的联系，二者是相互促进的关系[②]。孙红莺等人指出数字学术是指将数据分析工具等新技术应用于学术研究中，具体指一系列信息技术构成，包括高性能计算、可视化技术、数据库技术和高性能网络技术的应用[③]。数字学术是数字人文发展的新阶段，具有两个明显的特点：一是能够跨越几乎所有学科，二是包含规范的数字证据和不断发展的信息技术，可以为研究人员参与调查、研究、出版和保存提供新途径。蔡迎春等人在数字学术的基础上，立足图书馆视角指出图书馆参与数字学术活动一般是在服务层面，并提出数字学术服务概念[④]，即一种新型的、促进和支持数字环境下学术研究的服务形式，是大学图书馆充分运用各类数据资源、数字技术、工具和方法等优势，面向数字学术研究的全过程，融入科研流程的各个环节，提供嵌入式、系统化的全方位服务，引导并支撑各个学科领域的研究者应用数字方法工具、开展跨学科研究、推动学术跨界分享交流、促进数字化学术成果发布或产品转化的服务新范式。

（七）文化遗产

文化遗产是人类文明的载体与形式，蕴含丰富的文化内涵与民族精神。进入数字社会以来，借助大数据和人工智能等新兴数字技术与理念，"数智化"活化文化遗产，进而实现中华优秀传统文化创造性转化与创新性发展，已经成为

[①] 谢炜：《学术出版在数字学术发展中的定位与作用》，《科技与出版》2019年第4期。

[②] 王涛：《数字学术视角下的人文数据库出版》，《科技与出版》2019年第4期。

[③] 孙红莺、徐贤得：《高校图书馆嵌入式数字学术的构建与服务模式研究》，《图书馆理论与实践》2022年第1期。

[④] 蔡迎春等：《赋能与创新：数字学术服务的多元内容与实践发展》，《大学图书馆学报》2022年第6期。

文化遗产保护与传承的关键路径和数字化赓续的现实需求[①]。

文化遗产数字化既是文化遗产领域向未来延伸的重要方向，也是数字人文研究的重要分支[②]。王耀希认为文化遗产数字化即采用数字采集、数字处理、数字存储、数字展示、数字传播等数字技术将文化遗产转换、再现、复原成可共享、可再生的数字形态，并以新的视角加以解读，以新的方式加以保存，以新的需求加以利用[③]。陈晓皎等人认为文化遗产数字化是针对可移动文物和不可移动文物的数字化保护、复原与展示。利用不断发展的数字技术手段，对文化遗产内容进行梳理与归纳，客观、真实、全面地记录与保存文化遗产的基本信息与核心价值，使他们能够获得科学、有序的数据管理，并拥有持续重现的虚拟能力[④]。在数字技术的支持下，人们不仅可以完好地记录保存静态的实体化文化遗产，也能够更好地记录动态的无形化非物质文化遗产，它打破了过去传统文化遗产保护方式的限制，一方面为现有文化遗产的记录、保护、展示和传播提供更加丰富的技术选择，可以进行数字化复制备份以便于对文物资源的学习研究。另一方面数字化为已经损毁或消逝的文化遗产数字再现和修复、解决文化遗产保护过程中的许多问题寻找到一个突破口，有助于文化遗产的再生和应用。

程结晶等人提到，在文化遗产数字化保护、传承、研究与利用的过程中同样也积累了海量的数字资源，形成了数字文化遗产资源，包括文化遗产本身及其相关数字活动中所形成的各种媒介和形式载体的资源集合，以数字化的文字、图像、音频为主要呈现方式[⑤]。数字文化遗产资源具有实时保存、可复用、随时鉴赏、确权的功能，在本质上是文化遗产与数字技术的融合，也是保护好、传承好、利用好文化遗产的最好选项之一。依据联合国《保存数字遗产宪章》中对数字遗产的定义，数字文化遗产可以理解为以数字方式生成的或从现有的模

---

① 王晓光等：《文化遗产智能计算的肇始与趋势——欧洲时光机案例分析》，《中国图书馆学报》2022年第1期。

② 大卫·M. 贝里、安德斯·费格约德著：《数字人文：数字时代的知识与批判》，王晓光等译，沈阳：东北财经大学出版社，2019年。

③ 王耀希编：《民族文化遗产数字化》，北京：人民出版社，2009年。

④ 陈晓皎等：《文化遗产数字化保护及可视化》，《包装工程》2022年第20期。

⑤ 程结晶、王璞钰、王心雨：《数字文化遗产资源语义服务的发展路径——以映射手稿迁移项目为例》，《图书馆论坛》2023年第9期。

拟资源转换成数字形式的物质文化以及非物质文化的各类资源与信息。

（八）影视传媒

在数字人文跨学科对话的理念倡导下，以编程语言、超文本、定制算法和大数据分析等数字技术工具为基础的定量研究方法，再次回归电影研究的新视野。杨世真认为计量电影学的兴起和发展既源于对欧美某些电影理论宏大叙事的不满，同时也受大数据技术发展及人文社会科学量化研究潮流的驱动，旨在对不同历史阶段、不同国别（或地区）、不同导演的影片做形式元素的基因测序，并在此基础上，通过比较研究的方法，去发现各种常量与变量，为认识影片形式特征变化与导演风格对比提供新的方法与观点[1]。乔洁琼认为计量电影学是在反对宏大理论的背景下兴起的数字人文在电影研究领域的拓展和延伸，它是将统计学、大数据、云计算等方法运用于电影研究的一种新路径[2]。目前的计量电影学主要应用于风格研究，采取科学研究范式对电影风格进行观照，力图回答那些长久以来困扰史学家的问题。陈刚通过计量统计发现，数字人文视野下的计量电影学不仅为电影本体研究提供了数据可视化的工具，而且也拓展了电影研究的理论视野，更构建出一种新型的数据共享和跨学科合作的学术模式[3]。李道新指出数字人文是数字时代面向电影研究的新视野，也是一种跟人文学科变革联系在一起的更加深刻的历史观。影人年谱则是在创新电影史观基础上吁求中国史学传统的研究方式[4]。数字人文、影人年谱与电影研究的相遇，将是一种从"人机交互"走向新的"人机交往"的中国电影研究新路径。

三、关于数字人文方法论的梳理

方法论是关于人们如何认识世界、改造世界的方法理论，并作为指导思想融入实践活动中的哲学路线。它提供了一种系统化的方法来处理问题，并帮助

---

[1] 杨世真：《计量电影学的理论、方法与应用》，《当代电影》2019年第11期。
[2] 乔洁琼：《中国早期电影风格管窥（1922—1937）——基于计量电影学视角》，《电影评介》2021年第22期。
[3] 陈刚：《计量电影学与费穆电影结构的可视化路径》，《电影艺术》2020年第4期。
[4] 李道新：《数字人文、影人年谱与电影研究新路径》，《电影艺术》2020年第5期。

人们解决问题、获取新知识，通常包括观察、实验、推理、演绎、归纳、分析等方法，以及各种辅助工具和技术。简而言之，方法论就是"怎么办"的问题。而数字人文方法论是一种新兴的研究方法，它以人文主义为灵魂，利用数字技术进行人文研究。该方法论通过信息检索、超文本、多媒体、计算机统计分析、数据可视化和数字地图等数字方法，延伸人文学科研究的时空范围和纵深程度。正如人们认为数字人文的定义亟待厘清一样，处于指导地位的数字人文方法论的界定也亟待厘清。关于数字人文方法论的讨论正如火如荼地展开，根据龙家庆截至2023年6月的统计，已有10余篇文献关注到数字人文方法论，且2021年后的发文量呈现递增趋势，是目前关注的热点之一[①]。因此，本报告结合数字人文领域的具体技术对数字人文方法论的特点和应用加以梳理阐释。

（一）数字人文方法论的特点

1. 数字人文方法论的共享交互性

数字人文方法论强调合作性原则、生产性原则、批判性原则和包容性原则。俞立平对于数字人文的学科结构和边界的研究认为，数字人文是若干不同一级学科下的二级学科群，方法和技术是所有数字人文学科的共性[②]。而研究内容取决于一级学科，数字人文拓展了传统人文学科的研究，它将数字技术应用于人文研究，强调人文主义和计算机技术的结合。这种方法论的交互共享性体现在它跨越不同学科之间的界限，将不同学科的知识和理论进行融合，从而形成一种全新的研究视角和方法。其合作性原则体现在跨学科的合作、研究者与技术人员的合作、不同机构和团体之间的合作等，有助于实现资源的共享和知识的交流，从而推动数字人文研究的深入开展。再者，如前文提及的CBDB项目以及上海图书馆的"中国家谱知识服务平台"，数字人文方法以终端用户为中心的性质，改变了传统人文研究的封闭性和单一性，强调社交性和交互性，预示了知识生产的"去中心化"发展趋势，使得更多的人可以参与到知识生产和

---

① 龙家庆：《数字人文方法论应用及审思——对"最佳应对COVID-19"获奖项目的分析》，《图书馆论坛》2024年第4期。

② 俞立平：《数字人文的学科结构、研究边界与发展模式研究》，《图书馆杂志》2023年第3期。

传播的过程中，促进知识的共享和创新。更进一步地说，数字人文方法以数据为基础，通过对大量数据的分析和处理，挖掘出隐藏在数据中的规律和趋势。这种数据驱动的研究方式有助于实现跨学科的数据共享和整合，推动各领域之间的知识交流和合作。同时，对于数字人文"帐篷"和"伞"的概念共识也体现了数字人文方法论的包容性原则。因此，数字人文方法论是具有共享交互性的。

2. 数字人文方法论的跨越性

冯惠玲认为数字人文是一门具有"破坏性创新"的学科，加小双认为数字人文是一种体现"破坏性创新"的知识生产实践，并总结了数字人文的四个"跨越式"对话特征——跨越纯人文与数字方法界限的对话、跨定性与定量研究界限的对话、跨越理论与实践界限的对话以及跨越既有学科界限的对话[1]。而对于数字人文方法论来说，也具有跨越性，不仅跨越不同学科之间的界限，也跨越了纯理论与应用、定性与定量及理论与实际的界限。这种方法论实现了定量方法和定性方法的深度融合，满足了量化研究对"量"的要求。

总的来说，数字人文方法论是一种以人文主义为核心，利用数字技术进行跨学科、跨领域研究的方法论，具有共享交互性和跨越性的特点。

（二）数字人文方法体系

数字人文方法论中的数据管理技术形成了一套行之有效的新的人文学科研究的方法体系。通过数据分析技术，如文本分析、时空分析、社会关系分析等，建立人文数字资源的数据化链接，建立新的知识单元组织和关联关系，帮助发现事物潜在的趋势、逻辑关系，深入挖掘大规模人文数字对象深层次的叙事逻辑和内涵，帮助展现其历史脉络、文化思想和人文精神，实现对文本集合整体特征的描述和内在结构特征的揭示。此外，数字人文方法论还可以通过可视化技术将繁杂深奥的数据进行加工，将抽象数据进行具象的视觉表达，通过视觉元素帮助人们更快地理解数据的含义。以下将列举数据可视化、文本分析法、

---

[1] 加小双、冯惠玲：《"SCP2"数字人文教育综合体系的构建与应用》，《图书馆论坛》2020年第4期。

社会网络分析法、时空分析法、数字叙事等五种方法，阐述支撑数字人文方法论的方法体系。

1. 数据可视化

在数字人文领域中，数据可视化主要是指利用数字技术和可视化手段对人文数据进行处理、分析和呈现的过程，旨在将人文科学研究中复杂的数据关系和知识结构以直观、易懂的方式呈现出来，从而促进学术交流、知识传播和人类对文化遗产的理解和保护。在数字人文领域，数据可视化应用非常广泛，以下简单从历史领域、地理信息系统领域、文学领域以及文化遗产领域进行阐述。

在历史研究中，通过数据可视化可以将历史事件、人物和时间线等复杂的信息以清晰的方式呈现出来，帮助研究者更好地理解和解释历史。例如，钮亮采用三元组普查及可视化对宋代学术网络的结构特征进行考察，探索宋代学术网络的生成机制，从微观角度分析网络的结构特征，理解网络中人物的互动关系，为史学研究提供了新的角度[1]；汤萌、陆星宇依据《石仓契约》科举账簿探索的案例研究率先在民间文献内容挖掘中引入历史地理学方法论，使用民国时期测绘地图进行地理信息配准，实现文献内容空间分布的可视化路径，提供了结构性的文献观察环境、研究拓展支撑与知识发现基础[2]。

在地理信息系统（GIS）研究中，通过将地理信息数据可视化为地图、热力图等形式，可以更好地探索和分析地理空间数据，从而更好地理解地理环境对人类社会和文化的影响。例如，陈海玉、向前和赵冉基于GIS技术与方法，呈现地方历史文献资源在关联聚类、信息自动获取与空间可视化等方面的数据化效果，为馆藏地方文献资源整合与利用服务提供借鉴[3]；李明杰和杨璐嘉利用GIS技术，以可视化的形式展现了明代刻书的分布状况和刻书中心的时空演变，

---

① 钮亮：《宋代学术网络生成机制探索——基于三元组普查及可视化》，《图书馆杂志》2021年第12期。
② 汤萌、陆星宇：《民间文书中账簿资源元数据模型与空间可视化应用研究》，《图书馆杂志》2021年第12期。
③ 陈海玉、向前、赵冉：《馆藏地方历史文书地理信息系统构建研究——以清水江文书为例》，《图书馆杂志》2021年第9期。

为研究明代版本学、出版史和社会文化史提供了一个新的平台和视角①。

在文学研究中，通过数据可视化可以将文学作品中的主题、情节、人物关系等复杂的信息以清晰的方式呈现出来，帮助研究者更好地理解和解释文学作品。例如，吕星月、袁曦临利用李白金陵诗歌的意象绘制了地图，呈现出李白在金陵游历的空间特点，揭示了城市文化边界与空间意象的时空变化，再现了历史文化名城的诗歌情境，传承文化印记②；赵薇提及《红楼梦》作者归属判断透露出计量方法的施用和解释问题，量化方法在古代文学研究诸多问题上进展迅速，计算技术与文学阐释结合，形成了可操作的批评路径③。

在文化遗产保护领域，通过数据可视化可以将文化遗产的信息和结构以清晰的方式呈现出来，帮助研究者、保护工作者和公众更好地理解和保护文化遗产。例如，伯纳德·弗里希（Bernard Frischer）和他的研发团队利用数字技术虚拟重建了1,600多年前的罗马古城，向人们全面再现了罗马古城的辉煌宏伟④；"欧洲时光机"项目用先进的计算机通信与人工智能等技术将欧洲数以万计的历史档案、文献、绘图、古籍、建筑等文化遗产进行数字化，建立一个以历史大数据为核心的分布式数字信息系统，挖掘欧洲广泛的文化遗产⑤；"高迁数字记忆"项目以浙江省历史文化名村——高迁村为研究对象，通过数据收集、分析和可视化，以及互动展示和学术合作交流等方式，旨在促进人们对高迁村的理解和认识，推动对高迁村更深层次的研究和发展⑥。

总而言之，可视化分析在人文研究领域有着广泛的应用，是支撑数字人文方法论的重要方法之一。

---

① 李明杰、杨璐嘉：《基于GIS的明代古籍版刻地理信息系统的设计与实现》，《信息资源管理学报》2020年第3期。
② 吕星月、袁曦临：《李白金陵诗歌的空间意象挖掘策略研究》，《图书馆杂志》2021年第12期。
③ 赵薇：《量化方法运用于古代文学研究的进展和问题——以近年数字人文脉络中的个案探索为中心》，《文学遗产》2022年第6期。
④ Bernard Frischer et al., "Rome Reborn," in *ACM SIGGRAPH 2008 New Tech Demos*, New York: Association for Computing Machinery, August 2008.
⑤ 王晓光等：《文化遗产智能计算的肇始与趋势——欧洲时光机案例分析》，《中国图书馆学报》2022年第1期。
⑥ 冯惠玲、梁继红、马林青：《台州古村落数字记忆平台建设研究——以高迁古村为例》，《中国档案》2019年第5期。

2. 文本分析法

文本分析是一种通过分析文本数据来提取、处理和挖掘文本信息的技术和方法，在数字人文领域中，文本分析法被广泛应用于历史文献、文学作品、口述传统等领域，可以帮助研究者更好地理解文本的主题和意义，发现文本中的知识和结构，促进对人文领域的深入研究和探索。常用的文本分析方法有词频分析、情感分析、语义网络分析、主题模型、语境分析。

文本分析可以帮助研究者更好地理解历史事件、人物和社会背景等，从而更好地揭示历史的真相和规律。赵思渊以"中国地方历史文献数据库"为例展示了地方历史文献的数字化、数据化与文本挖掘[①]；文本分析法还可以帮助更好地理解文学作品，对文学作品进行宏观分析等，例如，王慧和陆晓鸣以日本普通读者的在线评论为考察对象，通过文本挖掘技术，对读者评论进行高频词提取、分维标注、语义共现、情感分析等定性定量相结合的分析，研究发现，《三体》作品跌宕起伏的情节、宏大的世界观设定、对人性的思考，加之优秀的翻译推广是促使其广受日本读者青睐的主要原因[②]；在宗教领域，庞娜娜使用数字技术来收集、展示和分析原始资料，建立数字典藏、对数据进行"远读"和可视化分析，以解决宗教研究中的各种问题[③]。除上述以外，文本分析法在口述传统等领域也被广泛运用，是数字人文方法论中的重要方法。

3. 社会网络分析法

在数字人文研究中，社会网络分析法是一种利用数学和图论等工具，对人文现象进行定量分析的方法，可以用于研究各种人文问题，如社会关系、组织结构、文化交流等，帮助研究者更好地理解和分析人文现象。

在文学领域，魏会洋和袁曦临采用社会网络分析法分析《白鹿原》的人物

---

① 赵思渊：《地方历史文献的数字化、数据化与文本挖掘：以〈中国地方历史文献数据库〉为例》，《清史研究》2016年第4期。

② 王慧、陆晓鸣：《日本读者对中国科幻文学翻译作品的接受》，《日语学习与研究》2023年第2期。

③ 庞娜娜：《数字人文视阈下的基督宗教研究：回溯、范式与挑战》，《世界宗教研究》2022年第5期。

关系结构，为其他数字人文方法应用在人文学科研究中的适用性提供了参考①；在艺术领域，乔宁运用社会网络分析法进行影人年谱研究，这对于当下的电影史研究方法——影人年谱也是一个新的尝试②；在社会学领域，许鑫和陆柳梦使用社会网络分析方法可视化地呈现了毗陵庄氏在江南地区的世家姻娅交往情况和变化，提供了一种用数字人文方法研究家谱古籍的新思路。除此之外，社会网络分析法还广泛运用在其他人文领域，是数字人文方法论中的重要方法之一③。

4. 时空分析法

在数字人文领域中，时空分析法是指利用数字技术和地理信息系统等工具，对具有时空属性的人文现象进行定量分析和可视化展示的方法。时空分析法在历史地理研究、文化遗产保护、社会问题研究等领域均有广泛运用，可以帮助研究者更好地理解和分析具有时空属性的人文现象。通过时空分析法，可以更好地揭示人文现象的内在结构和特点，推动数字人文领域的发展和创新。

在文学领域，宋雪雁等对《全唐诗》贬谪诗人时空轨迹的可视化研究有助于探索贬谪诗人相关要素挖掘方法，为历史、文学领域研究《全唐诗》贬谪诗人提供新线索④；在地理信息系统领域，潘威、白江涛、夏翠娟等将时空框架和大数据技术引入历史地名数据库中，搭建了适用于黄河史研究的历史地名信息管理系统，为政区和聚落地名之外的水利地名等其他类型历史地名的信息化管理提供参考⑤。除此之外，时空分析法还在社会学领域、文化遗产等人文研究领域有着广泛的应用，是数字人文方法论中重要的方法之一。

---

① 魏会洋、袁曦临：《社会网络分析在文学阅读研究中的适用性问题——以数字人文视角下的〈白鹿原〉人物关系阐释为例》，《新世纪图书馆》2019年第3期。
② 乔宁：《数字人文时代基于社会网络分析法的影人年谱研究初探》，《电影评介》2022年第2期。
③ 许鑫、陆柳梦：《面向数字人文的明清时期江南世家姻娅交往研究——以毗陵庄氏为例》，《图书馆杂志》2021年第3期。
④ 宋雪雁等：《数字人文视角下〈全唐诗〉贬谪诗人的时空轨迹分析》，《图书情报工作》2022年第7期。
⑤ 潘威等：《基于TGIS的专项历史地名库设计与搭建——以"数字历史黄河"地名库为例》，《数字人文研究》2022年第1期。

5. 数字叙事

数字叙事在数字人文领域中有着广泛的应用。数字叙事是指使用数字技术进行叙事的方式，它能够将故事以更加生动、形象、丰富的方式呈现给观众，并能够通过互动性和动态性等方式增强观众的参与感和体验感。穆向阳和徐文哲提出了LAM数字叙事基础理论框架[1]；付雅明等在人文和社会科学领域发展现状的基础上，论证了数字叙事作为数字人文方法的现状与可能[2]；在此基础上，李锦绣和林泽斐总结了沉浸式数字叙事的四大场景——文博展示、影视创作、人文教育和社会记忆[3]。

数字叙事被广泛应用于历史、文化、艺术等领域的故事讲述。例如，在历史领域中，数字叙事可以通过数字动画、虚拟现实、增强现实等技术手段，将历史事件、人物故事等以更加生动、形象的方式呈现出来，帮助观众更好地理解历史。在文化领域中，数字叙事可以通过数字艺术、数字音乐、数字舞蹈等方式，将文化元素以更加新颖、创新的方式呈现出来，促进文化交流和传播。在艺术领域中，数字叙事可以通过数字电影、数字游戏、数字互动艺术等方式，创造出更加丰富、多样的艺术作品，满足观众的审美需求。此外，数字叙事还具有社交性和互动性等特点，能够通过社交媒体、互动平台等技术手段，让观众参与叙事过程，与其他观众进行互动和交流。这种互动性和参与感能够让观众更加深入地理解故事，并产生更加强烈的情感共鸣和认同感。

总之，数字叙事在数字人文中有着广泛的应用，它能够通过数字技术手段将故事以更加生动、形象、丰富的方式呈现给观众，并增强观众的参与感和体验感。数字叙事的发展和创新将为数字人文领域注入新的活力。

四、中国学界关于数字人文的理论张力及其趋向

总的来说，自2009年以来，中国数字人文理论范式构建取得了显著的发

---

[1] 穆向阳、徐文哲：《LAM数字叙事基础理论框架研究》，《图书馆理论与实践》2022年第3期。
[2] 付雅明等：《数字叙事作为数字人文方法：现状与可能》，《图书情报工作》2022年第14期。
[3] 李锦绣、林泽斐：《面向数字人文的沉浸式数字叙事：现状、路径与展望》，《数字图书馆论坛》2022年第10期。

展，体现了数字人文实践驱动理论发展的传统，数字人文"大帐篷"涵盖的领域包括各类GLAMs机构和信息资源管理学、语言学、文学、历史学、人类学、哲学、艺术学等主要的人文学科，一些传统的领域如文化遗产或非物质文化遗产保护与传承，一些面向公众的领域如影视传媒、大众传播、公共文化，也开始发展与本学科相适应的数字人文理论。在数字人文研究理论和范式革新方面，一些起步早的学科如语言文字学、信息资源管理学、历史地理学的内部，范式转型一直从未停止：从经验和材料驱动的研究到量化计算驱动的研究，再到大数据驱动的第四范式，而随着以大模型为代表的AI技术的发展，有学者提出了AI驱动的第五范式[①]。在理论、方法创新方面，形成了两条主要路径，一是从其他学科向本学科引入理论和方法，形成跨学科交叉融合的新增长点；二是因应数智时代的需求和利用技术发展的红利，对本学科原有的理论和方法进行更新迭代。介入数字人文较早的学科，如信息资源管理学、语言学、文学、历史学等，在这两条路径上都取得了较好的预期成果。

相比国外的数字人文，由于中国数字人文发展整体起步较晚，在当前阶段，大部分学者重点关注的是如何将各项数字人文方法应用到本学科的研究论题中，尤其是如何利用信息技术支撑领域问题研究。这在本质上可视为如何将计算思维引入人文研究的过程中，力图论证这样的工作推动了人文研究范式的变革。然而，数字人文研究终究是一种人文研究，人文研究注重的是人文关怀和批判思维的运用。在国外数字人文学界，运用计算思维的同时运用批判思维，已经得到学者们的高度重视，甚至在人文计算向数字人文的转型期即得到了充分的讨论并在较大的范围内形成了共识。只有在数据建模（数据库、知识库、语料库、数据集等数据基础设施建设）的整个过程中，运用批判思维对数据建模的过程和结果进行质疑、分析、阐释、评价、判断，确保尽可能全面和真实地利用数据和模型来模拟研究对象，才能得出经得起验证和考验的研究结论[②]。

虽然数字人文的传统是实践驱动理论的发展，但这属于一个新兴学科发展

①王飞跃、缪青海：《人工智能驱动的科学研究新范式：从AI4S到智能科学》，《中国科学院院刊》2023年第4期。
②大卫·M.贝里、安德斯·费格约德著：《数字人文：数字时代的知识与批判》，第175—193页。

早期的特征。近年来，一些数字人文学者正在力图促进数字人文成为一个独立的学科。在这种学科化的推进过程中，完整的、系统的、能指导跨学科交叉融合实践的数字人文理论范式体系构建尤为重要。在数字人文理论范式体系构建的过程中，不仅需要发展出能超越传统人文学科理论框架的数字人文理论范式体系，也需要能超越传统人文学科的数字人文学者组成的学术共同体，更需要建立相对独立的学术评价体系和话语体系。当前数智技术已经全面渗透了知识生产、知识交流的全过程，在各类技术尤其是AI技术研发和应用的过程中又产生了大量传统人文学科所没能触及的新的人文问题，而这正是数字人文学科理论创建和人文研究范式转型的新机遇。

异彩纷呈：中国数字人文的多样化实践探索

严承希 （中国人民大学信息资源管理学院）

夏翠娟 （上海图书馆、中国人民大学信息资源管理学院）

引 言

　　以数字人文带动的"新人文"革命正在世界范围如火如荼地进行，不断促进传统人文学科知识、理论与方法的融合与创新。与之相对的是，数字人文的应用实践呈现日益多元化的发展趋势，且具有鲜明的地域性特征。中国数字人文实践正是植根于中国本土社会、历史与文化背景下形成的有关传统人文实践问题、活动、经验与方式的重构。从历史发展来看，中国数字人文实践见证了从索引编制到数据库建设的资源转型，经历了从数字化到数据化的技术推进，并朝着以自动抽取、语义组织、关联共享与智能理解为核心技术的全面知识化方向前行。于是，我们不禁要问这种实践发展具有什么特点？发展过程中产生了哪些典型的实践成果？它们对于指导中国人文学科的发展具有哪些意义与启示？这一系列问题都是值得思考、审视与讨论的。

　　本报告围绕上述问题，结合中国数字人文的实际情况进行分析与阐释。例如本章第一节介绍了数字人文实践发展的双重属性即跨学科性与协作性，这是与外部技术助力相对的两大内部动因，在数字人文中国化的应用中表现尤为突出。第二节详细介绍了中国数字人文基础设施建设，按照实践生命周期的过程特点与成果形式进行划分，包括数据库、平台和中间成果三个部分。这种双重视角下的透视有利于展现多样化个例发展特征，同时进一步揭示中国数字人文实践发展的共有模式。在此基础上提供了一些合理建议，期待进一步改善与推动中国数字人文实践发展的可持续性与创新能力。

一、中国数字人文实践的发展总览

（一）数字人文的中国化聚焦

信息时代下数字技术正逐渐改变传统人文学科的知识搜集、管理和应用方式。"数字人文"这一新的研究范式正得到来自语言学、文学、历史学、艺术学、哲学等各类人文学科领域的广泛响应，并不断渗透和冲击着传统人文研究的认知方式和学科边界。作为一个"伞状式"或"帐篷式"的概念形象，数字人文带来了一次具有鲜明跨学科特点的知识融通和强烈碰撞。自《数字人文指南》（*A Companion to Digital Humanities*）出版以来，这一概念正式推出并涵盖了"人文计算"一说[①]，成为全球范围内新型人文学科领域最具影响力的代名词。在中国，数字人文吸引了一批又一批来自不同学科的探索者相继投身其中，并与中国社会、历史、文化等具体实践紧密结合的同时不断进行多元化融合发展。相关学术研究、技术实现及应用实践成果不断涌现，呈现出百花齐放、日益蓬勃的发展前景。

从早期的文献编制索引到数字GLAMs的数字化转型，再到人文资料的文本化与结构化转换，中国数字人文一直在将不同类型人文研究资料转换为可计算的文本、数据和知识的探索之路上前行。以数据库建设为主要形式的人文实践项目逐步深入各个人文学科与领域中，上承"资料索引"之功能，下启"资源组织"之效用，成为"接合人文社群与技术脉络的界面以及承载人文批判与技术转型的基石"[②]。特别地，在面向复杂的领域对象进行资源建设时，来自人文科学的学术研究不断发起对已有人文计算技术的重构，指导着更多实践应用重新审视和优化已有的数据库成果。对有关知识的多粒度萃取、文献的多脉络重整

[①] 苏珊·霍基著：《人文计算的历史》，葛剑钢译，《文化研究》2013年第4期。
[②] 肖鹏：《把"专题数据库"作为方法：数字人文的重新认识及其在AI时代的发展趋势》，《图书情报知识》2023年第5期。

以及不同数据库知识体系之间的语义关联等问题的思考与讨论成为开启数字人文中国化视角下人文数据创新组织路径的新契机。

大量中国数字人文的实践经验告诉我们，数字人文带来的不仅是对数字环境下海量人文资源的可组织性、可访问性、可获取性、可重用性和可计算性的需求满足，更进一步推进了数字资源生产方式的巨大变革。这一点在大量使用自动化技术的人文实践过程中已初见其端倪。物理材料的数字转化操作不再仅依赖于人的主观智力与体力，而是在机器赋能的条件下采用更加科学化、系统化以及协作式的加工策略。在确保材料质量的原则下，人在回路（Human-in-the-loop, HITL）、自动标注、人机交互和智能索引等技术、工具及平台的出现加快了人文资源的生成速度，并不断向知识的深度加工进行转型。高效的机器辅助乃至取代人工制造成为当下和未来中国数字人文实践发展趋势。

诸如自然语言处理和人工智能等新型智能化技术为人文领域注入了新活力的同时，技术在中国数字人文实践中占据的比重愈发突出。结合对中国具体问题相关领域文化、社会语境和历史背景的理解，人文研究资料和数据已经得到了深度的挖掘、关联与整合。在此基础上，一些具有前瞻性的中国人文实践项目尝试谋求服务层面的突破，通过打造服务于人文资源组织与计算的新系统、新工具等，以完成对传统人文范式的破茧而出。面向用户需求的数字展示与共享成为人文实践服务的新视角。一方面诸如个性化设计、沉浸式体验、虚拟现实与互动、全息投影以及元宇宙等服务功能为用户营造出一种全新的人文服务体验；另外一方面以新的研究问题和研究方法为导向的人文实践平台具备了可观的知识发现能力，为中国数字人文实践的创新提供了必要的技术支持。上述人文实践服务与已有数字资源建设、工具系统的衍生相辅相成，共同构成了数字人文中国化实践的发展特征。

（二）中国数字人文的跨学科与协作交流

由于数字人文具有人文主义与数字技术的双重属性，越来越多来自不同学科背景的学者不断参与到数字人文的研究与实践中，共同推动了以数字人文为核心的跨学科融合与社区形成。这种跨学科性一度被认为既是一种被概念化为

"伞状结构"的方法论①，也可看成是涉及一系列包括学术交流、知识共享、基于信任机制的团队建设以及不同专家学者所参与学术活动的具体实践②。

　　中国数字人文的实践同样遵循了这一普遍认知。无论是儒家学说、汉学研究、南北朝历史、唐宋文学以及元代戏曲等优秀传统文化内容，又或是诸如古籍、绘画、甲骨、金石等不同的文化载体，无一例外地被置于一种数字式的"熔炉"中，经历着来自不同学科知识的碰撞与数字技术的反复锤炼，进而以一种人文与技术相互平衡的全新形态重塑新生。以跨学科的文学研究为例，1984年钱锺书先生开始在中国社会科学院倡导把计算机技术引入中国古典文献的搜集、疏证和整理中，并认为"人文科学的各个对象彼此系连，交互映发，不但跨越国界，衔接时代，而且贯串着不同的学科"③。钱先生的观点为揭示数字人文跨学科属性的本质特征提供了很好的理解视角，即需要在学科知识互相融通的基础上，以跨越学科的视野深入理解学科问题本质，同时应立足于本学科语境进行见解整合与重新审视。北京大学中文系承担的国家"九五"211项目——"《全唐诗》电子检索系统"及其延续工作——"全宋诗分析系统"④便是早期利用数字人文技术进行文学计算实践的范例。

　　数字人文的跨学科性不仅仅改变了人文学科的研究范式与分析角度，更催生了更加多元化的协作模式。根据朱莉安·奈恩（Julianne Nyhan）等的研究结果，参与数字人文研究的学者们早在2004年之前已经产生了合作共著的萌芽⑤。越来越多的学科与科研人员参与到数字人文实践中，以至于它逐渐趋向于"组织化"发展，并对其项目团队所遵循的管理制度与任务协作方式提出了更高的要求。为了展现数字人文实践的进展，每位参与者只有在团队中扮演好自身的

①Matthew Jockers, Glen Worthey, "Introduction: Welcome to the Big Tent," *Proceedings of the Digital Humanities Conference 2011*, California, USA, June 2011, pp. 6-7.

②A. H. Poole, "The Conceptual Ecology of Digital Humanities," *Journal of Documentation*, vol. 73, no.1, January 2017, pp. 91-122.

③杨果：《"跨学科"非"解学科"——文学研究中的数字人文应用》，《中国文学批评》2022年第2期。

④韩丽霞、谢卫平：《北京大学数据分析研究中心数字化成果概述》，《文学遗产》2005年第5期。

⑤Julianne Nyhan, Oliver Duke-Williams, "Joint and Multi-authored Publication Patterns in the Digital Humanities," *Literary and Linguistic Computing*, vol. 29, no. 3, September 2014, pp. 387-399.

工作角色，并在包容与信任的氛围中发挥其专业水平，共同构建起一个有机的整体，才能充分发挥出良好的"化学反应"。作为全球最为知名的数字人文实践项目之一，哈佛大学费正清中国研究中心、台湾"中研院"及北京大学中国古代史研究中心三方联合构建和维护的"中国历代人物传记资料库"（CBDB）为我们展示了一个长时间的大型合作团队如何不断加强不同机构与学者之间的协作与管理，使之统一服务于历史数据库的设计、开发与运维中。国内机构之间的通力合作则显得更为紧密与高效，例如中国社会科学院近代史研究所、国家图书馆以及国家档案局联袂打造了一个面向抗战文献史料研究的"抗日战争与近代中日关系文献数据平台"，将各自馆藏中的图书、期刊和报纸进行了数字化整合，目前史料数量已经高达1,000万页，成为了全球领先的抗日战争及近现代中国史的互联网史料平台[①]。

二、中国数字人文基础设施建设

作为一种最典型的数字人文实践，数字人文基础设施建设一直以来备受相关学者重视。数字人文基础设施通常被归于一种支持数字人文研究活动的"研究基础设施"，包括数字化的文献资源、数据库、工具平台、支持知识生产和信息交流的网络空间等，需由数字出版商、文化记忆机构、研究机构、研究者、IT支持人员共同参与构建[②]。它是开展各类数字人文研究活动的必要条件，其范围包括但不限于涉及的数据资源、数据库与存储、软件工具、系统平台、网络设施和应用服务等。

特别需要指出的是，在笔者的调研中，数字人文的数据库与服务平台往往是紧密联系的，其边界有一定的模糊性。为了明确两者的范围，笔者设定了两个"假设原则"：其一是"以事实为依据，充分尊重项目实践者的本心意愿"——即以数字人文实践机构的原始命名为基础，凡是冠名"数据库""（特藏、传记、

---

① 罗敏、姜涛：《"数据"与史学研究——抗日战争与近代中日关系文献数据平台介绍》，《数字人文》2020年第2期。
② 夏翠娟：《面向人文研究的"数据基础设施"建设——试论图书馆学对数字人文的方法论贡献》，《中国图书馆学报》2020年第3期。

特定领域）资料库""知识库"之类的都可纳入数字人文数据库的范畴，反之则应该考虑为平台范畴。其二，"以人文基础设施的功能性为参考，充分理解项目实践的主体作用"——即"数据库"侧重于突出在"数据层面"对领域内人文数据的组织与管理，而"平台"更加突出对整理和组织好的数据如何在"应用层面"进行服务与使用。另外，在数据库和平台建设过程中，会产生一系列的"数据"中间产品，例如可重用的数据集、模型以及工具等，也是数字人文基础设施的一部分。

（一）数字人文数据库

数字化一度被认为是进行数字人文量化分析的前提，而数据库是数字人文基础设施中最为直观的形式。不同来源的资料经过数字化转换，载体和内容的标注，能够以"半结构化""结构化"或"语义化"的形式存储于数据库中从而被机器读取、检索并支持一定的量化计算。在本报告中，我们将面向数字化资源查阅的（特藏）资源库和基于语义关联技术的知识库或知识图谱作为广义的"数据库"来考察。

1. 资源库建设

首先是数字资源库建设工作在广泛的人文主题上不断推进，诸如古籍、档案、家谱、金石、诗歌、墓志、简牍以及方志等，为促进具有中国特色的数字人文基础设施的发展奠定了坚实基础，其中GLAMs机构扮演了极为重要的角色。例如国家图书馆与法国远东学院合作建设了一个围绕徽州家谱的专题善本古籍库，其中对每个善本的编撰者、出版年、书名、卷数、谱籍、版本类型、书口和刻工等元数据进行了翔实编目与组织。中国第一历史档案馆开放了《清实录》《清会典》两部档案文献的全文检索数据库，推进了明清载体档案数字化和资源共享的进程。与此同时，全国地方性机构也纷纷建立具有地方性历史文化特征的数字资源库，如南京图书馆的"稀见方志全文影像数据库"和香港大学冯平山图书馆的"善本影像库"等。

在资源库建设中，值得一提的是在多模态维度上呈现差异化的发展，特别是海量的图像资源。从数字记忆角度来看，文本、图像都是文化记忆的媒介，并在时间与空间的交织中再现逝去的事实与体验①。结合中国图像艺术和文字的特点，朱青生教授提出了"网相语"这一概念，即在计算机系统上寻找语言新的结构、新的语法和新的概念，以恢复语言在形成书面文字和口头言说之前的原思维状态②。作为数字人文图像库建设的佼佼者，他领导的北京大学汉画研究所长期开发和运营着一个将汉画图像、拓片和线描记录整理成序的大型图像数据库——"中国汉代图像信息数据库"③——在艺术史图像学领域获得了极大的关注。其他较有影响力的图像数据库还包括华东师范大学调查与数据中心的"中国书画近现代印本集成数据库"、华东师范大学中国文字研究与应用中心的"商周金文数据库"、复旦大学图书馆的"印谱文献虚拟图书馆印藏数据库"、浙江图书馆"中国历代人物印鉴数据库"等。

2. 知识库建设

与数字图书馆面向"元数据管理"的核心理念不同的是，数字人文研究更加强调的是知识的深度解析和超越数据维度的价值挖掘。知识库是一类基于客观知识和主观知识而构建的数据库，被认为是"数据库功能性的演化"④，特别是通过构建海量历史的量化知识库，以实现长跨度、大样本的人口与社会学分析，这"在发现新史实或新规律上优势明显"⑤。其中最具影响力的知识库是上文提到的CBDB和由香港科技大学李中清及康文林研究团队联合中国人民大学清史研究所的"清代《缙绅录》量化数据库"。前者是一部关于中国历史人物传记信息的大型关系型数据库，目前已经系统性收录了自7世纪至19世纪共53万人的资料——该项目的核心目标在于以中国历史"人物"为核心，对人物的生卒、婚姻、家庭、社会出身、经济地位、居住地、教育、个人财富与来源、职业、宗

---

① 冯惠玲：《数字记忆：文化记忆的数字宫殿》，《中国图书馆学报》2020年第3期。
② 朱青生：《大学在"数字人文"中的角色和作用：重思理论与方法》，《数字人文》2020年第2期。
③ 巫鸿、郭伟其编：《世界3：图像志文献库》，上海：上海人民出版社，2022年。
④ 陈必佳、康文林：《数字人文与清代官员仕途研究》，《史学月刊》2023年第4期。
⑤ 梁晨、李中清：《大数据、新史实与理论演进——以学籍卡材料的史料价值与研究方法为中心的讨论》，《清华大学学报（哲学社会科学版）》2014年第5期。

教及宦历等方面重要信息进行全方位登记，以支持进一步的量化分析[1]；后者则重点关注于清代官僚群体政治运行与社会流动问题，借助清代官员的基础名录数据，进一步与其题名录、朱卷、乡试录、同年齿录、捐纳名录等多元史料进行匹配整合，力求考察清代官员群体，以及考试、财富与旗人身份等多方面因素对其仕途的影响[2]。由它们所催生的数字人文研究在明代科举制度悖论分析[3]、中国封建精英群体亲属关系与国家建设相关性分析[4]和清朝官僚政治精英的晋升途径[5]等研究中发挥着重要作用。一些做清代研究的学者明确指出利用数字人文方法，将官僚信息、施政行为与气候（雨雪分寸数据）、经济（粮价数据）、灾害（清代灾害信息集成数据库）、地理（历史地理信息系统）等进行关联，从而可望从整体和有机关联的关系角度提供一种新的观察历史、解释历史的方式，实现包括清代官僚的整体计量分析、官僚政治的空间分析、官僚系统流动性研究和政治网络分析等重大问题的潜在可能[6]。尽管二者皆未以"知识"二字冠名，但它们都围绕中国历史"人物""职官"和"地理"等具体知识单元进行了针对性的库表设计与知识录入。上海图书馆更是为CBDB设计了专门的本体知识体系，使之具备了知识库语义关联性的本质特征[7]。除此以外，法鼓文理学院的"佛学规范资料库"[8]被认为是佛学领域最具影响力的知识库之一，可提供包括佛教人物、地点、时间以及佛经目录在内的规范化档案资料。

[1] Peter K. Bol, Jieh Hsiang, and Grace Fong, "Prosopographical Databases, Text-Mining, GIS and System Interoperability for Chinese History and Literature", *Proceedings of the Digital Humanities Conference 2012*, Hamburg, Germany, 2012, pp. 43-51.

[2] 任玉雪等：《清代缙绅录量化数据库与官员群体研究》，《清史研究》2016年第4期。

[3] 柯荣住、洪伟、郑恩营：《"任人唯贤"的制度悖论——以明代科举为例》，《社会学研究》2023年第1期。

[4] Wang Yuhua, "Blood is Thicker Than Water: Elite Kinship Networks and State Building in Imperial China," *American Political Science Review*, vol. 116, no. 3, January 2022, pp. 896-910.

[5] Adam T. Burke et al., "State Snapshot Process Discovery on Career Paths of Qing Dynasty Civil Servants," *Proceedings of the 2023 5th International Conference on Process Mining (ICPM)*, Rome, Italy, October 2023, pp. 73-80.

[6] 胡恒、朱浒：《数字人文与清代官僚政治史研究》，《社会科学文摘》2023年第4期。

[7] 陈涛等：《知识图谱在数字人文中的应用研究》，《中国图书馆学报》2019年第6期。

[8] 杜正民：《佛学数位资源的服务功能——以藏经目录资料库的建置为例》，《法鼓佛学学报》2010年第6期。

在知识库建设中，如果进一步将知识库中知识及其之间的关系放置于同一个投射平面上，一种包含实体的网络结构便得以形成——即知识图谱[①]，具典型意义的实践案例是北京大学数字人文研究中心王军教授团队开发的"宋元学案知识图谱系统"。该系统通过对学案人物、时间、地点、著作及其不同类型的语义关系进行不同粒度的抽取与网络可视化展现，实现了对宋元两代理学2,000余学人、近100个学术流派传承和流衍情况的图景展现以及语义挖掘。此外其他专题知识库同样值得关注，如南京农业大学数字人文研究中心包平教授领导的"方志物产知识库构建及深度利用研究"项目，以及上海图书馆以盛宣怀家族自1850至1936年间记录为蓝本开发的"盛宣怀档案知识库"。

（二）数字人文平台

作为数字人文基础设施的另外一种重要产出形式，以数据服务乃至知识服务为目标的、集成各类数据库，以及包含检索查阅、数据可视化、量化计算、时空分析、社会网络关系分析等各种功能和工具的、各种专题性或综合性的数字人文平台不断得以丰富和扩展，现已取得了令人瞩目的成果。

1. 开放共享解决方案

为了解决信息孤岛问题，数字人文领域专家围绕数字资源的开放与共享问题提出一套解决方案。在数字记忆方面，中国人民大学数字人文研究院冯惠玲教授领衔的"北京记忆"[②]团队综合运用数字人文多学科方法，根据北京独特的历史文化风貌，将北京不同方面的文化资源整合入库，并选择不同专题进行资源展示，支持与用户之间的互动浏览和资源的联通共享，从而加强了知识交流与传播，重构与再现"老北京"的人文与历史记忆。他们还进一步关注到古村落的资源保护与利用问题，以"高迁古村落档案资源"为基础对其进行了资源记录、加工与组织，采用沉浸式数字叙事的方式探寻了高迁古村的记忆脉络

[①]Wang Jun et al., "A Visualization-Assisted Reading System for a Neo-Confucian Canon," *Proceedings of the Digital Humanities Conference 2020*, Ottawa, Canada, 2020, https://api.semanticscholar.org/CorpusID:220667194.

[②]冯惠玲、任瑾、陈怡:《北京"双奥"遗产的数字化保存与传播》,《图书情报知识》2022年第3期。

与历史传承[①]。武汉大学王晓光教授团队多年以来与敦煌研究院合作，在莫高窟壁画、敦煌壁画主题词以及文化遗产叙事等领域进行了深入的探索，其开发的"敦煌壁画主题词表关联数据服务平台"基于深度语义标注框架模型，利用自顶向下与自底向上相结合的本体建模方法对敦煌壁画领域的核心概念及其关系进行了知识组织，并与外部开放数据集进行了语义关联[②]，为文化遗产图像的语义互操作提供了可行的解决思路。同样关注中国艺术图像资源的还有中山大学陈涛团队，他们联合上海大学图书馆、华东师范大学数据与调查中心以及上海市多维度信息处理重点实验室共同发布了"多维度图像智慧系统"，借助国际图像互操作框架标准和关联数据技术对中国书画图像进行了资源建设、语义化注释与元数据标注，提供了不同语义层次的图像共享服务[③]。图书馆主要任务之一是实现馆藏资源有效整理与资源共享。在经历从书目控制逐渐过渡到网络时代下知识互联的过程中，关联数据技术成为图书馆进行资源联通与数据交换的首选。为了构建"上海记忆"的多重证据参照体系，上海图书馆在自2006年起启动并一直延续至今的"上海年华"项目的基础上，充分利用"图片上海""电影记忆""上海与世博""辛亥革命在上海""抗战图片库""明星公司诞生90周年""上海历史文化年谱"等各种专题库建设的成果，结合知识图谱、关联数据、机器学习、历史地理信息系统和数据可视化技术进行数字人文平台的开发，截至2021年开发完成"上海文化总库"项目[④]。受到开放数据运动的影响，上海图书馆将已有特色馆藏资源逐步开放出来，建立了一个大型的数字人文开放数据平台，并通过举办相关竞赛活动促进数据开发、共享与重用。这一举措

[①] 冯惠玲、梁继红、马林青：《台州古村落数字记忆平台建设研究——以高迁古村为例》，《中国档案》2019年第5期。

[②] 王晓光、徐雷、李纲：《敦煌壁画数字图像语义描述方法研究》，《中国图书馆学报》2014年第1期；王晓光等：《敦煌壁画叙词表构建与关联数据发布》，《中国图书馆学报》2020年第4期；Wang Xiaoguang et al., "Understanding Subjects Contained in Dunhuang Mural Images for Deep Semantic Annotation," *Journal of Documentation*, vol. 74, no. 2, February 2018, pp. 333-353.

[③] 陈涛等：《数字人文图像资源语义化建设框架研究》，《数字人文》2020年第2期；陈涛等：《IIIF与AI作用下的文化遗产应用研究新模态》，《中国图书馆学报》2021年第2期。

[④] 夏翠娟：《构建数智时代社会记忆的多重证据参照体系：理论与实践探索》，《中国图书馆学报》2022年第5期。

在海内外相关高校机构中取得积极反响，引领了数字人文大众创新与参与式开发的新潮流。此外，作为国内最早介绍中国数字人文相关实践进展和咨询信息的渠道之一，清华大学建设的"中国数字人文门户网站"一直以来在数字人文学界备受推崇，这不单单因为网站资源内容丰富翔实，基本覆盖了包含中国数字人文的重大事件、数字人文联盟各机构的资讯消息、学界与业界的学术与实践成果等，更为重要的是它将与中国数字人文学术、项目与实践进展相关的数据资源、技术平台与机构社区等资源整合集成到统一的信息管理平台上，为中国数字人文实践的推广与发展提供了有利支持。以中国语言文学为基础，华中师范大学文学院牵头筹建与开发的"云上中文"教学科研数字化资源平台面向广大汉语学者提供了公益性的数字化自主学习渠道，为国内新文科教育开启了先河[1]。

2. 检索计算解决方案

与数字人文数据库最直接关联的服务是查询与检索，这一特点在大量的数字人文资源查询平台及其项目经验上可以看到，尤其是汉语古籍领域。传统史料查询与材料甄别工作繁琐复杂，且因缺少对大范围资料的归纳能力而易陷入"知识鸿沟"的陷阱中。然而随着信息技术与数字人文的蓬勃发展，这一现象得到了改善，取而代之的是针对不同数字化古籍资源支持快速、准确和高效查询的在线系统。仔细分析其特点，此类系统主要包括两大类型，其一是古籍索引与目录平台。正如邓小南教授所提到的那样，"索引揭示的知识规则，是构建新媒体时代人类知识体系的基础，也是实现知识发现新方案的基础"[2]。构建古籍善本的电子索引与联机目录能够有序整合古籍资源，梳理不同古籍资源的知识联系，从而辅助提升查询效果。面向资源分享的古籍目录系统一般聚焦于已有特色馆藏资源的元数据著录与检索，其服务方式主要以提供目录导航和查阅浏览为核心功能，如北京故宫博物院的"北京故宫古籍目录"系统以包含皇家建筑、陈设档案、皇帝御笔以及佛释经籍等清代宫中旧藏为主要特色，按照文献

---

①余一骄：《"云上中文"教学科研数字化资源平台助力一流学科建设》，《华中师范大学学报（人文社会科学版）》2020年第3期。
②邓小南：《数字人文与中国历史研究》，《中国文化》2021年第1期。

与版本类型的不同进行编目与分类，并提供书目图像与元数据记录的展列。从数字人文的历史循证法出发，上海图书馆开发了一套"中文古籍联合目录及循证平台"，将不同来源的异构古籍目录数据加以融合，以支持历史的、文化的以及社会的多重证据参照与循证实践，学者夏翠娟将之称为以"数智循证"为中心的服务①。作为台湾地区数字人文实践的重镇之一，台湾"中研院"自20世纪七八十年代以来一直致力于数字人文项目实践的探索，其开发的"中国地方志书目查询系统"以中国科学院北京天文台主编的《中国地方志联合目录》为基础数据，参照2000年新出版之《中国地方志总目提要》，补充和修订了方志总目中关于省志、市志、县志、自治州志、乡志以及街志的记录，为广大史学研究者提供了自宋元以来地方志的书目全貌。其二是全文服务平台，即提供古籍内容的数字阅读与导览服务。作为我国建国以来最大的儒学典籍文化工程，《儒藏》一度成为海内外经学研究的焦点。北京大学《儒藏》编纂与研究中心将经过数十年的专家点校勘误、规范标点的儒藏文献资源进行数字化加工与处理，推出了其面向儒学学术服务的"儒藏（精华编）数字化平台"——该平台支持文本检索与图文浏览、异体字查询和文字统计等多功能服务。与此遥相呼应的是台湾"中研院"的"汉籍电子文献资料库"，将1,722种、近7亿字的重要古籍文献全部收录进来，其类别以史部为主，经、子、集三部为辅，被誉为最具规模、资料统整的中文全文资料库之一。除了儒学之外，佛、道两教在中国历史文化中源远流长，一直流传兴盛至今，特别是佛教与道教分别自两晋和南宋伊始先后由大陆传入港澳与台湾地区，现已经成为当地宗教文化的重要组成部分。为了推进佛教在国内整合性的合作研究，台湾大学文学院、台湾大学数位人文研究中心及法鼓山中华佛学研究所协作将数字化技术引入其佛学资料库及在线馆藏服务的平台开发中——即"佛学数位图书馆"，大量佛学经典文献经过转换、处理与存档，为高质量的全文搜索服务提供了基础保障。另外一个极具吸引力的大型数字化佛典项目是由中华电子佛典协会（Chinese Buddhist Electronic Text Association, CBETA）推出的"CBETA电子佛典集成"与"CBETA

---

① 夏翠娟：《多模态文化遗产资源的智慧化服务模式研究——从可获得到可循证和可体验》，《信息资源管理学报》2023年第5期。

数位研究平台"①，在国际佛学领域具有相当影响力——以"禅宗"文献为主体，辅之以诸宗部及经、律、论、密经和其他大小乘释经等资料，从而构建全球佛学文献收录最全的佛典服务系统，并且在此基础上结合数字人文技术与方法将服务内容进一步拓展为线上交互式阅读、词汇搜索与分析以及文本对读编辑等更智慧的功能。其他的重要佛道数字服务平台还包括香港中文大学道教文化研究中心的"道教数位博物馆"、台湾大学"台大狮子吼佛学专站"以及华东师范大学调查与数据中心的"老子思想专题研究平台"等，形成了颇具影响力的规模效应。考虑到不同的用户需求，"中国家谱知识服务平台"②更是将趣味性、大众性和交互性引入家谱数字化应用中，着力打造联通古今之脉、兼具人文气息与数字科技的服务模式，重塑了学者和大众群体在理解姓氏源流、家族繁衍及族系事迹等重要文化史实的新路径。与此同时，基于多文字、多版本的6万余种敦煌遗书整理而建设成的"敦煌文献库"③以及大型国家级红色文献专项工程"抗日战争与近代中日关系文献数据平台"④的问世则充分显示了中国数字人文在古籍全文检索实践上的主题多元化，无不彰显了数字人文中国化的蒸蒸日上之势。

3. 高效服务解决方案

　　数字人文的重要目标在于更好地为人文学科提供持续而高效的数字服务与实践，为此以"问题"为导向的人文研究基础设施建设成为数字人文实践的另一大特色。相比于普通的全文检索平台，南京师范大学文学院的数字人文团队先后推出了《左传》与《资治通鉴》的检索平台，将文献中不同的语义知识（如词汇、人物、地点等）进行提取、链接、关联与重组，有效提升了古籍信息检索在语义理解方面的能力。在语言学方面，北京语言大学语言智能研究院

---

① 洪振洲：《由资料库到数位研究平台——谈佛典文献数位研究工具之发展与演变》，《汉学研究通讯》2016年第1期。
② 夏翠娟等：《家谱关联数据服务平台的开发实践》，《中国图书馆学报》2016年第3期。
③ 向君、卢秀文：《开发专题文献数据库为敦煌学研究提供信息保障》，《敦煌研究》2003年第4期。
④ 张慕明：《打造公益开放的学术型数据库：抗战文献数据平台建设的实践与思考》，《数字人文研究》2022年第3期。

开发了面向大规模汉语文本的"BCC语料库"在线语言应用平台[①]，为展开各类语言学及其相关数字人文研究提供了实践基础，如基于BCC大数据进而展开有关我国职业性别无意识偏见现象的时序研究[②]和关于职业性别隔离在历史发展的趋势和变化的量化分析与讨论[③]——它们为宏观理解和审视有关职业区分与性别平等一系列重要社会问题提出了具有突破性的论点。作为中华文明璀璨的瑰宝，诗词在中国历史文化发展中占有特殊的地位，对后世中国文化发展具有深远意义。在此背景下，北京师范大学中文信息处理研究所运用人工智能、自然语言处理技术将大量的唐代诗歌转化为具有语义信息的知识图谱，并以此为基础开发了支持不同粒度知识检索方式的"唐诗别苑：基于知识图谱的全唐诗语义检索与可视化平台"，与此类似的平台还有武汉大学数据科学与智能应用实验室开发的"知诗者也"唐诗智能知识服务平台[④]——利用众包式知识抽取方案自动提取诗歌的人物实体，进而围绕诗人的社会关系图谱及时空特征进行数字化呈现。清华大学自然语言处理与社会人文计算实验室的"九歌"中文诗歌自动生成系统[⑤]则被视为对传统诗歌创作的颠覆性成果，在强大的人工智能赋能下，机器可以根据嵌入的体裁、风格和韵律自由成诗，并支持多模态的诗文生成与诗歌自动翻译，在国内学术界和全社会引起了热烈的讨论与积极反响。

[①] 荀恩东等：《大数据背景下BCC语料库的研制》，《语料库语言学》2016年第1期。

[②] 朱述承、苏祺、刘鹏远：《基于语料库的我国职业性别无意识偏见共时历时研究》，《中文信息学报》2021年第5期。

[③] Su Qi et al., "Occupational Gender Segregation and Gendered Language in a Language without Gender: Trends, Variations, Implications for Social Development in China," *Humanities and Social Sciences Communications*, vol. 8, no.133, 2021, https://doi.org/10.1057/s41599-021-00799-6.

[④] Liang Hong et al., "A Cooperative Crowdsourcing Framework for Knowledge Extraction in Digital Humanities–Cases on Tang Poetry," *Aslib Journal of Information Management*, vol. 72, no. 2, 2020, pp. 243-261.

[⑤] Yi Xiaoyuan et al., "Chinese Poetry Generation with a Working Memory Model," *Proceedings of the 27th International Joint Conference on Artificial Intelligence*, Stockholm, Sweden, July 2018, pp. 4553-4559.

4. 范式支撑解决方案

得益于时空分析法作为一种数字人文的典型研究范式,近年来基于时空分析的历史地理信息系统支撑平台脱颖而出,成为提升人文研究资料阅读效率、时空数据分析效果和用户交互体验的利器。浙江大学经济与文化研究中心徐永明教授承担的"智慧古籍平台"[①]、首都师范大学张萍教授团队开发的"丝绸之路历史地理信息开放平台"[②]与四川大学文学与新闻学院的王兆鹏教授团队建设的"唐宋文学编年地图"[③]是国内极具影响力的地理人文平台。它们的共同特点在于都是以古籍文献大数据为依托,创造性地将文献空间与地理空间进行相互映射,从而能够实现基于"人—事—时—空"多维度的社会建构,在立体叙述中重新赋予了古籍文献生命力与色彩。

数字人文技术的日益革新还对实践项目的系统性、持续性和演进性提出了挑战,同时也催生出更加融通、更加智慧以及更加深入的人文计算平台群。以历史地理信息系统支撑的历史人文研究为例,南京大学高研院数字人文创研中心围绕"六朝建康"全力打造的六朝建康数字人文应用平台系列便是其优秀的案例之一。整个平台群包括六个独立的子平台,如基于多媒体考古资源和电子地图的"六朝建康城市考古遗址信息系统"、基于地理空间信息的"六朝建康城市历史地名信息系统"、基于出土文物图像组织和知识汇聚的"六朝建康文物图像信息系统"、基于《建康实录》数字化全文的"《建康实录》全文检索系统"以及基于3D建模与虚拟现实技术的"六朝建康陵墓石刻三维展示系统"。子平台之间采用统一的数据编码和交换方式,并支持不同模态知识之间的语义关联和差异性功能服务,共同构成一个面向"六朝建康"数字学术与知识发现的有机整体,为全面理解六朝建康历史人文、时空特点以及制度沿革变化提供了切实可行的数字化解决方案。相比之下,台湾政治大学与台湾图书馆合作开发的

---

①刘炜等:《建构中国自主数字人文知识体系的使命与路径》,《数字人文研究》2022年第4期。
②张萍:《丝绸之路历史地理信息平台:设计、理念与应用》,《云南大学学报(社会科学版)》2017年第5期。
③王兆鹏、邵大为:《数字人文在古代文学研究中的初步实践及学术意义》,《中国社会科学》2020年第8期。

"通用型古籍数位人文研究平台"①采用"化零为整"的技术思路，结合平台集成性的考量，将包括全文检索、文本标注、资讯视觉、统计分析以及社会网络等不同类型的数字人文服务作为特定的"功能模块"统一集成到一个超级计算平台之上，从而更有效且便捷地提供面向不同需求的个性化服务。这种平台的一体化、通用性特点正是响应了台湾学者黄一农提出的"e考据"学说②——即讲求运用新工具、新方法去尽量扩充史料，以实现对大量资料的快速检索、精炼乃至历史规律的洞见与新知识发现。

（三）中国数字人文实践的中间成果

有一种普遍的观点认为2009年"数字人文"一词第一次以今天的含义出现在大陆学界，③一定程度上可被认定为"中国数字人文的元年"。尽管具体时间存在争议，但毫无疑问，与信息网络技术在中国快速发展相得益彰的是，中国数字人文已经在21世纪初期真正得以步入正轨。受到1998年图灵奖得主詹姆斯·格雷（James Gray）提出的"数据密集型科学"第四范式的影响，相关数字人文实践与探索更加强调数据驱动的价值与意义，并且借助托马斯·库恩（Thomas Kuhn）在《科学革命的结构》（*The Structure Of Scientific Revolutions*）④中提出的"范式"一说在学术共同体内努力探索和达成一套共用的数字人文范式基础。从整个数字人文实践的生命周期来看，人文数据从获取到处理、从标注到管理，从分析到建模以至于最终的展示、陈列与服务，都可以产生一系列的"数据"中间产品，从广义上来看，这些产品形式多样，各具特色，常见的形式包括数据集、模型以及工具等。

---

①Chih-Ming Chen, Chung Chang, "A Chinese Ancient Book Digital Humanities Research Platform to Support Digital Humanities Research," *The Electronic Library,* vol. 37, no. 2, 2019, pp. 314-336.

②黄一农：《两头蛇——明末清初的第一代天主教徒》，新竹：台湾清华大学出版社，2005年。

③赵薇：《数字时代人文学研究的变革与超越——数字人文在中国》，《探索与争鸣》2021年第6期。

④托马斯·库恩著，伊安·哈金导读：《科学革命的结构》，金吾伦、胡新和译，北京：北京大学出版社，2012年。

1. 数据集成果

作为数字人文实践的数据基础，以语料库、数据集等为基础数据对象的一批人文应用项目相继问世，将中国数字人文实践再次推向了大数据人文计算时代的舞台前列。至此，诸如计算语言学、自然语言处理等融合人文与信息科学的跨领域研究进入大规模的建设繁荣期，面向人文领域的智能化人文计算实践成为可能。北京大学中国语言学研究中心开发了面向汉语语言学研究的CCL语料库，搜集了自公元前11世纪到当代的中国文献资料，其规模达到7亿余汉字，可用于支持对现代汉语中的各类语言现象进行语言研究、语法分析以及与其他国家语言之间的特征比较等[1]，成为目前中国数字人文领域最具有影响力的中文语料集之一。其他大型语料库还包括以"义原"为最小语义单元构建出的语义描述体系"知网HowNet"以及由中国中文信息学会语言资源建设和管理工作委员会发起的综合了各种中文语言语音的语料、汉语词典和知识资源的语料库集合——中文语言资源联盟（Chinese Language Data Consortium, CLDC）[2]。在古代汉语领域，台湾"中研院"研发的"古汉语文献语料库"因其数据来源之广泛、覆盖之全面、标注之精细在世界范围内负有盛名。整个语料库包括"上古汉语标记语料库""中古汉语标记语料库"和"近代汉语标记语料库"三个次级语料库，覆盖自先秦至西汉，横跨东汉、魏晋与南北朝，直到唐五代以后至近现代的大部分重要语料原典，其中每个资料的全文都进行了断句分词处理且按照词汇的词项、词性、词态和词类特征进行了分类标识，为古汉语的语言分析与古籍自动化处理奠定了必要的基础。此外，近十年以来，来自国家、社会和专业领域对古籍数字化发展的重视程度愈发显著，攻关其他更加复杂的、更智能的中文自动处理任务随之提上了相关研究的日程，而相应数据集的开发成为首要重点。天津大学团队利用其设计的众包标注平台对二十四史进行了大规模的半自动实体与关系标注，生成了高质量的实体与关系数据测评基准集C-CLUE。北京师范大学中文信息处理研究所与中国人民大学合作开源了大型中文词向量语

---

[1] 俞士汶等：《北京大学现代汉语语料库基本加工规范》，《中文信息学报》2002年第5期。
[2] 陶建华：《中文语言资源联盟简介》，《术语标准化与信息技术》2010年第4期。

料库Chinese Word Vectors[1]，将数十种不同领域的中文语言向量资源转化为了具有不同表征形式（如稀疏和密集）或上下文特征（如单词、N-gram、字符等）的嵌入式词向量语料，为中文自动化处理任务提供了数据来源基础。

2. 模型成果

模型（算法）是数据驱动下人文计算的核心动力。近年来深度学习与人工智能技术的飞速发展在广泛的学术领域和业务场景大放异彩，成为当前最先进、最热门的智能化技术之一。部分数字人文团队借助深度神经网络技术探索了面向人文领域的各类计算模型与优化算法的可能，其中以古籍智慧语言模型的开发最为显著。为了提供可长期适应下游古籍自然语言处理任务的通用知识模型，南京农业大学数字人文研究中心以繁体版本《四库全书》为基础语料，通过结合最先进的多层Transformer神经网络与预训练技术先后研发出了"SikuBERT"与"SikuRoBERTa"古籍基础语言模型，在古籍自动分类[2]、命名实体抽取[3]和典籍自动分词任务上分别可以达到90.39%、85.46%和95.18%的正确识别率，可基本胜任相关古籍自动处理工作。类似地，北京理工大学相关技术团队采用继续训练技术，在已有谷歌官方中文BERT模型的基础上对17亿字符开源语料"殆知阁古代文献"进行迁移学习，其输出的开源模型"GuwenBERT"在自动断句、自动标点以及命名实体抽取任务上获得了不俗的效果，特别是在"古联杯"古籍文献命名实体识别评测大赛中获得了二等奖的优异成绩。

除了自动分类问题外，大部分古籍数字化处理任务可以被看作是一个自动序列标注问题。为了提升自动序列标注的能力，台湾"中研院"中文计算语言小组开发了一款基于双向循环神经网络和注意力技术的序列标注模型Ckip

①Li Shen et al., "Analogical Reasoning on Chinese Morphological and Semantic Relations," *Proceedings of the 56th Annual Meeting of the Association for Computational Linguistics*, Melbourne, Australia, July 2018, pp. 138-143.
②胡昊天等：《面向数字人文的〈四库全书〉子部自动分类研究——以SikuBERT和SikuRoBERTa预训练模型为例》，《图书馆论坛》2022年第12期。
③林立涛：《数字人文视域下典籍动物命名实体识别研究——以SikuBERT预训练模型为例》，《图书馆论坛》2022年第10期。

Tagger[①]，其算法特点在于设计了一个融合BiLSTM与注意力机制的跨域网络，以解决传统BiLSTM网络难以捕捉字符跨域上下文语义信息而产生的"异或问题"。从模型的算法复杂度来看，无监督模型同样具有优势——即在无需大规模语料的情形下实现更快速的数据处理，在特定情况下特别适合古籍这类少样本领域。举例而言，针对古汉语词句分析，"甲言"可被用于对古汉语文本进行自动句读、分词及词性标注的流程化实现。清华大学统计学研究中心邓柯团队设计了一种新的无监督中文文本分词方法"TopWORDS"[②]，基于统计推断与模型自动选择技术，在不需要任何先验知识的条件下，可快速从大规模语料中对候选词汇进行可信度排序与筛选，实现中文分词与新词发现，其较好的预测能力在《明史》语料人名挖掘任务上得到验证[③]。长期致力于中文语料自动处理的清华大学自然语言处理与社会人文计算实验室同样在中文词汇切分、词性分析及实体抽取等任务上作出了巨大的努力，将自然语言处理任务的范围进一步扩展——实验室旗下OpenNRE[④]依据多实例学习技术和注意力优化方法进一步改进了神经关系抽取模型，可支持面向汉语文本句子层级、包层级和篇章层级的关系自动提取，这对于实现汉语古籍知识图谱的自动构建具有重要意义。

3. 工具成果

　　长期以来，建立数字人文领域的自动化工具一直是中国数字人文社区共同努力的目标与追求。受到智能化技术瓶颈的制约，尽管当前数字人文工具的发明可能并不会直接带来新的人文问题以及重大学术发现，然而大量事实已经证

---

①Peng-Hsuan Li, Tsu-Jui Fu, and Wei-Yun Ma, "Why Attention? Analyze BiLSTM Deficiency and Its Remedies in the Case of NER," *Proceedings of the Conference on Artificial Intelligence*, vol. 34, no. 5, April 2020, pp. 8236-8244.

②Deng Ke et al., "On the Unsupervised Analysis of Domain-specific Chinese Texts," *Proceedings of the National Academy of Sciences*, vol. 113, no. 22, May 2016, pp. 6154-6159.

③徐嘉泽等：《基于TopWORDS方法的古文献专名识别——以〈汉书〉和〈明史〉为例》，《数字人文》2020年第2期。

④Han Xu et al., "OpenNRE: An Open and Extensible Toolkit for Neural Relation Extraction," *Proceedings of the 2019 Conference on Empirical Methods in Natural Language Processing and the 9th International Joint Conference on Natural Language Processing (EMNLP-IJCNLP): System Demonstrations,* Hong Kong, China, November 2019, pp. 169-174.

明数字工具对于辅助人文研究具有积极意义，至少在提升相关人文工作效率上是显著的，这主要体现在古籍文本处理方面的工作。

首先，一些具有数字技术背景的人文研究者们关注到专业化工具对于古籍资料标引、组织与利用的重要性，诸如地理信息编码、时间换算和文字查询工具被设计出来，以服务于人文研究的初期探索。无论是古联（北京）数字传媒科技有限公司的"简繁转换"工具、中华开放古籍协会的"康熙字典"，还是北京大学图书馆朱本军研究馆员开发的"汉语统一时间标尺平台"[1]，都为古籍文献整理与学术研究提供了一定的便利。为全面诠释汉字释义与语义联系，北京师范大学汉字汉语研究与社会应用实验室开发了"数字化《说文解字》"——围绕古汉语文字字形、字音以及字义进行系统化数字展示，同时依据凡例索引充分诠释了相关文字的说解用语，并且以构形系联、古音和训释系联为路径构建了强大的文字系联功能。复旦大学历史地理研究中心与哈佛大学合作的"中国历史地理信息平台"提供了大量的地理信息系统相关数据资源，包括不同时代的地理图层、权威地名索引字典及详细的地理坐标信息，而且允许用户自由切换标记功能与可视化服务，支持资源下载与知识共享，是绘制中国古代地图的重要数字化工具，也是进行历史地理分析的必要工具。

其次，当前面向中国数字人文领域的自动化工具已经初具规模。以人工智能语言模型算法为核心的自动古籍处理工具陆续推出，为古籍自动OCR、自动句读、自动分词、自动实体标记和文献智能比对提供了工程化的实践潜力。北京书同文数字化技术有限公司开发的"i-慧眼OCR"系统[2]以及龙泉寺、华南理工大学深度学习与视觉计算实验室联合开发的"龙泉寺中文古籍OCR"[3]在古籍图像处理上具有较好的实验效果，特别是前者可以灵活处理包括刻板、写本等在内的各式古籍版本类型，并在行列切分、文字分割及视觉检测上都具有较

---

[1] 朱本军：《数字人文时间基础设施"汉语统一时间标尺平台"使用指南》，《数字人文》2022年第4期。

[2] Zhang Hesuo, Liang Lingyu, and Jin Lianwen, "SCUT-HCCDoc: A New Benchmark Dataset of Handwritten Chinese Text in Unconstrained Camera-captured Documents," *Pattern Recognition*, vol. 108, December 2020, https://doi.org/10.1016/j.patcog.2020.107559.

[3] 释贤超：《人工智慧视角下的佛教大藏经》，《佛光学报》2021年第1期。

好的性能表现，备受学界和业界的一致好评。在古籍自动标点与实体抽取任务上，北京大学数字人文研究中心研发的"吾与点古籍智能处理系统"①与北京师范大学中文信息处理研究所设计的"古汉语文本信息标注平台"②是国内相关高校机构自主开发的古籍处理工具的代表——相关模型在实验数据集上的F1值都达到了90%以上。台湾大学资讯工程系项洁教授团队还关注到工具的集成化问题——他们开发的DocuSky工具集③将数字人文研究材料建库与各式处理分析的工具包整合成一个集成化工具平台，可支持包括标记编辑、文本格式转换、数据库建设与整理、文本探索与分析、地理信息系统与可视化以及与外部相关资源语义关联的智慧服务，并且用户还可根据需求组合使用工具集实现个性化研究服务，可谓古籍数字化智慧工具的集大成者。目前该工具平台已更新至第四版，且更多功能服务仍在不断优化与增加中。

再者，"目录"与"校勘"是古典文献学的两大核心内容。清代史学家章学诚认为校雠与目录学的核心思想在于"辨章学术，考镜源流"④。然而，在海量文献中寻找资料，以准确地校勘和辨伪是一项繁琐庞杂的工作，且极其考验研究者的经验知识与学术耐心。另外一方面，考辨与梳理文献之间的源流变化，以对相关学术传承与发展全面认识和理解，一直以来也是古典文献研究者的难题。为解决这些难题，台湾"中研院"上线了"文字辨识与校对"工具平台，不但提供了一系列智能化预测与辅助整校工具，包括文字位置侦测、文字识别及文本语义检测等，而且还支持多人在线的协同校对与纠错工作，这与学衡网（"学衡数据"）中"古籍文本对勘"工具有着相近的功能；而北京大学数字人文研究

---

① 严承希等:《HanNER：一个面向汉语古籍语料命名实体自动抽取的通用框架》,《情报学报》2023年第2期。
② 胡韧奋、李绅、诸雨辰:《基于深层语言模型的古汉语知识表示及自动断句研究》,《中文信息学报》2021年第4期。
③ Hsieh-Chang Tu et al., "DocuSky, A personal Digital Humanities Platform for Scholars," *Journal of Chinese History*, vol. 4, no. 2, 2020, pp. 564-580.
④ 程焕文:《中国目录学传统的继承与扬弃——"辨章学术，考镜源流"批判》,《图书馆工作与研究》1996年第4期。

中心王军教授团队开发的"经籍指掌——中国历代典籍目录分析系统"①基于历朝史志目录、《四库全书总目》及《中国古籍总目》等九种代表性官修目录数据进行了数字化处理与溯源，然后结合可视化技术实现了目录之间关系与知识图景的展现。

最后，在技术与模型不断积累的基础上，产业界也联合高校数字人文机构在古籍数字化方向上持续发力，试图打通整个智能化古籍处理的全流程业务，如北京如是人工智能技术研究院的"如是古籍数字化工具平台"以及古联公司的"古籍智能整理平台"等。

三、中国数字人文实践的领域应用分析

"领域应用"指的是实践项目的研发用于解决什么研究领域的问题、可用于推动哪些领域的学术研究和应用创新。通过对近年来在数字人文领域产生一定影响的、来自哲学社会科学基金项目的、2020—2022年参与中国数字人文年会的一系列中国数字人文实践项目产出的文献考察，可发现其涉及地方文献、文化记忆与区域史、古籍目录与版本研究、人物档案资料库、历史地理、近现代文献与近代史研究、文博、人口与社会、艺术及艺术史、语言文字学、数字人文研究平台与工具、非物质文化遗产、学术成果与评价、文学、家谱、思想史、法学、出版、佛学、校史，甚至是与社会科学相关的疾病与健康、环境等多个领域。

其中，服务于地方文化记忆构建传播和区域史研究的地方文献资源库、城市记忆和乡村记忆项目呈现出蓬勃发展的态势，但存在着较为明显的区域发展不均衡现象，北京、上海、广州都有省部级单位牵头的城市记忆项目，香港、澳门、台湾地区也极为重视城市文化记忆的构建，江浙地区的文化记忆项目深入至乡村级别，而陕西、山西、成都等西北腹地的文化大省则较缺乏省级文化

---

①Li Wenqi, Wang Fengxiang, and Wang Jun, "Exploring the Classification of Traditional Chinese Bibliographies through Interactive Visualization," *Proceedings of 2021 ACM/IEEE Joint Conference on Digital Libraries(JCDL)*, Illinois, USA, December 2021, pp. 246-249.

记忆项目和大型文化遗产资源数据库建设项目。这些区域的文化遗产资源的数字化程度较低、基础薄弱，而文化遗产资源的数字化正是数字人文发展不可或缺的基础。以山西省为例，除了古籍、拓片、舆图、手稿、照片等，该地区还有独特和丰富的古建筑、造像、壁画、石刻等珍贵文化遗产资源，这些资源在数字化后，将极大地填补中国数字人文基础设施中的空白之处。

其次，中文古籍资源数字化和数字资源库建设从国家到地方各个层面吸纳了大量的资源投入和关注度，如"中华古籍资源库""云南古籍数字图书馆""敦煌遗书数据库"，还有全国古籍普查工作的重要成果"全国古籍普查登记基本数据库"、国家级重点文化工程"中华再造善本工程"的"中华再造善本数据库"、中国高等教育文献保障系统（CALIS）的特色库项目"学苑汲古——高校古文献资源库"等。但这些数据库主要以"资源获得为中心的模式"[1]提供服务，缺乏对数字人文所需的数据驱动型研究范式的支撑。例如，于2012年开始建设的"中华再造善本数据库"是将"中华再造善本工程"中影印出版的珍贵古籍善本进行图像数字化并服务于学术研究的古籍数字资源平台——它提供了分类导航、目录检索、印章检索、版本对比、原貌展示等基本功能。鉴于中文古籍的整理研究和数字化情况较于其他种类的历史文献资源更为全面，面向数据驱动型数字人文研究范式的"以数智循证为中心的服务模式"需要加强。"中文古籍联合目录及循证平台""中国古籍基础数据应用平台""籍合网"等项目在书目数据、古籍知识层面上已经有了初步的探索。但数据驱动型研究所需的重要基础——古籍内容的文本化——普遍较为薄弱，而德龙（Donald Sturgeon）主持开发的"中国哲学书电子化计划"（CText）项目在文本化的探索上提供了一个优秀实践范例，其收录文本已超过三万部著作、五十亿字。另外，简牍、碑帖拓片、墓志、印谱等特殊古文献资源库的建设也得到了重视。随着区块链、AIGC的发展，现在正是进入资产化、文本化、数据化、智慧化转型期的时机。

在"中国历代人物传记资料库"（CBDB）和"中国历史地理信息系统"（CHGIS）这两个历史悠久的项目带动下，人物档案资料库的建设吸引了GLAMs

---

① 夏翠娟：《多模态文化遗产资源的智慧化服务模式研究——从可获得到可循证和可体验》，《信息资源管理学报》2023年第5期。

机构和历史学研究团体的兴趣，历史地理信息系统的建设也成为历史地理学领域介入数字人文的"敲门砖"。人物、时间、空间是历史人文研究的三个基本维度，因而人物库和历史地理信息系统已被认为是数字人文研究的基础设施。在人物档案资料库中，大致可以分为四类：第一类是只规定收录标准不设定收录范围的通用型人物库，如CBDB和"上海图书馆人名规范库"，前者来源于历代人物传记、家谱、方志等文献中的记载，其主要目的是支撑从人出发的历史人文研究；后者收录的依据主要为馆藏文献的作者、历代人名大辞典中记载的名人，其核心功能是提供全网域级（Web-scale）的人名规范控制，同时由于应用了关联开放数据的四原则，也可作为跨网域的知识链接中心。第二类是以种类、时间或地域为收录的范围和依据，如"中国历史官员量化数据库（清代）：缙绅录""20世纪中国人物传记数据库"和"江西古代名人数字人文研究与服务平台"。第三类是围绕某一个名人进行的相关资料收集和数据库建设。第四类则是为了某个研究问题而构建的数据集，如历史文化名人游学足迹知识图谱。从历史地理出发的实践项目可分为以下四个层面：历史地图资源库如"古地图数据库"，历史地名词表如"中国聚落地名地理分布查询"系统，集成HGIS支撑平台如"中国历史地理信息系统"，面向特定主题的研究平台如"丝绸之路地理信息系统""丝绸之路历史地理信息开放平台"和"六朝建康城市历史地名信息系统"，以及提供文化和知识传播功能的应用服务，如"观沧海"、"初遇长安"、"地图书"人文地理知识库、"中国私家藏书楼"时空地图检索平台等①。

除此之外，近代文献与近代史、文博、人口与社会、艺术与艺术史、语言文字学、非遗等属于积极参与数字人文的活跃领域，例如"抗日战争与近代中日关系文献数据平台""数字敦煌""董其昌数字人文展示系统""中国多代人口数据库""今鉴：清末民国社会调查数据库平台""AAT-Taiwan艺术与建筑索引典""ARTLINKART当代艺术数据库""中国近现代书画印本数据库""战国文字诂林数据库""中国语言资源有声数据库""中文梗博物馆""中国非物质文化遗产基因数据库"等。另外，文学、思想史、法学、佛学等领域均有不俗的表现，例如"唐宋文学编年地图""中国近现代文学文献数据库"。尤其是"CBETA电子佛

---

①张晓虹等：《系列笔谈之三：历史地理信息系统的建设与发展》，《数字人文》2022年第2期。

典集成"，由于该资料库起步较早、内容丰富且品质优良，现今已成为研究汉传佛教不可或缺的资料来源①。而人口与社会、疾病与健康、法学、环境等社会科学领域也开始关注数字人文，逐步进入数字人文研究的视野，例如"当代重大传染病防治史数据库""中国审判案例数据库""中国—东盟海洋环境大数据服务平台"等。

在以数据库、数据集、知识库、语料库建设为主要方式的数字人文实践项目之外，还有一类是以为研究者提供数字人文研究平台和工具为主的项目，如清华大学"古文智能标引"、台湾大学"DocuSky数位人文学术研究平台"、华东师范大学"多维度图像智慧系统"、上海图书馆"本体服务中心"等，其中DocuSky提供几乎覆盖了从资料收集整理、数据清洗转换、可视化分析等整个研究流程的工具集，成为许多研究人员的数字助手②；另外还有地方志研究工具LoGaRT、文本标记工具MARKUS等，主题模型化工具TMHAC也可归到数字人文工具类。

四、中国数字人文的实践模式分析

多学科的理论方法汇聚与丰富的实践应用呈现是中国数字人文实践的典型模式。随着莫莱蒂教授（Moretti）将"远读"这一概念引入数字人文的核心方法论，在传统定性思维与近读习惯的参照下，一种以大数据作为驱动方式的量化分析与数字化展示的研究理念在数字人文实践中逐步形成。在人文学科与自然学科的分界线上，数字人文搭建起了学科之间可供沟通的桥梁，并迅速吸引双方阵容中相关理论、知识与方法不断引入。在这样的背景下，中国数字人文的实践经验已经让我们看到了具有鲜明主题领域与技术实现特色的不同数字人文实践形式。例如，将文献目录学与数据库技术整合的目录数据库平台为古典文献学的数字化实践提供了更方便的查阅渠道；古籍的数字化处理能够有效提升已有古籍知识抽取、组织与表示的任务效率，并服务于历史研究与古籍教学；

①洪振洲：《数位时代汉译佛典之研究利器——CBETA数位研究平台》，《数位典藏与数位人文》2018年第1期。
②项洁、胡其瑞：《历史文本的词汇标记及应用》，《数字人文研究》2021年第1期。

集成了大量地理信息、文本互文以及数据关联的各类文学大数据分析平台更是具备了从宏观智能化视角来对相关史论进行验证，以揭示文学发展规律与特征和探寻研究问题与本质内涵的潜在可能。

　　作为中国数字人文的"引路人"，图书馆、情报与档案学科在倡导数字人文中国化实践之路上扮演了重要的引领角色。北京大学图书馆于2016年和2017年连续举办了"数字人文论坛"，分别以"跨界与融合：全球视野下的数字人文"与"互动与共生：数字人文与史学研究"为主题在中国数字人文学界展开了关于数字人文概念、理论与实践的讨论与反思[①]，获得了全国高校人文学科领域的广泛关注。承接敦煌第一届中国数字人文年会的辉煌，上海图书馆于2020年举办了第二届中国数字人文年会——"积淀与超越：数字人文与中华文化"，首次明确聚焦于数字人文的中国问题。在此盛会上，一系列以中国历史与文化为语境的数字人文实践成果脱颖而出，为数字人文中国化提供了重要的参考。一种来自图情与史学界的普遍声音为，构建"数字人文基础设施"应当是实现数字人文中国化实践的重要途径。情报学专家王晓光教授提出"作为人文基础之基础的数字人文基础设施"这一见解。上海图书馆刘炜馆长呼吁将图书馆在数字人文基础设施建设中的角色设定为"主导者"[②]。特别需要指出的是，在2018年的上海图书馆国际数字人文分会上，哈佛大学包弼德（Peter K. Bol）教授发表了题为《数字人文与中国研究的网络基础设施建设》的重要报告，更是将中国数字人文基础设施建设的重要性与迫切性提高到影响全球人文学界与产业界发展的战略高度。该报告详细论述了数字人文的方法和工具为人文研究带来的技术和理论层面的飞跃，并且基于避免重复建设与连接信息孤岛的理念提出了联合数字人文学界与业界以建立"全球智慧数据平台"这一宏大愿景[③]。

　　从实践领域来看，中国数字人文项目涉及主题尤为广泛，从古籍善本到诗

---

① 朱本军、聂华：《跨界与融合：全球视野下的数字人文——首届北京大学"数字人文论坛"会议综述》，《大学图书馆学报》2016年第5期；朱本军、聂华：《互动与共生：数字人文与史学研究——第二届"北京大学数字人文论坛"综述》，《大学图书馆学报》2017年第4期。
② 颜佳、姚啸华：《数字人文发展的"主导者"与"使能"——2020数字人文年会"数字人文基础设施建设"专家论辩综述》，《数字人文》2021年第1期。
③ 包弼德、夏翠娟、王宏甦：《数字人文与中国研究的网络基础设施建设》，《图书馆杂志》2018年第11期。

歌词曲，从音乐绘画到建筑遗迹，为实现数字人文多元化实践落地提供了丰富的原料与数据基础。不同于诸如数据库和平台系统这类成型的"基础设施"成果，以数据集、语料库、模型和工具为主要形式的数字人文"中间成果"看似并不具有类似系统性的输出和直接服务于人文实践价值的特征，但是它们的身上仍聚集了来自最广泛的、最具创意和最普遍的数字人文思想与特征。借助这些最基础的人文语料与数据集，以机器辅助研究人员进行语言分析、体裁辨析、意象识别和风格检测成为文学、语言学、历史学等领域重要的研究手段。以统计学、机器学习、人工智能等方法与技术进一步将这些原始标注语料转化为智能分析模型，从而提供对各类人文数据处理任务的算法支持，具体包括了古籍文本的自然语言处理、文学互文性相似度检测、诗歌格律与题材的统计分析、文化遗产知识图谱的构建以及历史地理信息可视化展示等。数字人文算法模型为多维度、多层次和多粒度的中国人文问题解析、人文数据之间知识联系与语义脉络挖掘以及具有规律性的人文结论推理提供了更加科学、可靠且可验证的技术保障。最终，融入了人文创意和技术整合的数字人文产品以"工具"的形式加以呈现，形成面向需求、项目或领域的阶段性实践成果。具体而言，这些"中间成果"包括但不限于地理、时间以及文字编码与转换工具，基于自然语言处理技术的文本标注工具以及针对不同主题的文本分析、数据挖掘和可视化分析的专业化工具等——它们为各类数字人文平台的开发提供最基础的功能原点。

此外，中国数字人文实践的多样性还体现在交叉学科之间的知识融合与协作团队的产生等方面。在全国范围内，各大院校内部不同专业之间的学术合作在数字人文实践项目中越来越频繁与紧密，特别是以"数字人文"研究中心或实验室为纽带开展跨学科的学术交流、研究讨论、教学推广并支持出版、发表、培训等相关活动。在数字人文的巨大影响力下，校际层次的机构合作逐渐进入稳步发展的时期，中国数字人文机构之间形成了具有"地域性协作"特征的良好势头，其中南京农业大学数字人文研究中心与南京师范大学数字与人文研究中心在古籍数字化方面建立了长期和稳定的合作关系，而以台湾"中研院"、台湾大学、台湾中山大学等为主的台湾地区数字人文机构之间积累了大量的共建项目。类似国际数字人文组织联盟（ADHO），中国社会科学情报学会数字人文专委会、中国索引学会数字人文专委会等专业协会组织先后成立，推进了中国数字人文学术协作逐步转向更加系统性的专业组织与管理方向上的发展。数字人文视角下的中国人文研究问题还吸引了来自美国哈佛大学、英国伦敦国王学院、德国马克斯·普朗克研究所等国际知名高校数字人文机构的广泛关注。与此同时，国际之间跨校合作不仅大大增进了数字人文学术交流与资源共享的机会，更加能够从实践层面引入来自西方世界的新观念、视角、技术和思想，提升实践项目的品质与水平，为中国数字人文实践层面的创新突破提供了潜在契机。

五、中国数字人文的实践发展建议

随着教育部"新文科"战略的提出，"传承中华文明延续，开拓文化创新局面"成为了时下中国文科建设发展的核心议题。顺应时代之潮流，以中国优秀历史文化为主题的各种数字人文实践正在迈入蓬勃发展的新阶段。数字人文中国化不但要立足于民族文化发展大业之精髓，代代守护与传承中华文脉，更要在传承弘扬民族文化的征程中与时俱进、锐意进取，并努力提升中国的国际话语权。为了应对来自人文与技术的双重挑战与机遇，笔者从当前中国数字人文实践状况出发，结合相关数字人文实践成果和模式分析，在数字人文中国化的长期摸索中总结与归纳其问题与经验，并给出适当的发展建议。

第一，围绕中国特色建设多元化、长期可持续与开放互联的基础设施路径。尽管当前中国数字人文基础设施的建设具有多种不同的特色实践模式及丰富的案例成果，但围绕中华古籍文本以构建不同领域和专题的数据库仍是当前实践模式的主流形式。除了诸如地方志、儒学经典、曲艺诗歌、诗词文集等古代文本之外，大量礼乐、图志以及近现代时期留下的人文文本资料等多模态资源仍值得进一步加工、分析和挖掘，从而促进更加全面和丰富的数字人文中国化实践体系建设与完善。从人文计算的技术发展角度，当前中国数字人文数据库的建设是以数字资源建设为主要目标——包括如何描述与著录文献元数据，如何梳理和建设数据组织体系以及对已有数据库的管理与优化等，并且已经能够服务研究者进行简单的查阅、浏览等工作。在数字人文被人文学科寄予厚望的今天，这种早而有之的数字化建设思路显然并非数字人文的独有贡献，更无法满足当前人文学者对学术创新和智慧化服务的迫切需求。中国数字人文实践要得到进一步拓展与提升，就必须改变以"数据"为核心的基础设施建设方式，并不断从人文数据的外部特征深化到对数据内部特征的细粒度描述、加工与组织，从而加快数据资源向语义化知识的转型与内容升级，这是实现人文实践智慧化的前提。如果将目录库过渡到全文库乃至知识库的建设路径比作是一场长时段的基础设施"攻坚"战，那么各个数字人文实践主体机构进行项目建设、实施和维护的综合资源与能力便是决定其胜利的关键所在。在实践的各个环节，需要充分结合已有项目目标和需求，运用相适配的技术对人文资源进行数字转化、数据提取及知识组织。这其中可能涉及图篇扫描、OCR文字识别、自动分词与句读、词性自动标注、命名实体识别和关系抽取等自然语言处理技术，声学特征抽取、音频编码等语音识别技术，图片分类、目标检测和实例分割等图像处理技术，以及包括元数据抽取、关联数据、本体表示等在内的知识工程方法。此外，利用上述技术方法从人文数据资源中将不同层次的知识抽取出来以后，还要通过知识融合技术对其异构模态加以语义整合和互操作，并根据它们之间的多重脉络关系进行语义对齐和知识关联，实现人文实践成果的开放共享。与此同时，为了支持更加科学的数字人文实践体系的可持续性运营，一方面需要国家层面探索更加具有长远规划和前瞻性战略思维的顶层化设计与决策方案，采取"取重避轻"兼顾"特色发展"的鼓励性方针，在数字人文实践投入、实施、评估与转化阶段中提供更加科学、专业以及公平化的资源分配与支持力度，实现对中国数字人文实践全局的统筹安排和计划部署；另外一方面，机构之间、专业之间乃至学界与业界之间都需要谋求更多的合作与共享实践方式，降低重复建设和资源浪费的不良现象，并鼓励多元化的众包机制与协同工作渠道，在保证项目质量的前提下，实现数字人文实践长期运维的减本增效。

　　第二，促进新技术在中国数字人文实践中的引入、融合与创新，不断推进中间成果的转化。作为数字人文的创新发展的动力之一，相关数字技术与研究范式需要不断推陈出新，特别是大数据、人工智能及元宇宙等新型信息技术将对中国数字人文实践产生诸多的变革。传统意义上，以数据库为基础的数字人文服务平台主要提供资源的查询能力，不仅无法提供满足用户需求的精确回答，而且在帮助用户解决人文学术问题和发现潜在知识与规律的能力上有所欠缺。对此，以深度学习为代表的智能化技术为人文实践中包括数据处理、数据表示、数据管护、数据分析以及数据展示在内的所有环节提供了更加高效而系统性的解决方案。在人工智能技术的辅助下，流程化的文化遗产资源加工机制可以大大提升著录工作的效率和容错性，自动化的古籍文本知识提取模式实现了对大规模语料的内容挖掘，使得知识库乃至知识图谱的自动构建与生成成为可能，而语义分割技术为中国古代艺术图像的视觉分析与价值挖掘提供了切实有效的技术手段。随着以ChatGPT为代表的通用大语言模型（Large Language Model, LLM）不断发展，目前占据主流的生成式人工智能技术为不同数字人文实践场景提供了更加符合人类语言结构、常识理解和认知推理的处理结果，并实现了对人类思维的深度模拟。一系列更加具有创意的实践设计包括中国历史知识问答、汉语古典文献的自动摘要、中国绘画艺术的机器创作以及古代礼乐的自动生成等都将在不久的将来变为现实。另外，像虚拟现实、增强现实与数字孪生等可视化仿真技术可通过对各种物理模型、传感器所获取的海量人文数据进行集成与计算，并在数字环境中建立起人文数据模型与视觉形态之间的多尺度映射关系，从而提供虚拟化世界中对人文知识的全景化展现——包括仿真的文物遗产、数字化历史人物的克隆体等。从用户服务来看，这类仿真技术给高校、图书馆、档案馆、美术馆以及博物馆等机构提供了数字展陈、场景漫游、3D交互和元宇宙的虚拟实践空间，赋予参与主体多样化的感官交互与沉浸式的体验，一定程度上辅助实现对中国优秀文化遗产和历史资源的"活化"。如果进一步将上述技术与方法进行有机融合，充分考虑不同用户的需求与认知水平，并不断产生和转化包括诸如数据集、模型和工具等中间成果，以促进多元化、更具智慧性的实践成果输出，则可助力整个大众社会服务与人文学科的学术发现，为开辟出更加具有创造力和生命力的中国数字人文实践之路打下坚实的基础。

第三，深化跨组织和学科的合作，提升从业人员的数字人文综合素养。数字人文学者、机构乃至国家之间的学术合作是推动中国数字人文实践不断进步的另一大动因。受制于版权、责任分配、评价边界以及国际政策等因素的影响，当前中国数字人文实践的跨学科合作力度和范围仍然落后于国际水平。"校内合作"仍是中国数字人文实践的主要合作形式，相比之下地域性跨校合作的案例较为少见，而知名的跨国合作实践更是寥寥无几，尤其是以国内学术机构牵头的实践项目。因此，如何积极拓展不同数字人文机构之间合作模式，加快多学科之间的技术融通与资源分享，保障项目长期的执行与运营是当前中国数字人文实践亟待思考的问题。笔者认为至少存在以下三项可作为目前中国数字人文实践的破冰之举：首先，建设以"守正创新，合作共赢"为理念的数字人文中国化实践生态，这需要国家政策方面对跨机构和跨国合作实践项目进行持续鼓励与支持，特别是需要对核心主持机构进行选择，并科学管控相关经费的投入与人才的配置。然后，实施更加公平和完善的中国数字人文实践评价体系，即将实践成果如平台、数据库等纳入学术成果考核中，这既需要学科共同体达成最广泛的统一认知，同时还需要通过制定相关的协议和规定来实现团队权益与责任公平的划分与归属——这与当前"破五唯"的科研评价改革相互呼应。最后，除了学科合作之外，实践项目的长期运维还离不开组织团队的建设，即需要以"人文关怀"作为人文实践的基点，在充分尊重每位团队成员的学术诉求基础上，发挥专业知识和技能的优势，在统一指导与安排下共同组建有序而互信的数字人文实践团队。值得注意的是学科专业化的分野为团队建设提供了必要的智力与技术保障，而打通团队共识的通道是突破学科之间认知壁垒的关键。从根本上来说，数字人文的服务主体仍然是"人"，是包括学者、教师、学生、工程师、设计师、产品研发人员等在内的数字人文实践参与人员。在作为数字人文实践发起者、实施者与服务者的不同身份切换中，只有全面培养其综合素养（如数字意识、计算思维、知识储备与人文责任等），才能彻底展现实践项目的本质意义与价值。从人文教育角度出发，培养人文批判性思维、技术专业性和团队协作能力是塑造新时期具备数字人文综合素养人才的关键要素，它要求所有参与学习与培训的数字人文从业人员在夯实特定领域专业的人文知识基础上具备一定的批判性思维和推理能力，并且能够学习和掌握扎实的数字化技术技能，从而在人文实践协作中发挥积极作用。

星斗满天：中国数字人文研究机构发展状况

徐碧姗　（中国人民大学信息资源管理学院）

张福虔　（中国人民大学信息资源管理学院）

关书朋　（中国社会科学院大学历史学院）

方树益　（中国人民大学国学院）

林欣杨　（中山大学历史学系）

张钰鹏　（中国人民大学文学院）

张奕萱　（中国人民大学信息资源管理学院）

乔呼和　（西北民族大学中国语言文学学部）

雷轩铮　（北京邮电大学数字媒体与设计艺术学院）

引　言

数字人文在中国越来越得到广泛接受并被视为学术和教育发展方向的重要表现之一，是近年来以高校数字人文研究中心为代表的研究机构的广泛兴起，这些研究机构成为数字人文学术共同体的重要平台。本课题组针对中国数字人文研究机构展开了调查，目标是尽可能全面地反映当前数字人文研究机构群体的基本历程、地域分布、总体面貌、主要特征，并以之为基础观察未来趋向。因时间所限，本文调查对象主要集中于大陆地区，对港澳台信息获取较少，留待日后补充。

本报告主体分为四部分。一是介绍调查方案，包括调查对象的界定和调查步骤。二是基于调查统计呈现全国数字人文研究机构总体情况，包括发展时间线、地域分布、表征和发展趋向。三是详细介绍全国性学会／协会下属数字人文类专业委员会的状况。四是对高校及科研机构内数字人文研究机构的级别、主导单位、人员构成、活动类型、对外关系进行统计与分析。

一、调查方案

（一）界定调查对象

如何界定"数字人文研究机构"决定了本次调查的范围和对象。国内最早以数字人文研究机构为研究对象的《跨学科视角下数字人文研究中心的组织与运作》一文[①]发表于2013年，所用案例大多来自"国际数字人文中心网络"（centerNet），因此我们首先调查了该网络对"数字人文中心"的界定和机构名录。

centerNet的注册条件，第一是机构自认为全部或部分是数字人文中心；第二是规模大于单个项目，并且有一定的历史或持久承诺[②]。但centerNet并没有对"数字人文"下定义，而把定义的权利交给机构自身，并希望是"包容性的"，"与社会科学、媒体研究、数字艺术和其他相关领域交叉，可能包括对数字平台有浓厚兴趣或专注于数字平台的人文中心"。可见，在其宽泛定义中，数字人文身份的自我认定是最重要的。centerNet的名录列表上，除了"center"，还有不少"hub""institute""office""program""project""department""lab""group""library""school""college""studio""initiative""council""association"等[③]。这意味着，"数字人文中心"是个总称，除了具综合功能的机构一类（如名称为"中心""研究所""研究院"），还有实验室、工作室、院系、图书馆、协会、联盟、委员会、办公室、团队、项目、计划等类型。总之，在centerNet看来，只要主观认定及有一定历史和规模，任何类型的组织都可以是"数字人文中心"。

《国际数字人文中心的组织架构与建设路径》一文认为数字人文中心"本

---

① 李巧明、王晓光：《跨学科视角下数字人文研究中心的组织与运作》，《数字图书馆论坛》2013年第3期。

② "Becoming a Member," https://dhcenternet.org/, accessed on January 8, 2024.

③ "Centers," https://dhcenternet.org/centers, accessed on January 8, 2024.

质上是以数字人文项目为最主要工作内容的协同创新服务机构中心"，并将centerNet名录上的机构区分为"完整的数字人文中心"和"参与数字人文实践或作为实践具体部分存在的实体"两类。前者"一般是由综合性大学建成的研究机构，多以'数字人文中心／研究所／实验室'命名，研究指向明确，围绕数字人文领域开展多个研究项目及教学科研活动"。后者分为三类：（1）高校内部与数字人文领域交叉的中心、科系、研究所等机构，研究范畴指向具体领域；（2）全国或国际范围的大型联盟、学会、协会或组织，具有较为庞大的组织规模和更大研究范畴；（3）具体的某一项目、程序、平台或者服务，缺乏完整的组织结构①。《我国高校数字人文中心建设初探》一文认为高校数字人文中心"是为推进人文社会学科与信息技术学科的深度融合而建立的协同创新服务与管理机构，其主要职能是为数字人文项目提供全生命周期技术和管理保障"，具跨学科协作意义②。这两篇文章通过客观职能描述和特征提取，对数字人文研究机构进行了界定和分类。

是取centerNet的宽泛立场，还是取更严格的分类（如"完整的数字人文中心"）？这是调查面临的第一个问题。且进行初步案例搜集后，我们发现还有一些机构并不以"数字人文"作为自我表征，但却切切实实地在实践数字人文项目、进行数字人文研究。这类机构是否或哪些该纳入调查对象呢？反复斟酌后，为了全面反映当前从事数字人文研究的机构现状，我们采取以下做法确定调查对象。

首先，参考centerNet的立场，以尊重机构本身的认知和意愿为基本原则，不排除特定形态和类型的组织，凡自我定位为"数字人文"机构或对此概念表示了明确认同的组织，无论其具体形态，均称为"数字人文研究机构"，为本研究的主要调查和分析对象，必要时做进一步分类。不过，由于针对院系、实践项目及计划等另有专门报告，故不纳入，因而机构类型将包括中心、实验室、工作室、团队、协会、联盟、委员会等。

其次，其他支撑建设了重要数字人文项目或积极参与数字人文领域或有领

---

① 吕星月、袁曦临：《国际数字人文中心的组织架构与建设路径》，《图书馆论坛》2022年第2期。
② 赵生辉、朱学芳：《我国高校数字人文中心建设初探》，《图书情报工作》2014年第6期。

域交叉，但没有"数字人文"身份标榜和自我定位者，划为"泛数字人文研究机构"，同样纳入调查范围。

（二）调查步骤

本调查分三步展开，主要采取文献调查法。第一步的任务是确定调查具体对象。我们组合"数字人文""计算人文""人文计算""数字学术""数字文化""信息化""数字化""大数据""自然语言处理""数字史学""文学计算""历史地理信息系统""中心""实验室""研究院""研究所""团队""学会""协会""联盟"等关键词对互联网、自媒体进行全面搜索，并统计了centerNet上登记的中国机构、中国知网中数字人文主题论文作者和各类数字人文会议参会人员所属机构、重要中文数字人文项目所属机构、重要数字人文会议主办和协办机构、学会成员单位后，得出一个初步名单。接着对名单上的每个机构进行进一步资料收集和分析，主要基于其官方发布的信息，依据上文所述原则确定最终名单。

第二步是确定调查内容。既有研究对国外数字人文中心所进行的调查和分析[1]，已经提供了相对完善的考察方案和研究视角，在其基础上，我们设计了针对中国高校数字人文研究机构的调查表，主要调查项如下。

（1）机构名称；（2）所属学校；（3）所在省市；（4）成立时间；（5）机构网址、公众号；（6）机构介绍（自我描述）；（7）机构第一负责人（姓名、院系、职务、专业）；（8）团队成员（姓名、院系、职务、专业）；（9）机构级别（类型：①校级跨学院机构或多单位共建机构；②学院/图书馆下属机构；③具行政级别）；（10）外部合作机构；（11）校内教育（类型：①学位或非学位证书项目；②公共课程）；（12）公开教育（类型：①暑期学校、训练营等；②学生研究员、科研实习等；③社会培训）；（13）其他活动（如会议、讲

---

①赵生辉、朱学芳：《我国高校数字人文中心建设初探》，《图书情报工作》2014年第6期；祁天娇：《高校数字人文研究中心或实验室的建设与实践——基于全球百家案例的分析与启示》，《数字人文研究》2021年第2期。

座、工作坊等）。

调查主要基于各高校、各机构官方发布的内容展开，辅之以在所及范围内对机构负责人做访问调查。其中，第（10）—（13）项尤其会因信息发布的不完整等因素，影响到准确度，因此关于这几项的统计，其数量只有参考意义。

对于协会类机构，则从其归属、构成、职能、运作、主要活动等方面进行调查，同样主要依据其官方发布的信息。

第三步，基于确定的调查内容，进行各类信息摘取、录入和统计。

二、中国数字人文研究机构总体情况

（一）机构概观

按照前述界定，全国共有94个机构进入统计范围[①]。其中，"数字人文研究机构"66个，含学会/协会下机构6个，这是主要考察对象；"泛数字人文研究机构"28个，含学会/协会下机构4个。另外列出了筹建中的2个研究院和1个实验室。需要说明的是，以下表格只反映以本调查机构界定为前提的调查结果，且存在公开信息不足及信息搜集有遗漏等主客观限制，因此或有未尽之处。

表1　全国学会/协会下属数字人文研究机构统计（至2023年12月）

序号	机构名称及建立时间
1	中国社会科学情报学会数字人文专业委员会（2018年5月）
2	中国索引学会数字人文专业委员会（2020年10月，中国数字人文机构联盟）
3	中国历史文献研究会数字文献分会（2021年3月）
4	中国古籍保护协会古籍智能开发与利用专业委员会（2021年10月）
5	中国科学技术史学会数字人文专业委员会（2022年3月）
6	中国文艺理论学会数字人文分会（2023年8月）

[①] 因时间限制，调查小组未能对港台地区的数字人文研究机构进行完备调研并形成报告，但在过程中得到东华大学张蜀蕙副教授、香港城市大学徐力恒助理教授帮助，获得诸多信息，就此表示感谢。

表 2 全国高校、科研机构内数字人文研究机构统计（至 2023 年 12 月）

序号	机构名称及建立时间
1	中国社会科学院文学研究所数字信息工作室（2004 年 2 月）
2	敦煌研究院文物数字化研究所（2006 年）
3	敦煌研究院敦煌学信息中心（2007 年）
4	清华大学中国古典文献研究中心（2008 年 4 月）
5	上海外国语大学中国国际舆情研究中心（2008 年 6 月）—上海市重点智库（培育）
6	武汉大学数字人文研究中心（2011 年）
7	中国社会科学院文学研究所马克思主义文学理论与文学批评研究室（2014 年 9 月）
8	北京邮电大学移动媒体与文化计算北京市重点实验室（2014 年 12 月）
9	电子科技大学数字文化与传媒研究中心（2016 年 8 月）/数字文化与传媒研究基地—四川省社会科学重点研究基地
10	华东师范大学调查与数据中心（2016 年 11 月）
11	天津大学 & 哈尔滨工业大学（深圳）空间人文与场所计算实验室（2016 年）
12	南京大学数字人文与超媒体 GIS 工作室（2016 年）
13	复旦大学大数据研究院人文社会科学数据研究所（2017 年 5 月）
14	清华大学数字人文团队（2017 年）
15	南京大学数字史学研究中心（2017 年）
16	四川大学中华文化传承与全球传播数字融合实验室（2017 年）—四川省哲学社会科学重点实验室
17	南京大学高研院数字人文创研中心（2018 年 1 月）
18	湖南大学岳麓书院数字人文研究中心（2018 年 1 月）
19	中国人民大学数字清史实验室（2018 年 1 月）
20	南京农业大学数字人文研究中心（2018 年 4 月）
21	曲阜师范大学数字人文研究中心（2018 年 5 月）
22	山东大学东亚数字人文创新团队（2019 年 3 月）/数字人文实验室—山东省高校文科实验室（A 类）
23	安徽师范大学数字人文团队（2019 年 4 月）
24	长沙学院数字人文研究院（2019 年 6 月）/"传统村镇文化数字化保护与创意利用技术"国家地方联合工程实验室/"文化遗产保护修复与数字化应用"湖南省工程研究中心
25	中国人民大学数字人文研究院（2019 年 12 月）
26	北京师范大学（珠海校区）数字出版与数字人文研究中心（2019 年 12 月）

续表2

序号	机构名称及建立时间
27	中国社会科学院世界宗教研究所数字人文宗教与宗教舆情研究室（2019年12月）
28	中南民族大学数字人文资源研究中心（2019年？）
29	上海图书馆历史人文大数据中心（2019年）
30	宁波诺丁汉大学数字人文实验室（2019年）
31	复旦大学人文社科"历史GIS与数字人文研究"青年融合创新团队（2020年4月）
32	北京大学数字人文研究中心（2020年5月）/北京大学—字节跳动数字人文开放实验室
33	上海大学数字人文研究与发展中心（2020年8月）
34	南京师范大学数字与人文研究中心（2020年10月）
35	云南大学数字人文工作室（2020年10月）/云南省教育厅重点实验室"数字人文"技术研发与应用重点实验
36	上海师范大学数字人文研究中心（2020年11月）
37	上海外国语大学数字人文与语言智能实验室（2020年12月）
38	武汉大学文化遗产智能计算实验室—教育部哲学社会科学实验室（2020年）
39	陕西师范大学数字人文与视听传播研究中心（2020年？）
40	西北大学陕西省文化遗产数字人文重点实验室（2021年5月）
41	大连外国语大学新文科数字人文创新实验室（2021年10月）—辽宁省高校哲学社会科学重点实验室
42	上海外国语大学数字学术中心（2021年）/数字人文实验室
43	海南大学海南与南海历史文化数字人文研究团队（2021年）
44	南昌大学数字人文研究中心（2022年2月）
45	巢湖学院数字人文与对外传播研究中心（2022年4月）
46	重庆大学古籍方志数字人文研究中心（2022年5月，与北京万方数据股份有限公司共建）
47	浙江大学数字人文研究中心（2022年6月）/文史大数据实验室—浙江大学哲学社会科学实验室
48	山西大学图书馆山西数字人文研究院（2022年7月，与山西出版传媒集团共建）
49	辽宁大学东北数字人文研究中心（2022年8月，与古联（北京）数字传媒科技有限公司共建）
50	暨南大学广东省岭南数字人文实验室（2022年11月）/广东省岭南数字人文实验教学示范中心
51	河南大学黄河文化遗产实验室（2022年12月）—河南省高校哲学社会科学实验室

续表2

序号	机构名称及建立时间
52	曲阜师范大学孔子文化遗产保护与传承数字人文实验室（2022年12月）—山东省高校文科实验室
53	武汉纺织大学数字人文创新设计研究团队（2022年）
54	汕头大学数字人文与智能传播研究中心（2023年2月）—汕头市人文社科重点研究基地
55	山东理工大学齐文化传承创新与数字人文文科实验室（2023年9月）—山东省高校文科实验室
56	上海大学数字人文研究生教育联盟（2023年11月）
57	广西民族大学相思湖学院中国—东盟数字人文交流研究院（2023年12月，与教育部中外人文交流中心共建）
58	深圳大学人文学院数字人文研究中心（2023年6月）
59	南京师范大学语言大数据与计算人文研究中心（2023年）
60	齐鲁工业大学（山东省科学院）数字人文研究中心（?）

注："?"表示成立时间无法确认。"/"表示多个名称并列，名称后的"—"为注释。文中后表同。

表3　全国高校筹建中数字人文研究机构统计（至2023年12月）

序号	机构名称
1	中山大学数字人文研究院
2	重庆大学数字人文研究院
3	凯里学院清水江文书数字人文实验室

表4　全国泛数字人文研究机构统计（至2023年12月）

学会/协会下属机构	
1	中国通信学会移动媒体与文化计算专业委员会（2019年12月）
2	中国古迹遗址保护协会数字遗产专业委员会（2023年3月）
3	中国地理学会空间综合人文社会科学工作委员会（2023年10月）
4	中国民族语言学会语言资源与计算人文专业委员会（2023年12月）
高校内机构	
1	青海师范大学青海省藏文信息处理与机器翻译重点实验室（1994年）/青海师范大学藏文信息处理教育部重点实验室（2009年）/省部共建藏语智能信息处理及应用国家重点实验室（2001年6月）
2	安阳师范学院甲骨文信息处理教育部重点实验室（2000年）
3	西北民族大学中国民族信息技术研究院（2001年；前身为西北民族信息技术研究所，1997年）/语言与文化计算教育部重点实验室/西北民族大学语言科学与文化融合实验室

续表4

	高校内机构
4	首都师范大学电子文献研究所（2003 年）/ 数字文献实验室（2014 年，与北京艺术博物馆联合建设）
5	北京师范大学中文信息处理研究所（2004 年 2 月）
6	西藏大学藏文信息技术研究团队（1990 年代）/ 藏文信息技术研究中心（2006 年）/ 西藏藏文信息技术工程研究中心（2010 年）/ 藏文信息技术国家地方联合工程研究中心（2011 年）
7	内蒙古大学内蒙古自治区蒙古文信息处理技术重点实验室（2007 年）/ 内蒙古大学蒙古文智能信息处理技术国家地方联合工程研究中心（2019 年）
8	新疆大学新疆民文信息技术研发中心（2007 年）/ 新疆多语种信息技术重点实验室（2008 年）/ 新疆多语种信息技术研究中心（2017 年 10 月）
9	北京大学可视化与可视分析实验室（2008 年）
10	中央民族大学国家语言资源监测与研究少数民族语言中心（2008 年）
11	中央民族大学中国少数民族古籍保护与资料信息中心（2010 年）
12	西南民族大学民族语言文字信息处理技术研发中心（2010 年；前身为民族语言信息处理研究所，1994 年）/ 民族语言文字信息处理实验室—四川省高校重点实验室
13	延边大学中国朝鲜语言文字信息化基地（2014 年）
14	北京语言大学中国语言资源保护研究中心（2015 年 3 月）
15	陕西师范大学文学典籍数字化实验室（2016 年 12 月），与古联（北京）数字传媒科技有限公司共建
16	中央民族大学中国少数民族语言资源保护研究中心（2016 年）
17	天津大学建筑文化遗产传承信息技术文化和旅游部重点实验室（2016 年）
18	中国藏学研究中心藏文文献资源数据中心（2017 年 8 月）
19	中央民族大学国家民委中国民族语言文字应用研究院（2017 年 12 月）
20	内蒙古师范大学国家语言资源监测与研究少数民族语言中心蒙古文大数据研究基地（2018 年 6 月）
21	清华大学自然语言处理与社会人文计算研究中心（2019 年 7 月；基础为自然语言处理与社会人文计算研究研究室，1970 年代末）
22	华南理工大学深度学习与视觉计算实验室（2019 年？）
23	南京农业大学人文与社会计算研究中心（2021 年）—江苏高校哲学社会科学重点研究基地
24	厦门大学闽台非遗文化数字化保护与智能处理文化和旅游部重点实验室（2021 年 5 月）

　　表1、表2中的66个"数字人文研究机构"均是有明确数字人文认同者，其中名称即含"数字人文"（"数字与人文"）者45个。其他21个机构中，清

华大学中国古典文献研究中心、上海外国语大学中国国际舆情研究中心、中国社科院文学研究所马克思主义文学理论与文学批评研究室、华东师范大学调查与数据中心、复旦大学大数据研究院人文社科数据研究所、上海图书馆历史人文大数据中心、山西大学图书馆山西数字人文研究院、齐鲁工业大学（山东省科学院）数字人文研究中心为中国索引学会数字人文专委会的成员单位。中国社会科学院文学研究所数字信息工作室明确提出以数字人文、网络文学与网络文化等研究为工作职责之一，其现阶段研究正围绕"数字人文视野中的中国古典文学研究"项目展开。敦煌研究院2019年、2023年两次主办文化遗产与数字人文研究主题的论坛及数字人文研习营①，其下文物数字化研究所、敦煌学信息中心是承担数字人文研究的主要机构。北京邮电大学移动媒体与文化计算北京市重点实验室，通过在centerNet上进行注册向我们明确了其定位，目前在centerNet上注册的大陆机构只有该实验室和武汉大学数字人文研究中心。电子科技大学数字文化与传媒研究中心在官方介绍中提出围绕"数字人文"，以"数字技术＋"为方向。②四川大学中华文化传承与全球传播数字融合实验室与哈佛大学联合举办过数字人文工作坊，明确提出以进一步推动国内数字人文事业的发展为己任③，其学术委员会成员大部分为数字人文领域的代表性学者④。天津大学与哈尔滨工业大学（深圳）共建的空间人文与场所计算实验室核心方向是"空间人文"，但推动"数字人文暨相关领域的发展"是其目标之一。⑤中国人民大学数字清史实验室是该校清史研究所应"数字人文时代的新要求"所作出的战

---

① 分别为：敦煌（DH2019）文化遗产数字化国际研讨会暨中国社会科学情报学会数字人文专委会学术年会、"全球视野下的数字人文：研究与实践"数字人文研习营；敦煌（DH2023）文化遗产智慧数据与数字人文研究论坛、"全球视野下的文化遗产数字化与数字人文：研究与实践"研习营。
② 电子科技大学数字文化与传媒研究中心基地介绍，参见：https://www.cdcm.uestc.edu.cn/jdgk/jdjs.htm。
③《四川大学—哈佛大学数字人文工作坊于我院成功举办》，2023年11月4日，https://lj.scu.edu.cn/info/1039/6918.htm，2024年1月9日。
④《中华文化传承与全球传播数字融合实验室学术委员会成立大会暨实验室建设论坛顺利召开》，2023年11月8日，https://dclab.scu.edu.cn/info/1015/1201.htm，2024年1月9日。
⑤ 空间人文与场所计算实验室团队简介，参见：https://tj.teacher.360eol.com/teacherBasic/preview?teacherId=3227。

略规划。①南京大学历史学院数字史学研究中心致力于用"数字人文"的方法和理念推动历史问题的研究与发现，并推动数字人文方法与技能的培训和教学活动。②武汉大学文化遗产智能计算实验室以"探索文化遗产大数据驱动的数字人文研究，及人类文明的数字化赓续"为愿景。河南大学黄河文化遗产实验室起步于"时空综合社会科学研究所"，"数字人文与黄河文化遗产数据库建设"为其研究方向之一，③国内首款AI甲骨缀合产品"缀多多"即其领衔开发的。南京师范大学语言大数据与计算人文研究中心主办了以"推动数字人文的学科建设与人才培养"为主旨的"数字人文系列讲坛"④，其成立晚于该校数字与人文研究中心，二者研究方向不同。学会/协会方面，中国历史文献研究会数字文献分会是该研究会与古联（北京）数字传媒科技有限公司合作成立的，该分会积极参与辽宁大学东北数字人文研究中心的筹建、组织"古籍智能化利用的方向与展望"笔谈、负责研究会年会数字人文研究板块等；中国古籍保护协会古籍智能开发与利用专业委员会由北京大学数字人文研究中心发起，其核心工作目标是与北大数字人文研究中心形成合力，建立古籍领域与信息技术领域交流与协作的渠道⑤。

　　表4中的28个"泛数字人文研究机构"，一般不使用"数字人文"概念，但或有重要的数字人文成果，或积极与数字人文学界合作，或与数字人文有诸多交叉领域。清华大学自然语言处理与社会人文计算研究中心、南京农业大学人文与社会计算研究中心，均使用"社会人文计算"概念，前者代表作品有"九歌"人工智能中文诗歌写作系统，后者建有"新时代人民日报分词语料库"（NEPD）。华南理工大学深度学习与视觉计算实验室发布了"通古"大模型、古籍文档分析与识别系统、彝文文档分析识别系统等多项成果，在以人工智能辅助古籍研究方面成绩突出。北京大学可视化与可视分析实验室为国内顶尖团队，

---

① 数字清史实验室介绍，参见：http://47.103.109.28/Platform/Intro。
② 数字史学研究中心介绍，参见：https://history.nju.edu.cn/f7/25/c28509a456485/page.htm。
③《"黄河文化遗产实验室"成功入选河南省高校哲学社会科学实验室》，2022年12月13日，https://yrcsd.henu.edu.cn/info/1058/6808.htm，2024年2月22日。
④ 系列讲座信息，参见：https://mp.weixin.qq.com/s/OO8yFTGfGGtU2PmNILCz_g。
⑤《古籍保护协会古籍智能专业委员会成立》，2022年3月1日，https://pkudh.org/news/2022/03/01/blog-post-27/，2024年2月22日。

近年来越来越关注人文社科数据的可视化，如以可视分析系统帮助考古学家追踪和分析彩陶花纹演变[①]，其"可视化看中国"网站（http://vis.pku.edu.cn/vis4china/）收入大量数字人文项目可视化案例。首都师范大学电子文献研究所是高校系统第一个古籍电子化专业研究机构，开发了大型中华古籍全文检索数据库"国学宝典"，以该机构为基础，首师大正式建立数字文献学交叉学科[②]。天津大学建筑文化遗产传承信息技术文化和旅游部重点实验室综合历史学、考古学、地理学、人类学、民族学、美术学等多学科开展研究，针对大型线性文化遗产（如历代长城边镇、堡寨、关隘等）建立历史地理信息系统，并在文化遗产价值评估技术、文化遗产传承与可视化技术等领域取得突破性进展[③]。在调查中，我们还发现全国范围内建立了不少围绕文化遗产数字化及活化利用展开研究的实验室，但因其数量较多，且建立时间不长，机构信息和研究成果很少完整公布，为了避免调查对象泛化，故只另将厦门大学闽台非遗文化数字化保护与智能处理文化和旅游部重点实验室列出作为代表。

　　众多的语言文字信息处理机构在数字人文领域取得了显著成果，这些成果不仅构成了数字人文研究的基础设施，还催生了一系列重要的数字人文项目。其中，依托北京语言大学中国语言资源保护研究中心和中央民族大学中国少数民族语言资源保护研究中心建设的"中国语言资源保护工程"，打造了世界最大规模的语言资源库和展示平台——"语保工程采录展示平台"；安阳师范学院甲骨文信息处理教育部重点实验室推出了世界第一款免费甲骨文大数据平台"殷契文渊"；北京师范大学国际中文教育学院之下的数字人文系，即在该校中文信息处理研究所基础上建立的 。实际上，高校内该类机构的数量远远超出表中所列的范围。我们在进行选取时，依据的标准是机构是否面向人文研究，而语言文字信息处理的研究成果具有更为广泛的应用方向。学会方面的中国民族语言学会语言资源与计算人文专业委员会的成立也是该领域长足发展的体现。中国通信学会移动媒体与文化计算专业委员会自成立以来就是每年一届的"中国

---

① 《智能与考古跨学科合作分析彩陶花纹演变》，2023年12月27日，http://vis.pku.edu.cn/blog/pm-vis/，2024年1月12日。
② 首都师范大学电子文献研究所简介，参见：http://www.guoxue.com/dzwxs/dzwxs.htm。
③ 具体研究方向，参见：http://heritlab.tju.edu.cn/。

文化计算大会"的主办单位，其"文化计算"的定义是利用社会计算、大数据、人工智能等技术与人文、历史等学科相互交叉融合，实现文化内容挖掘传播、推动数字人文研究，促进文化繁荣发展的技术手段[①]。"2023云冈文化遗产智慧数据与数字人文研究论坛"和"敦煌（DH2023）文化遗产智慧数据与数字人文研究论坛"，中国古迹遗址保护协会数字遗产专委会均为主办方之一。中国地理学会空间综合人文社会科学工作委员会是在第十三届"空间综合人文学与社会科学学术论坛"上成立的，旨在推动空间思维与技术方法在人文、历史、艺术、社会、管理等领域的交叉融合和创新[②]，在历史地理信息系统、文化地理计算、文化遗产时空智能等领域与数字人文有交叉重叠。

下面从发展时间线、地域分布、表征及趋向三个方面，对中国数字人文研究机构的总体状况进行呈现。

（二）发展时间线

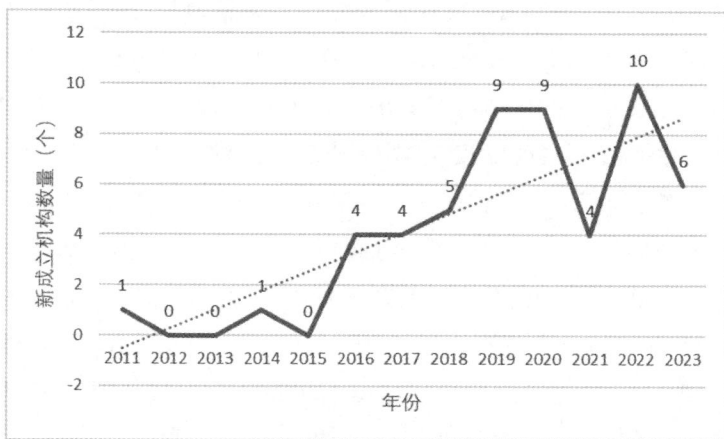

图 1　中国数字人文研究机构逐年新建数量（2011—2023）

---

① 《2019第二届中国文化计算大会在京举行》，2019年12月14日，http://www.cpra.org.cn/m/2019-12/14/content_41188149.html，2024年1月17日。

② 《第十三届空间综合人文学与社会科学学术论坛在北京联合大学成功举办》，2023年11月2日，https://rsac.pku.edu.cn/content.jsp?urltype=news.NewsContentUrl&wbtreeid=1072&wbnewsid=2770，2024年1月18日。

　　本研究首先从时间维度观察中国数字人文研究机构至今为止的发展走势。但一方面，部分机构如社科院数字信息工作室、马克思主义文学理论与文学批评研究室，敦煌研究院文物数字化研究所和敦煌学信息中心，清华古典文献研究中心、上外中国国际舆情研究中心，并非一建立即有数字人文的定位或属性，将它们与其他机构的建立时间归并考察是不合理的；另一方面，专门的"数字人文中心"的诞生意味着数字人文研究进入达到高度认同的有组织、有规模阶段，2011年武汉大学数字人文研究中心的成立无疑更具标志性，更适合作为起点。因此，我们没有将前述6个机构的成立时间纳入统计，再除去无公开信息的机构1个（齐鲁工业大学[山东省科学院]数字人文研究中心），则含学会/协会下属机构在内的2011—2023年逐年新建数字人文研究机构数量（总数59个）见图1。

　　从图1看，2018年后机构数量出现明显增长，此后每年新建至少6个，2019年迎来第一个高峰（9个），2022年迎来第二个高峰（10个），2019—2023年共建立38个。这个走势背后无疑存在高校、科研机构内部的诸多因素，但可以认为，学会专委会的建立和中国数字人文年会的召开，发挥了重要作用。2018年5月，中国社会科学情报学会数字人文专业委员会成立，这是首个全国性数字人文学术团体，次年的专委会年会暨敦煌（DH2019）文化遗产数字化国际研讨会也被默认为第一届中国数字人文年会，影响巨大。这应该是数字人文研究机构新建数量在2019年（9个）突然增长的重要背景。2020年10月，中国索引学会数字人文专委会也即中国数字人文机构联盟建立，紧接着，12月专委会秘书处所在的上海图书馆主办第二届中国数字人文年会，全程线上直播，"数字人文"概念及理念的影响力进一步扩大。

　　由于地域大小、高校数量等差异甚大，从数量上对不同地域的研究机构进行比较是不适当的，但是起步时间的对比可以说明一定问题。台湾地区，罗凤珠教授主持的元智大学中国文学网络系统研究室1998年即已成立；东华大学数位文化中心成立于2001年①；台湾大学2007年成立数位典藏研究发展中心，2012年改名为"数位人文研究中心"。香港地区，香港公开大学（2021年更名

---

① 据东华大学张蜀蕙副教授介绍，创始人须文蔚教授本设想发展"数位诗歌"研究，但获行政部门资助后则以数字素养和数字公平为主要方向。

为"香港都会大学"）数码文化与人文学科研究所建立于2015年，为香港首个；香港中文大学图书馆1995年起即致力于"数码化计划"，2016年数码学术研究室启用，目前数码学术研究团队为该校数字人文研究的主要力量。澳门地区，调查所及没有看到明确以数字人文为理念和方向的研究机构，近似的澳门城市大学澳门世界记忆学术中心建立于2016年。由此可见，台湾地区数字人文研究机构的建设起步最早。若进一步放宽视野，欧洲数字人文协会（EADH）建立于1973年，美国高校数字人文研究先驱弗吉尼亚大学人文先进科技机构建立于1992年，日本首个在centerNet上注册的高校数字人文研究机构日本立命馆大学日本艺术文化数字人文中心成立于1998年。对比来看，中国大陆"数字人文中心"的起步可以说是比较晚的。

如果对"泛数字人文研究机构"进行考察，时间至少可以提前10年，不过其更多呈现的是作为数字人文基底的语言文字信息处理研究发展历程的一个剪影。清华大学自然语言处理与社会人文计算研究中心的基础——计算机系自然语言处理与社会人文计算研究室从1970年代末即开始探索中文自然语言处理。设立在青海师范大学的青海省藏文信息处理与机器翻译重点实验室于1994年建立，开启高校少数民族语言文字信息处理的有组织研究。之后在国家级的政策指导下，各民族大学、民族地区高校纷纷建立研究机构。

图书馆机构中，在创建数字人文研究机构"历史人文大数据中心"（2019年）之前，上海图书馆率先在1996年建成"中国古籍善本查阅系统"。2000年前后，商业机构和出版社开始进入古籍数字化领域。北京爱如生数字化技术研究中心1998年建立（当时名为"北京爱如生文化交流有限公司"），2001年启动了目前享誉国内外的"中国基本古籍库"的开发。中华书局于2003年成立古籍资源开发部，即古联（北京）数字传媒科技有限公司的前身。2013年，上海博物馆创建了国内第一个藏品深度解读栏目《每月一珍》，以文字、图片、音视频在网页中嵌套的形式对藏品进行多维解读，由此开始博物馆跨界数字人文的积极尝试。

综上，以2011年建立的武汉大学数字人文研究中心为代表的大陆地区数字人文研究机构相较于欧美、日本和我国台湾地区，起步较晚，并且直至2018年才进入快速发展阶段。不过2011年以前，在计算机普及和技术发展的推动下，众多语言文字信息处理研究机构已经开始了我国各民族文字的信息化处理探索；业界成为推动古籍数字化事业的重要力量；文博系统已开始文化遗产数字化的尝试。这些都为"数字人文"概念引入之前的数字人文研究提供了基础，也为专门的数字人文研究机构的建立做了准备。

（三）地域分布

因为学会/协会下属的专委会并不属于任何高校和地方，所以地域统计不将其纳入，本小节对表2、表3中的63个机构按省级行政区进行了统计，见图2。结果显示：大陆地区高校和科研机构内数字人文研究机构分布于22个省级行政区，其中上海（10个）、北京（9个）、江苏（6个）位居前三。如果将"泛数字人文研究机构"考虑在内，则北京可谓独占鳌头（19个）。若以城市来比较，则除了拥有50余所高校和众多科研机构的北京，在拥有20—30所高校的城市中，只有上海、南京（6个）有较明显的机构聚集，其他地区为：武汉（4个）、广州（2.5个）、西安（2个）。另外，作为机构所在地的非省会城市有广东的深圳、珠海、汕头，山东的威海、淄博、曲阜及贵州的凯里。

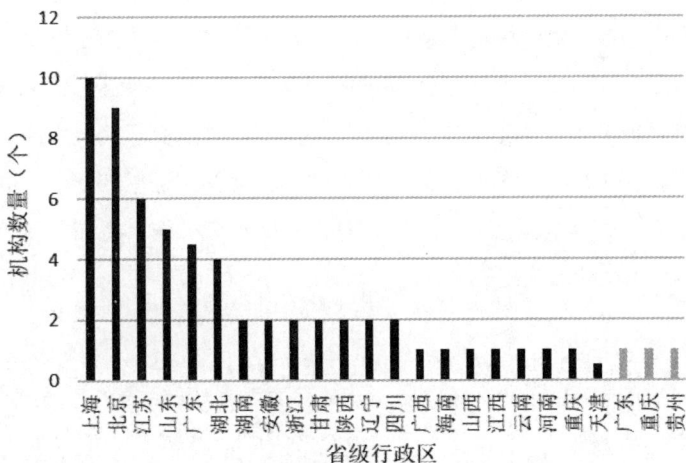

图2　中国高校和科研机构内数字人文研究机构（含筹建）地域分布（截至2023年12月）
注：①浅灰色表示机构在建。②因天津大学与哈尔滨工业大学（深圳）共建空间人文与场所计算实验室，则对于天津与广东各按0.5个机构计。

　　除港澳台地区外，中国其余31个省级行政区中目前已有22个分布有数字人文研究机构，尚未建有的省级行政区为：吉林、内蒙古、青海、西藏、新疆、河北、福建、宁夏、黑龙江，但我们不能就此简单地给予一个"发展滞后"的结论。如果将目光投向"泛数字人文研究机构"，那么局面会发生很大变化。青、藏、新、蒙、吉均建有少数民族语言文字信息技术研究机构，其中如内蒙古大学蒙古文智能信息处理技术国家地方联合工程研究中心研发了新蒙古文与传统蒙古文相互转换、蒙古文OCR与手写识别、蒙古文校正、蒙古文智能输入法等一系列智能系统与软件，并围绕"蒙古文古籍文献数字化工程"启动了蒙古文古籍文献的数字化和相关智能平台的建设工作[①]；青海师范大学省部共建藏语智能信息处理及应用国家重点实验室已经开展民族文化智能处理研究，致力于解决青藏高原文化数字化和跨媒体综合表征、多媒体多模态智媒融合等问题。这些研究领域无疑已属于数字人文。福建除了厦门大学闽台非遗文化数字化保护与智能处理文化和旅游部重点实验室，还有福建技术师范学院的非遗数字化与多源信息融合福建省高校工程研究中心，可以推测非遗数字化会是该省数字人文研究发展的基点之一[②]。其他省份，宁夏大学虽然还未建研究机构，但其文学院官方网站已经有"数字人文"一栏，列出了在建的重要数据库。而"世界灌溉工程遗产数字展示中心"落地银川，"黄河流域宁夏非物质文化遗产网""黄河流域宁夏非物质文化遗产数字博物馆"[③]等数字非遗应用工程列入政府专项规划等事态，或会推动当地与文化遗产相关数字人文研究机构的发育。黑龙江大学俄语学院和关联研究机构、团队（大数据驱动的俄语创新团队）联合莫斯科国立大学人工智能与智能系统研究院等俄罗斯研究机构，将在2024年6月举行

---

① 《蒙古文智能信息处理技术国家地方联合工程研究中心简介》，2023年3月24日，http://www.mglip.com/zh-cn/introduction_centre.html，2024年1月14日。

② 福建省内曾有批评声音说该省与数字人文相关的研究机构都主要基于数字技术研发与推广应用，重"数字"而轻"人文"。《以数字人文学科建设推进哲学社会科学创新发展》，2022年8月23日，https://fj.gov.cn/zwgk/ztzl/gjcjgxgg/px/202208/t20220823_5980155.htm，2024年1月28日。

③ 《宁夏回族自治区文化和旅游厅印发〈黄河流域宁夏非物质文化遗产保护传承弘扬专项规划〉》，2022年5月20日，https://www.ihchina.cn/project_details/24996/，2024年1月25日。

首届"数字人文：经验、问题与前景"国际学术研讨会[①]，相信这将为此前沉寂的黑龙江数字人文研究提供一个高起点。河北方面，河北师范大学虽未设数字人文研究机构，但文学院2023年11月连续举办数字人文相关主题讲座[②]；河北省内学者也呼吁运用数字人文技术推进非遗保护[③]，省级的大运河文化研究基地、文化科技融合与数字化发展战略研究基地未来或可提供支持。

总之，虽然分布不甚均匀，但放眼全国，至少有60个数字人文研究机构活跃于学术星空，可谓耀眼璀璨。部分地区虽未建立起严格意义上的数字人文研究机构，但绝非完全贫瘠之地，有些甚至有相当深厚的积累，相信这是另一重沃土，不久将遍地繁花。

（四）表征及趋向

在调查和统计的过程中，机构名称所反映出的多样性令人印象深刻。本小节将以之为切口，探讨全国数字人文研究机构的某些表征和发展趋向，对象为表2、表3中的63个机构。

从表5来看，"中心"依然为主要类型，其次是"实验室"。"研究室"均出自中国社科院系统，属于该系统内部制度安排。1个"工作室"，出自云南大学。2个研究所，其上级均为研究院（敦煌研究院和复旦大学大数据研究院）。5个研究院中两个为筹建，中国人民大学数字人文研究院由"中心"升级而来。"团队"5个，意味着尚未建立正式机构[④]。上海大学数字人文研究生教育联盟是唯一的"联盟"，该机构为校内单位联盟，意在推进本校数字人文教育的融合发

[①]《首届"数字人文：经验、问题与前景"国际学术研讨会1号通知》，2024年1月26日，https://mp.weixin.qq.com/s/xK5kdKPnGu8OmR4lvmVePQ，2024年2月2日。

[②]如首都师范大学尹小林教授主讲"大型古籍数据库建设与应用"，清华大学李飞跃教授主讲"数字人文研究中的实证与思辨"，四川大学王兆鹏教授主讲"数智时代古代文学研究的路向"。见河北师范大学文学院网站"讲座预告"栏目，https://wxy.hebtu.edu.cn/a/xsdt/，2024年1月30日。

[③]《运用数字人文技术推进非遗保护》，2021年12月4日，http://epaper.hbjjrb.com/jjrb/202112/04/con97838.html，2024年1月30日。

[④]清华大学数字人文团队长期作为该校数字人文研究的组织核心，但在2023年12月举行的第四届清华大学数字人文国际论坛的会议通知上，主办单位是"清华大学数字人文中心"（《第四届清华大学数字人文国际论坛》，2023年12月6日，https://mp.weixin.qq.com/s/C9f5ryJkd4RnluduBteCCA，2024年12月28日），但因为尚未公布机构组成，故仍作"团队"计。

展。拥有不止一个名称的机构有8个，一般是"实验室"和其他名称并列。

表5　高校及科研机构内数字人文研究机构（含筹建）名称类型统计

名称类型	DH 机构数量（个）	比例
①中心	25	39.7%
②实验室	14	22.2%
③研究室	2	3.2%
④工作室	1	1.6%
⑤研究所	2	3.2%
⑥研究院	5	7.9%
⑦团队	5	7.9%
⑧联盟	1	1.6%
⑨实验室兼中心/研究院等	8	12.7%

　　"实验室"占比之高引人瞩目，拥有实验室身份的机构占到约三分之一。类型②与⑨的占比总和，接近"中心"类。类型②，如空间人文与场所计算实验室、数字清史实验室，属于自我定位为"实验室"，反映了机构的创新意识和数字人文的探索性、前沿性特征。类型⑨往往是"一个机构两块牌子"（在表2中以"/"表示），体现在两者的负责人、团队成员基本一致，共用一个官方网站，网站上机构名称并列，其带有行政级别的实验室等身份往往是基于原校内机构身份申报获得的。不过上海外国语大学的数字人文实验室不属于这类情况，它是图书馆数字学术中心的配套设施。现实中，**实验室身份有替代原数字人文中心机构身份的趋向**。这主要是由于制度性安排，许多原机构并非实体，而拥有具行政级别的实验室身份，一方面可以获得更多资源，既是实力的证明，也是一种荣誉，另一方面也需要为该身份积累成果。武汉大学方面虽然不属于类型⑧，但可以看到，作为教育部哲学社会科学实验室的文化遗产智能计算实验室正日益替代数字人文研究中心发挥影响力[①]。这一趋势的背景无疑是《教育部社会科学司2020年工作要点》提出的"重点支持建设一批文科实验室"政策和

———————

① 如2023年中国数字人文年会，该实验室为承办单位，而数字人文研究中心则为协办单位。

各级哲学社会科学重点实验室建设工作的实施。正如表2所体现的，诸多实验室都有"哲学社会科学重点实验室"身份。可见，对于数字人文研究机构整体来讲，政策的影响是复杂的。

进一步来看，相较于"中心""研究院"等，实验室往往在名称上即指明了具体的研究对象，这一点地方高校实验室尤为突出。如曲阜师范大学孔子文化遗产保护与传承数字人文实验室、山东理工大学齐文化传承创新与数字人文文科实验室，研究对象具有极强的地方性。这提示了第二个趋向——**数字人文在地化的进一步下沉**。地方高校容易获得本地独特的人文资源，但往往有人才和技术的短板，这可以通过引进人才及与具相对优势的校外研究机构、团队或商业机构合作来解决。可预见，地方高校实验室可以为数字人文在地化和各种资源流动提供更多平台。

相对而言，学科门类较为齐全、实力较强的综合性研究型高校有建立统合性更强、更有利于调动资源的校级研究院的倾向，筹建中的中山大学数字人文研究院和重庆大学数字人文研究院应属此类，由中心升级而来的中国人民大学数字人文研究院更是典型代表。但这并不意味着应用型的地方院校就无此志向，实际上本调查结果中，首个以"研究院"为名的数字人文研究机构是长沙学院数字人文研究院。该学院有长期的传统村镇数字化保护研究积累，借助数字人文的新兴理念开拓领域，获批了国家地方联合工程实验室和多个省级研究平台，在文化遗产数字化保护与活化方面有不俗的成绩[1]。这提示我们，数字人文的"大帐篷"特质和数字技术、工具的开放性、易获取给予了非传统强校在某个专门领域大放异彩的机会，从而悄悄改变着学术生态。**有数字技术特长的地方院校容易迅速获得发展空间**，是趋向之三。

还有一个值得注意的动向，即有4个机构是共建的。山西大学与山西出版传媒集团共建山西数字人文研究院（同时也是"山西数字出版研发中心"），辽宁大学与古联（北京）数字传媒科技有限公司共建东北数字人文研究中心，体

---

[1] 长沙学院申请建立了联合国教科文组织国际自然与文化遗产空间技术中心长沙工作站，积极参与国家"数字一带一路"工程项目，完成了楼兰古城、突尼斯罗马时期的迦太基古城遗址的数字化虚拟重建。

现了数字出版深入参与、支持数字人文研究全流程的发展思路和业界布局。只是前者属于地方资源强强联合，后者属于优势互补的跨地域资源组合。广西民族大学相思湖学院则与教育部中外人文交流中心共建中国—东盟数字人文交流研究院，这是高校与政府部门共建的首例，并且对社会各界开放共建，实行市场化运作，体现了将数字人文视为国家战略和对外关系建设路径的思路及运用社会资本的发展策略。重庆大学古籍方志数字人文研究中心是与北京万方数据股份有限公司共建的，这是业务关联企业参与机构建设的案例。这4个机构呈现了不同的"共建"类型，但又共同启示了**"共建"作为一种模式或方法的可行性和多种可能**。这是趋向之四。

这四种趋向或许也可看作四种问题解决方案，不同的机构可以因地制宜、因时制宜地使用。总之，我们在此看到了数字人文研究机构的多样及发展环境的复杂，也看到了数字人文赋予各类高校的不同焕新可能，及其技术特性和跨学科要求所带来的开放、务实之风。

三、学会／协会下属数字人文专业委员会综述

如表1所示，目前已经有6个全国性团体的数字人文专委会或分会成立，其中5个为学会，1个为行业协会。本小节将详细介绍这6个机构的状况，并以此进一步观察数字人文研究机构所处位置。

2018年5月成立的中国社科情报学会数字人文专委会为全国首个，秘书处设在武汉大学信息管理学院，首届专委会主任也来自该学院。委员来自中山大学、华东师范大学、南京理工大学、北京大学、南京大学、中国人民大学、敦煌研究院、上海图书馆、《情报资料工作》期刊编辑部，均为图情档学科的专家[①]。如前所述，次年在敦煌举行的该专委会首届年会引起很大反响，对中国数字人文研究机构的迅速发展有重要推动作用。不过，本次调查没有看到此后关于该专委会活动的更多公开信息。

---

① 《中国社会科学情报学会数字人文专业委员会启动仪式在武汉大学举行》，2018年5月28日，https://sim.whu.edu.cn/info/1341/9291.htm，2024年1月4日。

中国索引学会数字人文专委会——同时也是中国数字人文机构联盟，于2020年10月成立，秘书处设在上海图书馆，该专委会的宗旨是团结国内数字人文机构和相关组织，积极开展数字人文相关领域的研究探索和教育培训等工作，搭建数字人文学术交流的国际平台。截至2024年2月，专委会成员单位总计18个，个人委员24人，个人成员120人。现任主任及副主任委员来自上海图书馆及武汉大学、中国人民大学、华东师范大学、北京大学、复旦大学等成员单位。个人委员则来源多样，包括公共图书馆、高校图书馆、科研院所等[1]。从2020年开始，与高校共同主办每年一度的中国数字人文年会是该专委会的重要工作和重要贡献，也是其持续发挥影响力的最主要途径。专委会还通过网站（http://dh.cnbksy.com/）定期发布国内外数字人文相关动态、特稿专稿、简报等，扩大影响力，促进成员单位间的交流，吸引更多区域、更多学科领域、更多层次的成员单位和个人委员加入；此外，还定期举办数字人文主题会议、讲座和工作坊等活动，是目前最为活跃的数字人文专业学术团体。

2021年3月，中国历史文献研究会与古联公司合作成立"数字文献分会"，致力于为历史文献学者搭建一个基于数字技术视角的崭新的学术舞台，进一步推动中国历史文献的研究、整理和出版[2]。现任分会会长来自古联公司，分会的首届年会上同时举行了辽宁大学东北数字人文研究中心的揭牌仪式，该数字人文研究中心由辽宁大学与古联公司共建。之后，数字文献分会与古联公司共同开展了不少活动，如受全国古籍整理出版规划领导小组办公室委托组织的"古籍智能化利用的方向与展望"专家笔谈，在第十三届中国数字出版博览会上举办"古籍数字化创新论坛"[3]，等等。

与中国历史文献研究会数字文献分会模式相似、方向相近的是中国古籍保护协会之下的古籍智能开发与利用专委会，区别在于该协会为行业性协会。该专委会由北京大学数字人文研究中心发起，于2021年10月正式成立。现任主

① 此处信息由中国索引学会数字人文专委会提供。
② 《祝贺中国历史文献研究会数字文献分会成立》，2021年03月19日，https://mp.weixin.qq.com/s/KdVLfwFenTrC7mvdgOmO_A，2024年1月14日。
③ 《古籍数字化创新论坛在数博会举办》，2023年9月22日，https://epaper.chinaxwcb.com/epaper/2023-09/22/content_99831726.html，2024年1月14日。

任委员来自北京大学数字人文研究中心①。专委会成立后，与北京大学数字人文研究中心共同组织了"古籍智能信息处理"系列研讨会。

中国科学技术史学会数字人文专委会成立于2022年3月，秘书处设在西北大学，主任委员来自该校科学史高等研究院。在2020年10月该校主办的"数字人文视阈下历史文化、文献遗产保护与研究"学术研讨会上，科学史高等研究院即倡议建立"全国高校数字人文联盟暨中国科学技术学会数字人文专业委员会（筹）"，推动形成以历史学、考古学、科学史为主体的全国高校数字人文多学科融合的交流平台。2021年5月，该专委会协办了由南京农业大学数字人文研究中心主办的国际学术会议。在此之外，本次调查没有看到关于该专委会活动的更多公开信息。

2023年8月，在中国文艺理论学会和上海大学联合主办的"新媒体·新话语：文艺理论的知识体系重构"学术研讨会上，中国文艺理论学会数字人文分会宣告成立，首任分会长来自上海大学。上海大学上海美术学院主办的"数智时代人文艺术的研究、呈现与传播"会议于11月举行，该分会为指导单位。

从性质而言，以上各专委会、分会是既有学科和行业内部的数字人文领域专业团体，而非独立的数字人文学术共同体，其成立遵循既有学科和行业内部的发展逻辑，呼应其要求。这反映了数字人文在中国两种发展路径的现状：作为独立领域成长的数字人文如春草萌动，生机勃勃；作为既有学科或领域内部生长物的数字人文则像大树上的新枝桠，努力伸张。在上述学会/协会中，中国索引学会数字人文专委会/中国数字人文机构联盟及其主导举办的中国数字人文年会，在培育学术共同体和推动交流合作方面具有显著的号召力和影响力，发挥重要的职能。

四、高校和科研机构内数字人文研究机构特征分析

这一节主要从机构级别、主导单位、人员构成、活动类型、对外关系五个

---

① 《古籍智能开发与利用专业委员会》，2022年2月10日，http://www.chinaabp.cn/chinaabp/fzjg/fzjg2/20211214_209041.shtml，2024年1月14日。

方面对高校和科研机构内的数字人文研究机构进行描述和分析，以进一步展示机构的整体面貌。

（一）机构级别

级别一般被当作判断机构规模、组织形式和动员能力的重要指标。我们对中国社科院、敦煌研究院和上海图书馆下属机构（6个）、未建制团队（5个）和无明确公开信息者（4个）之外的共45个机构进行了级别统计，其中具行政级别的实验室、基地及广西民族大学相思湖学院中国—东盟数字人文交流研究院划为一类（表6），其他机构划为一类（表7）。

表6　具行政级别的数字人文机构统计

级别	数量（个）
部级	1
省级	12
厅级	3
总计	16

表7　不具行政级别的数字人文机构统计

级别	数量（个）
校级	10
院级	18
系级	1
总计	29

据表6、表7，45个机构中具行政级别的机构占到约36%，其中以省级机构为主；不具行政级别的机构中，院级机构占62%。具行政级别机构和校级机构合计占总数的六成，可见现有数字人文研究机构总体来说级别较高。级别的重要性不言而喻，但仅以此来论断一个机构的能力和能量则容易偏颇。例如，空间人文与场所计算实验室长时间内都是天津大学建筑学院下属机构，但在学生培养、学术研究、合作交流及成果传播各方面，都非常出色，成为空间人文和数字人文空间研究领域的标杆机构，是小而强的机构典型。

（二）主导单位

机构的依托单位或挂靠单位往往也是发起单位，可以体现机构组建和运作过程中的主导力量。统计对象依然是上文所及45个机构。省部级实验室往往是集合校内多个学科和单位的力量建设的，所以会有无明确依托单位的情况，对此我们以机构的第一负责人所在单位替代。

比较特殊的是，广西民族大学相思湖学院中国—东盟数字人文交流研究院由教育部中外人文交流中心和广西民族大学相思湖学院新建管理团队主导。其余44个机构依托/挂靠单位类型分布如表8。

表8　机构主导单位统计

依托/挂靠单位	数字人文机构数量（个）	举例
人文社科高等研究院	4	中国人民大学交叉科学研究院，南京大学人文社会科学高级研究院，华东师范大学人文与社会科学研究院，北京师范大学人文和社会科学高等研究院
人文类学院	19	四川大学文学与新闻学院，湖南大学岳麓书院，曲阜师范大学外国语学院
社科类学院	6	武汉大学信息管理学院，山东大学东北亚学院
人文社科综合学院	2	南京农业大学人文与社会发展学院，上海大学文化遗产与信息管理学院
工科类学院	2	天津大学建筑学院，宁波诺丁汉大学理工学院
跨学科交叉领域研究院	7	北京大学人工智能研究院，上海外国语大学语料库研究院，西北大学科学史高等研究院，河南大学黄河文明与可持续发展研究中心，长沙学院乡村振兴研究院
图书馆	4	复旦大学图书馆，山西大学图书馆，上海外国语大学图书馆

44个数字人文研究机构中，依托/挂靠单位为人文类学院者（19个）占比达到了43%。很长时间以来人们一直的印象是数字人文研究机构大多由信息资源管理学科所在学院以及图书馆主导，而这一数据说明，数字人文在人文学界已经得到相当的接纳和重视，越来越多的高校人文类学院开始主动发起数字人文研究，并积极推进专门机构的建立。上述机构中第一负责人来自信息资源管理学科的有8个，约占比18%。

值得重视的还有一点，即跨学科单位的作用。表8中"人文社科高等研究院"一类是高校为打破学科与专业壁垒而设置的平台，而"跨学科交叉领域研究院"则是具体交叉领域的研究机构，两者虽然功能不同，但都具跨学科、交叉学科属性，其学术环境与数字人文研究高度适配，由其组织数字人文研究机构理论上难度更小，有更佳的基础①。另外，建筑学虽然在学科分类中属于工科，但其本身横跨工程技术和人文艺术，因此某种程度上，建筑学院近似于跨学科单位。

总体上来说，人文类学院和跨学科研究院在高校数字人文研究机构中已经成为主导力量。

（三）人员构成

数字人文研究机构的多学科构成是其区别于其他领域研究机构的重要标志。鉴于此，我们对表2所列机构和团队人员构成进行了调查统计。基于公开信息，此处的"人员"基本上是机构的领导团队及主要成员，也是机构的稳定和活跃成员。

我们首先对搜集到的人员专业背景进行了统计：

> 计算机科学、数据科学、人工智能、软件工程、物联网工程、服务科学与工程、档案学、信息管理学、图书馆学、情报学、统计学、古典文献学、比较文学、古代文学、现当代文学、文艺学、类型文学、语言学、应用语言学、语料库语言学、神经语言学、翻译、古文字学、训诂学、历史学、历史地理学、地理学、地图学与地理信息系统、考古学、文物与博物馆学、科学技术史、艺术学、设计、艺术管理、广告、马克思主义哲学、应用伦理学、科技哲学、宗教学、民族学、社会学、人口学、人类学、法学、政治学、新闻传播学、传播符号学、出版、教育学、认知神经科学、摄影测量与遥感学、环境学、旅游学、经济学、建筑学、景观设计、风景园林、城市设计

以上列举或仍有遗漏，不过可以确认的是，目前数字人文研究机构的组成

---

① 重庆大学古籍方志数字人文研究中心虽然依托单位是图书馆，但该校人文社会科学高等研究院也是共建单位之一。

人员至少来自12个学科门类的58个专业，充分说明了数字人文在打破学科壁垒上的强大推动作用。如仅中国人民大学数字人文研究院的研究员就来自6个学科门类、10个一级学科。从所列举的专业我们初步得出以下认识。第一，社会科学已经广泛地走进了数字人文的"大帐篷"，其主要学科——社会学、经济学、政治学、法学都已加入阵营。第二，更多的工科专业参与进来，它们通常是本身就涉及人文社科知识的综合性领域，如建筑学、景观设计、风景园林、城市设计，部分数字人文研究机构的空间人文、景观重建、城市历史地理等研究方向为这些专业与传统文史研究对接提供了机会。第三，一些与传统人文研究相距甚远的专业进入，像神经语言学、认知神经科学、服务科学与工程，这说明一些机构的研究方向学科跨度已经非常大。比如在四川大学中华文化传承与全球传播数字融合实验室的"中华语言文字谱系多模态符号认知研究"中，认知神经科学与各民族语言及上古图文符号相遇了。第四，哲学依然是交集最少的人文学科。以上列举中哲学类专业来自南京师范大学数字与人文研究中心，其研究方向是"数字人文方法论研究""数字算法研究""数字人格研究""数字伦理研究""数字生命研究"，总体上可归为数字时代的社会批判，区别于其他所有机构，而以数字方法研究哲学文本这类成果依旧非常稀少。

由于所在高校、研究方向、建立时间、目标愿景等不同，对各机构的学科组成进行简单的对比并不能得出有意义的结论。但可以指出的是，目前大部分机构是以一个优势学科为基点建立和运作的，如果从机构发展的角度来看，若干优势学科的强强联合、精准匹配可以为数字人文研究机构提供更强有力的支持。如武汉大学文化遗产智能计算实验室即依托于该校信息资源管理和测绘科学与技术两大强势学科，建立了围绕文化遗产的一系列研究方向。

此外，拥有校外研究员的机构（包括团队），从公开信息上看只有6个。而围绕数字人文项目的跨学科、跨机构、跨地域人员合作是非常普遍的，因此，仅从人员构成来说，机构的开放程度远远低于项目。

（四）活动类型

整合、协调各类资源为数字人文项目提供支持，凝聚所在科研机构和院校的数字人文研究力量是所有数字人文研究机构最主要的工作内容。除此之外，机构还展开多种类型的活动支持本机构及其成员和数字人文学术共同体的发展，通过这些活动我们可以了解机构的现有职能。

针对表2中的60个机构（含团队），我们调查了活动的类型，并统计了每类活动实施机构的数量（表9）。

表9　机构学术活动类型和实施机构数量

活动类型	数字人文机构数量（个）	比例
①证书教育项目（学位与非学位）	4	6.7%
②公共课程	9	15.0%
③教师培训、社会培训	3	5.0%
④学生研究员/科研实习生	5	8.3%
⑤暑期学校/训练营/学习营	13	21.6%
⑥竞赛	2	3.3%
⑦会议/论坛/研讨会	37	61.7%
⑧工作坊	14	23.3%
⑨讲座/沙龙/读书会	24	40.0%
⑩展览	5	8.3%
⑪刊物	4	6.7%
⑫图书	9	15.0%
⑬运营网站/自媒体等	22	36.0%

调查发现，除项目运作外，数字人文研究机构的活动大致有13类，其中①—⑤可归为教育活动，⑥—⑨可归为学术活动，⑩—⑬可归为传播活动。六成机构举办过会议、论坛或研讨会，四成举办过讲座、沙龙，约四成持续运营了网站和自媒体，这三类活动实施机构最多。教育活动方面，总体上实施机构比较少，相对较多的一类是暑期学校这类面向学生的培训，约五分之一的机构实施过。目前支持数字人文专业学位教育（硕士、博士研究生）的，只有中国人民大学数字人文研究院和上海师范大学数字人文研究中心。非学位证书教育，有如中国人民大学数字人文研究院支持的数字人文荣誉辅修学位项目，山东大学东亚数字人文创新团队支持的数字历史微专业项目等。传播活动方面，实施

机构数量仅次于媒体运营的是图书出版，9个机构的研究人员有数字人文相关著作或译作出版。展览是最具数字人文特色的传播活动，2022年3月，北京大学数字人文研究中心在校内举办了首届数字人文作品展，以"可触摸、可感知、可交互的生动方式"展示数字人文的魅力，开风气之先。

　　根据统计，没有一个机构实施了全部13类活动，达到9类的有2个机构。当然，我们不可据此轻易地认为很多机构功能不够完善或者不活跃，因为机构的定位、目标不同，各高校内部体制也不同，并非每类活动都是必选项。

（五）对外关系

　　不同数字人文项目所需资源、技术不同，成果输出方向多元，这使得数字人文研究机构发展对外合作成为一种必然。鉴于其重要性，我们调查了表2所列60个数字人文研究机构（含团队）官方发布信息中提及的实质性合作方，然后进行归类，并统计了每一类对应合作的数字人文研究机构数量（表10）。

表10　对外合作方类型和实施机构数量

合作方类型	数字人文机构数量（个）	比例
①高校/科研机构	27	45.0%
②公共文化机构	8	13.3%
③政府部门	7	11.6%
④出版社	11	18.3%
⑤新闻媒体	1	1.7%
⑥企业	21	35.0%
⑦社会组织/国际组织	4	6.7%

　　由表10来看，即使是最常见的与高校和科研机构之间的合作，也有半数以上的机构没有开展，这固然有公开信息不足的原因——如前项调查所示，只有不到四成的机构持续运营官方媒体；同时也应该与不少机构成立时间不长、发展不成熟有关。但这有限的数据和背后的案例仍然给予我们不少启示。首先，是合作方类型的多元、领域的多样。例如中国人民大学数字人文研究院与中国数字文化集团合作数字出版，与瑞士企业"三扇金门"集团支持的"法国国际

人文研究中心"展开海外展览等合作；上海外国语大学中国国际舆情研究中心基于该机构"多语种＋国际新闻传播"的研究成果与澎湃新闻展开战略性合作；山西数字人文研究院与云冈研究院共同发布了"云出云冈——云冈学文献知识库"。其次，可以社会服务为纽带形成多方合作。在调查中我们看到不少单项研究涉及多个类型合作方的情况，如广东省岭南数字人文实验教学示范中心（暨南大学岭南数字人文实验室）与科大讯飞合作开展方言语音合成研究，并以服务大湾区建设、服务地方教育和文化事业为导引，吸引了当地公安部门、医学界的关注和合作意向[①]。这类合作也展示了在文化数字化战略背景下和数字社会建设过程中，数字人文研究机构转型为智库或担当智库角色的潜力。这一案例同时也体现了第三点，即技术公司在提供技术支持和产业化方面将发挥越来越大的作用，而成为数字人文研究机构的重要合作对象。由表10可知，对于数字人文研究机构而言，企业已经是仅次于高校和科研机构的合作方，敦煌研究院在文物数字化和数字文旅产品开发方面和腾讯、华为两家公司的联合是最著名的案例，其他还有如南昌大学数字人文研究中心与百度集团展开"教育数字人"项目合作[②]。不过在各种"携手"中，从公开信息只看到了一例数字人文研究机构之间的合作，即南京师范大学数字与人文研究中心与南京大学历史学院数字史学研究中心联合成立中国数智研究院暨联合虚拟教研中心。

另外还有一类不属于合作的对外关系，即捐赠。如北京大学数字人文研究中心配套的数字人文开放实验室，接受字节跳动公司公益捐赠后，改名为"北京大学—字节跳动数字人文开放实验室"[③]；浙江大学数字人文研究中心成立时也接受了三笔个人捐赠[④]。

[①]《方言研究与社会服务结合的学术盛会——暨南大学汉语方言研究中心召开智库建设研讨会》，2023年3月9日，https://wxy.jnu.edu.cn/2023/0309/c23801a738461/page.htm，2024年1月25日。

[②]《人文学院与百度集团教育数字人项目洽谈会成功举办》，2023年5月17日，https://rwxy.ncu.edu.cn/dttzgg/zxdt/4d703ca6956349668f6a78411ad214f9.htm，2024年1月27日。

[③]北京大学—字节跳动数字人文开放实验室简介，参见：https://pkudh.org/intro.html。

[④]《浙江大学文学院（筹）数字人文研究中心成立暨文史大数据实验室项目启动仪式》，2022年6月18日，https://achieve.dhcn.cn/en/site/news_information/comprehensive/16718.html，2024年1月28日。

由于数字人文项目的工程性质和系统性质，基于一个机构的内部资源完成所有环节相当困难，这就决定了无论是发展逻辑还是现实需求，都要求数字人文研究机构展开对外合作，以达到研究和项目的可持续。与前文所讨论的"共建"相结合考虑，相信合作方的类型、合作的方式未来将会愈加丰富。

结　论

2023年9月至12月，本课题小组根据网络上的公开信息及补充相关人士访谈，对中国大陆地区数字人文研究机构进行了初步调查。由于该类调查为首次进行，为了尽可能反映纷繁复杂的现状，本次调查参考centerNet的机构界定，采取了较为宽泛的原则，最后录得94个机构，含"数字人文研究机构"66个、"泛数字人文研究机构"28个，并另外收录筹建中机构3个。我们以66个"数字人文研究机构"为主要调查和统计对象，完成了以上报告。

调查显示，中国数字人文研究机构相对于欧美国家、日本、我国台湾地区起步较晚，2019年才进入迅速发展阶段，但此前泛数字人文研究机构和业界已经做了许多铺垫工作。目前，这些机构及筹建机构分布在22个省级行政区（不含港澳台），主要集中于北京和上海。部分省份虽然未建立数字人文研究机构，但是泛数字人文研究机构的长期积累使得这些区域已经有了不少令人瞩目的成果，尤其是少数民族聚居地区的语言文字信息化和民族文化记录与传播智能化研究，专门数字人文研究机构的建立已经有了基壤。

6个数字人文专委会/分会出自图情档、科学技术史、历史文献、古籍整理、文艺理论领域的全国性学会/协会，数字人文领域独立的全国性联盟还没有建立起来，中国索引学会数字人文专委会暨中国数字人文机构联盟及其主导的中国数字人文年会目前承担了一定的凝聚学术共同体的职责。

专委会之外的数字人文研究机构主要出自高校和中国社科院、敦煌研究院这样的科研机构。高校数字人文研究机构中，具厅级及以上行政级别和校级的机构，即高级别机构占到了六成左右，而且人文类学院和跨学科研究院已经成为主导力量。该调查结果一定程度反映了长期以来的"重数字、轻人文"的状况已有扭转。目前,全国数字人文研究机构的组成人员至少来自12个学科门类的58个专业,社会科学、工科及交叉性质的综合性学科越来越多地加入数字人文阵营,遗憾的是,人文学科中哲学领域的参与依然稀少。在支持数字人文项目运作之外,数字人文研究机构主要实施活动有教育、学术、传播三类,其中包括极具数字人文特色而区别于其他科研机构的暑期学校(及训练营、研习营等)和展览活动,但承担教育职能的机构仍然较少。由于数字人文项目的工程性质和系统性质,对外合作成为数字人文机构发展的重要支撑,合作方类型日益多元,有四成左右的机构开展了与高校、科研机构和企业的合作,技术公司的作用尤其突出。而具有社会服务性质的数字人文项目可以推动机构与更广泛的政府部门、社会组织、公共文化机构合作,从而具备智库的功能。

概观现有机构,其发展呈现出以下四个趋向。第一,在教育部"文科实验室"政策的背景下,"实验室"身份一定程度上正在替代原本机构身份发挥影响力。第二,越来越多的地方高校建立起以本地文化资源为基础的数字人文研究机构,数字人文的在地化通过机构和研究对象进一步下沉。第三,具有数字技术优势的地方应用型高校借助数字人文的理念可以迅速获得发展空间,从局部悄悄改变着学术生态。第四,多模式、多类型伙伴的"共建"将成为数字人文研究机构发展的新路径。

本文主要目的是呈现中国数字人文研究机构当下的总体面貌、提供若干基础数据,同时也由于调查手段有限,本次调查没能就机构的发展模式、内部结构和运作方式等重要问题形成有效数据。此外,报告中各类数据也无法呈现各机构的发展动态,如是否还在运转[①]。则怎样的内外环境和制度能为数字人文研究机构提供更好的支持,数字人文研究机构应该如何因地、因时选择最适合的发展道路等问题,需留待更广泛和深入的信息搜集和案例调研后方可讨论。

[①] 如在北京师范大学人文和社会科学高等研究院的官方网站上,虽然还保留北京师范大学(珠海校区)数字出版与数字人文研究中心的页面,但该机构已经不在研究院下属机构的名单上。数字出版与数字人文研究中心: https://rsgyy.bnu.edu.cn/yjjg/szcbyszrwyjzx/index.html;北京师范大学人文和社会科学高等研究院"关于我们": https://rsgyy.bnu.edu.cn/cs/index.html。

走向学科化建制：中国数字人文教育发展状况

梁 继 红 （中国人民大学信息资源管理学院）

王 　 贺 （上海师范大学人文学院）

满 　 全 （内蒙古师范大学蒙古学学院）

那达木德 （内蒙古师范大学蒙古学学院）

周 梓 念 （中国人民大学信息资源管理学院）

　　本报告所指的"数字人文教育"是指在"数字人文"这一自觉标举的概念下所进行的教育实践。数字人文概念自2000年代末自西方引入中国后，经过大约十余年的酝酿发展，到2010年代中期，人文学者从数字人文工具和方法运用的自我研修开始，出现散点式，以具体课程、读书会、线上慕课、工作坊、讲座、训练营或暑期社会实践、社会媒体教育资源分享等为名目的多样化培训方式，教育对象逐渐由学者自我研修转向对学生的有计划培养。而到2010年代末期，数字人文教育的体制化建设趋势明显。这一趋势的最终成果是，在体制上，信息资源管理和中国语言文学专业门类下，开始了数字人文本科、硕士和博士多层次人才的体系化培养。本报告将围绕这一趋势进行综述，分以下三个部分展开。

一、中国数字人文教育的开创及其延续性特点：散点式教育

（一）中国数字人文教育始于数字人文学者的个人化具体课程建设实践

　　课程建设是数字人文教育的基础。一般而言，一门完整课程建设是一定领

域或学科知识、方法与相关研究问题系统化的体现。数字人文课程建设始自数字人文学者个人化研究心得、项目实践与研究工具积累后的教育教学成果。由于数字人文发展的伞状特征,以及数字人文学者不同的学科背景和问题意识,以至数字人文课程建设具有多样化的学科偏向特点。

台湾大学数位人文研究中心主任项洁教授是数字人文专门化课程建设的开创者。他从2007年秋季开始开设"资讯与历史资料分析""数位人文与资讯科技"课程,还曾与台湾大学台湾文学研究所合开数字人文与文学研究相关课程。自2013年开始,他主要在台湾大学常开两门数字人文课程。这两门课程每学年皆会开设,内容不断更新,已有十年多的建课历史。这两门课程中,一门是通识课程"历史研究数位人文资源介绍与实作",为台湾大学大学部通选课程,面向全校本科生;而另一门课程则是台湾文学研究所课程"数字人文专题",主要面向硕士、博士研究生,需要具备编程基础。在课程讲授内容上,前者主要以台湾史料的脉络分析系统为主,兼顾个人化数字人文平台DocuSky运用;而后者则主要讲授DocuSky及其延伸。

总体上,项洁教授开设的两门课程是基于台湾大学数位人文研究中心以台湾历史数位图书馆(THDL)、台湾"国史馆"与省政史料库、佛学数位图书馆暨博物馆、DocuSky数位人文学术研究平台等项目的研究进展,而不断迭代深化。其基本的建课理念是阐发以提供资料间脉络为核心的系统方法论,即利用诠释资料本身的关联("后分类")及文本内的统计关系(如词频分析)的概念,建立资料间的关联性,协助人文学者在运用资料库与系统时,发现材料间的脉络。此外,还包括构建人文学者可自主驾驭的数字化、标注、建立资料库、分析、呈现和观察平台[①]。以上理念皆是项洁教授领导下的台湾大学数位人文研究中心在中文世界从事数字人文研究的开创性成果。因此,其课程内容的重点并非在数字人文一般性历史与学理讨论,而具有鲜明的台湾大学数字人文研究的个性特征。

南京大学历史学院王涛教授开设的"数字工具与世界史研究"课程是大陆

---

① 项洁、洪一梅:《新世纪数位与人文的研究取径——"台湾大学数位人文研究中心"简介》,《汉学研究通讯》2019年第2期。

地区高校数字人文课程建设的首次尝试①。这门课程的开设是他此前三年持续关注和研究数字人文，并在赴美国哈佛大学访问期间选修数字史学课程后自觉构建的结果，始自2016年秋季。

"数字工具与世界史研究"课程是面向南京大学全校本科生的通选课程。它的开课宗旨是强调数字人文的工具价值。课程并未以"数字人文"命名，有意避免将学生引入尚未有"定论"的有关数字人文的抽象讨论，而是试图以质实的态度，在史学框架下，带领学生进入数字人文领域，掌握它的历史、理念和方法，以回应数字人文对传统史学的冲击，让学生用"全球史"或者"整体史"的思路来理解数字人文背景下的历史研究。该课程包括理论、方法与实践三个部分：理论部分涉及数字人文的历史演进和基本议题；方法部分主要讲述数字人文相关的原理、工具及操作过程，特别是适配了历史研究的专门化需求，在文本挖掘、社会网络分析、历史地理信息系统（HGIS）以及量化研究方法方面着力较多；实践部分则强调了数字人文的实践性特征，将学生分成不同研究小组，围绕数字人文的具体项目实践展开②。在课程建设中，王涛曾邀请哈佛大学包弼德（Peter K. Bol）作名为"12—15世纪地方化的中国思想史"的专题讲座和阿尔托大学马茨·弗里德兰德（Mats Fridlund）作名为"Cloudy Sightings of Chinese Industrialization: A Digital History 1.5 Study of Finnish Representations of Late Qing Technology"的专题讲座。总体上，该课程在数字人文视野下，注重项目导向的过程型教学，兼顾历史量化分析与历史网络书写。

在数字人文早期课程建设中，浙江大学文学院徐永明教授在21世纪初起开设的硕士生课程"元明清文学文献及其检索"中已涉及数字资源的介绍和数字工具的使用。2017年开始连续面向博士生开设"数字化与中国古代文学"课程。该课程围绕中国古代文学与数字人文的关系，介绍数字人文理念和方法在古代文学中的应用，涉及海内外的古代文史数字资源、数字人文工具、地理信息与时空分析、社会网络分析、数据库使用、正则表达式与编程等丰富的内容。

①《国内首个数字史学课程——独家推送课程资料！》，2016年12月12日，https://mp.weixin.qq.com/s/LsuDcWHS_ZwLb1FaopIw3Q，2024年2月1日。
②王涛：《数字人文的本科教育实践：总结与反思》，《图书馆论坛》2018年第6期。

　　由于数字人文的跨学科特征，在数字人文学科化建置之前，当时尚未进行数字人文专业化建置的高校，如清华大学、北京大学、中国人民大学、浙江大学、武汉大学、北京师范大学、北京邮电大学、上海大学、上海师范大学、南京师范大学、台湾政治大学等，在历史学、文学和信息资源管理等学科相关院系面向本科、硕士和博士等不同教育层次，皆有数字人文课程建设或相应的教材编写计划。

　　中国人民大学清史研究所于2018年成立"数字清史实验室"推动跨学科融合，以适应数字人文时代新要求，由胡恒教授具体统筹负责。胡恒教授从2019年秋季开始面向本科生开设"数字人文与历史研究"课程，培养学生数字思维、融合思维、跨学科思维、实践思维和国际化思维。该课程现已成为中国人民大学人文科学实验班部类基础课。胡恒教授主编的课程教材《数字人文与历史研究》即将出版。数字清史实验室还以该门课程为核心，加强"量化历史研究"等进阶课程，搭建体系化的数字人文课程。另外，还开设"数字人文&清史研究"专题讲座系列，如斯坦福大学周雪光，香港科技大学李中清、康文林，伦敦政治经济学院马德斌，波士顿大学梅欧金，台湾大学项洁，哈佛大学政府系王裕华，马克斯·普朗克科学史研究所陈诗沛等，先后受邀授课、交流[1]。

　　武汉大学信息管理学院面向全校本科生开设通识选修课程"数字人文导论"，主要教授如何应对数字技术与人文学科的交叉融合，由此带来的对人文知识生产、传播与教学的影响，以及人文学科对数字技术发展反向作用。课程内容包括数字人文概论、文献与文化遗产数字化、文本挖掘与社会网络分析及地理信息系统（GIS）技术和知识图谱应用等，聚焦跨学科知识，旨在推动武汉大学文理交融思维的发展和新文科建设。武汉大学还开设通识选修课"大数据与数字人文"，课程内容包括数字人文基本概念、前沿进展、关键技术以及在人文社会科学各个领域的应用，邀请来自不同学科、国内外各高校及研究机构的数字人文领域有造诣的教授提供理论和技术讲座，引领学生了解数字人文的基本概念、背景和最新进展，培养其对人文、文化和技术的深刻理解，训练学

---

[1] 付海晏主编：《大数据与中国历史研究（第4辑）》，北京：社会科学文献出版社，2023年，第31—32页。

生的计算思维和数字技能，激发数字技术和人文学科创新。此外，武汉大学信息管理学院在"数字文化"本硕博贯通制实验班开设有数字人文导论、数字文化概论、文化大数据分析、数字叙事理论与实践、数字出版方法与技术等数字人文类相关课程。

上海大学文化遗产与信息管理学院开设有"数字人文导论"课程。该课程通过对数字人文发展历程的回顾、对数字人文跨学科与跨领域特征的阐述，培养学生的宏观思维与大局观，激发学生学术热情，培养其进入数字人文领域的基本素养和思考范式；通过对数字人文优秀案例与实践项目的梳理，聚焦数字人文的中国问题，关注数字人文与中华文化的深入研究与资源融合。特别是通过对数字人文基础设施以及图书馆、档案馆、博物馆等人类文化记忆机构的数字人文项目介绍，促使学生了解图档博机构在数字人文建设中的重要作用。

此外，北京大学外国语学院苏祺副教授等开设"数字人文的理论与方法"课程，清华大学人文学院李飞跃教授开设"数字文献学"课程，四川大学王兆鹏教授开设"文学元宇宙：唐宋诗词的研究与设计"全校核心通识课程，台湾政治大学图书资讯与档案学研究所开设"资料勘探技术与数字人文应用"等课程，中国社会科学院大学向静副教授主持开设"数字人文与历史研究"课程，南京师范大学中国数智研究院暨联合虚拟教研中心开设"数字人文导论"博雅课程并编写数字人文通论性教材，北京邮电大学人文学院开设有"数字人文导论""数字人文与创意传播"等课程。

总体上，中国高校已经初步建立起一批数字人文课程，包括本科生通识课、硕、博士专题研究性课程，在内容上涉及从数字人文技术、工具、方法到数字人文理论，以及在不同传统学科内，尤其是针对中国文献、文化与学术问题的融通应用与开拓。

（二）从学者个人化的具体课程设置到多学科背景学者参与的多样化数字人文短期培训

与此数字人文专门化课程相辅而行的是以读书会、讲座、线上慕课、工作坊、开放资源等为名目，体现跨学科、跨院校、跨国界的，也更具有开放共享特点的多样化数字人文短期培训。这些短期培训在设计上主旨明确，课程安排体现趋向体系化的特征。其中，数字人文教育工作坊成为数字人文短期培训的主要模式之一。

1. 数字人文读书会

2017年3月至7月，哈佛大学博士后研究员、"中国历代人物传记资料库"（CBDB）项目成员徐力恒在北京大学人文社会科学研究院主持"数字人文研究技能与方法"读书会。读书会以哈佛大学、北京大学和台湾"中研院"联合建设的"中国历代人物传记资料库"为经验，引导人文学科师生探讨数字人文研究的新范式。读书会目标包括：掌握数字人文研究的基本概念和研究状况，了解重要的数字化资源和工具，获取通过数据思考学术问题与构建自用数据集的能力，了解数字人文研究的成果和新范式下学术成果的形态，并具备批判眼光和反思其研究方法和结论的能力。课程内容包括：数字人文的现状、基本概念和理论，关系型史学数据库，电子地图和地理空间分析，社会网络分析，文本的处理、提取和标记，数字人文范式下的版本目录学和书籍史等[①]。

2. 数字人文教育工作坊

面向学员培训的数字人文教育工作坊最早由台湾大学数位人文研究中心开创，在大陆地区逐渐成为散点式数字人文短期培训的主要模式之一。2017年9月23日至24日，台湾大学数位人文研究中心主办"数位人文共学实作工作坊"，面向史学相关领域的硕博士生及史学研究者，欲透过完整实操的课程与教学设计，让学员获取利用数字科技拓展人文学术的更多可能性。授课教师有台湾大学数位人文研究中心项洁、洪一梅、杜协昌，台湾大学历史系许雅惠以及铭传大学资讯工程系谢育平。工作坊通过开放报名，共招收学员50名。教学内容包括：数字人文发展的理念与实践、从资料库建置看数位人文发展、DocuSky介

[①]《"数字人文研究技能与方法"读书会》，2017年3月18日，http://mp.weixin.qq.com/s?__biz=MzIxMzYwOTAyMw==&mid=2247483846&idx=1&sn=520b31cc7297d9b65635dc2390cfcc64&chksm=97b57e96a0c2f780a0b5273953ecb9256febe5d752b0e3ec1b243e7d1a6a26981ec71ee6cde6#rd，2024年2月1日。

绍与实作（标记、建库与重整、勘探与分析、GIS等及其实操）等①。

　　大陆较早以工作坊形式作数字人文培训的是北京大学图书馆朱本军研究馆员和浙江大学数字人文研究中心徐永明教授。从2018年春季开始到2019年，朱本军连续主持3次"数字人文工作坊"，为北京大学图书馆"一小时讲座（one hour workshop）"系列的组成部分，前后约120名学员接受培训。此工作坊为朱本军与北京大学信息管理系合作，针对人文学者信息素养培育而设计，开设"数字人文与人文研究中的社会网络分析""数字人文与人文研究中的空间分析"和"数字人文与人文研究中的文本分析"三门课程。这些课程紧密围绕人文研究议题，注重相应软件工具的介绍，并手把手地教会受训者使用工具。

　　"学术地图发布平台"暑期社会实践是徐永明教授自2018年暑期开始连续主持的数字人文实训工作坊。它以"学术地图发布平台"为依托，采取线上培训方式，由徐永明教授担任指导。学员覆盖面广，来自全国各地，2022年报名学员超过400人。工作坊要求学员最终完成两份作业：一是分布图，一是行迹图。线上培训方式方便学员通过录屏反复观看，对于QGIS等制图软件学习，可以发挥自主学习优势，将教与学更好地结合起来。2023年11月1日，浙江大学文学院数字人文研究中心与哈佛大学"中国历代人物传记资料库"项目团队共同举办数字人文工作坊。此次工作坊由哈佛大学东亚语言与文明系包弼德教授，巴克内尔大学东亚研究系陈松副教授，哈佛大学"中国历代人物传记资料库"高级项目经理、哈佛大学计量社会科学研究所王宏甦研究员，浙江大学文学院数字人文研究中心主任徐永明教授，浙江大学计算机辅助设计与图形学国家重点实验室副主任陈为教授，浙江大学地理科学系副主任张丰副教授，浙江大学信息技术中心杨春玲工程师等众多专家学者现场授课，并有曾前往哈佛大学交流和访问的学者作研究案例分析。工作坊吸引了90余名校内外师生到场参与，并有近400人通过直播线上参与。工作坊培训内容包括：群体传记学与CBDB方法论、关系型数据库与CBDB使用基础、GIS研究实例、SNA研究实例、Arcgis入门、学术地图制作与学术地图发布平台、智慧古籍平台的功能与使用、大数

---

① 《数位人文共学实作工作坊》，2017年9月23日，https://www.accupass.com/event/17071308 41221049829055，2024年2月1日。

据可视化分析点亮唐诗宋词国画背后的大千世界、Python入门等。

从2018年11月到2019年4月，南京大学人文社会科学高级研究院数字人文创研中心在陈静副教授具体组织下，先后举办3次数字人文教育工作坊。(1)2018年11月7日至11月8日举办"语言的基因与文化的图谱"数字人文工作坊。邀请主讲人包括台湾政治大学文学院教授郑文惠、统计系教授余清祥及历史与思想数字人文实验室邱伟云博士。培训内容包括"语言基因与文化图谱：唐诗与近代思想观念的数字人文研究""共现、词缀、网络：文本探勘技术的操作与实践"以及"人文基因图谱：隐喻或方法？"①。(2) 2018年12月7日至12月9日举办"数字人文研究与实践：DocuSky数位人文学术研究平台实训"工作坊。邀请台湾大学数位人文研究中心的洪一梅博士和胡其瑞博士讲授，培训内容包括"DocuSky云端数据库的操作与建库""资料格式转换与整并建库""MARKUS古籍半自动标记平台""词频分析与视觉化呈现""DocuGIS地理空间资讯"与"个人文本操作"等②。(3) 2019年4月12日至14日举办"'空间人文'与地理信息系统"工作坊。邀请台湾"中研院'地理资讯科学研究专题中心范毅军研究员/执行长、廖泫铭研究副技师/专案主任和白璧玲博士共同主持。培训内容包括：GIS概论、GIS与历史舞台的重建、GIS与文献史料空间化、GIS与历史统计、GPS与文史田野实察、QGIS软件操作等。学员有来自全国范围内各大高校的本科生、研究生及相关教师30余人，具有史学、考古学、文博、地理、汉语言、建筑、档案等不同学科背景③。

北京大学数字人文研究中心在王军教授主持下连续举办暑期"北京大学数字人文工作坊"。(1) 2020年4月至5月，邀请马克斯·普朗克科学史研究所陈诗沛，柏林国家图书馆何浩洋，台湾大学数位人文研究中心洪一梅、胡其瑞和北京大学陈斌、苏祺六位领域专家主讲，设计六场活动，讲授内容包括：DocuSky数字人文学术研究平台的理念、功能与实作，MARKUS文本标记平台的入门与进阶使用，"一图胜千言：在地图上展现数据"，R语言文本分析实战，以及资讯技术与历史文献分析等，并设计有专门的学生分享环节。此次工作坊虽针对北京大学在校学生设计，为专题在线培训课程，但所有课程视频和资料皆可在线获取[1]。（2）2022年7月18日至7月30日，北京大学数字人文研究中心举办为期两周的北京大学数字人文暑期工作坊。工作坊涵盖了数字人文方法讲授、专家讲座与小组项目实践三个环节，课程设计以研究和项目实践为导向。招收学员除来自国内院校外，还有境外学员[2]。（3）2023年7月30日至8月12日，北京大学与哈佛大学、普林斯顿大学联合举办为期两周的数字人文国际联合暑期工作坊。此次工作坊在北京大学举办，以"智能信息环境下的人文创新"为主题，面向高年级本科生、研究生与青年教师，主要以中国历史和古代思想史的材料为实验素材，以讲授和研习相结合的方式进行。由历史学家介绍历史材料和可供探索的研究选题，由技术专家讲授常见的数字人文方法和智能工具，学生们组成跨学科项目小组，选择感兴趣的研究课题，以项目驱动的方式展开研究。讲授内容包括：数字人文概述及课程介绍、AI时代的人文创新、历史学研究方法概述、地方志研究中的数字方法、人文材料的数据化与模型构建、GIS分析、概念史分析方法、文本分析概论、主题建模与情感分析、ChatGPT在人文研究中的应用、社会网络分析等。核心讲师由8位中、美学者组成，分别为北京大学王军与苏祺、南京大学邱伟云、威斯康星大学麦迪逊分校戴思哲（Joe Dennis）、巴克内尔大学陈松、杜伦大学德龙（Donald Sturgeon）和德国马克斯·普朗克研究所叶桂林[3]。

自2021年至2023年的暑期，电子科技大学连续主办或与四川大学联合举办"国际大学生数字人文菁英训练营"。该训练营已连续举行三届，邀请数十名多学科领域从事数字人文研究的学者为授课教师，并与学术论坛相结合。训练营面向本硕博优秀学子，来自全球240余所院校具有多学科背景的近1,000名学生报名参加，培养在数字媒体程序开发、虚拟漫游、数字传播等方面的专业

---

[1]《数字人文工作坊2020》，https://pkudh.org/workshop-2020.html，2024年2月1日。
[2]《2022北京大学数字人文暑期工作坊》，https://camp2022.pkudh.org/，2024年2月1日。
[3]《数字人文国际联合暑期工作坊2023授课计划》，https://camp2023.pkudh.org/schedule.html，2024年2月1日。

技能与知识，强化青年科技人才在数字人文领域的综合能力。7天训练营课程包含3D建模、R语言、文化创意设计等20余门课程，实现了多学科知识和专项技术能力的特训。训练营最终以项目研发为考核目标，三届训练营共产出了包括"电路板明信片""'云'游之旅：杨慎'巴蜀诗路'沉浸式数字文化体验馆建设""城门几丈高：元宇宙NFT赋能下的渝都城门志""漫游文君路：茶马古道邛崃段线路遗产的数字活化方案""声入人心——基于数字人文的中国方言国家博物馆""数字助农——基于《本草纲目》的游戏制作与文创开发"等30余项具有独立知识产权的原创文化创意类项目和作品。

2023年10月23日，中国人民大学数字人文研究院与哈佛大学联合举办了数字人文研究工作坊，哈佛大学王宏甦研究员主讲"中国历代人物传记资料库"通论，并结合数字人文经典技术地理信息系统作了QGIS的介绍和展示。巴克内尔大学陈松副教授用案例阐释社会网络分析的基本知识，分析了群体传记学与网络分析、地理空间分析相结合对史学研究的重要拓展。

3. 数字人文线上开放课程

2020年春季，南京大学陈静、王涛、陈刚、梁晨等学者合作开设"数字人文创新思维与方法"课程。授课教师来自艺术、史学、地理学等不同专业领域。此课程先是在校内开设，后制作慕课视频，在"中国大学MOOC"网上线。该课程面向本科生与硕博士研究生，所讲授内容包括数字人文、大数据等基本概念、方法和理论，元数据、数字档案、图像标注方法及相关软件，数字人文中的定量研究方法，基于自然语言处理技术的文本分析方法，基于社会网络分析的方法，GIS的基本概念、方法与工具，以及结合GIS开展的数字人文研究方法等[1]。

2022年7月，武汉大学信息管理学院与武汉大学数字人文研究中心线上开设"大数据与数字人文"暑期开放课程。该在线开放课程聚焦数字人文的基础理论与关键技术，关注历史学、文学、艺术学、建筑学等领域前沿应用。课程共分8个专题，即"数字人文：概念、逻辑与趋势""计算思维与数字人文基础设施建设""数字人文与空间人文""数字人文与知识生产：中国与西方""历

---

[1] 《开放慕课|数字人文创新思维与方法》，2022年1月2日，https://digitalhumanities.nju.edu.cn/mooc/61d12fcf9fe42bd75f，2024年2月1日。

史文本挖掘与分析""数字人文与数字艺术""远读、网络分析与计算批评""数字人文视野下的'辨章学术、考镜源流'"，分别由王晓光、刘炜、何捷、西蒙·马奥尼（Simon Mahony）、邱伟云、陈静、赵薇、王军等中外专家主讲。

4. 微信公众号数字人文教育资源分享

数字人文微信公众号，如"DH数字人文""零壹Lab""数字人文研究""DH数字人文开放实验室""数字人文资讯""机器人人文"等，作为数字人文信息发布平台，推送相关数字人文讲座、工作坊、研究前沿成果以及学术视频，发挥着数字人文社会教育功能。这里特别要提到的是，南京大学陈静副教授、徐力恒编辑的"零壹Lab"公众号，曾于2019年发布"暑期学习硬货：十六节课带你入门'数字人文'！"。该课程实际是将有关数字人文学习资料通过类编，分为十六节主题内容，分别是：定义"数字人文"，数字人文的历史，数字人文的核心问题和思维方式，如何成为数字人文学者，数字人文研究方法，数字人文与数据库，数字人文与观念史、概念史，数字人文与地理，数字图书馆、博物馆与档案馆，数字人文与文学研究，数字和互联网艺术，媒介哲学，数字空间诗学，人工智能，后人类与赛博格，数字人文及其挑战[①]。学术资源经由分门别类，被组织成具有结构化和问题导向的学习资源，如设计者所自觉导向那样发挥了数字人文教育功能。

二、中国数字人文教育的学科化建制：开启本硕博多层次人才的全面培养模式

2019年，中国人民大学信息资源管理学院在本科层面创办数字人文荣誉辅修学位。2020年，中国人民大学获批图书情报与档案管理一级学科（2023年一级学科名称改为信息资源管理）目录外二级学科数字人文硕士学位点，2022年获批图书情报与档案管理一级学科目录外二级学科数字人文博士点。2023年，教育

---

① 《暑期学习硬货：十六节课带你入门"数字人文"！》，2019年7月8日，https://mp.weixin.qq.com/s?__biz=MzIxMzYwOTAyMw==&mid=2247484740&idx=1&sn=e89e642d27a031331ecbae8a8e8ed6c3&chksm=97b57a14a0c2f3021dba6757e3fc7b37a36389d07935caf11932cc4b1829f8bfc727425bb113#rd，2024年2月1日。

部公布2022年度普通高等学校本科专业备案和审批结果，数字人文获批为中国语言文学类新增二级学科专业。内蒙古师范大学蒙古学学院为全国第一家在中国语言文学类下招收数字人文专业本科生的高等院校。以上标志着中国数字人文教育在信息资源管理与中国语言文学两个学科门类下，正在进入本科、硕士和博士多层次人才培养的全面学科建置。下面以学科建置单位为对象逐个介绍相关教育发展情况。

（一）中国人民大学信息资源管理学院的本硕博数字人文教育

中国人民大学信息资源管理学院是我国信息资源管理学科高等教育体系中创建最早、二级学科门类齐全、教育层次完整的院系之一，是我国信息资源管理、知识管理、图书、情报与档案管理科学研究和高级专门人才培养的重要基地之一。中国人民大学信息资源管理学院在全国率先建立起体制化的数字人文多层次人才培养体系，源自2013年起数字记忆项目实践与相关研究成果积累。

"北京记忆"和"高迁数字记忆"项目是冯惠玲教授团队主要开展实施的数字记忆项目。其中，"北京记忆"项目从2013年开始组织实施，旨在构建信息时代北京的数字记忆。它综合运用人文历史、艺术审美、资源管理、信息技术等多学科多领域的方法、技术与工具，按照北京历史文化特有的结构形态，以专题为中心，通过整合文化资源的数据库建设、阐释北京文化性质的网站内容建设与传播平台搭建，从整体上呈现和沟通"老北京"的历史魅力与"新北京"的精神风貌，构建数字化的北京记忆。"高迁数字记忆"是以中国人民大学信息资源管理学院冯惠玲教授为首席专家，联合中国民间艺术家协会、台州市档案局、仙居县委县政府、白塔镇政府、高迁村民委员会等多个学术、文化与政府机构与组织，并延请多位高迁村民参与，由多主体合作完成的中国传统村落数字记忆构建项目。它是国家社科基金重大项目"历史文化村镇数字化保护的理论、方法和应用研究"（16ZDA158）和国家档案局项目"台州古村落数字记忆建设研究"支持下的重要研究成果。

在以上两项项目经验和实践平台支撑下，2016年中国人民大学信息资源管理学院承担跨学科专项人才培养项目"数字记忆厚重人才成长支持计划"，开设"数字记忆建构的理论与方法"的本科课程。按照冯惠玲教授观点，数字人文包括数字学术、数字记忆、数字重建、数字文化四个部分。中国人民大学信息资源管理学院主要是从数字记忆进入数字人文新领域，并开始学科化建构。

2019年，信息资源管理学院开设面向本科生的数字人文学位课程，成为全国第一家系统开展数字人文本科人才培养的单位。2020年，正式设立数字人文荣誉辅修学位。2021年，在本科大类培养方案中推出"数字人文菁英计划"。此外，还在全校范围内开设数字人文通识核心课，面向全校培养文理交叉的创新人才。在硕士培养层次，2020年获批数字人文目录外二级学科硕士学位授权点，并于同年秋季开始招生。在博士培养层次，2022年获批数字人文二级学科博士学位授权点。2019年，信息资源管理学院牵头成立中国人民大学数字人文研究中心，2023年建设中国人民大学数字人文研究院。目前数字人文研究院吸纳该校历史学院、文学院、国学院、艺术学院、图书馆、书报资料中心等机构的优势力量，逐步形成了良好的跨学科合作机制和团队，研究员人数达60余人。优质的跨学科研究团队的建立为开展数字人文各层次人才培养提供跨学科教学团队保障。自2018年开始，信息资源管理学院创建数字人文实验室，提供数字人文教学和研究所需的数字加工、展示、计算和实践平台。2020年创办国内数字人文领域第一本有正式刊号的学术期刊《数字人文研究》，2022年正式设立数字人文教研室（系）。这些重大举措为数字人文学科建设和人才培养提供了有力的组织支撑、学科交叉融合以及学术交流的平台。目前该学院数字人文学科师资队伍共有成员10人，具有信息技术、信息资源管理、自然语言处理、古典文献学等多学科背景。其中教授6名，副教授1名，讲师3名。从年龄结构看，45岁以下教师5名，占比超45%。学科首席专家为冯惠玲教授和刘越男教授。

中国人民大学信息资源管理学院制订实施和不断完善本科、硕士和博士三个层次的专业培养方案，为数字人文知识体系构建奠定坚实基础；逐步形成契合数字人文特点，凸显人大特色和信息资源管理学科背景，集科学研究、人才培养、项目实践与社会服务于一体的学科建设模式；培养具有一定人文基础，掌握数字人文理论，具备数字人文应用技能和思维，促进学术研究创新和引领数字人文项目实践，能够服务国家文化强国、文化数字化战略等重大战略需求的各层次数字人文人才。

在本科教育层次，数字人文本科荣誉学位课程建设始于2013年组建数字记忆研究团队。2016年，申请设立面向全校本科生的专项人才培养项目"数字记忆厚重人才成长支持计划"，探索数字人文本科人才培养模式。来自全校多专业的170余名学生连续7批次进入该计划学习与实践。2019年，开设面向本科生的数字人文学位课程。2020年，正式设立两年制数字人文荣誉辅修学位。数字人文荣誉辅修学位培养方案，起初设置7门理论课和4门实践课，在课程的跨学科设计、开放性与教师和学生双主体性等方面具有突出的首创性特点。2022年，根据学校关于本科生培养方案改革的统一部署，对数字人文荣誉辅修学位作进一步修订和完善，将课程数量增至20门，使之紧跟数字文化发展和数字人文研究前沿，凸显数字人文核心知识体系，形成具有人大特色的数字人文人才培养模式。主要课程包括数字人文概论、数字记忆构建的理论与方法、数字人文研究方法、数字文化概论、数字人文技术与工具、数字内容分析与挖掘、人文数据基础设施等。新方案课程包括专业基础课、专业核心课和个性选修课，体现出结构化与模块化的课程体系特征，满足个性化人才培养需要，且与数字人文实践特性相契合，以北京记忆等数字记忆项目为依托，深化教学、科研与项目实践等于一体的教学模式。

数字人文硕士学位设置数字记忆、人文数据建构与可视化、数字人文应用技术等3个研究方向，课程体系凸显交叉学科性质，划分为人文学科基础、数字人文基础、数字文化产业和数字人文应用技术四个板块。其中专业课包括数字人文导论、数字记忆前沿、网络信息资源组织理论与实践、数字设计与艺术、数字人文实践、数据可视化、机器学习理论与方法、数字文化遗产、社会网络分析等。

数字人文博士学位设置数字人文理论研究、数字记忆研究与数字学术等三个研究方向，培养基础理论扎实、基本能力全面的高层次数字人文人才，培养对象可胜任数字人文高水平教学和科学研究工作，国家机构、政党团体和各种企业事业单位（特别是GLAMs）的数字文化创意、数据治理以及数字人文项目开发等工作。培养方案所设专业课包括数字人文主文献研读课、文化分析学、数字记忆理论研究、数字人文历史与理论研究、人文数据基础设施理论与方法、数字人文研究前沿、社会网络分析与数字人文、计算语言学前沿、中国历史档案文本数据化与计算分析等。

数字人文各层次人才培养方案还特别注重培养学生的国际视野，注重国际交流与对话，注重通过课程理论学习和项目实践学习来推进学生研究能力的提升，鼓励并指导学生以项目实践为基础参加高水平国际会议或数字人文国际赛事，进一步扩展其国际视野和提升其国际对话能力。前后共计约30篇论文被多个高水平国际会议录用，超过50名学生分别赴柏林、旧金山、卡尔斯库加等地参会并发表演讲。

数字人文教学团队不断探索以信息资源管理为依托学科，以跨学科、跨学院、跨平台为优势，以数字记忆为特色领域实践基础的人民大学数字人文教育模式。其中，"数字记忆建构的理论与方法"被教育部认定为"首批国家级一流本科课程"。该课程为国内首创，立足文化和数字技术深度融合的社会发展需求，以"数字赋能、传承文化、留存记忆"为理念，以文化记忆构建及数字呈现能力为人才培养目标，以数字记忆理论、记忆媒介资源建设和文化记忆的数字呈现为主要内容，通过各个教学环节设计，使学生理解数字记忆建构的理论，掌握文化阐释、资源组织、艺术创意、技术实现及组织运营的方法，提升开展数字记忆项目策划及实施的实践技能。课程首次开设于2016年，选课学生来自信息资源管理学院、国学院、新闻学院、公共管理学院、艺术学院、外国语学院、历史学院、文学院等。依托该课程和"北京记忆"数字资源平台，冯惠玲教授团队的"平台—科研—教学—实践四位一体数字记忆人才培养：数字遗产融入高等教育新模式"项目，入选联合国教科文组织亚太遗产中心"2022年全球世界遗产教育创新案例"，荣获卓越之星奖。另外，冯惠玲教授牵头的数字人文荣誉辅修教学团队获评2021年"北京高校优秀本科育人团队"，该团队完成的"基于'双核四融'模式的数字人文复合型人才培养实践"项目获北京市优秀教学成果二等奖（2021）。

（二）内蒙古师范大学蒙古学学院的数字人文本科教育

2023年4月，中华人民共和国教育部《关于公布2022年度普通高等学校本科专业备案和审批结果的通知》，对普通高等学校本科专业目录进行了更新，内蒙古师范大学蒙古学学院申报的"数字人文本科专业"获批，成为全国首个数字人文本科专业。

内蒙古师范大学蒙古学学院始建于1952年，在70余年的发展历程中逐渐形成了"深厚的育人传统、独特的研究领域、雄厚的师资队伍"特色。目前学院开设中国少数民族语言文学、翻译、数字人文等三个本科专业。数字人文专业的获批对学院而言具有重要的里程碑意义。

内蒙古师范大学蒙古学学院数字人文本科专业的培养目标人才定位为：掌握扎实的数字人文专业基础知识和基本理论，熟悉数字人文发展历史和前沿动态，了解人文社会科学相关知识，包括哲学、语言、文学、历史、教育、民俗、宗教、文化、艺术等，熟悉计算机和人文科学深度融合规律，培养人文科学数字环境的构建与应用方面的能力。专业优势为：具备数字人文的基础知识和基本理论，较系统地掌握数字人文应用能力，从事党政机关、企事业单位、社会团体与数字人文相关的工作。

数字人文专业人才主要面向三大领域：**一是计算机科学领域，**即培养学生的计算机软件、程序和应用APP研发能力和对计算机科学、数字技术、人工智能、元宇宙的认知和理解能力；**二是人文科学领域，**即提升学生的人文素养、人文精神和人文情怀，培养学生利用数字技术、人工智能解决人文学科问题，如人文学科资源的组织与升级，人文学科数字环境的构建与应用方面的能力；**三是交叉学科领域，**即培养学生利用数字技术开发数字产品的能力，如数字文物、数字文献、数字场景、数字非遗、数字记忆等。

数字人文专业内涵决定了它的产教研融合特征和理论、技术、实践相结合的特征。蒙古学学院数字人文本科专业课程体系由三个子系统组成。**（1）交叉学科方面的课程：**数字人文导论、数字人文研究方法、数据可视化、数字文献学、文物数字化处理、新媒体技术、数字出版、数字非遗、数字记忆、数字人文研究前沿、数字动漫、电子期刊制作等；**（2）计算机科学与技术方面的课程：**自然语言处理、语料库语言学、计算语言学、计量语言学、计算机科学与软件设计、数据库原理及应用、计算机基础、计算机专业英语、Python语言、程序设计基础、大数据基础、工程技术与科技创新、软件技术、统计学、设计学概论等；**（3）人文科学方面的课程：**经典影视作品赏析、外国文学史、中国文学史、蒙古族文学史、语言学概论、文学概论、世界历史、中国历史、创意写作、人文经典导读、中华优秀传统文化、人文文献研究、文字史、现代汉语、古代汉语、外国文学经典导读、中国文学经典导读、蒙古族文学经典导读、民俗文化、逻辑学、传播学等。

数字人文专业就业前景广阔，随着数字技术进入各行各业，人才需求必然猛增，比如数字政府、数字城市、数字教育、数字医疗、数字企业、数字社区、数字图书馆、数字博物馆、数字档案馆、数字景区、数字媒体、数字出版等各行各业越来越急需数字人文人才。

内蒙古师范大学蒙古学学院数字人文本科专业适应数字人文领域的新变化和学生需求，不断更新培养方案，通过课堂教学和学术讲座等形式，提升学生的数字人文素养和实践技能。专业获批以来受到了学界的广泛关注，多所高校和有关企业前往调研，该学院多次组织教师出访学习和参加会议，通过各种网络平台进行报道宣传，除了"内蒙古日报蒙文报""内蒙古师范大学微官网"及"内蒙古师范大学蒙古学学院"微信公众号外，央广网、《光明日报》、光明网等国内知名的新闻媒体也进行了报道，提升了内蒙古师范大学蒙古学学院数字人文本科专业的社会知晓度。

该校数字人文本科专业于2023年9月正式开启招生，首要发展任务是学科建设。为此，除了常规的课堂授课，学院修订完善培养方案、购置订阅数字人文相关图书期刊、举办系列讲座等一系列建设工作，旨在提升学生培养质量并提高教师的数字人文素养。为了帮助师生拓宽视野，接触数字人文研究前沿，数字人文专业2023年组织了4次数字人文系列讲座，分别邀请中国人民大学信息资源管理学院杨泽坤博士、上海师范大学数字人文研究中心研究员王贺教授、南京大学历史学院暨学衡研究院邱伟云副教授、北京大学外国语学院外国语言学及应用语言学研究所苏祺研究员讲座，介绍数字人文领域的最新研究成果、理论和方法，分析数字人文研究的趋势和发展方向。另外，2023年10月，内蒙古师范大学蒙古学学院院长、数字人文本科专业策划申报者满全教授应邀参加北京邮电大学首届"数字人文与智能应用"创新发展研讨会暨人文学院建院15周年院庆主题活动，并以《数字人文本科专业：定位、内涵及特征》为题进行主旨发言。

数字人文专业是未来人文学科发展的重要方向之一，它不仅是一门新兴学科，更是一门引领前沿的学科，有着广阔的发展前景和应用前景。数字人文本科专业的建设既带来了机遇，也带来了挑战。我们应该密切关注数字人文专业的发展动态，为学生提供更优质的教育和就业支持。

（三）上海师范大学的数字人文硕博士教育

上海师范大学作为一所以人文学科见长的综合性高校，于2020年成立了校级数字人文研究机构——上海师范大学数字人文研究中心。自1990年代初至今，该校师生长期致力于数字人文研究和教育教学实践，在计算语言学、古籍数字化等数字人文分支领域不断探索，并发表一批重要成果，引起学界注意。

1993年，著名语言学家潘悟云先生担任上海师范大学人文学院教授，后又相继担任上海师范大学语言研究所、上海高校比较语言学E-研究院的领导工作。潘教授致力于将计算机技术这一新的研究手段运用于历史语言学和方言学的研究，其在此前完成的"汉语方言学和音韵学的计算机处理系统"课题基础之上，主持完成了"汉语方言计算机处理系统"（国家社科基金重点项目）等课题的研究。后又经反复优化，最终顺利建成"东方语言学"数据库。这一大型专业数据库不仅可满足基本的中古音、上古音查询，还提供了281个方言点的方音信息，以及独特的《广韵》和《集韵》查询，使用户能够通过音韵反查同音字，弥补了一般网站、数据库只能通过文字核查音韵地位的不足，使古今汉语和汉语各方言间的大规模历史比较研究、尤其量化研究成为学术潮流。2019年，《自然》（*Nature*）杂志发表潘悟云教授团队的《语言谱系证据支持汉藏语系在新石器时代晚期起源于中国北方》[1]一文，将计算语言学、语言学与中华文明探源研究推向一个新的高度；2023年，《自然通讯》（*Nature Communications*）杂志再次发表潘悟云教授团队的《谱系证据揭示早期侗台语在全新世晚期的分化与扩散》[2]一文，该研究整合了文理多学科的数据，重构了侗台语的语言演化

---

[1]Menghan Zhang et al., "Phylogenetic Evidence for Sino-Tibetan Origin in Northern China in the Late Neolithic," *Nature*, vol. 569, 2019, pp. 112-115.

[2]Yuxin Tao et al., "Phylogenetic Evidence Reveals Early Kra-Dai Divergence and Dispersal in the Late Holocene," *Nature Communications*, vol. 14, no. 6924, 2023, https://doi.org/10.1038/s41467-023-42761-x.

历史，为研究东亚和东南亚地区复杂的语言关系和人类历史提供了重要依据。

2007年，文献学家、上海师范大学古籍研究所汤勤福教授，率先在历史文献学专业开始招收"古籍文献数据化"方向的研究生，探索计算机技术在古典文献整理与研究领域的创新应用。此前，由汤教授主持开发的"e书库"数据库（光盘版）已正式出版，经中国科学院上海科技查新咨询中心、上海市高新技术成果转化项目认定办公室等单位研判认定，其功能达到国内领先、国际先进水平，为古典文献的精细查阅与知识管理提供了较大帮助。其指导的研究生张旭设计的"古籍文献卡片管理系统"，则是基于文献整理过程中研究者普遍采用笔录方式记录卡片的工作习惯而开发出的一套专门针对电子文本资料的生成卡片、管理卡片的检索系统，不仅可提高电子文本的利用率和古典文献整理、研究效率，同时还预留有开放式接口（API），支持与其他同类型软件的互联互通和数据调用，具备二次开发和多次开发的潜能，为古典文献整理、研究与计算机科学的交叉融合奠定了较为坚实的基础。其间汤勤福教授所撰《古籍文献数据库存在的问题与突破的方向——试论计算机技术在古典文献研究中的若干问题》成为这一领域的高被引论文。饶有意味的是，这一重要研究成果并未发表于任何公开发行的纸质报刊，而最早发表于网络论坛，但这不仅没有影响其论文质量，反而促进了其在专业内外读者中间的传播、交流，代表了数字人文所秉持的开放、共享精神。

随着数字技术、方法的更新迭代，文学、艺术、历史学等领域的数字人文发展，尤其近年来数字人文理念、实践不断走向深入，建设一个独立的数字人文学科，为之提供相应的制度框架、平台，已逐渐成为学界共识。2020年，历经大量的前期筹备和调研工作，上海师范大学数字人文研究中心正式宣布成立。中心主任由人文学院院长查清华教授兼任，副主任由人文学院中文系王贺副教授兼任。在"数字人文国际高峰论坛暨上海师范大学数字人文研究中心成立大会"上，来自哈佛大学、伦敦大学学院、北京大学、台湾"中研院"等知名高校和研究机构、文博机构的十余位专家学者，围绕着数字时代如何发挥人文学术优势，回应时代、社会重大关切，使人文社科研究结合数字技术、方法，实现科技与人文社会科学的深度融合和协同创新等问题展开了深入交流，大会直播活动吸引了全球近30万名观众，百余家中外媒体发表了有关报道。

数字人文研究中心在成立后大力组织实施团队建设、学科建设、课程建设、实验室建设、数字人文平台和研究工具建设、中外学术交流合作及社会服务等工作，并已取得了一定的进展。团队建设方面，依托中心组建了上海市重点战略创新团队"数字人文资源建设与研究"团队（2020—2023），吸纳了来自计算机科学、数理科学、图书馆学、档案学、文学、语言学、文献学、历史学、地理学等领域的一批优秀的中青年研究者，以凝聚共识，形成数字人文研究的合力。学科建设方面，2021年中心召开了"数字人文是一个学科吗？数字人文学科建设研讨会暨上海师范大学数字人文研究中心成立一周年纪念大会"，邀请了来自国务院学位委员会学科评议组、教育部高等学校教学指导委员会的多名专家，以及校内外数字人文及其相关领域的资深学者，对数字人文学科化及未来发展方向、数字人文二级学科建设论证方案的可行性等重要问题进行研讨；2022年开始落实，向教育部提出新增数字人文二级学科申请并顺利获批；2023年开始招收数字人文专业博士研究生；2024年开始招收数字人文硕士研究生。此外，由中心、创新团队联合打造的"数字人文研究系列"丛书首辑三种（含王贺著《数字人文与中国现代文学》、孙超编《数字人文与古代文学研究》、蒋杰编《数字人文与史学研究》），已于2023年由上海三联书店出版；由中心、上海三联书店合作编辑出版的《中国数字人文》杂志，亦定期出版。

课程建设方面，除中心成员组织开设"数字人文""数字人文导论"等面向硕博士及青年教师的专业基础课、平台课外，还组织各院系教师向本科生开设"大数据与文史研究""中文工具书及相关数字文献的使用""英美文学大数据""语言地理信息平台应用"等一批专业拓展课，切实推动数字人文人才培养与人文学术研究的结合，努力探索面向人文学术的数字人文人才培养模式。为了满足本科生对数字人文的学习需求，2023年春季、秋季学期，中心相继推出"数字人文研习营"（第一、二季），先后参加学习的本科生近百人，分别来自全校各院系，在此基础上，拟在条件成熟的时候推出"数字人文通识课"。此外，由中心、创新团队联合打造的"数字人文教材系列"丛书，亦将于2024年由上海教育出版社陆续出版。

上海师范大学已建成占地面积约202平方米，配备用以支撑中心研究计划及本校数字人文学科教学、科研工作的软硬件设施的数字人文实验室，并于2023年正式投入使用，基本可以满足数字人文教学场地、设施等方面的需求。数字人文平台和研究工具建设方面，除已建成"上海师范大学数字人文网"，开发完成"古音小镜""老子释义助手"等诸种研究工具外，目前亦正在组织建设其他文史专题数据库，开发新的数字人文研究工具，为校内外数字人文研究者提供相应的应用环境、资源和研究工具，以夯实中国数字人文基础设施，促进人文学术的数字化、数据化和智能化。研究中心通过与中外数字人文学者、机构、数据库厂商联合举办讲座、会议、工作坊、学术沙龙，指导学生参与数字人文项目等多种形式，中心持续深化与不同学科、机构及学者个体之间的交流合作，以促进本校师生与数字人文学术共同体互信互助、共同成长。

除了以上三所院校数字人文专业的本硕博学位教育之外，香港大学艺术学院设置有四年制人文及数码科技方向的文学学士学位培养计划，香港教育大学与香港都会大学分别开设有"数码人文文化专才文学硕士"项目和"数位人文学"研究式研究生课程。武汉大学信息管理学院在数据资源管理、出版发行学、图书馆学、档案学二级学科硕博点目前皆有数字人文研究方向。台湾有多所高校设置有数字人文学分学程，如台湾政治大学有"数位人文技术与应用学分学程"、高雄师范大学有"数位人文创新管理学分学程"、台湾师范大学有"数位人文与艺术学分学程"。其中，台湾政治大学"数位人文技术与应用学分学程"由图书资讯与档案学研究所于2020年面向全校大学三年级以上学生（含硕士生，但图书资讯与档案研究所学生不得提出申请）设置。该学程以台湾政治大学文学院相关专业师资为核心，辅以资讯技术专业师资，强化人文学科背景者具备资讯处理与数位工具应用能力，能基于自身专业学科背景，善用资讯工具，探索本身学科内涵的应用，培养学生具备数字人文知识、技能与实践应用，以及跨学科知识及其应用能力。该学程课程培养方案包括：（1）**基础课程**：程式设计、数位人文研究导论、资讯组织；（2）**技术课程**：数位多媒体典藏应用、档案数位记忆专题、资料勘探技术与数位人文应用、智慧机器人设计与应用、数位图书馆与智慧服务研究；（3）**应用课程**：数位出版与学术传播、科技创新与专利资讯、数位策展与研究展示、档案数位化与史学应用、档案数位化专题、网路资讯检索研究、资讯行为与使用研究。以上课程皆为选修课，学生修习满学分后即可获得学分学程结业证明书①。

　　此外，北京师范大学国际中文教育学院数字人文系旨在培养学术界和产业界急需的"新文科"人才，并推动传统语言文字学、现代语言学与前沿的语言智能技术融合发展。该系负责语言学及应用语言学（中文信息处理）、汉语言文字学（汉语史）两个专业方向的研究生培养工作，主要围绕传统语言文字学、现代语言学、自然语言处理三个模块开设课程。所设相关课程注重挖掘数字人文特色，探讨计算视角的语言和文化研究，侧重介绍数据驱动的语言研究范式，促进运用语言智能技术解决实际问题，并在资源建设、技术研究方面取得创新。北京师范大学国际中文教育学院数字人文系的研究生人才培养虽然在语言文字学框架之下，但其重心是从数字人文研究维度规划人才培养方案。

三、中国数字人文教育的优势、问题与挑战

　　在数字人文教育初始阶段，面对信息技术发展对人文研究的冲击，人文学者首先要面对的是提升自身的数字素养，掌握数字人文的方法和工具。因此，在早期的数字人文培训形式中，面向人文学者群体尤其年轻学者群体的培训是一个显见的目标，并逐渐将其主体转入人文学科专业领域内青年学子数字人文素养的培养，以及数字人文专业化人才培养。由于数字人文的跨学科特点，中国数字人文虽然逐步由散点式教育走向学科化建制，但未来散点式教育仍将保持活力。

　　中国学术文化界对数字人文教育已作出了多样化贡献，一批先行学者在其中发挥了关键作用。他们或从学术研究的内在需求出发，或从数字文化形态转化下的文化记忆传承意识出发，自觉地转向数字人文的方法和工具运用，将传统研究与数字人文研究新范式主动接合起来。同时，难能可贵的是，在其所引

---

① 以上参考台湾政治大学图书资讯与档案学研究所《台湾政治大学数位人文技术与应用学分学程施行细则》《数位人文技术与应用学分学程——课程规划》《"数位人文技术与应用学分学程"修习科目一览表》等文件。

领的数字人文热潮下仍能保持一种冷静的态度[1]。这对于数字人文专业设置的合理化布局，特别是在目前分门别类的现代学科体制下，如何有序发展数字人文专业具有重要意义。

一般而言，"现代学科包括一套可持续发展的有效组织机制。它以现代学术研究为中心，而与现代学科建制相表里。在学科机制下，它不仅组织学术研究主体，产出学术成果，而且有计划培养人才，此种人才既包括服务社会的专业人才，又包括学术研究的后备人才"[2]。以此来观照，教育部批准在信息资源管理学科和中国语言文学类下设置数字人文二级学科，并建立本科专业与硕士、博士学位点，是数字人文学科化建设的重要外部保障。这是目前数字人文教育发展的强有力优势。

从数字人文教育目前具体实践来看，凸显了数字人文的实践性和跨学科特点，取得显著教学成果。此为中国数字人文教育未来发展奠定科学基础，有助于促发优良传统的形成。就具体组织和实施机制而言，目前的数字人文教育以数字人文基础设施建设，如数字人文院系、数字人文研究中心、数字人文实验室、数字人文项目平台等为依托，表现出了突出的科际间和院系间融通与合作的特征，重视项目依托、实际问题解决和"手把手"的实操训练，深度契合数字人文学科属性。数字人文课程体系和具体课程建设取得了阶段性成果。虽然在不同学科体系下，数字人文专业教育各有一定学科偏向，但课程结构皆反映了跨学科特点。台湾大学、北京大学、南京大学、中国人民大学、武汉大学等学校先后开设的数字人文全校通选课程，成为近年来高校通识类课程的重要组成部分，教学效果显著，培养了现代大学生的数字素养、数字思维和以数字方法解决问题的意识和能力。这些面向所有专业开设的全校通选课从根基上塑造学生的跨学科视野和跨学科思维能力。在各类数字人文教育实践模式下，激发了学生踊跃参与的意愿。学生积极参加各种数字人文项目、论坛与年会等学术会议，发表学术论文，在跨学科团队中锻炼成长为新生的学术力量。中国人民大学数字人文研究院招募有数字人文学生研究员。清华大学与中华书局合办的

---

[1]《史学月刊》编辑部编：《大数据时代的史料与史学》，北京：人民出版社，2017年。
[2] 梁继红：《从"附庸"到"独立"：中国现代档案学初步建立及其学科属性的历史分析》，《档案学研究》2022年第3期。

《数字人文》集刊编辑部自2019年以来连续举办数字人文论坛"未来学者"专场，以培养"未来学者"为本位，邀请数字人文专家指导和评议参会青年学子的研究成果，并特开"未来学者"专栏，为青年学子优秀论文提供发表园地，构建起可供青年学子与领域专家、期刊编辑直接沟通、交流的良好平台。数字人文教育的有益实践为国家新文科人才培养提供了可资参考的范例。

目前中国数字人文教育突出特征还表现在，以开放的姿态，将全球化视野和本地化语境相结合，注重从中国问题意识出发，围绕中国学术和文化构建中国数字人文的教育理念。如2023年暑期北京大学与哈佛大学、普林斯顿大学举办的联合工作坊，所有围绕历史网络分析、历史地理分析和文本分析的研究选题皆以中国历史、文学和文化研究为中心。这也是目前数字人文工作坊举办规模最大的一次。

从国际范围来看，自21世纪初数字人文取代人文计算以来，数字人文教育在全球范围内以学位、辅修、附设课程以及项目制培养等多样化形式展开，在课程内容结构上表现出个性化极强的特点，中国近十余年来的数字人文教育仅从形式上，看与国际教育模式多有可类比之处。方兴未艾的数字人文教育，有助于扩大数字人文学术社群，加速全球文化向数字形态转型。但从数字人文现阶段研究来看，数字人文学科化建制的内在学理层面尚存在支撑力不足的问题。从人文计算发展至数字人文，数字人文初步完成了作为人文学科方法论的理论化建构。但数字人文的独立化学科建置，需要数字人文本体论和自身学科方法论层面的建构。这不仅是中国也是世界范围内数字人文学科化建制的最大问题和挑战。高等教育是学科建制的基石。外部的学科化组织机制建制和条件保障可以内推学理层面的进展，尤其对于实践性强、以平台为依托的数字人文发展而言，外部设施和条件更具有基础作用。

数字人文深契国家新文科建设的发展理念。数字人文不仅需要信息技术与人文社会学科融通，还需要人文社会科学内部融通。数字人文教育"循新探新，走一条全新的教育之路，不仅符合数字人文的本质特征和人才需求，还有可能产生一定的'鲶鱼效应'，搅动高等教育的池水，激活新型教育模式的成长"[1]。在目前学科分门别类的体制下，数字人文学科化建制分属于信息资源管理和中

---

[1] 冯惠玲：《新文科与数字人文教育之新》，《数字人文研究》2022年第4期。

国语言文学两个学科门类之下，需要更强有力的组织来强化数字人文教育之间的联通，以切实助推跨学科学理层面的融通。这是目前中国数字人文教育面临的又一个重要问题和挑战。2022年，中国人民大学信息资源管理学院主办主题为"全景与远景：数字人文与国家文化数字化战略"的中国数字人文年会专设有数字人文教育分论坛。2023年，北京大学人工智能研究院和外国语学院联合举办的"智能时代的人文研究与教育"国际研讨会专设有数字人文教学体系建设研讨。以上两个学术会议皆集合了国内从事数字人文教育教学的十余所高校不同专业院系，促进了科际与校际交流。数字人文教育在目前的学科体制下共建联盟或共同体组织，将在保持多样化发展的环境下，实现工具、平台合作建设，教育教学资源分享，以及增进学生之间交流与互动，促进数字人文共同体健康成长。

中国数字人文教育从多学科多样化的散点式教育中产生，获得外部体制化建设保障。数字人文学科化建制与散点式教育仍将互相呼应，其发展虽然面临重大问题和挑战，但它们已然形成了中国数字人文教育的风景线。数字人文教育加速助推数字人文在中国的风气开化，并将问题引向中国人文学术研究新范式建立以及文化的数字转型，蕴含着中国数字人文未来发展的诸多可能性和潜力。

附　注

本报告在撰写过程中得到各大高校数字人文专家支持。这里要特别感谢胡韧奋、李斌、李飞跃、刘成群、邱伟云、王丽华、王涛、王晓光、王兆鹏、位通、项洁、谢梅、徐永明、朱本军（以姓名首字母排序）等专家给予的指导与写作资料支持。中国人民大学国学院方树益同学也提供了资料上的帮助，在此一并表示感谢。报告中如有谬误，本报告编写组承担文字责任。

联结与分享：中国数字人文学术成果与学术交流

李少建　（中国人民大学信息资源管理学院）

龙家庆　（中国人民大学信息资源管理学院）

中国数字人文的学术研究与交流正在不断升温，成果逐渐丰富厚重，学术交流活动越来越多样活跃。本报告对数字人文相关学术成果，包含书籍、论文，以及学术交流活动，包括学术期刊、论坛和会议、工作坊、系列讲座、国际交流等进行了梳理，统计时间截至2023年6月30日，以期揭示当前我国数字人文研究领域的研究热点和趋势，展示数字人文研究领域的整体发展动态，促进不同学科之间的学术交流与合作，为数字人文学术研究激发新思路，提供新指引。

一、学术成果

（一）书籍

当前已有不少数字人文研究相关的书籍，主要有三大类，一是介绍数字人文研究的理念、方法，二是介绍数字人文研究技术，三是介绍数字人文与某一细分研究领域的运用实践。

1. 数字人文研究理念、方法

（1）《**数字化与人文精神**》，鲍宗豪主编，2003年上海三联书店出版。该书从人文视野透视数字化的历史进程和未来发展前景，突出数字人文、数字时空对传统社会价值观、认识论以及人文精神本身的重塑作用。数字不仅改变了世界和人类自我原有的生存和发展模式，也改变了人类对世界的认知图式。尽管这种改变还刚刚开始，但它所引发的欣喜、激动、不安等，首先在人文精神领域得以直接反映；作为人文精神扩展的涟漪和圈层效应，它逐渐向自然科学和技术应用、社会应用等领域扩散。该书直接承袭了《网络与当代社会文化》（鲍宗豪主编，上海三联书店，2001年）的编排方式和写作主题，在内容上进一步深化，专题研究进一步集中，并加强了实证性研究和厚度，是数字化理论探索和现实更加紧密的结合，是数字化与人文精神的研究从抽象的玄思走向活生生的生活实践，促进了不同人文社会科学学科对"数字化与人文精神"主题研究的相互沟通和彼此借鉴，对数字化与社会发展、数字化与语言、数字化与社会控制、数字化与自我、数字化与自由、数字化与自律等许多命题进一步深入探讨。

（2）《**数位人文要义：寻找类型与轨迹**》，项洁编，2012年台湾大学出版中心出版。该论文集是"第三届数位典藏与数位人文国际研讨会"的论文结集，共收录九篇文章，可粗略分为两大类，代表着现阶段数位人文领域发展的两种类型。第一类是文字的分析。第二类所显示的关怀则是在呈现上——如何用新技术去展现过往文字所不能负载的成果。诚如其《导论——数位人文的变与不变》所言，数字和人文两者之间的对话，应当是一个没有止境、不断持续的过程。在数字人文发展的研究方式和形态里，不断的对话与交流是最为重要的关键；通过跨越不同国界、不同研究议题、不同技术领域，数字人文作为研究方法的价值和意义得以彰显。

（3）《**数字人文：改变知识创新与分享的游戏规则**》，安妮·伯迪克（Anne Burdick）、约翰娜·德鲁克（Johanna Drucker）、彼得·伦恩费尔德（Peter Lunenfeld）、托德·普雷斯纳（Todd Presner）、杰弗里·施纳普（Jeffrey Schnapp）著，马林青、韩若画译，2018年中国人民大学出版社出版。该书的几位作者是数字人文的实践者，他们将数字人文界定为一种新型学术模式、组织形式和文化模型，其表现为充分运用计算机技术与人文知识开展的合作性、跨学科的研究、教学和出版等活动。数字科学与人文研究方法的结合，成为一种"全球性的、超越历史和媒介的创建知识和意义的路径"，为当代复兴人文科学提供了难得的机遇。数字人文将人文科学重新诠释为生产性事业：学生和老师在学习和研究中都是在进行生产，不仅生产文本（以分析、评论、叙述、批判等形式），而且生产图像、互动、跨媒介语料库、软件和平台。这中间也有不少人担忧弱化了人文科学的学术性，作者就这些问题一一进行了回应。值得一提的是，该书就是充分利用数字技术多人进行联合创作的产物，作者希望这种创作方式给读者带来更多元的视角。

（4）《**数字人文：数字时代的知识与批判**》（*Digital Humanities: Knowledge and Critique in a Digital Age*），大卫·M. 贝里（David M. Berry）、安德斯·费格约德（Anders Fagerjord）著，王晓光等译，2019年东北财经大学出版社出版。该书以批判性视角对数字人文进行了全面而深入的介绍，为读者了解数字人文的历史沿革、理论框架轮廓以及数字人文今后的发展前景提供了精当的论述。突出展现了数字人文的基本原理和理论，忽略对专业细节的描述，使其具有较强的可读性。通过对语言和论点的精心组织，引导读者参与到对数字人文基本原理的讨论中去，为不同教育背景的读者探索数字人文这一新兴领域提供了一份科学指南。

（5）《**数字人文导读**》（*Defining Digital Humanities: A Reader*），梅丽莎·特拉斯（Melissa Terras）、朱莉安·奈恩（Julianne Nyhan）、爱德华·凡浩特（Edward Vanhoutte）、高瑾等编，陈静、王晓光、王涛等译，2022年南京大学出版社出版。该书选取全球颇具影响力的数字人文学者关于此议题的代表性文章，从多角度对数字人文是什么、如何做、谁是数字人文学者以及数字人文是否为学科等众多核心议题进行了深入探讨，为业界学者、教师和学生提供了重要的数字人文学习及研究参考。该书原版得到了很多业界学者的好评，近百所开设数字人文中心或建设教学的高校，包括普林斯顿大学、剑桥大学、斯坦福大学、伦敦国王学院、伦敦大学学院、维多利亚大学等的数字人文课程多将该书作为向硕士、博士研究生以及研究员推荐的必读专业书目，在国际数字人文界产生了很大影响力。

（6）《**数字人文导论**》（*The Digital Humanities: A Primer For Students and Scholars*），艾琳·加德纳（Eileen Gardiner）、罗纳德·G. 马斯托（Ronald G.

Musto）著，闫怡恂、马雪静、王欢译，2022年商务印书馆出版。该书是关于数字人文的入门读本和操作指南，全书共分十章，介绍了数字人文的关键概念及发展历史；人文科学的研究对象、范围和方法论，传统的研究组织形式，以及在数字时代如何利用数字技术重组研究过程；数字人文的诸要素——文本与文献，实物、人工制品、图像、声音和空间，以及数字人文与传统学科的边界和范围；数字人文工具，分为基于文本、图像、声音的工具以及指向研究目标的工具；数字环境，分为研究机构、高校研究中心、行业协会、基金支持以及全球性的数字环境；人文学术成果的数字出版问题，涵盖档案、参考文献、在线书目、批评版本和翻译版本、汇编或文集、文章、专著、虚拟现实等体裁或载体；关于数字人文学科本身的元问题，涉及研究主体、研究过程、数字环境、数字理论、版权和开放获取等方面；数字人文的演变过程，以及人文学者对数字世界的持续影响。

（7）《数字人文与新文科发展》，刘志伟、王蕾主编，2022年社会科学文献出版社出版。该书为中山大学科学研究院、图书馆主办的"数字人文与新文科发展规划研讨会"专题发言稿，以及中山大学科技创新战略研究专项（文科）"新文科发展与数字化"项目组对相关领域研究者访谈形成的文稿的集结，旨在引起相关学者对这一研究趋向的关注，为数字人文与新文科建设的未来发展提供一定启示。书中对人文社会科学领域较为前沿的数字人文与新文科建设议题进行了全面的探讨，既有宏观理论的构建、探索，也有微观实践的个案分析，反映了这一研究趋向和方法的重要性和影响力。

2. 数字人文研究技术

（1）《数位人文研究与技艺》，项洁编，2014年台湾大学出版中心出版。该书认为数字科技与人文的结合，并非只是将人文研究引向科学化、实证化，而要带来更为全面、也更为动态的宏观式与多点式观察；不仅有助于拓展人文研究的丰富性，也将刺激研究视角的转变和研究议题的创新。数字人文学并非提供单一或单向的研究取径，而是试图让不同学科在此一新兴领域里不断地对话与紧密合作，建立各种维度的知识链接，为知识的创造开拓更多元、璀璨的光谱。

（2）《**数字人文领域知识图谱构建方法与实践**》，任明著，2022年中国人民大学出版社出版。该书介绍了数字资源组织与表示的基础知识及知识图谱的概念、起源和发展；针对数字人文领域的问题和数据的特点，提出数字人文领域知识图谱构建的一般性方法，包括在图谱构建中涉及的多种智能信息处理技术，以及需要特别关注的基于众包的人机协作模式和全过程质量管理问题；展示了相关方法在浙江高迁吴氏西宅宗谱的知识图谱构建实践中的应用。该研究既是对领域知识图谱构建研究的扩展，也是对数字人文研究范式的创新探索。

（3）《**数字人文教程：Python自然语言处理**》，王东波主编，2022年南京大学出版社出版。该教程博采众长，兼收集纳了南京农业大学的数据优势、南京理工大学的技术模型优势、南京师范大学的计算语言学优势，以及中国国家图书馆的古典文献学优势，凝结了南京农业大学及兄弟院校和研究机构在数字人文、计算语言学和古文献学领域数十年的深耕经验和心得。该教程以文本语言为线索体系，从汉字、词语直至段落、篇章，内容循序渐进、深入浅出；教程面向实践，从案例出发，所有内容均附以可执行代码，简单易上手。

3. 数字人文应用

（1）《**数位人文在历史学研究的应用**》，项洁编，2011年台湾大学出版中心出版。该书分三大主题：全球性取径、在地化应用、观念的改变。史料数字化的意义，不仅在于大规模资料的聚合与检索计量，更为核心的是在保存史料原貌和原始脉络的同时，还能协助研究者观察隐藏在浩瀚史料中的多重脉络，并进行更具开放性的意义分析与连结，从而开拓出新的研究课题。该书聚焦于数字人文在历史研究的应用，所收录之文章一方面呈现出历史、文学、观念史等领域如何运用数字化史料于研究中，另一方面也展现出当代社会可以更为多元地应用数字科技于历史的保存、再现和应用。若要为该书包括导论在内的文章，指出一个贯穿的基调和关怀，即面对数字人文这样一个新兴的领域，试图以实际运作的方式，开拓其可能，诸如数字典藏的建置、推广教学的使用，以及与人文学科的合作等，换句话说，是由应用端去思考数字人文在学术发展上所蕴藏的潜能。

（2）《**数字文学：从文本到超文本及其超越**》(*Digital Literature: From Text to*

Hypertext and Beyond），莱恩·考斯基马（Raine Koskimaa）著，单小曦、陈后亮、聂春华译，2011年广西师范大学出版社出版。该书为芬兰学者莱恩·考斯基马的博士学位论文和相关论文的结果。作者从更根本的"数字"出发思考新媒介文学问题，把超文本文学看成数字文学的主要代表，对超文本技术、超文本文学的形成、特征等问题进行了较细致的梳理分析。"数字文学"的概念并不是考斯基马第一个提出来的，但他却是较早对数字文学进行直接、正面，特别是较系统性研究的学者之一；他关于数字文学的理论研究不是从理论到理论的空洞建构，而是建立在对大量数字文学经典作品的细读和分析基础之上的。

（3）《**数字人文视域下的古籍开发与应用模式研究**》，欧阳剑著，2022年中国社会科学出版社出版。该书从数字人文的一般研究方法入手，分析数字人文研究中数据的获取、标注、比较、取样、阐释与表现方式，从理论上探寻基于古籍文献的数字人文研究的一般研究范式、研究方法、应用模式，明确古籍文献的数字人文开发与应用构成要素与理论。通过研究古籍文献的数字人文数据建设理论、模式及方法，提出了古籍文献文本化、数据化及知识化建设模式，并从古籍阅读、计量分析、文本挖掘、知识服务等几种应用场景出发，构建古籍文献的数字人文研究应用模式。此外，从机构支持和人才、制度保障等角度进行分析，构建了符合古籍文献的数字人文开发与应用可持续性的保障体系。

（4）《**数字人文与语言文学研究**》，刘颖、姜文涛、陆晓芳主编，2022年译林出版社出版。该书讨论东西方人文社会科学学术中数字人文与语言文学研究方面的最新进展，以及在中国人文社会学术中开展涉及文学研究、计量语言学等跨学科范围的数字人文研究的语境条件和技术需要。所选文章从文学研究的内部需求出发，针对传统意义上的文学文化研究方法进行反思，深入研讨作为一种方法的数字人文对于传统人文社会科学研究之意义，探索新的技术和媒体环境下各学科间融合之可能性，希望能对人文社会科学的进一步发展有所贡献。

（5）《**岩画文化遗产保护与数字人文**》，束锡红、夏亮亮著，2022年上海古籍出版社出版。该书在对世界岩画、中国岩画、中国北方岩画进行概述的前提下，重点从数字人文研究角度出发，分别就岩画文化遗产数字人文保护的新形势、新模式、新方法及岩画文化遗产档案式保护及数据库建设等研究方向进行深入的探讨，并以大麦地岩画文字符号识别研究、黑龙江流域人面岩画的主要类型及其年代、中国岩画断代方法的发展及趋势、数字方法在岩画田野调查的应用、岩画文化遗产档案的数据库体系构建为专题，进一步拓展和丰富该书的研究内容。作为区域典型岩画的代表，该书以内蒙古阴山岩画、呼伦贝尔岩画，宁夏贺兰山岩画、大麦地岩画为重点实例，在以往岩画保护研究所取得成果的基础上，结合数字人文相关研究方法、技术进行综合展示，为岩画与数字人文的深入结合探寻出一种全新的发展路径。

（6）《**新媒体数据化与数字人文**》，尕藏草著，2022年中国社会科学出版社出版。该书认为数据化是通过数字设备将一切事物和关系映射为数据的过程，新媒体数据化是以互联网为主的新媒体从内容媒介向万物为媒转型的过程，被喻为互联网的"下半场"。该书梳理了新媒体"不变应万变"的特征和数据化发展的必然性，从算法、地理数据化、儿童和童年数据化、数字权利、群体智慧等方面，剖析了新媒体数据化驱动下理解和体验人类文化世界的新型数字人文。提出数字时代个人数据素养的新型结构和培育策略，以应对新媒体数据化和实现数字融入。

（二）论文

在中国知网（CNKI）上以"数字人文"为主题词进行检索，共计得到文献2,720篇，时间跨度从2005年12月5日至2023年6月30日。

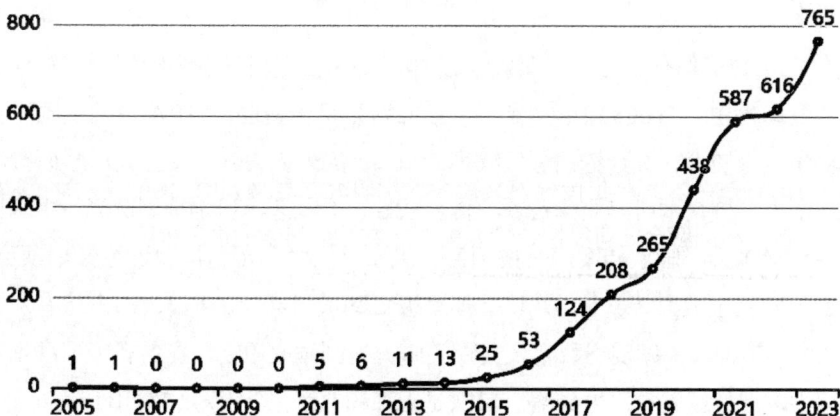

图1　年度发文量走势

在年度发文量上，总体呈现持续上升趋势（图1）。从2005年始有数字人文相关论文，2011年开始逐渐形成趋势，2015年开始增速，发文量显著提升，表明数字人文研究开始逐渐成为热点。2023年由于仅统计了约半年的数据，已有发文344篇，根据中国知网给出的预测值，预计2023年篇数将达到765，比2022年的627篇仍有小幅提升，因此总体上升趋势不变。

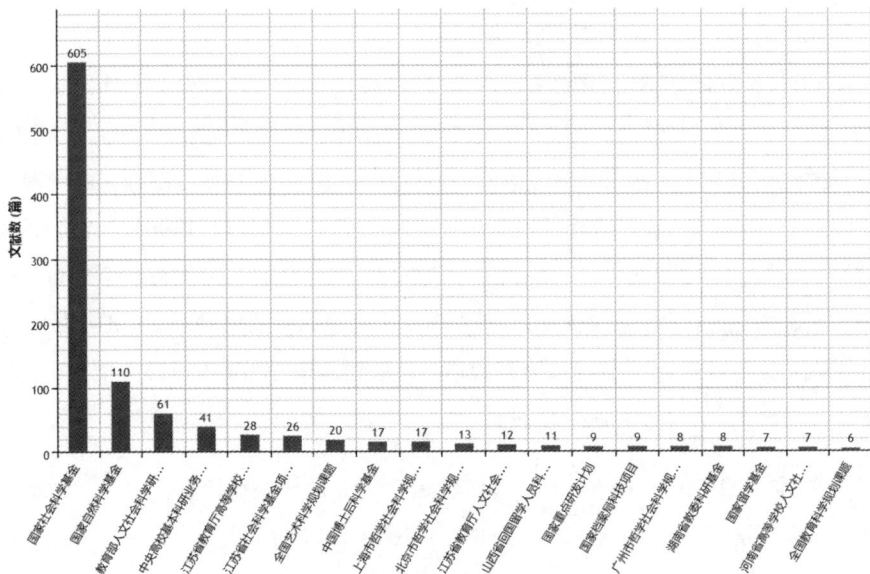

图2　论文资助基金分布

在论文资助基金方面（图2），总体以国家社会科学基金和国家自然科学基金资助为主。有605篇论文受国家社会科学基金资助，110篇论文受国家自然科学基金资助，共计约占总发文量的26%。另外教育部人文社会科学研究项目、中央高校基本科研业务费专项资金项目、全国艺术科学规划课题、中国博士后科学基金、国家档案局科技项目、国家级大学生创新创业训练计划项目、国家留学基金成果等共计161篇，国家级资助项目共计876篇，约占所有发文的32%，某种程度体现出数字人文相关研究得到国家重视。在各省级资助项目成果中以江苏省最多，达66篇，其次是上海和北京，分别为17篇和13篇。

在发文机构方面（图3），呈现出较为明显的三个梯队。其中南京大学和中国人民大学在发文量上处于第一梯队，显著领先于其他机构；武汉大学、南京农业大学、北京大学、吉林大学、上海大学、上海图书馆、中山大学和华东师范大学处于第二梯队；上海交通大学、四川大学、山东大学、上海外国语大学、云南大学、清华大学、南京师范大学、南京理工大学、安徽大学、华中师范大学等处于第三梯队。若从地域划分上来看，总体呈现南强北弱、东强西弱的格局。

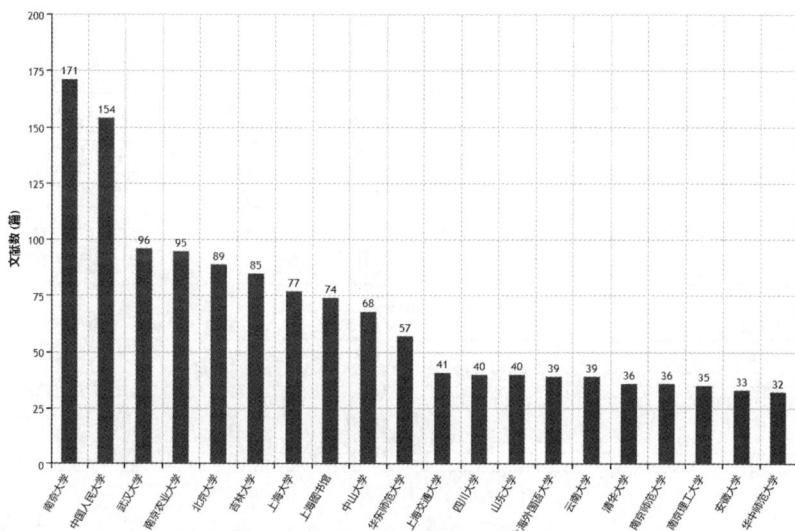

图3　发文机构分布

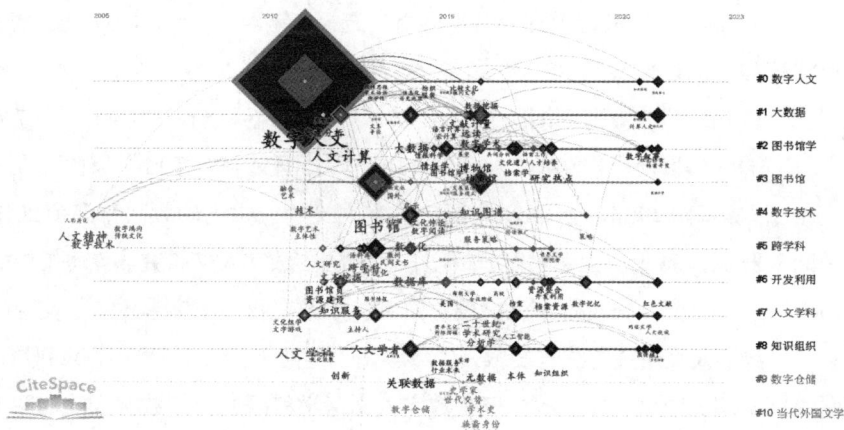

图4　数字人文研究热点时序图

表1 2005—2023年数字人文研究高频关键词

排名	频次	中心性	关键词
1	1,725	1.07	数字人文
2	141	0.24	图书馆
3	82	0.15	知识图谱
4	62	0.01	可视化
5	54	0.04	数字学术
6	45	0.13	大数据
7	43	0.00	图书馆学
8	43	0.11	关联数据
9	43	0.11	数字化
10	39	0.03	知识服务
11	37	0.02	知识组织
12	37	0.08	数据库
13	36	0.24	人文计算
14	34	0.01	档案学
15	31	0.00	新文科
16	31	0.02	本体
17	29	0.09	人工智能
18	28	0.02	文化遗产
19	28	0.10	人文学科
20	27	0.18	人文学者

在研究热点方面（图4），采用文献关键词确定研究热点，关键词出现频次越高，则说明该相关研究受关注度越高，越能成为研究热点。将2,720篇文献导入CiteSpace中，进行关键词共现分析，选择3年为1个时间切片，通过聚类算法将关键词进行聚类，在除去较小聚类后，得到"#0数字人文""#1大数据""#2图书馆学""#3图书馆""#4数字技术""#5跨学科 #6开发利用""#7人文学科""#8知识组织""#9数字仓储""#10当代外国文学"等11个聚类。在图4基础上，提炼出2005年至2023年国内数字人文研究中出现频次排名前20的关键词（表1）。基于以上图表可分析出，当前国内数字人文研究热点可主要概括为以下几个方面：一是**数字人文理论研究**，如新文科、数字学术、人文计算等；二是**数字人文研究方法与技术**，如数字化、可视化、人工智能、知识组织、关联数据、知识图谱、本体等；三是**数字人文跨学科研究**，如数字人文与图书馆学、档案学、文学以及其他人文学科等结合的研究。

在发文学科分布方面（图5），呈现出学科高度集中的特点，以图情档和博物馆学科为主，有1,830余篇，占比高达46.54%，几乎占据了数字人文发文的"半壁江山"。其次是计算机软件与计算机应用，925篇，占比为23.52%。其余学科分布"断档"较为明显，较为均衡地分布在各人文相关学科中，如文学、历史、艺术等。

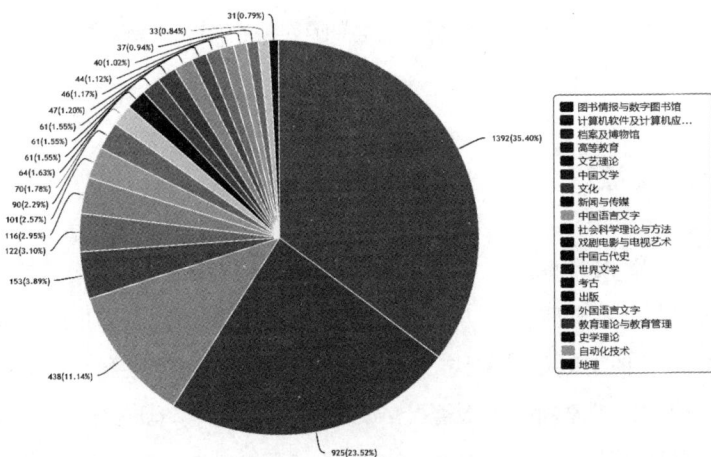

图5　数字人文研究学科分布

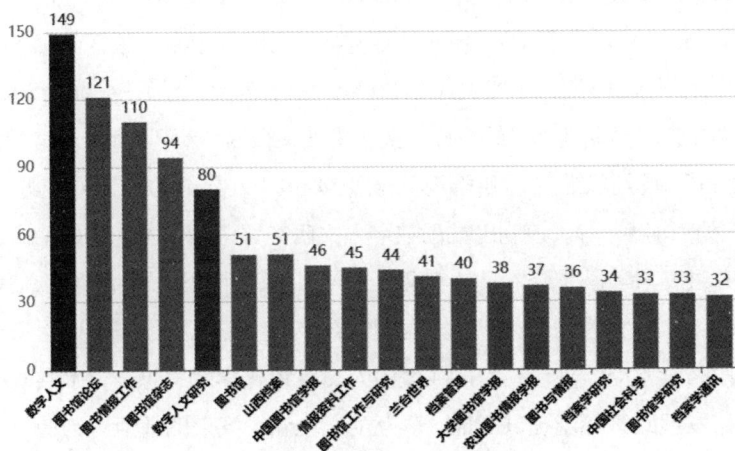

图6　数字人文论文发表高频期刊

　　在发文期刊分布方面（图6），除《数字人文研究》《数字人文》这两本数字人文领域专门期刊、集刊外，以图情档学科学术期刊为主，其中又以图书馆学、情报学相关期刊为重。《图书馆论坛》《图书馆杂志》《图书馆》《中国图书馆学报》《图书馆学研究》《图书馆工作与研究》《大学图书馆学报》《图书情报工作》《图书与情报》《情报资料工作》《情报理论与实践》等发文量均位前列。档案学相关期刊中发文量位于前列的主要有《山西档案》《兰台世界》《档案管理》《档案学研究》《档案学通讯》。另外亦有《中国社会科学》中数字人文研究相关发文较多。

二、学术交流

（一）学术期刊

　　（1）《**数字人文研究**》（*Digital Humanities Research*）2021年创刊，是由教育部主管、中国人民大学主办，国内外公开发行的学术期刊，也是目前中国大陆唯一一本经国家新闻出版署批准的数字人文期刊。国内统一刊号：CN10-1716/C，国际标准刊号：ISSN 2096-9155。该刊现为中文季刊，大16开，每期112页。该刊由中国人民大学主办，中国人民大学信息资源管理学院、中国人民大学数字人文研究院（Research Center for Digital Humanities of RUC，网站：http://dh.ruc.edu.cn）承办，中国人民大学书报资料中心出版，截至2023年6月30日已经出版10期，出版文献量80篇，总下载数2万6千余次，2022年在中国人文社会科学期刊AMI综合评价报告中被评级为"新刊入库"。常设栏目有"学人哲思""批判思维""游目骋观""攻玉以石""人文新知""国际视野""书评书讯""教育进展"等。该刊以推动数字人文研究繁荣和学术创新为使命，紧跟最新研究进展与学科前沿，面向全国乃至全球，囊括有思想、有温度、有活力、有新意的数字人文话语表达，旨在为国内数字人文研究提供理论讨论和专题研究的高质量学术交流平台，为形成数字人文系统化学术思想、学术共同体和良好的学科发展政策环境提供园地，以互动、创新、突破的新范式创造数字人文新知。

（2）《**数字人文**》（*Journal of Digital Humanities*），是由清华大学、中华书局于2020年创办的集刊，该刊基于以学科交叉促进学术创新发展的理念，旨在为方兴未艾的数字人文研究提供理论探讨和专题研究的平台。该刊取大人文观，以文史哲等传统人文学科为中心，涵盖社科、艺术、教育、新闻、法学、管理等多学科，发表运用数字资源、方法和思维解决人文问题的优秀成果及相关资讯。该刊持全球视野，侧重中文世界的数字人文研究，同时关注不同语言、文化和地域的数字人文研究。《数字人文》每年出版4期，现已出版15期。

此外，还有一些其他领域的期刊常设数字人文专栏，或在征稿说明中明确接收数字人文相关选题（详见表2）。为便于统计，仅收集明确含有"数字人文"字样为栏目或相关征稿方向的期刊。

表2　接收数字人文相关选题期刊

序号	期刊	"数字人文"选题设置	主办单位	期刊收录情况
1	《中国图书馆学报》	专题：数字人文；数字人文与古籍整理研究；数字记忆与数字人文	国家图书馆；中国图书馆学会	CSSCI，北大核心
2	《档案学通讯》	征稿方向（2022）：档案与数字人文	中国人民大学	CSSCI，北大核心
3	《图书馆杂志》	常设栏目：数字人文	上海图书馆（上海科学技术情报研究所）；上海市图书馆学会	CSSCI，北大核心
4	《国家图书馆学刊》	常设栏目：数字人文	国家图书馆	CSSCI，北大核心
5	《情报理论与实践》	征稿方向（2023）：数字人文问题研究	中国国防科学技术信息学会；中国兵器工业集团第二一〇研究所	CSSCI，北大核心
6	《图书情报工作》	征稿方向（2022）：数字人文与数字学术的新发展；面向文化遗产的数字人文研究	中国科学院文献情报中心	CSSCI，北大核心
7	《图书馆论坛》	征稿方向（2023）：数字人文	广东省立中山图书馆	CSSCI，北大核心
8	《图书馆》	常设栏目：数字人文	湖南图书馆；湖南省图书馆学会	CSSCI，北大核心
9	《大学图书馆学报》	常设栏目：数字与人文	北京大学；中国高等学校图书情报工作指导委员会	CSSCI，北大核心

续表2

序号	期刊	"数字人文"选题设置	主办单位	期刊收录情况
10	《信息资源管理学报》	征稿方向（2023）：数字人文与智慧数据	武汉大学	CSSCI
11	《浙江档案》	征稿方向（2023）：档案与数字人文	浙江省档案馆；浙江省档案学会	北大核心
12	《档案与建设》	征稿方向（2023）：数字人文与档案开发	江苏省档案馆；江苏省档案学会	北大核心
13	《山西档案》	常设栏目：数字人文	山西省档案馆	AMI 扩展
14	《农业图书情报学报》	征稿方向（2020）：数字人文与数字学术；图情档学科视角下数字人文研究	中国农业科学院农业信息研究所	AMI 核心
15	《大学图书情报学刊》	征稿方向（2022）：智库、数字人文、数据科学、知识管理与知识服务研究	安徽省高等学校图书情报工作委员会	AMI 扩展
16	《文献与数据学报》	征稿方向（2023）：数字人文研究的技术方法与应用	中国社会科学院图书馆；社会科学文献出版社	AMI 新刊核心
17	《高校图书馆工作》	常设栏目：数字·人文	湖南省高等学校图书情报工作委员会	AMI 扩展
18	《外语与外语教学》	常设栏目：语料库与数字人文研究	大连外国语大学	CSSCI，北大核心
19	《南京师范大学文学院学报》	常设栏目：数字人文研究	南京师范大学文学院	AMI 入库
20	《中国舞蹈学》	征稿方向：舞蹈数字人文	绵阳师范学院中华传统文化学院；绵阳师范学院舞蹈文化艺术研究中心	集刊
21	《语料库研究前沿》	征稿方向：数字人文	上海外国语大学语料库研究院	集刊
22	《文学人类学研究》	征稿方向：科幻与数字人文	中国比较文学学会文学人类学研究会；中国多民族文化凝聚与国家认同协同创新中心；教育部人文社科重点研究基地四川大学中国俗文化研究所	集刊
23	《音乐与声音研究》	征稿方向：音乐数字人文	中国传媒大学音乐与录音艺术学院	集刊

（二）论坛和会议

数字人文论坛和会议的讨论内容主要包括数字人文教育、项目和研究，涵盖理论与实践。下述为重要数字人文论坛和会议。

1. 中国数字人文年会

目前国内最有影响力的是"中国数字人文年会"，截至目前已连续召开五届。第一届由敦煌研究院主办，自第二届开始由中国索引学会数字人文专业委员会联合其他单位举办，具体信息详见表3。会议参与者主要是国内数字人文领域专家、学者与学生，针对数字人文相关的研究热点与前沿问题，以主旨发言、会议报告、专题讨论和项目分享等形式开展学术交流。自第二届开始，年会评选数字人文优秀论文和优秀项目。

表 3 五届中国数字人文年会概览（2019—2023）

届数及时间	举办单位	会议主题	会议目标
第一届 2019 年 7 月 4—8 日	敦煌研究院、中国社会科学情报学会数字人文专业委员会	文化遗产数字化及数字人文研究	思考如何借助智能技术提升文化遗产数字化的广度、精度和速度，提升文化遗产数字资源智慧化水平，推进文化遗产数字化理论和数字人文研究范式创新。
第二届 2020 年 10 月 17—20 日	上海图书馆（上海科学技术情报研究所）	积淀与超越：数字人文与中华文化	在人类命运面临疫情挑战和全球化逆流的背景下，以中华文化数千年的精神积淀，图谋"超越"而追求卓越，赋予数字人文以中华文化的精神内涵。
第三届（线上） 2021 年 11 月 5—7 日	南京大学	时代经纬：迈向新文科的数字人文	聚焦新文科建设背景下的数字人文发展，描绘数字人文当代图景，深入探讨数字人文知识生产范式。
第四届（线上） 2022 年 11 月 26—27 日	中国人民大学	全景与远景：数字人文与国家文化数字化战略	在国家文化数字化战略背景下，深入研讨中华文化全景呈现与数字人文不断拓展和实现突破的远景蓝图。
第五届 2023 年 12 月 9—10 日	武汉大学	数实共生：预见数字人文未来图景	探讨在科技为人文插翅增翼、人文为科技立心筑魂的双向奔赴背景下，中国数字人文研究的新进展、新突破、新成绩，展望数字人文发展的新主题、新方法和新趋势。

2. "数字人文视角下的知识管理与知识服务"研讨会

为探究大数据、云计算、人工智能等技术对知识管理与知识服务的影响，积极推动新文科建设、数字人文领域背景下知识管理与服务的快速发展，由《图书情报工作》杂志社、《知识管理论坛》编辑部与华中师范大学信息管理学院联合主办，行者互联科技（北京）有限公司、国家新闻出版署"智慧出版与知识服务重点实验室"、广州奥凯信息咨询有限公司协办的"2022知识管理与知识服务学术研讨会"于2022年5月13日在线召开。从事数字人文及知识管理与知识服务相关研究和实践的专家学者，共同分享了数字人文及知识管理与服务的实践进展与最新学术成果。在线人数达1,500余人。

3. "数字人文视野下的历史档案整理与研究"学术沙龙

2022年7月18日，"人大信管·求是讲坛——数字人文视野下的历史档案整理与研究"学术沙龙成功举办，探讨数字人文视野下的历史档案整理与研究。本次沙龙活动是中国人民大学信息资源管理学院七十周年院庆系列学术活动的一部分，近500人次在线参与了此次学术活动。

4. 声律·网络·未来——第三届清华数字人文国际论坛

2022年11月12至13日，由清华大学人文学院、《数字人文》编辑部主办，巴克内尔大学中国研究所协办的"声律·网络·未来——第三届清华数字人文国际论坛"，在清华大学以线上线下结合的形式成功举办。来自多个国家/地区的包括20所境外高校在内的40多家高校及科研机构的六十多位学者发表了最新研究成果。作为清华大学第26次教育工作讨论会人文学院新文科人才培养研讨会的一部分，与会专家还就数字人文教育与交叉学科人才培养作了研讨。

5. "中西学术与数字人文"会议研讨会

截至2022年12月17日，由北京第二外国语学院研究生院（学科办）、北京第二外国语学院科研处、文化与传播学院联合主办的北京"十月论坛"已连续举办十届。2022年线上论坛的主题为"中西学术与数字人文"，来自全国各地的专家学者在云端相聚，共同探索新技术与人文学科的交叉发展。分论坛议题包括："经典阐释与数字伦理""文学研究与数字人文"及"数字媒介与文化传播"。

6. 第四届数字人文研究论坛

2023年5月20日，曲阜师范大学外国语学院、曲阜师范大学数字人文研究中心、北京外国语大学中国外语与教育研究中心、中国英汉语比较研究会语料库翻译学专业委员会联合主办第四届数字人文研究论坛，探讨新时期人工智能、数字人文在外国语言文学研究中的应用，推动数智时代外语教学与研究的变革。

7. "转型与突围：AI 2.0时代的数字人文"研讨会

2023年6月23日，上海市图书馆学会和中国索引学会数字人文专业委员会在上海图书馆（东馆）举办"转型与突围：AI 2.0时代的数字人文"学术研讨会。ChatGPT的横空出世让人类进入AI 2.0时代，这为多模态、大语言模型和智慧数据的飞速发展提供了重大技术突破，将可能颠覆许多行业，也对未来的数字人文发展产生了重大影响。对于数字人文而言，面对汹涌而来的AI 2.0，也迫切需要研讨和解答转型与突围之问。本届研讨会邀请了多位业界学者聚焦智慧数据、数字人文与学科建设等多个主题展开研讨与交流。

8. DHEA2023第二届东亚古籍数字人文国际研讨会

2023年10月27至29日在杭州举办。本次会议由浙江大学文学院数字人文研究中心主办。会议主题包括古籍的元数据规范、标注规范的建设，古籍知识库、文献库、专题资源库的建设，古籍智能技术与工具，古籍数字化平台建设与数字化产品研发，智能时代古籍人才培养与课程体系建设，文化遗产类数字化专题，基于典籍文本的数字人文研究，大语言模型与古籍资源。

9. "智能时代的人文研究与教育"国际研讨会

2023年11月3至4日召开。本次研讨会是由北京大学数字人文研究中心策划，依托北京大学外国语学院承办的北京论坛分论坛增扩而成。关键议题包括"智能环境下的人文研究""数字人文基础设施建设"和"数字人文教学体系建设"。会上来自国内外二十多所院校和机构的学者共同讨论智能信息环境下人文学科的发展机遇，分享数字人文的教学成果和理念，探讨全球课程共建机制。

（三）工作坊

数字人文工作坊是一种以数字人文项目为基础的培训形式，通过集体参与、互动交流和问题解决等方式，促进学习者在数字人文领域内的理论、技能和态度的提升。2023年数字人文工作坊主要活动如下：

1. "北京数字人文工作坊"系列活动

该工作坊由中国人民大学数字人文研究院、中华文明研究院、信息资源管理学院数字人文系和北京师范大学国际中文教育学院数字人文系、北京大学中国古文献研究中心、清华大学中国古典文献研究中心联合举办，旨在促进跨学科、跨院校的数字人文交流与合作。目前已举办三期，具体内容如表4。

表4　北京数字人文工作坊2023议题

期数	时间和主题	工作坊议题
第一期	2023年9月23日 跨学科何以发生？	第一部分——转型之路。在自然科学、社会科学、人文学科、艺术学等领域的转型中，您有哪些心路历程、心得启发、经验教训？在这一背景下，如何理解跨学科转型？如何理解跨学科研究的接受谱系和认证机制？跨学科转型在您的人生中扮演了什么角色？
		第二部分——教育迷宫。面对跨专业学生，课程该如何设计？跨学科人才呈现出哪些教育培养模式的特点？跨学科背景的教师有何教学体验，会形成什么样的教学特色？教育问题的共性和各学科教学的个性有何关联？国内跨学科领域如交叉信息研究、数字人文研究等的教育教学有哪些动态？
		第三部分——跨越边界。策划者如何主办跨学科对谈、读书会、工作坊、出版计划？跨学科对话中有哪些问题和障碍，跨学科对话路在何方？策划者如何与研究者协作跨越学科边界？跨学科合作研究在国内外呈现出怎样的动态？跨学科社群的文化有哪些特点？
第二期	2023年10月25日 文本与文学：数字人文的过去与未来	本次工作坊由丹尼斯·泰南（Dennis Tenen）教授授课。探讨议题包括：（1）计算机与人文学科何以结合？（2）数字人文作为学科的可能性；（3）哥伦比亚大学实验人文方法小组的代表性项目；（4）数字人文的未来展望。

续表4

期数	时间和主题	工作坊议题
第三期	2023 年 11 月 15 日 面向未来——数字人文、学术出版与服务学者的生成型人工智能	本次工作坊由施普林格·自然（Springer Nature）集团内容创新副总裁亨宁·绍恩伯格（Henning Schoenenberger）主讲。探讨议题包括：（1）从出版视角看，数字人文是什么？与传统人文有哪些不同？对于人文学者和人文教育带来哪些影响？（2）在日益数字化的背景下，学术出版社在出版不断发展的大环境中扮演什么角色？有哪些新范式正在出现？（3）在日益数字化的背景下，特别在支持作者和读者成为更优秀的学者方面，学术出版社扮演什么角色？有哪些新的机遇和挑战？（4）生成式人工智能在学术出版领域的前沿应用有哪些？

2. 数字人文暑期工作坊

为服务数字人文前沿研究需求，北京大学数字人文中心与北京大学人工智能研究院于2022年7月18至30日启动数字人文暑期工作坊。课程邀请国内外数字人文领域的高水平学者，引导学员运用数字人文的研究范式，思考并解决人文社科的研究问题，招收文史哲、艺术、考古、人工智能、计算语言、软件工程等多学科背景的学员，在讲授之外组织跨学科研讨和研究实践，培养既具备人文素养又掌握信息技术技能的跨学科人才。该工作坊采取"导师主讲+项目实践"相结合模式，课堂教学部分包括数字人文理论与技术基础。在课程项目实践中，工作坊学员结成4至5人小组，围绕研究问题，在项目导师指导下合作完成学术项目实践与展示。

3. 中国音乐学院图书馆"数字人文工作坊"

音乐的数字人文，即用数字化方法解决人文学科之音乐学的各种问题，并提供新的研究范式，交叉领域则有音乐出版与图书馆文献情报、数字音频、音乐博物学研究等。中国音乐学院图书馆于2022年伊始成立了数字人文工作坊，该工作坊在研项目有"中华传统音乐资源数据库""中国乐器、器乐与声乐音响数据库""高水平音乐学机构知识库构建研究"等。

（四）系列讲座

1. 中国人民大学数字人文研究院"星火训练营"系列讲座

"星火训练营"是培养中国人民大学数字人文研究院学生研究员对数字人文理论理解与实践应用的人才计划，借鉴国际上各数字人文中心普遍采用的"理论＋方法＋项目"的培养方式，立足本中心"数字人文新青年"的既有基础，邀请跨专业导师进行专题讲座、学术沙龙、实践项目等学术引领（见表5），为学生研究员提供了系统的数字人文学习指导和训练。

表5　"星火训练营"讲座内容（2021—2023）

序号	主讲人	主题	概述
1	严承希	数字人文视域下的汉语古籍数字化研究与应用	讲座内容分为三个部分：数字人文发展脉络回顾；国内外数字人文研究项目成果浏览；古籍数字人文研究介绍及个人工作进展。
2	李恺	数据可视化在数字人文学领域的应用	讲座内容分为三个部分：数据可视化的概念和设计；科学研究与人文学中的数据可视化。
3	杨建梁	自然语言处理在数字人文中的应用及展望	讲座内容分为四个部分：自然语言处理的概念；自然语言处理与数字人文的渊源；从数字资源到数据应用；对自然语言处理发展的展望。
4	"京剧脸谱"项目组	第三届中国数字人文大会最佳创意项目"京剧脸谱"分享会	讲座内容分为四个部分：脸谱数据采集与脸谱性格著录；彩塑京剧脸谱动画脚本；彩塑京剧脸谱动画制作；京剧脸谱色彩分析。
5	郭春宁	艺术数字人文合作中的开放数据设计	讲座内容分为三个部分：数字人文合作：从课堂向外拓展；记忆叙事：新媒介—新方法—新数据；元宇宙前瞻：跨领域的实验探索。
6	杨泽坤	社会网络分析在数字人文领域的应用	讲座内容分为三个部分：社会网络分析简介；社会网络分析方法概览；社会网络分析在数字人文领域的应用。
7	位通	突破思维鸿沟：面向人文学者的领域本体构建	讲座内容分为五个部分：背景；本体应用；哲学本体与计算本体的区别；本体构建；总结。
8	刘健	数据的力量——博物馆的数字化阐释与传播	讲座内容分为四个部分：中国博物馆数字化的历程；后疫情时代博物馆数字化建设面临的危机和转机；上海博物馆知识化数字传播的实践；博物馆数字传播的发展趋势。

续表5

序号	主讲人	主题	概述
9	何捷	空间历史"大"数据与城乡文化赋能	讲座内容分为六个部分："空间信息"；"空间人文学"与空间历史大数据方法；历史地方与空间的复现；历史活动空间的解译；历史感知空间的提炼；多维度与沉浸式的历史空间叙事。

2. "数字人文周"系列讲座

2022中国数字人文年会（CDH2022）预热活动"数字人文周"以线上形式开展。"数字人文实践讲堂"系列讲座于2022年11月21至25日举行。该系列讲座邀请知名产业界专家讲解应用案例，分享数字人文实践进展。五讲的主题分别为"CNKI数字人文研究平台""人工智能技术在数字人文领域的应用探索""智慧图书馆""浅谈公共数字文化项目建设中的实践与创新""数字人文视角下的特藏平台建设"。

3. 北京大学数字人文系列培训讲座

随着学科交叉的深入，学界越来越意识到一些复杂问题需要同时借助人文社科和理工科的研究手段以及思想资源，文理之间的界限和学科壁垒也在特定领域变得越来越模糊，二者的交叉逐渐普遍和深入。同时，跨文理领域的教学科研组织和青年教师发展也有着不同于单独的文科或者理科的特点，面临着课程设计、评价标准、资源整合、团队建设等方面的特殊困难。面对上述问题，北京大学召开了数字人文系列培训讲座。其中第三期于2022年11月12日举办，主题是"数智时代下人文社会科学研究的精神使命与学术能力培养"。

（五）国际交流

1. 参与国际数字人文大会

数字人文组织联盟（Alliance of Digital Humanities Organizations, ADHO）①从1989年起，每年组织国际会议，吸引来自全球各地的与会者，展现各个阶

---

① "数字人文组织联盟"主页：https://adho.org/。

段和水平上的跨学科数字研究和教学。2022年由东京大学主办，2023年在奥地利格拉茨市举行。2023年会议的主题为"合作即机遇"（Collaboration as Opportunity），特别关注东南欧数字人文社区，对"邻国间的相互赋权与合作如何将区域专业中心转变为国际性研究网络"这一话题开展研讨，以造福全球数字人文社区。共有11份中国学者（含港澳台地区）的论文或海报入选2023年大会。

2. 获得国际数字人文奖

国际数字人文奖（Digital Humanities Awards, DHA）是由英国纽卡斯尔大学（Newcastle University）自2012年始发起的一项数字人文国际级的荣誉评选，并由国际提名委员会（International Nominations Committee）组织审核并监督，经各机构提名、委员会遴选、全球公众投票来确定年度获奖项目。中国近年来也逐渐参与其中，并获得相关奖项。表6统计了中国获得国际数字人文奖的情况，统计时间为2012至2022年度。从数据统计来看，中国参与的范围逐渐拓宽，获奖类型也逐渐丰富。

表6 中国获得国际数字人文奖的情况（访问时间：2023年6月）

序号	获奖年份与奖项	项目名称	链接
1	2021年最佳数字人文数据可视化项目提名奖	真·人类高质量男性苏东坡	https://datamuse.guokr.com/sdp/
2	2020年最佳数字人文数据可视化应用提名奖	"我是皇室的后裔吗？"3D家谱树	https://cargocollective.com/zeeLab/Ancient-Family-Tree-Am-I-a-Descendant-of-a-Royal-Family/
3	2020年最佳数字人文数据可视化应用提名奖	"高迁数字记忆"项目	http://gqjy.bjjy.cn/
4	2020年最佳数字人文数据集提名奖	"中国陶瓷"项目	http://www.dh.ketrc.com/
5	2020年最佳数字人文疫情应对提名奖	"疫情之流：病例与地方"可视化平台	http://zeelab.cn/WuhanCircleGraphEnglish/
6	2019年最佳数字人文数据可视化项目提名奖	董其昌数字人文项目	https://www.shanghaimuseum.net/museum/dongqichang/index.html/
7	2019年最佳数字人文博客推文第二名	"零壹Lab"	https://digitalhumanities.nju.edu.cn/publication/01lab/
8	2018年最佳数字人文数据可视化项目提名奖	学术地图发布平台	http://amap.zju.edu.cn/

　　数字人文学术交流增进了数字人文研究社群的紧密联系，共谋数字人文事业发展。最明显的成效是增强了数字人文跨学科融合。来自不同学科背景的数字人文学者们在学术交流中积极探索学科共性与个性的融通，从其他学科汲取灵感与创新力，探寻具有学科适用性的数字人文研究路径，聚焦设计思路、工具方法和成果产出等方面，跨机构、跨领域合作日益深化。学术交流的长期效应是重构数字人文研究和实践版图。不同学术观念、技术方法的交流碰撞，推动了数字人文项目类型和学者群体范围的不断扩展，形成跨度越来越大，融合度越来越深的新知识社群，孕育新的知识生产方式和人文研究路径。

第二部分

相关学科与业界内数字人文发展分梳

中国语言文字学数字人文发展报告

华建光　（中国人民大学国学院、中国人民大学数字人文研究院）

胡韧奋　（北京师范大学国际中文教育学院数字人文系）

姬　越　（中国人民大学国学院）

方树益　（中国人民大学国学院）

莫凯洁　（北京师范大学国际中文教育学院数字人文系）

丘子靓　（北京师范大学国际中文教育学院数字人文系）

王　娜　（中国人民大学国学院）

高源璞　（中国人民大学国学院）

王予沛　（北京师范大学国际中文教育学院数字人文系）

引　言

自20世纪中叶计算语言学（Computational Linguistics）诞生以来，计算机技术与语言文字研究一直有着密不可分的联系。近年来，语言智能技术飞速发展，进一步促进了语言学领域学者关注这一交叉研究领域，数字人文对传统人文学科的研究方法和范式的影响越来越强烈。在数字人文的大背景下，中国语言文字学研究正面临着前所未有的机遇与挑战。中国语言文字学作为中国人文学科的重要组成部分，拥有丰富的文化内涵和重要的战略价值。如何应对新的机遇，作出与时俱进的调整和优化，不仅关系到中国语言文字学自主知识体系的建设、语言资源的保护与利用、文化遗产的传承与创新、语言政策的制定、语言教育的改革，也关乎国家可持续发展战略及中华民族现代文明建设。

本报告旨在梳理数十年来数字技术、方法如何与中国语言文字学相互促进，并推动相关研究向更深层次、更广维度发展。为尽可能理清这一交叉学科领域的优秀成果，挖掘进一步研究的方向和趋势，报告将采用多元融合视角：**第一，在时间跨度上**，立足传统，放眼当代，调研范围涵盖古代汉语和现代汉语；**第二，在调研对象上**，以中国语言文字为切入点，不仅关注通用汉语，也关注方言和少数民族语言；**第三，在研究问题上**，覆盖各个语言层级，如语音、文字、词汇、语法等；**第四，在研究方法上**，既包括数字人文的基础设施研究（如语言资源、分析工具等），也涵盖创新的人文研究方法和研究范式。

基于上述原则，报告内容分为五个主要部分，分别对现代汉语、古代汉语、汉语方言、汉字学以及民族语言文字在数字人文视阈下的研究成果进行调研和讨论，每个部分都将围绕语音、词汇、语法等层面展开，呈现数字技术及方法如何促进相关问题的解决，并在此基础上展望未来研究方向。

一、数字人文视阈下的现代汉语研究

（一）现代汉语语音研究

在本体研究方面，将声学测量结果和当代语言理论有机结合的普通话韵律研究，是本世纪初的热点之一。近年来，声学研究在测量、实验及统计上均有突破，能从更细粒度上观察语音的不同属性，促使语音学研究取得了重大进展。例如，蔡莲红等拓展了韵律可计算诸多方面[①]，胡伟湘等统计分析了汉语普通话在语音时长、基频及音强方面的特征，总结归纳了普通话朗读的韵律间断模式[②]。

在资源建设方面，普通话语音资源库研究遵循应用导向，产出了一批面向二语教学的实践成果。比如，北京语言大学张劲松团队关注以汉语为二语的习得者的中介语状况，持续推进汉语中介语语音库的构建，近年也陆续推出了包

[①]蔡莲红等：《汉语韵律特征的可计算性研究》，《新世纪的现代语音学——第五届全国现代语音学学术会议论文集》，北京，2001年。
[②]胡伟湘、徐波、黄泰翼：《汉语韵律边界的声学实验研究》，《中文信息学报》2002年第1期。

含"汉语中介语语音库""汉语作为第二语言习得的听知觉数据库""语音发音生理数据库及视频数据库"等在内的诸多二语教学语音资源[①]。南开大学冉启斌团队针对不同母语背景的汉语二语学习者梳理语音偏误，建成在线开放资源"口音汉语在线——世界典型汉语语音偏误数据库"[②]。

（二）现代汉语词汇研究

由于利用语料库的检索及统计手段，能够便捷地发掘词汇的共现、频率乃至历时变化特征，面向特定对象构建语料库、对有关词汇系统加以分析，已成为现代汉语词汇研究的常见技术路线。比如，苏新春团队基于《现代汉语词典》构建小型专题数据库，以此分析现代汉语词汇系统的特征分布及一系列相关问题，可以视作此类研究的代表[③]。此类研究以个案描写为主，多关注具体系统内部规律的发现与总结。

除此之外，也有学者注重依托汉语语料反观普通语言学提出的一些理论或假设。比如，王惠考察《现代汉语词典》中所收多音节词音节与义项的关系，发现"词频越高，词的义项越多，词长越短"[④]。邓耀臣等也以$y=ax^b$对词长与词频的关系进行描述[⑤]。两者都是从汉语视角出发为齐普夫定律（Zipf's law）提供新的佐证与思考。

（三）现代汉语语法研究

句法树库、短语结构语料库等语言资源也为现代汉语语法研究提供了新的

---

①曹文、张劲松：《面向计算机辅助正音的汉语中介语语音语料库的创制与标注》，《语言文字应用》2009年第4期；王玮、张劲松：《汉语中介语语音库的文本设计》，《世界汉语教学》2019年第1期。
②冉启斌、顾倩、马乐：《国别典型汉语语音偏误及口音汉语在线系统开发》，《语言教学与研究》2016年第4期。
③苏新春：《当代汉语变化与词义历时属性的释义原则——析〈现代汉语词典〉二、三版中的"旧词语"》，《中国语文》2000年第2期；苏新春、孙茂松：《常用双音释词词量及提取方法——对〈现代汉语词典〉双音同义释词的量化分析》，《语言教学与研究》2003年第6期。
④王惠：《词义·词长·词频——〈现代汉语词典〉（第5版）多义词计量分析》，《中国语文》2009年第2期。
⑤邓耀臣、冯志伟：《词汇长度与词汇频数关系的计量语言学研究》，《外国语（上海外国语大学学报）》2013年第3期。

视野。这一类研究方法既适用于不同维度的语法单位研究[①]，也可以帮助厘清语法单位之间的区别[②]。此外，也有学者借助历时语料，尝试讨论普通话与方言、普通话与少数民族语言之间的互动影响[③]。

　　句法研究和中文信息处理技术发展呈现相互促进趋势。在面向中文信息处理的句法研究方面，詹卫东提倡构建"面向中文信息处理的短语结构研究"[④]，刘云、俞士汶提出运用"句管控"思想[⑤]，姚双云则将"小句中枢理论"融入信息处理句法分析中[⑥]。近年来，詹卫东等又在"词库＋短语规则的语言知识系统"的基础上，进一步提出结合构式的句法语义分析，进而建立构式数据资源[⑦]。在基于信息处理的句法研究领域，使用句法标注数据库进行语言研究成为重要的探索路径之一[⑧]。

二、数字人文视阈下的古代汉语研究

（一）古代汉语语音研究

　　自陆志韦运用古典概率统计的方法论证《广韵》声类情况[⑨]以来，学界一

---

① 邢红兵：《〈（汉语水平）词汇等级大纲〉双音合成词语素统计分析》，《世界汉语教学》2006年第3期；杨梅：《现代汉语合成词构词研究》，博士学位论文，南京师范大学文学院，2006年；尹海良：《现代汉语类词缀研究》，博士学位论文，山东大学文学院，2007年。

② 邢红兵：《现代汉语词类使用情况统计》，《浙江师范大学学报（社会科学版）》1999年第3期；安华林：《从两种词表看名、动、形兼类的处理》，《语言教学与研究》2005年第4期；王仁强、周瑜：《现代汉语兼类与词频的相关性研究——兼评"简略原则"的效度》，《外国语文》2015年第2期。

③ 郭鸿杰、韩红：《语料库驱动的英汉语言接触研究：以"被"字句为例》，《外语教学与研究》2012年第3期；王克非、秦洪武：《基于历时复合语料库的翻译与现代汉语变化考察》，《外语教学与研究》2017年第1期。

④ 詹卫东：《面向中文信息处理的现代汉语短语结构规则研究》，博士学位论文，北京大学中国语言文学系，1999年。

⑤ 刘云、俞士汶：《"句管控"与中文信息处理》，《汉语学报》2004年第2期。

⑥ 姚双云：《小句中枢理论的应用与复句信息工程》，《汉语学报》2005年第4期。

⑦ 詹卫东、王佳骏：《面向计算的构式研究：现状、问题与展望》，《语言学研究》2022年第1期。

⑧ 阎建玮、刘海涛：《基于高频句法关系依存方向的语序类型计量研究》，《语言文字应用》2023年第2期；黄昌宁、李玉梅：《从树库的实践看句本位和中心词分析法的生命力》，《北京师范大学学报（社会科学版）》2010年第5期。

⑨ 陆志韦：《证〈广韵〉五十一声类》，北京：燕京大学哈佛燕京学社，1939年。

般将音韵学研究中涉及的统计方法分为算术统计、概率统计以及现代数理统计三类，后两者可以合称为数理统计。基于算术统计的成果较多，如雷励基于专书数据库开展的《集韵》《广韵》比较研究[①]。近年来，数理统计方法也愈来愈多地被应用在现当代音韵学研究之中，取得了相当丰富的成果。例如，李书娴、麦耘利用数理统计方法重新证明了《诗经》的押韵性质是可信的，充分呈现了数理统计在音韵学领域广泛的应用空间[②]。

网络分析方法的引入也成为音韵学研究中的热点话题，如游函（Johann-Mattis List）构建了《诗经》押韵网络和汉字谐声网络，从而进一步讨论上古音的构拟问题[③]。国内学者聂娜[④]、胡佳佳等[⑤]也初步探讨了汉语语音系统的建模问题。

围绕数学方法与计算机技术在音韵学研究中的应用，郑林啸比较了现当代音韵学中几种统计方法[⑥]，李书娴就韵文研究中的韵离合公式和t检验法使用情况进行总结[⑦]，聂娜针对音韵研究中数理统计方法的合理性提出了多项商榷与质疑[⑧]，这些都有助于推动音韵学研究方法论的进步。此外，还有多位学者针对数字技术与音韵学研究的结合提出了宝贵的建议[⑨]。

（二）古代汉语词汇研究

就词汇本体研究而言，最为常见的是专书词汇计量研究。自1980年代以

---

① 雷励：《〈集韵〉〈广韵〉比较研究》，上海：上海古籍出版社，2019年。

② 李书娴、麦耘：《证"〈诗经〉押韵"》，《中国语文》2008年第4期。

③ Johann-Mattis List, "Using Network Models to Analyze Old Chinese Rhyme Data," *Bulletin of Chinese Linguistics*, vol. 9, no. 2, 2016, pp. 218-241.

④ 聂娜：《基于雅柯布森音位区别特征学说的汉语语音系统分析及数学建模应用研究》，博士学位论文，南京大学文学院，2020年；聂娜：《基于系统科学思维的"汉语语音系统"研究与数学建模应用》，《系统科学学报》2020年第4期。

⑤ Hu Jiajia, Wang Ning, "Graph Model of Old Chinese Phonological System and Computing," *Literary and Linguistic Computing*, vol. 27, no. 2, February 2012.

⑥ 郑林啸：《音韵学中统计法的比较》，《语言研究》2004年第3期。

⑦ 李书娴：《试论韵文研究中的韵离合公式和t检验法》，《语言研究》2009年第3期。

⑧ 聂娜：《音韵学研究中t假设检验法献疑——与朱晓农先生商榷》，《中国语言学》2018年第9辑；聂娜：《〈证"诗经押韵"〉一文数理统计方法分析》，《中国语言学》2009年第2辑。

⑨ 如潘悟云：《面向经验科学的第三代音韵学》，《语言研究》2011年第1期；乔全生：《中国音韵学研究的未来走向》，《吉林大学社会科学学报》2022年第2期。

来，基于特定文本的语言特征描写逐渐成为汉语词汇研究中最常见的模式，成果甚多。随着计算机技术的普及，除了"构建专书数据库——计算机辅助计量"的研究方法之外，也有学者基于辞书分析某一阶段或多阶段的汉语词汇系统特征，如李斌等基于《汉语大词典》分析汉语词汇意义的历时演变[①]。

利用计算机技术对大规模古籍文献进行词汇粒度研究，往往涉及古汉语分词、词性标注、命名实体识别等基础性的中文信息处理任务。古汉语分词经历了基于规则匹配的方法[②]、基于统计的方法[③]以及基于机器学习与深度学习模型的方法[④]三个发展阶段，这与命名实体识别技术的发展历程相近。词性标注则主要是基于传统机器学习模型和深度学习模型展开。此外，近年兴起的古汉语词网（WordNet）和知识图谱研究往往带有明确的数字人文意识[⑤]，旨在从语言资源层面为词汇研究提供支撑。

（三）古代汉语句法研究

在古代汉语句法研究中，语言现象的统计和描写式研究较为主流。在共时层面，研究者主要对特定句式和结构进行考察，如朱磊等通过统计《左传》中动词直接连用的不同类型结构数量，总结语义特点，提出了不同句法结构类型的鉴别标准，揭示了这些动词在句法结构中的多重作用[⑥]。在历时层面，主要描写各种句式的产生及其发展轨迹，如董守志统计了东汉到元明时期否定判断句的使用情况，发现新的否定判断格式的出现及其与旧格式的竞争，揭示了句法

① 李斌、刘雪扬：《基于〈汉语大词典〉的汉语词汇历时演变计量研究》，《南京师大学报（社会科学版）》2018年第5期。
② 邱冰、皇甫娟：《基于中文信息处理的古代汉语分词研究》，《微计算机信息》2008年第24期。
③ 梁社会、陈小荷：《先秦文献〈孟子〉自动分词方法研究》，《南京师范大学文学院学报》2013年第3期。
④ 黄水清、王东波、何琳：《以〈汉学引得丛刊〉为领域词表的先秦典籍自动分词探讨》，《图书情报工作》2015年第11期；程宁等：《基于BiLSTM-CRF的古汉语自动断句与词法分析一体化研究》，《中文信息学报》2020年第4期。
⑤ 卢雪晖等：《先秦词网构建及梵汉对比研究》，《中文信息学报》2023年第3期；陈涛、杨开漠：《〈康熙字典〉的古汉语知识图谱构建方法研究》，《五邑大学学报（自然科学版）》2019年第4期。
⑥ 朱磊、陈昌来：《〈左传〉动词直接连用的结构类型与组配功能考察》，《古汉语研究》2022年第2期。

结构的历时演变①。这些研究为我们深入理解古代汉语的语法现象及其演变提供了较为客观的依据，但目前所采用的计量方法较为简单，对于变量间的具体权重关系也关注较少。

在古汉语信息处理领域，研究者在古汉语树库建设②、句法标注和分析③、句读标点④等任务上均取得了较为丰富的成果，为古籍整理及古汉语语句层面的信息加工提供了重要的技术支持。

（四）古代汉语篇章研究

数字人文视角的篇章研究多关注古代典籍的语言特征，特别是其篇章风格、语体及主题。其中，基于语料库的计量研究产出了较多成果，如李果等以《祖堂集》和《景德传灯录》为例探讨语体和句法结构的关系⑤。与此同时，自然语言处理技术的发展也为古代汉语篇章研究带来诸多新的可能，比如，赵建明等使用机器学习算法对宋词风格进行分类研究⑥，张逸勤等采用预训练语言模型进行典籍文本的风格计算和对比分析⑦。

在资源和工具方面，胡俊峰和俞士汶基于唐宋诗语料库，利用词汇向量空间模型开发唐宋诗搜索引擎⑧；常博林等基于词和实体标注探索人文知识库构建方法，并以《资治通鉴·周秦汉纪》为例实现全文检索和地图检索系统⑨；刘磊

---

① 董守志：《东汉一元明否定判断句演变之研究》，《古汉语研究》2011年第1期。
② 何静等：《基于"词—词性"匹配模式获取的古汉语树库快速构建方法》，《中文信息学报》2017年第4期。
③ 梁社会、陈小荷、刘浏：《先秦汉语排比句自动识别研究——以〈孟子〉〈论语〉中的排比句自动识别为例》，《计算机工程与应用》2013年第19期。
④ 胡韧奋、李绅、诸雨辰：《基于深层语言模型的古汉语知识表示及自动断句研究》，《中文信息学报》2021年第4期；王博立、史晓东、苏劲松：《一种基于循环神经网络的古文断句方法》，《北京大学学报（自然科学版）》2017年第2期。
⑤ 李果、王长林：《论古白话正式体的体原子——以〈祖堂集〉〈景德传灯录〉"弘忍、惠能"篇为例》，《历史语言学研究》2021年第2辑。
⑥ 赵建明、李春晖、姚念民：《基于机器学习的宋词风格识别》，《计算机工程与应用》2018年第1期。
⑦ 张逸勤：《预训练模型视角下的跨语言典籍风格计算研究》，《数据分析与知识发现》2023年第10期。
⑧ 胡俊峰、俞士汶：《唐宋诗中词汇语义相似度的统计分析及应用》，《中文信息学报》2002年第4期。
⑨ 常博林等：《基于词和实体标注的古籍数字人文知识库的构建与应用——以〈资治通鉴·周秦汉纪〉为例》，《图书情报工作》2021年第22期。

等构建的古诗词语篇阅读理解难度数据集为古诗词可读性自动化分析提供了重要数据支持[①]。上述研究利用数字人文方法对古汉语语篇进行检索和分析，为古代文献语义深度分析提供了一定支持。

三、数字人文视阈下的汉语方言研究

（一）汉语方言语音研究

1. 方言数据库及分析工具建设

汉语方言语音库建设起步较早，成果丰富。近年来，在国家语言资源保护工程项目的支持下，方言语音调查研究更是取得了显著进展。目前，影响力较大的数据库包括：汉语方言声调资料库[②]、现代汉语方言音库、863四大方言普通话语音语料库（RASC863）[③]、汉语方言自然口语有声基础语料库、汉语方言自然口语变异有声数据库、粤语语音合成系统语料库等。在方言语音数据处理工具方面，潘悟云研发了汉语方言计算机处理系统，熊子瑜设计开发了音段自动切分与标注工具xSegmenter[④]和汉语方言字音系统实验研究工具（xDialectTools）[⑤]，这些工具能较好解决语音标注和分析问题，极大提升了方言材料的处理效率。

2. 方言语音计量研究

基于方言语音数据分析，诞生了丰富的计量研究成果，较有代表性的有陆致极《汉语方言间亲疏关系的计量描写》[⑥]、郑锦全《汉语方言沟通度的计算》[⑦]、

---

①刘磊、何苯、孙乐：《一个面向中文古诗词理解难易度的人工标注数据集》，《中文信息学报》2020年第11期。

②蒋平：《"汉语方言声调资料库"的设计及其理论基础》，《方言》1999年第3期。

③李爱军、王天庆、殷治纲：《863语音识别语音语料库RASC863——四大方言普通话语音库》，中国语言学会语音学分会编：《语音研究报告2003》，北京：中国社会科学院语言研究所，2003年，第41—44页。

④熊子瑜：《xSegmenter：音段自动切分与标注工具》，《中国语音学报》2019年第1期。

⑤熊子瑜：《基于汉语方言字音系统实验研究工具的合肥话与北京话声母系统对比分析》，《中国语音学报》2021年第1期。

⑥陆致极：《汉语方言间亲疏关系的计量描写》，《中国社会科学》1987年第1期。

⑦郑锦全：《汉语方言沟通度的计算》，《中国语文》1994年第1期。

杨鼎夫《计算机计量研究汉语方言分区的探索》[①]、沈榕秋《谈汉语方言的定量研究》[②]、陈海伦《论方言相关度、相似度、沟通度指标问题》《方言间韵母系统相似度测度研究》《方音系统的相似关系计算》[③]、金健、张梦翰《广州方言长短元音统计分析》[④]、凌锋《汉语单元音和复元音变化度计算研究》[⑤]、陈六君等《汉语方言语音差异的量化模型》[⑥]等。这些研究旨在应用数字技术于语音层面，计算方言之间的距离，进而分析其亲疏关系。

（二）汉语方言词汇研究

1. 方言词汇数据库建设

围绕方言词汇研究，学界构建了一批基础数据资源，如刘连元等开发的北方话基本词汇数据库（BJC）[⑦]、中国社会科学院开发的北方方言基本词汇数据库和汉语方言词汇数据库、麦耘主持开发的汉语方言词汇数据库、张庆文主持开发的汉语方言名词短语语料库等。

2. 方言词汇计量研究

近30年，方言学界利用数理统计和计算机算法辅助开展词汇研究，形成了颇具特色的方言关系计量研究方法。例如，郑锦全选取了《汉语方言词汇》的905个词条及其在18个方言点中的变体，计算方言间皮尔逊相关系数（Pearson correlation coefficient），以此探求汉语方言的亲疏关系[⑧]。此后，王士元、沈钟伟对33个吴方言点的44个亲属称谓词进行比较，探讨其亲缘关系[⑨]。

①杨鼎夫：《计算机计量研究汉语方言分区的探索》，《语文研究》1994年第3期。
②沈榕秋：《谈汉语方言的定量研究》，《语文研究》1994年第2期。
③陈海伦：《论方言相关度、相似度、沟通度指标问题》，《中国语文》1996年第5期；陈海伦：《方言间韵母系统相似度测度研究》，《中国语文》2000年第2期；陈海伦：《方音系统的相似关系计算》，《语言科学》2006年第1期。
④金健、张梦翰：《广州方言长短元音统计分析》，《语言研究集刊》2013年第1期。
⑤凌锋：《汉语单元音和复元音变化度计算研究》，《方言》2015年第1期。
⑥陈六君等：《汉语方言语音差异的量化模型》，《北京师范大学学报（社会科学版）》2019年第2期。
⑦刘连元、陈敏、龚彦如：《北方话基本词汇数据库的研制》，《语言文字应用》1992年第2期。
⑧郑锦全：《汉语方言亲疏关系的计量研究》，《中国语文》1988年第2期。
⑨王士元、沈钟伟：《方言关系的计量表述》，《中国语文》1992年第2期。

游汝杰等[①]与郑伟娜[②]各从个案研究出发，探讨了基于词语使用频率和语素重要性的加权计算方法在方言关系量化分析中的应用问题。冉启斌、索伦·维希曼通过归一化莱文斯坦距离（Levenshtein Distance）计算比较语言变体词汇之间的差异，提出语言和方言之间界限的距离参数[③]。江荻同样利用莱文斯坦距离对语言或方言之间线性字符串的语音相似性和词汇对应性进行分析[④]。冉启斌团队[⑤]引入声学实验方法，通过计算词汇的声学距离来对全国范围内的不同汉语方言进行分类和聚类。除了不同方言区之间的方言比较，还可在某一方言内部通过词汇计量比较不同方言点的方言特征。比如，杨蓓依托词汇的语音表现形式计算了上海、温州、衢州、金华、临海等五个吴方言代表点的词汇相关度，据此讨论当地方言中词汇变化的基本规律[⑥]。

　　值得指出的是，由于语音特征是词的诸多基本特征中最易提取且易量化处理的一类特征，兼之通常使用的莱文斯坦距离等算法衡量的都只是语音层面的差异，故目前基于词汇的方言距离测量研究实多围绕语音相似度展开。黄河认为，方言相似度的问题还涉及不同构词语素的语音实现、语音偶合等情况，如仅基于语音相似度比较方言之间的整体差异，则会导致测量结果的语言学意义发生混淆[⑦]。该观点有一定启发意义，如何基于语素或词的其他特征来计量相似度，是下一步优化技术路线时需要重点加以回应的问题。

---

①游汝杰、杨蓓：《上海话、广州话、普通话接近率的计量研究》，邹嘉彦等编：《汉语计量和计算研究》，香港：香港城市大学语言资讯科学研究中心，1998年，第57—78页。
②郑伟娜：《四邑方言词汇相似度比较分析》，《中国语文》2017年第6期。
③冉启斌、索伦·维希曼：《怎样区分语言与方言——基于核心词汇的距离计算方法探索》，《语言战略研究》2018年第2期。
④江荻：《汉语方言自动聚类与分区及相关计算方法》，《暨南学报（哲学社会科学版）》2022年第3期。
⑤冉启斌：《基于词汇声学距离的语言计算分类实验》，《民族语文》2020年第3期；冉启斌、梁煜珠、吴丹丽：《基于词汇声学距离的语言计算分类方法探索》，《辽宁师范大学学报（社会科学版）》2021年第4期；黄玮等：《基于词汇声学距离的语言分类再探》，《南开语言学刊》2021年第2期。
⑥杨蓓：《吴语五地词汇相关度的计量研究》，《语言文字应用》2003年第1期。
⑦黄河：《外部因素影响的"滞后效应"——方言引力模型计量研究》，《当代语言学》2022年第6期。

（三）汉语方言语法研究

1. 方言语法数据库建设

与语音和词汇相较，大规模方言语法资源库建设工作相对较少，其中最具代表性的是刘丹青、夏俐萍主持建设的"汉语方言语法特征语料库"。截至2023年7月10日，语料库已经录有29个方言点的材料，覆盖了十大方言区及若干归属待定的方言，在此基础上对方言语料的22个语法范畴角度进行详细标注，较为全面地反映了方言点的语法样貌。

2. 方言语法计量研究

在方言语法计量研究领域，大部分是针对特定方言采集数据，然后聚焦于某些语法专题开展具体分析。例如，刘祥柏利用方言语料库和方言谓词词库，考察每一个表体貌的语法形式在每一种基本句法结构之后以及在每一种由不同谓词小类构成的句法结构内的分布异同[1]；通拉嘎比较了普通话及南安方言话题的前置类型及语义角色[2]；薛才德选择上海话的若干语法现象进行了定量分析，揭示上海话语法演变过程[3]；王李、时秀娟基于石锋的语调格局及韵律层级理念，分别对广州普通话陈述句、疑问句的语调停延率从单字和韵律词两个方面进行大样本统计分析[4]。

四、数字人文视阈下的汉字学研究

（一）古文字研究

1. 古文字编码研究

古文字异写、异构现象突出，在数字化过程中面临着从输入、输出到检索

---

①刘祥柏：《汉语方言体貌助词研究与定量分析》，《中国语文》2000年第3期。

②通拉嘎：《从南安有声数据库的语法调查看话题优先型语言》，《泉州师范学院学报》2015年第1期。

③薛才德：《上海话若干语法现象的调查和量化分析》，《辽东学院学报》2014年第1期。

④王李、时秀娟：《广州普通话陈述句语调停延率的大样本分析》，《中国语音学报》2016年第2期；王李、时秀娟：《广州普通话疑问句的停延率》，《潍坊学院学报》2017年第4期。

处理等各方面的难题。为解决这一问题，华东师范大学与北京师范大学负责提供的甲骨文、《说文》小篆、金文、楚文字等四份字表已形成提案文本提交表意文字工作组（Ideographic Rapporteur Group, IRG）会议，进入国际标准字符集的古文字编码单位。同时，"中华字库"工程以建立全部汉字及少数民族文字的编码和主要字体字符库为重点，亦旨在研发汉字的编码体系、输入、输出、存储、传输以及兼容等关键技术。华中科技大学与北京师范大学先后各自研制《说文》小篆字库，谢兆岗等完成了"德天甲骨文字库"的建设。华东师范大学中国文字研究与应用中心则实现古文字字库系列与古文字电子资料库系列的建设工作，现已基本涵盖古汉字的各个子类，并开发出适合古文字的三级字符全拼检索输入系统以及相关的工作平台和应用程序。这些工作为数字环境下的古文字研究扫除了基础障碍，带来了诸多便利，也为西夏文、古壮字等类汉字文字体系的数字化及相关文献整理提供了可资借鉴的技术路线及成熟的研究方法。

2. 古文字数据库建设

古文字数据库建设主要任务为对古文字载体实物图像、拓片图像、著录书籍和文字材料进行数字化和标准化处理。其中，代表性工作包括安阳师范学院"殷契文渊"甲骨文数据库平台、华东师范大学"中国文字智能检索网络数据库"、武汉大学简帛研究中心"中国古代简帛字形、辞例数据库"、陕西省考古研究院吴镇烽团队开发的"金文通鉴"系统、故宫博物院藏古文字数字平台、北京师范大学数字化《说文解字》平台等。各类古文字资源库百花齐放，所收文字各有侧重，但也存在数据规模小、资源重复建设等问题。除此之外，依托已建构好的古文字数据库开展计量研究也不乏其例。譬如，张再兴等通过建立《金文大字典》数据库，分析有关字典的基本收字情况，尤其是异体结构分布，以此反映金文造字的一些基本特征[①]。

3. 古文字领域的智能技术研究

利用计算机处理古文字数据时，字符的检测与识别是一个经典研究问题。

---

① 张再兴、王一鸣：《〈金文大字典〉收字计量研究》，《中国文字研究》2010年第13辑。

首都师范大学莫伯峰团队利用深度神经网络进行甲骨文单字识别与检测[①]。张颐康等提出了一种基于跨模态深度度量学习的甲骨文字识别方法，使用摹本字形辅助拓片字形识别[②]。为提升甲骨文字符识别精度，安阳师范学院还联合华南理工大学联合发布了甲骨文拓片数据集OBC306。李春桃团队基于大规模古文字标注数据，通过降低古文字拓本噪音、引入深度学习算法和知识图谱技术，极大提高了古文字识别的准确率[③]。当前，古文字检测与识别研究成果集中于甲骨文，而面向金文、简帛文字的研究产出较少，代表性研究如：中国人民大学历史学院与中国科学院自动化研究所合作提出一种基于两阶段特征映射的神经网络模型来提取每个文字的形体特征，提高了针对青铜器铭文识别的效率与精度[④]；华东师范大学臧克和团队以商周金文的智能化识别为研究对象，从商周金文大数据处理、智能识别技术两个角度展开了探索。

随着人工智能技术的蓬勃发展，利用科技手段为甲骨研究赋能已显露优势。复旦大学出土文献与古文字研究中心所建设的"缀玉联珠"甲骨缀合信息库，整合甲骨缀合信息，为学界提供查检之便；河南大学和首都师范大学联合研发的AI缀合产品"缀多多"将人工智能技术引入甲骨缀合领域；清华大学李霜洁等研发了人工智能文物拼缀系统"知微缀"（RejoinX），为甲骨新缀提供支持。在甲骨校重方面，微软亚洲研究院与首都师范大学合作研发了基于自监督学习技术的校重助手Diviner，大大提高了甲骨校重的效率与精度。吉林大学李春桃团队利用深度学习技术对先秦青铜进行断代，并发布了微信小程序应用。此外，安阳师范学院熊晶等则在甲骨文知识图谱构建的基础上，成功搭建出甲骨文智能问答系统原型。

[①] 莫伯峰：《利用深度神经网络进行甲骨文单字识别和检测的初步测试》，《出土文献综合研究集刊》2019年第1期；莫伯峰、邱炜琦、谢泽澄：《人工智能模拟辞例归纳的初步测试》，《汉语言文学研究》2021年第3期；莫伯峰、张重生、门艺：《AI缀合中的人机耦合》，《出土文献》2021年第1期。

[②] 张颐康等：《基于跨模态深度度量学习的甲骨文字识别》，《自动化学报》2021年第4期。

[③] 李春桃等：《基于人工智能技术的古文字研究》，《社会科学文摘》2023年第11期。

[④] 李文英等：《一种基于深度学习的青铜器铭文识别方法》，《自动化学报》2018年第11期。

（二）今文字研究

1. 古籍缺字编码与输入

以"隶变"为古今文字的分界，迄今可见的一切隶楷文字属于今文字，与之相关的汉字处理问题则属于今文字与数字人文的范畴。今文字的处理问题主要关注历代文献中出现的大量生僻字，这些生僻字往往未被纳入标准字符集中，且不容易短期内穷尽。目前，古籍整理和印刷排版过程中往往会采用图片、组字、Unicode字型和通用规范字替代等多种方式来暂行解决生僻字的输入和显示问题，建设集外字字库是古籍数字化实践的关键与难点。近年来如"中华字库"工程在此方面着力颇多，值得关注、推广和进一步深化。

然而，面对为数庞大的生僻字，一般性的整理工作难免存在众多遗漏。不少学者遂开始基于自身研究专题，自发搜集本领域或当前研究著作中出现的未编码生僻字，汇总成文或研制领域字库。一些企业或部门也开始尝试面向大众公开征集生僻字，如腾讯公司联合中国电子技术标准化研究院等多方发起的"汉字守护计划"，尝试贯通生僻字从发现、考证、赋码到扩容国标、字形设计、输入显示的数字化完整链路。

2. 今文字数据库建设与计量研究

围绕汉字构形问题，学者多通过构建关系型数据库，基于统计结果总结相应规律。例如，赵彤基于自建数据库描写汉字结构分布[1]；邢红兵、舒华以《汉语水平词汇与汉字等级大纲》所收汉字为研究对象，对形声字及声旁进行标注，通过统计手段观察了形声字的分布和声旁的独立成字、组字、表音能力[2]。近年来，一些学者开始尝试将一些新的数字技术与方法应用于汉字计量研究。例如，刘梦迪、梁循提出了一种基于偏旁部首知识图谱的汉字字形相似度计算方法[3]；胡韧奋等基于聚类方法建立声符表音度判定模型，将声符与所构字在声、韵、

---

① 赵彤：《基于关系数据库的汉字构形分析及其应用》，《语言文字应用》2015年第3期。
② 邢红兵、舒华：《〈汉语水平词汇与汉字等级大纲〉中形声字声旁表音特点分析》，汉语口语与书面语教学——2002年国际汉语教学学术研讨会论文，昆明，2002年7月，第318—326页。
③ 刘梦迪、梁循：《基于偏旁部首知识表示学习的汉字字形相似度计算方法》，《中文信息学报》2021年第12期。

调等维度的语音相似度分别计算，对所得结果进行统计，从而提出了形声字声符表音度分级体系①。

（三）汉语方言用字研究

和通用汉字相比，汉语方言造字与用字的规范程度较低，给研究工作和信息处理都带来了诸多不便②。对此，学界围绕方言用字规范问题展开了讨论，如邓新民《方言字的数字化准则》③和董思聪等《"大汉字"观念与方言字规范》④。在具体各地方言中，围绕粤方言字的研究较为充分，例如，侯兴泉等讨论了粤方言字的定性、异体字的规范（定形）、多音字的规范（定音）、简繁体的规范（定体）以及粤方言字编码的规范（定码）⑤，侯兴泉、吴南开提出了一套可用于粤方言信息处理中的用字规范⑥，吴南开还专门讨论了粤方言信息处理中的分词标准问题⑦。

五、数字人文视阈下的民族语言文字研究

我国作为一个多民族、多语言、多文字的国家，除了汉字汉语之外，还拥有非常丰富的民族语言文字。近三十年来，面向藏语、蒙古语等民族语言的信息处理应用技术研究取得了较为丰硕的成果⑧，但数字人文视角下的少数民族语言文字本体研究仍然相对较少。接下来，本节将从语言文字本体研究、语言文字资源建设、语言信息处理研究三个方面对现有成果进行评述。

---

① 胡韧奋、曹冰、杜健一：《现代汉字形声字声符在普通话中的表音度测查》，《中文信息学报》2013年第3期。
② 彭兰玉、吴启主：《论汉语方言语法的研究》，《湖南师范大学社会科学学报》2002年第5期。
③ 邓新民：《方言字的数字化准则》，《重庆社会科学》2006年第7期。
④ 董思聪、侯兴泉、徐杰：《"大汉字"观念与方言字规范》，《长江学术》2021年第1期。
⑤ 侯兴泉等：《面向中文信息处理的粤方言字规范刍议》，《语言教学与研究》2014年第4期。
⑥ 侯兴泉、吴南开：《信息处理用粤方言字词规范研究》，广州：广东人民出版社，2017年。
⑦ 吴南开：《信息处理用粤方言文本自动分词标准研究》，硕士学位论文，暨南大学文学院，2017年。
⑧ 龙从军、安波：《中国少数民族语言文字信息处理的进展》，《暨南学报（哲学社会科学版）》2022年第9期。

（一）民族语言文字本体研究

目前，采用数字人文方法的民族语言文字本体研究尚不多见，其代表性工作有以下两例。赵志靖、江荻以斯瓦迪士核心词（Swadesh list）为对象，基于编辑距离计算语言相似度，并用 Almeida 和 Braun 的调音系统给每次编辑的差异赋值，进而讨论了藏缅语、侗台语等民族语言的系属和分类[①]。与传统的历史比较语言学或最新的系统发生学研究成果相比，所得结论同中有异，可以为民族语言的系属分类研究提供新的思路与线索。此外，张光伟利用西夏文字书《文海》对西夏字形结构的说解构建网络模型，继而分析其中的"基本字"、循环解释和强链接部件等问题[②]。

（二）民族语言文字资源建设

字符编码是民族语言文字信息处理的基础。目前，藏文、维吾尔文、回鹘式蒙文、彝文、傈僳文等绝大多数现代民族语言文字都已获得计算机 Unicode 编码。同时，佉卢文、古突厥文、粟特文、西夏文、契丹文、女真文等不少古代民族文字也进入编码。尽管如此，仍有部分民族语言文字尚无计算机编码，如吐火罗文（焉耆—库车文）、于阗文、纳西东巴文等，为后续学术研究和数据平台开发带来了诸多不便。

在语料库建设方面，各种单语或平行语料库的成果都很丰富。例如，才让加建立了汉藏（藏汉）大规模平行语料库，为两种语言之间的机器翻译和对比研究奠定了基础[③]；哈里旦木·阿布都克里木等基于自动切分和人工校对，构建了维吾尔语形态切分语料库 THUUyMorph[④]。在句法资源建设方面，藏语依存树

---

① 赵志靖：《编辑距离与语言分类》，《宁波大学学报（人文科学版）》2018年第5期；赵志靖、江荻：《侗台语族语言的编辑距离分类》，《计算机工程与应用》2018年第19期；赵志靖：《藏缅语族语言的编辑距离分类》，《南开语言学刊》，2019年第2期；赵志靖、江荻：《基于编辑距离的语言分类研究》，《语言研究》2020年第2期。

② 张光伟：《西夏文字典〈文海〉的网络分析》，《数字人文》2022年第1期；张光伟：《基于网络分析与〈文海〉提取的西夏文基本字集》，《西夏学》2022年第2期。

③ 才让加：《面向自然语言处理的大规模汉藏（藏汉）双语语料库构建技术研究》，《中文信息学报》2011年第6期。

④ 哈里旦木·阿布都克里木等：《THUUyMorph：维吾尔语形态切分语料库》，《中文信息学报》2018年第2期。

库建构相关的研究最为突出①。在语义资源建设方面，祁坤钰研究制定了藏文语义角色标注体系，并构建了相关句法和语义知识库②。在语音资料库方面，李永宏等③及黄晓辉等④、艾斯卡尔·肉孜等⑤、曹萌⑥分别建设了藏语、维吾尔语、满语等少数民族语言语音资源库。

（三）民族语言信息处理研究

1. 民族语言信息处理基础任务

语言信息处理技术的基础任务包括文字识别、词法、句法和语义分析、命名实体识别等，它们既是机器翻译、自动问答等应用技术的基础，也可以为民族语言的数字人文研究提供支持。

在文字识别方面，相关研究基于深度学习模型实现了手写彝文识别⑦和藏文古籍文献文本检测⑧。在词法分析方面，蒙文、藏文的分词算法受到了较多关注⑨，此外，帕提古力·依马木等⑩、古丽尼格尔·阿不都外力等⑪对维吾尔语词

① 华却才让、赵海兴：《基于判别式的藏语依存句法分析》，《计算机工程》2013年第4期；扎西加、多拉：《藏语依存树库构建的理论与方法探析》，《西藏大学学报（自然科学版）》2015年第2期；周毛克等：《基于树库转换的藏语依存句法树库构建方法》，《中文信息学报》2022年第7期。

② 祁坤钰：《基于依存关系的藏文语义角色标注研究》，《西北民族大学学报（哲学社会科学版）》2014年第1期。

③ 李永宏、于洪志、孔江平：《藏语连续语音语料库设计与实现》，《计算机工程与应用》2010年第13期。

④ 黄晓辉、李京、马睿：《藏语口语语音语料库的设计与研究》，《计算机工程与应用》2018年第13期。

⑤ 艾斯卡尔·肉孜等：《THUYG-20：免费的维吾尔语语音数据库》，《清华大学学报（自然科学版）》2017年第2期。

⑥ 曹萌：《论满语音像资料库的构建》，《满族研究》2018年第1期。

⑦ 贾晓栋：《基于深度学习的手写彝文识别技术应用研究》，硕士学位论文，中央民族大学信息工程学院，2017年。

⑧ 王梦锦：《基于深度学习的藏文古籍文献文本检测研究》，硕士学位论文，西藏大学信息科学技术学院，2020年。

⑨ 赵伟等：《基于条件随机场的蒙古语词切分研究》，《中文信息学报》2010年第5期；孙萌等：《基于判别式分类和重排序技术的藏文分词》，《中文信息学报》2014年第2期。

⑩ 帕提古力·依马木等：《基于感知器算法的维吾尔语词性标注研究》，《中文信息学报》2014年第5期。

⑪ 古丽尼格尔·阿不都外力等：《基于Bi-LSTM-CRF模型的维吾尔语词干提取的研究》，《中文信息学报》2019年第8期。

性标注和词干提取进行了研究；李亚超等构建了TIP-LAS开源藏文分词词性标注系统[①]，具有较高的应用价值。句法分析关注词与词之间的依赖关系和句子结构，蒙语、藏语的依存句法分析皆有相应进展[②]；乌兰等还探讨了蒙古语短语结构树的自动识别[③]。在语义分析方面，祁坤钰围绕基于依存关系的藏文语义角色标注开展研究[④]。近年来，神经网络和深度学习方法被广泛应用于民族语言命名实体识别研究，包括壮语[⑤]、维吾尔语[⑥]、朝鲜语[⑦]、藏语[⑧]。

2. 民族语言信息处理应用任务

机器翻译在多民族文化交流中的重要意义不言自明，因而这也是应用研究中最为活跃的一个领域。比如，覃其文提出了基于规则的汉壮机器翻译方法[⑨]，张金超等构建了基于多编码器多解码器的大规模维汉神经网络机器翻译模型[⑩]，高芬等采用了基于Transformer的蒙汉神经机器翻译方法[⑪]。考虑到民族语言平行语料库的稀缺问题，慈祯嘉措关注在贫语言资源条件下的藏汉（汉藏）机器翻

①李亚超等：《TIP-LAS：一个开源的藏文分词词性标注系统》，《中文信息学报》2015年第6期。
②分别参见斯·劳格劳、华沙宝、萨如拉：《基于统计方法的蒙古语依存句法分析模型》，《中文信息学报》2012年第3期；华却才让、赵海兴：《基于判别式的藏语依存句法分析》，《计算机工程》2013年第4期。
③乌兰等：《蒙古语短语结构树的自动识别》，《中文信息学报》2014年第5期。
④祁坤钰：《基于依存关系的藏文语义角色标注研究》，《西北民族大学学报（哲学社会科学版）》2014年第1期。
⑤张伟权：《基于深度学习的壮语命名实体识别研究》，硕士学位论文，广西师范大学电子工程学院，2022年。
⑥如朱顺乐：《基于深度学习的维吾尔语命名实体识别模型》，《计算机工程与设计》2019年第10期；王路路等：《基于深度神经网络的维吾尔文命名实体识别研究》，《中文信息学报》2019年第3期。
⑦高君龙、崔荣一、赵亚慧：《基于音节—形态素融合的朝鲜语命名实体识别研究》，《中文信息学报》2023年第4期。
⑧孙朋：《基于弱监督学习的藏文命名实体识别研究》，硕士学位论文，中央民族大学信息工程学院，2020年。
⑨覃其文：《汉壮机器翻译初探》，《民族翻译》2011年第1期。
⑩张金超等：《基于多编码器多解码器的大规模维汉神经网络机器翻译模型》，《中文信息学报》2018年第9期。
⑪高芬等：《基于Transformer的蒙汉神经机器翻译研究》，《计算机应用与软件》2020年第2期。

译关键技术[①]，刘丁则对基于迁移学习的低资源神经机器翻译方法进行了研究[②]。

除了机器翻译外，语言信息处理研究也在语音识别与合成、信息检索、自动问答等应用领域取得了众多成果，如维吾尔语、佤语和藏语的语音识别技术[③]、维吾尔语语音检索技术[④]、藏语问答系统[⑤]等。

结　语

如前文所述，数字人文视阈下的中国语言文字学研究正面临重要发展机遇。数据库、语料库的建设，复杂网络分析方法的引入，以及自然语言处理技术的进步，都为现代和古代汉语、方言、汉字学及少数民族语言文字的研究提供了强有力的工具，使得学者们能够以前所未有的速度和深度来处理和分析语言数据。这些成果不仅丰富了研究内容，也提高了研究效率，标志着数字人文技术已经成为中国语言文字学研究中不可或缺的一部分。

然而，尽管学界已经取得了丰富的成果，但在数字人文领域，仍有很多的空间和潜力等待开发。

首先，虽然语言信息处理技术取得了突破，但将这些技术与人文学科的理论和方法相结合，解决学科内的核心问题的研究还不够多。例如，如何利用数字工具更深入地理解语言的变迁、方言的形成以及语言与文化的相互作用等问题，都是值得学界进一步探索的课题。就此而言，人文核心问题的梳理，进而

---

① 慈祯嘉措:《贫语言资源条件下的藏汉（汉藏）机器翻译关键技术研究》，博士学位论文，青海师范大学计算机学院，2020年。

② 刘丁:《基于迁移学习的低资源神经机器翻译方法研究》，硕士学位论文，西北民族大学中国民族信息技术研究院，2021年。

③ 分别参见王俊超等:《基于迁移学习的低资源度维吾尔语语音识别》，《计算机工程》2018年第10期；杨建香:《基于残差网络的佤语语音识别研究》，硕士学位论文，云南民族大学数学与计算机科学学院，2020年；王超:《基于深度学习的端到端藏语语音识别研究》，硕士学位论文，西藏大学信息科学技术学院，2023年。

④ 张力文、努尔麦麦提·尤鲁瓦斯、吾守尔·斯拉木:《维吾尔语语音检索技术研究》，《中文信息学报》2014年第5期。

⑤ 夏天赐:《基于深度学习的藏文问答系统研究》，硕士学位论文，中央民族大学信息工程学院，2019年。

与合适的技术加以匹配，仍是数字人文研究需要不断突破的知识生产机制问题。

其次，研究对象的选择存在不平衡现象。 古文字研究中的甲骨文资源构建相对丰富，而金文、简帛文字等其他古文字的受关注度却相对较低。在少数民族语言文字的研究上，某些语种如藏语、维吾尔语、蒙古语虽然研究较多，但对其他语种的研究却相对欠缺。因此，下一步需要重点考虑根据具体语言文字的异同关系，将汉字汉语这些数字化水平较高的语言文字资源的研究方法和技术路线加以调试，最大限度、最低成本、最高效率地应用于更多其他中国语言文字的数字化工程，同时加强和深化不同语言文字数字资源之间的对接关系，大幅提高语言文字的智能化处理水平。

再者，数字人文研究的一个关键问题是大量的数字化语言文字资源未能实现开放共享。 目前，很多研究团队所建设的数据资源并未公开发布，或发布后因网站缺乏维护而无法访问，这不仅限制了学术共同体的进一步研究和验证，还可能导致资源的浪费和重复建设。因此，我们需要推进数字人文基础设施的建设，包括但不限于构建更加均衡、开放的语言文字资源库，开发易于使用的分析工具，并鼓励学者们分享数据和工具，以促进研究的协作和创新。当然，这一知识传播机制的建立，有待于相应的评价激励机制，呼唤国家在实施数字战略时能对此问题加以研究和讨论，给予一定的政策引导和支撑。

最后，我们应该认识到，数字人文方法的威力不仅在于简化研究流程、提高研究效率，更在于其为传统问题提供了全新的解决途径。 随着人工智能、深度学习等技术的不断进步，我们有理由相信，数字人文将会在未来对中国语言文字学的研究产生更深远的影响。未来的研究者将能够依托数字人文技术，不断挖掘语言数据的深层价值，以全新的视角审视传统学科问题，推动中国语言文字学理论和方法的创新发展。

当然，数字人文应用于中国语言文字研究所可能带来的消极影响，也是一个值得加以理性反思和系统研究的问题。直面这个问题，可以更好地促进中国语言文字研究和数字人文研究的同向同行，健康发展。

中国文学数字人文发展报告

赵　薇　（中国社会科学院文学研究所）

　　一般而言，文学研究由于和语言学研究的亲缘关系，通常会在数字人文领域扮演较先锋的角色，中国的文学研究也不例外。在中国，所谓"文学数字人文研究"虽然还处在摸索阶段，也远未获得独立形态，却已经历了较长久的量化准备阶段，近年来形成了一些颇有前景的新方向，吸引着越来越多跨学科背景的青年学者投身其中，大量专业性成果得以发表，各类专门的学术会议、工作坊此起彼伏，接连不断[①]。成果方面，仅就国内而言，自2016年起，《山东社会科学》（"观其大较"专栏），《数字人文》和《数字人文研究》两本专业刊物，以及台湾地区的《数位典藏与数位人文》期刊上相继发表了约226篇研究性论文，其中约有64篇以文学研究中的主题为对象。2022年，上述刊物中的部分文章集结为《数字人文与语言文学研究》，在大陆出版[②]。自2019年起，五届中国数字人文年会（CDH）成功举办，其中的"文学与数字人文分论坛"以青年学

[①] 例如2017年6月清华大学人文学院中文系、清华大学图书馆和芝加哥大学文本实验室联合举办的"数字人文与文学研究国际工作坊"；2019年6月中国社会科学院文学研究所举办的"网络文化与数字媒介研究"系列工作坊；2019年11月中国艺术研究院中国文化研究所举办的"视点·焦点·拐点：数字人文与古典文学"论坛；2020年5月北京大学数字人文研究中心举办的"数字与文学的对话——数字人文规范对传统文学研究方法的挑战"研讨会；2022年11月清华大学人文学院、《数字人文》编辑部主办，巴克内尔大学中国研究所协办的"声律·网络·未来——第三届清华数字人文国际论坛"；等等。

[②] 刘颖、姜文涛、陆晓芳主编：《数字人文与语言文学研究》，南京：译林出版社，2022年。这也是文学数字人文研究在中国大陆的第一个成果选本。

生、学者为主角，发表了一批当下最前沿的探索，形成了几个较活跃的子领域。台湾地区一年一度的"数位典藏与数位人文国际研讨会"迄今也举办14届，历届会议上的文学数字人文研究也占到了一定比例，编者精选一部分文章汇集为"数位人文与数位典藏研究丛书"陆续出版①。

如果以中文数字人文为考察范围②，总体上看，古典文学领域对量化方法的接受度较高，涌现出了高产作者和有一定持久度的研究议题，形成了一些可资归纳的分支结构，同时又呈现出历史的阶段性特点。本报告尝试将开端回溯至1980年代，梳理近四十年来，从早期的文献数字化、数据库检索，文献计量和文体测量，到现如今的文学计算批评的发展脉络，按照将时段和技术形态、文学议题相结合的线索，对比较成功的个案做介绍，总结其特点，分述其进展得失，探问其去路。最后，本报告还将对当下该领域的理论批评建构及整体生态做一描述，以期提出有用的问题。

一、早期的文献检索与文献计量研究

文学领域的量化研究要想有所发展，离不开文献数字化和文献计量的准备工作。中国大陆的文献数字化的历史，可追溯至1980—1990年代古籍数字化的先驱工作。钱锺书先生自1984年开始在中国社会科学院文学研究所倡导把计算机技术引入中国古典文献的搜集、整理和疏证中。栾贵明带领团队白手起家，克服了文字编码和字符集受限等重重困难，于1987年前后建设了"《论语》逐字索引""诸子集成数据库""《全唐诗》速检系统"等古籍数字化系统，具有多种索引形式，将卡片式索引编制方式的工作效率提升了十倍，是早期文献和索

①项洁主编，包括《数位人文：在过去、现在和未来之间》（台北：台湾大学出版中心，2016年）、《数位人文研究与技艺》（台北：台湾大学出版中心，2014年）、《数位人文要义：寻找类型与轨迹》（台北：台湾大学出版中心，2012年）、《数位人文在历史学研究的应用》（台北：台湾大学出版中心，2011年）、《数位人文研究的新视野：基础与想象》（台北：台湾大学出版中心，2011年）、《从保存到创造：开启数位人文研究》（台北：台湾大学出版中心，2011年）。
②本文将"中文"视为凝聚中华民族文化共同体的重要媒介，以"中文数字人文"为对象，将关注范围界定在海内外中文社区的文学数字人文研究。

引数字化工作的一个创举①。与此同时，深圳大学和哈尔滨师范大学也开始了关于《红楼梦》和《史记》检索系统的创制工作。1997年刘岩斌、俞士汶、孙钦善介绍了北京大学正在开发的面向《全宋诗》研究的计算机支持系统，包括如何实现检索、统计和辅助格律、风格研究等②。1990年代末北京大学中文系语言学实验室的李铎主持开发了"《全唐诗》电子检索系统"，除字频、用韵等基本信息检索外，还可通过文本比对算法，在一两分钟内标记出近5,000首"重出诗"，为大规模重出诗现象研究提供工具③。同类平台还有南京师范大学的"《全宋词》检索系统"。这些都是大陆人文学界较早出现的、满足了基本检索和统计功能的文献计量专题平台。

尽管一些有识之士看到计算机处理文献的巨大优势和潜力，主张与IT人士合作，利用文本聚类、人工标注和机器学习等技术，对数字化成果进行深入挖掘和再加工，将情感计算用于古典文学的作品风格、体裁研究④，但是真正能够很好地利用数据库，深入各学科内部，提出并回答学科问题的研究却少之又少。尚永亮对唐代诗人知名度、地域和代群交往的定量分析⑤，刘尊明、王兆鹏关于宋词作品量、词作者地位以及宋词学的定量研究，都是起步很早的文学计量研究⑥。他们自1990年代中期起发表大量文章和著述，如《唐知名诗人之层级分布

①田奕：《古籍整理与研究的电脑化》，《中国文化》1994年第9期；郑永晓：《钱锺书与中国社会科学院古代典籍数字化工程》，《山东社会科学》2019年第6期；栾贵明、李秦：《微电脑与古文献研究》，《古籍整理与出版情况简报》1984年8月20日，第127期。

②刘岩斌、俞士汶、孙钦善：《古诗研究的计算机支持环境的实现》，《中文信息学报》1997年第1期。

③李铎：《从检索到分析——计算机知识服务的时代》，《文学遗产》2009年第1期。

④史睿：《论中国古籍的数字化与人文学术研究》，《北京图书馆馆刊》1999年第2期；郑永晓：《古籍数字化与古典文学研究的未来》，《文学遗产》2005年第5期；郑永晓：《情感计算应用于古典诗词研究刍议》，《科研信息化技术与应用》2012年第4期。

⑤尚永亮、张娟：《唐知名诗人之层级分布与代群发展的定量分析》，《文学遗产》2003年第6期；尚永亮：《开天、元和两大诗人群交往诗创作及其变化的定量分析》，《江海学刊》2005第2期；尚永亮：《唐五代贬官之时空分布的定量分析》，《上海大学学报（社会科学版）》2007年第6期。

⑥刘尊明、王兆鹏：《唐宋词的定量分析》，北京：北京大学出版社，2012年。

与代群发展的定量分析》①、《历史的选择——宋代词人历史地位的定量分析》②、
《本世纪东坡词研究的定量分析——词学研究定量分析之一》③等。王兆鹏等于
2011年、2012年分别出版了《唐诗排行榜》④《宋词排行榜》⑤。这些早期成果大
多来源于对自建数据集的描述性统计，大胆构造测量指标，涉及文学影响和经
典化过程（如邵大为为评估唐诗经典化程度设计出影响力公式），以数字手段检
验一些前数字时代习焉不察的定见，或为成说提供了客观准确的数据支持，或
意欲抽象出更高层面的规律（如尚永亮、张娟对唐代诗人的知名度和作品量之
关系的探讨），可以说为古代文学研究打开了前所未有的宏观视野，实为难能
可贵的尝试。

　　同一时期，台湾地区的量化研究和计算机检索、语料库语言学相结合，深
入到了词汇、语音、语义等文本内部层面。1987年，台湾师范大学中文系开始
尝试开发《红楼梦》《水浒传》的全文检索系统。自1992年始，台湾元智大学罗
凤珠利用多媒体技术建构了单机版《红楼梦》数据库，后开发诗词格律自动检
测系统，可进行诗题、作者、关键词和诗句检索。2002年起，又以苏轼为范例，
以诗词词汇为单位建立语音及语义词典，继而扩展为唐宋诗、词的语义概念分
类数据库，使之具有语义辨识检索的功能，可以解决作诗"词穷"的问题⑥。此
外，林淑慧也曾利用"台湾历史数位图书馆"中关于年代、出处、词频等的分
类功能，研究台湾地区清治前期采风诗文作者的书写策略⑦。

---

① 尚永亮、张娟：《唐知名诗人之层级分布与代群发展的定量分析》，《文学遗产》2003年第6期。
② 王兆鹏、刘尊明：《历史的选择——宋代词人历史地位的定量分析》，《文学遗产》1995年第
4期。
③ 刘尊明、王兆鹏：《本世纪东坡词研究的定量分析——词学研究定量分析之一》，《文学遗产》
1999年第6期。
④ 王兆鹏、邵大为、张静、唐元：《唐诗排行榜》，北京：中华书局，2011年。
⑤ 王兆鹏、郁玉英、郭红欣：《宋词排行榜》，北京：中华书局，2012年。
⑥ 罗凤珠：《引信息的"术"入文学的"心"——谈情感计算和语义研究在文史领域的应用》，《文
学遗产》2009年第1期。
⑦ 林淑慧：《台湾历史数位图书馆（THDL）于清治前期采风诗文研究的应用》，项洁编：《数位
人文在历史学研究的应用》，台北：台湾大学出版中心，2011年，第137—158页。

二、文体测量学在作者归属判定中的应用

在数据库、平台建设和文献计量研究之外，受统计文体测量学（Statistical Stylometry）这一有一定历史的专门之学影响，文史领域的研究者，还倾向于采取易于操作的统计方法，对其所关心的问题做专门考察。其中最显豁的应用，是对有较大争议作品的作者归属判定（Authorship Attribution）。这一做法延续至今，经历了从简单统计，到训练分类模型做推断的发展过程，为文学史家和文献学家从文本内部找证据，以协助著作者考证，奠定了基本的量化途径。可以说，无论是对古代有争议作品，还是对现代作家作品的归属判断，都已发表大量研究，但也应看到，由于取样、特征选择和统计方法的差异，得出了前后相互抵牾的结论，引发了相当多的问题。仅以《红楼梦》前八十回抄本和后四十回刻本作者统一性的判断问题为例，虽然从1952年高本汉研究至今，发表的量化研究已有四十余种，且大都与红学界的主流认识一致，支持作者并不唯一的推论，但人们仍然认为未能完满地解决这一疑案，可以说这个案例较典型地透露出了计算方法施用于文学解释的复杂性，及其所面临的天然难度[①]。

在早期，人们大多会去比较前后两部分在功能词频率、构词法、句长、特殊词汇等"作者指纹"是否存有显著差异。即如何检验前后两部分是否为同一作者所写？可以从前后两个样本中选择同种类的高频特征，若发现其在两者间的频率或分布有明显差异，就可推断它们并非来自同一个"总体"，亦即并非为同一作者所撰。例如，赵冈和陈钟毅就于1970年采用t检验法，检验了五个常见语助词在脂本前八十回和程甲本后四十回100页文本中平均频次的差异，以之反驳了高本汉失之粗疏的测量方法和结论。陈炳藻在1980年首届《红楼梦》国际研讨会发表文章，用计算机算出前、中、后三个四十回各两万字中14个虚词出现频率之间的相关情况，认定全书为一个作者。陈大康则认为这种抽样方

[①]关于《红楼梦》前八十回后四十回的作者统一性问题的情况，参见更详细的述评：赵薇：《量化方法运用于古代文学研究的进展与问题——以近年数字人文脉络中的个案探索为中心》，《文学遗产》2022年第6期。

法和实验设计值得商榷，遂花费一年半的时间，分别在字、词、句的水平上，检验了88个特征在前八十回（庚辰本为底本）和后四十回（程甲本）出现频率的分布形态是否相似，为最早使用多元文体特征的文体测量研究。最终不仅得出后四十回作者另有其人，还给出了可能含有部分残稿的章回区间[①]。

1980年代末期，随着文本挖掘、机器学习等多元统计技术的跟进，人们开始采用文本分类和聚类技术来对接此类问题。李贤平是最早启用词汇的向量化表示和多维尺度分析对《红楼梦》文体风格做分类，从而对著作权进行划分的学者[②]。然而学界对此做法多存疑义，此研究发表后，《复旦学报》还专门组织了讨论会。陈大康指出，该研究仅仅依据降维投射图的视觉效果，便认为不同的风格章回被算法分离了出来，还就此一一还原了曹雪芹在佚名作者所著《石头记》底本上的成书过程，这在做法上和解释上是不无问题的。到底多大程度的离散，才能判定任意两回并非同一作者？"这判定本身的可靠性又究竟有多大呢"？可以说，李贤平研究是最早暴露出数字人文（或者说人文计算）的重点，并不在于计算技术有多高超，而更在于方法要如何施用、怎么解释才有效。在陈大康看来，造成各章回聚散形态的因素之一，很有可能是近代白话不同于现代汉语而带来的文白夹杂[③]。不论此说是否成立，都等于是从反复阅读的经验出发，结合统计分析结果，对主成分轴究竟为何做了某种探究，从而深入至图表背后的算法层面，可以说体现了人文学者破解算法黑箱的最初努力。

施建军教授在2010年训练了支持向量机分类器，高度拟合了预想中的分类结果，验证了前八十回与后四十回作者完全不同这一"预设"[④]。与此相类，此后又有多项研究建立在对各回作者做非此即彼（只有两类归属）的预判这一思路上。在缺乏公开的测评数据集的前提下，这些研究对于分类做法的适用性前提和特征选择的标准仍然未作出必要的讨论和控制。这一问题在四年后由Hu

---

① 陈大康：《从数理语言学看后四十回的作者——与陈炳藻先生商榷》，《红楼梦学刊》1987年第1辑。

② 李贤平：《〈红楼梦〉成书新说》，《复旦学报（社会科学版）》1987年第5期。

③ 陈大康：《"〈红楼梦〉成书新说"难以成立——与李贤平同志商榷》，《华东师范大学学报（哲学社会科学版）》1988年第1期。

④ 施建军：《基于支持向量机技术的〈红楼梦〉作者研究》，《红楼梦学刊》2011年第5辑。

XianFeng、Wang Yang等人的研究设计中，得到了某种程度的改进。他们不仅以交叉验证的方式极大程度地解决了特征随机波动的问题，还设置了控制对照组，因而极大地增强了说服力①。近年来，计算语言学方向的研究大量发表，多采取了如N-gram、词长、词汇丰富度、句法语义特征等更多元的特征指标②。杜协昌的每一步实验都建立在较严密的假设验证和推理之上，计算和挖掘的过程都清晰可见，还可用于直接指导细读互释③。叶雷的研究将特征的自动挖掘和有监督的分类做得最彻底，他沿袭了李贤平思路，又弥补了其不足④。而朱东旭、严广乐则将词嵌入和LSTM神经网络结合，规范而巧妙地运用于此案的建模和推理，已经初具计算批评设计的雏形，只是由于完全倚仗无监督的深度学习，固然极大地促成了推理，却很难通过明确的特征项回溯到细读互释中去，对于进一步的文学批评和文学史研究来说，也就意义不大了⑤。

应当指出的是，由于《红楼梦》成书问题极度复杂，其作者判定仍然很难遵循国际惯例。与目前所有做法不同，恰当的做法或许是将曹雪芹自己的文体惯习（词频或其他特征数据）作为"母本"，来与待鉴定文本进行比对，然而这种做法在目前只有绝少作品传世（此唯一一部的著作权还存争议）的曹雪芹身上，却很难施行。此外，明清文本的生成演变形态纷繁错综，抛开版本谈作者问题并无太大意义。文体测量在异文推定，版本溯源、辨伪，乃至作者探佚等方面还大有可为，有待于融入更加深入、细致、全面的文献工作中来；需要借助多种计量方法将文本之外的版本、流通等"外部"情况也考虑进来。如李友仁（Paul Vierthaler）在探索兰陵笑笑生的真实身份时，就不仅只依靠文体测量，还对万历间《金瓶梅词话》问世之前的手稿在精英社会网络中的流通状况专门

---

①Hu Xianfeng, Wang Yang, and Wu Qiang, "Multiple Authors Detection: A Quantitative Analysis of Dream of the Red Chamber," *Advances in Adaptive Data Analysis*, vol. 6, no. 4, December 2014.
②如刘颖和肖天久的一系列研究。
③杜协昌：《利用文本采矿探讨〈红楼梦〉的后四十回作者争议》，项洁编：《数位人文研究与技艺》，台北：台湾大学出版中心，2014年，第93—120页。
④叶雷：《基于计量文体特征聚类的〈红楼梦〉作者分析》，《红楼梦研究》2016年第5辑。
⑤朱东旭、严广乐：《基于LSTM的〈红楼梦〉文本风格分界点识别方法》，《智能计算机与应用》2020年第8期。

建模，为归属判定提供了另一条证据链。

可以看到，运用文体测量学研究作者归属问题的一大关键，在于如何科学推理和论证，这涉及理据分析的系统性、解释力和证明力的问题[①]。近来在这一路径上走得较远的是两位语言学者对清末小说《醒世姻缘传》作者悬案的研究[②]。该研究并没有运用多么高超的技术，而仅仅采用特征抽样的分布检验，从对比分布、一般分布和散点分布三种统计路径上比对，经过显著性检验后，用扩充的矩阵关系来评估体裁、年代等应控制的变量和作者身份影响力之间的差幅，从而剥离非作者身份因素的影响。最终经过重重验证、互证和参证，小心排除了作者为蒲松龄、丁耀亢的主流推测。从方法的层面讲，这一路径充分发掘了数据间的系统逻辑关系，提高了推断的可信度，可以说解决了上述《红楼梦》作者判定研究史上的大部分疑问，为文学史上的同类问题提供了一种更可靠的文体计量学研究范式。

三、文学文本挖掘与文学形式研究

2010年后，随着数字人文概念在中国日益传播开来，人们开始有意无意地发表利用文本挖掘（Text Mining）研究文学文本、文献的文章。文本挖掘是"远读"海量文献时采用的一系列技术集合的统称，它发挥了自然语言处理和数据挖掘技术的基本理念，从文本预处理中的分词、文本标记等步骤，到其后表示模型的选择、特征抽取、词频计算、各种文本聚类和分类、模式识别、情感分析、作者归属判断、主题建模，等等，都可算作文本挖掘的内容。早期的文本挖掘主要由计算机辅助的语言研究主导，较少有文学学者参与，如基于语义分析的宋词情感研究、基于语料库的唐诗风格分类等，更多由技术的可能性来驱动，并没有将实验整合到具体问题的论证框架中，而更容易流于工具性的应用探索。

---

① 马清华、周睿：《强程度概念的理据系统及其发生学机制》，《山西大学学报（哲学社会科学版）》2023年第2期。
② 周睿、马清华：《〈醒世姻缘传〉作者归属的应用计量风格学研究》，《明清小说研究》2022年第4期。

近十年来，计算语言学中的词频统计和信息检索等手段与文本挖掘的一些基本思想相结合，被更多地用于古诗的词汇意象、风格、主题和影响研究，而尤其是对《全唐诗》《全宋诗》这一类成一代巨观的文学总集的语言体式的测量。台湾政治大学刘昭麟团队曾以周至明两千多年间的九部代表性诗歌总集为语料库，对诗文学发展做了词汇水平上的长时段俯瞰，得出的结论虽浅显，却指明了几个有潜力的方向。他们将逐词索引（Concordance）、词语搭配（Collocation）等传统的信息检索功能发挥到极致，用于比较两千年间某些特定语象（如"白日"）在不同诗人、文集或诗体间的使用频率（如杜甫、李白的"风""月"之不同）、出现位置、搭配模式（如"白日"与"青山"对仗）、分布规律，及其在不同年代间的传承和演变关系。通过字符串匹配算法，不仅可以将历朝历代的"重出诗"一举搜罗出来，还可以提炼所有相似性段落，为进一步的借用和化用研究，以及校勘辑佚等文献工作提供工具[①]。郑文惠教授等则主要借助检索中的词语搭配功能，深入探究了中唐诗人"白"色语象的构词特点，对白色词丛的意象链接方式做细读，可解读出社会阶层剧烈变动时期士人群体的情感结构与文化思维[②]。与此相类，邱伟云、严程还曾研究过中唐诗人所偏好的空间方位词汇，以方位词前词缀与字频的计算，凸显了"人间"主题在中唐的涌现[③]。此外，刘京臣也曾借助文本重用检索，就唐诗对宋词的影响展开全面的研究和解读[④]。李斌、何盈学和高策则运用计算语言学的基本指标，对四万首乾隆御制诗做字符、句子和诗篇层面的频率统计，通过与《全唐诗》对照，探究其"陈词滥调"的成因，再参考《清实录》等材料，统计历年创作频

---

①刘昭麟等：《〈全唐诗〉的分析、探勘与应用——风格、对仗、社会网路与对联》，*Proceedings of the 27th Conference on Computational Linguistics and Speech Processing（ROCLING 2015），Taiwan, China, October 2015, pp. 43-57*；刘昭麟、余泰明、康森杰：《用数字工具探索中国古典诗歌：语言学、文学及历史视角之例证》，潘亦迎译，《数字人文》2021年第2期。

②郑文惠等：《情感现象学与色彩政治学：中唐诗歌白色抒情系谱的数位人文研究》，项洁编：《数位人文：在过去、现在和未来之间》，台北：台湾大学出版中心，2016年。

③邱伟云、严程：《心寄乐园，凝望人间：中唐诗空间方位的数字人文研究》，《西南民族大学学报（人文社科版）》2020年第8期。

④刘京臣：《盛唐中唐诗对宋词影响研究》，北京：中国社会科学出版社，2014年；刘京臣：《晚唐诗对宋词影响研究》，北京：中国社会科学出版社，2021年。

率变化并予以解释[①]。

随着深度学习的语义技术的发展，各种基础大模型经过特定汉语语料的微调，可以训练出更有针对性的任务工具，相较以往，准确率和匹配度都大幅度提升。仅以语句的相似度计算为例，清华大学自然语言处理与社会计算实验室的"AI九歌—中国古诗词类义句搜奇"，基于深度神经网络预训练模型BERT-CCPoem，改进了句向量的相似度算法，即便没有任何一个字词相同，也可以将语义和意境相似的文句查询、提取出来，按相似度进行排序[②]。这一工具可用于特定意象词群的抽取和演变分析，继而惠及长时段文学史的"互文性"和传承影响研究。

在近年的体裁和文类研究中，语言和文学学者开始使用分类、聚类算法模型对文学文本做分类，通过观察分类结果与传统观点的差异，继而对历史观念的生成展开计算批评和分析。这一思路下，青年汉学家李友仁较早运用文本聚类方法，对明清小说、野史和正史的目录学基础展开批评性研究[③]。诸雨辰、李绅、胡韧奋团队做了一系列尝试，如运用基于神经词向量的大模型对《汉书·艺文志》中的存世文献进行自动聚类实验，以达成对《汉志》分类标准的反思[④]。或将分类算法与相似度计算结合，观察"全上古三代秦汉三国六朝文"文体形态的发展演化过程[⑤]。在现代文类研究中，芝加哥大学文本光学实验室团队在与上海图书馆合建的"民国时期期刊语料库（1918—1949）"基础上，分别尝试了基于特征、朴素贝叶斯算法及神经网络模型等多种分类效果，对近现代期刊中"新文类"的形构因素进行多层面探讨[⑥]。而如果将多特征建模和机器

---

① 李斌、何盈学、高策：《多源数据参照的古典诗歌立体远读法初探——以乾隆四万余首御制诗为例》，《南京师范大学文学院学报》2022年第4期。
② "AI九歌—中国古诗词类义句搜奇"网址：http://jiuge.thunlp.org/souqi/#/。该工具也已整合进清华大学正在建设的"璇琮数字人文智慧平台（诗歌智能分析系统）"。
③ 李友仁：《虚构与历史：明清文学中的对立与风格梯度》，汪蘅译，《数字人文》2020年第2期。
④ 诸雨辰、李绅：《〈汉书·艺文志〉目录分类再审视》，《数字人文》2021年第3期。
⑤ 李绅、诸雨辰、胡韧奋：《中国古代文体相似度的计量研究》，第三届中国数字人文年会论文，南京，2021年10月。
⑥ Spencer Stewart等：《比较文学研究与数字基础设施：以建设中的"民国时期期刊语料库（1918—1949），基于PhiloLogic4"为例》，第二届中国数字人文年会论文，上海，2020年10月。

学习、网络分析结合，还可以用于边缘文体的形式独立性研究①。在今天，以语言的向量化表示和深度学习为基础的大规模预训练模型经过微调后，可以直接用于聚类、分类这样的下游任务，或许预示了未来数字人文取向的巨量文献研究的一种趋势。但应该看到，复杂模型也带来了可解释性的下降，因而对于文学研究来说，引入模型的价值恰恰产生于研究者"主观介入"的环节，亦即为了解决问题而设计出的实验验证框架，以及通过细读和推理来破解算法黑箱的步骤。应该说上述实验不再是简单的工具思维，而是带上鲜明的与学术史对话的意图，成为文学研究者深度介入的计算批评研究。

在近年的声律和节奏研究中，充分利用大样本、人工标注和统计测量，以事实数据来验证前人学说成为可行的方向。诸雨辰、胡韧奋以《全唐诗》为底本，专门对15,290首律诗中的13,683个拗句的平仄规律及其分布情况做详细的统计分析，发现了真正具有典型意义的拗救句式，重新提炼出唐诗平仄的基本原则②。循此思路，清华大学中国古典文献研究中心和统计学中心合作，采用自动标注与人工校补结合的方式，分别按《广韵》和平水韵对《全唐诗》注音，对《广韵》未收字、多音字及异读、变调等逐字逐句判定，尝试证实或证伪一些流传已久的命题，让人们认识到"唐诗格律更像是一个动态平衡系统"③。然而，如何根据大样本形成新的认识，而不仅仅满足于所谓"数据驱动"带来的冗杂结果，却仍然要求人们具备一定的抽象建模和特征挖掘能力，需要足够的远距离视野，把诸多不确定因素本身也纳入模型中，以便发现整体上的趋势。在这方面，已经有研究深入问题细部。如启用更全面的手段统计南朝至盛唐的五七言作品，勾勒永明声律规则向平仄律的演进过程。根据唐人声律文献，分别于四声律与平仄律系统下构建契合当时创作观念的声律模型，衡量唐人作品对当世特定声律体系的遵守程度④。或进一步对"蜂腰"与"二四异声"的遵守

①赵薇、程宁：《作为"新文类"实践的"散文诗"——基于多特征建模与网络分析视角的再认识》，第三届中国数字人文年会论文，南京，2021年10月。

②诸雨辰、胡韧奋：《清人"拗救"说再审视——以〈全唐诗〉15290首律诗为样本》，《中国诗歌研究》2019年第1期。

③李飞跃：《唐诗格律的统计分析及问题》，《文学遗产》2022年第5期。

④郝若辰、陆泉宇：《从永明到景龙：初盛唐近体诗声律规则的还原与重构》，《数字人文》2023年第1期。

情况采用"自然病犯率"，以衡量遵守某规则的难易程度，构建"合律度"公式以比较对困难程度不同的规则的遵守情况，再与诗格、诗论文献进行比对，分析这一历时过程中此二类句内声调对立规则及其遵守情况的演变，进而对五言诗律句的形成过程进行更加细致的阐释[1]。

在声律建模方面，另一个较富启发性的例子来自波尔多蒙田大学廖学盈教授对《诗经》所做的量化研究[2]。为了挖掘兴体诗潜藏的节奏模型，作者以一种类似N元语法的频率—位置组合序列分析算法，辨识、抽绎出兴体诗的起句和应句之间的联结模式，继而将音韵、修辞和主题融为一身，对连类引譬的"修辞节律"做量化探源。这种序列分析模型最后还结晶为一种释读方法，即由"二元样板样式"的句组间对位所形成的节奏复叠。这种释读离析出了更恒久动人的抒情结构，可以说正是经过一系列建模操作上的"现象学还原"，研究近乎理想地诠释了"兴"是如何在"涵泳讽诵"的释读传统中成为可能的。此外，在现代韵文的节奏建模方面，一种新的尝试是将机器学习的分类算法用于区分实验，在文类区分的框架下寻找重要的音组特征，重构现代汉诗的节奏层次理论，对一些争执百年的新诗理论问题给予量化回应[3]。

除上述文学研究的固有议题外，还有为数不多的理工科团队或独立学者，借助物理、数学模型深入文本结构研究。前者如高剑波等借助自相似分形理论中的Hurst指数对《哈利波特》系列电影台词情感时间序列的研究[4]。后者如刘洋对科幻小说和推理小说的叙事节奏、情节结构的识别和分析[5]。在这一系列研究中，为了将情感曲线或叙事节奏这些不易察觉的变化模式量化出来，研究者

---

[1] 陆泉宇：《永明体到近体句内声调对立规则的嬗变——以"蜂腰"与"二四异声"为代表》，《数字人文》2023年第1期。

[2] 廖学盈：《〈诗经〉的量化研究：发掘兴体诗的隐藏节奏》，《数位典藏与数位人文》2019年第4期。

[3] Cheng Ning, Zhao Wei, "Genre Identification and Network Analysis on Modern Chinese Prose Poetry," Annual Conference of Digital Humanities: "DH2023: Collaboration as Opportunity," Graz, July 10-14, 2023.

[4] 胡启月、刘彬、高剑波：《哈利·波特系列电影的客观评价：基于台词情感的自相似分形分析》，《数字人文》2021年第1期。

[5] 刘洋：《科幻与推理小说中的解谜叙事——基于词频动力学的远读与可视化研究》，《数字人文》2021年第4期；刘洋：《对科幻小说叙事形式的识别与分析》，《数字人文》2020年第4期。

一般会设计识别算法抽取特征，成功表征后，再自建更高级的算法模型，获得诸如"情感时间序列的赫斯特指数""节奏谱""词频关联度""词频集聚函数"等指标的计算方法，在更大规模的数据集上进行验证和评估，最终完成可视化结果的解释。这一类研究可以说有强大的技术背景做支撑，无论是文本表示模型的建立、计算模型的发明，还是最终的测评指标的设计，都是不落窠臼、独辟蹊径的，让文科学者望尘莫及。也许问题只在于，如何从文学和文化研究内部提出更有价值的问题，从既有的学术脉络中获得一种历史感，而不是横空出世，或止步于探索工具和方法的可能性[①]。

四、文学研究中的网络分析

在近十年的文学研究中，网络分析的应用大致可分为两类，其一是社会网络分析（Social Network Analysis, SNA），网络的意义往往附着在现实的地理系统或文献所蕴藏的人物生平社交关系信息之上。其二为文本网络分析（Textual Network Analysis, TNA），"关系"的意义需要人为构建，需要巧思并借助一系列计算方能专门表示。前者以对较大传记资料集中的文人世家、文学社群和文学活动形成的各种关系网络研究为代表，后者则集中在文本内部虚构的人物、空间、叙事、文体和美学风格的研究上。

社会网络研究较早的样板来自"中国历代人物传记资料库"（CBDB）这样的大型资料库所支持的群体传记学研究。由于这个数据库积累了7至19世纪数十万中国历代精英人物关系的现成数据，数量可观，可以把人物的亲属、任职、师承、通信、著述等关系信息直接导入网络分析软件计算，呈现不同时期士人群体的核心人物、派系划分、核心—边缘结构等情况，故而在古代史和古代文学文献研究中能派上较大用场。徐永明就曾结合《汤显祖年谱》和"中国历史地理信息系统"（CHGIS）中的系地信息，将汤显祖的社会关系准确投射到明代

---

① 此类研究现阶段的最大功用或许是为后续相关研究开发出了通用工具，如胡启月等人设计的情感分析模型，也被用于中国戏曲台词的研究。详见丁语函、汪燕云：《基于时间序列和Hurst指数的越剧台词文本情感分析》，《影剧新作》2023年第2期。

地图上①。刘京臣为了发掘明清进士家族中的文学家族，爬取"中华寻根网"中的家谱目录来弥补"中国历史地理信息系统"（CHGIS）关系表示上的缺陷，并将家族成员的亲属关系重新呈现在世系图中，试图从多角度验证"一经传家"的复杂问题。而如果引入家集诗词文赋中的唱和活动，则还可建构文学关系网络，进一步印证家族群体之间的交游关系②。同样是唱和关系，严程从清代女词人顾太清与其闺阁友人的著作编年中提取关系人，建构酬唱往来网络，发现了以顾太清为中心的女性诗人交游群体在"秋红吟社"存续期间的两次结构变化，从而"破解"了它的"中断之谜"③。这些研究虽然还未诉诸更具体的量化计算，但网络样态自身已作为关键的可视化证据而得到使用，在一定程度上增强了论说力。相类似的运用还可见于邱诗文对桐城派文人群体的可视化分析④。

相比于真实的社会关系网络，文本网络的建模通常更加灵活，文学研究者运用起来更从心所欲。他们通常会从文本中抽取可计数、且有研究价值的各种关系对子来建立矩阵，至于网络的意义该如何解释，各项结构指标又对应了何种意涵，则由具体问题和任意两个节点间连线的标准，亦即编码方式来决定。诸如人物的互动频率、对话强度、实体共现次数、地点之间的出发和到达关系等，皆可形成关系网。许超曾在《左传》标注语料库基础上，将"人物"与"事件"的实体共现网络表示出来，再将其转化为人物—人物的社会网络，对这一"春秋人物网络"进行整体性和关键节点的挖掘，发现了它的小世界性，以及孔子作为最低聚度相关度节点的特殊意义⑤。Jack Chen 等人较早运用网络分析研究了《世说新语》中人物的行为互动关系，并投射到地图上，从中可以观察到这部轶事集中的人物按时间顺序聚集的趋势，而不同的聚类又分明代表了不

---

① 徐永明：《中国古典文学研究的几种可视化途径——以汤显祖研究为例》，《浙江大学学报（人文社会科学版）》2018年第2期。

② 刘京臣：《大数据视阈中的明清进士家族研究——以CBDB、中华寻根网为例》，《北京大学学报（哲学社会科学版）》2019年第4期。同类研究还有刘京臣：《社会网络分析视阈中的家谱、家集与家学研究——以清溪沈氏为例》，《山东社会科学》2022年第5期。

③ 严程：《顾太清交游网络分析视野下"秋红吟社"变迁考》，《山东社会科学》2018年第7期。

④ 邱诗文：《可视性社会关系网络辅助文学流派界定方法探析——以桐城派文人群体为例》，《数位典藏与数位人文》2021年第7期。

⑤ 许超：《〈左传〉的语言网络和社会网络研究》，博士学位论文，南京师范大学文学院，2014年。

同的主题①。为了更好地探究《世说新语》中章节的编排机制，作者还作出人物—章节的二模网络，但似乎并没有更多新发现。可以说这个研究已初步涉及了出入度与中心度等指标的计算，也发现了一些值得深究的现象，但整体上仍偏重展示目的。此后，同样是轶闻小说，同样的方法则被秦颖扩展至对《唐语林》这样的宋代轶闻小说的研究中②。该研究将社会网络分析更为系统地运用于对文本中"语"的性质的细致探讨上。结合节点出入度、权威度、枢纽度的比较，特别是"点击度分析"，她进一步提出了影响对话网络全局的"玄宗因素"，发现了其在后半部分发生的"反转"。

　　不难看出，此类虚构性文本的网络建模，关心的是深层的叙述意图和写作观念，与目前看到的大量定义简单，或仅仅是基于词共现的关系提取方式不同，往往会寻求意义更明确的关系界定方法，并希望通过关系权重的加入，在加权网络中细致入微地考察角色关系问题。在这方面，廖俊凡在2010年便曾开发出一种描述会话角色关系的算法，用于《儒林外史》的对话网络建构及人物角色的解释③。不过遗憾的是，在角色抓取的过程中，基于词夹子演算法的半自动提取方式准确率较低，大多数情况下还要靠人工。同样是对小说文本内部的关系挖掘，近年来哈尔滨工业大学建筑学院何捷团队的两项研究深挖文本数据，结合空间制图等技术，较成功地运用网络分析来诠释文本中的空间文化。在《中国古典叙事文学的时空叙事数字模型研究——以〈李娃传〉为例》《从唐小说中的空间交互看都城长安的社会感知变迁》中④，他们对唐传奇人物的出行信息进行编码，用虚构人物的"移动数据"构建社会网络，试图通过模块度和相关性计算，建构起"基于坊里可见度的时间相关性网络"，从而探测出社区，寻找那些分散的，但又属于同一群组的坊里之间的相似之处，去探究是什么让它们在

①Jack Chen et al., "The *Shishuo xinyu* as Data Visualization," *Early Medieval China*, no. 20, 2014, pp. 23-59.
②秦颖：《〈唐语林〉中对话网络的可视化和统计分析初探》，《数字人文》2022年第1期。
③廖俊凡：《中国古典白话小说中的社会网络关系：以〈儒林外史〉为例》，硕士学位论文，台湾大学电机资讯学院资讯网络与多媒体所，2010年。
④马昭仪、何捷、刘帅帅：《中国古典叙事文学的时空叙事数字模型研究——以〈李娃传〉为例》，《地球信息科学学报》2020年第5期；马昭仪、何捷、刘帅帅：《从唐小说中的空间交互看都城长安的社会感知变迁》，《数字人文》2022年第1期。

初唐、盛唐、中唐和晚唐四个时期可见度的变化都相趋同，去表征社会权力结构更迭的空间性特征，继而从网络形态的变化中看出有唐一代长安人"情感结构"的变迁。

　　在现代文学研究中，文本网络分析的运用显然更轻易，也更容易为人们所接受，但是理想的研究也更难见到。问题在于，如何将单纯的关系抽取和严肃有意义的文学命题相对接，这是需要下一番功夫的。如在关系的精细编码基础上，将人物关系问题转化为人物理论问题，利用中心性计算来发现叙述中的关键人物及其分布形态，以之揭示文本背后潜在的叙事意图和历史观[①]；或与词嵌入、主题建模等表示方法结合，构建以语义为基础的词共现网络，通过特征向量中心度等指标来发掘某类词汇的使用模式，探讨崇高修辞在当代叙事中的美学效果[②]。

　　应该看到的是，近年在深度学习和知识图谱的热潮中，关系提取已经发展为自然语言处理中的常规任务。很多人工智能实验室和数字人文平台都推出了关系的批量提取和可视化工具，一些独立研究也致力于研发更合理、复杂的人物关系识别模型，以供图书决策支持系统和个性化推荐之用。然而文学研究毕竟不是商业开发，基于深度神经网络和大模型训练而产生的提取工具，自动化水平固然高，但对文学研究者来说，首先要寻找的却是可解释的、有问题针对性的关系编码方式。换句话说，关系的编码、抽取方式，是由所欲研究的具体问题决定的。当人们依靠现成的提取技术，把各种语义关系一股脑挖掘出来，却既无法给予其合理的解释，也不能施以意义明确的计算，那么这种庞然大物便失去了利用的价值。能否接受这一类建模方式，还取决于你是否相信并接受它自带的表征前提，例如一套最基本的语义分布假说，包括它的认识论基础和知识表示方式。然而对于很多人来说，我们并不仅仅生活在一个文本化的世界里，也不仅仅生存在一种语言结构之中。从这个意义上说，"智能化"的技术能否进入文学阐释和批评并获得承认，其关键更在于能否成为人文学者推理、细

[①]赵薇：《社会网络分析与"〈大波〉三部曲"的人物功能》，《山东社会科学》2018年第9期；赵薇：《网络分析与人物理论》，《文艺理论与批评》2020年第2期。
[②]马杰：《论中国现代文学叙事中的崇高技术》，《数字人文》2022年第1期。

读和论证的有效工具，被巧妙地整合进研究设计中，这更是一种计算批评的研究。

五、文学史研究的"系地"化与文学地理平台建设

近年的数字人文大发展中，文学地理学是率先提出数字化、实证化和技术化要求的领域，在其影响下，文献整理和文学史研究也越来越集中地体现出一种"系地"的努力①。这方面的工作，以王兆鹏团队、徐永明团队的研究和平台建设最为突出。其研究有相当大一部分聚焦于"文学版图""文人群体的地理分布""文化中心的变迁"这一类典型问题，以文化中心或南北分布格局的变化及因由为贯彻始终的关注点。可以看到，早期人们普遍重视文人占籍情况的考索和统计，王兆鹏教授曾以《全唐诗》《全唐诗补编》《中国文学家大辞典》《全宋诗》中的籍贯地为据，贯通唐宋，发现无论从数量上，还是大诗人的分布来看，诗坛的重心发生了明显的南移，这种转移始于晚唐五代，完成于北宋，而并非前人所认为的"始于安史之乱，成于靖康之役"②。几年后，团队又借助《进士登科记考》中进士籍贯数据，对地方上的创作之盛与教育水平的相关关系予以讨论，复从《全宋诗》《全宋文》《全宋词》《全宋词补辑》中提取、考订更全面的信息，将诗文词汇为一笼，揭示出有宋一代"百分之一的高产作者贡献了百分之五十的作品"，"孤篇存世"的作者占一半左右，浙江、福建、江西作者占"天下之半"，这样一种"分层分布"的结构状况，为人们从量化角度理解文学经典化和文学史的地形构造提供了数据支持③。同一时期，徐永明教授团队同样重视将籍贯数据和地理信息相结合。早先曾依据《全元文》和《全元诗》中的籍

① 系地一说，自1990年代起渐为学界所重视，为王兆鹏教授主倡。参见曾大兴：《中国历代文学家之地理分布》，武汉：湖北教育出版社，1995年，第1页；王兆鹏、蒋晓晓：《时空一体化——唐宋文学编年地图平台的学术理念与学术价值》，《三峡论坛（三峡文学·理论版）》2020年第5期；王兆鹏、邵大为：《数字人文在古代文学研究中的初步实践及学术意义》，《中国社会科学》2020年第8期。

② 王兆鹏：《唐宋诗歌版图的空间分布与位移》，《中国人民大学学报》2016年第6期。

③ 王兆鹏、齐晓玉：《宋代诗文词作者的层级与时空分布》，《中南民族大学学报（人文社会科学版）》2022年第1期。

贯地信息，对地域分野明显的元代文学的作者分布进行可视化分析，观察到诗、文作者在地域分布上的精微差异，遂从文人教育背景与心态、理学思想的渗透及诗歌传统的生成等角度作出解释①。近来又在此基础上加入了宋代部分的数据，宋元合观，力图以数据为证描述经历蒙宋战争后的文学版图，又发生了怎样的变化②。而对明代作家分布的研究，则建立在《中国文学家大辞典·明代卷》的数据化上，这一新近研究还特别重视与《列朝诗集小传》《明诗综》所录作家籍贯的对比，从而进一步反观了所用选本的编选策略③。

与仅以籍贯分布这一"静态数据"为衡量指标不同，为了真正加入流动性因素，王兆鹏团队也曾借助唐宋文学编年系地信息平台，使用一条条人工标注出来的、描述作家活动的编年系地数据，将作家一生途经或寓居某地的频次也统计进来④。据此行迹数据，可以从"北方占籍诗人虽然多于南方，但活动人次却少于南方"的现象中，再次得出唐代诗人大多是向南流动的观点——而如果结合活动频次和诗歌产量还会发现，作为政治文化中心的长安、洛阳等地仍然是绝对的中心。

近年来空间人文和网络分析等领域兴旺发达，有与文化地理学汇通的趋势，为人们从量化建模的角度深入此类问题提供了新思路。2020年，武汉大学地理信息团队与中南民族大学文学与新闻传播学院合作，在11万条文人足迹数据上构建了唐宋文人的大规模迁徙网络⑤。他们把统计网页点击率的PageRank算法，用于对城市节点的吸引力建模，设计出吸引力算法，再在不同时期的网络图中让全部城市按PR值大小显示，以此便直观地印证了先前研究的大量结论：

①徐永明、唐云芝：《〈全元诗〉作者地理分布的可视化分析》，《浙江大学学报（人文社会科学版）》2019年第1期。
②徐永明、林施望：《从〈全宋文〉等四部文学总集看宋元文学版图的变化》，待刊稿。
③李菁、徐永明：《明代作家的空间分布与可视化分析——以〈中国文学家大辞典·明代卷〉为例》，《浙江社会科学》2022年第2期。明代的相关研究，还可参见 Qian Lixiang, "Distribution Maps of Chinese Poets in the Ming Dynasty (1368-1644): A Geographical Visualization Experiment," *Library Trends*, vol. 69, no. 1, Summer 2020, pp. 289-307.
④王兆鹏、王艳：《唐代诗歌版图的静态分布与动态变化——基于〈唐宋文学编年系地平台〉的数据分析》，《中南民族大学学报（人文社会科学版）》2020年第1期。
⑤应申等：《基于唐宋文人足迹集聚性分析的中心文化城市变迁》，《地球信息科学学报》2020年第5期。

如唐代文化以两都为中心，环太湖流域文人群体初现；北宋时开封和环太湖、长江流域文人聚集性崛起；南宋时江苏南部、江西、浙江城市群和福建、成都文人群体发展壮大；等等。此外，该研究还以二十年间隔的颗粒度，对南北城市的吸引力差异变化给出时间函数的精确表达，对中国文化中心的第二、第三次南移说作出专门验证和评估。可以说，从最初对文人占籍情况的统计分析，到行迹数据的标引、加入，再到与GIS和空间科学汇通，该研究已经从数据科学、网络分析和GIS多学科交叉的角度，为这一课题画上阶段性的句号，颇有一种一锤定音的效果。

　　在地图技术和历史地理信息化的驱动下，一些积多年之功建成的文学地图平台也逐步向学界开放。这些平台的建设初衷，旨在突破既往作家年谱、别集笺注和编年史研究重时间编年而不注重空间系地的局限，力图实现文献资料的集成化和文学编年史的时空一体化，有助于对历代文人的行旅和写作做远读式研究，更有助于整合史料文献并将其转化为空间数据，"以厘清历史时空变迁过程中的各种因果关连"[1]。它们大都通过结构化数据表的多图层嵌套，实现GIS或WebGIS的初步架构，中南民族大学和搜韵网合作开发的"唐宋文学编年地图平台"[2]、浙江大学和哈佛大学合作的"学术地图发布平台"[3]都在此架构上建成。以后者为例，平台在天地图和各种历史地图集之上，借助更大的地理信息系统（如CHGIS），嵌入地名字典、各级行政区划沿革的历史地理数据。从年谱、传记、路程书、方志等文献和研究中抽取信息，打上GPS坐标后，制作成点线面结合的矢量图层，便于编辑要素，获得地理属性，制作"行迹"并上传分享。各种人物的分布、行迹图层也可嵌套在不同时期，不同内容的底图上，通过时空对比来剖析某一事象的区域演变，或发现所关心的变量（如进士分布和文人聚集）之间的关系。2021年以来，这两个平台已分别扩展为更高级的知识图谱平台："知识图谱"（https://cnkgraph.com/）和"智慧古籍平台"（https://csab.zju.edu.cn/），具备了更全面、深入的知识重组和知识发现功能。此类综合性文

①陈刚：《"数字人文"与历史地理信息化研究》，《南京社会科学》2014年第3期。
②https://sou-yun.cn/PoetLifeMap.aspx.
③http://amap.zju.edu.cn/.

学文献平台呼唤更多的研究成果和应用案例出现。

　　此外，台湾中山大学简锦松教授团队近两年也推出了"明清水陆路程与文学"全开放平台①，为其多年主张的"现地研究"之副产品，产出了一系列研究论著②。而在平台化阶段之前的相关成果则集中在《杜甫夔州诗之现地研究》《山川为证：东亚古典文学现地研究举隅》等著作中③。在这方面，安徽大学唐宸亦有诸多新颖研究发表，如利用天文软件进行天象模拟，对古典文学文献中的天象描写做挖掘分析和创作还原，从而达成对文人用典、作品系年等历史事象的进一步考证，或将文本诠释推向更精微的境地④。而邵大为近期的工作，则集中在对诗词作者一生书写景观的研究，以及文学景观数据库的建设之上⑤。

六、文学数字人文的理论批评及主要问题

　　在众多人文学科中，文学学者大概是最热心于数字人文的理论和批评建构的群体。早期的理论兴趣，多由译介来体现。早在2013年，南京大学艺术研究院陈静便组织翻译了苏珊·霍基（Susan Hockey）、凯瑟琳·菲茨帕特里克（Kathleen Fitzpatrick）和 斯坦利·费什（Stanley Fish）的文章。金雯、李绳的《"大数据"分析与文学研究》聚焦时下美国最新的文学数字人文成果，如马

---

①https://www.dhlib.cn/mqrl.
②如简锦松、唐宸：《李白诗"相看两不厌，只有敬亭山"现地研究》，《陕西理工大学学报（社会科学版）》2018年第6期；简锦松：《现地研究与辛弃疾词的新读法》，《数字人文》2020年第1期；简锦松等：《明钱榖〈纪行图册〉、张复〈水程图〉之大运河现地研究与GIS呈现（之一）》，《数字人文研究》2023年第1期；简锦松等：《明钱榖〈纪行图册〉、张复〈水程图〉之大运河现地研究与GIS呈现（之二）》，《数字人文研究》2023年第2期；等等。
③简锦松：《杜甫夔州诗之现地研究》，台北：台湾学生书局，1999年；简锦松：《山川为证：东亚古典文学现地研究举隅》，台北：台湾大学出版中心，2018年。
④唐宸：《天象模拟在古代文学研究中的运用——以Stellarium软件为例》，《数字人文》2020年第1期；唐宸：《理念与方法：天象模拟技术与古典文学经典作品研究》，《文学遗产》2022年第6期；唐宸、刘梦涵、黄雅丽：《"天星散落如雪"：李隆基"唐隆政变"与英仙座γ流星雨》，《数字人文》2022年第2期。
⑤邵大为、陈逸云：《建设文学景观数据库的价值与方法——以〈方舆胜览〉为例》，《中南民族大学学报（人文社会科学版）》2020年第1期；高武斌、邵大为：《北宋元祐文学的图景特征——基于〈唐宋文学编年地图平台〉对元祐文学的定量分析》，《中南民族大学学报（人文社会科学版）》2023年第5期。

修·约克斯（Mathew Jockers）的 *Macroanalysis*（《宏观分析》），描述了这种研究的前景及其在海外人文学界的真实处境①。自2016年起，戴安德（Anatoly Detwyler）、姜文涛在《山东社会科学》主持数字人文专栏"观其大较"，七年来翻译了霍伊特·朗（Hoyt Long）、苏真（Richard So）、安德鲁·派博（Andrew Piper）、弗朗科·莫莱蒂（Franco Moretti）、阿兰·刘（Alan Liu）、泰德·安德伍德（Ted Underwood）、马克·阿尔吉-休伊特（Mark Algee-Hewitt）、李友仁等多位活跃在北美数字人文一线的文学学者的量化成果。这些研究大都具有相似的价值立场和研究取径，近十年来围绕着如何运用建模来推理论证，形成了一套可行的方法论，可以说促成了国内"计算批评"研究取向的形成，也极大影响了大陆第一本数字人文学术刊物《数字人文》的创办路线。此外，《数字人文》也译介了大量文学研究案例，内容涉及"远读"、计量文体学、文化分析、人文计算、机器学习、话语网络、数字文献、世界文学、数字汉学、思辨的基础设施等与文学研究紧密相关的主题。这些译介的初衷，如开篇导语中交代的，引介者无法预料数字人文将会占据什么样的知识空间和话语场域，会产生什么样的问题，但却坚信，它"最终能够赓续和增补中国人文学术的伟大传统"。近年来，《数字人文研究》期刊也开辟领地，对盖哈特·劳尔（Gerhard Lauer）、约翰娜·德鲁克（Johanna Drucker）等数字人文学者进行译介，还请海外学生、学者对马修·威尔肯斯（Matthew Wilkens）等重要的文化分析学者做访谈，全面介绍其研究理念，以及对最新技术的看法，其中不乏真知灼见。同时，这两本刊物也格外注意对国际数字人文的最新资讯的同步传播。

　　除译介外，来自文艺理论、外国文学和比较文学、艺术学的学者，也对数字人文的历史来源、发展、所面临的争议，及其和远读、计算批评的关系作出清晰的思考。这些理论思考带有批评的性质，具有较强的时效性和针对性，在掌握一定数字人文理论和实践经验的基础上，对当下中国数字人文的生产状况作出了判断和反思，在某种程度上真的影响了数字人文在中国，特别是在文学研究中的走向。在这方面，陈静的《历史与争论》一文较早对数字人文在英美

①金雯、李绳：《"大数据"分析与文学研究》，《中国图书评论》2014年第4期。

的发展和引发的争论做了检讨性综述①。2016年，作为"观其大较"开篇，戴安德、姜文涛著，赵薇译的《数字人文作为一种方法：西方研究现状及展望》②，则对数字人文的历史和方法做了提纲挈领的介绍，迄今仍然是人文学者撰写的引用量最高的导论文章。2018年以来，陈静在一系列文章中明确提倡开放边界和"复数的数字人文"，希望保留数字人文在不同学科、不同文化、不同语言间的多种可能性；一方面人文学者应有意识地提高自己的数字素养，避免对"技术"的无感或盲目的乐观／悲观主义，增强协作意识，提高深度参与能力；同时，也应对算法和数据驱动保持清醒认识③。姜文涛将数字人文的兴起放在印刷媒介向数字媒介转型的大背景下，提醒人们注意作为专业领域的数字人文与西方近代人文研究职业化进程的内在关系④。但汉松最早在《朝向"数字人文"的文学批评实践》中紧扣约翰·安斯沃斯（John Unsworth）、凯瑟琳·海勒（Katherine Hayles）等人的观点，敏锐地指出作为一套再现实践的数字人文，其计算的有效性并不等同于对计算工具的"皮相"套用⑤。只有在利用工具的过程中，人的主体意识和算法产生了深刻的交互，才算具有了文化批评的人文主义价值。承此观念，赵薇认为数字人文须超越"工具角色"的阶段，以斯坦福大学文学实验室和芝加哥大学文本光学实验室的探索为例，可以看到莫莱蒂的"远读"，逐渐为一种更具生产性和批判意识的"计算批评"所取代的过程⑥。尹倩、曾军则注重从理论层面梳理出与数字人文相对接的一套文本分析理论⑦。一言以蔽之，

---

① 陈静：《历史与争论——英美"数字人文"发展综述》，《文化研究》2013年第4期。
② 戴安德、姜文涛：《数字人文作为一种方法：西方研究现状及展望》，赵薇译，《山东社会科学》2016年第11期。
③ 陈静：《当下中国"数字人文"研究状况及意义》，《山东社会科学》2018年第7期；陈静：《复数的数字人文——比较视野下的中国数字人文》，《中国比较文学》2019年第4期。
④ 姜文涛：《作为一种文学研究方法的数字人文——印刷文化基础设施，20世纪文学批评史，以及文学社会学》，《中国比较文学》2019年第4期。
⑤ 但汉松：《朝向"数字人文"的文学批评实践：进路与反思》，《文化研究》2018年第2期。
⑥ 赵薇：《从概念模型到计算批评：数字时代的"世界文学"研究》，《中国比较文学》2019年第4期；赵薇：《数字时代的"世界文学"研究：从概念模型到计算批评》，《外国文学研究动态》2020年第3期；赵薇：《从概念模型到计算批评——Franco Moretti之后的世界文学研究》，《西南民族大学学报（人文社会科学版）》2020年第8期。
⑦ 尹倩、曾军：《形式与意义：数字人文视域下一种可能的文本分析理论》，《山东社会科学》2021年第11期。

就像"数字史学"之于历史研究，数字人文要想在文学研究中真正"落地"，仍然需要具备一种迎合自身学科趣味和学术规范的具体形态。不同于现阶段大量探索对数字工具和平台的简单应用，计算批评承认解释的主观性、先在性、复杂性和天然难度，它强调建模在思考和推理过程中具有的重要作用，在"数据→模型→细读→理论→数据→……"的阐释循环中，文学研究者从自身的问题意识和细读体验出发，通过巧妙的实验设计论证问题，与数据驱动的结果直接对话，达到破除算法黑箱、发现文本背后的生产逻辑的目的，使"人"的维度在数字时代重放异彩①。

　　遗憾的是，在现阶段的中文学界，理想形态的文学数字人文研究或者说计算批评研究仍然十分罕见，这或许是一个正常现象。对于文学研究或者广大人文学科来说，数字人文其实是一个门槛很高、受众稀少的领域，它对研究者（包括接受者）的计算思维、量化社会科学素养以及实践能力有一定的要求，容不得浑水摸鱼，也不存在模棱两可的中间状态。例如，没有任何量化基础和实践经验的人，或许可以通过阅读，习得一套法国后现代主义的哲学话语，在批评写作中尽情发挥，但是数字人文研究中，如果不经过相应的学习和训练，便很难有效参与到设计、部署、运行和评判计算批评实验的全流程中去，不要说照猫画虎地做，连是否真正理解了研究都很难说（当然，这并不妨碍他们继续制造"时髦的空话"）。在这一意义上，史蒂芬·拉姆塞（Stephen Ramsay）当年将"做"或者"不做"作为区分数字人文学者的唯一标准，是不无道理的②。

　　近年数字人文的热潮带动了对量化研究的兴趣，即便无力自己建模，也产生了一些用现成软件对现当代文学、文学杂志、网络文学做统计和词频分析的个案。然而现如今毕竟不同于三十年前，如果使用者仍无相应的量化基础，不能深入至算法层面和工具对话，做细读分析，也无法凭借巧妙的实验设计和推理，将工具生成的"量化证据"严密地整合进论证中，便有可能造成"新的蒙蔽"，迟早会像早期的文献计量或"计算文学研究"（Computational Literary

---

① 赵薇：《作为计算批评的数字人文》，《中国文学批评》2022年第2期。
② Stephen Ramsay, "Who's In and Who's Out," https://www.researchgate.net/publication/293348151_Who's_in_and_Who's_out.

Studies）在北美一样，遭遇尴尬的局面，引发一系列评价问题。事实上，"计算文学研究"论争的情况更加复杂，研究者们在文本表示、文学建模和实验设计、论证的科学性上已格外小心，可以说很多都堪为典范，但还是引来了吹毛求疵的批评，甚或上升到意识形态层面的文化批判，背后的真正因由令人深思①。

数字人文呼唤跨学科、多学科的合作模式，然而普遍缺乏量化背景的文学学者在进入合作时，也会带来相应问题。例如合作的署名问题，牵涉到了更敏感的合作中的权力和等级关系问题。在项目制的运作方式中，在一些共同署名的研究中，不同于理工科合作，一些人文学者非但没有实际上的主导能力，连研究的目的和过程也不甚明了，那么，在一套相对成熟的合作机制尚未建立起来的时候，那些已经在传统学界立身或处于上位的学者在与学生或不平等位置上的学者"合作"时，是否有勇气在发表中注明自己的实际贡献？而在另一些更大型、更光鲜的数字人文项目中，负责人除了跑场子，拉合作，作宣讲，是否还有更多实际研究层面的推进和设计，还是说变成了名正言顺的"包工头"？我们不能轻易将问题上升到"数字资本主义"对高等教育的渗透这么严重的层面，但是对文学研究而言，"懂技术"的学生（甚至本科生）提供数据，老师写论文（甚至不写论文）的模式，无论如何都不是那么光彩的。应该说，这类问题并非因数字人文而生，只是在文史哲一类纯文科卷入数字人文生产模式的时候，会更形触目，如果处理不当，也有可能引发更大范围的争议。

所以现阶段，除了探索或效仿一些已经建设得较好的团队合作、运营模式外②，或许人们更应该静静等待，给有勇气和肯下功夫学习、摸索的青年学生、学者以真正"跨学科"的时间和耐心。对文科而言，大跃进式的生产建设和宣传只会产生更多浮夸的泡沫，引来更多投机者。在文学领域，我们看到越来越多借由数字人文名号而起的中心、项目、课程、学位，以及一些暴得大名的"专书专论"、学者，却毫无实践经验，也拿不出像样的量化成果……事实上，

---

① 对计算文学论争的全面清理和反思，详见《数字人文阅读》第七章，"数字人文论争与反思"，金雯主编，上海交通大学出版社，即将出版。
② 详见冯惠玲教授在"数字人文的学术评价体系：定义与规范建构"研讨会上的发言（王涛、陈静、吴映雪：《"数字人文的学术评价体系：定义与规范建构"研讨会发言汇编》，《数字人文》2021年第1期）。

和一切人文学术事业一样，文学的数字人文研究可能更加艰辛寂寞。数字人文的"烧钱"是众所周知的，无论是大规模文献的数字化、人工标注，还是训练或微调语言模型，都所费不赀，一些前沿探索根本申请不到课题经费，更不可能像常规学者那样"高产"，大多数青年学者在自掏腰包做着耗时漫长的基础工作，在得不到既有评价体系承认的边缘位置默默奋斗，甘苦自知，在异常焦虑、隐忍的状态下，"十年磨一剑"对他们来说并不新鲜。好在数字人文是一个不看头衔，不论资排辈，更凭实力说话的新场域，中国的数字人文要获得国际声誉，在数字时代赓续文脉，希望仍然寄托在这些踏实肯干的人身上。

中国史学（含思想史）数字人文发展报告*

邱伟云 （南京大学历史学院）

胡　恒 （中国人民大学清史研究所）

王　涛 （南京大学历史学院）

罗方颖 （南京大学历史学院）

陈　路 （中国人民大学清史研究所）

引　言

（一）中国历史学和数字人文发展的背景和重要性

中国史学概念极广，但凡涉及中国历史的相关研究都包含在内，在时段上涵盖中国古代、近代、现代历史的一切研究，利用史料收集、田野调查、文本分析、计量统计、比较研究等方法，考察诸如政治、经济、社会、文化、思想等各方面的事件、人物、制度、行动，借以发现中国社会结构、经济制度、思想文化的特点，揭示中国历史的演变发展规律，为中国社会的进步与文化传承提供智识支持与指导。

作为古老学科的中国史学与数字人文学的互动缘起，实际上并没有一个确切的时间界定，但若是一定要给出一个大致时间点，可定于20世纪末到21世纪初之间，正是随着计算机与互联网普及的数字浪潮，开启了中国史学与数

*感谢南京大学秉文书院徐诗涵、刘紫淇、宁玉锟、叶逸飞等同学协助资料收集与整理工作。

字人文方法会合的发展路径①。两者结合对于中国史学研究来说的必要性，在
于中国史研究者得以利用计算机与信息技术手段，提高过去研究过程中史料收
集、田野调查、文本分析、计量统计、比较研究等方法的效率，在数字技术与
人文学方法的交叉中，能更为精确、有效、快速地增快研究进程，产出更多更
不同以往的人文研究成果。数字人文的出现实为中国史学界提供了新的研究思
路、方法与工具。而中国史学界在信息技术普及、数据存储和处理能力大幅提
升、开放数据与开源软件的出现与发展、人工智能与大数据新兴技术的涌现等
数字潮流，以及重视全球化与跨学科交流、重视历史文化遗产、教育创新发
展、重视交叉学科等人文学潮流，乃至政府建立文化自信与塑造国家形象政策
与投资的支持、人们对历史文化传统关注致使社会需求与应用场景扩大等社会
发展趋势三大潮流下，与数字人文一起发展成为必然趋势，这个趋势实对社
会与学术界二者来说都具有重要意义。对社会层面而言，通过数字人文方法
与工具，可更好地保护、传承、保存与传播中国丰富的历史文化遗产与文化
根源，使更多人了解与体验中国历史文化，进而增强国家凝聚力与民族自豪
感，有助于弘扬中华文化传统价值。对于学术界而言，通过数字人文新的研究
方法与途径，可更高效地处理与分析更巨量的历史文献资料，挖掘出长时段

---

① 在1923年，梁启超就曾在《历史统计学》一文中使用统计计量方法进行中国史研究，而约
在1990年代伴随着计算机统计技术的进步，则出现了量化史学的研究，但这两者都不能算是
数字人文，只有在21世纪计算机技术更为发达，时空地理分析、网络分析、文本探勘等新兴
技术逐渐被引入，才真正涌现出于涵义和范围上都比量化研究大得多、广得多的数字人文研
究。数字人文与计量史学的相同点在于都是使用数字技术和统计方法去发现历史材料中的隐藏
模式与关系，而不同点展现在三个方面：其一是方法上，计量史学主要使用统计学和计量经济
学的方法，通过收集、整理和分析大量历史数据，寻找变量之间的相关关系，并进行定量模型
的建立和验证；数字人文主要运用文本挖掘、网络分析、数据可视化等技术，将人文学科的文
本、图像、音频等非结构化数据转化为结构化数据，以便进行定量分析和可视化呈现。其二是
数据来源上，计量史学常使用历史档案、统计年鉴、人口普查数据等官方或非官方的历史数
据，以及其他与研究主题相关的数据，数据通常是定量的；而数字人文可以使用多种数据来
源，包括文献数据库、社交媒体数据、数字图书馆、在线档案等。数据形式可以是文字、图
片、音频、视频等。其三是研究对象上，计量史学主要关注经济、社会和人口等方面的历史问
题，例如经济增长、城市化过程、人口迁移等，重点在于在不同时间和地点进行比较和分析；
数字人文可以应用于各个人文学科领域，例如文学、历史学、语言学、考古学等，对于文本
分析、网络结构、文化传承等问题有着广泛的应用。梁启超的文章，参见梁启超：《历史统计
学》，《史地学报》1923年第2期。

中复杂的历史事件和文化现象之间的关系与规律，发现历史人物、思想、制度、行动间复杂的互动纠缠关系，使研究者获得更广阔视野，促进中国历史研究的深入与创新。以上两方面正是中国史学与数字人文共同发展的意义与贡献所在。

（二）中国历史学与数字人文发展的相互关系和互补性

本文研究目的在于通过回顾中国史学与数字人文发展历史，向读者揭示二者的相互关系和互补性，进而揭示中国历史学与数字人文协同发展的必要性。从过去利用数字人文方法进行中国历史学相关研究的成果中可以归纳出两者发展间的密切关系。自21世纪以来，中国史学研究出现了一股从上到下、从中心向边缘、从内到外的研究视角转向趋势，伴随此趋势而来的是在史料方面出现去中心化、去单一语言化、去单一类型化，在方法方面出现跨领域方法化，在史识方面出现去中心主义的全球化等现象。这些变化共同揭示出的是中国史研究者必须从过去仅关注精英文本、主流文本、国别文本、单语文本、文字文本的基础上，扩大阅读与研究视野，兼及庶民文本、区域文本、全球文本、多语文本、图像文本，并通过借鉴文学、语言学、社会学、经济学、艺术学、政治学、地理学等多学科交叉方法，以勾勒出去中心主义的、带有流动与纠缠特性的全球化视角下的中国历史学研究新成果。在上述中国史学发展脉络中可见，巨量的跨时段、跨国、跨语言、跨媒介的文献成为未来中国史研究者必须阅读的研究材料，但碍于人力阅读以及无法凭借一己之脑力处理复杂信息的天生能力限制，使得中国史学研究在迈向从上到下、从中心向边缘、从内到外的新视角前存在一个必须跨过的门槛，亦即如何才能精确、客观地读尽上述巨量复杂历史文献后进行分析工作，此时数字人文方法的出现正解决了这一难题。

数字人文方法与中国历史学之间的相互关系，可分别从两方面谈起。从数字人文方法帮助中国历史学方面来讲，数字人文方法凭借擅于处理巨量复杂的文字、图像、音频、视频文本的自然语言处理、网络分析、图像识别与标记、视觉可视化乃至人工智能技术，能有效帮助中国史研究者在未来更为高效地处理与分析巨量的多媒介历史文献资料，从中挖掘出隐藏的信息与规律；这种研究方法诚如项洁、胡其瑞所言，"跳脱以往在纸本数据中的线性阅读，对信息时代的历史文本，通过技术的协助增添词汇标记，再利用对标记词汇的分析与可视化，鸟瞰并掌握历史文本中隐含的脉络"[1]，为中国历史研究提供更多样化与便捷化的资源与工具，使中国历史学研究具有提出更多创新的历史学理论体系与方法论的可能。而从中国历史学帮助数字人文发展方面来看，中国历史学为数字人文提供了许多重要的研究对象作为计算模型评测的问题，或提供更多优质的中国历史文献作为训练数据，或提供更多缜密的中国历史学研究方法作为训练任务型模型的规则，数字人文可通过中国历史学的特殊问题与方法改进自身的研究，这使中国的数字人文研究发展有更多不同于全球学界的可能。

由上可见，中国历史学与数字人文的发展，并非如同过去一般认为的人文与科学之间必然呈现出对抗关系，相反二者可以是互补关系，两者的互补结合能使中国历史研究更为全面与精准、更好地保护与传承中国历史以及提高中国史教育与中国历史文化的普及工作，甚至能使中国历史学研究基于计算数据的结果，对社会治理与决策制定提供参考信息。中国历史学与数字人文互补式的交叉合作发展，为两个领域都提供了新的视野与方法，同时推动了双方的蓬勃发展。

（三）研究方法和数据来源：综合运用文献资料、数据挖掘、深度访谈等方法，以及互联网、数据库等数据来源

本文以中国知网（CNKI）数据库、数字人文公众号"零壹Lab"、清华大学数字人文网站（https://www.dhcn.cn/）、近五年的中国数字人文年会、美国计算机与人文协会（Association for Computers and the Humanities, ACH）年会、数字人文组织联盟（Alliance of Digital Humanities Organizations, ADHO）年会、日本数字人文协会（Japanese Association of Digital Humanities, JADH）年会等国际重要数字人文会议，乃至东亚一些著名数字人文期刊如《数位典藏与数位人文》《日本数字人文协会杂志》等为数据采集对象，收集整理并归纳以数字人文方法进行中国历史学相关研究的论文篇目数据作为数据集，利用文献资料、数据挖掘等方法进行分析，展现出中国历史学与数字人文的结合与应用轨迹。

---

[1] 项洁、胡其瑞：《历史文本的词汇标记及应用》，《数字人文研究》2021年第1期。

一、中国历史学与数字人文的结合与应用

（一）数字人文在中国历史学研究中的作用

数字人文与过去中国历史学研究方法的不同点在于数据驱动、数据挖掘、机器学习、数据可视化、多模态数据分析等方面，与基于传统人工阅读和分析方法有所不同。基于数字人文特有的方法则又展现出在数据规模、处理效率、自动智能、多元数据整合上的方法学优势。综上可将数字人文对中国历史学研究上的作用归纳为两大方面：共时性的多维复杂化与历时性的长时段化。

在第一个作用部分，是数字人文视角善于处理共时性的多维复杂数据，数字人文可凭借数字技术，将过去中国历史研究中以千丝万缕一笔带过的部分清晰地呈现出来。

首先可通过文本挖掘技术发现文本之间的关联性与共现模式以找到隐藏的历史关联，如利用文本探勘中的古汉语BERT模型，计算《老子》典籍与各个典籍之间句子相似度，发现《墨子》与《老子》的密切相关性，令人重新思考道家与墨家之间思想的隐藏关连[①]。

其次可通过网络科学方法去建构历史事件、人物或概念间的关系网络，揭示多模信息下的复杂相互影响与关联性网络，进而发现关联性网络间的传播路径。如利用网络分析技术，建立包含地方官学碑记的作者和这些学校所在的地文宏区（Physiographic Macroregions）等两种不同性质实体的双模网络（Bipartite Network），借此考察作者与宏区之间的关系和影响力范围，通过研究不同作者的影响力范围和重叠情况，最终发现长江上游与其他地文宏区之间存在着结构性鸿沟，并揭示出带有区域性与全国性影响力作者的两种空间分布特征，具象地在双模网络中展现出不同作者在促进不同子群之间思想交流方面的重要性[②]。

[①] 高瑞卿等：《数字技术下〈老子〉文本与先秦两汉典籍的关系挖掘》，《情报杂志》2021年第10期。

[②] Physiographic Macroregions是美国人类学家施坚雅（George William Skinner）给出的地理学理论概念，划定中国有九大地文宏区，相关讨论参见陈松：《为学作记——从网络分析和文本分析视角看宋代地方官学碑记的作者与主题》，《数字人文》2020年第4期。

其三可通过情感分析技术，把过去难以检证而被排除于理性的历史实证研究之外的情感信息计算出来，对历史文献资料进行情感评估，还原历史事件与人物间的情感联系，揭示历史事件和人物在公众心目中的影响力与态度，从感性情感层面补足过去专注于理性层面中的中国历史学研究。如利用情感分析技术对《拉贝日记》进行分句情感极性识别，基于得出的情感态度曲线，修正了之前对拉贝在日记中可能存在强化日军暴行的叙事意图的主观偏见的质疑，以及拉贝对日本大使馆成员可能存在国族偏见的猜测，乃至拉贝可能存在对妻子冷漠态度的看法，通过情感分析维度得以重审拉贝的个人形象，并补充历史研究中过于理性的层面，从感性情感层面更全面地理解历史事件和人物[1]。

其四可通过结合文本探勘与网络科学技术下的语义网络分析方法，识别文本中的实体、概念与关系，建构历史文本的语义关联网络与知识图谱，更深入地理解与解释历史。如结合文本探勘和网络科学技术，提取"中国历代人物传记资料库"（CBDB）中的宋代人物数据，采用语义网络分析方法，发现宋代学术师承关系中一些未被注意到的学术师承关系，如在朱熹、吕祖谦和陆九渊是学术师承关系数量最多的三个人物外，赵氏即皇姓家族关系在学术师承关系中占比较大，这些发现为研究者提供了新的视角和方法来了解宋代学术师承关系的复杂性[2]。

其五可通过连结地理信息系统技术，把历史事件、人物、概念、制度、机构、交通乃至自然环境等数据信息与地理空间位置信息相结合，分析它们之间的空间关联，展现出这些多元信息在地理空间上的静态分布与动态迁移过程。如利用地理信息系统技术，对1907年、1919年、1933年和1936年的4幅邮政舆图进行数字化与数据采集，修正过去对于近代中国邮政空间的认识，包括邮政网点的分布并不完全依赖于人口密度，邮政网点的空间分布与地形、交通便利程度、历史因素有关，通过地理信息技术重审邮政网络的发展对于近代中国

---

① 黄紫荆等：《数字人文视角下的〈拉贝日记〉情感识别与分析》，《图书馆论坛》2023年第3期。
② 杨海慈、王军：《宋代学术师承知识图谱的构建与可视化》，《数据分析与知识发现》2019年第6期。

国内市场网络的重建和了解具有重要意义①。

其六可通过深度学习与人工智能乃至多模态数据分析，一方面提示人力无法考虑到的中国历史学研究中的特殊维度，提供新的洞察；一方面综合计算文本、图像、音频、视频等不同数据类型中的信息，全面理解中国历史中的复杂关联性。如以吴宝康为研究对象，采集相关论文、专著、老照片、书信、手稿、奖章等实物档案以及用户生成内容等文本、图像、实物、音频、视频等多种模态资源，提取人物、地点、时间、事件、组织机构等实体概念，以三元组形式建立实体之间的语义关系，实现了多模态名人档案资源的知识聚合，通过多模态分析，可帮助研究人员将这些不同类型的资源进行关联聚合，揭示出隐藏在历史事件和人物背后的更深层次的意义和联系，更好地理解历史事件的背景、动因和影响，从而形成更全面、准确的历史叙述，推动历史研究的深入发展②。

总的来说，数字人文方法通过大数据分析可在处理分析巨量复杂数据时仍保存精确性与可复现性，更准确与深入地挖掘、识别出经由漫长而复杂过程，涉及多事件、多人物的复杂的中国历史大数据中的潜在联系与模式，更科学地、更具有可信度地、更全局视角地、更多领域交叉地揭示更多元层次，包含经济、政治、社会、文化、艺术、文学、音乐等传统与非传统领域层面的历史数据，以及更深层次的，包含思想、价值、艺术等内涵的相互影响的不同维度信息的中国历史复杂关联性。数字人文视角所揭示的非线性的复杂关联性有别于过去的线性关联分析，可对中国历史学研究提出新的洞察与理解，更全面地理解中国历史的发展与演变轨迹，提供中国历史研究的新的可能性与挑战，发现新的历史问题与命题。综上可见，数字人文的复杂计算的优势，可在深入了解历史背景、解读历史事件与人物、拓宽研究视野、发现历史潜藏趋势、信息与关联、推动中国历史学的创新与发展等方面提供很好的帮助，这是数字人文对中国历史研究发挥的第一个作用。

---

① 王哲、刘雅媛：《近代中国邮政空间研究——基于多版本邮政舆图的分析》，《中国经济史研究》2019年第2期。

② 牛力等：《人物事件导向的多模态档案资源知识聚合模式研究》，《档案学通讯》2021年第4期。

第二个作用是数字人文视角特别擅长处理历时性的长时段问题。数字人文可通过时间序列研究技术，改变过去碍于人力限制总以断代史作为研究分界的中国历史研究现状，对中国历史进行长时段研究，揭示中国历史发展长河中的连续性与非连续性。

其一，可通过时间序列和趋势分析技术，研究历史事件与文化现象随时间变化的趋势与关联性，数据驱动地发现历史发展中的断裂与转折点，与过去一般方法下所得出的以朝代更替、社会重大事件作为断裂与转折点的研究结果相互对话，帮助重新识别与认识中国历史学发展中的重要历史事件与时期。如通过时间分布及演化特征分析方法，以《食货志》为例分析古代农作物的时间分布与发展演化情况，修正过去既有认识，从时间性角度指出不同农作物在经济发展中开始受到重视的时间各不相同，发展态势及延续性也呈现出不同特征，从长时段视角中可发现不同农作物之间可能存在相互促进或相互排斥的关系，如玉米、番薯、马铃薯等域外作物在一定时期内被引进并逐渐发展之际，是否促进或排斥既有的发展态势较为稳定的粟、稻、谷、豆、茶、黍、桑、麦、棉等农作物的现象，又如通过长时间视野可识别出农作物发展史中具有影响力的重要历史事件与时期，如元世祖忽必烈重视农业发展，从中央到地方建立专门的农司管理农业生产，颁布《农桑辑要》，这促使了域外农作物的地位提高。就此可见，研究者借助数字人文方法善于长时段考察的视角，可全面地了解中国历史上农作物的时间分布和演化特征，揭示农作物在不同历史时期的种植规律，为优化现代农业种植结构提供参考[①]。

其二，通过自动化与机器学习训练模型与算法，可自动识别与解读出巨量数据中历史事件的时间性发展规律趋势与起讫时间，并在此基础上自动发现历史中不同向度的发展阶段性变化现象。如利用标准化的时间信息，结合《东方杂志》"大事记"专栏报道之间的时间关联性和内容相似性，构建新闻网络模型，追溯和探索特定历史事件的来龙去脉，展示事件的发展态势，并提供同一时间点上发生的其他事件。如以外交官顾维钧为例，指出若仅通过关键词检索，

---

① 崔斌、王东波、黄水清：《基于典籍文本的农作物时间分布及演化特征研究——以〈食货志〉为例》，《图书情报工作》2021年第14期。

多只关注1919—1921年顾维钧参与国际和谈的时间线片段中，著名的1919年6月28日"中方在巴黎和谈中拒绝对德合约签字"事件与中日之间的"鲁案"（日本一战期间侵占青岛及胶济铁路沿线车站）相关事宜辩论，不一定能检索出全部事件，如1920年5月31日顾维钧等代表中国签署《万国航空专约》附件，使中国与其他国家具有同样的领空权的事件，而无法全面地评价当时的中国国际外交行动以及中国百年来的外交政策变化和国际地位变迁，若是通过自动提取时间脉络当为中国近代史研究者的知识发现提供以"时间性"为主的研究视角[1]。综上可见，数字人文方法对于长时段时间向度上的计算优势，在于通过长时间数据考察，可揭示时间性上事件的连续性与非连续性，除可加深理解历史事件与帮助文化传承，客观精确地发掘出中国千年以来存续不绝的思想传统、价值观念与文化精神所在外，还有助于发现过去基于断代史视角下被遮蔽的跨代的历史演变原因与影响信息，进而推动中国历史研究方法与理论的创新。这是数字人文对中国历史研究发挥的第二个作用。

（二）数字人文技术在历史信息处理和可视化呈现方面的应用

数字人文技术在中国历史研究信息处理的应用类别多元，从中国历史资料的采集，到资料的数据计算，再到数据库的建置，最后是研究成果的分享与发布，均可看到数字人文方法的应用。

首先是在中国历史资料采集部分，可有效地通过扫描与OCR（光学字符识别）等技术，保存、传播与共享大量中国历史文献，高效推进文献数字化与整理工作。如利用最新的RoBERTa、BERT、CNN与全页字符检测模型、字符识别模型、行识别模型和语言预训练模型进行集成，研发出用于古籍OCR的多模型集成方法，在使用独特版面分析和对齐算法后，全文错误率为1.64%，仅为单一模型平均错误率的23%。在各种传统古籍版面场景下，该方法具有良好的泛化性能，且避免了大规模训练数据和训练开销，提高古籍OCR的准确性和性能[2]。

---

① 李惠等：《近代报刊新闻报道的时间线抽取——基于〈东方杂志〉"大事记"专栏的文献整理试验》，《大学图书馆学报》2021年第3期。
② 释贤超：《一种多模型融合的中文古籍OCR后处理方法》，《数位典藏与数位人文》2023年第11期。

其次是在数据挖掘部分，可通过人工智能的数字技术采集多模态巨量史料文献中的非结构性数据与结构性数据，前者如古代经典文献、官方档案或个人手稿等历史文献或是口述历史中的语义、时间、地理、人物关系、音频、视频、图像等多模态数据；后者如社会经济中的农业、工业、贸易、人口、宗教信仰、教育、环境气候、跨国交流外交、新闻媒体、契约法律文书、家族与家谱、社会群体与组织、移民与迁移、社会活动庆典、家庭与性别、食品、城市化、医药与健康、军事战争、社会福利与保障、自然灾害数据，乃至考古学中的遗址与出土文物数据等，并基于通过数字技术从巨量复杂数据中采集到的数据完成多模态数据库的制作。而最近更新的发展，则是通过传统中国历史文献学的方法论，细化数据采集的理论框架，如基于人文学领域中的古文书学的形式研究方法，利用文书形式特征的分析线索，构建面向文种的数据采集模型，此种引入人文学理论的数据采集框架，更加注重文种形式特征如文书的形态、格式、语言风格的数据提取，与过去一般仅关注文本内容的数据采集方法不同，基于文种为观察重点的任务型数据采集模型，更加注重对文书形式特征的整体观察和分析，能更好地理解和解释历史档案文本的意义[①]。

其三是在数据采集之后，可通过最新的数字技术对历史数据进行分类、标注与索引，建构与管理中国历史研究相关的数据库。如基于上海交通大学图书馆馆藏的民间文书作为数据集案例，可揭示出数据库平台建设的两大发展方向：一是可基于相应民间文书的文献学研究理论，在基于通用的都柏林核心元数据结构基础上进一步涵纳定制化元素；二是基于深度挖掘元数据信息架接社会关系网络、交易类型与契约格式等分析工具，帮助使用者发现文献之间的内在联系，促使从过去的文献检索型数据库转向研究型数据库建设[②]。

其四是研究数据众包、成果发布与共享，可通过综合全面地利用数字工具与所有采集到的多模态数据，模拟还原中国历史发展脉络，并将成果通过数字化平台发布与传播。如由浙江大学社会科学研究院与哈佛大学地理分析中心共

[①]梁继红、李小静：《历史档案文本数据化的方法论基础：面向文种的古文书学》，《档案学通讯》2023年第3期。
[②]汤萌、赵思渊：《民间文书的数字化建设与资源挖掘——以上海交通大学图书馆馆藏为中心》，《档案学通讯》2020年第6期。

建的学术地图发布平台（http://amap.zju.edu.cn/），利用学术发布平台可发布研究数据和成果，使其能够被其他研究人员访问和使用。这些学术发布平台可以提供数据共享和协作的功能，使研究人员能够共享数据、交流研究成果、获取反馈和建议，并促进学术界的合作与交流。平台不仅为学术研究提供了便利，还为文化创意和文化旅游提供了资源。古籍数字化平台的建设还涉及众包技术和人才培养，以提高整理效率和质量。总的来说，数字人文领域的古籍数字化平台建设为古籍的整理、研究和利用提供了新的途径和工具[①]。综上，通过数字人文方法对中国历史研究信息处理的多元应用，有助于全球研究者更高效地使用与查询中国历史文献，推动中国历史研究的发展。其方法中的可视化技术在中国历史研究中的应用，具体可分为以下几个方面：

首先是历史地理可视化，通过地图、地理信息系统技术，将历史地理数据以可视化形式展示，呈现出中国历史人物、事件、思想、制度乃至文化现象，以及政治、经济、交通、军事、人口等外在环境数据于地理空间上的分布与演变，揭示中国历史与地理的关系与影响。更有研究者不满足于过去既有的时空地理可视化基础，致力于在可视化技术上继续探索，如提出引入三维技术到历史地貌研究中，可以拓宽史料边界，提升文献阅读效率和准确性，丰富研究者的观察视角，如将河流研究从平面专题地图引入立体水环境场景，多样化的数据分析手段更可以将此领域的研究推向深入，提供更全面、细致的历史河流变化过程的呈现[②]。

其次是时间轴线可视化，通过将时间具象可视化为轴线的方式，可更具体地展现出中国历史在不同时期的历史事件和文化变迁发展过程，得以更好地理解与追溯中国历史的演变。同样，研究者也不满足于既有的折线图等时间序列可视化基本技术，而是着力于思考还有哪些可视化形式能够在承载历史时间序列意义的同时，兼载其他的信息。研究者采用旭日图、弦图等图示，共同展现出时间序列与其他类型信息的组合关系，通过不同的弧度和颜色来表示不同的时间段和数值，如采用桑基图表示《宋元学案》中的学术传承的时间序列，通

---

① 唐云芝：《中国人文数据库建设的新动向——学术地图发布平台的建设、功能及其应用》，《浙江大学学报（人文社会科学版）》2018年第3期。
② 潘威、岳佳雲：《关于数字人文进入清代河流研究的若干想法》，《史学月刊》2023年第1期。

过凸显某个时间点的垂直高度，可反映对应时段该学派在世学者的数量，纵览全图我们可以观察宋代理学各门派、各学说消长流衍的总体情况，这些可视化图示的尝试运用，相比于传统的折线图能够更直观地展示时间序列数据的分布和变化趋势[①]。

其三是关系网络可视化，通过网络科学方法对人物、时间、制度、机构、概念等非结构化与结构化数据进行网络关系图谱的可视化展示，可使过去以千丝万缕带过的复杂人物、组织、社会网络乃至语义网络关系具象清晰地被表示出来，得以更有效、客观、精确地揭示中国历史中社会团体组织结构与影响力，乃至揭示历史人物、事件、思想之间的互动模式。研究者更通过结合多模数据类型推进关系网络可视化形式。如人民文学出版社编审汪兆骞先生在查阅大量史料的基础上完成的《民国清流》系列著作及网络文本，采集包括文本、图像、视频、模型等多种类型的数据，最后通过整合和展示这些异构数据，以多模数据类型方式呈现出知识关系网络图，可以更好地揭示人物之间在文化思想上的互动性、丰富内涵和多样性[②]。

其四是文本可视化，通过词云、章节用字、主题模型可视化等方式将历史文献中的关键词和主题内容进行可视化展示，可以更加直观地了解中国历史文献中的重点内容和关注领域。更进一步，研究者能够基于历史材料的特殊性进行文本可视化的重组设计，如用热力图通过颜色的变化来展示文本中不同词语或主题之间的相关性或关联程度；结合时间轴将文本按照时间顺序进行排列，以展示随时间变化的趋势或演变；结合网络图通过节点和边的连接关系来展示文本中不同词语、主题或实体之间的关系；结合树状图将文本按照层次结构进行展示，用于显示文本中的组织结构、分类关系或层次关系；结合地理可视化将文本中的地理信息与地图相结合，以展示地理位置与文本内容之间的关系；结合散点图和气泡图用于展示文本中不同词语或主题之间的相似性或差异性；

[①]杨海慈、王军：《宋代学术师承知识图谱的构建与可视化》，《数据分析与知识发现》2019年第6期；王军：《从人文计算到可视化——数字人文的发展脉络梳理》，《文艺理论与批评》2020年第2期。

[②]黄娟等：《"民国清流"名人文化主题数据的组织和可视化方法》，《地球信息科学学报》2020年第5期。

结合桑基图通过节点和流量的连线来展示文本数据的流动和关联关系，使得复杂的文本数据变得直观可见；通过节点的宽度和颜色的变化来表示不同时间段的数据，使得时间序列的变化一目了然；通过观察桑基图中节点和流量的分布情况，可以发现文本数据中的关键词、热点话题、信息传播路径等隐含的知识；通过桑基图交互功能可以通过鼠标悬停、点击、缩放等操作来探索和分析文本数据，进一步挖掘隐含知识[①]。由此可见，文本可视化未来发展方向即根据具体的需求和数据特点进行选择和组合，以更好地呈现文本数据的特征和关系。

　　其五是图片艺术品可视化，利用数字人文技术对历史图片、艺术作品等进行数字化处理和分析，并以图像形式展示计算后的中国历史中的艺术风格、社会风貌数据。如从报纸、照片、信件、日记等视觉媒介中获取可见记录的图像数据后，利用图像分析技术，对图像进行处理和解读，提取图像的特征和信息，再将图像数据转化为可视化的形式，通过可视化工具将图像的特征和信息转化为可见的图表、图形等形式，最后将转化后的可视化结果展示给观众，让观众通过直观的方式观察和分析图像数据，便于发现图像数据中的规律和趋势，揭示图像之间的关系和差异。图像可视化的目的是让人们能够更好地理解和解读图像数据，从而为艺术研究提供更多的视觉分析工具和方法。如研究者以1984年至2014年间七届全国美术作品展览的获奖油画作品出版物，计2,276幅作品为数据集进行直接图像可视化研究，通过可视化摄影作品的物理数据和艺术家信息，揭示了摄影作品的材料、技术、风格、主题与艺术家群体之间的内在关系；通过可视化展览信息和艺术家信息，发现了艺术家快速成功的路径模式；通过可视化摄影作品的相似度，发现了一些多次获奖作者的作品在主题和表现上具有极大的重复性。这样的直接图像可视化研究视角，也能运用在中国历史书画文物研究之上[②]。

[①] 唐家渝、刘知远、孙茂松：《文本可视化研究综述》，《计算机辅助设计与图形学学报》2013年第3期；姜婷婷等：《基于桑基图的时间序列文本可视化方法》，《计算机应用研究》2016年第9期。

[②] 向帆：《视觉文献的视觉化设计——全国美展获奖油画作品视觉化工具AwardPuzzle设计探索》，《装饰》2016年第7期；向帆：《可视化设计视野中的视觉艺术研究》，《文艺理论与批评》2020年第2期。

　　其六是3D建模与虚拟现实（VR）和增强现实（AR），通过三维建模和虚拟现实技术，可对中国历史建筑、遗址等进行虚拟重建，除具备保存中国历史中的重要场景和文化遗产的贡献外，还能让全球公众身临其境地体验中国历史。例如，在敦煌莫高窟的数字化应用中，利用3D数字化技术将敦煌壁画以情景动画的形式展现出来，让观众可以感受到石窟艺术的真实场景。此外，还可以利用虚拟现实技术，让观众在虚拟环境中亲身体验历史建筑、遗址等的风貌和历史情境。如运用好莱坞MOCAP（Motion Capture，动作捕捉）技术、浮空投影技术、全息影像技术、红外线互动感应技术等，把原本静态的敦煌壁画故事内容，透过数字技术与音乐，将实际动态影像与特效结合。通过这些技术手段，可以将中国历史的重要场景和文化遗产以更直观、生动的方式呈现给全球公众，让他们更好地了解和体验中国的历史文化[①]。

　　其七是情感与情绪可视化，通过对历史文献进行情感标注数据撷取与计算后，经由可视化技术，可呈现中国历史文本中的情感与情绪变化，更好地了解历史事件对人们情感体验的影响。而有研究者更进一步，以辛弃疾为例，通过知识重构和知识图谱构建的方法，将词人的多维知识进行系统化整理和表示，并结合GIS技术展示词人的情感在时空中的动态变化轨迹，此一综合方法推进了情感可视化的效用，在综合考虑了时间、空间和情感等多个维度的因素下，超越了过去传统的情感可视化设计往往只关注情感的变化，而忽略了时间和空间的影响与以静态的图表或图形来展示情感变化的方式，利用GIS技术提供动态的地图可视化，将情感与地理位置进行关联，使得情感变化更加直观和具体，增强了用户的视觉体验[②]。结合上述多种数据可视化结果，最后还可通过多维度数据可视化技术，将多个维度的历史数据进行整合展示，如此则可在不同模态数据同时还原为数据可视化形态的基础上，从不同的视角观察和分析中国历史大数据，揭示历史事件和文化现象之间的内在关联和动态变化。

[①]陈振旺、樊锦诗：《文化科技融合在文化遗产保护中的运用——以敦煌莫高窟数字化为例》，《敦煌研究》2016年第2期。
[②]张强等：《基于知识重构的词人时空情感轨迹可视化研究——以辛弃疾为例》，《情报学报》2023年第6期。

（三）数字人文对于历史教学的作用及教学方法的创新

数字人文方法对于中国历史教学具有创造性转化的重要作用，利用数字技术，可以超越时间与空间限制，转变中国历史学的教学方法与学生学习路径，改变过去固化的教学现场限制，让中国历史学教学产生出更多元的可能与想象。数字人文方法对于中国史教学上的作用包含几个方面。其一，利用数字信息检索与数字化平台可帮助教师与学生取得全球大量与中国历史相关的多模态历史数据与资源。如"全球汉籍影像开放集成系统"（https://guji.wenxianxue.cn/），收录全球90余个中文古籍影像数据库中的影像数据共17万条（约136,918部，32,654册古籍），使用者只需输入书名或作者，即可获得相关古籍的公开影像版本列表；只需点击一下按钮，即可进入相应的在线阅读页面。

其二，利用多层次、多模态可视化技术，将包含文字、图像、音频、视频等多模态的复杂中国历史信息以图表、地图、时间轴、网络图、桑基图、风花图等形式进行直观呈现，帮助学生更直觉地理解历史事件、时期、地理环境等多重因素如何影响历史发展的过程，激发学生兴趣与参与度，提高他们从多元思维思考事件因果关系的能力。如有研究者提出在面向知识服务的清代档案文献知识聚合方案中，通过聚合不同来源的档案文献资源，将元数据和内容知识单元进行多维度的组织与整合，有助于教师和学生更全面地理解和研究清代历史事件、人物和制度等内容，提升历史教学的深度和广度；通过基于交互式可视化的聚合服务平台，该方案提供了非线性的阅读和浏览体验。教师和学生可以根据自己的需求和兴趣，选择感兴趣的知识单元进行深入研究，同时可以通过可视化图谱和知识列表等功能，快速了解相关知识的统计和概览，提升历史教学的灵活性和效率；通过多维度的知识聚合和关联共享，为教师和学生提供更多的线索和资源，帮助他们进行潜在的知识发现和研究探索，教师和学生可以通过系统的搜索和导航功能，快速找到相关的历史事件、人物和文献资料，支持他们的研究和学术工作，强化知识发现和研究能力[1]。

其三，利用数字人文方法提供的交互式学习环境，让学生从被动学习者转

---

[1] 严承希、李少建、胡恒：《面向知识服务的清代档案文献知识聚合》，《档案学通讯》2023年第3期。

变为主动参与者，通过使用数字工具和平台与历史资源互动，可自主探索与发现知识，养成批判性思维与解决问题能力，并能通过协作平台促进学生间的合作与共享，除参与到教学过程中外，还能体现出朋辈学习的优势，相互学习与启发。有研究者指出教师可利用数字人文方法提供的数字化学习环境，让学生通过结合媒体和实践，创作数字故事来表达学科知识。有研究者提出强调学生参与和合作，提高他们的实践能力和沟通能力、培养批判性思维和创新思维的数字叙事教学方法。此种以数字方法为教学工具的环境，一方面可通过多媒体的形式，将历史故事生动地呈现给学生，激发他们的兴趣和好奇心，提高学习的效果；另一方面又可让学生通过参与数字叙事的制作过程，收集、整理和分析历史资料，理解历史事件的背景和影响，从而培养他们的批判性思维和分析能力；最后在数字叙事的制作过程中，学生需要朋辈合作，共同完成项目。通过合作和沟通，学生可以学会倾听他人的观点，尊重不同的意见，提高团队合作和沟通的能力[①]。

其四，基于数字人文学中的跨学科方法与研究框架，邀请计算机科学家、地理学家、社会学家、统计学家等参与中国历史的教学与研究，共同探索中国历史中的问题与现象，拓宽学生视野。如有研究者指出应通过跨学科合作来推进新文科与数字人文教育。数字人文教育涉及多个学科领域，需要不同学科的教师参与教学，共同设计课程和教学大纲。同时，教师之间需要相互听课、请教和合作，形成合理的教师队伍结构。此外，数字人文教育还需要引导学生形成文理兼备的跨学科知识结构，通过不同学科背景的学生组成合作团队，共同完成数字人文项目。通过跨学科合作，数字人文教育可以充分发挥不同学科的优势，提供多样化的教学资源和知识结构，培养学生的综合能力。研究者认为数字人文教育的特点之一是多学科交叉，数字人文教育项目涉及到人文知识、数字技术方法和项目实践三个板块。在数字人文教育中，教学方式以及教师和学生的传统角色都将有所改变，从教师灌输式知识投喂转向真正的学生参与式学习。因此，在中国历史的教学工作中，可以借鉴数字人文教育的跨学科特点，引入数字技术方法，结合人文知识和实践项目，让学生在跨学科的学习环境中

---

① 周琼、蔡迎春、欧阳剑：《数字人文教育中的数字叙事教学》，《图书馆论坛》2022 年第 11 期。

进行历史学的探究和学习。这样的跨学科教学方式可以帮助学生拓宽视野，培养批判性思维和创新能力，提高历史学的学习效果和实践能力[①]。

其五，基于数字工具与多媒体资源，可以创新教师教学方式，从过去板书、简报，转向虚拟实境与交互式资源的使用，设计出更有创意与互动性的教学活动，提高学生对中国历史的兴趣与参与度。如有研究者开发了一款初中历史辅助教学系统，并将其应用于教学模式中。教师使用辅助教学系统教导知识，学生通过系统进行主动学习。学生可以要求教师使用系统对相关问题进行分析。教师和学生一起进行合作探究式活动，对单元知识进行总结与讨论。如果遇到问题无法解决，可以重新返回合作探究活动，最后教师使用系统通过可视化分析和展示具体教学结果，通过课前或课后设疑、提问来感知学生对重难点知识的预习或掌握情况，帮助学生理解历史知识的演化和联系，以提升学习效果。通过历史课程辅助教学系统的开发，有助于提升学生的学习兴趣，辅助教师对知识大数据进行文本挖掘，优化课程教学模式与教学活动，提升学生学习效果，在初中历史课程中能够帮助教师和学生更好地进行知识的教学与学习[②]。数字人文正是基于上述几个作用，支持着中国史教学工作。

基于上述数字人文方法对于中国史教学上的几点作用，可以归纳出数字人文方法从哪些角度推进了中国史教学方法上的创新工作。

其一，转向问题导向的学习，数字人文方法鼓励学生通过提出问题和解决问题的方式进行学习。教师可以引导学生探索历史问题和现象，并提供相应的数字资源和工具来支持学生的研究和分析。如研究者特别从问题意识的提出角度揭示一种较好的数字人文教育模式，教师应在数字人文教学中引导学生从问题出发进行学习，应先对学生提出挑战性问题，激发学生的思考和好奇心，这些问题可以是关于人文领域的疑问、问题或者待解决的难题。其次是引导学生思考问题的背景和意义，教师可以帮助学生理解问题的背景和意义，让他们明白为什么这个问题是重要的，以及它与人文学科的关系，进而教师可以鼓励学

---

① 冯惠玲：《新文科与数字人文教育之新》，《数字人文研究》2022年第4期。
② 陶金虎、董伟：《数字人文理念下初中历史辅助教学系统的应用实践分析》，《教学与管理》2022年第3期。

生提出自己的问题，并引导他们思考如何通过数字人文方法来回答这些问题，这样可以激发学生的主动性和创造性思维。再次是提供资源和工具支持，教师可以提供学生所需的资源和工具，帮助他们进行问题的研究和分析，其中可以包括数字人文技术、数据库、文献资料等。最后是鼓励合作与讨论，教师可以组织学生之间的合作与讨论，让他们共同探讨问题，并从不同的角度和观点进行思考和分析。以上展现出数字人文研究教学必须围绕重要人文问题出发的问题导向特征[①]。

其二，转向自主式的学习，数字人文方法可以帮助学生发展独立研究和批判性思维能力，学生可以通过自主选择历史课题、收集和分析历史数据，进行独立的研究项目，培养解决问题和表达观点的能力。如有学校开设"数字工具与世界史研究"课程，旨在让年轻的本科生了解数字人文的历史、理念和方法，并为他们提供进入数字人文领域的机会。通过这门课程，学生可以学习数字人文的相关方法和工具，并通过实践项目来掌握数字人文的技能。研究者指出历史系本科生使用数字工具进行历史议题研究的两种类型：一是通过网站形式呈现传统议题的重塑，注重非线性叙述和多媒体手段的运用。这些项目可能包括中国服饰史、游戏史、甲午海战、二战中国劳工以及明信片研究等主题。二是将数字工具作为历史研究的新方法，尝试使用文本挖掘、HGIS等技术来分析具体的历史议题。举例来说，学生们可能会利用文本挖掘工具来分析亚当·斯密的著作，试图通过远读理解其经济思想。他们还可能挖掘《人民日报》中关于"女权"概念演变的文章，或者基于文本的情感分析研究一战时期当事人的主观感受。这些数字工具为历史研究提供了新的途径和方法，可以帮助学生更深入地理解历史议题，并从不同角度进行分析和呈现。不论哪一类数字人文实践，都展现出自主式学习的特点[②]。

其三，转向大数据和数据分析技术研究，让学生利用数字工具和技术处理分析历史数据，发现历史模式和趋势，并从中获得新的历史见解。教师可鼓励学生模仿与学习研究者的大数据研究案例，如学习与模仿研究者采集海关史料

---

① 邱伟云、严程：《数字人文方法论的有机建构与动态实践》，《南京社会科学》2023年第3期。
② 王涛：《数字人文的本科教育实践：总结与反思》，《图书馆论坛》2018年第6期。

中的《1869—1934年汕头口岸进出口旅客统计表》和汕头有关部门统计的《汕头市已撤还侨房产权情况登记表（1984—2009年度）》作为大数据集，用数据分析技术揭示1949年以前汕头市区侨资房地产的情况。通过HGIS技术挖掘和整理海外移民的相关史料和地理信息后，以地图可视化的方式展示华侨房地产的空间分布情况，将侨房产权和城市地籍图等资料结合进行分析，揭示华侨房地产在汕头市区的分布情况，包括商业核心区和主干道等地华侨房地产投资来源的多样化，以及印尼、泰国、新加坡、马来西亚等地的华侨房地产在建筑时序图中的建筑时间分布情况等隐藏的历史信息，有助于全面地了解华侨对汕头城市发展的影响和贡献，及大数据复杂联结中所呈现的历史模式与趋势[1]。

其四，转向跨时空关联学习，通过数字人文方法让学生建立跨时空连接和全球关联比较思维，将中国历史与当代社会乃至全球事件相联系，学生通过数字工具和平台了解历史的影响和启示，可培养跨文化理解和全球视野。如鼓励学生学习模仿已有研究，以中国教育早期现代化研究为对象，指出目前中国史学借助大数据时代快速发展的计算机技术，已在一定程度上突破对史料简单电子化利用的限制，通过将文本进行结构化处理，搭建数据库、建立历史地理信息系统以及进行社会网络分析等更深层次的史料挖掘，史学家能够从更普遍、更深层的角度发现隐藏的史实与规律，开展更具普遍意义的国际比较研究[2]。教师可通过强调数字人文方法中的全球比较视野特征，启迪学生的全球世界观。

其五，转向数字沉浸式游戏化学习，即可利用数字游戏化元素来增强学生对中国历史的兴趣和参与度，通过设计历史题目、角色扮演等方式，将学习过程变得有趣和具有挑战性。如鼓励教师学习模仿中国大运河博物馆青少年互动体验展"大明都水监之运河迷踪"，思考该展览如何通过沉浸式数字化展厅的形式，结合剧情和谜题，让青少年观众能够以个人游历大运河的视角，了解与大运河有关的古代科技、城市美景和人群，思考大运河给国家、城市和民众带来的变化的沉浸式教学模式。观众需要根据提示信息解谜并层层通关，从而在游

---

①欧阳琳浩、谢湜：《海外移民与近代汕头城市的发展及空间转变——基于HGIS的考察》，《广东社会科学》2023年第3期。

②马敏、薛勤：《数字人文视野下的中国现代化研究——以教育早期现代化研究为对象》，《湖北大学学报（哲学社会科学版）》2022年第3期。

戏的过程中学习相关的运河知识，这种沉浸式的数字化展厅设计能够提高青少年对大运河的认知，并激发他们的学习兴趣①。

综上可见，数字人文方法因其善于处理跨时空问题的优势，大大有别于过去碍于时空限制的教与学的方式以及教学现场，为中国史教学方法的创新提供了许多新的可能与思路。随着数字人文技术的不断发展和创新，我们期待看到更多数字人文方法在中国史教学中的应用与实践，推动教学方法和内容的创新和进步。

二、数字人文与历史学发展的未来前景

目前，国内数字人文的研究方兴未艾，显示出旺盛的生命力，虽然其在历史学中的应用仍不乏质疑之声，相对成熟、具有代表性的经典研究也寥寥可数。但所有质疑、问题都是数字人文在发展过程中所应直接面对、克服的，由此数字人文才能取得进步。对于步入"数智时代"的研究者而言，数字人文已然是不可抗拒的时代潮流，唯有不断地适应、驯化工具，摸索形成一套适应时代的认识论、方法论，才是适应变革的积极态度。对于数字人文与历史学发展前景，综合以上考察，本文提出如下四点建议。

1.加大对基础设施建设的投入，开发一批准确、连贯的全样本数据库。目前好的数字人文项目还不多，对于数字史学的指摘，有很大部分原因在于数据库录入过程中信息错漏较为常见，且某类型历史文献中的记载可能并不连贯、全面。因此，数字史学研究的前提在于从史料中提取的信息具备准确性、完整性。对于基础设施的建设，一方面要尽可能地邀请专业学者就其所长进行专业数据库建设，并且规范数据库建设标准，建立一套工作规范。另一方面史料浩渺，单纯靠研究者的力量效率较低，数据库的建设也要积极运用人工智能的工具，例如运用知识图谱等手段加以辅助。如对《清实录》和地方志的实体、关系、事件抽取，借助人工智能技术进行官员信息的深度挖掘，现在技术已较为

①郑晶：《游戏型教育模式构建在博物馆中的应用探索——以青少年互动体验展"大明都水监之运河迷踪"为例》，《东南文化》2021年第3期。

成熟并已在中国人民大学"基于地方志的清代职官信息集成数据库"项目建设中尝试使用。

2.建立数据库之间的关联，结合需求开发适用于历史学研究的数据分析手段。陈涛等提出古籍知识库互联互通框架的研究与设计，为古籍资源交互共享提供了解决方案[①]。现在很多数字人文项目并没有公开共享，数据质量也没有较好的反馈、修正机制。而数据库开发进程长、建设之后各自为政，非本单位的研究者无权访问，更难以利用，这就为学术发展设置了壁垒。实际上许多数据库是有较强的关联性的，例如清代官僚信息与施政行为（清代职官信息集成数据库）就可以与气候（雨雪分寸数据）、经济（粮价数据库）、灾害（清代灾害信息集成数据库）、地理（历史地理信息系统）等时代运行的多个侧面进行关联，从一个整体的视角去观察、解释历史的进程。而且历史研究往往是从问题出发的，新的史料阅读方式有利于新问题的提出，也反过来产生新的工具、手段需求来辅助研究。

3.以数字为手段，回归"宏大叙事"，推动学科交叉。近四十年来，史学研究碎片化日益突出，学界已有较多反思，并不断呼吁要重建历史学的"宏大叙事"。但这绝非要回到五六十年代的史学窠臼，而应是在新的高度、方法上的再回归。大规模的数据集、跨学科的分析工具、可视化的呈现手段等为研究者提供了更为宏观的视角，更长时段的、大尺度的研究范围，也使得研究者得以跳出碎片化研究，将整体与个案、定性与定量相结合，诞生新的宏大叙事。同时，数字人文为历史学打破学科壁垒、走向问题导向、跨学科的研究方式提供了可能性。当代世界正不断面临超越地域、国家和学科的重大问题，仅靠单一学科显然无法有效回应时代和社会需求。数字人文基于人文科学、社会科学与自然科学建立起互联互通的平台，并在这一融合中以历史学的人文特性改善技术的工具化取向，亦将有效扩大历史学的学科影响。

4.培养"文理兼通"的新一代研究者。目前高校的通识教育只包含最基础性的计算机技能和人文知识，而历史学或是量化分析手段都在各自学科的人才培养体系之中，部分高校又放弃了对历史学学生数学和技术方面的熏陶，这样

---

①陈涛等：《古籍知识库互联互通框架研究与设计》，《大学图书馆学报》2023年第4期。

培养出来的研究者往往知识结构单一，在数字人文研究中十分吃力。数字人文为历史学从人才选拔、人才培养和就业取向上以文理兼通的复合型为导向提供了新的可能，这也符合教育部"新文科"建设的宗旨。各高校若在学生初学阶段就致力于多学科素养的培养，如部分高校采取的实验班模式，必将对数字人文的长足发展大有裨益。

结　论

数字人文和中国史研究发展报告显示，历史学研究与数字人文已经有了深度的融合，但是研究局限性和未来研究方向仍然是重要且值得探讨的问题。

在中国史研究中引入数字人文的方法和理念，其局限性主要体现在以下几个方面。首先，目前的研究主要侧重于文献分析、文本挖掘和数据库建设等方面，而对于历史背景、社会环境、政治制度等方面的研究相对较少，这限制了研究的深度和广度。其次，目前的研究主要集中在古代中国史，对于近现代中国史的研究相对较少，这使得研究的时空范围不够广泛。最后，目前的研究主要采用技术手段，如文本挖掘、机器学习等，而与历史考据、田野考察等传统研究方法的应用结合相对较少，这限制了研究的可信度和客观性。

数字人文方兴未艾，历史学研究也要着眼于未来。第一，史学研究需要更加注重数据的质量和分析方法的选择，以拓宽研究的时空范围，提高研究的深度和广度。中国的世界史研究者也要主动拥抱数字人文的方法论和理论，作出更多具有原创性的研究。第二，史学研究需要更加注重跨学科的合作和研究，可以采用更多成熟的传统研究方法，以提高研究的可信度及被传统史学界接纳的效度。第三，史学研究需要更加注重数字人文技术的应用和推广，进一步发展文本挖掘、机器学习等新技术，以提高研究的效率和准确性。最后，加强对数字人文和中国史研究的发展趋势、挑战和机遇等方面的研究，以推动研究的深入发展。

中国历史地理学数字人文发展报告

潘　威　（云南大学历史地理研究所）

前　言

　　"数字人文"在上世纪末进入国内历史地理学领域，当时主要是以"地理信息系统"（GIS）为重点引进技术，其最初目的是用计算机取代手工的绘图作业，将纸质历史地图逐步转为电子化历史地图。复旦大学历史地理研究所和北京大学历史地理研究团队最先开始尝试使用GIS技术，在2000年中国历史地理学年会（昆明）上，复旦大学葛剑雄教授、北京大学李孝聪教授和王均博士分别介绍了GIS、网络在绘制历史地图、处理古旧地图和历史地理信息管理、传输的巨大潜力。

　　数字人文技术通过数字化处理、空间分析、时间序列分析等方法，提高了历史地理研究的效率和精度。例如，通过数字化处理，研究者可以快速地采集和处理大量的历史地理数据，并将其转化为计算机可读的格式，方便后续的数据分析和可视化。通过空间分析，研究者可以更好地理解历史时期的地理现象和过程，例如人口分布、迁移路线、城市扩张等。通过时间序列分析，研究者可以揭示历史时期地理现象的时间变化规律，并预测未来的趋势，为决策提供重要的参考。

　　对GIS技术的引入，学界普遍报以肯定和期待的态度。如葛全胜将GIS技术的引入作为20世纪历史地理学的主要进展之一[①]。张伟然认为GIS技术"很大

[①]葛全胜等：《21世纪中国历史地理学发展的思考》，《地理研究》2004年第3期；葛全胜等：《20世纪中国历史地理研究若干进展》，《中国历史地理论丛》2005年第1期。

程度上重塑了历史地理学的研究理念"①。近5年来，随着历史地理信息化实践的深入，对其发展史、研究理念、概念内涵与外延的讨论也渐趋深入细致。2014年以来，潘威、申斌、张萍等都探讨了历史地理信息化发展的经验与展望②。目前，学界普遍认为：包括历史地理学在内的历史学研究向纵深发展离不开GIS支持，历史地理信息化（Historical Geography Informatization, HGI）不能脱离历史地理学的问题体系。复旦大学满志敏教授是历史地理信息化重要的开拓者和奠基人，他更注意GIS应用中的一些具体问题，比如历史地理数据整编思想、GIS与历史文献在具体研究上的结合方式等，这类工作对研究实践的针对性更强。因此，这类实证性的研究实际上也发挥了构建方法论原理的作用。2002年，满志敏初步明确了以GIS建设与应用为主的发展方向，其内涵被扩展为"利用信息化手段、丰富研究资料来源"，HGI不仅是辅助性手段，更应成为一种研究方法③。2012年，潘威提出历史地理信息化的外延应扩展为"地理信息科学的一类"④。2014年之后，陈刚、潘威等提出了结合数字人文与GIS的历史地理信息化建设方向⑤。2018年，"历史地理信息化2.0"概念被提出，HGI与个性化的研究结合更加紧密。HGI日益贴近个人化研究，通过扩大技术手段边界，囊括更多相关学科的技术体系，以符合历史地理学界内差异日渐扩大的实际情况。同时，其外延也从制图扩大为数据重建工具、分析工具，成为历史地理研究实践

①张伟然：《学问的敬意与温情》，北京：北京师范大学出版社，2018年。

②潘威、孙涛、满志敏：《GIS进入历史地理学研究10年回顾》，《中国历史地理论丛》2012年第1期；潘威：《"数字人文"背景下历史地理信息化的应对——走进历史地理信息化2.0时代》，《云南大学学报（社会科学版）》2018年第6期；申斌、杨培娜：《数字技术与史学观念——中国历史数据库与史学理念方法关系探析》，《史学理论研究》2017年第2期；张萍：《地理信息系统（GIS）与中国历史研究》，《史学理论研究》2018年第2期。

③满志敏：《走进数字化：中国历史地理信息系统的一些概念和方法》，《历史地理》2002年第1期。

④潘威、孙涛、满志敏：《GIS进入历史地理学研究10年回顾》，《中国历史地理论丛》2012年第1期。

⑤陈刚：《"数字人文"与历史地理信息化研究》，《南京社会科学》2014年第3期；潘威：《"数字人文"背景下历史地理信息化的应对——走进历史地理信息化2.0时代》，《云南大学学报（社会科学版）》2018年第6期。

中不可缺少的辅助手段、研究工具和思维方式[①]。

一、历史地理学需要"数字人文"

（一）历史地理信息化的当前困境

数字人文技术在历史地理学的空间分析与应用方面也取得了重要成果，即空间数据可视化与分析。通过地理信息系统（GIS）和空间数据库，历史地理学者可以进行空间查询、空间统计和空间模拟等操作，从而深化对历史地理现象的理解。例如，通过空间查询技术，可以快速找到特定时间或地点的地理信息；通过空间统计技术，可以分析地理现象的分布特征和变化规律；通过空间模拟技术，可以预测历史地理现象的发展趋势和影响。

首先，空间数据可视化可以将大量的地理信息以图形、图像的形式呈现出来，使学者们能够更直观地观察和分析地理现象。例如，通过制作历史时期的地图，可以观察不同地区的人口分布、交通路线、城市扩张等情况，从而揭示历史时期的社会、经济、政治发展过程。此外，空间数据可视化还可以将不同来源的数据整合在一起，如历史文献、考古资料、环境数据等，提供全面的地理信息视图，有助于学者们深入挖掘历史信息。

其次，空间数据分析可以利用数字人文技术对地理数据进行处理和分析，以发现其背后的历史过程和规律。例如，通过空间统计方法，可以分析历史时期的人口分布、社会经济活动空间集中度等，揭示历史时期的区域发展模式和趋势。此外，利用GIS的空间查询功能，可以快速找到特定时间或地点的地理信息，为研究提供重要的数据支持。

最后，空间模拟技术可以模拟历史时期的地理现象和过程，为预测未来趋势提供参考。例如，利用GIS和计算机模拟技术，可以模拟历史时期的战争、气候变化等对地理环境的影响，预测未来可能发生的变化。这为历史地理学的研究提供了重要的工具和方法。

---

① 满志敏：《走进数字化：中国历史地理信息系统的一些概念和方法》，《历史地理》2002年第1期。

如在某地区的历史地理研究中，研究者利用GIS和空间数据库技术对历史时期的地图和人口数据进行了空间分析和应用。通过空间查询技术，研究者快速找到了该地区在不同时间点的地理信息；通过空间统计技术，研究者分析了该地区人口分布和迁移规律；通过空间模拟技术，研究者预测了该地区未来的人口发展趋势并据此制定城市规划方案。这些成果为该地区的城市规划和资源管理提供了重要的决策支持。

总之，空间数据可视化与分析利用数字人文技术对地理数据进行处理和分析，以直观的方式呈现历史地理现象，发现其背后的历史过程和规律。这为历史地理学的研究提供了重要的支持和参考。

但目前历史地理信息化因仅仅强调空间数据的可视化与分析①，也造成了历史地理信息化进一步发展的困境，具体表现如下。

1. 弱化了史料的基础地位

HGI工作一定要紧密结合史料，但就目前情况而言，HGI工作中仍然不注意确立史料的基础性地位。具体表现在：（1）不注意建立个人的或团队的史料管理系统，仅仅对史料中的相关信息进行管理；（2）过度依赖数字型史料，即主要偏向具有数字记录的史料，而这一类型的史料仅占已知史料的很少部分，且分布时间段集中在明代以降，导致HGI工作展现的时段和所能解决的问题受到很大限制；（3）史料文本分析能力低下，随着近年来研究领域的史料边界不断扩大，史料的规模、类型和种类较2000年左右有了明显的增长，特别是清代民国档案类史料、民间史料、图形类史料和口述材料等，完全依靠人力阅读效率低、费时长，且易出现错漏、误读等问题。解决上述问题需要建立适应于个人或团队的系统性史料管理方案和计算机辅助下的史料文本分析方法，尤其是人—机协同读史料工具，可以让研究者快速、准确地了解史料的主要指向，进而有针对性地制订工作计划和实施步骤。

2. 基础数据制作中标准规范应用不足

基础数据制作中标准规范应用不足，导致难以在数据之间建立联系，产

---

① 葛全胜等：《21世纪中国历史地理学发展的思考》，《地理研究》2004年第3期。

生"数据孤岛"现象。数据孤岛分为物理性和逻辑性两种，物理性的数据孤岛指数据在不同部门间相互独立存储、独立维护，格式各异，彼此间相互孤立，形成了物理上的孤岛；逻辑性的数据孤岛指不同部门基于特别的目的对数据进行理解和定义，使得一些相同的数据被赋予了不同的含义，这无形中加大了跨学科、跨团队的数据合作成本。物理性和逻辑性的数据孤岛现象在历史地理学界普遍存在，导致HGI数据在规模上处于无效增大状态，也加剧了学科各分支之间的隔阂，影响到历史地理学在研究深度和广度的发展，最终限制了历史地理学的问题体系跟上时代步伐。数据驱动型研究最根本的诉求是打破甚至消灭"数据孤岛"现象，在历史地理信息化中必须落实"数据驱动型研究"理念，而由于缺乏一致的语义与编码规范、存储与交换标准导致的数据孤岛是最主要的障碍之一。

3. 数据互操作机制和技术应用不足

互操作可以实现异构资源整合。传统上互操作指"不同平台或编程语言之间交换和共享数据的能力"，为了达到该目的，需要包括硬件、网络、操作系统、数据库系统、应用软件、数据格式、数据语义等不同层次的互操作[1]。其中，万维网联盟（World Wide Web Consortium, W3C）倡导的"语义互操作"制订了多种句法标准[2]和叙词表编制国际标准，是实现异构历史地理学信息整合的重要手段[3]。国内GIS领域在2002年开始引入"语义互操作"[4]，但历史地理学界至今未重视"互操作"建设，HGI领域内普遍缺乏不同平台之间交换和共享数据的机制和技术，存在着比较严重的"数据隔离"情况。这一方面由于共享数据的理念尚未深入人心，另一方面数据互操作技术的掌握和应用是更为重要的技术障碍。以目前历史地理学界内最具代表性的成果——中国历史地理信息系统

---

①夏翠娟：《数字图书馆的语义互操作及其实现》，硕士学位论文，华东师范大学，2005年。

②宋文：《知识组织体系语义互操作研究》，《图书馆论坛》2012年第6期。

③Gail Hodge, *System of Knowledge Organization for Digital Libraries: Beyond Traditional Authority Files*, Washington DC: The Digital Library Federation, 2000, http://www.clir.org/pubs/reports/pub91/#1; Aris M. Ouksel, Amit Sheth, "Semantic Interoperability in Global Information Systems: A Brief Introduction to the Research Area and the Special Section," *ACM SIGMOD Record*, vol. 28, no. 1, March 1999, https://dl.acm.org/doi/pdf/10.1145/309844.309849.

④黄裕霞等：《基于元数据调节器的GIS语义互操作》，《中国图象图形学报》2002年第8期。

（China Historical Geographic Information System, CHGIS）为例，该平台提供了目前国内外最完整的一套中国历史政区数据，但CHGIS的数据由于缺乏互操作技术的应用，目前仍然是一个"数据孤岛"，其他用户必须适应其数据格式方能实现政区数据与自有专题数据的融合，而许多专题数据无法与CHGIS的地名数据体系对接。为解决这一不足，近年来，CHGIS项目组和哈佛大学合作开展了关联开放数据工作，提供了将历史地名信息与其他地名词表实现融合的技术路径，此项应用即应用语义网的数据互操作技术实现异构数据资源整合的案例（参见：http://maps.cga.harvard.edu/tgaz/）。

（二）时空维度与人地关系

历史地理学是历史学与地理学的交叉学科，其主要特征是从空间视角审视历史过程，进而总结人地关系，其问题体系大多来源于地理学，而研究资料则与历史学无二致。从传统的舆地沿革到现代历史地理学，可视化始终是重要的研究辅助手段和成果展示手段，只不过之前是用舆图、近现代地图作为载体，计算机技术出现之后，这一载体转变为了多种形式的数据可视化成果。历史地理学的研究必须建立在地理信息的管理、呈现与分析之上，而GIS技术及时空可视化是非常理想的选择，因此，"数字人文"技术在历史地理学界具有非常深厚的土壤，历史地理学对信息化技术的应用并非"跟风"之作，而是学科现实需要所催生的自然需求。

从历史地理学的发展过程来看，新思想、新技术与新观点是推动学科发展的主要力量。"数字人文"产生的重要背景是近年来信息化社会加速发展，政府、社会和学界都需要加速信息化改革。2023年，张晓虹、张伟然、张萍三位教授在《光明日报》上发表了一组笔谈，分别为《GIS与中国历史地理信息平台建设》《历史地理：数字人文的硬抓手》《数字时代：历史地理学研究方法的变革与挑战》[1]，这三篇笔谈是近年来对于历史地理信息化建设、历史地理学自身发展与"数字人文"浪潮三者关系的最清晰、全面、深刻的认识，对今后的工作具有重要的指导意义。

---

[1] 见《光明日报》，2023年9月25日，第14版。

　　其中，张伟然教授特别指出，"数字人文"在历史地理学的发展必须重视历史地理学研究和历史地理信息化成果的应用，尤其是历史地理学作为能够生产数据的人文学科，对于"数字人文"在史学领域的良性发展具有不可替代的重要作用。尤其是其明确提出了历史地理信息化所生产的数据，不应以追求数量为目的，而应该追求独特性。张伟然教授高度概括了历史地理学与历史地理信息化对"数字人文"的意义，称历史地理信息化是"数字人文"的"硬抓手"，认为"数据提取是有边界的。数字人文的目的是要更好地为人文研究服务，而非消解传统人文研究。因此，将史料提取成数据，只能针对可量化的内容。落实到具体的操作层面，重建历史时期的地理环境应该是当务之急。地理环境包括自然地理环境和人文地理环境。历史时期的自然地理环境以气候、地貌最为重要，而人文地理环境则以政区为基础。前辈学者将地理作为治史四钥匙之一，其实主要指的是沿革地理，重点是为了弄通历史地名变迁。研读史料，一定要清楚它具体的时空位置。史料所系的具体空间是靠历史地名来定位的。如果不了解其准确含义，对史料的理解便难免失真"，历史地理的数字化成果扩大了历史地理学的辐射力，也密切了历史地理与相关学科的关系。当然，历史地理学也面临着困难和挑战。其中最大的困难是数据生产。虽然未来也许有应用遥感、人工智能等高科技手段进行数据提取的可能，但目前数据产出主要还是靠人工，要研究者从史料中去挖掘、考证、分析、判断。不妨说，历史地理学的很多研究就是一个自己生产数据的过程。但这样的产出效率偏低，在很多专题领域似乎很难有更便捷的办法。此外，由于资料密度的差异，所能复原的地理环境在不同时代的精度有较大差异。近现代的复原可以做到很精细，中古以前的精度无疑要下降很多。有些问题可能确实无解，而有些可能只是还未想到合理的技术路径，这就需要不断加强多学科互动，通过各种途径不断接近目标。

二、"数字人文"对历史地理学研究的促进作用

（一）从历史地理信息化到"数字人文"

　　历史地理学无论怎样发展，基于历史文献记录这一基础是无法改变的。因

此，针对史料文本本身的信息化处理非常重要，但这一点在之前的历史地理信息化建设中往往被忽略，或者尚不够重视。就已有的成果来看，CHGIS、CCTS（Chinese Civilization in Time and Space，中华文明之时空基础构架）等多个平台都缺乏对于史料文本本身的信息化处理方法，系统中也没有设计针对文本处理的功能。"数字人文"带给历史地理信息化的启示可能有如下几点。

1. 针对历史文献记录本身

数字人文技术在历史地理学领域的数据采集与处理方面发挥了重要作用。通过数字化技术，历史地理学者能够快速、准确地获取和处理大量数据，包括历史文献、地图、照片等。例如，利用光学字符识别（OCR）技术，可以将历史文献中的文字转化为可编辑的文本格式，方便后续的数据分析。同时，通过空间数据可视化技术，历史地理学者能够将地图、照片等空间数据转化为交互式的可视化图像，以便更好地观察和分析地理现象。这其中，数字化历史文献是数字人文技术在历史地理学中广泛应用的一个重要领域。通过数字化技术，历史文献可以被转化为电子格式，从而使学者们更方便地筛选、整理和访问这些文献。这一技术的应用，极大地提高了历史文献的利用效率和学术研究的速度。

首先，数字化历史文献解决了纸质文献保存困难的问题。纸质文献在长期保存过程中，往往会因为各种因素而遭受损失，如老化、虫蛀、火灾等。而数字化技术可以将这些文献转化为电子格式，存储在计算机或云端，大大延长了其保存时间。这样，学者们可以随时随地访问这些文献，而不受时间和地点的限制。其次，数字化历史文献提高了文献检索的效率。在传统的纸质文献检索中，学者们需要手动翻阅大量的文献，筛选出与自己的研究相关的信息。这个过程既耗时又费力。而数字化技术可以通过关键字搜索、语义分析等方法，快速地筛选出相关文献，大大提高了检索效率。这使得学者们可以更快地进入研究状态，减少查找文献所花费的时间和精力。此外，数字化历史文献还推动了跨学科的研究。历史地理学是一门涉及历史学、地理学、社会学等多个学科的综合性学科。数字化技术可以将不同学科的文献整合在一起，形成一个大型的数字图书馆或数据库，方便学者们进行跨学科的研究。这有助于推动历史地理学的深入发展，提高研究的综合性和全面性。最后，数字化历史文献还为学术交流和合作提供了便利。通过电子格式的文献，学者们可以在网络上进行分享和交流，不受地理位置的限制。这有助于促进学术研究的合作和交流，推动学术研究的进步和发展。

2. 更加贴近于历史学问题

历史地理学是从地理或者空间的视角审视历史过程，由于具有明显的交叉学科特征，近年来，历史地理学除了继续保持对地理学问题的关注之外，也更加留意对历史学热点问题的关注，比如环境史、社会史、历史人类学、财政史等问题。胡恒在《从数字典藏走向数字人文：中国大陆数字史学发展浅思》一文中已经指明，包括历史地理学在内的历史学整体转向"数字人文"是大势所趋，需要强化扎实的数据建设和研究成果，以实现个人研究和学界需要的平衡。

李冀、侯甬坚采用地形模型结合军事电子沙盘，重新探讨了秦赵长平之战的人数规模问题，进而重新思考中国古代战争记录中的兵力规模问题[1]；欧阳琳浩与谢湜采用GIS技术，从城市空间结构角度阐释了19世纪后期汕头开埠之后，人口流动对城市空间形态的影响[2]；王哲和侯的对1903—1942年中国城市网络空间结构的重建中，采用GIS技术提取了中国近代邮政网点体系，进而探讨了近代开埠通商对长江三角洲城市群体系空间结构的影响[3]；苏绕绕和潘威基于近代水利图，采用GIS技术和"最优距离算法"重建了20世纪初期新疆灌渠的空间格局[4]。这些研究中所体现的问题意识，既符合历史地理学的传统，也使用了量化或者信息化手段，都展现了新型研究手段在历史地理问题中的重要作用。

---

[1] 李冀、侯甬坚：《根据战线长度计算验证古代重要战役兵力数量级——以秦赵长平之战为例》，《中国史研究》2023年第3期。
[2] 欧阳琳浩、谢湜：《海外移民与近代汕头城市的发展及空间转变——基于HGIS的考察》，《广东社会科学》2023年第3期。
[3] 王哲、侯的：《全球化早期中国城市网络空间结构溯源（1903—1942）——基于邮政的实证研究》，《全球城市研究（中英文）》2022年第4期。
[4] 苏绕绕、潘威：《清末民国新疆农田水利建设成果可视化及分析（1909—1935）》，《中国经济史研究》2022年第3期。

3. 研究手段趋向多元化

近年来，随着历史地理信息化向"数字人文"演替的速度日渐加快，软件使用也趋向多样化，GIS类软件（MapInfo和ArcGIS）不断发展的同时，MATLAB、SPSS、TOM、SketchUp等软件的使用也开始增多。这一现象指征了历史地理学在研究问题上向多元化发展，GIS软件已经不能完全满足工作需要，如复旦大学李晓杰团队所进行的《水经注》考释与绘图是传统的历史地理学问题，但近年该团队也开始使用GIS技术进行《水经注》的绘图工作。2023年李晓杰团队获得了国家社会科学基金重大项目的支持，该项目设计了"多模态地图绘制"子课题，计划采用GIS技术、工程建模、动态演示等多项技术。

"数字人文"的重要追求之一是打破学科藩篱，实现真正的跨学科知识融合，最近两三年历史地理学信息化的发展已经向学界展示出这一趋势，历史地理学原有的历史自然地理、历史人文地理、历史经济地理等方向已经在信息化技术支持下，出现了取长补短、融会贯通的趋势。这一发展趋势与近年来历史地理学始终建设信息化系列会议紧密有关。HGIS论坛是历史地理学界内以信息化建设为宗旨的定期会议，其规模不断扩大，至今已举办8届。这一平台已经成为历史地理学界内的一项重要学术会议，除了历史地理学界以外，人文地理学、计量经济学、考古学和环境考古学的学者也积极参加该项会议。

2023年，《近代史研究》编辑部与广西师范大学合作举办了"大数据与中国近代史研究"研讨会，中国社会科学院与山东大学合作举办了"首届数字边疆青年学者论坛"。这两次会议透露出一个重要信号，即传统的历史学研究开始意识到"数字人文"的重要性，而历史地理学学者在这两项会议中所展现的空间分析技术得到了与会学者的广泛关注，历史地理学界内也通过这样的交流机会学习到了经济史、近代史、民族史青年学者在计量分析、文本挖掘方面的技术优长。

（二）信息化技术与古旧地图信息化处理

古旧地图是人文社会科学研究的重要史料，在光学字符识别（OCR）、地理信息系统（GIS）、数据库技术等信息化手段支持下，可以最大限度挖掘古旧地图中的地理信息，提升古旧地图的使用效率。历史地理学界针对古旧地图的信息化处理已经进行多项实践，如张萍等基于多种古旧地图对西北"丝绸之路"交通路线和古代城市定位、韩昭庆研究康熙《皇舆全览图》投影方式、潘威等对近代灌渠体系的重建和分析，皆实践了GIS手段在古旧地图处理中的运用。不过，历史地理学界将古旧地图的信息化操作局限于GIS环境下的人工矢量化处理，限制了对古旧地图的进一步研究和更广泛使用。解决以上问题的方法是让历史地理信息化与图情、计算机科学、信息管理等学科领域深度融合，持续推动GIS在历史地理学中应用的同时，充分利用大数据环境下的数据库技术、图形计算技术、深度学习技术[①]。

古旧地图既是历史地理学中的重要研究资料，也是长期受关注的研究对象。目前，古旧地图研究的信息化大致可分为两个方面的工作。

1. 古旧地图管理平台

这一类工作包括复旦大学历史地理研究中心的"古旧地图数字平台"、首都师范大学张萍教授的"丝绸之路历史地理信息系统"、云南大学成一农教授的"中国古地图数据平台"、多单位共建的"数字历史黄河·图形资料库"等，都是历史地理学内部比较重要或者有特色的古旧地图平台。这种特色目前还主要体现在资料本身，平台功能和数据结构上并无太多亮点，基本都是基于开发者自身研究需求进行数据结构设计（在历史地理学界内，这类信息化平台的开发者其实也是最重要的使用者），这一方面支持了开发者的个性化研究，但同时，也在相当程度上限制了这些资料平台的拓展性。

[①] 满志敏：《小区域研究的信息化：数据架构及模型》，《中国历史地理论丛》2008年第2期；潘威、满志敏：《大河三角洲历史河网密度格网化重建方法——以上海市青浦区1918—1978年为研究范围》，《中国历史地理论丛》2010年第2期；张萍：《丝绸之路历史地理信息系统建设的构想及其价值与意义》，《陕西师范大学学报（哲学社会科学版）》2016年第1期；张萍：《地理信息系统（GIS）与中国历史研究》，《史学理论研究》2018年第2期；韩昭庆：《康熙〈皇舆全览图〉的数字化及意义》，《清史研究》2016年第4期；韩昭庆、李乐乐：《康熙〈皇舆全览图〉与〈乾隆十三排图〉中广西地区测绘内容的比较研究》，《复旦学报（社会科学版）》2019年第4期；王哲、刘雅媛：《近代中国邮政空间研究——基于多版本邮政舆图的分析》，《中国经济史研究》2019年第2期；王哲、郑法川：《中国近代城市体系的位序规模特征——基于1936年〈中华民国邮政舆图〉的分析》，《地理学报》2021年第8期。

2. "深度学习"技术与古旧地图处理

古旧地图上的符号和文字信息具有重要的史料价值，陕西师范大学张光伟团队长期致力于利用卷积神经网络实现古地图文字信息的自动化提取，在此方面，张光伟等已经实现了工具转化，将此技术转为网络在线工具。深度学习（Deep Learning）在古旧地图地名信息提取工作中的应用已经有不少成功案例。训练计算机习得针对不同大小汉字的检测模型——U-Net算法[1]进行字符级文本检测，因此文本识别模型也采用了字符级的识别模型。在文本识别领域，主流的光学字符识别系统（OCR）采用的是行（列）级别的识别模型，主要采用CTC（Connectionist Temporal Classification）算法搭配卷积神经网络（Convolutional Neural Network, CNN）叠加循环神经网络（Recurrent Neural Network, RNN）对图片中包含的文本序列进行建模，一般而言，文档中的行和列相较于单个字符更为容易检测[2]。然而，古旧地图中的地名文本排列往往不如普通文献中的那样规则，而且部分地名的字符间距较大，所以行列级别的识别在地图文本识别中可能并不如在一般文献识别中那么有效，因此使用卷积神经网络进行字符级别的检测和识别。处理过程是：根据每个字符的定界框（Bounding Box）将检测到的字符按尺寸进行分层；将检测到的文本合并成候选地名，将排名最靠前的地名列表在原始地图上进行可视化展示；解析文本中包含的地名（Geo-parsing），即使用自然语言处理（Natural Language Processing, NLP）技术从无结构文本中识别地名。

对老旧地图的识别目前集中在地图符号的自动识别。国外对此研究开始较

---

[1] Olaf Ronneberger, Philipp Fischer, Thomas Brox, "U-Net: Convolutional Networks for Biomedical Image Segmentation," *Proceedings of the Medical Image Computing and Computer-Assisted Intervention – MICCAI 2015, 18th International Conference*, Munich, Germany, October 2015, pp. 234-241.

[2] Tsung-Yi Lin et al., "Focal Loss for Dense Object Detection," *IEEE Transactions on Pattern Analysis and Machine Intelligence*, vol. 42, no. 2, 2020, DOI: 10.1109/TPAMI.2018.2858826; Alex Graves et al., "Connectionist Temporal Classification: Labelling Unsegmented Sequence Data with Recurrent Neural Networks," *Proceedings of the 23rd International Conference on Machine Learning*, Pennsylvania, USA, June 2006, pp. 369-376; Tian Shangxuan et al., "Text Flow: A Unified Text Detection System in Natural Scene Images," *Proceedings of the IEEE International Conference on Computer Vision*, Santiago, Chile, December 2015, pp. 4651-4659.

早，较著名的是德国汉诺威大学地图制图研究所进行的《德国1:5,000地籍图的自动化》，其成功开发出地图矢量转换软件；而后美、日又在此基础上进一步开发出各自的地图数字化识别软件。近年来随着深度学习技术的发展，学者们越来越多地将深度学习方法与地图识别相结合。Hang Wang等人提出基于神经网络的地图注记提取方法，该方法使用大量样本特征进行神经网络训练，并使用神经网络将地图注记、线划信息与地图背景要素相分离[1]。Velázquez提出了一种V型线模型，将模型与神经网络结合以实现消除地形图中与地图符号关联的其他干扰信息，最后进行地图符号的识别[2]。Sester针对不同类型地图，通过构建建筑物训练集，运用卷积神经网络完成地图中建筑物的提取与识别[3]。目前看来，将深度学习应用于地图识别主要存在两类问题，其一是地图图像清晰度有限，使得数据集训练精度较低；其二是神经网络结构需要针对地图信息作出相应调整。国内历史地理学界，最近也开始注意到这一问题。如柴宝惠基于机器学习和图像形态学对近代上海地图中河流信息的自动化提取[4]，潘威和张光伟等采用卷积神经网络方法对清代河工图中的文字信息进行了自动化识别与提取[5]。虽然以上工作尚不能满足历史地理学界在这一领域日益增长的需求，但为历史地理专题数据生产的高效化和科学化提供了重要的前期工作。古旧地图普遍缺乏统一的测绘标准，保存情况、扫描情况也相差巨大，这一情况对古旧地图中水体信息的自动化提取造成了很大的困扰。我们发现，技术的通用性提高和提取效果成反比，追求通用性的结果是自动化提取的数据质量降低；如果对数据

---

[1] Hang Wang, and Hong Yan, "Text Extraction from Color Map Images," *Journal of Electronic Imaging*, vol. 3, no. 4, October 1994, pp. 390-396; Wang Tao et al., "End-to-end Text Recognition with Convolutional Neural Networks," *Proceedings of the IEEE 21st International Conference on Pattern Recognition (ICPR 2012)*, Tsukuba, Japan, November 2012, pp. 3304-3308.

[2] Aurelio Velázquez, Serguei Levachkine, "Text/Graphics Separation and Recognition in Raster-Scanned Color Cartographic Maps," in *Graphics Recognition. Recent Advances and Perspectives*, eds. Josep Lladós, Young-Bin Kwon, Heidelberg: Springer, 2004, pp. 63-74.

[3] Monika Sester, Feng Yu, Frank Thiemann, "Building Generalization Using Deep Learning," *The International Archives of the Photogrammetry, Remote Sensing and Spatial Information Sciences*, vol. 42, no. 4, 2018, pp. 565-572.

[4] 柴宝惠：《基于机器学习和图像形态学的彩色近代地图数字化——以近代上海地区地表水体信息提取为例》，《历史地理研究》2022年第2期。

[5] 潘威等：《古旧地图的信息化》，《图书馆论坛》2021年第11期。

质量有较高要求，则技术方案的通用性就会降低，只能基于具体图形研发针对性的技术。因此，必须在技术方案的针对性与通用性之间寻求平衡。复旦大学柴宝惠率先尝试了图形学和深度学习方法在上海近代地形图中水系信息提取中的应用，这一工作是在一套绘制清晰、具有明显色彩差异、保存良好的近代地图上进行的，而近代地图中大量存在着绘制模糊、色彩单一、图幅有污渍和霉变等现象，导致现有技术很难推广。目前而言，真正解决古旧地图信息的自动化提取仍存在相当难度。

（三）历史地理学中的跨学科知识融合

历史地理学具有明显的综合学科特征，除了历史学和地理学两大基本支柱学科之外，近年来的历史地理学也日益与社会学、政治学、经济学、文物保护、语文学、第四纪地质学等众多学科产生了融合趋势，而涉及的二级学科则难以统计。今后，历史地理学的发展将呈现更为丰富、更为复杂的学科交叉局面。具体表现为：（1）信息种类显著增多；（2）多学术术语体系的互相渗透；（3）"数据"成为揭示各要素之间关系的有力载体。

在这一背景下，数字人文与历史地理学的深度融合已经被一些学者所重视。数字人文技术可以与跨学科研究相结合，推动历史地理研究的发展。例如，数字人文技术可以与人类学、社会学、经济学等学科相结合，从多角度、多层次研究历史时期的地理现象和过程。此外，数字人文技术也可以与新技术相结合，例如大数据、人工智能等，提高历史地理研究的效率和精度。如何将数字人文技术与跨学科研究相结合，推动历史地理研究的发展？如何发挥新技术在历史地理研究中的作用？这些问题值得进一步探讨。

美国学者施耐德曾指出，数字人文有两条主线，一条是文学的，另一条是史学的，这两条主线在21世纪初实现了交汇，美国"数字人文"发展的这一经验值得中国学界引起重视。多学科交叉这一理念在"数字人文"引入中国之前已经被政府和学界多方强调，"数字人文"浪潮兴起之后，多学科交叉迅速向跨学科知识融合迈进。2021年，潘威、夏翠娟、张光伟三人合作，尝试将历史地理学、信息管理学与计算机技术进行跨学科融合，历史学者高度依赖史料，但对于史料的管理，特别是对大规模史料的有效管理缺乏思考和实践。图情学界自1980年代开始将个人计算机用于文献信息管理，进入网络时代以来，该领域亦迅速将互联网技术应用于图书信息管理，对包括历史文献在内的图书信息管理已经构建了非常成熟的软件、方案和路径，尤其是图书馆业界已经形成了具有规范结构的元数据以进行资源管理[1]。例如"资源描述框架"（Resource Description Framework, RDF）是W3C提出的用于描述知识图谱实体及其关系的数据模型[2]。2009年，"资源描述与检索"（Resource Description and Access, RDA）方案依托该模型编制完成，次年网络工具包发布，2013年开始在全球主要国家的国家图书馆中使用[3]。这一技术标准体系在国外历史地理学界已有广泛应用，但尚未受到国内历史地理学界的重视。

目前，历史地理研究中，研究者和研究团队都未充分意识到个性化的历史文献管理方案的重要性，也未开发资源描述工具。近10年来，历史文献的形式已经由纸本文书转为电子文本；同时，研究团队中跨校、跨国、跨专业合作的现象日益明显，团队的公共资料管理平台不仅是凝聚成员的有效途径，更是开展工作的基础性设施，历史地理学界必须在团队层面建设自己的历史文献管理方案，包括个性史料的电子化、局域网的信息管理系统建设以及管理规则的制定等，而其基础是具有资源描述框架，这样才能真正实现有效的资料积存和管理，提升团队工作的持续性和管理大规模史料的能力。2023年11月，中国人民大学胡恒教授团队举行了"清史地理信息系统"的开题论证，胡恒提出"清史地理信息系统"将融合多种数据管理技术、空间分析技术与可视化技术，以适应清史研究所特有的资料丰富性和研究多样性。

三、"数字人文"与历史地理人才培养

2021年3月，国家教育部发布《教育部办公厅关于推荐新文科研究与改革

---

① 夏翠娟、林海青、刘炜：《面向循证实践的中文古籍数据模型研究与设计》，《中国图书馆学报》2017年第6期。

② 杨程、陆佳民、冯钧：《分布式环境下大规模资源描述框架数据划分方法综述》，《计算机应用》2020年第11期。

③ 胡小菁：《RDA的国际化设计与本地化实施》，《大学图书馆学报》2013年第1期。

实践项目的通知》(教高厅函〔2021〕10号)，正式提出了"新文科"战略。相较于传统文科研究，"新文科"需要在以下方面进行重点发展：（1）**战略性**。新文科建设要服务国家应对当今错综复杂的国际国内形势，增强我国在国际社会的话语表达能力；服务我国经济社会领域的全面深化改革，解决与人们思想观念、精神价值等有关的重大理论和实践问题。（2）**创新性**。新文科建设要通过新的学科增长点，对传统学科进行转型、改造和升级，寻求我国在人文社会科学领域新的突破，实现理论创新、机制创新、模式创新。（3）**融合性**。新文科建设涵盖了人文社会科学领域内多个学科的交叉、融合、渗透或拓展，也可以是人文社会科学与自然科学交叉融合形成的文理交叉、文医交叉、文工交叉等新兴领域。（4）**发展性**。这是新文科的动态特征。人文社会科学领域研究的问题存在很多不确定性，许多新问题会随着社会发展层出不穷，且问题解决并无固定模式，需要在实践过程中不断探索调整、日臻完善。

与学术研究中引入信息化手段几乎同时，历史地理学的研究生课程体系中也开始设置专门的"数字人文"类课程。2000年之后，复旦大学历史地理研究所开设了GIS课程，教授GIS软件的操作。随着GIS操作的不断普及，包括陕西师范大学、暨南大学、四川大学、北京大学、云南大学等单位都开设了专门的GIS软件培训课程，一些单位正计划将GIS、语料库搭建、数据库设计等内容糅合，以"数字人文"名义开设研究生课程。但目前，历史地理学中的"数字人文"课程的教学方法、教学案例等方面仍缺乏系统总结。

历史地理学两大最主要单位分别是复旦大学历史地理研究中心和陕西师范大学西北历史环境与经济社会发展研究院，由于这两个单位都是科研型机构，在教学方面很难发挥引领作用。其他各依托于学院的历史地理单位在教学方面也缺乏针对性，往往是面向历史学学生进行课程设置。目前，本科教学的历史地理课程并不成体系，在有限的时间内要讲授历史地理的基础知识已经非常紧张，故而很难开展针对历史地理学本科教学的"数字人文"类课程。进入研究生阶段学习后，历史地理专业性培养体系方才出现。自从21世纪初，复旦大学率先进行硕士生和博士生的GIS技术培训课程之后，陕西师范大学、暨南大学、云南大学、西南大学等单位陆续开设了专门课程教授研究生进行电子地图绘制。

近5年来，历史地理信息化教学已经取得了长足进步，全国历史地理学位点都设置了信息化相关课程，向研究生传授了ArcGIS/QGIS、MapInfo等多种软件的操作方法。近年来，随着"数字人文"对历史地理学的影响日渐显著，TOM等软件也开始进入教学体系。但从总体来看，历史地理学的信息化课程建设大多不成体系，也缺乏教材建设，历次HGIS论坛中都未专门讨论过历史地理信息化的教学问题。历史地理学需要大量依靠野外工作进行，培养研究生的野外工作能力是研究生教学中非常重要的一项环节。目前，全国各主要历史地理单位都有面向全体研究生的野外教学，21世纪之后，GIS技术也作为野外教学中的重要工具，在21世纪的头一个十年中，GIS技术开始向野外教学渗透，成为野外考察前进行地理格局现状认知以及考察成果汇总的重要工具。但这一做法的具体效果仍需要观察。

从人才培养的效果而言，GIS技术目前已经被广泛采用，但绝大多数研究生还是将其作为制图工具，在信息管理层面以及空间数据分析方面利用GIS技术的仍旧不多。这一现象的成因是多方面的，但课程体系中缺乏针对性的内容设计，重视软件操作，轻视研究生的个人研究情况是非常重要的原因。要有效改善这一现象，可能需要尝试研究生阶段的小组化教学，因人而异地指导学生进行技术培训，同时建立完善的课程体系，将基础性软件操作放在本科生阶段。

四、"数字人文"在历史地理的发展趋势

评估数字人文技术在历史地理研究中的应用效果是重要的，但也是一个挑战。评估指标可以包括：数据的质量和完整性、研究的深度和广度、可视化效果、预测的准确性、对决策的影响等。此外，还需要考虑数字人文技术的可行性和可推广性。数字人文技术是否能够满足研究的需求？是否能够被广泛应用？这些问题也需要进行评估和探讨。数字人文技术可以为公众参与历史地理研究提供更多的机会和平台。例如，通过在线地图、虚拟现实等技术，可以让更多的人了解和参与历史地理研究。此外，通过社交媒体、网络论坛等渠道，也可以促进研究者与公众之间的交流和互动。为了保证"数字人文"在历史地

理学内的健康发展，以下是需要引起学界注意的。

（一）正确的观念仍需普及

目前，历史地理学界对信息化工作的误解仍有很多，大致上可以被归纳为以下几个方面：混淆了"数字人文"的基础与目的，对技术方案与历史学问题两者关系存在错误认识，曲解了"问题引领"含义等。

首先，历史地理学界内有学者主张"数字人文"的基础是大数据，缺乏大数据这一基础，历史地理学甚至历史学界内都无法开展"数字人文"工作。这一认识曲解了"大数据"的真正含义，"大数据"是指具备5V属性的大量数据集，"大数据"本质上并不只是强调"量"的扩张，而是兼顾数据的Volume（大量）、Velocity（高速）、Variety（多样）、Value（价值性）、Veracity（真实性）。因此，大数据更多是一种引领技术发展和应用的理念，并非"数字人文"的基础，反而应该成为"数字人文"的目标[①]。

其次，目前学界对"数字人文"技术的理解往往极端，特别是经常犯孤立看待技术的错误。有学者将技术发展视为学术进步的体现，这是将技术视为目的；而有的学者在批判技术归旨时，又将技术发展过于贬低。这两种观点实际上都过于偏颇，其本质都是割裂了研究主题、研究资料和技术手段之间的紧密联系，对于"数字人文"在历史地理学界的发展，笔者认为似乎不必急于评价、急于定义。针对历史地理的信息化手段和一些基础设施目前还处于开发或建设状态，这些成果究竟能否有效提升历史地理学的研究水平尚不能定论，学界还是应该给予一定的耐心和包容，允许这些实验性或探索性的工作存在，而不要急于扣帽子。

（二）加强基础数据建设

目前，基础设施建设成为历史地理学内"数字人文"发展的主要瓶颈，因此，实现历史地理研究的"数字人文"赋能，必须先进行相关设施建设和完善，

---

① 成一农：《抛弃人性的历史学没有存在价值——"大数据""数字人文"以及历史地理信息系统在历史研究中的价值》，《清华大学学报（哲学社会科学版）》2021年第1期；成一农：《当数字人文遇到个人生命史——浅谈数字人文的局限》，《数字人文》2022年第3期。

主要包括：

1. 加强语料库和地名库建设

语料库（Corpus）指经科学取样和加工的大规模电子文本库，借助计算机分析工具，研究者可开展相关的语言理论及应用研究。1990年代以来，第三代语料库在设计、采集、编码和管理上都有了长足进步，可以满足多语种、历时性、海量规模（万亿级）、高流通性等研究或应用需求。语料库成为语言学、文学、信息学、传播学等学科实践"人工智能"方法的重要基础。历史学中已经开始注意语料库的一些衍生技术，但国内尚未真正着手建设历史学方面的语料库，清代史的研究材料正符合多语种、海量规模和历时性特征，对今后的历史文本信息化处理与分析都具有重大的意义，也可以探索清代史语料库的建设路径。

地名库，是关于地名信息文件的集合。目前学界中最好的清代地名库无疑是复旦大学与哈佛大学合作的CHGIS。这一平台目前正在制作民国时期的政区数据，2021年，CHGIS制作了专门的网络发布平台，彻底解决了长期以来仅有数据集而无专门管理网络平台的问题。这些改变有力推动了CHGIS数据的管理和发布，但具体到个人研究领域时，这一数据与实际需求仍存在距离。目前，笔者团队正在进行"数字历史黄河"平台的地名库开发，在TGIS理论指导下采用"地名时空体积矩阵"模型管理清代黄河下游的河段名称、水体名称以及与黄河变迁有关的聚落名称。这一工作为清代河流的信息化提供了重要的地名基础，但完善这一地名库仍需要大量的文献挖掘、技术探索、元数据与库结构优化。

实际上，要实现"数字人文"与清代河流问题研究的深度融合，必须进行大量的基础设施建设，语料库与地名库只是众多基础设施中目前可以着手的两个方面。

2. 提出适应于历史文献的数据标准

数据标准问题是历史地理信息化领域长期讨论、但长期难以形成共识的问题。清代历史文献种类丰富、规模庞大，且目前学界研究分支已经较为细致，很难形成某一方向的数据标准，但研究中又需要综合各方数据，而不同数据如果缺乏必要的标准则无法实现融合，笔者曾提出，目前历史地理学界存在严重的"数据孤岛"现象，是历史学信息化进一步发展的重要障碍之一[①]。美国学者马瑞诗（Ruth Mostern）提倡结合历史文献、GIS和关系数据库进行历史时期黄河流域生态环境变迁研究，但其系统中的数据来源杂乱，缺乏数据标准，导致该系统所选用的数据无法建立有效联系，使得系统功能受到很大限制。因此，在进行历史地理问题研究中，要充分发挥信息化手段的优势，必须建立在数据标准的基础上。目前，要实现数据标准化确实存在诸多问题，短期之内无法全部解决。当前，学界可以考虑首先实现元数据的标准化，即对数据描述方案达成一致，以此为起点，开始构建适应于清代文献的数据标准。

"数字人文"与历史地理研究的结合，不仅需要历史地理研究善于使用既有技术手段，更需要积极探索适用于历史地理研究的方法体系，以丰富"数字人文"研究方法，也可以借此讨论新的清史方法论。目前，学界在进行清代河流水系的结构分析中普遍使用的是地理学或水文学中的既有技术手段，这类技术手段对于数据精度、数据维度和数据完整性、连续性都有很高的要求，是历史文献难以达到的。那么是否能够开发出一些适应于历史数据的分析手段？既能满足与现代河流体系数据的融合、比较，也可以与其他专题的清代数据进行综合分析。笔者认为，随着Python编程语言的不断普及，这一方面的工作在未来五年中很可能取得实质性突破。

总　结

首先，数字人文技术提高了研究效率。通过自动化和智能化的数据处理方法，学者们可以更快地整理和分析大量的历史地理数据，这包括对古代文献的数字化处理、历史地图的绘制、人口统计数据的分析等。通过数字化技术手段的运用，学者们可以减少手动处理数据的时间，降低错误率，提高研究的效率和准确性。

[①] 潘威等：《历史地理信息化与图情研究融合的必要性与可行性——以"数字历史黄河"为中心的考察》，《图书情报知识》2021年第3期。

　　其次，数字人文技术为深入理解历史时期的地理现象提供了重要的支持。通过GIS、数据挖掘、文本分析等技术手段，学者们可以更全面地了解历史时期的地理状况和社会发展。例如，通过GIS技术，学者们可以清晰地展示出历史时期的行政区划、地形地貌、交通网络等地理要素，从而更好地理解当时的社会经济状况。同时，通过数据挖掘和文本分析技术，学者们可以深入挖掘历史文献中的信息，了解古代社会的文化、宗教、政治等方面的情况。

　　此外，数字人文技术在历史城市研究中也发挥了重要的作用。通过文本分析、GIS和虚拟现实等技术手段，学者们可以更加深入地了解历史城市的空间结构、人口分布、交通网络等方面的情况。这有助于我们更好地理解历史城市的发展过程、城市规划的理念和文化背景等信息。

　　同时，数字人文技术在生态环境变迁研究中也取得了显著的成果。通过数据挖掘、GIS和遥感等技术手段，学者们可以全面地了解历史时期的生态环境状况。这对于我们理解自然环境的变化过程、人类与自然的关系以及环境变化对人类社会的影响等方面都具有重要的意义。

　　未来随着技术的不断发展和应用领域的不断拓展，数字人文技术将在历史地理学研究中发挥更大的作用和价值。一方面，数字人文技术可以进一步智能化和自动化数据处理和分析过程，提高研究效率和质量。另一方面，数字人文技术也可以促进跨学科的合作和发展。通过与其他学科的交叉融合，数字人文技术可以为历史地理学研究提供更广阔的视野和方法论支持。

　　综上所述，数字人文技术在历史地理学研究中的应用已经取得了显著的成果，并为进一步推动学术研究的创新和发展提供了重要的技术支持和思路拓展。随着技术的不断进步和应用领域的不断深入探索，我们有理由相信数字人文技术将在未来的历史地理学研究中发挥更大的作用和价值，推动历史地理学界的进一步发展，实现更加全面准确的研究成果。

中国艺术学科数字人文发展报告
——是否存在一个"数字艺术史"?

陈　静　（南京大学艺术学院）

引　言

数字革命对中国社会的巨大影响正逐渐在人文艺术研究领域中得到凸显。在实践领域，当代数字技术引发的艺术问题不断涌现，有待新理论的介入与互动；在研究领域，传统研究范式已经无法回应新现象、新问题，亟需在理论研究方面推陈出新，正面回应新技术给艺术理论研究所带来的认识论和方法论挑战；在学科建设方面，艺术史自20世纪以来就面临着一系列学科边界的自我反思与重建，围绕"终结论"等展开的一系列讨论也彰显了艺术史自身所具有的危机。数字艺术史研究所具有的理论模式及方法论创新将有助于推动艺术创作、艺术的科学研究与艺术的理论研究三者之间的互动，促进艺术史论研究从多学科中获取更多营养与资源。尤其是在数字人文的视野下重新思考"数字的"艺术史的建立阶段，中国学界有机会并有优势在比较研究的基础之上，凸显中国案例及理论资源对于新时期艺术史学科建构的贡献，系统梳理艺术史在当代中国语境中的接受情况，厘清中国艺术研究问题和研究方法，并对如何在中国语境中建立数字的艺术史研究及教学进行探讨。

数字技术与艺术的互动可以梳理为三种机制，即基于数字技术的艺术创作、艺术作品的数字化及数据化、基于数字科学思维及技术分析方法的艺术史及艺术问题研究①。近年来，这三个方面都有着较大的发展。一方面基于大模型的生成类人工智能的出现，对于艺术创作形成了巨大冲击，艺术的原真性、创造性和唯一性等本质性规定受到了挑战；另一方面，随着国家一系列文化大数据的相关政策出台，文化机构对于数字化的重视达到了一个新的高度，艺术品也成为了文化大数据的重要来源；相比较前两者而言，数字科学思维与技术作为方法进入艺术史及艺术理论研究被越来越多的学者接受，并开始逐渐形成关于"数字艺术史"的主动参与和建构。此三方面构成了数字技术与艺术及艺术研究交融的主要场景，本报告主要对第三个方面，即数字艺术史在过去一年中的发展进行概略性描绘，同时还将扩展到更广阔的人工智能与艺术、文化大数据的场景下，对数字艺术史作为数字人文的次级研究领域所可能具有的潜能与挑战，进行有节制的讨论。

本报告延续了约翰娜·德鲁克（Johanna Drucker）在《存在一个"数字"艺术史吗？》②和周宪在《数字艺术史的当下召唤》③中对利用数字技术开展艺术史研究的两个领域的区分，即强调数字化和艺术档案库、数据库的"数字化的艺术史"和利用计算机支撑的分析技术的"数字的艺术史"，并同样将后者视为艺术学在数字人文大帐篷下的真正发展方向，然而，由于坚持"数字人文"无法被定义的立场，本报告并不认为数字艺术史是数字人文视阈下艺术研究的唯一出路。相反地，正如"数字人文"在一定程度上存在"名不副实"，即实践发展与该名称并不完全对应或者说数字人文名称的出现和现存含义都无法涵盖数字人文实践的实际发展情况，数字艺术史并不能完全涵盖或者描述数字技术与艺术史研究的全部交叉领域，比如科技考古，很长时间以来已经使用数字技术在内的科学实验及分析技术进行艺术品鉴定、修复和保护研究。同时，因为考古学与艺术学的密切关系，使得科技考古中的很多工作在近年来也被认为是数字的艺术史的部分；再例如数字博物馆、虚拟美术馆的出现，也已经有很长时

① 陈静：《生成、转化与知识生产——数字技术与艺术交融的三种路径》，《艺术理论与艺术史学刊》2019年第1期。
② 约翰娜·德鲁克：《存在一个"数字"艺术史吗？》，夏夕译，《艺术理论与艺术史学刊》2019年第1期。
③ 周宪：《数字艺术史的当下召唤》，《美术大观》2021年第12期。

间的探索，且因为博物馆、美术馆的特殊性，使得其相关探索与研究就包含信息科学、艺术学、博物馆学、建筑学等多学科在内，呈现出复杂且多样的面貌；此外，还有来自非艺术的其他科学技术、建筑设计等领域的研究，也多以艺术为对象，如计算机图象图形研究中就有很多涉及艺术对象的研究，比如色彩、图像分析等。以上谈及的这些研究往往因为学科划分的传统以及各自学科性质，并没有被包括或者识别为艺术研究。近年来，由于数字技术所呈现出的统一性、通用性和普遍性，使得学科的边界从方法论上得到了突破。比如关于绘画风格的分析，就成为了计算机学家、统计学家，甚至是物理学家们的偏好。从这点看，数字艺术史的出现也算得上顺势而为。但正如周宪教授对本土的数字艺术史学术共同体及相应的机制的呼吁，数字艺术史的发展，除了学术及兴趣驱动下的研究自觉外，还需要学术共同体及相关基础设施的建设，而这恰恰是目前数字艺术史在中国发展现状的最大欠缺。

一、有待承认：艺术学学科内的数字艺术史

学科在中国的科研与教育系统中具有决定性的基础作用。《中华人民共和国国家标准学科分类与代码》（GB/T 13745-2009）中对学科的定义是"相对独立的知识体系"，而学科则是"根据学科的研究对象，学科的本质属性或特征，学科的研究方法，学科的派生来源，学科研究的目的与目标等五方面进行划分"。[1]2024年《普通高等学校本科专业目录》中已经将"数字人文"设定为"文学—中国语言文学类"下面的特设专业，即"满足经济社会发展特殊需求所设置的专业"[2]。中国人民大学在信息管理学科下面备案了数字人文硕士点和博士点[3]。可以看到，尽管数字人文的学科内涵或边界尚不明晰，但已经有学校进

---

① 《中华人民共和国国家标准学科分类与代码》，2009年11月1日，http://c.gb688.cn/bzgk/gb/showGb?type=online&hcno=4C13F521FD6ECB6E5EC026FCD779986E，2024年3月27日。
② 《教育部关于公布2023年度普通高等学校本科专业备案和审批结果的通知》，2024年2月5日，http://www.moe.gov.cn/srcsite/A08/moe_1034/s4930/202403/t20240319_1121111.html，2024年3月27日。
③ 《中国人民大学信息资源管理学院新增数字人文博士学位授权点》，2022年8月16日，http://dh.ruc.edu.cn/xwgg/xw/210ad8d68b104f18b5e33271b381e3a1.htm，2024年3月27日。

行了专业人才培养和学科建设的相关工作。事实上，在国外，数字人文是否是一个学科，也一直是一个讨论的焦点，讨论主要还是从知识生产角度来进行的，如"学术发表""学术体制建设""相关学术社群及活动"等。[①]

本报告也主要从艺术学科的角度出发从以上几个方面对数字艺术史进行整体性描绘。尤其是从学术论文发表、数据资源建设、学术会议及体制支持的角度展开。

首先，以学术期刊论文发表为例，在中国知网（CNKI）中以"数字人文"为主题关键词进行搜索，2023年的相关论文发表，包括硕博士论文，共693篇，其中人工筛选出的与艺术（包括博物馆藏品或者非物质文化遗产）相关的结果近40篇，占到5.77%。从主题上来看，主要包括"电影研究""图像／视觉研究""（非物质）文化遗产研究""绘画研究""戏曲音乐研究"和"史论反思研究"等几个大类，还有少数游戏研究和期刊研究的论文。如果不局限于"数字人文"字面概念，而扩展到包括数字工具、计算、量化、数字档案、数据库、人工智能、深度学习、知识图谱等概念在内的艺术相关研究，那么搜索结果将会扩展至近1,430篇。然而有意思的是，尽管这些研究论文从内容上有差别，但标题中"数字人文视阈／视野／视角"成为了主要概念，而案例研究也是许多论文采用的方法。

其次，从数字人文的角度来说，数据库和档案库也是重要的研究成果发表形式。国内目前主要的艺术类数据库和档案库还是以各大博物馆、美术馆、图书馆开放数据库抑或是商业的艺术数据库、档案库和虚拟展览为主，其主要目的还是对已有的实体艺术对象、展览进行数字化后的数据进行建库或建档，为爱好者及专业人士提供可以线上虚拟欣赏艺术的资源和场所。从研究出发建立的相关数字平台，尤其是在存档之外可以为艺术研究提供分析工具和方法的，相对较少。目前可以看到的较为成熟的例子有：武汉大学文化遗产智能计算实验室开发的"文物图像关联数据集成平台""文化遗产知识图谱生产平台"以及"敦煌壁画主题词表"（Dunhuang Mural Thesaurus）、"图像与文本关联标注系

---

① 梅丽莎·特拉斯（Melissa Terras）：《学科的：基于教育研究的人文计算分析》，梅丽莎·特拉斯等编：《数字人文导读》，陈静等译，南京：南京大学出版社，2022年，第78—112页。

统"（DH-IIIS）及文物贴图软件"Model Painter"等10余套专业性的软件工具和产品[①]；北京大学汉画研究所建设的汉画像数据库系列（"中国汉代图像信息数据库""中国汉画研究文献数据库""中国汉画古文献数据库"）[②]；北京大学依托国家社科基金艺术学课题"影人年谱与中国电影史研究"以及国家社科基金艺术学重大项目"中国特色电影知识体系研究"建设的"中国电影知识体系平台"[③]等。这些项目都是基于研究团队在过去一段时间的研究成果开发而成，有着较为明确的问题研究意识，并且有一个团队持续参与建设。比如，武汉大学文化遗产智能计算实验室主要是依托优势学科信息资源管理学科、测绘遥感学科以及历史、文学、考古等传统人文学科，并在过去有着对敦煌壁画、考古遗址测绘的前期研究积累。北京大学汉画研究所则依托朱青生教授团队长期以来关于汉画像的研究成果，并且已经在该领域形成了一定的影响，定期组织相关学术活动[④]。"中国电影知识体系平台"则是由北京大学艺术学院李道新教授团队在近几年内开展建设的，并且在2023年开始有相关的成果和活动集中呈现，这个项目"是在数字人文的基础上，在知识论与知识管理学的框架里搭建的一个众包群智、开源共享的，具有思辨性、成长性的中国电影数字基础设施，将以'影人年谱''电影计量''文献索引'与'知识生成'4个特色数据库为主，并关联'相关平台'，力图与中国电影的史论研究、学术创新以及公益服务互动共生，为反思中国电影理论、推进中国电影学派并构建中国电影知识体系奠定必要的基础"。[⑤]项目网站除了对中国电影影人、电影百科和文献数据进行整理、存档并提供检索和索引外，还提供了一些基于"Cinemetrics"和"Starword"[⑥]统计分析结果和社交网络分析的可视化，对中国电影史发展进行了全景式描绘的尝试。此外，该团队还在2023年发表了一批相关的学术著作和论文，凸显了

---

① "武汉大学文化遗产智能计算实验室—平台工具"网址：http://iclch.whu.edu.cn/ResearchResults/Result2。

② "北京大学汉画研究所"网址：http://www.han-art.net/index.asp。

③ "中国电影知识体系平台"网址：https://movie.yingshinet.com/。

④ 聂槃：《数字化技术的新发展正逐渐改变艺术史研究的范式——专访朱青生、张彬彬》，《美术观察》2021年第4期。

⑤ "中国电影知识体系平台·简介"，https://movie.yingshinet.com/#/introduction。

⑥ "Starword"网址：http://www.starword.com/。

数字平台和人文研究的共生互动关系，这点在后面部分还会论及。

此外，值得关注的是，除了以上发表形式外，还有两种学术成果发表形式以往较少论及，即会议发表和数据竞赛。事实上这些年不少会议发表论文与数据项目竞赛都涉及人文艺术数据的数据分析和可视化，其中艺术类主题不少，也有很多非常出色的成果。尽管其中一些最终以论文形式发表，但还有一些并没有进入学术成果的生产机制之中。2023年有若干会议与数字艺术史有关，比如从专题性上可为示例的有上海大学举办的2023年全国青年学者学术会议、云冈研究院等多单位举办的"2023云冈文化遗产智慧数据与数字人文研究论坛"。尤其是前者以"数智时代人文艺术的研究、呈现与传播"聚焦数字人文与艺术史研究，专题讨论了艺术史论与数字人文研究结合的价值和意义[1]。从会议规模和主题丰富性来说，中国数字人文年会是近年来大陆数字人文学术界比较大型的数字人文专题会议，每年都有艺术相关的分论坛。如果从大艺术的角度考虑，今年的三个分论坛，"数字人文与文化遗产数字化""数字人文与人工智能、数字游戏"以及"艺术音乐领域的数字人文"都与艺术有关[2]。从分论坛主题报告和论文汇报而言，覆盖了文化遗产数字化、遗产知识图谱、图像分析、古琴数据分析、智能设计、游戏设计与策略、策展分析等多个主题，其中学生报告为主的论文汇报环节出现了不少尽管稚嫩但有新意和想法的研究成果。由中国图象图形学学会可视化与可视分析专委会发起的中国可视化与可视分析大会和相关竞赛也体现了会议和竞赛作为学术成果发表的有效途径。该年度会议从2017年开始就设置了"艺术项目"，以主题方式组织学生竞赛，征集作品并进行评奖，最终在年度大会期间进行展览。2023年的主题是"数维可视"，其中分主题之一就是数字人文可视化。从入围和获奖作品来看，其中很多都涉及艺术主题数据分析，比如中国传统色彩、音乐、电影地理和首饰陶瓷设计等。[3]尽管竞

① 《"数智时代人文艺术的研究、呈现与传播"2023年全国青年学者学术会议召开》，2023年11月21日，https://www.shu.edu.cn/info/1056/325205.htm，2024年3月27日。
② 《"数实共生：预见数字人文未来图景"——2023年第五届中国数字人文年会》，2023年12月10日，https://www.dhcn.cn/site/news_information/24521.html，2024年3月27日。
③ "ChinaVISAP'23 艺术可视化学生竞赛获奖作品（赛道三）"网址：http://chinavisap.net/2023/comp-awards-list.html。

赛是以可视化艺术作品形式呈现，但从数据角度对艺术对象进行数据采集和分析，再加以可视化，则完全算得上数字艺术史研究。尤其是，该大会从2022年开始在会议主竞赛环节中，在艺术可视化赛道之外，专门开设了人文可视化赛道。2023年的主题是"数观千年"，除了大赛主办方提供的"金陵诗歌数据集"外，还允许提交自由主题作品，其中也有大量与艺术主题相关的数据可视化作品，而且其参加团队来自包括计算机、软件、艺术、设计等多个院校的多个专业[①]。类似的数据竞赛还有上海图书馆组织的"开放数据竞赛"[②]。该竞赛以上海图书馆的开放数据为基础，在过去七年间也产出了不少与艺术主题相关的优秀作品。比如2023年的一等奖获奖作品《一千零一夜》，是南京大学软件学院学生以上海图书馆的"华语老电影知识库"为数据基础，从剧院、电影、演员和照片四个维度出发搭建的中国电影数字平台[③]。其实，如果我们将可视化本身视为艺术门类之一（信息可视化往往被纳入艺术设计领域中），那么所有的数字可视化都可以视为数字艺术史的一部分了。或许此说法有待商榷，但从跨学科的角度来看，数据可视化与可视分析确实提供了一个重新思考数字艺术史学科构建及知识生产的方式。

第四，从学术体制的角度来看，与数字史学在历史研究、文学计算在文学研究领域内的情况比较，数字艺术史在艺术学学科内部还没有得到足够的认识[④]。这点主要反映在相关研究机构建设、课程教学及项目基金等多方面。从国内目前已经建立的校级或者院级的数字人文研究中心来看，尚没有哪个是依托艺术学科或者聚焦在艺术学科的，艺术学背景的教师多以个人或者团队方式参与数字人文机构的活动或教学。2023年从体制上来说较大的一个突破就是中国文艺理论学会成立了数字人文分会，在文艺理论研究方面建立了第一个数字人

---

① "ChinaVis 2023 中国可视化与可视分析大会'数字中国'数据可视化竞赛"网址：https://chinavis.org/2023/challenge.html。

② "上海图书馆开放数据竞赛"网址：https://opendata.library.sh.cn/。

③ "一千零一夜"网址：http://47.103.127.114:3000/。

④ 这点主要是从专题讨论和学术自觉的角度来说，已经出现了不少关于"数字史学"及"文学计算"与历史和文学学科关系的学术讨论，然而关于数字艺术史与艺术学的关系，在大陆目前可见的学术论文来看，还比较少。当然，很难说数字人文已经在某个学科内部获得了足够的认识和认可。此处仅是一种相对的比较。

文的学术社群组织，体现了文艺理论学界对数字人文的认可和支持。此外，从教育课程建设的角度来说，中国人民大学数字人文研究中心的"数字人文荣誉学位项目"①和南京大学"数字人文创新思维与方法"课程②中都有艺术相关课程或者内容。而2023北京大学"知识体系平台（CCKS）下的影人年谱"研究生暑期学校和第十四期北京大学可视化发展前沿研究生暑期学校也是依托李道新教授团队项目和袁晓如教授可视化与可视分析研究小组开展的短期教学模式。类似暑期学校的短期教学模式一直是数字人文非常倚重的教学方式，尤其是在提供跨学科技能训练和提升项目研究能力上，发挥着重要的作用。这两个暑期学校侧重不同，但从学生能力培养和项目内容建设的角度而言，起到了很好的示范性作用。基金资助也是体现学科建设的重要标志。按照上海师范大学数字人文研究中心"上师大数字人文"公众号的统计，2023年的国家社科基金艺术学项目中与"数字人文"相关的项目有24项，其中涉及电影研究、游戏研究、戏曲研究、文化大数据研究、数字艺术、舞蹈、建筑、博物馆及文化产业等多个领域③。但因为没有更多资料可供探寻，如果仅仅从项目名称推断，除了檀秋文的"数字人文与中国特色电影史学建构研究"比较明确地指向了数字人文，且其已经发表了相关学术成果可以确定是与数字人文相关外，其他题目都很难判断是否与数字人文有关。但如从广义的数字人文，即数字技术与人文研究交叉而言，那我们可以较为乐观地推断未来的3—5年间内，会有一批数字人文与艺术学相关的成果出现。

二、局部引爆：基于主题的数字艺术史研究

纵观2023年的数字艺术史，呈现出个别议题引爆，整体发展起步的情况。如人工智能、生成式艺术等议题讨论突然火爆，热闹非常，不同的艺术对象都与其产生了或多或少的关系，且在相关会议和项目申报上呈现出热点趋势。但

---

① "中国人民大学数字人文研究院"网址：http://dh.ruc.edu.cn/yjcg/yjxm/index.htm。
② "数字人文创新思维与方法"网址：https://www.icourse163.org/course/NJU-1465603161。
③ 《2023年国家社科基金立项公示名单（数字人文类）》,2023年9月11日,https://mp.weixin.qq.com/s/KCy2fABUg_NAyrcMNEY3sA，2024年3月27日。

从数字艺术史研究的角度来说，反思批判之余从建设角度开展有探索性的、有价值的研究尚不多。本部分主要从主题内容的角度来对数字艺术史研究进行分类描述。

首先，毋庸置疑，人工智能是2023年度艺术研究热点。尽管我们从强调数字技术或者说计算对艺术研究介入的角度来认定数字艺术史，那么以人工智能为对象的研究并不能纳入数字艺术史研究的范畴。但人工智能对于艺术创作以及艺术研究的影响是如此之大、之深远，略过这个议题不谈对于一个年度报告而言是不完整的。从报告所下载到的学术期刊论文来看，学界普遍认同人工智能技术对艺术创作和文艺批评产生了深远的影响，人工智能与人类在艺术创作过程中的互动重塑了艺术作品的创作和接受，并且强调了无论是在创作过程中还是在批评实践中维持人类中心性的重要性。从具体思路来看，基本可以分成两类：偏向反思的文化哲学批判与偏向建设的设计技术探讨。这也是目前比较常见的研究思路。前者更多是对艺术创作本体的讨论以及对于文艺批评方法的创新。比如刘方喜的文章分析了AI对传统文艺生产方式的冲击，并提出了结合工艺学方法论范畴和自由时间价值论范畴来重构马克思文艺思想体系的必要性；还强调了在AI时代，文艺学需要超越传统的意识形态观念论，以适应新的文艺自动机器大生产方式[①]。李震的文章强调了在AI时代，文艺批评应更加坚守人本主义立场，保持敏锐的感官直觉、深刻的体验顿悟和精准的评价判断；还讨论了人工智能引发的话语变革与人本主义批评话语方式的共同倾向，即趋向于基于感官直觉和画面叙事的口语[②]。而阮胤杰及黄宗权的文章在探讨AI与绘画、音乐关系的同时，都谈到了人类情感的问题，指出AI艺术作品在情感理解和表达方面的局限性[③]。而后者的视角则更加侧重于技术的引用，比如AI在音乐、影像制作中的具体作用，关注AI技术如何辅助或改变艺术创作的方法。这些研究的观点更加积极，他们认为AIGC技术正在改变传统的设计流程，使得设

[①] 刘方喜：《工艺学、自由时间：人工智能时代马克思文艺思想体系的重构》，《中国文艺评论》2023年第7期。
[②] 李震：《人工智能环境中的人本主义批评传统》，《中国文艺评论》2023年第8期。
[③] 阮胤杰：《人工智能创作需要灵魂吗——基于AI绘画与ChatGPT的数字人文批判》，《上海文化》2023年第8期；黄宗权：《音乐人工智能的哲学审思》，《中央音乐学院学报》2023年第3期。

计更加高效、个性化，并在人机交互模式和叙事方面有所创新，且能在培养学生的跨学科思维和创新能力方面提供助力。其中谢周浦[①]、曹磊[②]、刘梦雅[③]、王晋宁[④]和谭剑[⑤]的文章都是以电影为研究对象，从AIGC技术、叙事设计和交互方式等方面对人工智能与电影的影响进行了探讨。而何宛余[⑥]、袁潮[⑦]和袁烽[⑧]等人则主要对人工智能在建筑设计灵感生成、模型训练、图像生成、交互设计等方面的具体应用以及这些技术如何通过自然语言处理、图像识别等技术辅助建筑师进行创意工作和提高工作效率展开阐述。陶锋[⑨]和祝帅[⑩]则关注了人工智能设计的美学问题，非常值得关注的是闵嘉剑[⑪]等人的《生成式人工智能时代的设计教学探索——以清华大学"AI生成式影像"课程为例》一文所提供的教学案例研究，对于目前广受关注的AIGC类教学工具在艺术设计类课程中的使用规范及效果评估研究有一定的启发意义。

其次，从艺术门类的角度来看，2023年电影研究无疑是所有艺术门类中与数字人文结合最深入的。最突出的就是前面提到的李道新教授团队所进行的研究。2023年李道新教授的专著《数字人文与中国电影知识体系》出版，该书第五章、第六章和第七章重点就数字人文对于电影研究中的影人年谱、源代码和

---

① 谢周浦：《电影叙事对计算机自动机制的"路径依赖"——基于对数字制片流程中"数字管道"环境的考察》，《北京电影学院学报》2023年第2期。

② 曹磊、俞剑红：《AIGC技术在电影数字化创作与制作平台的创新应用》，《北京电影学院学报》2023年第11期。

③ 刘梦雅、刘依凡、芦熙桐：《AIGC赋能下的交互叙事研究》，《北京电影学院学报》2023年第11期。

④ 王晋宁、黄心渊、赵伟然：《人工智能数字影像的电影化之路——未来影像奇观构建》，《北京电影学院学报》2023年第11期。·

⑤ 谭剑：《人机交互视域下人工智能对当代电影的重塑》，《北京电影学报》2023年第7期。

⑥ 何宛余、杨良崧：《生成式人工智能在建筑设计领域的探索——以小库AI云为例》，《建筑学报》2023年第10期。

⑦ 袁潮、郑豪：《生成式人工智能影响下的建筑设计新模式》，《建筑学报》2023年第10期。

⑧ 袁烽、许心慧、王月阳：《走向生成式人工智能增强设计时代》，《建筑学报》2023年第10期。

⑨ 陶锋、梁正平：《设计与理性：人工智能设计的美学反思》，《中国文艺评论》2023年第10期。

⑩ 祝帅：《人工智能时代的设计美学变革》，《中国文艺评论》2023年第10期。

⑪ 闵嘉剑、于博柔、张昕：《生成式人工智能时代的设计教学探索——以清华大学"AI生成式影像"课程为例》，《建筑学报》2023年第10期。

知识体系建设问题进行了讨论[①]。部分内容也以论文的形式发表。团队的其他成员共发表相关论文十二篇，主题聚焦在"中国电影知识体系建构"[②]"影人年谱的编纂策略"[③]"电影话语生产主题的嬗变"[④]"平台知识群"[⑤]和"计量电影学"[⑥]等几个方面，整体而言对数字人文介入电影研究进行了非常积极的回应，认为数字人文为电影研究如电影色彩语言分析、电影史研究、电影美学和电影理论方面提供了新的视角和方法。同时数字人文促进了电影知识的生产和传播，通过创建在线数据库、数字平台和知识共享社区，电影研究的资源和成果得以更广泛地共享和利用。这不仅提高了研究效率，还促进了学术合作和知识创新。该系列研究的集中发表充分显示了团队合作的优势和价值。除了之前提到的李道新教授团队外，还有多篇论文从不同角度探讨了电影研究的新议题。主要也可以分为对AI时代的电影的文化批评（前文已经提到），电影的计量分析和电影的数字修复问题。计量分析问题将在后面一部分集中讨论，此处主要想集中讨论以下三篇电影图像修复/媒介的论文：张海悦[⑦]等人的《电影图像数字修复研究》和刘文宁[⑧]的《电影数字修复：档案性、历史性、可见性》两篇文章都关注到了电影图像修复问题，前者主要"从胶片电影常见的斑点、划痕、抖动和闪烁问题出发，对损伤问题检测、修复等技术发展与研究进展进行了综述，并结合当前电影修复技术行业应用现状对发展需求和未来趋势进行了分析与展望"。后者则主要从观念特征的角度讨论了"电影数字修复呈现出档案性、历史性和可见性的特点"，并认为"这些观念也作为实践原则指导着电影修复。理解电影修复的观念和特性，可以避免以单一标准看待修复作品；秉持这些原则，将促进电影数字修复在数字人文重塑公共文化中发挥更深刻的作用。"第三篇文章为周

① 李道新：《数字人文与中国电影知识体系》，北京：中国国际广播出版社，2023年。
② 李道新：《主体性与知识论视域里的中国电影知识体系》，《电影艺术》2023年第4期。
③ 谭文鑫：《以费穆为例谈影人年谱的编纂策略》，《当代电影》2023年第6期。
④ 屠玥、檀秋文：《数字时代中国电影话语生产主体的嬗变与管理》，《电影艺术》2023年第4期。
⑤ 李道新：《数字人文视野里的平台知识社群与中国电影知识体系的目标设定》，《当代电影》2023年第3期。
⑥ 乔洁琼、汪炜光：《量化的感觉——计量学作为电影研究的方法》，《电影理论研究（中英文）》2023年第3期。
⑦ 张海悦等：《电影图像数字修复研究》，《北京电影学院学报》2023年第5期。
⑧ 刘文宁：《电影数字修复：档案性、历史性、可见性》，《当代电影》2023年第8期。

文姬的《胶片、数字代码、GPT类AI：电影中的现实转向和变体》则主要从媒介考古的角度讨论了从胶片到AI生成，媒介是如何影响电影中的现实的[①]。如果说李道新教授团队的论文主要是在对电影史或者说基于电影文献和电影镜头语言的分析，那这三篇论文则触及了数字人文中另外一个非常重要的方面，即数字转型过程中的知识生产问题，尤其是从数字技术出现后如何理解过去媒介在当代的保存、延续和发展的物质性问题。有关数字转型过程中的媒介物质性的问题在图博档及古籍相关的数字人文研究中比较多，但艺术领域尤其是图像领域还有待展开。

除了电影之外，其他艺术，如金石、绘画、造型、设计、音乐、舞蹈以及非物质文化遗产等领域，都有相关论文发表，只是其所呈现的面貌比较分散，内容多以文献梳理、项目调研或者评论反思为主。当然，这里并不是在说这些研究是不必要的，恰恰相反，在一个研究领域的形成过程中，这种全景式的描绘对于认知和研究的深入非常有必要。但从数字人文所提倡的实践性来说，建设性的探索也同样迫切。之于这一点，前文所谈到的数据竞赛中的某些项目相较论文而言，则显得更有生命力和鲜活度。受篇幅所限，相关论文无法一一论述，现就几个门类中印象较为深刻的论文略作回应。

在金石绘画这一传统领域中，也有几篇非常让人眼前一亮的论文。如高丹等人的《数字人文视域下中国古代农耕图像知识组织研究》[②]、仇开域、夏翠娟的《碑帖知识库构建：从智慧化加工到智慧化服务》[③]和臧志栋等人的《"元绘画"作品的知识关联和语义描述研究——以明代"元绘画"作品为例》[④]都是从图像资源的知识组织和智慧化服务出发，通过构建原型系统、知识库和服务框架，旨在通过技术手段提升文化遗产的数字化管理和利用效率，促进文化遗产的传播和研究。这三个研究对于后续相关图像的研究都有很好的借鉴意义。钮

---

① 周文姬：《胶片、数字代码、GPT类AI：电影中的现实转向和变体》，《当代电影》2023年第9期。

② 高丹等：《数字人文视域下中国古代农耕图像知识组织研究》，《图书馆杂志》2024年第1期。

③ 仇开域、夏翠娟：《碑帖知识库构建：从智慧化加工到智慧化服务》，《图书馆论坛》2024年第6期。

④ 臧志栋、随成龙、程结晶：《"元绘画"作品的知识关联和语义描述研究——以明代"元绘画"作品为例》，《图书馆杂志》2023年第12期。

亮的博士毕业论文《数字人文视域下中国画论观念史研究》选择了非常有挑战性的题目，并利用关键词提取、词网络建构、词嵌入以及引用关系等量化分析方法对中国画论从历时性和共时主题性两个角度进行了深入的分析[①]。该研究是中国美术学院金观涛教授团队的系列研究成果，该团队近年来产出了多项中国古代书画理论与观念的相关数字人文研究，尤其是在关键词和观念史研究上都提供了非常好的案例。此外，王斯加等人的《TCPVis：基于谢赫六法的传统中国绘画画派可视分析系统》也是对浙江大学陈为教授团队近年来在中国历代绘画大系方面的计算机图形图象研究工作的介绍[②]。该团队在中国绘画的构图、笔触和色彩分析方面做了大量的工作，取得了很令人瞩目的成果。

　　在音乐研究方面，目前看到的论文主要侧重于音乐档案或者数据库的建设。比如《南音数据库资源的整理与分类研究》一文讨论了南音数据库资源的整理与分类原则和方法，包括设立统一标准、制定通用规范、处理版权归属、揭示多维关联和备注相关信息[③]。而《基于本体的剧曲类非遗知识图谱构建研究——以元曲为例》则以元曲为例，提出了元曲知识图谱的构建框架，包括数据来源、本体建模、图谱构建、知识应用四个部分[④]。另一篇《数字人文背景下音乐图书馆音乐文献资源数字化建设研究》针对目前音乐图书馆音乐文献资源数字化的发展现状、分类与特点，建议建设相关数据库，利用数字化提升音乐文献资源的利用效率[⑤]。这些话题在这几年间一直持续不断，也有如中国艺术研究院的"世界的记忆——中国传统音乐录音档案"数字平台[⑥]、"中华民族音乐资源数据库"[⑦]、上海音乐学院的"中国音乐基础数据库"[⑧]，以及中央音乐学院、复

[①] 钮亮：《数字人文视域下中国画论观念史研究》，博士学位论文，中国美术学院，2023年。

[②] 王斯加等：《TCPVis：基于谢赫六法的传统中国绘画画派可视分析系统》，《图学学报》2024年第1期。

[③] 滕腾：《南音数据库资源的整理与分类研究》，《中国音乐学》2023年第3期。

[④] 王常珏等：《基于本体的剧曲类非遗知识图谱构建研究——以元曲为例》，《图书馆杂志》2023年第11期。

[⑤] 孙宇：《数字人文背景下音乐图书馆音乐文献资源数字化建设研究》，《图书馆工作与研究》2023年第3期。

[⑥] "世界的记忆——中国传统音乐录音档案"网址：https://www.ctmsa-cnaa.com。

[⑦] "中华民族音乐资源数据库"网址：http://zhongshu.cdcgcart.cn/。

[⑧] "中国音乐基础数据库"网址：https://www.chinesecomposer.com/。

且大学和浙江大学合作开发的"中国传统乐器音响数据库"（CTIS）[①]、"流行歌曲midi-wav双向数据库"[②]、"用于MIR研究的多功能音乐数据库"（CCMusic）[③]、"多功能音乐数据分享平台"[④]，上海图书馆的"上海图书馆藏老唱片选览"[⑤]，这样的音乐数据库及文献档案库；而就研究领域而言，计算音乐学、人工智能音乐也已经在音乐学内部出现并产生诸多成果，但从报告写作者有限的认知来看，音乐学似乎并没有从研究上接受数字人文，虽然在微信上也已经有"音乐学与数字人文"群组。

另外一个值得一提的就是博物馆及遗产研究领域。这个领域一直受到数字人文研究的青睐，甚至被认为是一定意义上的主流数字人文。这一方面是因为博物馆及遗产领域数据资源相当丰富，另一方面则是因为信息管理学科研究者的偏爱。这就使得每年都有遗产及博物馆的数字档案及数据库研究、数据资源智慧化研究、知识图谱和本体研究、图像语义分析等相关研究成果大量出现。这些都成为了数字艺术史的重要前期研究成果。但如果从狭义"数字艺术史"概念的角度来看，这些更多的还是在"数字化的艺术史"层面上，为艺术史研究提供了大量可分析的基础数据及技术思路，但仍未进入艺术史或艺术理论的研究中去。换句话说，还没有从建库、建档、数据描述进入问题导向的研究之中。就2023年的研究成果来看，有两类文献非常值得关注。一类是博物馆人从实践出发所撰写的相关案例论文，如庄颖的《面向人工智能的博物馆藏品知识组织——以故宫博物院"中国古代可移动文物概念参考模型"为例》一文对故宫博物院近三年来开展的"中国古代可移动文物概念参考模型"的工作的介绍，具有非常好的基础性意义[⑥]。有关文物知识组织模型的建设是博物馆数据的基础

---

① "中国传统乐器音响数据库（CTIS）"网址：https://ccmusic-database.github.io/database/ctis.html。

② "流行歌曲midi-wav双向数据库"网址：https://ccmusic-database.github.io/database/cpop.html。

③ "用于MIR研究的多功能音乐数据库"网址：https://ccmusic-database.github.io/database/ccm.html。

④ "多功能音乐数据分享平台"网址：https://ccmusic-database.github.io/。

⑤ "上海图书馆藏老唱片选览"网址：https://data.library.sh.cn/qw/lcp/#/result。

⑥ 庄颖：《面向人工智能的博物馆藏品知识组织——以故宫博物院"中国古代可移动文物概念参考模型"为例》，《故宫博物院院刊》2023年第11期。

工作，国际上已经有相关的大量前期研究工作，而且英国维多利亚与阿尔伯特博物馆（Victoria and Albert Museum）的张弘星教授团队、台湾"中研院"的陈淑君教授团队也已经针对中国文物及艺术对象做了非常有价值的前期工作。故宫博物院的该研究则大大推进了中国文物数据标注规范化、精细化和高质化的发展，这为国内各个博物馆推进自身的藏品数据建设也提供了很好的参考和借鉴。上海博物馆刘健研究员的《大数据语境下的博物馆知识传播——上海博物馆的数字人文实践》则主要介绍了上海博物馆近年来的两个大型数字人文艺术项目："董其昌数字人文展示系统"和"'宋徽宗和他的时代'数字人文专题"，这两个项目将数字人文研究与上海博物馆馆藏文物结合，通过数据标注、数据分析、图像分析、数据可视化等方式对馆藏文物的概念模型、知识图谱、图像主题等进行了关联和展示，实现了研究成果向大众转化、传播的目的，是国内博物馆少有的以数字人文为驱动的公共展览项目[①]。这两个项目不仅有较长时间的深入研究，而且最难得的是，都有实践成果落地，实现了学术价值、艺术价值和社会价值的多维呈现。此外，信息科学研究者对于遗产的研究成果中有两个值得重视。一是练靖雯等人做的《数字人文类文化遗产众包项目可持续发展路径探索——基于模糊集定性比较分析（fsQCA）》，从定性分析的实验比较分析角度对数字人文类文化遗产众包项目的可持续性问题进行了研究。如何评价数字人文项目的接受效果，如何持续发展数字人文项目，是近年来数字人文领域中非常关注的问题。该研究"以27个文化遗产众包项目为案例，采用模糊集定性比较分析的研究方法，探索项目各阶段多个条件对项目可持续性的联动效应"，确实提供了非常好的启发思路[②]。另一篇侯西龙等人的《数字人文视域下文化遗产图像远读可视化调查与分析》延续了该团队一直以来对文化遗产图像的关注，在对国内外大量研究项目充分调研的基础上，对图像远读可视化的特

---

① 刘健：《大数据语境下的博物馆知识传播——上海博物馆的数字人文实践》，《文物天地》2022年第12期。

② 练靖雯等：《数字人文类文化遗产众包项目可持续发展路径探索——基于模糊集定性比较分析（fsQCA）》，《情报理论与实践》2023年第9期。

点和挑战，也提出了相关建议，具有很好的参考价值①。

最后，但或许是最切题的，就是对"数字艺术史"概念及研究领域的相关研究。按照惯例，一般性理论应该放在最开始讨论，然而遗憾的是，2023年"数字艺术史"的相关研究，并没有太多内容可供讨论。主要能看到的期刊论文有庞贻丹《法国数字人文与艺术史的交织与互进》②和李斌的三篇关于数字人文③、数字艺术史的理论④、论证与创新⑤的文章。前者主要是对法国数字人文与艺术史相关的研究和项目的介绍，后者三篇文章的内容虽然各有侧重，但内部具有高度统一性，都是围绕目前已有的，尤其是国外的"数字艺术史"的相关理论研究成果进行介绍性描述和总结性分析，为对该领域感兴趣的读者提供了很好的引导阅读。

以上谈及内容只能算得上管中窥豹，略见一斑。事实上，游戏、舞蹈、体育、建筑、规划、设计领域都有很多算得上"数字艺术史"的研究内容，特别是设计领域，在方法论的使用，尤其是计算机领域，其实也有大量相关的研究成果。但限于眼界、能力与篇幅，在此就不再赘述。

三、有待深入：基于方法的数字艺术史研究的反思

如同"数字人文"的出现是人文学科对数字时代的积极响应一样，"数字艺术史"的出现一方面是因为其艺术史或者更大范围内的艺术学的跨学科特征⑥，艺术研究的对象包括数字化或者数字生成的艺术文本、图像、声音、视频等多媒体资料，其研究方法也包括了视觉风格主导的图像研究、基于主题的文献文

①侯西龙、王晓光、段青玉：《数字人文视域下文化遗产图像远读可视化调查与分析》，《图书情报工作》2022年第3期。
②庞贻丹、郑永松：《法国数字人文与艺术史的交织与互进》，《新美术》2023年第2期。
③李斌：《数字人文影响下的艺术史研究——数字艺术史的争议与创新》，《中国美学研究》2023年第1期。
④李斌：《数字人文与数字艺术史：理论、论争及启示》，《上海交通大学学报（哲学社会科学版）》2023年第6期。
⑤李斌：《数字人文影响下数字艺术史的研究实践与创新》，《媒介批评》2023年第1期。
⑥Paul B. Jaskot, "Digital Methods and the Historiography of Art," ed. Kathryn Brown, *The Routledge Companion to Digital Humanities and Art History*, New York: Routledge, 2020.

本研究、基于文化社会研究等在内。另一方面则是艺术的整体研究模式发生了转变，这主要体现在艺术对象的数字化、档案化及其相关信息的数据化后，数据成为了研究的最基本的信息单位，数据库结构成为了信息组织的关联网络。艺术作品通过其所在的网络而获得意义和价值，其文化关联性体现在多样化网络中的语义交织的复杂性，也就是说，通过将单个作品的有限数据与相关内容（手稿、收藏者、社会机构、时代语境）的无限数据进行关联形成语义网络，再将多个网络连接起来形成更大的网络，从而对单个艺术品的研究将成为对网络节点的研究。因此，数字艺术史的出现则成为了数字时代艺术史及理论研究发展的重要方向之一。尤其是在方法论方面，数字艺术史提供了诸多可能性。比如改变了艺术品及艺术史文献的研究方法转变，数字修复和虚拟重建为艺术品的数字考古提供了新的研究路径，为扩大对艺术史的认知提供了新可能；其次，通过对材料、物理、肖像、构图、风格等方面的科学研究，为艺术作品研究提供了客观性、可重复、可检验的科学研究路径，为艺术作品提供了独特的"指纹"数据档案；再次，数字人文方法通过对文献进行多维度数据挖掘，为在跨时空维度下观察艺术活动及艺术主体行为提供了新的研究方法，提出了新问题。

就目前的研究成果来看，相关研究还是集中在以数字对象的知识图谱为代表的知识组织层面上，更加深入的、以问题为导向的研究还不够多。国外相关的数字艺术史研究在计算方面的研究已经构成了新的艺术史研究景观。比如列夫·马诺维奇（Lev Manovich）对梵高、蒙德里安和罗斯科的作品，6,000幅法国印象派油画，20,000张现代艺术博物馆（MoMA）摄影收藏的照片，100万张从漫画书中挑选的漫画页面，100万件当代非专业艺术家的艺术作品和来自全球16个城市的1,300多万幅Instagram图片的"文化分析"（Cultural Analytics）研究[1]；马克西米利安·席希（Maximilian Schich）开展的有关文化历史"元叙事"（meta-narrative）问题的研究[2]；安妮·赫尔姆赖希（Anne Helmreich）和帕梅拉·弗莱彻（Pamela Fletcher）运用网络分析和基于GIS的空间分析的方

---

[1] Selected Projects & Exhibitions, http://manovich.net/index.php/exhibitions.
[2] Maximilian Schich et al., "A Network Framework of Cultural History," *Science*, vol. 345, no. 6196, 2014, pp. 558-562.

法对 19 世纪伦敦艺术市场开展的"地方／全球：图绘十九世纪伦敦艺术市场"（Local/Global: Mapping Nineteenth-Century London's Art Market）[1]和运用地图来可视化再现法国哥特建筑的"图绘哥特法国"（Mapping Gothic France）[2]；耶鲁大学劳拉·韦克斯勒（Laura Wexler）领衔开展的有关美国联邦农业安全管理局与战争情报办公室（The United States Farm Security Administration and Office of War Information）17 万张照片的"照片语法"（Photogrammar）项目[3]；詹姆斯·王（James Wang）利用"基于特征工程的方法"和"基于特征学习的方法"对绘画风格、艺术家和流派的研究[4]。首先，尽管这些项目的研究对象不同、研究方法各异，但都呈现出了数字艺术史研究的一些主要特点，即用数据分析的方法，提供一种与基于个人经验性研究所不同的路径，并在一定程度上发现无法用传统研究方法得出的结论。尤其在即使大数据依然是有限数据集的情况下，如何能通过算法模型提供一个具有充分解释力的结论依然是目前数字艺术史研究有待解决的议题，但大数据构建的网络确实拓展了以对象为主的研究路径。其次，可计算的数据模型具有的科学性在一定程度上也为以往以经验性、专业性为基础的主观审视提供了新的研究路径，这种科学性是以可检验性、可重复性的特点为依据的。最后，以往对于艺术史的相关研究尽管很多依然是以文本为主，但抽样性、分散的自然语言描述转向了系统化、结构化的数据分类。相较而言，国内数字艺术史研究还尚处在一个基础资料整理、数据初步加工和开始运用计算分析的阶段，尚未形成系统性论述的情况。这同时也为可支持数字艺术史研究的基础设施建设提出了一定的要求。

①Pamela Fletcher et al., "Local/Global: Mapping Nineteenth-Century London's Art Market," *Nineteenth-Century Art Worldwide*, vol. 11, no. 3, 2012, p. 1.

②Katherine Werwie, "Stephen Murray and Andrew Tallon, 2012-. Mapping Gothic France. http://mappinggothic.org/," *Digital Medievalist*, vol. 10, 2017, DOI: 10.16995/dm.54.

③Monika E. Berenyi, "The United States Farm Security Administration-Office Of War Information Archive: A Latent Nexus Of Truth About The New Deal Era," *Theses and Dissertations*, 2012.

④James Wang, Baris Kandemir, Jia Li, "Computerized Analysis of Paintings," *The Routledge Companion to Digital Humanities and Art History*, New York: Routledge, 2020.

结语：艺术之外

　　中国学界近几年才开始关注数字人文基础设施的相关议题，对数字人文基础设施定义的理解也不尽相同。比如刘炜就提出，数字人文的基础设施"是一种支持人文科研活动的基础设施（Reaserch Infrastructure），是指在数字环境下为开展人文研究而必须具备的基本条件，包括全球范围内与研究主题相关的所有文献、数据、相关软件工具、学术交流和出版的公用设施及相关服务等"[①]。强调数字人文基础设施的基础性和工具性的服务角色。而夏翠娟则将数字人文基础设施限定在数据基础设施的层面，是"数字人文研究基础设施的一部分，试图聚焦于数字人文研究基础设施中的内容、数据和知识部分的生产和组织，探讨如何构建独立于具体应用开发和领域研究问题之外的数据层，及其长期保存、共建共享和开放利用的技术规范"，强调数字人文基础设施在数据科学范围内的知识组织功能[②]。数字人文研究的发展离不开基础设施的建设。而对于数字艺术史的建设，无论是基础硬件、软件工具、交流出版、公共服务还是知识组织或者技术规范，都还远远没有形成。尽管随着近年来国家政策层面对文物数字化的重视、疫情期间对线上艺术资源的需求增加、大众媒体对文博类文化产品的传播以及有意识引导推动下的"国潮"为代表的中华民族文化推广，使得艺术类数字化资源，尤其是博物馆数字化资源在近年来更加开放。比如敦煌研究院，是国内较早进行数字化开放和共享的文化机构，近年来更是屡有新措，2022年12月与腾讯公司联合打造的全球首个基于区块链的数字文化遗产开放共享平台"数字敦煌开放素材库"正式上线[③]。故宫博物院则在2019年推出线上数字文物项目"数字文物库"，开放5万件文物高清数字影像后，在2023年5月18日国际博物馆日则又新增2万件数字文物，总数达10万件，同时还与腾讯联

[①] 刘炜等：《面向人文研究的国家数据基础设施建设》，《中国图书馆学报》2016年第5期。
[②] 夏翠娟、祁天娇、徐碧姗：《中国数字人文学术体系构建考察——基于实践项目的内容分析和文献研究》，《数字人文研究》2023年第4期。
[③] 《全球首个基于区块链的数字文化遗产开放共享平台"数字敦煌开放素材库"今日正式上线》，2022年12月8日，https://www.dha.ac.cn/info/1019/4250.htm，2024年3月18日。

合成立了"故宫·腾讯联合创新实验室"。但这些都还没完全转化成为艺术史、艺术理论、艺术实践相关的数据资源和基础驱动力。艺术文献、艺术图像的数字化、数据化，以及相关研究工具的开发还非常欠缺。

　　从宏观政策角度而言，当下却是发展数字艺术史的大好阶段。尤其是国家继2020年5月下发《关于做好国家文化大数据体系建设工作的通知》①后，在2022年又发布了《关于推进实施国家文化数字化战略的意见》②，正式将文化数字化上升到了国家战略的高度，明确提出"到'十四五'时期末，基本建成文化数字化基础设施和服务平台，形成线上线下融合互动、立体覆盖的文化服务供给体系。到2035年，建成物理分布、逻辑关联、快速链接、高效搜索、全面共享、重点集成的国家文化大数据体系，中华文化全景呈现，中华文化数字化成果全民共享"。文化数字化及基础设施建设成为了国家战略任务，就意味着从国家到地方都会将文化数字化基础设施作为一项政治任务来对待，并在全国各级政府中进行实施。尤其是中国文化大数据基础设施建设中非常重要的基础网络平台"国家文化专网"——依托中国1980年代建设的有线电视网络设施形成，不对接公网，是一个闭环网络。各地广电网络公司按照国家文化大数据体系省域中心的团体标准，建设文化数据服务中心，进行文化资源数据的存储、传输、交易和文化数字内容发布。而其所包含的文化大数据来源于"文化领域已建或在建数字化工程和数据库所形成的成果"，这其中也包含了图博档等公共文化机构。换句话说，中国正在从国家层面构建一个文化大数据基础设施平台，从数据的存储、生产、加工、利用以及交易等各个层面都会建立标准化的管理体系。艺术类数据将是这个大型数据体系中非常重要的数据资源，数字艺术史在学术之外，还将大有所为。

---

① 《关于做好国家文化大数据体系建设工作的通知》，2020年5月11日，https://www.gsass.net.cn/zdxm/whypt/zlhj01/content_3972，2024年3月27日。
② 《关于推进实施国家文化数字化战略的意见》，2022年5月23日，http://www.zgxczx.cn/content_42801.html，2024年3月27日。

中国图书馆与图书馆学科数字人文发展报告

欧阳剑　（上海外国语大学图书馆）

夏翠娟　（上海图书馆、中国人民大学信息资源管理学院）

引　言

　　自2010年起，中国图书馆界开始积极关注并投身于数字人文领域的探索与实践，数字人文理念对中国图书馆与图书馆学科产生了深远的影响，推动了中国图书馆与图书馆学科数字人文的飞速发展。本报告回顾了中国图书馆与图书馆学科数字人文发展历程，并对中国图书馆与图书馆学科数字人文发展状况进行梳理与总结，在审视过去的同时，本报告亦不遗余力地指出了当前中国图书馆与图书馆学科在数字人文发展过程中所遭遇的问题与挑战，通过对现状的分析，进一步提出了针对性的发展方向与建议，以期能够为中国图书馆与图书馆学科的数字人文未来发展提供有益的参考，共同推动中国图书馆与图书馆学科数字人文的持续进步与繁荣。

一、中国图书馆与图书馆学科数字人文发展回顾

（一）数字人文对图书馆与图书馆学科的影响

　　数字人文是数字技术与人文学科相交融的学科领域，近年来对于人文社会研究产生了深远影响。图书馆一直是数字人文研究重要的合作者，数字人文的

发展也需要图书馆的支撑。图书馆与人文研究具有一定的优势互补效应，一方面，人文研究需要依靠图书馆的特色馆藏、系统的知识以及参考咨询服务优势，依靠图书馆实现跨学科研究与成果推广，提升研究的实践效果与知识成果转化能力；另一方面，图书馆可以借助人文研究进一步提升馆藏特色，创新服务理念和服务形式，提升服务质量和效率，促进自身的发展与转型。图书馆与数字人文紧密相连，图书馆开展数字人文相关研究与服务已经成为必然。

数字人文的出现对我国图书馆与图书馆学科产生了重要影响。随着社会步入数字时代，现代图书馆在资源管理、服务模式、渠道、对象等方面较传统图书馆已发生很多改变，图书馆社会信息服务机构的角色也在不断变化，探索适合当下环境的数字人文服务模式对推动图书馆的转型和发展具有重要意义。数字人文服务也是图书馆转型发展的契机，开展数字人文服务可以实现图书馆资源、空间、服务、人力与技术等多层面的融合，综合助推图书馆服务功能朝多元化、智慧化角度发展，具体影响主要体现如下。

首先，数字人文进一步推动图书馆人文资源的有效整合与创新管理。图书馆作为社会人文知识保存和传播的重要渠道，在人文资源的收集与管理上具有重要地位，数字人文资源的主要受众是广大民众，而图书馆的服务对象也是社会大众，两者在对象上具有一致性。通过数字技术，图书馆可以将馆藏书籍、文献、档案等资源数字化存储，使之更易于管理、检索和共享。数字馆藏使得读者可以随时随地通过网络获得所需文献信息，打破了时空限制，使图书馆的馆藏资源得到全球网络化展示，为用户提供更便捷、高效的服务。数字人文服务可以使资源和渠道得到有效整合，推动人文研究成果有效传播的同时，也可促进图书馆资源建设的特色化、优质化发展。

其次，数字人文为图书馆学科的研究提供了新的方法和视角。数字人文为图书馆数字资源的利用拓展了新的视域，促使图书馆通过数字技术对大规模的文献数据进行数据挖掘和分析，辅助学者从中发现隐藏的知识和规律。数字人文研究不仅可以帮助图书馆了解用户的需求和行为，还可以挖掘不同领域之间的关联性。数字人文服务以图书馆的空间优势与服务途径为依托，能够更为快捷地实现多学科融合，体现学科交叉的优势，同时图书馆也依托数字人文提供特色空间场景服务，实现共赢。

再次，图书馆自身使命与社会价值决定其需要参与数字人文服务、研究与实践。数字时代，图书馆专业人员掌握数字技术，了解数字资源的获取、处理和管理等各环节，图书馆必然成为数字人文服务、研究与实践的参与者。数字媒体素养的提升提高了图书馆人员的工作效率和服务质量，使他们更好地适应数字图书馆发展需求。作为数字素养的主要教育与引导机构及人文科学研究的重要支撑，图书馆必须充分明确自身在社会人文服务中的角色与地位，不断丰富服务内涵，实现转型与发展。数字人文对提升图书馆用户体验起到了积极作用，使图书馆能够提供更多样化的服务，如数字化展览、在线学习资源等，满足用户不同层次和多样化的需求。

最后，数字人文也推动图书馆学科教育的改革。传统的图书馆学教育侧重于纸质文献的管理和利用，而数字人文的发展促进图书馆学教育更加注重数字化技术、数据分析等方面的内容。许多学校纷纷开设与数字人文相关的课程，如数据挖掘、文本分析等，以培养具备数字人文素养的图书馆学专业人才。这种教育改革有助于提升学生的综合素质和应用能力，更好地适应数字时代的需求。

由此可见，数字人文对图书馆学科产生了巨大的影响，从馆藏数字化到数字人文研究，再到数字媒体素养和用户体验，都在不同程度上推动了图书馆学科的发展。未来，数字人文将继续在图书馆学科中发挥重要作用，为图书馆事业带来更多的创新和发展机遇。

（二）中国图书馆与图书馆学科数字人文发展历程

自2010年起，中国图书馆界开始关注数字人文领域，从引入数字人文概念开始，逐渐开展相关研究和实践工作，总体经历了如下几个重要发展阶段。

1. 初始阶段（2010—2015）

进入21世纪，数字人文开始引起中国学界关注。2010年，广西师范大学出版社出版了朱常红翻译的杰弗里·A. 赖德伯格-科克斯（Jeffrey A. Ryderg-Cox）的专著《挑战数字图书馆和数字人文科学》（*Digital Libraries and the*

Challenges of Digital Humanities），中国图书馆界学者开始关注到数字人文领域。上海市图书馆学会于2014年6月20日召开"2014图书馆前沿技术论坛：'数字人文与语义技术'专题研讨会"①，而后成立数字人文研发项目组，开始利用以知识本体和关联数据为代表的语义技术，将数字图书馆时代的特藏数据库转换为面向数字人文的语义知识库②。以上海图书馆的特色馆藏家谱为基础，开发了"中国家谱知识服务平台"的原型系统，于2016年1月正式上线。该平台在提供文献服务的基础上，开发基于关联开放数据的知识服务。同年，上海图书馆举办第一届开放数据应用开发竞赛③。2016年，中国图书馆学会年会设置了"数字人文——图书馆的历史传统与时代使命"分会场，讨论图书馆在数字人文建设与服务中的使命。

初始阶段，数字人文研究主要集中在基本概念、基础理论和小规模的项目研发实践。人文学者开始逐步认识到，数字技术的应用为人文学科注入了新的活力，通过数字工具可以更加高效地处理和分析海量数据，发现隐藏其中的规律和关联，为研究提供新的方法和视角。少量图书馆开始关注人文学者的新需求，并着手对已有的数字图书馆时代的孤岛系统进行升级改造，推动图书馆的特藏文献资源从文献服务向知识服务和开放数据服务转变④。同时，数字人文也为图书馆服务带来了巨大的挑战和机遇⑤，传统文献资源逐渐数字化，并建成数字图书馆系统，使人们可以在线访问和使用图书馆资源及服务。此外，数字人文研究还需要图书馆提供大数据计算和存储能力，以支持对海量信息的处理和分析。通过数字技术，图书馆可以更好地保存、传播和利用珍贵文献、档案和艺术作品等文化遗产，并向更多人提供知识服务。数字人文还促进

① "数字人文与语义技术"2014年图书馆前沿技术论坛（IT4L）简介：https://society.library.sh.cn/IT4L2014。
② 夏翠娟等：《基于书目框架（BIBFRAME）的家谱本体设计》，《图书馆论坛》2014年第11期。
③ 夏翠娟等：《家谱关联数据服务平台的开发实践》，《中国图书馆学报》2016年第3期。
④ 夏翠娟、张磊、贺晨芝：《面向知识服务的图书馆数字人文项目建设：方法、流程与技术》，《图书馆论坛》2018年第1期。
⑤ 曾小莹：《数字人文背景下的图书馆：作用与服务》，《图书与情报》2014年第4期；Michael A. Keller、王宁：《数字人文和计算化社会科学及其对图书馆的挑战》，《现代图书情报技术》2014年第10期。

了学术界的合作与交流，使不同领域的学者可以在共享数字平台上开展多学科研究。

2. 发展阶段（2015—2019）

随着国内学者对数字人文的日益关注，中国图书馆界的数字人文发展步伐也越发加快，各类数字人文实践活动如火如荼地开展，一些大型公共图书馆和高校图书馆开始进行以数字化、数据化为基础的数字人文基础设施的建设。图书馆学科的数字人文也得到了快速推进，包括开设数字人文课程、设置数字人文的人才培养方案等。

数字人文的兴起给人文学者带来了新的研究视角与思维模式，也为传统人文研究带来了新的方法、工具和平台，各种以数字化、数据化为基础的数字人文基础设施的建设此起彼伏。"上海图书馆开放数据平台"[①]以关联数据的方式公开发布其数字人文项目所组织的基础知识库（人、地、时、事、物）、文献知识库（家谱、手稿档案、古籍等）、本体词表和项目建设过程中所用到的各种数据清洗和转换工具[②]；上海外国语大学欧阳剑主持建立"中国古籍基础数据应用平台"[③]；也有其他图书馆开展包括图像库[④]、手稿特色资源库[⑤]、语义支撑平台[⑥]等的构建研究，这些图书馆数字人文基础设施的建设极大地促进了数字人文的发展，丰富了人文学科研究的基础数据。此外，一些图书馆还开展了各种数字人文实践活动，如数字化展览、数字化讲座、数字工作坊等，吸引了大批公众的参与，使得数字人文的理念更加深入人心。

在图书馆学教育方面，一些高校开始设置数字人文课程，如武汉大学跨

---

① "上海图书馆开放数据平台"网址：https://data.library.sh.cn。
② 上海图书馆"历史人文大数据平台"网址：https://dhc.library.sh.cn/。
③ "中国古籍基础数据应用平台"网址：http://121.201.35.124:88。
④ 颜佳、杨敏、彭梅：《面向数字人文的图像数据基础设施建设研究——以我国图博档领域为视角》，《图书馆》2021年第5期。
⑤ 陈以敏、张青青：《数字人文下高校图书馆手稿特色数据资源库建设研究》，《图书馆》2021年第6期。
⑥ 陈涛等：《数字人文研究的语义支撑平台构建研究——以ECNU-DHRS平台为例》，《图书馆杂志》2021年第3期。

学院公共基础课程"数字人文"[①]、北京大学信息管理系本科教育课程"数字人文"[②]、上海外国语大学全校硕博研究生公选课"数字人文入门实践"[③]等，逐步为数字人文在图书馆领域的发展奠定人才支持。

3. 创新阶段（2020 至今）

自2020年以来，随着研究理念的普及，越来越多的图书馆参与到数字人文研究或项目当中，中国图书馆的数字人文事业进入了一个新的阶段。数字化技术的不断创新和应用为图书馆提供了更多的技术支持手段，使得图书馆可以更好地为研究者提供数字人文服务，同时也呈现出对于数字人文人才的需求。

如何抓住数字时代的机遇，迎接数字时代带来的挑战，一直是图书馆界的重要议题。在新文科建设方针的指引下，国内不少高校设立了专门的数字人文研究中心或数字人文实验室用于开展相关合作，更好地支撑跨学科研究，例如上海外国语大学图书馆在数字学术中心的基础上创建了全国首家图书馆数字人文实验室[④]。还有一些高校图书馆学科主导或参与设立了数字人文专业，开展学位教育。公共图书馆、高校图书馆组织开展的数字人文项目更加多样，数字人文成为我国图书馆和图书馆学科发展的重要方向。

二、中国图书馆与图书馆学科数字人文发展状况

数字人文作为新科学技术与人文相结合的一种研究范式，促进了中国图书馆与图书馆学科的极大发展。通过文献计量分析可全面梳理并深入剖析中国图书馆及图书馆学科在数字人文领域的发展状况。本文选取中国知网（CNKI）作

[①]《多措并举 武汉大学积极推进跨学科人才培养》，2022年5月16日，https://uc.whu.edu.cn/info/1121/13631.htm，2023年9月20日。

[②] 张久珍、韩豫哲：《北京大学"数字人文"课程教学实践及经验探索》，《图书情报工作》2019年第19期。

[③]《数字人文入门实践（研究生）》，2021年12月27日，http://lib.shisu.edu.cn/2021/1227/c247a1518/page.htm，2023年10月15日。

[④]《图书馆新空间开放！更多功能，等你解锁》，2021年10月26日，https://m.thepaper.cn/baijiahao_15082288，2023年10月15日。

为数据源，依据检索公式"SU=数字人文and图书馆"进行筛选，限定文献类型为CSSCI或核心期刊，检索起始时间不限，截止时间为2023年10月24日。基于标题与摘要内容，再对检索得到的文献进行进一步筛选，删除非图书馆学的讨论、期刊征稿指南等无关信息，最终共得到有效文献471篇。

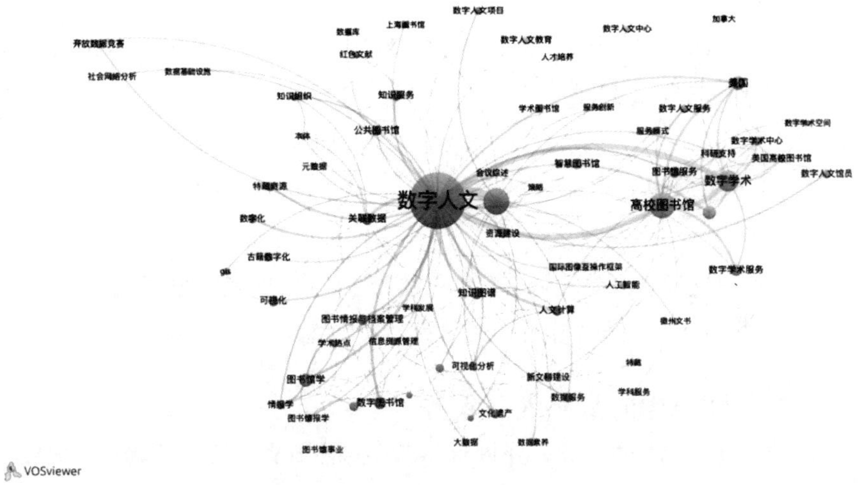

图1　数字人文领域的关键词共现知识图谱

　　基于关键词分析角度，利用VOSviewer可视化分析软件对国内数字人文领域文献进行关键词共现分析，可得到关键词共现知识图谱（图1）和关键词高频词（表1）。

表1　数字人文领域的关键词词频前10

排名	1	2	3	4	5	6	7	8	9	10
关键词	数字人文	图书馆	高校图书馆	数字学术	美国	图书馆学	大学图书馆	知识图谱	关联数据	数字图书馆
频次	290	67	64	44	18	17	14	14	14	13

　　通过对论文的阅读以及图表的分析发现，中国图书馆与图书馆学科数字人

文发展主要侧重在六大方向。

（一）图书馆、图书馆学科与数字人文的关系

数字人文理论一直是图书馆关注的焦点，特别是各种问题的辨析，如边界不清[1]、理论不足及盲目追赶[2]等。为厘清数字人文与图书馆、图书馆学科之间的关系，学者们进行了一系列的探索。

一方面，部分学者分析了数字人文与图书馆之间的内在联系，认为图书馆为数字人文研究提供了数据支撑[3]、方法论支撑[4]和研究主力军[5]。另一方面，有人探讨了图书馆数字人文建设的路径选择[6]，提出要以技术创新、特色发展为切入点。还有研究厘清了数字人文与图书馆学、情报学、档案学的学科关系[7]，指出它们的核心在于知识创新。

当前研究梳理了数字人文与图书馆的互动关系，明确了数字人文与图书馆学科的定位，为图书馆参与和推动数字人文建设提供了坚实的理论基础。

（二）图书馆的数字人文服务

当前，我国高校图书馆正不断探索数字学术服务，有学者调研了海外著名高校图书馆的数字学术服务经验，如美国高校图书馆数字学术中心的服务项目[8]、北美高校图书馆数字学术支持[9]、国外iSchools高校图书馆数字学术服务[10]等。国内图书馆也进行了积极探索，北京大学图书馆打造国内数字人文交流平

---

[1] 夏翠娟：《数字人文之热浪潮与冷思考》，《图书情报知识》2019年第2期。
[2] 许苗苗、邵波：《我国数字人文发展的脉络、问题及启示》，《图书馆学研究》2020年第14期。
[3] 柯平、宫平：《数字人文研究演化路径与热点领域分析》，《中国图书馆学报》2016年第6期。
[4] 刘炜、林海青、夏翠娟：《数字人文研究的图书馆学方法：书目控制与文献循证》，《大学图书馆学报》2018年第5期。
[5] 赵宇翔、练靖雯：《数字人文类国家社科基金重大项目的学科属性与合作特征》，《图书馆论坛》2022年第1期。
[6] 向阳：《德性、技术与特色：图书馆数字人文建设的路径选择》，《图书馆》2016年第10期。
[7] 张旭、王晓宇：《数字人文学科归属及其与图情档关系初探》，《情报理论与实践》2022年第2期。
[8] 曾粤亮：《美国高校图书馆数字学术中心服务调查与分析》，《图书与情报》2017年第4期。
[9] 鄂丽君：《北美高校图书馆数字学术支持现状及启示——ARL〈SPEC Kit 350：支持数字学术〉调查报告分析》，《图书情报知识》2017年第4期。
[10] 李立睿、王博雅：《国外iSchools高校图书馆数字学术服务调查与分析》，《情报理论与实践》2019年第6期。

台①、上海外国语大学图书馆探索数字人文实验室建设路径②、华东师范大学图书馆基于数字人文技术构建了近代教科书数据库和近代中译本全文特藏库③。

从文献分析可知，图书馆的数字人文服务主要包括技术支持、数字资源、研究辅助、教育培训和社区合作等方面。今后，我国图书馆要构建特色文献体系，实现资源数字化管理；搭建知识服务平台，构建可重复使用本体库；加强学者需求调研，共建协同创新研究中心④。

（三）数字人文基础资源建设

数字人文基础设施是指支持人文科研活动的基础设施⑤，包括数字化的文献资源、数据库、工具平台、支持知识生产和信息交流的网络空间等，需由数字出版商、文化记忆机构、研究机构、研究者、IT支持人员共同参与构建⑥。

在数字人文基础设施建设方面，仓储、语义、本体和图像资源是图书馆研究与实践的重要领域，包括构建数字人文仓储的架构模型⑦，设计面向数字人文数据基础设施的机构本体模型⑧，研发面向数字人文资源的语义支撑平台的框架模型⑨，等等。图像资源的研究进展尤其迅速，学者们调研图像数据基础设施的研究及其技术发展趋势⑩，基于IIIF框架提出3层标注模型⑪，并进一步构建图像

①朱本军、聂华：《数字人文：图书馆实践的新方向》，《大学图书馆学报》2017年第4期。

②蔡迎春等：《赋能与创新：数字学术服务的多元内容与实践发展》，《大学图书馆学报》2022年第6期。

③张毅、陈丹：《基于Omeka与IIIF的特藏资源库建设研究与实践——以华东师范大学近代教科书数据库为例》，《大学图书馆学报》2021年第3期。

④刘芳、余望枝：《数字人文环境下图书馆资源建设与服务模式研究》，《图书馆》2022年第4期。

⑤刘炜等：《面向人文研究的国家数据基础设施建设》，《中国图书馆学报》2016年第5期。

⑥夏翠娟：《面向人文研究的"数据基础设施"建设——试论图书馆学对数字人文的方法论贡献》，《中国图书馆学报》2020年第3期。

⑦赵生辉、朱学芳：《数字人文仓储的构建与实现》，《情报资料工作》2015年第4期。

⑧金家琴、夏翠娟：《数字人文数据基础设施建设中机构本体的构建：研究和应用》，《图书馆论坛》2020年第4期。

⑨陈涛等：《数字人文研究的语义支撑平台构建研究——以ECNU-DHRS平台为例》，《图书馆杂志》2021年第3期。

⑩颜佳、杨敏、彭梅：《面向数字人文的图像数据基础设施建设研究——以我国图博档领域为视角》，《图书馆》2021年第5期。

⑪陈涛、单蓉蓉、李惠：《数字人文中图像资源的语义化标注研究》，《农业图书情报学报》2020年第9期。

知识复用语义模型[①]。

数字人文基础资源非常重要，能联接众多独立的数据库，从而实现"全球智慧数据平台"的愿景[②]。图书馆作为文献资源保存机构，是数字人文最早的基础设施建设者[③]，它利用信息技术构建数字人文基础资源平台，从而推动数字人文研究发展。上海图书馆数字人文开放数据平台是上海图书馆建设的面向数字人文的重要基础设施，其建立的目的主要有三：**一是**将数字图书馆时代的孤岛系统转换为具有一致的知识模型和知识表示格式的、相互关联的语义知识库；**二是**提供基于知识和数据的数字人文服务；**三是**从技术层面探索一种轻量级历史文献资源知识和数据互联互通、共建共享的新模式。该平台的主要任务是整合上海图书馆丰富的历史人文类馆藏资源[④]，如家谱、古籍、手稿档案等，构建各类文献知识库、基础知识库、本体词表等，并以开放互联的方式对外提供服务。目前平台已整合了大量报刊、古籍、家谱、红色文献等资源，还包含了人物、地名、时间、事件等基础知识图谱，以及文本处理、分析、可视化等数字人文工具。该平台的特色在于采用了关联数据、知识图谱、语义网等新技术手段，以知识为中心进行资源再组织，并以开放联通的服务模式支持数字人文研究。它既是一个资源整合和知识组织的平台，也是一个开放的研究环境，研究者可以利用平台提供的工具进行文本分析、社会网络分析、数据挖掘等工作。

上海图书馆数字人文开放数据平台构建了一个面向数字人文、开放共建的公共服务平台，其丰富的资源、数据和工具，将会极大促进相关领域的研究与应用。它是上海图书馆馆藏资源再利用的一次重要探索，也将大大推动我国数字人文基础设施建设。

（四）数字人文技术体系建设

数字人文技术一直是图书馆关注的焦点，从目前文献来看，中国图书馆与

---

① 陈涛：《数字人文视域下图像知识复用语义模型研究》，《图书馆杂志》2023年第2期。
② 包弼德、夏翠娟、王宏甦：《数字人文与中国研究的网络基础设施建设》，《图书馆杂志》2018年第11期。
③ 刘炜：《作为数字人文基础设施的图书馆：从不可或缺到无可替代》，《图书馆论坛》2020年第5期。
④ 参见上海图书馆"历史人文大数据平台"，网址：https://dhc.library.sh.cn/。

图书馆学科数字人文研究与实践主要关注本体、关联数据、GIS和IIIF等技术，应用成果丰硕，形成了一定的数字人文技术体系[①]。

　　本体在数字人文领域应用较为广泛，主要用于数据组织和知识组织，实现概念规范化表示[②]。不少学者进行了相关探索，上海图书馆的夏翠娟构建了基于本体的历史文献书目控制模型、人名规范控制模型、中国历史纪年数据模型、历史地理数据时空模型，满足数字人文建设项目中的人名规范数据、历史纪年数据、历史地理数据的开放应用[③]。其团队经过多年在家谱、手稿档案、古籍、上海记忆等项目中的本体设计实践，提出了"本体应用纲要"的概念及其设计的原则、方法和流程，以历史人文"数据基础设施"构建为目标，进一步构建一体化本体及其知识融通模型。本体应用纲要兼顾了特定资源类型的个性化需求，一体化本体的知识融通模型则用于保证知识建模的统一性和知识表示的一致性。基于多种本体应用纲要的一体化本体设计方法结合了关联数据与知识图谱技术，一体化本体设计作为一种新的知识组织方法，为跨机构、跨领域的知识融通提供了方法和路径[④]。有其他学者研究设计了领域知识服务驱动的本体，如唐诗本体模型，通过构建唐诗知识图谱，实现了对大规模唐诗数据的语义化处理[⑤]。

　　关联数据技术在我国图情档领域的研究已经较为成熟[⑥]，与其他技术联合使用来提升数字资源的可视性。上海图书馆的"中国家谱知识服务平台"就使用关联数据的知识组织功能，把散落在不同家谱文献中的人、地、时、事关联起来，并进行可视化展示[⑦]；"关联爵士"项目则使用了关联数据提升文化遗产的可

①刘炜、叶鹰：《数字人文的技术体系与理论结构探讨》，《中国图书馆学报》2017年第5期。

②金家琴、夏翠娟：《数字人文数据基础设施建设中机构本体的构建：研究和应用》，《图书馆论坛》2020年第4期。

③夏翠娟等：《数字人文环境下历史文献资源共建共享模式新探》，《图书与情报》2021年第1期；夏翠娟：《中国历史地理数据在图书馆数字人文项目中的开放应用研究》，《中国图书馆学报》2017年第2期。

④夏翠娟：《文化记忆资源的知识融通：从异构资源元数据应用纲要到一体化本体设计》，《图书情报知识》2021年第1期。

⑤周莉娜、洪亮、高子阳：《唐诗知识图谱的构建及其智能知识服务设计》，《图书情报工作》2019年第2期。

⑥王飞、徐芳：《我国图情档领域关联数据的研究现状与前沿热点》，《图书馆理论与实践》2022年第5期。

⑦夏翠娟、张磊：《关联数据在家谱数字人文服务中的应用》，《图书馆杂志》2016年第10期。

视性[①]；ECNU-DHRS项目平台的框架使用了关联数据四原则，为语义平台建设提供了理论基础[②]。

地理信息系统（Geographic Information System, GIS）也常应用于历史地理资源的整合，即以GIS为基础，整合多个专题数据库资源[③]。如基于GIS的异构历史地理资源整合模式的设计[④]，以及调用高德地图API建立异构方志资源GIS整合平台的实践[⑤]，还有使用LoGaRT技术分析清代地方官学藏书楼地理分布的应用[⑥]。

国际图像互操作框架（International Image Interoperability Framework, IIIF）是由图书馆、博物馆、档案馆等机构联合推出的一项技术标准，用于解决数字图像的兼容性及互操作问题，促进异构平台和资源库对图像资源的交换和共享[⑦]。框架主要应用于图像资源以及多类型资源的整合，华东师范大学图书馆借助它对近代教科书资源的35万张图片进行资源重构[⑧]，构建出数字人文图像资源整合与知识发现解决方案，实现了图像资源的整合、共享与知识发现[⑨]。

（五）数字人文视域下的古籍应用

在中国图书馆与图书馆学科数字人文发展中，古籍是一个独具特色的研究方向。作为图书馆特藏资源，它是数字人文研究所需的重要数据之一，数字人

---

① 崔春、毕强：《关联数据在数字人文领域中的应用剖析——以关联爵士项目为例》，《图书情报工作》2014年第24期。

② 陈涛等：《数字人文研究的语义支撑平台构建研究——以ECNU-DHRS平台为例》，《图书馆杂志》2021年第3期。

③ 李欣、张毅、汪志莉：《图书馆异构特藏资源整合的数字人文研究需求》，《数字图书馆论坛》2017年第11期。

④ 程静、张毅：《基于GIS的图书馆异构资源整合可视化设计》，《图书馆论坛》2018年第10期。

⑤ 张毅、李欣：《面向数字人文的特藏资源揭示研究——以方志数据库建设为例》，《图书馆》2019年第6期。

⑥ 罗宝川：《清代地方官学藏书楼的地理分布与成因探析——以LoGaRT为工具的观察》，《图书馆论坛》2021年第5期。

⑦ 程静：《基于国际图像互操作框架的数字特藏资源建设研究》，《数字图书馆论坛》2022年第4期。

⑧ 张毅、陈丹：《基于Omeka与IIIF的特藏资源库建设研究与实践——以华东师范大学近代教科书数据库为例》，《大学图书馆学报》2021年第3期。

⑨ 张永娟等：《基于IIIF和语义知识图谱的印章资源整合与知识发现研究》，《图书情报工作》2020年第7期。

文研究对于古籍的开发应用也与对其他类型资源的处理存在很大差异。数字人文视域下的古籍应用可归纳为三个主要方向：古籍数字化处理、古籍数字化利用及古籍数字化服务。

　　古籍数字化处理是古籍应用的首要步骤，是指将传统的古籍文本转化为数字形式，以便于后续的处理和分析。随着技术的发展，古籍数字化处理引入了更先进的技术，如用卷积神经网络实现古籍汉字的元数据加工等[①]，大幅提升了古籍数字化效率。

　　古籍利用是数字人文领域研究重点，关注如何从数字化的古籍中获取知识并对其深度挖掘。欧阳剑开发了面向人文研究的古籍实时统计分析平台[②]；夏翠娟等学者设计了可将不同来源、不同格式的古籍目录、元数据记录和各类古籍知识融合为一体的、面向循证实践的古籍数据模型，提出并定义了古籍循证的概念，还构建了"中文古籍联合目录及循证平台"以实践这样的理念和方法[③]。其他研究则关注如何利用数字技术进行古籍的深度分析，唐振贵等人在时间轴向上由粗至细系统梳理中国古代时间谱系，构建了中国古代时间本体[④]。鞠斐等人深度挖掘版刻古籍纺织图像，提出基于"纺织图像—母体文献"双轨分类体系建立可视化纺织图像谱系，为纺织领域的研究者们提供了一个获取中国版刻古籍纺织图像、文献和设计解读的网络资源载体[⑤]。陈涛等人则提出语义技术驱动下的古籍资源互联互通实现框架，该框架兼顾古籍元数据和图像两类主要模态资源，依据转换、发布、关联流程，融合转换平台、关联数据（LD）发布平台、关联平台、多维度图像智慧平台（MISS）和展示平台[⑥]。

---

①郭利敏、葛亮、刘悦如：《卷积神经网络在古籍汉字识别中的应用实践》，《图书馆论坛》2019年第10期。

②欧阳剑：《面向数字人文研究的大规模古籍文本可视化分析与挖掘》，《中国图书馆学报》2016年第2期。

③夏翠娟、林海青、刘炜：《面向循证实践的中文古籍数据模型研究与设计》，《中国图书馆学报》2017年第6期。

④唐振贵、罗锦坤：《中国古代时间本体：细化数字人文研究的时间轴向》，《图书馆杂志》2022年第4期。

⑤鞠斐、王强：《基于中国版刻古籍纺织图像的数据库架构设计研究》，《图书馆学研究》2021年第17期。

⑥陈涛等：《语义技术驱动的古籍资源互联互通框架设计与实现》，《图书馆论坛》2024年第6期。

古籍数字化服务是在新的数字化平台上提供古籍服务，如检索、问答、古籍知识的可视化呈现[1]。随着研究的深入和技术的发展，出现了许多创新的服务模式和工具，如古籍数据库分面分类体系[2]、历代古籍目录可视化分析系统[3]、古籍目录智能分析工具[4]、汉学引得丛刊[5]和古文信息处理[6]等。古籍可视化是一种将古籍信息（如时间、空间、人物等）转化为图形或地图的方法，能更直观、深入地理解和分析古籍内容。欧阳剑探讨了古籍的时间轴可视化与空间可视化[7]；钱智勇实现了楚辞文本的可视化关联检索[8]；朱锁玲等提取方志中的物产信息并实现空间分布可视化[9]；李文琦等构建的交互式可视化分析系统，实现了对古籍目录数据的细粒度统计和可视化呈现[10]。总的来说，数字人文中的古籍研究已经取得了许多重要的成果，这些成果不仅提供了新的理论和方法来处理和利用古籍资源，也为古籍数字化的利用和服务提供了新的思路和工具。

（六）数字人文教育与馆员培养

面向学生和馆员的全面系统培养，是确保数字人文研究和实践持续有效进行的关键因素。国内外学者已开展了多方面的调研和分析，针对13所国外高校数字人文研究生教育现状的调查分析了课程设置、学位要求等情况[11]；面向6所国外iSchools联盟高校的数字人文课程设置的调查，则总结了课程种类、学分

① 李世钰等：《古籍数字化国内外研究现状分析与路径构建研究》，《现代情报》2023年第11期。
② 张力元、王军：《古籍数据库分面分类体系设计研究》，《图书馆建设》2021年第3期。
③ 李文琦等：《历代史志目录的数据集成与可视化》，《中国图书馆学报》2023年第1期。
④ 李惠等：《钩玄提要——古籍目录智能分析工具构建》，《中国图书馆学报》2021年第4期。
⑤ 黄水清、王东波、何琳：《以〈汉学引得丛刊〉为领域词表的先秦典籍自动分词探讨》，《图书情报工作》2015年第11期。
⑥ 黄水清、王东波：《古文信息处理研究的现状及趋势》，《图书情报工作》2017年第12期。
⑦ 欧阳剑：《面向数字人文研究的大规模古籍文本可视化分析与挖掘》，《中国图书馆学报》2016年第2期；欧阳剑、彭松林、李臻：《数字人文背景下图书馆人文数据组织与重构》，《图书情报工作》2019年第11期。
⑧ 钱智勇：《楚辞文献数字化与关联检索可视化实现》，《新世纪图书馆》2012年第7期。
⑨ 朱锁玲、王明峰：《GIS在方志类古籍开发利用中的应用初探》，《大学图书馆学报》2013年第5期。
⑩ 李文琦等：《历代史志目录的数据集成与可视化》，《中国图书馆学报》2023年第1期。
⑪ 吴加琪、董梅香、赵子菲：《国外数字人文专业研究生教育调查》，《图书馆论坛》2018年第6期。

配置、教学方法等经验①。这些研究丰富了对数字人文教学规律的认识，可为我国数字人文教育提供参考。

　　数字人文馆员的出现，是图书馆服务转型、人文学科研究发展共同作用的结果②。国内对于数字人文馆员的研究尚处于起步阶段，对于数字人文馆员的概念、角色定位和能力职责仍在逐渐明晰中。最初，数字人文馆员被界定为具有某种数字人文相关的知识或技能的图书馆馆员③，后来则是指经过图书情报专业培养，理论知识深厚，技术能力扎实，能够开展馆藏建设、数字人文项目服务、数字人文技术培训与专业教学等活动，并进行学术交流服务和参考咨询工作的图书馆馆员④。

　　数字人文馆员的能力构建也是研究重点之一。有将数字人文馆员职业能力归纳为一般、专业和综合三类⑤，也有分为沟通协调能力、数字分析整合能力、技术工具使用能力、教学培训能力、发现力创造力五种⑥。因此，数字人文馆员的能力构成，实际包含了学术馆员的能力和数字人文研究者的能力。所以对于数字人文馆员的培养，不仅需要教授基础的馆员技能，而且需要帮助馆员提升数字人文研究技能，使其具备开展数字人文项目的综合能力⑦。

三、中国图书馆与图书馆学科数字人文发展面临的问题与挑战

　　目前，数字人文与图书馆服务的交汇点主要集中于数据服务及相关实践，图书馆通过构建系统化、结构化的数字资源，为人文研究提供人文数据库、数字工具和研究工具等，实现馆内资源、空间、服务、人力与技术等多层面的融合，助推图书馆服务功能朝多元化、智慧化角度发展。而图书馆学科则主要聚

①杨晓雯：《我国高校图书馆开展数字人文教育的对策》，《图书馆论坛》2018年第11期。
②朱本军、聂华：《数字人文：图书馆实践的新方向》，《大学图书馆学报》2017年第4期。
③王宏宇：《中国社会科学情报学会数字人文专业委员会启动仪式在武汉大学举行》，《情报资料工作》2018年第4期。
④叶焕辉：《国外高校图书馆数字人文馆员岗位设置研究》，《图书馆工作与研究》2017年第11期。
⑤胡绍君：《数字人文馆员职业能力构成及培养策略》，《图书馆理论与实践》2019年第3期。
⑥朱慧敏、彭沉：《数字人文馆员：缘起、角色定位及能力构建》，《图书馆学研究》2019年第14期。
⑦肖鹏、彭嗣禹、王蕾：《基本原则与关键问题——学术型图书馆馆员如何启动数字人文项目》，《图书馆论坛》2017年第3期。

焦在人才培养方面，数字人文人才教育面临不少困境，图书馆开展数字人文服务也依旧存在很多障碍和挑战。

（一）图书馆任务与角色定位问题

数据时代，图书馆正积极开展数字人文相关研究与实践，从当前国内文献调研来看，图书馆在其中主要承担着资源与数据建设的角色[①]。数字人文研究所需时间投入长，涉及的人员与资源都较为广泛，在研究周期的不同阶段，图书馆都要以不同的任务角色参与其中，此时过分强调保留传统图书馆服务，或一味强调数字化服务都将阻碍图书馆数字人文服务的发展。

2014年联机计算机图书馆中心（Online Computer Library Center, OCLC）的研究报告指出，图书馆面临尚未明确自身应该以何种角色参与数字人文研究、如何定位自身的功能与服务模式等问题。这暴露了图书馆的角色困境，这种困境源于图书馆学与人文学科的文化隔阂、学术地位博弈，以及图书馆自身动力缺失、服务发展目标不明确等方面。随着人文社科数据驱动型研究的发展，特别是教育部《新文科建设宣言》的发布和新文科建设的正式启动，不少高校图书馆逐步聚焦于面向新文科的数据服务，开始角色转变、数据服务升级以及专业关系重组。

在进行数字人文服务建设时，很多图书馆把重点放在资金、空间、场景投入与建设等方面，但是专业的数字人文馆员、数字人文专家队伍建设才应是真正的核心。资源建设、工具开发、场景打造均离不开专业人才队伍的支撑，图书馆虽拥有馆员学科背景深厚、特色馆藏丰富、数字技术先进等优势，但其研究人员多以图书情报、信息科学等领域的学者为主[②]，数字人文素养不够，无法真正将数字人文建设的要求落到实处。专业人才缺乏是高校图书馆开展数字人文研究和服务时普遍面临的问题[③]。

[①] 杨新涯、文佩丹：《图书馆的数字人文角色及其发展思路》，《数字图书馆论坛》2021年第7期；李如鹏：《数字人文下图书馆的角色》，《图书馆理论与实践》2019年第4期；朱娜：《数字人文的兴起及图书馆的角色》，《图书馆》2016年第12期。
[②] 吴丽萍：《我国图书馆数字人文研究现状及展望》，《图书馆工作与研究》2021年第6期。
[③] 张莉娜、廖辰刚：《高校图书馆数字人文模式产生的影响及效果》，《内蒙古科技与经济》2022年第17期。

（二）数据服务与应用层面的挑战问题

1. 数据获取与质量控制

资源数字化、数据服务是图书馆数字人文当前乃至今后的重要发展方向。尽管图书馆在数字资源建设方面有比较完善的保障体系，但资源的可获得性依然难以满足数字人文研究的需求。针对不同历史时期、地域和文化背景的人文资源开展对照研究或体系研究存在着资料少、考证难度大的问题，不同学科方向的人文研究方式方法也各有特点，难以一一满足。就目前图书馆数字资源库建设现状来看，还存在两个较大的问题，**一是**忽视数字特藏建设；**二是**严重缺乏图像、音视频等多媒体资源[①]，仅凭图书馆的数据资源，难以开发出权威、多样的数字人文项目，还需要开放式扩展资源范围。

对于图书馆来说，最艰难也最重要的事情就是数字文献资源的整理，即将所有纸质文献和电子文献以元数据的形式录入，并且在此基础上进行必要的资源组织和处理，以服务于人文学者的研究。而当前这一关键问题还未引起图书馆界的足够重视，离满足各类数字人文研究的需求还有不少距离。此外，图书馆数字人文资源往往被归入特色资源范畴，不同图书馆在建设标准、数据架构、服务整合上有较大差异，数据的一致性和数据质量控制难度大，为数字人文资源的整合与应用带来了很大困难。

2. 数据应用服务

目前，图书馆数字人文服务模式日渐丰富，如面向数字人文的图书馆知识服务模式、嵌入数字人文过程的图书馆科研数据服务模式等，图书馆的数字人文项目常以语义万维网、大数据、人工智能等新技术手段为支撑，采用互联网时代的知识组织方法，致力于提供区别于传统文献服务的知识服务。但多数只是将图书馆嵌入式服务、科研数据服务等模式叠加，简单移植到数字人文领域，效果远远不够。高校图书馆在人文社科研究的数据服务也面临一系列挑战，跨学科和多尺度数据研究对数据技术服务与支持有着多重复杂需求，图书馆所建的管理平台能提供的研究数据有限，场景化应用少，缺乏研究者所需的数字技术及数

[①] 杨新涯、文佩丹：《图书馆的数字人文角色及其发展思路》，《数字图书馆论坛》2021年第7期。

字方法技能，已难以满足新文科研究需要，不能更好地为研究者提供充足帮助。

（三）数据版权问题

数字人文研究中的人文数据及其衍生数据产品具有较高的学术价值，而随着数据资产化理念的出现，图书馆数字人文应用与服务中的版权风险逐渐突显。数据版权风险是数字人文应用服务体系构建面临的现实挑战之一，也是影响数字人文健康发展的关键因素[①]。图书馆数字人文建设的核心内容是数字信息库和数字信息服务的构建与完善，为了丰富馆藏电子资源和快速实现纸质文献数字化，图书馆在引进商业数据库产品时往往习惯照单全收，而当前又缺少数字人文网络出版标准，从而导致电子图书在知识产权、电子图书版权上模糊不清、混杂等诸多乱象[②]。

数字人文服务为人文学者提供了更便捷的数据访问方式，但同时也带来了数据侵权的风险。目前的数据服务普遍缺乏版权风险监测与评估机制，服务方很容易忽视数据库商对于数据的授权许可协议，在签署引进合同时没有明确限定数据的使用范围及方式，也没有在用户对原始内容进行复制、修改、汇编等操作时提供明确的侵权提示；用户往往容易忽略对自身的限制与应尽的义务，从而出现数据使用方式与范围不当的错误行为。此外，版权风险评估也是平台应当进行的一项重要工作，如果在数字人文服务的过程中因为未对服务数据的合法行为进行审核而出现问题，则有可能由双方承担共同侵权风险[③]。

四、中国图书馆与图书馆学科数字人文发展方向与建议

（一）加强数据资源建设

图书馆开展面向数字人文研究的数据服务势在必行，图书馆数字人文服务

---

① 欧阳剑：《数字人文应用服务中的数据版权风险及防范策略》，《中国图书馆学报》2023年第1期。
② 张舵、吴跃伟：《国外图书馆支持数字人文的实践及启示》，《图书馆杂志》2014年第8期。
③ 欧阳剑：《数字人文应用服务中的数据版权风险及防范策略》，《中国图书馆学报》2023年第1期。

是学科馆员服务及嵌入式服务理念的延伸，是知识型专业服务的具体体现，更是图书馆转型创新趋势，将成为图书馆服务新的亮点。随着信息技术的快速发展和数字化时代的到来，图书馆作为传统的知识管理机构，也需要与时俱进，适应数字人文服务的需求。数据资源是数字人文服务的重要组成部分，加强数据资源建设是图书馆开展数字人文服务的基础，对于提升数字人文服务的质量和效益具有重要意义。

多年来，图书馆界一直比较重视人文数据资源建设。早在1990年，美国国会图书馆的美国记忆等标志性项目就开始探索文本、动态图像和音频的大规模数字化。HathiTrust一直致力于通过数据胶囊（Data Capsule）的形式提供和保护数百万文本作品的人文数据服务，我国的大学数字图书馆国际合作计划（CADAL）数字图书馆也开放了近250万种图书。然而，图书馆长期以来仅限于展示其人文数据（书籍、图像等），离提供适合数字人文研究的数据还有一定差距，传统图书馆资源已经难以满足数字人文研究的需求。数据资源的建设包括数字图书馆的建设、数字档案的建设、数字期刊的建设等，这些不仅需要图书馆投入大量的人力、物力和财力，还需要各方合作，共同推进。只有建立起丰富、全面的数据资源，图书馆才能更好地支持数字人文研究。开展数字人文数据资源建设需要有一支专业的团队，具备丰富的学科知识和数字技术能力，能够全面了解数字人文服务的内涵和需求，并且能够根据用户需求进行资源的搜集、整理、加工和组织。因此，图书馆应该积极组建专业团队，为数字人文服务提供有力的人才保障。

图书馆拥有丰富的文献资源和文化遗产，但是其中很多资源还没有被充分利用，因此图书馆应该加强对现有数据资源的深入挖掘，从中获取更多的历史和文化信息。目前图书馆的数据资源已难以满足数字人文研究的需要，加强数据资源的整合和共享是十分必要的，应该通过积极与其他机构合作，共同建设数字人文基础设施，建设数字人文数据库和信息服务平台，实现资源的共享和整合，提高资源的价值和影响力。这样不仅可以避免重复建设，提高数据资源的利用效率，还可以为用户提供更加全面、精准的数字人文服务。

数据是数字人文研究的基础和核心之一，图书馆数字人文服务也需要从数字化向数据化、知识化演进，图书馆急需从数字馆藏到数字数据、从数据管理到数据服务、从数据呈现到数据分析的转变。图书馆人文数据的组织与重构不但能提高资源的利用率，而且能拓展服务范围，提供更高层次领域的服务，促进数字人文科学的发展，也是图书馆知识型专业服务的具体体现[①]。

（二）加强人才培养与学科建设

数字人文研究将是图书馆领域未来发展的趋势，开展数字人文教育势在必行。当前，我国图书馆专业的数字人文教育才刚刚开始，相关课程的设置仍处于发展初期。从欧美地区高校的相关课程培养目标可发现，数字人文教育分为理论与技能两个方面。理论教育以学习数字人文学科的相关理论、方法为主，主要包含数字人文概念、研究思维及跨学科数字研究理念等，培养学生思维能力。技能的培养也不可或缺，要使学生能够用数字人文的思路和工具解决人文学科研究与实践中的问题。数字人文人才培养需要与实践结合，注重应用能力培养，了解人文社科研究常用的数字人文研究方法，为学生打造应用场景，鼓励学生动手实践，提高学生掌握利用数字人文工具、方法从事研究的能力[②]。通过加强不同学科之间的合作与交流，提供多样化的培训机会和学术交流平台，培养跨学科的研究人才。

（三）加强学科交叉与合作

数字人文是近年来兴起的一门跨学科领域，融合数字技术和人文学科的研究方法，以数字文本、数据和计算工具为基础，用来探索和理解人类文化和社会现象。它需要对有关各类技术和资源进行整合，也需要各领域学术机构和技术平台合作，因此学科交叉与合作是图书馆与图书馆学科数字人文领域进一步发展的关键。

1. 图书馆的多学科融合

图书馆是知识资源的守护者和传播者，需要适应时代的变革，积极探索

---

① 欧阳剑、彭松林、李臻：《数字人文背景下图书馆人文数据组织与重构》，《图书情报工作》2019年第11期。
② 张久珍、韩豫哲：《北京大学"数字人文"课程教学实践及经验探索》，《图书情报工作》2019年第19期。

数字人文学科交叉与合作的新模式。作为数字人文重要的服务者与实践者，图书馆要以资源优势为不同人文社科提供人文数据服务，与语言学、历史学、社会学、考古学等学科进行深度合作，共同探索不同学科研究对象的数字化处理方法和分析技术，促进数字化文化资源的开发与共享，丰富文化遗产的传承与传播。

2. 图书馆学科的多学科融合

图书馆学科与计算机科学、数据科学、信息科学等学科的融合，诞生了许多新的研究方向，如图书馆学与计算机科学的交叉，产生了数据挖掘、机器学习等在图书馆学中的应用。这些交叉融合不仅拓宽了图书馆学的研究领域，也提高了图书馆学研究的科学性和精确性。在学科融合和复合型人才培养的背景下，图书馆学应该将计算机技术与人文学科结合作为数字人文人才培养的主要目标，致力于培养新信息环境下利用数字技术研究人文学科的专业人才，注重多元化知识的引入，扩大学习者的知识面，培养具备交叉学科素养的人才。

（四）推动数字人文技术服务创新与应用

图书馆数字人文服务离不开技术的创新与应用，数字技术不仅可以提高图书馆的资源利用率，更可以提供高效、个性化的数字人文服务。图书馆应聚焦于关联数据、GIS、文本挖掘、知识地图、信息可视化、移动视觉搜索等方面，推动数字人文技术的不断创新和发展，为人文研究提供新的研究视角、方法和工具，可以与高校、科研机构等合作，共同研发创新，提高技术水平和应用能力。同时，图书馆还可以通过应用先进的技术手段，如人工智能、大数据分析等，为数字人文研究提供更加全面、精准的功能支持。

为了提供更加专业和全面的支持，图书馆有必要建立数字人文研究支持平台，整合图书馆的各类资源，提供搜索、浏览和评价功能，帮助用户找到适合自己研究方向的数据资源，提高自身的价值和影响力。此外，图书馆还可以基于平台提供数据分析、可视化和文献管理等工具，增强数据挖掘和文本分析能力，并发展可视化和交互设计技术，丰富研究成果展示途径，帮助用户进行数据处理和发布研究成果。

中国档案馆与档案学科数字人文发展报告

祁天娇　（中国人民大学信息资源管理学院）

一、数字人文中的档案：档案的人文性与数据性

　　数字人文与档案不可分离的血缘关系继承于传统人文研究对档案的依赖，脱胎于档案在漫长的人类历史中所积累的丰富的人文性。人文学科在探索本学科研究范式的同时，几乎也都形成了对属于其学科理解范畴内的"档案"的使用习惯与规则。其中最明显的就是历史学研究，"文献在传统史学中一直是被看作是沉默不彰但有迹可寻的语言"[①]，档案在成为一个独立学科的研究对象之前，通常被作为"文献史料"看待，历史学者强调对档案作为"文献"的内容和语言的解释。人类学学者通过对档案、民间文献、图像、仪式、实物遗存等的解读，对历史学少有关注的社会规则、习俗与历史事件进行了重要补充，"档案研究、历史研究、司法档案的解读分析，归根结底都是民族志研究"[②]。语言学学者会在田野调查过程中，通过直接听写、抽样、翻译、田野笔记和基础长篇语料等手段记录语言，形成了"语言的档案"，也随之发展出"纪录语言学"的独特范式[③]。文学创作者和研究者更是习惯从档案中获取灵感。可见，人文学者对于档案的理解，一方面体现在档案是人文研究的重要原始素材，另一方面体现在

[①]米歇・傅柯：《知识的考掘》，王德威译，台北：麦田出版公司，1993年，第75页。

[②]劳伦斯・M. 弗里德曼、王伟臣、吴婷：《关于民族志、历史及法律的几点思考》，《法律史评论》2021年第2期。

[③]黄成龙、李云兵、王锋：《纪录语言学：一门新兴交叉学科》，《语言科学》2011年第3期。

档案的建立、获取、分析与解读本身就是人文研究的重要方法与过程。而无论人文学者的哪一种理解，以及档案学科自身对档案的界定，实际上都围绕着档案的本质属性——原始记录性。原始记录性也是档案的人文性的根本来源。

数字人文将计算思维与方法运用到人文研究的过程中，悄然改变了人文学者收集、保存和开放获取档案的进程，相比档案的人文性，数字人文学者似乎更关注的是档案的"数据性"。一方面，数字人文强调计算方法对传统人文研究范式的根本性变革，计算机领域所主张的"档案"内涵必然也会影响数字人文学者对档案的理解。计算机学科中"档案"是指"存储系统中数据对象的集合，可能带有相关的元数据，其主要目的是长期保存和保留该数据"[1]，这一界定并未强调档案的原始记录性，而更关注以数据集、数据库等形式存在的档案在数据长期可用性方面的价值。这一理解几乎奠定了数字人文项目中泛化的档案认知，即数字人文学者普遍情况下将所掌握的文献资料藏品统称为"档案"，而这些"档案"一般都是经过选择并存储在系统或数据库中的数据集[2]。另一方面，人文学者在学习使用数字技术和工具开展人文研究的过程中，不再专注于单份档案内容或语言的精读，而是利用数据标注、文本分析、信息可视化以及地理信息系统等方法的支持，对大规模档案进行数据集汇整、机器学习、勘探结果分析以及研究结果呈现[3]。这种对数字人文"远读"理念的贯彻，也深刻影响着人文学者将档案转化为人文数据之后的一系列处理流程。

在数字人文热潮与后现代主义思潮的双重影响下，档案领域自身也关注到"档案"这一概念在人文研究和档案工作中都面临着被模糊应用的挑战。数字人文研究中，几乎"任何原始材料副本的组合或收藏都被称为'档案'"[4]，即使

---

① "Online SNIA Dictionary," https://www.snia.org/education/online-dictionary?combine=archive&field_dict_cat_tid=All, accessed on February 4, 2024.

②Kate Theimer, "Archives in Context and as Context," *Journal of Digital Humanities*, vol. 1, no. 2, Spring 2012.

③《海峡两岸信息资源管理学术论坛|林巧敏教授谈档案史料之数字人文研究探索》，2023年5月9日，https://news.shu.edu.cn/info/1012/92494.htm，2024年2月4日。

④Tanya Clement, Wendy Hagenmaier, Jennie Levine Knies, "Toward a Notion of the Archive of the Future: Impressions of Practice by Librarians, Archivists, and Digital Humanities Scholars," *The Library Quarterly*, vol. 83, no. 2, April 2013.

在信息资源管理学科内部，"随着图书馆、博物馆和档案馆越来越多地以包括声音、图像、多媒体和文本在内的格式在互联网上提供馆藏服务，根据他们收集的对象来区分它们已经没有意义了"①。档案和档案工作的范围在不断扩大，"大档案"②现象已经不可阻挡。在档案与人文研究各自高速数字转型的过程中，包括纸质或实体档案数字化产生的数据副本、原生数字档案以及尚且在争论中的若干可归档数据类型，如何真正转化为"人文大数据"③，并为第四范式下的人文研究提供足够的支持，已成为档案领域不可逃避的问题。

德里达（Jacques Derrida）在《档案热：弗洛伊德式印象》(*Archive Fever: A Freudian Impression*)中强调，档案不是一个既有的概念，档案的问题也不是一个关于过去的问题，我们不需要去处理已经成为档案的档案概念（an archivable concept of the archive），而是要去处理一个未来的问题，一个回应的问题，对明天的承诺和责任的问题④。数字人文与档案，本身就是两个未来问题或者未来概念的碰撞，或许今天没有学者能够精准地给出数字人文和档案的概念，但是数字人文与档案正在深刻地改变和影响着彼此的未来，这一点不容置疑。

二、中国档案学界数字人文研究综述

中国档案学界对数字人文的关注与回应稍晚于图书情报领域，相比于后者更关注信息资源管理技术与方法在数字人文中的运用，档案学者更多探讨数字人文对档案资源、档案工作与档案学科发展带来的影响。为全面了解中国档案学界有关数字人文的研究现状，本文利用文献计量工具CiteSpace对中国知网（CNKI）上截至2023年12月31日已收录的中国档案学界发表的数字人文相关研究成果进行"远读"。本文所分析的有效文献共212篇，其中包括以"数字人文"为检索式、限定档案学界核心期刊发表论文共172篇，以"数字人文+档

---

① Marlene Manoff, "Theories of the Archive from Across the Disciplines," *Portal: Libraries and the Academy*, vol. 4, no. 1, January 2004, pp. 9-25.
② 孙嘉焯：《试论"大档案"》，《山东档案》1995年第3期。
③ 陈静：《人文大数据及其在数字人文领域中的应用》，《大数据》2022年第6期。
④ Jacques Derrida, *Archive Fever: A Freudian Impression*, translated by Eric Prenowitz, Chicago: University of Chicago Press, 1996.

案"为检索式获取相关学位论文34篇和报刊文章3篇。本文主要针对研究时间、研究机构以及研究主题展开分析。其中研究机构是根据论文发表数量及中心度等参数进行分析，研究主题则以期刊关键词词频统计与主题聚类进行分析。

（一）研究现状

中国档案核心期刊上首次发表数字人文专题文章可追溯到2015年[①]，但这一时期信息资源管理领域学者普遍在引入国外数字人文理念并总结他国数字人文实践经验的阶段，尚未从二级学科视角对数字人文的细分问题开展探讨。随后几年，中国档案学界对数字人文领域的研究呈现出显著的增长趋势（见图1），并从2018年起相关文献数量迅速增长，于2021年达到高峰，展现了中国档案学界对数字人文的研究热情。2022年和2023年的文献数量稳定保持在高位，反映出学者们对数字人文领域的研究转向长期话题，并在可预见的未来一段时间，将维持一定的热度。

从研究主体来看，高校是当前中国档案学界开展数字人文研究的主体力量。根据对文献所属机构的统计与可视化，发表3篇以上研究成果的机构共19家，均为高校院系或其数字人文研究中心（参考图2）。其中研究力量最为突出的是中国人民大学信息资源管理学院（中国人民大学数字人文研究院，前身为中国人民大学信息资源管理学院数字人文研究中心），其中心性也是最高。在CiteSpace中，一个节点的中心性指的是在网络中经过该节点的所有最短路径的数量，是节点在整体网络中连接作用大小的度量[②]，一个节点的中心性越高，说明它在整体网络中最短路径上出现的次数越多，其影响力和重要程度越大。此外，吉林大学商学与管理学院、山东大学历史文化学院、上海大学文化遗产与信息管理学院、南昌大学人文学院、武汉大学信息管理学院亦是较突出的发文机构，发文量均在10篇以上。

[①] 赵生辉：《国外档案领域数字人文项目的实践与启示》，《浙江档案》2015年第9期。
[②] 李嘉明等：《基于知识图谱的区块链物联网领域研究分析》，《计算机科学》2021年第S1期。

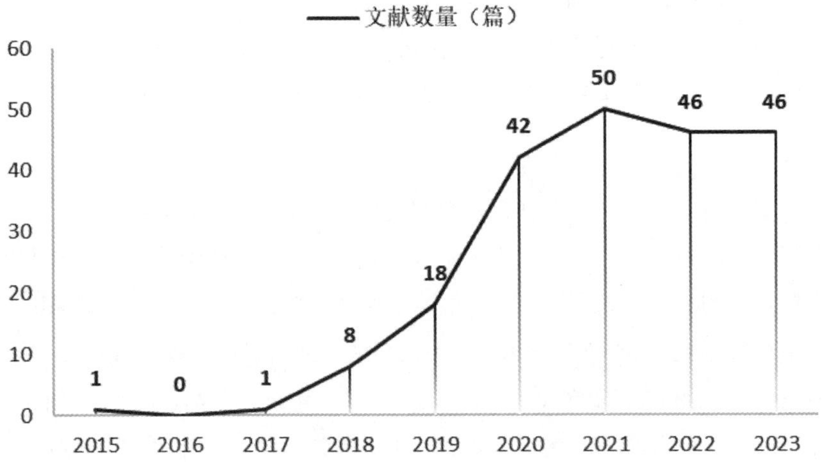

图 1　中国档案学核心期刊发表数字人文相关研究成果时间变化

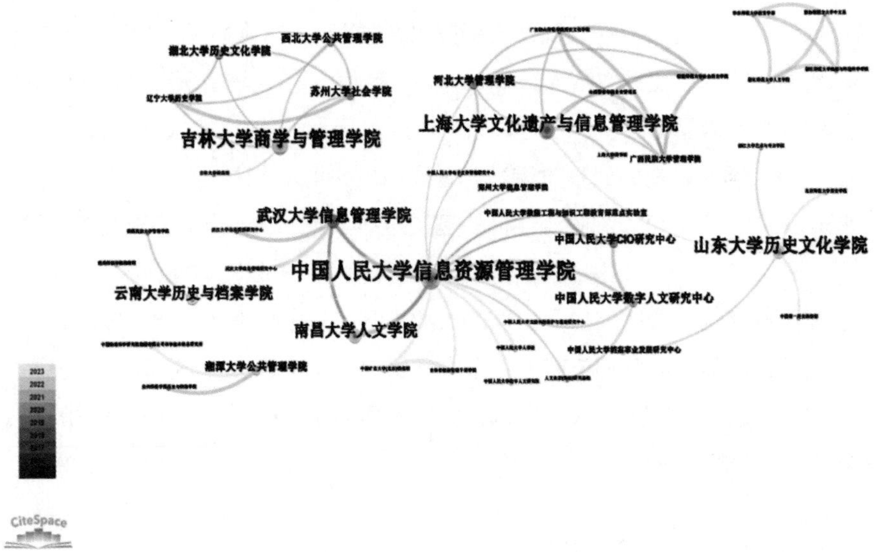

图 2　中国档案学界数字人文研究主体力量分布

在研究主题方面，本文使用CiteSpace对期刊中的关键词进行统计，因关键词出现的频次能在一定程度上反映研究领域的热点情况，按照关键词的出现频次及中心度进行排名，出现频次3次以上的关键词有：数字人文、档案开发、档案、档案学、历史档案、档案馆、档案工作、档案资源、资源整合、数字记忆、图书馆、开发利用、可视化、红色档案、城市记忆、文化传承、知识图谱、档案管理、数字档案、名人档案、开放利用、开发、文化遗产、数字叙事、开发路径、少数民族、档案整理（见表1）。由此可见，当前档案学界有关数字人文的讨论，多是从档案工作适应性变革的角度出发，探索数字人文为档案开发、历史档案整理、档案资源建设以及特殊类型档案挖掘与利用等方面带来的启示。

表1　研究成果中出现频次3次以上的关键词

序号	关键词	频次	中心性	序号	关键词	频次	中心性
1	数字人文	171	1.75	15	城市记忆	4	0.00
2	档案开发	14	0.00	16	文化传承	4	0.00
3	档案	12	0.02	17	知识图谱	4	0.02
4	档案学	10	0.01	18	档案管理	4	0.00
5	历史档案	9	0.03	19	数字档案	3	0.03
6	档案馆	9	0.00	20	名人档案	3	0.00
7	档案工作	9	0.00	21	开放利用	3	0.01
8	档案资源	8	0.03	22	开发	3	0.00
9	资源整合	7	0.03	23	文化遗产	3	0.00
10	数字记忆	7	0.04	24	数字叙事	3	0.00
11	图书馆	5	0.00	25	开发路径	3	0.00
12	开发利用	5	0.02	26	少数民族	3	0.04
13	可视化	4	0.00	27	档案整理	3	0.01
14	红色档案	4	0.00				

为进一步提炼研究主题，笔者对关键词进行了聚类分析。CiteSpace提供的聚类算法共有3个：潜在语义索引（Latent Semantic Indexing, LSI）、对数极大似然率（Log-likelihood Rate, LLR）、互信息（Mutual Information, MI），本文采取LLR算法对关键词进行聚类，因该算法是当前研究聚类时所广泛使用的，

倾向表现出聚类网络的唯一性、独特性[1]，可有效将关系紧密的关键词聚成一类，以观察某个学科或技术领域形成的聚类网络[2]。使用Citespace分析数据后聚类形成9个网络，所得聚类模块值（Modularity）为0.5626 > 0.3，表明聚类结构显著，平均轮廓值（Silhouette）为0.9392 > 0.5，说明聚类结果可信度较高。分析得到9个聚类标签：数字人文、档案馆、资源整合、中国、档案开发、开放利用、历史档案、红色档案、保护（见图3）。聚类结果呈现出当前中国档案学界在面对数字人文带来的挑战时，聚焦档案馆工作实务，关注数字人文视域下档案资源的整合、开发与利用，尤其关注历史档案、红色档案等人文性高度集中的数字档案资源的开发与呈现。

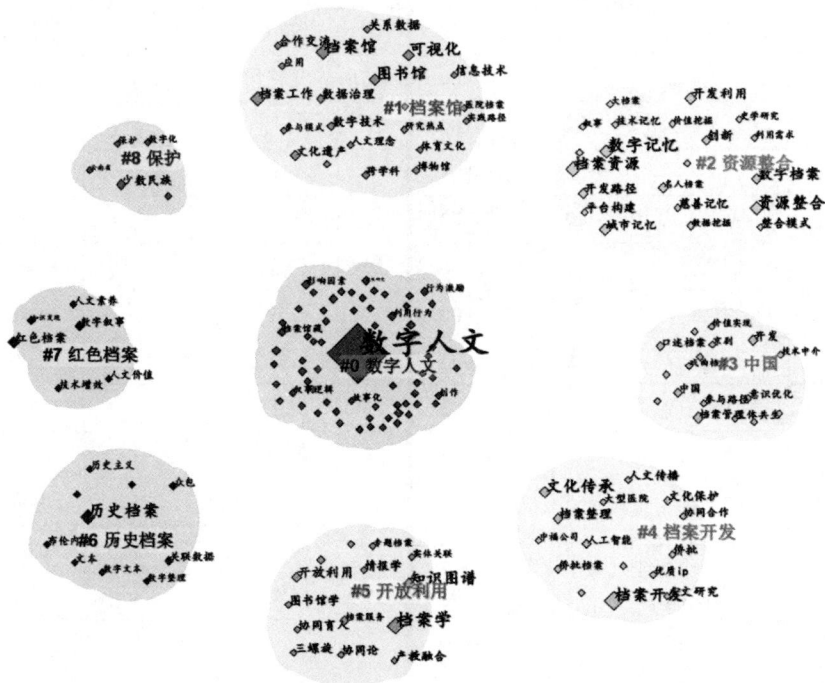

图3　研究成果关键词聚类

---

[1] 李琬、孙斌栋：《西方经济地理学的知识结构与研究热点——基于CiteSpace的图谱量化研究》，《经济地理》2014年第4期。

[2] 邵志国等：《基于CiteSpace的老旧小区改造研究文献计量分析与展望》，《城市发展研究》2021年第12期。

（二）研究述评

　　档案与数字人文的交叉研究本身就是数字人文跨学科属性的重要体现，值得档案领域与数字人文领域的双向关注与互动。近年来，随着档案领域主动参与数字人文项目的实践增加，中国档案界对数字人文的关注开始形成一系列稳定且聚焦的话题，大体包括如下四个方面。

　　（1）数字人文研究中的档案馆角色与工作：学者们聚焦于揭示档案馆在数字人文研究中的介入和参与，探讨档案馆在数字人文产品开发中的角色定位[①]，以及如何引入数字叙事理论创新档案馆服务观念[②]，建构基于数字人文的档案馆公共文化服务模式和文化创意服务[③]。此外，研究者们关注图书馆和档案馆在数字人文研究中的合作模式和优势[④]，对图书馆和档案馆数字人文馆员职业能力进行了比较分析[⑤]，为深化两者协同合作提供有益的洞见。

　　（2）数字记忆研究与项目实践：数字记忆是中国档案学者提出的极具档案特色的数字人文范式，体现了档案与数字人文的融合共生。有学者聚焦于档案与数字人文的相互关系，探讨了数字记忆的概念、意义以及实践路径[⑥]。数字记忆理论的应用也体现在晋商档案资源的开发[⑦]、名人档案的价值挖掘[⑧]以及重大社会事件档案知识图谱的开发[⑨]。

　　（3）历史档案整理与开发：借助数字人文理论与方法进行历史档案的开发

---

① 张乐莹、张卫东、赵烨檀：《数字人文产品开发过程中档案馆的角色定位研究》，《山西档案》2020年第4期。

② 李子林、虞香群：《基于数字叙事理论的档案服务创新研究》，《档案与建设》2023年第1期。

③ 杨文南：《基于数字人文的档案公共文化服务模式建构研究》，硕士学位论文，南昌大学人文学院，2022年；徐刘红：《数字人文视域下档案文化创意服务研究》，硕士学位论文，南昌大学人文学院，2023年。

④ 张婉莹：《图书馆和档案馆数字人文研究比较分析与互鉴》，《档案管理》2023年第4期。

⑤ 马鹏云：《图书馆和档案馆数字人文馆员职业能力研究比较分析》，《档案管理》2023年第3期。

⑥ 曲春梅、何紫璇：《概念、意义与实践：档案与数字人文的双向考察》，《档案学研究》2022年第6期。

⑦ 秦康威、倪代川：《数字记忆视域下晋商档案资源建设探析》，《山西档案》2021年第2期。

⑧ 牛力等：《层次与空间：数字记忆视角下名人档案的价值挖掘研究》，《档案学研究》2021年第5期。

⑨ 舒忠梅等：《数字记忆视角下重大社会事件档案知识图谱开发——以中山大学抗疫专题档案为例》，《浙江档案》2021年第4期。

方面也是重要研究主题，包括历史档案资源整理与开发的路径模型①、数字人文项目对历史档案资源开发效能的影响②、历史档案的数字整理与文本数据化③，以及基于知识库④和关联数据⑤的历史档案资源聚合等。

（4）红色档案开发与叙事：研究主要集中在数字人文视野下红色档案的开发和利用。学者们关注深度融合数字人文与红色档案资源开发的路径⑥；对于当前红色档案叙事现状的分析提出了优化建议⑦；还包括如何将红色档案融入课程思政⑧，以及采用数字人文方法对红色档案进行可视化展示与知识挖掘⑨。

上述聚焦话题充分体现了中国档案学界向数字人文领域学习人文资料研究、分析、呈现的前沿理念与方法的积极性，但也反映出档案学界习惯性的"向内审视"，即更关注数字人文能够为档案带来什么，而缺少档案对数字人文的主动性适应与贡献。例如，尚未有学者较全面地分析数字人文研究中的档案内涵及其与档案领域基本理论之间的区别与原因；尚未有学者关注档案管理尤其是数字档案管理可为数字人文研究带来的独特的方法论贡献；尚未有学者梳理数字人文研究过程与档案管理工作环节的对应关系，以及两者在计算思维影响下的交互式变革；尚未有学者讨论在数字人文研究与实践项目中，档案管理

---

① 杨茜茜：《数字人文视野下的历史档案资源整理与开发路径探析——兼论档案管理中的历史主义与逻辑主义思想》，《档案学通讯》2019年第2期。

② 靳文君：《基于数字人文项目的历史档案资源开发理论基础和效能分析》，《浙江档案》2022年第3期。

③ 梁继红：《走向文本的历史档案数字整理：历史追溯与时代转型（上）》，《档案学通讯》2021年第5期；梁继红：《走向文本的历史档案数字整理：历史追溯与时代转型（下）》，《档案学通讯》2022年第1期；梁继红、李小静：《历史档案文本数据化的方法论基础：面向文种的古文书学》，《档案学通讯》2023年第3期。

④ 汪泽：《数字人文视域下历史档案资源知识库构建研究》，硕士学位论文，吉林大学商学与管理学院，2022年。

⑤ 贾琼：《基于关联数据的历史档案资源聚合研究》，博士学位论文，吉林大学管理学院，2021年。

⑥ 朱彤、王兴广、陈贺琪：《数字人文视域下红色档案传承红色基因路径探析》，《档案学研究》2023年第3期。

⑦ 黄夏基、卢泽蓉：《我国红色档案数字叙事研究——基于省级综合档案馆门户网站的调查分析》，《档案与建设》2023年第6期。

⑧ 王震：《数字人文方法驱动红色档案打造课程思政2.0版的实现路径研究》，《档案管理》2022年第5期。

⑨ 俞露：《数字人文视域下陕甘宁边区政府文件知识组织与可视化研究》，硕士学位论文，吉林大学商学与管理学院，2022年。

者应该以何种角色、何种方式与其他多学科代表开展合作与交流等。这些问题都有待中国档案学界给予更主动的回答。

三、中国档案高等教育中的数字人文融合现状

（一）高校数字人文研究中心的档案专业相关性

高校不仅是当前档案学界开展数字人文研究的最重要主体，也是推动中国数字人文学科建设与高等教育发展的关键力量。北京大学、中国人民大学、南京大学、武汉大学、上海大学、上海师范大学等相继建成校级或院级数字人文研究中心，各自在我国数字人文学术与教育共同体建设中发挥着重要作用，其中基于档案资源或以档案数字化开发为核心的数字人文研究项目是各大研究中心的主流活动。本文对以上高校数字人文研究中心官方网站与开放资源进行调研，总结各中心档案相关数字人文研究活动如表2所示。从中可以看出，各数字人文研究中心因依托的优势学科略有不同，各自有聚焦的细分研究方向，而无论是哪一种研究方向，都离不开对档案资源的集中应用。构建本研究领域相关资源的在线档案库并提供检索与共享服务，已经成为大部分数字人文研究中心的核心实践内容。

表2　中国高校数字人文研究中心核心研究方向及其档案专业相关性

高校研究中心	核心研究方向	数字人文实践示例	档案相关性
北京大学数字人文研究中心	古籍数字化	"宋元学案"知识图谱系统；朱子年谱可视化系统等。	利用学案、年谱等特殊类型档案资源开展知识重构研究。
中国人民大学数字人文研究中心（现为中国人民大学数字人文研究院）	数字记忆档案数据化历史档案整理与开发	"北京记忆"大型数字记忆资源平台；"记忆高迁 爱我家所——高迁数字记忆网站""中国红色文献档案资源库"项目；西域多语种文献整理与研究；清史地理信息系统项目等。	基于数字建档的数字记忆建构；红色档案资源数据化建设与开发；古典文献整理研究；基于GIS的档案史料整理与开发等。
南京大学高研院数字人文创研中心	数字史学数字文艺学	六朝建康历史地理信息化建设；中国商业广告数据库等。	开展《建康实录》等档案数字化与全文检索系统建设工作；搭建中国商业广告在线档案馆。

续表2

高校研究中心	核心研究方向	数字人文实践示例	档案相关性
武汉大学文化遗产智能计算实验室	文化遗产智能计算	出土东周秦汉荆楚地理资料整理与地域空间整合研究；《元曲选》的域外传播影响与文献史料数据库建设；文化遗产智慧数据资源建设与服务研究等。	将档案资源作为重要文化遗产内容开展数字化与智慧数据建设。
上海大学数字人文研究与发展中心	高校与图档博（LAM）一体合作	上海大学图书馆、档案馆、博物馆系列数字人文项目。	与上海大学图书馆合作开展高校档案数字化开发与服务。
上海师范大学数字人文研究中心	计算文学计算语言学	"古音小镜"项目；"东方语言学数据库"等。	建立了历史语言学资料与工具的在线共享档案馆。

（二）高等教育课程体系中档案与数字人文的呼应

中国数字人文高等教育脱胎于信息资源管理学科拓展与新文科交叉建设的过程中，本身就具有浓厚的信息资源管理专业色彩。以最早开设数字人文本科教学项目，以及拥有目前国内唯一数字人文本硕博一体贯通教育体系的中国人民大学数字人文专业培养方案来看，其脱胎于优势档案学科并顺应档案数字化、社会化趋势的专业痕迹明显。如表3所示，目前中国人民大学开设的数字人文课程体系中反映着对档案专业的深刻回望。

表3　中国人民大学数字人文专业培养方案中的档案学相关课程

培养级别	培养项目	档案专业相关课程
本科	数字人文菁英计划	模块化选课，其中档案学8门课程被列为"核心专业知识与技能"模块，包括档案管理学、科技档案管理学、档案文献编纂学、档案学概论、档案与文化遗产保护技术学、电子文件管理、档案信息化和文书学等。
	数字人文荣誉研究辅修学位	理论课程共7门，其中数字记忆建构的理论与方法、文献学理论与方法、叙事史学等课程由档案学专业教师开设。
硕士	数字人文学术硕士	专业课程中的数字记忆前沿、数字资源组织、数字文化遗产，选修课程中的历史文献学等课程，由档案学专业教师开设。
博士	数字人文博士	专业课程中的中国历史档案文本数据化及其计算分析具有浓厚的档案学色彩。

　　2023年，信息资源管理学科评议组公布信息资源管理指导性二级学科分布，数字人文成为与档案学并列的11个二级学科之一，相应的数字人文专业人才培养方案与课程设置，也将逐步独立于其他二级学科开展特色建设。数字人文课程体系中档案学相关的课程，将进一步转型、改造，以更符合档案与数字人文关系的方式与数字人文核心课程深度融合。相比数字人文课程体系中档案专业留痕明显，目前我国档案专业课程方案中的数字人文色彩正在逐步加重，这种趋势并不是档案学对数字人文专业的刻意迎合，而是档案专业本身面临的数字转型与公共文化服务挑战带来的必然结果。根据对全国开设档案学本科、硕士、博士教育的37所高校的课程体系调查，目前档案学本科课程中与数字人文相关的课程多为数字人文介绍与技术方法应用类，如数字人文导论、Python程序设计、虚拟现实与3D空间、多媒体技术与应用、Web编程技术与开发（网站设计与管理）、计算机文字图像处理、文本挖掘、元数据与资源描述、多媒体技术、档案记忆与数字人文[①]。其中技术方法应用类课程不仅为档案领域参与数字人文提供人才培养支撑，更为档案数字化、数据化转型过程中本领域资源处理与管理工作提供人才队伍建设保障。

四、中国档案馆面向数字人文的资源建设与开发

　　作为档案资源保藏单位，中国档案馆正在也应该成为数字人文实践项目的核心实施主体。但相比我国图书馆、博物馆等文化机构基于馆藏档案类资源率先开展数字人文实践，例如上海图书馆建设的家谱档案数据平台、上海博物馆利用董其昌档案与艺术作品关联开发的数字人文项目等，我国档案馆目前实施的数字人文实践项目普遍规格较小、社会影响力较弱。但随着我国档案馆对历史档案数字化开发程度的不断提高，以及对现当代人文资料的多模态归档能力不断提升，档案馆主导或参与的数字人文研究多样性与持续性潜力不可小觑。当前我国档案馆面向数字人文的资源建设与开发项目大体包括大规模档案数字

[①] 杨文、张斌：《中国档案高等教育发展的现状、问题与策略——基于对37所高校2021年档案学专业建设与发展的调查》，《图书情报工作》2022年第18期。

化、历史档案数据库建设、专题档案资源关联整合、档案内容知识挖掘、档案数字编研与叙事、档案公共服务等类型。其中前三类围绕档案资源的建设与汇集展开，后三类围绕档案资源开发与利用展开。

（一）面向数字人文的档案资源建设与汇集

面向数字人文的档案资源建设与汇集区别于档案馆常规资源建设，更关注具有人文属性或可归为文献遗产类型的档案资源。2022年起，我国红色档案资源建设持续在全国档案系统中全面铺开，例如云南省档案馆开展大规模红色档案征集，征集范围包括代表性革命任务的个人手稿、题词、日记、史料、照片、奖章、证件、书画和摄影作品等，同时采集人物口述历史，建立了云南代表性人物档案专题数据库[①]。红色档案集聚人文性、政治性、社会性与遗产性的特征，因此成为中国档案馆尝试开展数字人文研究的最好突破口，由此也使得红色档案整理与开发成为档案界有关数字人文研究的重要话题之一。此外，我国不同地区与级别的档案馆在常规类型档案资源建设之外，开始通过人文类档案资源建设突出馆藏优势与特色。例如，沿黄河地区档案部门积极收集、整理黄河档案，建立黄河档案专题数据库，为讲好"黄河故事"搭建资源基础[②]；我国各高校档案馆陆续基于校史开展名人档案和红色档案资源建设。

中国档案馆相比其他文化遗产馆藏机构具有特殊的人文资源建设优势，即档案馆始终具有存量和增量两方面的资源建设与维护驱动力，其中新增入馆的档案资源在"大档案观"的影响下，无论是内容还是形式，都更具有多样性，是开展我国当代人文研究的多模态资源基础。国家重大文化事件档案资源建设也为档案馆围绕当代文化遗产开展数字人文研究创造了可能，例如北京市档案馆接收冬奥组委2015—2020年的文书档案、会计档案、合同档案等近6万件，以及吉祥物、开幕式主火炬、冰雪五环等1.4万余件实物档案进馆，还征集到冬奥会相关数码照片6,800余张，音视频37部，计约35GB，为基于多模态档案数

---

① 《云南红色档案资源收集开发工作成效显著》，2022年8月8日，https://www.cngsda.net/gnsd/44422.jhtml，2024年2月4日。

② 《记录新时代奋斗历史 凝聚新征程奋进力量》，2022年9月26日，https://www.cngsda.net/gnsd/44422.jhtml，2024年2月4日。

字化的奥运文化遗产人文研究与呈现奠定了基础[①]。另一方面，随着时间推移，国家重特大事件与工程类档案的管理性价值逐步让渡于人文性价值，这也为数字人文研究提供了新的视角。例如，我国在"华龙一号"核电站、北京大兴国际机场、港珠澳大桥等国家重大建设项目以及大飞机制造、载人航天工程、探月工程等重大工程都建有完备的档案资源体系，这些档案资源必然会成为我国工业遗产数字化建设与研究的基石。

　　除档案资源内涵与类型扩展外，数字技术与方法的充分应用也是当前我国档案馆面向数字人文开展档案资源建设与汇集的典型特征。根据技术应用阶段与重点的不同，这些项目呈现为以下三大类。

　　（1）**大规模档案数字化项目。**档案数字化几乎是当前国际国内基于档案资源开展数字人文研究的第一步，因此我国档案馆在初步探索数字人文实践的现阶段，也会普遍将工作重点集中在数字化技术的应用上。以二十年来全国档案馆馆藏数字化扫描的阶段性成果为基础，当下档案数字化项目更关注对大规模档案内容层面的自动化识别、管理与存储，从而为进一步的人文研究与开发提供更直接且高效的数据服务。例如，黑龙江省档案馆基于馆藏满文档案数字化需求，运用PyTorch、SQL Server和OpenCV等技术，开发了面向满文档案的手写体满文智能识别软件，具有自动化文档分割、手写满文单词识别和存储等功能，为大规模满文档案图像的自动化数据采集、录入、识别、检索与分析提供了重要的技术支撑[②]。

　　（2）**历史档案数据库建设项目。**由于历史档案作为史料支撑人文研究的价值不容置疑，历史档案是当下我国档案馆选择开展数字化建设并为数字人文服务的首要对象。在大规模历史档案数字化的基础上，历史档案数据库建设项目能够进一步沉淀到档案内容的数据层，为人文学者直接提供数据级检索服务。当前我国档案馆历史档案数据库建设项目大部分维持在目录数据库状态，少量数据库实现全文数据库建设。例如，截至2022年6月，中国第一历史档案馆馆

① 《记录新时代奋斗历史 凝聚新征程奋进力量》，2022年9月26日，http://www.zgdazxw.com.cn/news/2022-09/26/content_336981.htm，2024年2月4日。
② 孙凯明等：《面向满文档案图像的手写体满文智能识别软件设计与实现》，《自动化技术与应用》2024年第1期。

内档案信息化平台开放数字化档案468万件，包括馆藏清代邮传部等33个全宗档案，相关档案电子目录在中国第一历史档案馆官方网站同步公布，同时开放军机处满文专档"熬茶档"全文检索数据库，为我国清史数字人文提供了丰富资源[①]。但受限于我国档案馆馆藏资源数据化工作总体刚刚起步，内容层、语义级等更细颗粒历史档案数据库建设任重道远。

（3）专题档案资源关联整合。在大规模档案数字化、数据化的基础上，选定专题范围对异地、异馆、异库的档案资源进行关联整合，以搭建特定人文研究领域统一数据平台，是当前档案领域数字人文研究的前沿话题。专题档案资源关联整合的基础是规范化、一致性的数据基础设施建设。例如云南省档案馆以馆藏民国档案数字化原文为基础，以卷内文件为对象，围绕人名采集相关信息，并聚合档案数字化原文查看路径、安全管理信息等形成民国档案人名数据库，并以此为数据基础设施，实现十几个民国档案专题数据库的关联建设[②]。随着语义本体、关联数据等技术的深度应用，专题档案资源的跨库关联整合将成为档案领域资源建设的新趋势。

（二）面向数字人文的档案资源开发与利用

面向数字人文的档案资源开发利用则是我国档案馆开展大规模档案资源数字化、数据化、关联化建设的驱动力，也是实现我国档案馆公共文化服务价值的重要途径。档案资源有效开发的前提是对档案内容的深度分析与挖掘，知识工程相关理论与方法正在深刻影响中国档案馆的资源开发工作。在档案资源数据化的基础上，进一步对档案内容中的知识单元进行自动抽取与关联，将专题档案数据库转化为专题档案知识库，并以知识图谱的形式优化档案资源检索与可视化服务，是当前我国档案馆开展数字人文实践的常见模式。例如，华南理工大学档案馆对高校名人档案开展知识采集、组织、揭示与获取，并形成名人档案知

---

① 《一史馆国际档案日向社会开放33个全宗清代档案》，2002年6月9日，https://www.saac.gov.cn/daj/c100166/202206/a8f76daeed8748ba8ad35c3416ca458e.shtml，2024年2月4日。
② 连超、艾丽：《云南省数字档案馆专题数据库建设持续推进——以民国档案人名数据库为例》，《云南档案》2020年第6期。

识库①。河南省档案馆通过复用文化遗产本体，重塑历史档案元数据体系，在中福公司历史档案数据库的基础上，形成更大范围的历史档案专题知识库，并以多层级检索、知识图谱和可视化呈现等多种服务提供历史档案人文研究服务②。

在档案内容知识挖掘的基础上，进一步将档案资源开发结果进行故事化整合，更完整地向人文学者或社会公众输出基于档案研究的人文观点与结论，是数字人文对档案利用服务工作提出的新要求。档案编研是传统档案工作中最具有人文研究属性的环节，必然也会是档案馆面向数字人文进行改革的环节之一。安徽大学基于历史照片档案的数据化处理，重新整合档案资源的时空与主题属性，重新设计高校照片档案采编框架，并面向数字展示形成了新的可视化叙事产品，以"安徽大学数字记忆网"的形式对外提供照片档案人文研究新成果③。台州档案馆与中国人民大学合作建设的"记忆高迁 爰得我所——高迁数字记忆网站"，在对高迁古村落档案资源进行深度开发的基础上，以网站搭载微电影、全景漫游、动画视频、建筑模型、人物图谱等数字产品的一体化形式，对外提供高迁历史人文研究的数字成果，荣获2020年度国际数字人文奖最佳数据可视化应用提名奖④。

近年来，数字艺术与现代展陈技术对我国档案馆公共服务产生了重要影响，档案展陈作为档案公共服务的最主要形式，正在经历数字化、艺术化的深刻变革，越来越多的档案馆选择线下实体展与实景三维展同步，甚至直接选择线上三维虚拟展的方式，来建设常设展览和专题展览。例如，北京市档案馆基于特色奥运档案馆藏建设了"我们的奥运"图文在线展和"奥林匹克教育数字孪生馆"；上海市档案局（馆）上线的"逐梦光荣之城——上海青年百年奋斗史档案文献展"，通过百件珍贵档案与图片，直观地展现了"五四运动"以来上海

---

①欧阳慧芳：《名人档案知识管理应用研究——以华南理工大学为例》，《档案与建设》2018年第2期。

②李宝玲、李珂、郭立鑫：《面向深度利用的历史档案专题知识库构建研究——以中福公司档案为例》，《档案管理》2023年第2期。

③曾静怡等：《照片档案创新编研思路探析》，《档案学通讯》2021年第4期。

④《"高迁数字记忆网站"荣获2020国际数字人文奖最佳数据可视化应用提名奖》，2021年12月22日，https://mp.weixin.qq.com/s/mrqPOmJveLXqq0dMK7Mjbg，2024年2月4日。

青年成长奋斗的历史图景，数字展览还适配手机浏览，并适时推出线下巡展①。

五、中国档案与数字人文的融合趋势

中国档案学界、档案高等教育、档案馆实务工作与数字人文的融合现状，充分反映出数字人文在改变传统人文学者"档案观"的同时，也悄然渗透并影响着档案领域的数字转型。无论是作为数字人文研究的服务者，还是作为数字人文研究者本身，档案学者和档案工作者都不得不思考如何通过更有效的数字档案管理工作，实现面向数字人文的档案资源建设、汇集、开发与利用。如今从理论与实践的发展中不难看出，档案与数字人文的融合趋势正在显露且逐步清晰。

中国档案与数字人文的融合，开端于学科融合。数字人文试图跨越和重新定义人文、社会、艺术和自然科学之间的界限，数字人文项目也往往是由跨学科团队合作完成的，其中不乏来自计算机科学、档案学、艺术学和历史学等领域的代表，而不同学科对"档案"的认知都是不同的。档案与数字人文的学科融合，一方面要求档案专业能够准确地理解数字人文的内涵，以及数字人文的档案观，在一级学科的总体方向下处理好两个二级学科相互独立又深度交叉的微妙关系；另一方面要求档案专业能够清晰地了解其他人文学科、艺术甚至自然学科对档案的认知，求同存异，共同探索数字人文研究中的多学科协同与合作之路。

中国档案与数字人文的融合，直接表现为数字人文技术与方法在档案理论研究与实践工作中的应用。档案的阐释、呈现、流通、共享，越来越多地通过数字人文技术实现。档案的数据标注和挖掘、文本分析和数据可视化、关联数据、虚拟建模等，都正在成为数字人文项目的核心内容。或许，将数字人文技术与方法应用于档案管理与研究，本身就已经成为一种数字人文。

---

① 《2022年上海市国际档案日宣传活动启动"逐梦光荣之城——上海青年百年奋斗史档案文献展"上线》，2022年6月10日，https://baijiahao.baidu.com/s?id=1735211961837930614&wfr=spider&for=pc，2024年2月4日。

中国档案与数字人文的融合，实质上是包括档案学在内的人文社会科学数字转型过程中的同频共振。将计算思维和技术方法融入中国档案数字转型，就催生了计算档案学、档案数据化等前沿话题；将计算思维和技术方法融合人文社会科学数字转型，就催生了计算语言学、计算文学、数字史学、数字艺术等一系列新的人文社科研究范式；将计算思维与技术方法融入人文研究过程中的档案收集、整理、保存、挖掘与开放获取，就催生了数字人文范式下的档案管理新模式。

中国档案与数字人文的融合，期待一个真正既懂技术、又懂人文、还懂管理的人才共同体。对于数字人文研究者来说，档案的数字化建设、数据化处理、关联化汇集、知识化挖掘、故事化呈现与产品化服务，将会成为必不可少的核心技能。而对于档案工作者来说，或许向数字人文学者转变，能够从档案中发现并提出新的人文问题，这将成为新的职业价值。

档案与数字人文的融合，既是一个关于未来的档案问题，也是一个关乎当下的人文问题，无论是档案界还是数字人文界，都需要为回答这个问题培养新的能力。

中国博物馆及其相关学科数字人文发展报告

刘　健　（上海博物馆）

陈　晴　（上海博物馆）

王辉茹　（中国人民大学信息资源管理学院）

引　言

作为人类文化记忆的保存和传播机构，博物馆基础的业务范畴即基于知识生产的信息处理。数字化时代信息数量几何级数的增长和传播方式的迅速转型，对传统的博物馆业务构成了前所未有的挑战。数字人文技术的兴起从认识论和方法论层面为博物馆业务升级提供了新的范式，并能够涵盖博物馆业务收藏、研究及展示的全流程，对实现博物馆业务的数字化转型具有重要的意义。本报告从博物馆与数字人文的关系、博物馆数字人文研究和实践的特点考察中国博物馆数字人文的历程，通过典型案例的分析，反映中国博物馆数字人文发展的现状和存在的问题，并对其发展的趋势和前景作出预测和展望。

一、博物馆与数字人文

（一）博物馆和数字人文的关系

根据博物馆的定义可知，博物馆业务的本质是一种信息的传播活动。它的显著特点是信息发布者和接收者通过藏品这一媒介，完成"展览—参观"的信息交互行为。由于人类社会不断地加速发展，博物馆收藏和研究的对象不断扩容，所需处理的信息容量也飞速膨胀，不但数量持续层累，类型亦有所新增，各种非物质信息或虚拟信息也进入了博物馆收藏和研究的视野。此外，数字技术的发展也导致传统的博物馆传播方式发生了巨大的转变，藏品信息的传播能够以脱离实物介质却仍保持其实证性的方式进行。这些变化都对博物馆业务或者说信息处理方式提出了全新的要求。

传统博物馆的业务主要是以实物为中心展开的，目标工作是将物的信息对人进行传播，信息转换以经过专业编码的实物为媒介完成。然而由于信息传播的授受双方是通过藏品作为媒介来完成信息流动，在传输过程中难免出现损失、附加或变形，导致传播可及性的降低，也不利于多样性诠释的展开。随着所需处理信息类型、数量的扩张，这一问题必然更趋严重，也带来收藏、研究工作容量的爆发性增长，给此类专业性的社会公共机构造成极大的负担。如果博物馆业务的流程和工作方法仍停留在传统的经验主义架构之内，显然将难以充分发挥自身的固有功能，因此，必须进行数字化转型，而数字人文学科的兴起恰恰符合了这种需求的出现。

由于数字人文是一门新兴的跨领域学科，研究者对其的认识和表述也一直在变化和发展。无论持何种观点，利用数字技术进行人文领域的学术研究都是这一学科的基本特征[①]。从这一意义上而言，博物馆无疑被包含于数字人文学科的研究范围之内。此外，作为一种信息传播活动，博物馆具体业务的主要开展方式和流程包括对实体或虚拟藏品的征集、收藏、研究和展示，而数字人文的研究方式则强调利用数字技术对人文研究领域产生的多来源、多模态数据进行广泛地采集、存储、编码、分析、关联和呈现。两者之间存在高度的契合性，因此，博物馆研究及实践可以且应当引入数字人文学科以完成自身数字化转型。

---

① 刘健、陈晴：《数字人文与博物馆》，《中国博物馆》2018年第2期。其中列举了王晓光教授、项洁教授及2016年美国新媒体联盟"地平线报告（博物馆教育版）"中关于数字人文的定义，其中都明确指出了数字技术的应用及其主要的应用对象为人文研究领域。

（二）数字人文对博物馆发展的作用

1. 研究工具的升级

传统的博物馆研究尤其是藏品研究工作十分依赖于资源的检索考证，也有自成体系的索引方式。但无论人工目录系统还是藏品数据库都比较简易，一个普遍的问题是在很大程度上仅仅提供资源的集成并保证初步的检得，而未充分考虑到资源间的关联性，尤其是附着于资源上的多元的知识信息的关联，从知识组织的角度而言功能性不强。而数字人文的作用，则恰恰能够弥补博物馆藏品数据在这方面的不足。因为，数字人文研究追求的是形式多样的（信息）呈现、知识的组织、技术的交流与传播，并致力于创造学术研究的可用工具[①]。在数字化基本实现了传统资源向数字资源的转化，能够被计算机所存储、处理和展示以后，更进一步的要求就应该是"数据化"。如果说数字化改变了资源储存和展示的形态，那么，数据化就是建立起了数字资源间的联系，形成了一个能应用和开展相关活动的知识环境。而构建和表达知识间复杂的语义映射及结构，本就是人文学科研究的重要方面，因此，数字人文对于博物馆研究的作用是不言而喻的。

近年来以语义网相关技术为代表的数据科学发展势头良好，已经在数字人文领域有了非常成功的应用。关联开放数据作为文化遗产领域数字资源语义融合的新技术、新方法，能克服资源自身的属地主义习性，可以通过不同资源元数据本体之间语义关联的建立，实现语义环境下的关联数据网络，解决各种分散、异构、跨界的文化数字资源之间语义深层次序化的开放互联。

2. 方法论方面的作用

以数字人文为代表的新技术介入人文研究，既为新材料的发现带来了更多的可能性。另一方面它还为新增研究方法赋予了更多样化的选择，并由此产生研究领域的扩展、研究视角的更新，乃至研究成果的新型呈现。

当然，数字人文的研究方式并非是对传统人文学科研究的一种"反动"，也无法完全替代传统的研究，但它确实为此类研究提供了一个新的范式。其目

[①]朱娜：《数字人文的兴起及图书馆的角色》，《图书馆》2016年第12期。

标是将现代信息技术融入传统的人文研究与教学过程中，从而在根本上改变人文知识的获取、标注、比较、取样、阐释与表现方式[①]。在数字社会中，利用数字技术对数据对象进行分析处理是一件理所当然的事情。从这个角度来说，数字人文不但是一种描述或呈现的方法（人文成果的数字化），更是一种思考与研究的方法，帮助人们发现问题、研究问题、解决问题。

　　具体来说，在博物馆中，藏品实体的研究一向是研究工作的重心。但现在，很多人认识到实物信息从某种意义上说是可以和实物相分离而存在，同时又不损害其原真性的。这为博物馆的藏品研究在一定程度上建立在数字资源的基础上提供了可能，大量采集自实物的二维、三维甚至是全息的数字图像数据，正是数字分析和研究的天然对象。

　　对博物馆而言，数字人文可能带来的研究方式改变也是显而易见的。长期以来，博物馆专业研究的传统还是以个体研究为主，学术孤岛现象普遍存在，并成为了一种基本固化的学术生态。而数字人文的一个最为突出的特点就是它能形成跨领域、多学科、各区域间的协作研究，"从方法和路径的层面打通自然科学、应用工程、社会科学、人文科学与艺术的综合研究"[②]。为了达成数据的真正科学应用，博物馆可以尝试建立基于网络的科研平台，发挥网络的互联特点，进行最大限度的数字资源的整合；为外脑的引入与社会性协作研究创造了条件，从而将数字化时代信息爆炸的负担转化为信息有效利用的优势。

3. 思维认知方面的作用

　　如前所述，开放性是博物馆的固有属性，但对于数字资源过于严格的管控在博物馆实践中却比比皆是。这一方面源于博物馆管理和从业人员思维模式上的保守、心理上的抗拒。封闭的心态、相对孤立的环境和对拥有实物资源的优越感造成了博物馆人对资源呵护的小心翼翼；学术利益的驱动和现实效益的不理想之间的反差也使得博物馆人对学术资源的保护有了某种不得已的情由。

　　当然，开放性思维的建立不会是一件自然而然的事，它必须要有一定的外

[①] 王晓光：《"数字人文"的产生、发展与前沿》，2009年教育部人文社会科学研究方法创新论坛论文，重庆，2009年11月。
[②] 徐力恒、陈静：《我们为什么需要数字人文》，《社会科学报》2017年8月24日，第5版。

部诱因和压力才能有效促成，而数字人文恰好可以担当这一角色。作为一种跨学科的研究，数字人文研究的特性之一就是对开放性数据的依赖。因为数字人文一直是持关联性优先于因果性的认识论的，而开放数据是关联性的前提。没有数据的开放获取，则数字人文研究就会掉入无本之木的陷阱而无法自拔。也正因为如此，近年来，开放性思维已经成为了数字人文领域的一个重要思想。当由开放的数据对博物馆业务发展产生一定作用的时候，博物馆的开放性思维才能逐渐有效地形成，并带来进一步的良性循环，成为博物馆工作融入社会的重要标志。

（三）博物馆数字人文的特点

1. 博物馆数字人文研究的数据特点

博物馆研究最主要和具有现实意义的对象是其日常的业务范畴，根据博物馆业务性质的分类可概括为物的研究和人的研究两大类，而数字人文首先介入的，正是其中关于物的这一部分。由于数字人文研究首先是建立在构成实物的大量数据上的，因此关注博物馆数字人文的研究，必须先关注博物馆藏品数据的特点。

博物馆藏品数据的特点可大致归纳为如下三个方面：数量大而增量小，范围广而类型多，样本少而模态杂。

博物馆藏品的数量虽然极其庞大，但事实上博物馆只收藏所谓"有意义"——即可供教育、欣赏、深思和知识共享的藏品，而且这种收藏一般都是历时而非实时的，因此其增量不但是可控的，而且是相对小规模的。

与数量相比，博物馆藏品的类型更堪称包罗万象，几乎可以涵盖到一切现有的自然及人文学科。因此，不同类型的博物馆在研究其藏品时不可避免地都带有各自的学科范式，反映到藏品数据的描述和结构方面，也展现出一种多义性和不确定性。

同时，小规模的增量和难以穷举的类型稀释了数据数量，使得可用于学习、研究的样本量有时并不能充分满足分析、聚类、关联、呈现等数字化研究的要求，而必须借助人工的专业介入和干预。此外，类型的复杂性还意味着来源和形式的多样。在信息时代，博物馆藏品数据形式早已超越了图像和文本的范畴，音频、视频、三维模型、全息影像等都成为数字人文研究的资源，而基于博物馆实证主义的原则，上述数据中的非文本类型往往因其直观性而更具有研究意义，使图像语义在博物馆数字化研究中的重要性格外突出。

2. 博物馆数字人文研究的应用性特点

在基础建设和研究型应用方面，总体而言，由于数量的庞大和模态的复杂，使得博物馆藏品数据的采集较之其他一些人文学科如文史哲等以文献形式为主的数据难度更大、成本更高、组织更困难，而藏品本身的稀有性、脆弱性和博物馆出于保护第一的原则而产生的顾虑更增加了这种难度。另外，藏品类型庞杂的特点也给博物馆藏品数据的标准化描述和元数据建设带来困扰。在国内，"各馆元数据标准不统一，资源较为分散，组织较差，这种状况严重阻碍了文化机构之间开展数字资源文化共享"[①]；在国际上，世界范围内的通用标准也仍未形成。这些问题的存在无疑给广泛利用数据进行藏品研究带来不便。

但近年来，随着国内对数字化的投入大幅增加，各馆纷纷自建数据库，数字资源的采集有所加强，数据数量和质量得以提升，数据开放程度也有所提高。相应的，数据标准化建设日益受到重视，在国家文物局引领下，一些著名大馆、高校或其他研究机构致力于针对中国文物的元数据和标准的开发，取得了一定的成果。在国际上，一方面获益于一些大型博物馆数据的开放，另一方面，一些数据标准如"都柏林核心元数据元素集"（DC）、"艺术作品描述类目"（CDWA）、盖蒂"艺术和建筑叙词表"（AAT）、"国际图像互操作框架"（IIIF）应用范围日益扩大，使数据广泛而有效地互联也越来越成为现实。在此背景下，一些基于博物馆藏品的问题的研究也逐渐出现。金观涛、王平等所做的"五代北宋山水画的数字人文研究"[②]和Greta Franzini等关于"雅各布·格林（Jacob

---

① 范冰玥：《面向公共数字文化工程融合创新发展的核心元数据标准构建》，硕士学位论文，武汉大学信息管理学院，2020年。
② 刘健、陈晴：《数字人文与博物馆》，《中国博物馆》2018年第2期。

Grimm）和威廉·格林（Wilhelm Grimm）嘈杂的数字化信件中的作者归属"①的项目可视作此类研究型应用的先声，其差异化、跨领域的研究方式给未来博物馆利用数字化技术进行学术研究提供了一种开创性的思路。

相对于基础建设和研究型应用的冷清，数字人文在展示中的重要性最先被发现，它突破时空物理限制的自由度和灵活多变的叙事手段对于传统的实体陈列而言是极具开创性的。然而，鉴于数据采集和规范上的种种困难，现阶段博物馆展示的数字人文应用大多具有"小而精"的特点——面向特定领域对数字资源进行深度挖掘和组织，以专题方式展现具有馆藏特色的知识体系②。

2014年台湾"中研院"数位文化中心策划制作的网站"从北纬23.5°出发——陈澄波"③、2017年上海博物馆推出的"董其昌数字人文项目"④、2019年西班牙达利美术馆"达利活了"智能互动展览⑤都是以某一特定人物为中心，通过数据组织相关知识体系进行展示的案例；2014年纽约现代艺术博物馆（MOMA）的"物品：照片"线上专题⑥是单一类型藏品的数字人文应用；而"文艺复兴混音——伊莎贝拉·德埃斯特（Isabelle d'Este）：虚拟工作室"项目⑦和以土耳其加泰土丘新石器时代遗址为对象开发的一种用于设计数字考古虚拟现实体验的新方法3D·CoD，则是利用虚拟现实（VR）或增强现实（AR）技术重现环境与空间的数字化展示⑧。后者的设计提到了此类数字化重建中"如何将历史准确性、

---

① Greta Franzini et al., "Attributing Authorship in the Noisy Digitized Correspondence of Jacob and Wilhelm Grimm," *Frontiers in Digital Humanities*, vol. 5, 2018, https://www.frontiersin.org/articles/10.3389/fdigh.2018.00004/full.

② 马玉静：《"数字人文"视域下的博物馆文化遗产数据资源开发模式研究》，《中国博物馆》2022年第4期。

③ "从北纬23.5°出发——陈澄波"主页：http://chenchengpo.ascdc.sinica.edu.tw/。

④ "丹青宝筏——董其昌书画艺术大展"主页：https://www.shanghaimuseum.net/museum/dongqichang/index html。

⑤ "Dalí Lives: Museum Brings Artist Back to Life with AI," January 23, 2019, https://thedali.org/press-room/dali-lives-museum-brings-artists-back-to-life-with-ai/, accessed on February 11, 2024.

⑥ http://www.tanchinese.com/feature/1260/.

⑦ http://isabelladeste.web.unc.edu.

⑧ Laia Pujol-Tost, "'3D·CoD': A New Methodology for the Design of Virtual Reality-Mediated Experiences in Digital Archeology," *Frontiers in Digital Humanities*, vol. 4, 2017, https://www.frontiersin.org/articles/10.3389/fdigh.2017.00016/full.

情感力量和用户的创造性可能性结合起来"的目标，说明数字人文技术在博物馆的应用中已经扩展到对于博物馆学的另一大研究对象——观众（用户）的领域，而这可以说是数字人文研究中博物馆所特有的内容。

综上所述，博物馆数字人文的研究应用虽然有其先天不足之处，但总体上已经能够将较小规模、简单类型的藏品数据根据专业研究的原则进行解构，抽取其知识，根据不同的主题进行组织，并进行跨模态的展示。另外目前博物馆数字人文展示采用的数据形态多数还是以文本和图像为主的，然而其他形态的数据也正在被整合入应用之中，跨模态的数据支持将会成为博物馆数字人文今后发展的重要方向。在技术选择上，文本识别、文本提取、图像识别、图像匹配是最为常见的。而在图像处理方面，方兴未艾的AI技术提供了更为广阔的前景。纽约现代艺术博物馆识别匹配展览图像与藏品图像的应用和挪威国家博物馆采用神经网络和深度学习技术对藏品图像进行智慧识别和聚类展示的项目[1]为我们提供了有益的参照。此外，在博物馆数字人文的展示项目中，基于文本或图像语义的主题分析、社会关系分析、地理空间分析在内容生成上的意义不容忽视，而类似主题图、关联呈现、时间轴、历史地理可视化等手段，则较多运用在内容的呈现和交互方面。同时，针对实物、环境、非物质文化遗产等内容的展示，虚拟现实、增强现实、人机交互等技术则是博物馆出于其实证性表达的特点所应格外注意或选用的。当然，除了考虑数据内涵的充分和多元表达之外，还应该根据不同的展示场景、针对传播对象不同的接受模式进行技术适配，这也是符合博物馆教育中分众化传播要求的。

二、国内博物馆数字人文的发展

（一）国内博物馆数字人文发展的历程

与人文研究的其他领域相比，国内博物馆界对数字人文的关注比较滞后。2016年之前，大陆地区对这一学术前沿的介绍、讨论、研究、实践基本处于空白状态。

---

① "NASJONALMUSEET," http://vy.nasjonalmuseet.no/, accessed on February 11, 2024.

台湾地区博物馆数字人文的发展相对较早。2002年，台湾"行政院科学委员会"（2012年更名为台湾"科技部"）发起了"数位典藏科技计划"，经十年建设，该计划两期总共收集了超过560万条的数据，建立了700多个网站与数据库[①]。2016年，台湾数位人文学会（Taiwanese Association for Digital Humanities, TADH）成立，积极开展数字人文的研究和实践，2009年至2023年，台湾地区连续举办了十四届"数位典藏与数位人文国际研讨会"，并开发了许多数字人文专题应用项目。研究项目见于资料的有"大家看展趣：结合行动AR与GIS的信息可视化设计之APP开发""以科技接受模式探讨参观者对传统文物互动科技展览的认知、使用态度与行为意图""以群众外包建构虚拟社区、网络游戏、数字博物馆整合应用平台之研究"等[②]；当然，在成绩斐然的同时，也有学者指出，台湾博物馆数字人文的发展在"应用数位人文于文物研究方面相对缺少突破性的作为，未来更需要开创新方法与新视野"[③]。

不同于台湾地区博物馆数字人文步步为营的发展状况，大陆博物馆界很长时间内对数字人文的概念知之甚少，但在博物馆数字化的不断推进过程中，也逐步认识到深度和科学利用数据的必要性。

2001年，由财政部和国家文物局共同主导的"文物调查及数据库管理系统建设"启动，并在全国推进文物调查及基本数据库建设工作。截至2010年底，文物调查项目共采集文物数据1,660,275条，其中一级文物数据48,006条，累计拍摄文物照片3,869,025张，录入文本信息3.05亿字，接收数据总量15.16TB，基本廓清全国文物系统馆藏珍贵文物家底[④]。该项目初步解决了全国博物馆藏品资源的数字化采集和管理的问题，是后续数字化工作深入推进的重要基础，但由于其主要目的仅在于对全国馆藏资源全面梳理和数字化建档，故

---

① 林国平、城菁汝：《博物馆数位人文与知识分享之期许与实践——以"国立故宫博物院"为例》，《台湾图书馆馆刊》2018年第1期。

② 廖政贸：《台湾地区数字人文的发展历史、资源建设与研究热点》，《图书与情报》2018年第6期。

③ 林国平、城菁汝：《博物馆数位人文与知识分享之期许与实践——以"国立故宫博物院"为例》，《台湾图书馆馆刊》2018年第1期。

④《"文物调查及数据库管理系统建设"项目圆满完成》，2011年6月20日，http://www.ncha.gov.cn/art/2011/6/20/art_722_109293.html，2023年2月11日。

在数据的颗粒度、关联度、结构化和语义化上未作进一步细化，也未形成全国互通互联的藏品资源体系，2012年全国第一次可移动文物普查完成了全国性藏品数据库的建立，但依然没有解决数据质量优化的问题。2012年以后，关于智慧博物馆的建设成为博物馆业界的热点，越来越多的人认识到对数据进行知识关联的重要性。2015年时任国家文物局副局长的宋新潮在《关于智慧博物馆体系建设的思考》一文中指出："智慧博物馆以多模态感知'数据'替代数字博物馆的集中式静态采集'数字'，并以此为基础，建立更加全面、深入和广泛的互联互通，消除信息孤岛，使人与人、人与物、物与物之间形成系统化的协同工作方式，从而形成更为深入的智能化博物馆运作体系。"[1]2014—2017年国家科技支撑计划项目"文物数字化保护标准体系及关键标准研究与示范"由科技部和国家文物局牵头，北京大学承担，6家文博机构、元数据领域研究机构合作进行研究，出台了62项标准规范，是对于博物馆文物数据进一步进行标准化的重要尝试[2]。与此同时，少数大型博物馆在业务实践中也开展了有限的基于数据的知识关联的挖掘和呈现。这一方面较早的例子有故宫博物院官网典藏的知识元标引工作，上海博物馆官网推出的《每月一珍》（现更名为《珍品精读》）栏目的建设，等等。

上述这些研究和实践工作，可以看作国内博物馆数字人文的早期萌芽，它们完全是自发的和零散的，既无理论上的指导和准备，也缺乏足够的规模。

2016年，上海博物馆刘健在《智慧博物馆路向何方？——以上海博物馆的数字化建设实践为例》一文中首次提到了"数字人文"的概念，这是国内博物馆业界自觉运用数字人文理念思考学科发展的开始，也是国内博物馆数字人文发展的重大转捩点[3]。2017年，刘健又在故宫博物院举办的主题为"传统文化×未来想象"的"文化+科技"国际论坛演讲，首次在文博业内以具体案例回答了"什么是数字人文？它将为博物馆业务工作带来什么新的发展机遇？"的问题。

---

①宋新潮：《关于智慧博物馆体系建设的思考》，《中国博物馆》2015年第2期。

②《文物数字化保护元数据标准规范征求意见稿发布》，2017年5月11日，https://www.lib.pku.edu.cn/portal/cn/news/0000001494，2023年2月11日。

③刘健：《智慧博物馆路向何方？——以上海博物馆的数字化建设实践为例》，《上海艺术评论》2016年第6期。

2018年，上海博物馆制作开发了国内首个博物馆数字人文应用"董其昌数字人文展示系统"，以专题数据为核心，知识组织为手段，运用多种数字人文工具，针对现场辅陈和线上传播不同的场景打造了一个跨模态、可视化、可发现的数字化应用。该应用推动了国内博物馆数字人文的发展。至此，数字人文学科正式进入国内博物馆学研究的视野，并在理论和实践上都开始起步。

自2018年以来，博物馆数字人文的研究实践大致集中在以下三个方面。

1. 关于博物馆数字人文理论的探讨

主要涉及对数字人文学科的介绍、国内外相关研究及案例的推介和分析、数字人文对博物馆的作用，数字人文相关技术在博物馆研究和实践中的运用等问题的讨论。

2. 博物馆数字人文的基础建设和关键技术研究

包括中国文物及其他文化和非文化遗产本体的建构、元数据的制定、专题数据库的建设、基于机器学习的数据语义（包括文本和图像）分析、知识模型和知识图谱的建立、提供数字化研究的平台和工具的开发等，值得指出的是这方面的工作有很多是由高校、企业等非传统博物馆学者进行并完成的，如较早期南京大学参与的"中国商业广告数据库"（CCAA）、"六朝建康历史地理信息化建设"；近期由武汉大学主持开发的"海外博物馆里的中国：文物数字图像关联数据聚合平台"、清华大学"古文智能标引系统"、古联（北京）数字传媒科技有限公司"籍合网"平台、华东师范大学与上海市多维度信息处理重点实验室联合发布的"多维度图像智慧系统"等。这种跨学科、跨领域的博物馆数字人文实践，一方面非常鲜明地体现了数字人文这一学科的跨界特点，拓宽了博物馆学研究的视野，另一方面也促进和鞭策了博物馆从业人员更深入地参与到相关工作之中，以提升关于博物馆基础数据建设的专业化程度。

3. 数字人文在博物馆展示和博物馆相关学科研究中的应用

由于新冠疫情的突发性影响，线上展览在近几年意外地获得了前所未有的关注。2020年秦始皇帝陵博物院的"四海一"虚拟展览平台、2021年上海博物馆"赶上春——江南文化数字专题"、浙江省博物馆"丽人行——中国古代女性图像云展览"等都是以数字人文理念打造的知识型展示。同时随着数字展示技术的不断升级，沉浸式现场数字展的发展可谓迅猛，2021年起开放的苏州博物馆西馆数字展厅推出的虚拟展示也充分运用了数据关联和组织的手法并广受好评；2022年的"云中·纹里——苏州丝绸纹样数字展"则运用了苏州丝绸博物馆馆藏中国、意大利、法国、瑞士样本高清扫描所得图像数据，在商业空间苏州竹辉环宇荟进行展出，也同样表现了以数据组织展示的高度灵活性。

在利用数字人文技术进行博物馆藏品及其相关学科的研究方面，利用图像提取和分析技术进行平面类藏品或藏品元素研究，借助GIS技术进行考古学相关研究的项目比较多见，利用三维数据进行的相关研究也有所开展，但整体而言研究的深度和范围都比较有限。

综上所述，国内博物馆数字人文的发展尚处于刚刚起步的初级阶段，在理论认识、基础建设、实践应用等方面都仍在摸索的过程中。

（二）国内博物馆数字人文的实践

由于仍处于发展初期，国内博物馆数字人文的实践活动在地区、范围和程度上都存在较明显的不平衡，一些头部大馆认识早，投入多，经验较丰富，亦有许多可以检讨的方面，而绝大部分博物馆则对该项工作的认识和参与远远不足，有待提升。下面略举数端，介绍目前国内博物馆数字人文实践的基本情况。

1. 上海博物馆的数字人文实践

上海博物馆（下文简称"上博"）是国内最早引进数字人文理念并付诸实践的博物馆，这与其数字化建设中始终坚持知识传播这一博物馆根本任务的原则相一致。早在"数字人文"概念被认识之前，该馆就非常重视数字传播中的内容建设问题，尤其注重对藏品数据进行全方位、多角度的发掘和充分、可及的表达。

在2014年"博物馆及相关产品与技术博览会"（博博会）上，该馆首次推出了一个以单件文物为核心的数字化展示——"数字牺尊"，应用了动画演示、三维展示、AR展柜增强展示等技术手段，营造了一个实体形态与虚拟数据，显性信息与隐性信息、信息本体与关联信息相互交织，实物、图像、文本、视频、模型多模态数据融合输出的多媒体展示，可视作上博在数字人文实践中的试水之作。在2015年升级的官网中，上博又对这种新型的展示方式进行了优化，形成了国内第一个基于单体文物的线上多媒体展示栏目《每月一珍》，使业界认识到有时脱离器物实体，通过数据组织知识可以更为全面深入地反映藏品的外延与内涵。

2017年，上博官网推出的网展"遗我双鲤鱼：上海博物馆馆藏明代吴门书画家书札精品展"，已自觉地采用了数字人文的方法和手段为切入点策划并制作。网展设置的两个入口："见字如面"和"云中谁寄锦书来"，前者利用简单的数据工具生成关键词云图作为入口，后者则采用动态人物网络关系图形成入口，均运用了数字人文中常见的技术。2018年的"董其昌数字人文展示系统"中，上博对数字人文技术的使用更为娴熟，通过文本分析、图像分析、时空分析、社会关系分析、地理信息技术（GIS）等打造了一个完全以数据为基础的叙事作品[1]，创造了一种崭新的博物馆资源展示和知识传播方式——系统与元素并置，宏大叙事与个案描述融合，可学习，可探索，可重构。这一项目的实施，标志着国内博物馆数字人文实践的正式启动，至今仍是具有研究意义的经典案例。

此后，上博在数字人文实践领域继续深耕。2020年推出的网展"赶上春——江南文化数字专题"引入了时空地理、社会关系分析及可视化技术，采用数据聚合的方式展现了江南文化的核心区域以及辐射范围，及其五千年来的萌生、发展和勃兴的过程及不同时期的艺术主题、风格的变迁，并尝试采用AI技术实现古画与现代风景照的风格迁移，开发了"我"和"古人"共画江南的小型游戏[2]。2021年的"宋徽宗和他的时代"数字人文专题中，上博探索将数据研究的范围拓展到更为广泛的领域，以人、事、物与时空、社会面的结合实现数据的知识化、结构化和可视化的呈现。为此专门梳理了上博藏品管理系统中书画类文物采用的本地标准化术语，映射国际文物领域元数据标准"艺术作品

---

[1] 刘健：《大数据语境下的博物馆知识传播——上海博物馆的数字人文实践》，《文物天地》2022年第12期。

[2] "赶上春——江南文化数字专题"主页：https://www.shanghaimuseum.net/mu/frontend/pg/jiangnan/index。

描述类目"（CDWA），分别构建了针对宋代书画类文物的本体、主题分词词表，通过分析文物相关的人、时、事、地、物等概念属性，建立书画文物知识概念模型，并进一步形成《书画类文物知识组织表达模型规范》行业标准文稿，初步构建了书画文物的知识图谱①。鉴于书画文物突出的图像性特征，该项目延续"董其昌数字人文项目"中已使用的人工智能技术并进一步深化，对书画文物的视觉主题元素、印章、题跋元素进行信息提取和语义化的聚类，最终形成智能化关联和呈现。对于之前未曾涉猎的文献研究领域，该项目也基于宋代画论文献开展了分词、命名实体识别、词频计算等一系列工作。

2023年，上博又将数字人文实践的目光投向了博物馆的藏品研究领域，开发了"民国纸币研究"系统，通过对民国纸币的数字化、数据的结构化、专业化标注及智能分析及聚合，打破传统研究的瓶颈，探索纸币研究的新范式。该系统通过建构纸币专业研究数据的系统表达模型，制定相应的元数据标准，采用YOLOv4模型结合AI人工智能和OCR图文识别技术，搭建具有民国纸币图片特色的元素检测识别算法运用模型，实现了对纸币数据标准化录入，图片特征机器学习、标注、识别、聚类，专题数据关联，主题数据集创建，研究资料抓取及多模态检索功能，是目前国内第一个专门基于藏品研究的数字人文应用系统。

2. 故宫博物院的数字人文实践

故宫博物院（下称"故宫"）是国内博物馆数字化建设的先行者和领军者，其数字化建设开始早，规划全，投入大，成果突出，在行业内外都深受好评。虽然故宫在数字人文领域的实践并不多，但少数几个与数字人文相关的应用都具有非常高的质量。

故宫的数字化建设非常重视基础的夯实，从1998年到2019年的20年间，故宫博物院形成了以建立信息网络为底层支撑，文物数字资源采集为基础，数据管理利用为中枢，支撑对内对外、线上线下的各类应用，应用研究贯穿全程

---

① 刘健：《智慧博物馆发展中的数字人文建设——以上海博物馆的实践为例》，《数字人文研究》2022年第3期。

的信息化建设体系，其中尤其重视藏品数据系统的建设。故宫在藏品系统构建之初，就建立了一套非常有效的标准化采集和录入流程，并同步制定了藏品描述元数据规范及控制词表。藏品描述元数据参考国家文物局藏品信息指标体系，并结合故宫博物院的管理实际及文物部门对文物信息资源采集、保存、使用的业务需求，制定了针对不同门类藏品的33个描述元数据规范，同时制定了元素控制词表，其中部分元素词表又和文物类别相关联，不同类的文物拥有不同的词表内容。这些控制词表在文物管理系统的运行中发挥了很大的作用，有效提高了检索、定位、发现及利用文物信息资源的效率[1]。在藏品影像方面，故宫也制定了相关的元数据规范，确保了在长达十余年的数据采集中实现了所有大类和251个文物小类，多达75万件藏品、180余张影像数据的标准化全覆盖。

基于长期规范的数据基础建设，在2009年，故宫官网第一次改版后就对典藏数据进行了非常详尽的知识元标注，使用户能够获得丰富的关联性知识，这一功能的实现虽非出于专门的数字人文设想，却是暗合数字人文精神的实例。2015年上线的"故宫名画记"[2]是故宫博物院官方网站下的中国古代绘画高清大图鉴赏栏目，主要提供馆藏中国古代绘画珍品的高清大图欣赏和多媒体导览内容，至今已累计上线1,002幅作品。2019年升级后，故宫名画记实现了超高清数字影像的无极放缩功能；同时，名画记提供基于作品、作家、流派和相关研究文献的分类检索，并对一些重要作品图像上的知识元素如印记、画面元素等通过标注添加音视频、相关论文等资料充实研究成果和多媒体鉴赏内容，甚至还对会员开放了标注评论的功能，具有类众包的性质，具备强大的知识服务能力和交互能力。

依托于本馆巨量优质的藏品数据，故宫于2019年开发完成"数字文物库"项目并首次在官网发布，至今已公开了8万余件藏品的图像和基本信息，浏览量超过3,000万次。但是，"数字文物库"发布的藏品信息直接来源于文物信息管理系统，其中的藏品描述遵循文化遗产领域的编目规范，用词标准化、专业化程度高，与公共文化服务场景下用户检索使用的词汇存在一定的差异，同一

---

[1] 石秀敏：《故宫博物院的藏品数字化管理》，《中国文物科学研究》2017年第4期。
[2] "故宫名画记"主页：https://minghuaji.dpm.org.cn。

概念可能因为表述不同而造成检索结果查询不全。面对这一问题，故宫探索利用知识图谱技术突破关键词精确匹配这一通用检索模式的局限。2020年，受文化和旅游部"文化艺术和旅游研究项目信息化发展专项"资助，故宫开展了"应用于人工智能搜索的可移动文物'概念参考模型'研究"，遵照国际标准"Information and documentation — A reference ontology for the interchange of cultural heritage information"（ISO 21127: 2014，信息与文献　文化遗产信息交换的参考本体）/国家标准《信息与文献　文化遗产信息交换的参考本体》（GB/T 37965-2019），构建了一款面向中国古代可移动文物知识组织的本体模型——"中国古代可移动文物概念参考模型"（Ancient Chinese Artifacts Conceptual Reference Model, CRM-ACA）作为"中国古代可移动文物知识图谱"的顶层框架，同步构建的与其配合使用的"中国古代可移动文物叙词表"汇集了24,000余个词汇，覆盖藏品类型、物件类型、图案与纹样、颜色、形制、过程与技术、主题、人物等维度，以支撑持续进行的人机协同藏品信息标注和数据富化[1]。目前，故宫已利用这一模型对2,500件文物及其相关概念进行了标注，使用户可以在数字文物库中由点及面地获得更为丰富的资源和知识。

3. 敦煌研究院的数字人文实践

敦煌研究院（下称"敦煌"）的数字化建设始于1980年代末，时任敦煌研究院常务副院长的樊锦诗提出"数字敦煌"概念，旨在利用数字化永久保存石窟寺的壁画信息。经过三十年的建设，"数字敦煌"项目完成了221个洞窟数字化摄影采集，141个洞窟的图像处理，143个洞窟结构三维重建，45身彩塑三维重建，2处大遗址三维重建，144个洞窟全景漫游节目制作，获取45,000张档案底片的数字化资源，数据总量超过1,000TB。在此基础上敦煌建立了多元化和集成化的"数字敦煌"数据库，数字化成果已在保护修复、考古研究、美术临摹、展示与传播、艺术再创作等领域得到了广泛的应用[2]。

2020年，敦煌进一步引入数字人文的理念，开展了"智慧数据"（Smart

---

[1] "中国古代可移动文物知识图谱"主页：https://digicol.dpm.org.cn/specialTopic/knowledge Graph?single=1。

[2] 吴健、俞天秀、王春雪：《数字敦煌项目综述》，《中国计算机学会通讯》2019年第9期。

Data）的建设。智慧数据旨在基于大数据的特征，通过提供可操作的信息和完善决策以实现数据价值（Value），在表现上具有可解释性、自描述机制以及可溯源性的特点①。敦煌的智慧数据建设借助元数据、主题词表、本体、语义增强、关联数据、知识图谱等技术，以及海量的敦煌研究文献和敦煌数字资源，探索敦煌文化遗产智慧数据集的结构、功能、形式以及构建路径和方法，并通过集成平台开展数据共享和智慧服务。

敦煌壁画主题词表是具有规范细分语义关系、权威多源注释内容的一套受控词表，参考AAT、艺术与图像分类系统ICONCLASS等权威词典的结构，以《敦煌学大辞典》及《敦煌研究》《敦煌学辑刊》中敦煌壁画相关论文为文献基础，利用人机协同的方法进行领域主题词发现与归类。词表全面涵盖了壁画修复、考古、图像志、人文艺术等壁画相关的研究视角，其推广应用将加快敦煌壁画信息资源组织和利用的语义化进程，提高信息加工处理的规范化水平，也为艺术史、美术、图像志等人文艺术类学科的研究提供了重要的基础数据支撑。

在构建主题词表和关联数据发布的基础上，敦煌又参考DCMI、CDWA等元数据标准，以及CIDOC-CRM、FOAF、ABC等国际通用本体模型，根据敦煌石窟文化遗产的特征进行扩展和自定义，构建了敦煌文化遗产领域本体模型。本体模型的构建使得语义表示层面上较为全面地揭示敦煌文化遗产数字资源的语义特征和文化内涵成为可能，将非形式化的知识明确表达为领域内各种概念及其之间的关系。由于壁画鲜明的图像属性，该项目还针对壁画数字图像的细粒度化和语义化表示问题开展研究，并形成了一系列方法和模型，主要包括敦煌壁画层次性数字图像语义描述框架（SDFDI）、叙事型图像语义标注模型、利用低层语义数据生成高层知识信息的图像语义表示方式以及基于角色关联的叙事型文化遗产多粒度知识表示方法，这些方法和模型为博物馆实体类藏品图像语义的发掘、提取和关联提供了可行的数字化解决方案。

在解决了数据的智慧描述问题之后，敦煌智慧数据项目又搭建了一套支持IIIF框架的图像数字资产管理系统，在web端针对图像类数字信息资源进行深度化的功能定制，可供使用者对图像进行人工的语义标注。此外，智慧数据项

① 王晓光、谭旭、夏生平：《敦煌智慧数据研究与实践》，《数字人文》2020年第4期。

目还开发了文化遗产图像交互式数字叙事系统，结合语义增强方法与数据叙事思想针对图像资源进行增强展示。该系统以莫高窟第61窟《五台山图》壁画的高清数字图像为样本，从"人—事—时—地—物"五个维度出发对图像中的语义内涵进行分解，提取细粒度语义单元，进行语义标注以揭示图像语义单元的元数据信息及其上下文信息，实现图像的语义增强表示与组织，为利用关联数据进行知识的可视化展示提供了新的手段。

总体来看，敦煌的数字人文实践虽然时间相对上博为晚，涉及数据范围相对故宫为窄，但是在总体规划上遵循系统的数字人文思路，全面应对博物馆业务数据描述、数据研究和数据展示的需求及流程，在系统性、完整性、可用性上都格外具有示范意义。

4. 其他博物馆的数字人文实践

2018年以来，随着国家文物局对于数字人文项目的推动，以及上博、故宫、敦煌等一些博物馆在这一领域的尝试和示范，数字人文的理念逐渐被更多的博物馆所认同，它们也纷纷在业务中引入数字人文的思路或方法，探索博物馆数字化、智能化建设的新方向，以下撮其要者略作介绍。

（1）**山西博物院和湖南博物院。**2020年，由天津大学牵头，上海博物馆、山西博物院、湖南博物院等机构和企业联合承担了国家重点研发计划"基于知识图谱的文物知识组织和服务关键技术研发与示范"的课题研究与项目实施。

在这一项目中，上海博物馆承担了"文物知识聚合与传播关键技术研究与示范"这一子项，完成了《书画类文物知识组织表达模型规范》和书画类文物知识图谱的构建，并开发了"宋徽宗和他的时代"数字专题展示应用；山西博物院完成了《青铜器文物知识组织表达模型规范》及相关知识图谱构建，并开发了基于知识图谱的文物智能问答平台和面向文博研究人员的知识检索平台；湖南博物院完成了《音乐类文物表达模型规范》及相关知识图谱构建，开发了基于知识图谱的展览策展服务平台，同时在此基础上打造了"高山流水遇知音"——湖南音乐知识图谱可视化、湖南青铜乐器文物、湖南近代琴人琴事、古琴虚拟弹奏、湖南少数民族音乐等多个数字展项，以及"听·见湖湘"文物知识图谱微信导览小程序。

为了支撑上述数字人文应用，该课题还进行了多项相关技术的研究并形成了成果，包括《文物主题词表编制规则》《文物知识组织表达模型规范通用模型》《文物知识共享管理规范》《文物知识共享技术参考模型》《文物知识交换数据封装规范》等。

（2）南京博物院和苏州博物馆。南京博物院是国内博物馆中最早开展数字化建设的单位之一，目前已建成体系完备的数字化信息系统，数字化基础扎实。2013年，南京博物院建成中国第一家以数字媒体为主要展示手段的"数字博物馆"，首次实现与实体展陈分离，完全依托数据展示组织和结构，依靠数字化手段，融合多媒体输出的数字化叙事模式。近年来，南京博物院更积极地在数字人文的实践上进行探索，2023年12月推出的"'物华天宝'数字文物'魔方'"线上线下展示装置，以"一物一展"的精品文物数字展为探索途径，针对现场及移动端不同的应用场景分别进行文物的裸眼3D和高精3D虚拟展示，以新颖的交互体验与数字知识传播相结合，通过深挖文物知识体系，全面提高了文物活化利用的水平。

苏州博物馆近年来数字化建设成果颇丰。2019年苏州博物馆西馆落成开放，专辟数字展示空间，不定期策划并推出沉浸式的虚拟数字展示，这些展示都建立在对各类专题大数据的分析、重组和可视化基础上。首期展示主题"苏色生活"，以时间节气为主题，以色彩物像为内容，通过多模态的形式向观众演绎二十四节气之下动态的苏州生活美学，营造沉浸式的数智化色彩通感空间[1]。通过天象、气象、物象、物态的联动形成一套以色彩为线索的叙事系统，兼具了色彩地理学与色彩社会学的特征。值得注意的是，其展示数据的获取不仅仅停留在人文角度，还从中央气象数据中心获取苏州近几十年气象信息，通过把温度和风速等信息转化形成周期频率以形成可视化的解决方案，可谓深得数字人文在知识展示中跨领域、跨模态的巨大优势。2023年推出的"回响·AI方言艺术展"，利用AI合成技术，以"吴方言的保护"为主题，同样利用多种数字转化手段将数据的叙事功能发挥到了极致。如"非梦"展项基于昆曲名段《游园

---

① 《苏州博物馆｜把"时间"放进空间里的数字化博物馆》，2022年1月26日，https://www.d-arts.cn/project/project_info/key/MTIwMTExODgyODiDuY2rr5zKcw.html，2023年2月11日。

惊梦》改编而成，通过数字化扫描的方式蒙太奇组合真实园林，并结合原作叙事与演员演绎在视觉和听觉上重新渲染杜丽娘的"梦境"，构建"似梦非梦"的想象体验。展项"南腔北调"以苏州非遗为创作元素，通过对其颜色的分析生成具有动态效果的3D粒子场景，利用苏州方言四声七调的声韵输出来控制粒子的布局和动态效果。试图探索苏州传统手工艺文化与编程艺术结合的可能性，为传统文化找到创新表达。

除此之外，苏州博物馆还在传统的线上数字化展示中进行了数字人文的实践。"吴门书画专题知识图谱"①是基于"吴门画派"代表性书画作品构建的专题知识库和数字展示平台，内容覆盖吴门画派名家、代表性作品、印鉴和相关研究资料，链接丰富的文本、图像、音视频数字资源，支持多源多模态数据关联、知识融合和知识演化。

（3）江西省博物馆、三峡博物馆和伪满皇宫博物院。专题型知识图谱和知识库是目前博物馆数字人文应用领域最常见的形式，各博物馆根据自身不同的数据基础，选择收藏、研究的优势领域进行数字资源的集中采集、标注、组织和展示，对于博物馆文物数据数量巨大，稀疏度高、样本量小，分布不平均的现状来说无疑是首选和可行的方案。

"江西古代名人数字人文研究与服务平台"②是江西省博物馆依托馆藏文物、档案资料及相关学术论文、专著、互联网数字资源等海量数据，构建的江西省古代名人知识图谱数据模型、数据规范体系及专题知识库，利用敏捷灵活的知识服务支撑平台组件开发名人百科、名人知识检索、名人生平、名人社会关系、名人行迹图、名人作品、名人故事等专题知识服务应用。

"三峡博物馆文物科技保护知识图谱"是重庆中国三峡博物馆利用丰富的图书、期刊、档案及互联网数字资源，制定文物科技保护主题分类知识体系和数据标准规范，构建的一个可扩展专题知识库，内容涵盖与文物保护修复相关的技术、工艺、材料、工具、设备等主题相关知识实例、三元组数据。该项目

---

① "吴门书画专题知识图谱"主页：http://portal.cncis.com.cn:8791/。
② "江西古代名人数字人文研究与服务平台"主页：https://www.jxmuseum.cn/zstp/index.html#first
Page。

是目前所知唯一以文物保护技术为主题的知识图谱，通过访问与交互，可直观感受"知识实例"背后庞大的知识网络，探索文物科技保护知识脉络。

吉林长春的伪满皇宫博物院从2017年开始致力于打造一个集获取知识、交流学习、协同研究于一体的线上服务平台。平台以官网[①]为入口，下设的文物全息展示系统，是一个具备社交属性、研究属性、开放互联属性的文物数字化成果展示平台，系统通过元数据信息可实现图形识别、知识自动关联等功能，有助于访客全面了解文物信息，深度了解相关内容。"格物客部落"协同研究平台[②]，则是我国文博行业首个从文物研究出发，面向全社会开放，具有开放、共享的互联网精神的交流平台。

（4）关山月美术馆。 在国际上，美术馆也属于博物馆的一种，在国内，美术馆和博物馆也多是由政府出资的公益性事业单位，承担着实施公共文化服务的职能，二者具有共通性，同时也具有差异性，大体上来说，美术馆和博物馆都具有知识生产和文化传播使命，但从实际情况出发，美术馆与博物馆不管是从策展人背景、藏品和释展理论基础以及观众文化上来说都有很大的不同。因此，在实际的数字人文项目中，往往在呈现形式、侧重点、实现效果等方面会有很多差异性。

"关山月数字美术馆"于2021年底初步建成并开始试运行，这是由关山月美术馆组织，立足于数字人文方法论，借助数字化技术与数据管理技术辅助学术研究，是真正意义上美术研究的数字人文项目。其中，"关山月知识库"区别于常见的"资料库""数据库"等概念，更强调入库资源的广泛性，对入库资料进行科学抽取，通过快速检索实现知识的分析与掌握，以此完成"数字化"和"数据化"工作。此外，关山月美术馆基于"关山月知识库"的资源，运用数据分析技术、可视化技术等，对关山月先生的研究数据进行初步的数据分析和挖掘，并以图像直观地展示数据之间的关系，而后推出"关山月写生路线"——在相关数据的基础上，运用空间分析的研究方法，让观众清晰地了解关山月写生路线变化；"关山月人物关系图谱"——在相关数据的基础上，运用社会关系

---

① "伪满皇宫博物院"官网：https://3d.wmhg.com.cn/。

② "格物客部落"主页：https://gwk.wmhg.com.cn/answer。

分析方法，将五大画派之间的人物关系情况清晰直观地进行展示，不仅观众能一目了然，也有助于更细致地解读关山月先生在中国画方面的新研究成果；"关山月数字年表"——基于"关山月知识库"的数据，把关山月先生任意年份期间的画作、文章、工作等详细情况运用可视化技术进行清晰地展示，也为日后学者的研究工作提供资料；"关山月艺术品位置信息"——将关山月先生作品的收藏分布情况采用地理信息技术进行呈现。随着关山月数字美术馆的不断建设，为众多传统美术馆提供立足于数字人文方法论的转型实践，相信一批新时代的数字美术馆将会如雨后春笋般涌现。

三、国内博物馆数字人文的研究

（一）国内博物馆数字人文研究的现状

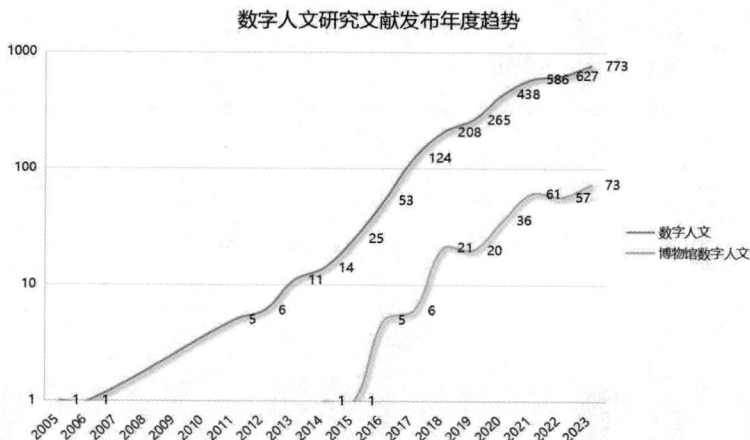

图1　数字人文研究文献发布年度趋势

　　数字人文是信息化时代随着数字技术的出现而产生的数字技术与人文学科相结合的新型学科，自2004年被正式命名以来就受到我国学术界的关注并日益发展壮大，但博物馆界对这一领域的认识和研究都较为滞后。根据中国知网收录文献数量来看，以数字人文为主题的文献达2,851篇，而以数字人文和博物馆为主题的则只有242篇（截至2023年10月28日），不足全部研究的10%。而从文献发表的年度趋势看，博物馆数字人文的研究比其他数字人文研究大约滞后了整整10年（图1），其中2018年为一个比较明确的跃升点，考虑到该年度博物馆数字人文的大事为上海博物馆"董其昌数字人文展示系统"的推出，可以看出实践应用对于博物馆数字人文研究的重要推动作用。

2018年以来，博物馆数字人文的研究逐渐发力。然而从研究文献所涉及的学科看，虽然档案及博物馆学高居第三，但较之图书情报学依然差距巨大，尤其考虑到档案及博物馆学相关的数字人文研究中有一大半是属于档案学范畴的，而与传统博物馆研究关系密切的人文学科中文物学、历史学、考古学、艺术史均未进入排行，可以认为，博物馆数字人文的研究尚未普遍地展开（图2）。

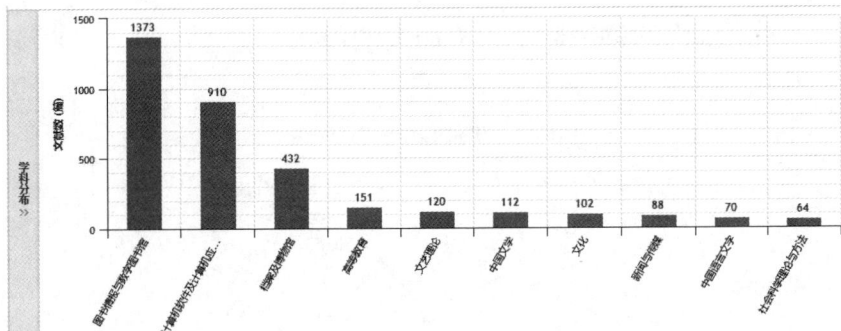

图2　数字人文研究文献学科分布

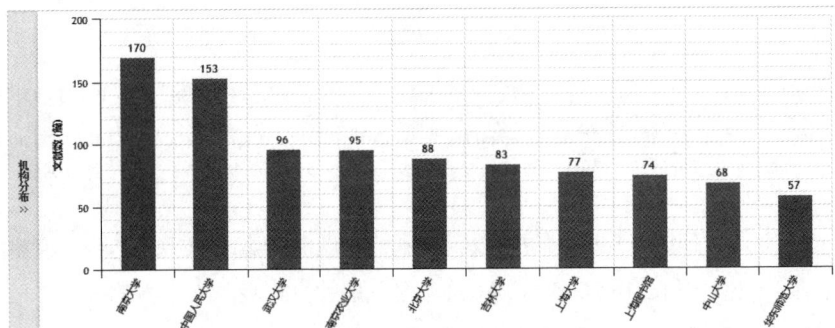

图3　数字人文研究文献机构分布

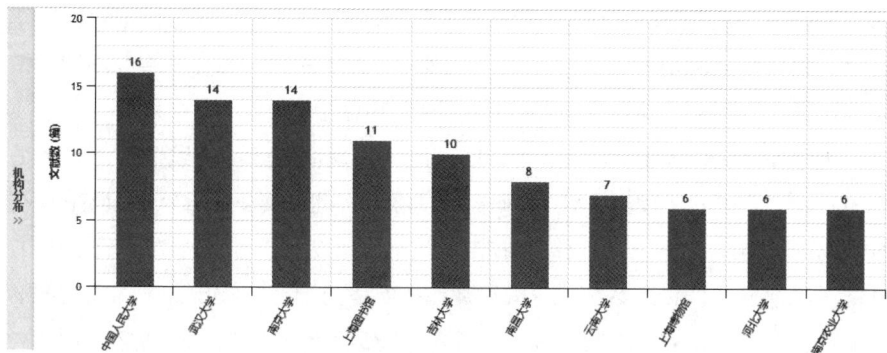

图4　博物馆相关数字人文研究文献机构分布

　　而从发表文献的研究机构看则问题更为明显。在已发表的数字人文研究文献中，排名前十的发表机构中竟无一家博物馆（图3），即便是与博物馆相关的数字人文文献，进入前十的也仅有上海博物馆一家（图4），反映出博物馆数字人文研究"内轻外重"的局面。

（二）国内博物馆数字人文研究的主要面向

　　国内博物馆数字人文的研究从方向上来看主要可以分为以下几个方面：（1）博物馆数字人文的理论研究与行业思考；（2）博物馆数字人文数据建设的研究；（3）博物馆数字人文关键技术的研究；（4）博物馆数字人文应用的研究（包括运用数字人文技术进行博物馆展示和相关学科问题的研究）。上述研究的内容有时互有交叉，如研究博物馆数字人文的应用往往涉及数据标准化、语义化技术的研究，而进行本体构建、数据关联、知识提取等又难免涉及博物馆各相关学科的基本研究问题。大体来说，由于数字人文是跨越技术和人文两大学术领域的学科，故而所有的研究其实可以大致分为两类：侧重于人文的博物馆业务及与博物馆业务联系紧密的各相关学科的研究，侧重于数字化技术的旨在解决上述问题的技术支撑的研究，而这两大类研究的交叉部分，则是最为基础的数据建设研究，这也是博物馆数字人文研究中关注度最高的一个方面。

1. 博物馆数字人文的理论研究与行业思考

这是博物馆数字人文开展的基础，它主要包括了对于数字人文的认识——

概念的辨析，它与博物馆学、博物馆各项业务的关系等。由于国内博物馆数字人文（未包括港澳台地区数字人文，下同）尚处于起步阶段，一些面向博物馆业界和学界的关于国内外数字人文的专门介绍也在此列。

这类研究以2016年高茜等翻译的美国《新媒体联盟地平线报告：2016博物馆版》[1]、原野的《我国数字人文研究在博物馆中的发展及应用》[2]、刘健的《智慧博物馆路向何方？——以上海博物馆的数字化建设实践为例》[3]为最早。其中，刘健以长期从事博物馆数字化研究和建设的学者身份正式提出数字人文与博物馆的关系问题，是数字人文研究正式进入博物馆视野的标志。2018年，刘健与陈晴发表的《数字人文与博物馆》[4]一文专题介绍了数字人文学科的概念，探讨了其与博物馆的关系和对博物馆研究及博物馆业务的开拓性作用，并以上海博物馆的数字人文实践为例进行了详细的说明，是最早对博物馆数字人文进行全面理论研究的文献。2022年国家博物馆马玉静《"数字人文"视域下的博物馆文化遗产数据资源开发模式研究》[5]则是近年来整体研究博物馆数字人文理论的一篇重要文献。

在介绍国内外博物馆数字人文发展的文献中，张婷和廖政贸分别介绍了台湾地区数字人文应用和研究的情况[6]；高妍翻译了格拉茨大学博物馆副馆长伯纳黛特·伯德曼（Bernadette Biedermann）关于博物馆学和数字人文的交叉研究对象——虚拟博物馆的论文[7]；胡娟、柯平以国外的数字人文项目为例讨论了针对文化遗产的数字人文研究的可行路径[8]；庞贻丹、郑永松则介绍了法国艺术史

①A·弗里曼（A. Freeman）等：《新媒体联盟地平线报告：2016博物馆版》，高茜等译，《开放学习研究》2016年第5期。

②原野：《我国数字人文研究在博物馆中的发展及应用》，《创新科技》2016年第9期。

③刘健：《智慧博物馆路向何方？——以上海博物馆的数字化建设实践为例》，《上海艺术评论》2016年第6期。

④刘健、陈晴：《数字人文与博物馆》，《中国博物馆》2018年第2期。

⑤马玉静：《"数字人文"视域下的博物馆文化遗产数据资源开发模式研究》，《中国博物馆》2022年第4期。

⑥张婷：《台湾地区数字人文研究特色与实践启示》，《高校图书馆工作》2020年第4期；廖政贸：《台湾地区数字人文的发展历史、资源建设与研究热点》，《图书与情报》2018年第6期。

⑦伯纳黛特·伯德曼：《虚拟博物馆：数字人文与博物馆学的交叉研究对象》，高妍译，《数字人文研究》2023年第2期。

⑧胡娟、柯平：《智慧图书馆体系建设中的图书馆总分馆智慧化选择与发展策略研究》，《图书情报工作》2023年第5期。

与数字人文研究交织互进的历程①。

关于数字人文对于博物馆主要业务的思考和研究，比较重要的文献有刘芳聚焦藏品知识组织的《数字人文环境下博物馆藏品知识组织及应用的新思路》②；金家琴、夏翠娟关于视觉化艺术领域数字人文应用的分析③；以及关注数字人文在数字展示方面作用的一系列论文，如祁庆国《基于博物馆的新媒体应用——博物馆现状考察与趋势分析随想录之一》④、周寅韬《转译 共情 反哺——数字艺术赋能博物馆展览的三个维度》⑤、刘毅《透明的图像：数字人文与艺术史的跨媒介叙事》⑥等。

2. 博物馆数字人文关键技术的研究

此类研究的重点在于如何运用数字化技术解决博物馆研究或者业务工作中面临的具体问题，也包括一些数字人文工具的开发、平台的搭建等。

博物馆藏品图像研究是传统博物馆研究的重要领域。北京邮电大学文化计算团队的《一类传统纹饰演化关系发现与可视化研究》⑦对藏品图像提取、建模及可视化呈现开展了技术上的探讨，可满足平面载体、类平面（浮雕）载体和三维载体上的纹样提取与矢量化综合需求，为博物馆进行图像元素的解构、增强、聚类以及分析等研究提供数字化解决方案，同时也能够满足博物馆文创的应用需求。与此相似的还有西北大学李遥关于墓室壁画信息可视化设计与展示的研究⑧、武汉大学关于敦煌壁画的可视化研究⑨等。

---

① 庞贻丹、郑永松：《法国数字人文与艺术史的交织与互进》，《新美术》2023年第2期。
② 刘芳：《数字人文环境下博物馆藏品知识组织及应用的新思路》，《中国博物馆》2022年第3期。
③ 金家琴、夏翠娟：《数字人文在视觉化艺术领域的应用前沿——图像艺术分析与计算机生成艺术》，《图书馆杂志》2021年第6期。
④ 祁庆国：《基于博物馆的新媒体应用——博物馆现状考察与趋势分析随想录之一》，《博物院》2021年第2期。
⑤ 周寅韬：《转译 共情 反哺——数字艺术赋能博物馆展览的三个维度》，《无锡文博》2021年第1期。
⑥ 刘毅：《透明的图像：数字人文与艺术史的跨媒介叙事》，《南京社会科学》2022年第2期。
⑦ 安宁：《一类传统纹饰演化关系发现与可视化研究》，硕士学位论文，北京邮电大学计算机学院，2020年。
⑧ 李遥：《中国墓室壁画信息可视化设计与展示》，硕士学位论文，西北大学信息科学与技术学院，2020年。
⑨ 王晓光、谭旭、夏生平：《敦煌智慧数据研究与实践》，《数字人文》2020年第4期。

　　人文地理信息的分析和展示在表现历史和文化的时空迁移方面应用最为广泛，与考古学研究的关系也至为密切，对这方面应用进行支撑的技术研究也不在少数，比如陈岩岩《古代人物关系及地理信息分布可视化》[①]、南京大学关于良渚古城遗址数字可视化的研究[②]等皆可以归于此类。

　　数字化展示是博物馆数字人文应用的热点，相应的关键技术研究也比较常见，如天津大学"基于知识图谱的文物知识组织和服务关键技术研发与示范"课题中，关于博物馆策展平台的研究，关于文物关联知识的多感知通道、混合现实展示技术的研究[③]；张斌、李子林关于图档博机构"数字叙事驱动型"馆藏利用模型的研究[④]；侯西龙、王晓光、段青玉对于文化遗产图像远读可视化的调查和分析[⑤]。

　　面对海量、稀疏、多源、异构的博物馆数据，开展众包协同是博物馆数字人文应用未来的重要方向，关于这方面的研究目前尚不多，主要有赵宇翔、练靖雯《数字人文视域下文化遗产众包研究综述》[⑥]和岑炅莲《数字人文中的数据众包运作策略研究》[⑦]等。

　　近年来快速发展的人工智能技术为博物馆数字人文带来了新的技术应用前景，它可以广泛运用于博物馆数据的智能提取、联想、组织、展示等各个方面，因此也很快引起了关注，关于这方面的研究，近期的有刘健《未来已来——人工智能与博物馆数字化建设的思考》[⑧]和庄颖《面向人工智能的博物馆藏品知识

---

①陈岩岩：《古代人物关系及地理信息分布可视化》，硕士学位论文，天津大学软件学院，2018年。

②金鑫：《GIS支持下的浙江良渚古城地区聚落遗址的空间形态研究》，硕士学位论文，南京大学科学与工程学院，2018年。

③李欣昕：《博物馆数字化策展的可视分析与辅助设计方法研究》，硕士学位论文，天津大学软件学院，2021年。

④张斌、李子林：《数字人文背景下档案馆发展的新思考》，《图书情报知识》2019年第6期。

⑤侯西龙、王晓光、段青玉：《数字人文视域下文化遗产图像远读可视化调查与分析》，《图书情报工作》2022年第3期。

⑥赵宇翔、练靖雯：《数字人文视域下文化遗产众包研究综述》，《数据分析与知识发现》2021年第1期。

⑦岑炅莲：《数字人文中的数据众包运作策略研究》，硕士学位论文，广西民族大学管理学院，2020年。

⑧刘健：《未来已来——人工智能与博物馆数字化建设的思考》，《博物院》2023年第3期。

组织——以故宫博物院"中国古代可移动文物概念参考模型"为例》①。

3. 博物馆数字人文实践应用的研究

随着博物馆数字人文的发展，相关实践应用也越来越丰富，其间可以比较明显地分为两大类：基于数据展示的应用和基于数据的藏品及其相关学科的研究。

基于展示应用的研究往往以个案研究的形式出现，比如汪歆雨《基于体验理念的"非遗"数字化展示设计研究》②针对茂县羌族博物馆非物质文化遗产的展示，王梦玉则借助数字人文技术进行广西壮锦图本交互设计应用研究③等。进行整体概括性研究的，则有张玥的《时空类数字人文项目建设现状及优化策略》④。

基于数据对博物馆藏品或藏品的相关学科进行研究相对集中于平面类藏品或藏品的平面元素如纹饰，比如《五代两宋山水画"画题"之研究》⑤《数字人文视角下民国女性服饰流行嬗变研究——以月份牌广告画为例》⑥《大数据空间观逻辑的楚青铜纹饰寓意研究》⑦《数字人文视阈下桂北少数民族服饰纹样色彩可视化体系研究及应用——以壮族、苗族为例》⑧等，亦有针对藏品的综合数据或三维数据进行研究的案例，如《文物鉴定中大数据应用分析初探》⑨《基于点云数据的秦始皇兵俑头面部特征提取与统计分析研究》⑩等。此外，近年来与传统

————————

①庄颖：《面向人工智能的博物馆藏品知识组织——以故宫博物院"中国古代可移动文物概念参考模型"为例》，《故宫博物院院刊》2023年第11期。

②汪歆雨：《基于体验理念的"非遗"数字化展示设计研究——以茂县羌族博物馆非物质文化遗产展示为例》，硕士学位论文，汕头大学，2021年。

③王梦玉：《数字人文视角下广西壮锦图本交互设计应用研究》，硕士学位论文，广西师范大学，2020年。

④张玥：《时空类数字人文项目建设现状及优化策略》，硕士学位论文，东北师范大学，2021年。

⑤王平：《五代两宋山水画"画题"之研究》，博士学位论文，中国美术学院，2017年。

⑥要中慧、沈洁：《数字人文视角下民国女性服饰流行嬗变研究——以月份牌广告画为例》，《艺术科技》2022年第13期。

⑦张钰、肖书浩：《大数据空间观逻辑的楚青铜纹饰寓意研究》，《科学与信息化》2022年第3期。

⑧王若华：《数字人文视阈下桂北少数民族服饰纹样色彩可视化体系研究及应用——以壮族、苗族为例》，硕士学位论文，桂林电子科技大学，2022年。

⑨井明、许彩莲、权敏：《文物鉴定中大数据应用分析初探》，《文博》2020年第4期。

⑩胡云岗等：《基于点云数据的秦始皇兵俑头面部特征提取与统计分析研究》，《文物保护与考古科学》2022年第1期。

博物馆物证研究关系密切的考古研究在数字人文应用中的案例非常突出，既有针对考古遗址进行分析的，如《夏家店下层文化城址规模—等级与空间特征研究——以内蒙古赤峰市敖汉旗地区为例》[1]《良渚古城遗址数字可视化研究》[2]，也有针对具体遗物开展研究的，如《基于数据库数据挖掘背景下的红山考古学文化和良渚考古学文化出土玉器的对比》[3]，还有针对复杂社会关系的《度量关系的新方法：考古学中的网络分析》[4]等。

4. 博物馆数字人文数据基础设施建设的研究

恰如实物研究是传统博物馆一切研究的源头，在博物馆数字人文领域，"数据驱动"也是研究、实践和应用的前提。实体藏品离不开科学地甄选、保护、分析、描述，虚拟数据也必须科学地采集、存储、著录、分析、关联、聚类。也因此，在博物馆数字人文的研究中，数据驱动的研究成为最基本，也是最集中的领域，无论是关于数据建设的整体规划，还是具体技术的支撑，又或是具体应用的开发，均有一系列研究。

博物馆数据数量大而增量小，范围广而类型多，样本少而模态杂，因而在构建数据基础设施时较其他人文学科尤显复杂，也更加需要精心的顶层设计和强壮的系统支撑，以保证其准确性和有效性。早在1990年代，故宫博物院和敦煌研究院就在信息系统建设时制定了成套的数据标准，从而保证了此项工作长期有效的开展和数据资源的质量。石秀敏《故宫博物院的藏品数字化管理》[5]和吴健等《数字敦煌项目综述》[6]都对早期博物馆数据建设的经验作出了非常有益的总结。国内博物馆在长期的数字化建设中对于数据问题的认知逐步提升，随着数字人文的引入，更增加了对数据进行科学管理、深度开发的需求，对标准

① 宋晋、张玉坤、谭立峰：《夏家店下层文化城址规模—等级与空间特征研究——以内蒙古赤峰市敖汉旗地区为例》，《西部人居环境学刊》2021年第2期。
② 金妍玲、吴昊天、王小松：《良渚古城遗址数字可视化研究》，《电子技术与软件工程》2021年第20期。
③ 肖鑫、王恒亮：《基于数据库数据挖掘背景下的红山考古学文化和良渚考古学文化出土玉器的对比》，《兰台内外》2021年第7期。
④ 孙慧琴：《度量关系的新方法：考古学中的网络分析》，《东南文化》2021年第1期。
⑤ 石秀敏：《故宫博物院的藏品数字化管理》，《中国文物科学研究》2017年第4期。
⑥ 吴健、俞天秀、王春雪：《数字敦煌项目综述》，《中国计算机学会通讯》2019年第9期。

化数据的建设也提出了更高的要求。在这方面，关于主题标引和元数据建设的讨论十分热烈，石倩雯和黄明玉对文物主题标引的研究①和范冰玥等对元数据建构的探讨②都非常值得重视。

正如上海图书馆夏翠娟在《面向人文研究的"数据基础设施"建设——试论图书馆学对数字人文的方法论贡献》③一文中指出，传统的元数据在语义表达和关联方面还存在着很多不足，因此，关于数据语义化的研究也成为这几年的重点。这方面比较重要的有曾蕾、王晓光等对于智慧数据、语义增强的研究④，朱丽雅等关于数字人文领域知识图谱的研究⑤。

由于博物馆数据中图像数据的重要性格外突出，针对图像数据标准化和语义化的研究持续受到关注。颜佳等进行了面向数字人文的图像数据基础设施建设的研究⑥，单蓉蓉、陈涛、刘炜、夏翠娟、常紫琪等对利用国际图像互操作框架进行图像资源的语义化做了深入的研究⑦，陈亮则就图像志索引系统与图像数据库的结合作出了探讨⑧。

随着数据标准化、语义化研究的推进，一些成果逐渐在具体的应用实践中体现。这些基于应用的研究，既有针对通用数据的，如黄明玉、宋文怡《藏品

---

① 石倩雯、黄明玉：《文物主题标引之原则与方法研究——以文献领域为参照》，《博物院》2021年第4期。

② 范冰玥：《面向公共数字文化工程融合创新发展的核心元数据标准构建》，硕士学位论文，武汉大学，2020年；张俊娥、王亚林：《博物馆元数据标准构建研究：以盖蒂研究所元数据标准为例》，《大学图书馆学报》2018年第6期；石秀敏：《CDWA和DC元数据标准与故宫博物院绘画类藏品信息指标体系的对照研究》，《故宫学刊》2016年第2期。

③ 夏翠娟：《面向人文研究的"数据基础设施"建设——试论图书馆学对数字人文的方法论贡献》，《中国图书馆学报》2020年第3期。

④ 曾蕾、王晓光、范炜：《图档博领域的智慧数据及其在数字人文研究中的角色》，《中国图书馆学报》2018年第1期；曾蕾、谭旭：《数据的语义增强——解读图档博支持数字人文的新动向》，《数字人文研究》2021年第1期。

⑤ 朱丽雅：《数字人文领域的知识图谱：研究进展与未来趋势》，《知识管理论坛》2022年第1期。

⑥ 颜佳、杨敏、彭梅：《面向数字人文的图像数据基础设施建设研究——以我国图博档领域为视角》，《图书馆》2021年第5期。

⑦ 单蓉蓉等：《国际图像互操作框架及拓展应用》，《图书馆杂志》2021年第5期；陈涛等：《数字人文图像资源语义化建设框架研究》，《数字人文》2020年第2期；常紫琪、黄明玉：《IIIF在文化遗产图像资源中的应用探析——以图档博领域为视角》，《四川图书馆学报》2022年第6期。

⑧ 陈亮：《数字人文中的图像数据库和图像志索引典》，《美术观察》2021年第4期。

数字化编目及〈文物分类主题词表〉应用》①、唐振贵等人《中国古代时间本体：细化数字人文研究的时间轴向》《中国历史计时本体构建——以回归历史语境的日内计时为基点》②；亦有面向领域数据的，如罗天艺等对钱币类文物的元数据设计③，黄明玉等对古代乐器、苗孟莜对兽面纹主题词表的建构④，童茵对董其昌数字人文数据语义化知识模型的构建，⑤朱竞冉对五大名窑瓷器本体的研究⑥，张云中等对唐三彩数据语义模型和元数据框架的搭建⑦等。

此外，关于数据建设中支撑技术的研究，也是博物馆数据建设的研究对象，彭岩《大数据时代下故宫博物院的数据存储保护》⑧，吴健等关于壁画图像数字化关键技术的一系列研究⑨均是这一方面的相关探索。

四、国内博物馆数字人文的问题与对策

纵观我国博物馆数字人文的发展历程可以发现，除台湾地区发展相对独立可予单独探讨之外，其他地区博物馆在这一领域起步较晚，目前正在草创之初，虽有进一步壮大发展之势，但过程中的问题也比较明显，应予充分地讨论，并

---

① 黄明玉、宋文怡：《藏品数字化编目及〈文物分类主题词表〉应用》，《四川图书馆学报》2022年第6期。
② 唐振贵、罗锦坤：《中国古代时间本体：细化数字人文研究的时间轴向》，《图书馆杂志》2022年第4期；唐振贵等：《中国历史计时本体构建——以回归历史语境的日内计时为基点》，《数字人文研究》2021年第2期。
③ 罗天艺、黄明玉、孟祥伟：《钱币类文物元数据方案设计》，《中国钱币》2019年第6期。
④ 黄明玉、付华、王显国：《试论中国古代乐器文物主题词表的需求与构建方法》，《北京科技大学学报（社会科学版）》2023年第4期；苗孟莜、黄明玉、潜伟：《中国文物纹饰叙词表构建探索——以兽面纹为例》，《自然文化遗产研究》2019年第12期。
⑤ 童茵：《董其昌数字人文图谱设计与数据解析》，《数字人文》2021年第2期。
⑥ 朱竞冉：《宋朝五大名窑瓷器领域本体构建及应用研究》，硕士学位论文，河北大学，2022年。
⑦ 张云中、焦凤枝、刘嘉琳：《唐三彩数字文化资源展示的语义描述模型与元数据框架》，《图书与情报》2021年第3期。
⑧ 彭岩：《大数据时代下故宫博物院的数据存储保护》，北京数字博物馆研讨会，北京，2015年。
⑨ 吴健、俞天秀、张若识：《敦煌艺术图像数据库的建设》，《敦煌研究》2008年第6期；吴健：《多元异构的数字文化——敦煌石窟数字文化呈现与展示》，《敦煌研究》2016年第1期；吴健、许丽鹏：《面向超大型复杂空间的壁画高品质数字化方法——以莫高窟第130窟为例》，《故宫博物院院刊》2023年第8期。

思考相应的对策。

（一）国内博物馆数字人文的认识问题及其对策

虽然近年来博物馆界对数字人文的关注有所增加，但总体而言，对该领域的认识还是十分不足的。一方面表现在关注的规模不够，大多数博物馆对于数字人文的概念知之甚少，或者即便知道了也不重视，哪怕一时产生了兴趣也不能投入研究或实践，即使稍作尝试也往往不可持续。近年来，关于博物馆数字人文的研究和实践呈现出明显的"内轻外重"局面，高校、图书情报或档案机构在此领域的工作和贡献远远超出博物馆本身，一些与博物馆联合的研究或应用项目之中，也多以博物馆以外的人员担任主导，偶有博物馆领域专家担任主持，也往往仅限于信息中心的人员，数字人文的理念对于博物馆领域而言仍是极为陌生和边缘的，其实践也未深入博物馆工作的业态之中。

另一方面，博物馆对于数字人文学科的认识也存在种种误区。很多博物馆对数字化的认识还停留在"智慧博物馆""互联网+""云展览""元宇宙""沉浸式展示""AI互动"等一堆名词之中，热衷于利用数字技术对博物馆的传播业务做简单的叠加，或对藏品实物做账目化的保存，未能从数字技术和人文学科相融合、共成长的高度认识博物馆数字化转型的意义。其中的一个倾向是仅仅把数字人文视作一种技术工具，由于最早期的博物馆数字人文实践是展示方向的，便又倾向于将其窄化为数字化展示的一种手段，从而忽略了其数据挖掘、分析、关联、聚合等数据加工的作用，更忽略了它对博物馆业务方法的创新和思维方式的开拓。也由于数字人文学科对数据具有深度的结构化和逻辑关联要求，应用开发的工作量较大、难度较高，这种只将其视为展示技术的认识往往会让人觉得数字人文应用的性价比低，"不接地气"，过于高冷，不符合博物馆展示内容普及化、叙事情节化、体验互动化的潮流，从而对它不加重视。

反之，还有一种误解是将所有的数字化展示甚至一切数字化工作都笼统地称之为"数字人文"，把博物馆数字人文当做一种流行的概念来对待，等同于"博物馆数字化"或者"博物馆信息化"概念的升级。这种泛化的认知当然也无法真正推动博物馆数字人文发展。就以当前流行的沉浸式数字展为例，诚然所有此类展示依托的资源都来自于不同模态的数据，但这并不能说明这些展览都是数字人文研究或应用的产物。

对于上述问题，博物馆数字人文的研究者应进行相应的思考，寻求解决改善之道。当务之急是仍应大力加强关于数字人文基本理论的研究，廓清数字人文的概念，并从博物馆学的视角去理解这一学科，理清数字人文和数字化、数字人文和数字人文技术的关系，准确定位数字人文学科与博物馆学、博物馆业务的结合点，从而推动全行业重视这一相关学科，积极加入这一学科的研究和实践，改变"内轻外重"的局面，推动博物馆的数字化转型，塑造博物馆工作新的业态。

同时博物馆业内关注数字人文学科的研究者也应该更多地"走出去"，加强和其他人文学科数字人文研究者的交流和互动，联合参与各种实践项目，从中汲取宝贵的经验，利用已有的成果，充实和提升博物馆数字人文的内涵和发展水平。

（二）国内博物馆数字人文的基础建设问题及其对策

数据建设问题是困扰国内博物馆数字人文发展的核心问题。因为数据是数字人文研究和实践的基础，是一切工作展开的保障。从国内数字人文发展的历程看，图书馆界数字人文的蓬勃发展首先得益于三项重大公共数字文化工程所建成的数据基础设施：按照一致性加工标准采录的，量级达到数千TB的数字资源和分布式资源库群。从国内博物馆数字人文的发展看也是如此，在数字人文领域应用较为成功的主要是数据基础建设比较强的大馆，其中故宫博物院在数字化建设之初就建立了统一的数据标准，并持之以恒地坚持了二十年连续、规范的采集；敦煌研究院的数据采集工作则已历经三十年之久，并且也形成了一套自有的数据标准和规范。

遗憾的是，像故宫和敦煌这样雄厚优质的数据基础在国内博物馆中凤毛麟角，大部分馆的数字化采集工作流于粗放，标准随意，规范控制更不严格，数据质量不高。而从全国范围看，比较完善的数据规范长期未能确立，导致各博物馆数据建设各自为政，不具备交换和互操作的基础，可移动文物普查数据的录入标准又过于疏简，以至总库数据质量难以很好支撑数字人文的研究与应用。

博物馆数据基础薄弱的原因是多方面的。首先是文物藏品数量庞大而且类型复杂，且都具有脆弱、稀缺的特征，基于保护性的原则，这些藏品出入库都有繁杂的手续，采集也必须有专业人员现场监督，采集方式也需要根据藏品的不同类型而随时调整，相对于模态比较单一的图书文献类数据，其采集困难程度大大增加，采集效率也很低。这也是为什么只有故宫、敦煌这样的大型馆才有能力保持长期投入和持续采集的缘故。其次博物馆藏品资源本身都是非结构化的，是由多件/组合体汇聚而成的庞大而离散的集合，建立统一的元数据标准难度较大，始终难以形成既能涵盖绝大部分藏品类型，结构又相对明晰易操作的元数据标准。此外许多藏品具有超长的历时性，描述歧义十分常见，也为数据的标准化带来了很大的问题。

表1　博物馆数据开放类型

可检索字段	故宫博物院	上海博物馆	南京博物院	湖南博物院
文物名称	√	√	√	√
文物号	√	—	—	—
分类	√	√	—	—
年代	√	√	—	√
描述	—	—	√	√
材质	—	—	—	√
尺寸	—	—	—	√

然而博物馆数据建设最大的阻碍并非来自这些客观因素，而在于缺乏开放的心态。数据建设内生性过强，数据系统封闭程度高，数据孤岛林立，是博物馆数据基础薄弱更关键的原因。事实上，经过多年的数字化建设，虽然数据质量和标准不一，但各馆也基本建成了各自的数据系统，如能尽量开放，对于数字人文的建设仍具有很大的推动作用。但事实上这些数据的开放程度很低（表1），即便是已开放的数据，一些基本的描述项也不齐全。

可以说，数据基础问题已成为博物馆数字人文的痼疾，是应由全行业同心戮力、合作解决的重大问题。而可以设想的解决之道无外乎主管部门组织推动，做好顶层设计和总体规划；长期投入，分步实施，久久为功；集成合力，加强馆际协作，形成数据的广泛互联；促进开放，边建设边开放，支持用户贡献内容，共同建设。

　　在这一工作中，主管部门的组织规划和长期推动具有决定性的作用。考察国内外成功的数字化项目，多数都有政府或者强大机构规划和组织的背景。如台湾地区的"数位典藏科技计划"，由其科技部规划组织，制定统一标准后进行了持续十年的大规模采集。2012年持续至今的"欧洲时光机"项目，是2019年欧盟委员会选择的战略性大规模研究计划之一，并给予100万欧元的资金支持，同时规划了提取与利用历史大数据的详细路线图，还成立了时光机组织作为领导科学技术与文化遗产领域合作并确保该项目可持续和经济独立性的国际组织。而上文提到的我国图书馆系统数据基础设施建设的三大公共数字化工程，也是由原文化部、财政部共同发起并组织实施的。这些成功的工作，对博物馆数据建设具有很强的借鉴意义。

　　针对数据庞杂异构的问题，如能在主管部门的统筹组织下协同努力，根据各馆的资源特点和优势整合力量进行元数据标准和语义化数据的建设，既形成由上至下覆盖基本要素的通用数据标准，又建构自下而上能专门灵活适应各门类藏品描述的领域数据标准，并解决数据的映射交换问题，则可以极大地推动数据建设的发展。应当指出的是，这一工作的核心在于各馆数据的互相开放，以及对已形成的各种标准的复用和映射，这可以在很大程度上优化工作流程，提高工作效率，节省经济和人力成本。而一旦形成了广泛互联的规模化数据，则可针对更大范围的社会开放，在为用户提供公共服务的同时引入社会力量贡献内容，共同建设博物馆数据，不断完善数据。

（三）国内博物馆数字人文的人才培养问题及对策

　　在博物馆业务中，物是一切工作的基础，而人是所有工作的核心，人对物的研究是基由知识性原则对藏品进行知识提取、组织并开展科学传播的专业性保证。博物馆数字人文的发展，也离不开专门的人才。虽然数字化工具可以帮助人们自动提取或分析数据中的知识，也可以按照一定的规则组织和呈现这些知识，但这些工具本身就需要专业人士的设计、开发。因此博物馆数字人文工作既需要同时了解数字技术和人文知识的通汇之才，也需要在相关研究领域受过专门培训的专业人才，而这样的人才目前在博物馆中是特别缺乏的。

传统的博物馆研究人员教育背景多以人文学科为主，对于数字化技术缺乏了解应用。而针对藏品复杂的类型，博物馆研究相关学科的分化也日益精细，使细微精深的研究方式成为常态，个体化的、对单一学科知识穷治深究的科研模式成为主流。这与目前多学科融合研究的趋势背道而驰，更与当前数字技术背景下的知识生产方式格格不入。

关于这个问题，我们可以从内外两个不同的方向来看。对内，需要从博物馆事业发展的角度统筹考虑，长期有计划地开展人才培养，应把工作人员数字化素养的培训作为博物馆业务培训的一个专门项目，使博物馆各个岗位的工作人员都了解数字人文，具备一定的数字化思维能力。同时要加强与社会的共建，鼓励工作人员参与数字人文项目的建设，从实践应用中学习数字人文的方法、熟悉数字人文的知识组织和表达模式。

另外，随着数字人文学科的不断发展，现在已经有很多高校比如中国人民大学、武汉大学、南京大学、北京邮电大学等都开设了专门的数字人文课程，可以为博物馆数字人文研究和实践提供储备人才。

结　论

数字人文作为新兴的跨学科领域，对于传统博物馆的数字化转型和业务可持续发展具有重要的意义。考察目前中国博物馆数字人文的研究和实践，其发展正处于起步的初级阶段，业界共识尚未凝聚，一些基本问题仍有待廓清，基础建设任重道远，实践应用未成规模，总体上仍未形成自有的理论路径和应用范式。这一问题已引起博物馆界的关注，随着学术界和业界在这一领域的不断深入和开拓，数字人文学科与博物馆学的结合势必越来越紧密，为博物馆学理论注入新的活力，为博物馆业务开创新的解决方案，成为博物馆发展新的生长点。

中国数字记忆与数字重建发展报告

马林青　（中国人民大学信息资源管理学院）
祁天娇　（中国人民大学信息资源管理学院）

一、数字记忆与数字重建的内涵解析

2023年6月，习近平总书记在北京文化传承发展座谈会上指出，中华文明具有突出的创新性。这种创新性突出表现在中华文化遗产在数字转型中的巨大潜能。2022年，中共中央办公厅、国务院办公厅印发《关于推进实施国家文化数字化战略的意见》，从国家层面启动了文化遗产数字化建设与开发的整体性工程。数字记忆与数字重建都是以文化遗产数字化为核心的新型文化数字化工程，两者在文化遗产创造性转化和创新性发展的目标追求上是一致的，但在人文情感显化与历史文化空间数字再造等具体方向与路径上各有侧重。

数字记忆是一种将特定对象的历史文化信息以数字方式采集、组织、存储和展示，在网络空间中承载、再现和传播的新记忆形态[①]。相比一般文化遗产的载体数字化，数字记忆更关注人与文化遗产之间的情感互动，强调系统化、完整性地保存文化遗产本体及其所在历史文化时空中的各类人文元素。数字记忆的建构，强调以文化遗产的数字转型为核心，关联各类记录和反映文化记忆内核的有形和无形资源，形成多维度讲述文化记忆的资源网络，并以此为基础实现文化记忆的创造性转化和创新性发展。自1990年代以来，数字记忆项目在全球范围内生长蔓延，建设主体和主题类型丰富多样。比较知名的项目有美国记

[①] 冯惠玲：《数字记忆：文化记忆的数字宫殿》，《中国图书馆学报》2020年第3期。

忆、新加坡记忆、荷兰记忆、佛罗里达记忆、印第安纳记忆、香港记忆等，除了这些国家和地区记忆项目之外，还有大学记忆、企业记忆、乡村记忆、各类社群记忆等层出不穷。中国学界对"数字记忆"概念的学术研讨大概从2015年左右开始，中国人民大学"数字记忆"团队召集人冯惠玲教授在"首届数字记忆国际论坛"上发表主旨演讲《数字时代的记忆风景》，从理论上初步阐释了数字记忆的概念、背景、动因、特点和目标[①]，以文化记忆理论为基础，将"数字记忆"界定为对文化记忆的数字构建。2020年冯惠玲教授在《数字记忆：文化记忆的数字宫殿》一文中进一步完善了对数字记忆内涵与特点的阐释，认为数字记忆是数字世界以数字形态存在的文化记忆，具有资源互补、媒体联通、迭代生长、开放构建等特点，广义上的数字记忆包括人类在社会实践活动中以数字代码记录的任何相关信息[②]。

数字重建是针对正在或已经消失的建筑空间类文化遗产开展的物理载体数字化、知识单元获取、3D模型建构并全面塑造数字场景的全过程，能够跨越时间对历史空间进行视觉层面的重现建构与呈现。文化遗产数字重建是数字保存的一种重要方法，是图书馆、档案馆、博物馆等文献遗产机构开展长期保存的发展方向[③]。根据《塞维利亚原则》中的定义，"虚拟重建是一个数字过程，它使用虚拟模型，依据建筑或物体的现有物理证据、科学合理的比较推断，以及考古学家和其他专家进行的与考古和历史科学有关的所有研究，直观地恢复人类在过去特定时刻建造的建筑或物体"[④]。相比数字记忆是对文化记忆可能涉及的多类型文化遗产的综合性数字构建，数字重建更强调对不可移动文物类遗产，或具有空间建筑属性的文化记忆，进行内涵层面的重新建构与视觉层面的重新呈现。朱莉安·斯蒂勒（Juliane Stiller）等学者将"数字重建"分为三个层级：重建对象

---

① 冯惠玲：《数字时代的记忆风景》，《中国档案报》2015年11月19日，第3版。
② 冯惠玲：《数字记忆：文化记忆的数字宫殿》，《中国图书馆学报》2020年第3期。
③ Juliane Stiller, Dirk Wintergrün, "Digital Reconstruction in Historical Research and Its Implications for Virtual Research Environments," in *3D Research Challenges in Cultural Heritage II*, eds. Sander Münster et al., Cham: Springer, October 2016, pp. 47-61.
④ Víctor Manuel López-Menchero Bendicho, "International Guidelines for Virtual Archaeology: The Seville Principles," in C. Corsi, B. Slapšak, F. Vermeulen eds., *Good Practice in Archaeological Diagnostics: Natural Science in Archaeology*, Cham: Springer, 2013, https://doi.org/10.1007/978-3-319-01784-6_16.

的视觉表示、历史背景挖掘、重建过程呈现。数字重建创建者需要综合考虑以上三个层级，并协同数字基础设施、工具和方法[1]。重建过程的难点在于收集那些描述历史文物或建筑的数据资料，该历史记录的完整性和详细度能够追溯和还原重建环境。从技术上来讲，数字重建的核心是利用3D计算机图形程序来重建消失或部分消失的建筑物，并以时间线索来推进建筑变迁或修缮过程。但从管理过程上来讲，数字重建包括创建文化遗产、历史对象的数字替代物，寻找并整理重建对象的历史文化背景信息，以及衔接与重组重建对象的所有基础数据并映射到同一个数字场景中的全过程。数字重建强调用海量的历史数据来夯实重建基础，并公开重建过程中的关键数据，以消弭数字重建对象的非真实性。

二、数字记忆与数字重建的研究现状

当前国际学界基于文化遗产保护视角探索数字记忆建构方法的研究已有丰富成果，主要表现在以下几个方面：一是数字技术应用于文化遗产保护已达成共识，由此讨论各类数字技术如何应用于文化遗产保护中，如3D扫描[2]、人工智能[3]、数字孪生技术[4]、数字可视化[5]、虚拟现实[6]等技术多有探讨。二是基于数字

---

[1] Juliane Stiller, Dirk Wintergrün, *Digital Reconstruction in Historical Research*, pp. 47-61.

[2] Donald H. Sanders, "Virtual Heritage: Researching and Visualizing the Past in 3D," *Journal of Eastern Mediterranean Archaeology & Heritage Studies*, vol. 2, no. 1, 2014, pp. 30-47; Melvin J. Wachowiak, Basiliki Vicky Karas, "3D Scanning and Replication for Museum and Cultural Heritage Applications," *Journal of the American Institute for Conservation*, vol. 48, no. 2, 2009, pp. 141-158.

[3] 周文泓等：《人工智能作为数字遗产的保存：档案领域的行动展望》，《北京档案》2023年第4期。

[4] Jia Haomei, Yan Jing, "Construction of Heritage Digital Resource Platform Based on Digital Twin Technology," *Mathematical Problems in Engineering*, 2022, DOI: 10.1155/2022/4361135.

[5] Muhammad Shoaib Siddiqui et al., "Virtual Tourism and Digital Heritage: An Analysis of VR/AR Technologies and Applications," *International Journal of Advanced Computer Science and Applications*, vol. 13, no. 7, 2022, DOI: 10.14569/IJACSA.2022.0130739; Zhao Xinjie, "The Use of Interactive Data Visualisation Technology in Cultural Digital Heritage Display Using Edge Computing," *International Journal of Grid and Utility Computing*, vol. 13, no. 2-3, 2022, pp. 118-127.

[6] Man Sihuang, Gao Ze, "Digital Immersive Interactive Experience Design of Museum Cultural Heritage Based on Virtual Reality Technology," *Journal of Electronic Imaging*, vol. 32, 2023, DOI: 10.1117/1.JEI.32.1.011208; Radu Comes et al., "From Theory to Practice: Digital Reconstruction and Virtual Reality in Archaeology," *Journal of Ancient History and Archaeology*, vol. 4, no. 4, 2017, DOI: https://doi.org/10.14795/j.v4i4.287.

技术如何实现文化遗产保护在方法与路径层的创新[1]，逐步建立文化遗产数字化保护的模式，数字文化遗产资源的采集[2]、建设[3]、组织[4]、开发利用[5]等具体流程得到全面设计与优化，如数字化加工[6]、数字遗产平台[7]等多有讨论。三是由策略上深化文化遗产数字化保护实践[8]，如为遗产保护机构如图书馆、档案馆、博物馆的数字转型提出协作建议[9]。四是伴随实践的深入，建设数字记忆项目渐成文化遗产保护的主流方式之一[10]，并从实践路径探索走向更高阶的认知与方法建构，由此逐步丰富面向文化遗产的数字记忆方法论的研究[11]。信息资源管理[12]、传

[1]赵庆香:《数字统一: 国际文化遗产保护的新理念与新话语》,《图书馆建设》2021年第4期; Lipika Mohanty, Sukanta Chandra Swain, "Use of Digital Technologies by the MSMEs to Preserve Cultural Heritage of India and Achieve Sustainable Development Goals," *Electrochemical Society Transactions*, vol. 107, no. 1, 2022, pp. 14343-14354.

[2]吕庆华:《地方高校图书馆对非物质文化遗产的采集与管理》,《图书馆建设》2007年第6期。

[3]吴瑞丽:《数字人文视域下的非遗资源整合及保护机制》,《图书馆学刊》2018年第10期。

[4]周耀林、赵跃、孙晶琼:《非物质文化遗产信息资源组织与检索研究路径——基于本体方法的考察与设计》,《情报杂志》2017年第8期。

[5]马玉静:《"数字人文"视域下的博物馆文化遗产数据资源开发模式研究》,《中国博物馆》2022年第4期。

[6]Mario Santana Quintero et al., "CIPA's Mission: Digitally Documenting Cultural Heritage," *APT Bulletin: the Journal of Preservation Technology*, vol. 48, no. 4, 2017, pp. 51-54.

[7]李晨晖、张兴旺、秦晓珠:《基于大数据的文化遗产数字图书馆移动视觉搜索机制建设研究》,《情报理论与实践》2018年第4期。

[8]David E. Beel et al., "Cultural Resilience: The Production of Rural Community Heritage, Digital Archives and the Role of Volunteers," *Journal of Rural Studies*, vol. 54, 2017, pp. 459-468.

[9]陈苗、肖鹏:《元宇宙时代图书馆、档案馆与博物馆(LAM)的技术采纳及其负责任创新: 以NFT为中心的思考》,《图书馆建设》2022年第1期; 张斌、李子林:《图档博机构"数字叙事驱动型"馆藏利用模型》,《图书馆论坛》2021年第5期。

[10]冯惠玲、梁继红、马林青:《台州古村落数字记忆平台建设研究——以高迁古村为例》,《中国档案》2019年第5期; 祁天娇:《从历史档案到历史大数据: 基于威尼斯时光机十年路径的探索》,《中国图书馆学报》2022年第5期; 周文泓等:《数字遗产开发利用的多元策略——英国迈向国家宝藏项目的启示》,《图书馆论坛》2024年第6期。

[11]Taras Gorbul, Serhii Rusakov, "Cultural Heritage in the Context of Digital Transformation Practices: Experience of UKRAINE and the BALTIC STATES," *Baltic Journal of Economic Studies*, vol. 8, no. 4, 2022, pp. 58-69.

[12]冯惠玲:《数字记忆: 文化记忆的数字宫殿》,《中国图书馆学报》2020年第3期。

播学①、心理学②、数字人文③等不同学科视角对"数字记忆"概念有不同阐释，如传播学对数字记忆的讨论立足于媒介记忆的数字化④。相比之下，信息资源管理学科尤其是档案学明确提出数字记忆建构的完整构想⑤，并以此为基础界定数字记忆的概念与特征，在文化记忆的框架下逐步明确其理论内涵、方法要义及行动策略，更依托具体项目阐释其基本路径，探索出中国方案⑥。因之，城市记忆、乡村记忆以及其他类型的记忆项目在中国已有规模化的实践，参与者遍布图档博等文化遗产机构、政府部门、社会组织、学术机构等。例如，中国国家图书馆发起了中国记忆项目⑦、住建部倡议为传统村落建档⑧，各地为城市发展与乡村振兴发起记忆工程，相应形成了各种记忆项目如北京记忆⑨、四川记忆⑩、侨批网上展厅⑪、《世界记忆名录——南京大屠杀档案》数据库⑫、"片刻千载——甲

---

① 刘晗：《参与·网络·仓储：记忆实践路径下的数字记忆建构》，《新闻与传播评论》2023年第4期。

② 石义彬、周夏萍：《大数据时代"被遗忘权"之争：记忆与遗忘的思想困局》，《编辑之友》2022年第12期。

③ 冯惠玲：《数字人文视角下的数字记忆——兼议数字记忆的方法特点》，《数字人文研究》2021年第1期。

④ 吴世文、贺一飞：《睹"数"思人：数字时代的记忆与"记忆数据"》，《新闻与写作》2022年第2期；李红涛、杨蕊馨：《把个人带回来：数字媒介、社会实践与记忆研究的想象力》，《新闻与写作》2022年第2期。

⑤ 冯惠玲：《档案记忆观、资源观与"中国记忆"数字资源建设》，《档案学通讯》2012年第3期。

⑥ 贾文丽等：《中国"城市记忆工程"建设现状与发展趋势述评》，《北京档案》2019年第11期；王光华、裴阳、常金玲：《基于数字人文的城市记忆资源整合与服务研究》，《档案管理》2021年第4期；吴承斌、彭导琦、高梦盈：《数字人文视角下城市声音记忆开发策略与价值实现：以西安市为例》，《图书馆理论与实践》2019年第10期。

⑦ 《中国国家图书馆拟启动"中国记忆"项目》，2012年2月24日，https://www.mct.gov.cn/whzx/zsdw/zggjtsg/201202/t20120224_825734.html，2023年8月31日。

⑧ 《住房和城乡建设部等部门关于公布第六批列入中国传统村落名录村落名单的通知》，2023年3月19日，https://www.gov.cn/zhengce/zhengceku/2023-03/21/content_5747708.htm，2023年8月31日。

⑨ "北京记忆"网址：https://bjmemory.clcn.net.cn/#/。

⑩ "记忆四川"网址：http://www.scview.cn/。

⑪ "百年跨国两地书——福建侨批"陈列展（福建省档案馆侨批展厅），网址：https://www.720yun.com/vr/51322ui5a1s。

⑫ 《〈世界记忆名录——南京大屠杀档案〉〈拉贝日记〉在宁首发》，2022年12月11日，https://www.saac.gov.cn/daj/yaow/201712/fec7cd3eaec348fd8d16bbc205123dcf.shtml，2023年8月31日。

骨文化展"①等。

　　相比数字记忆研究已经进入交叉学科背景下的多元探讨阶段，数字重建的学界讨论主要呈现为各类实践项目实施过程的学术阐释。例如，"罗马重生"（Rome Reborn）项目②是美国与意大利合作于1997—2007年间完成的大型数字重建项目，在参考大量历史文献和考古发现的基础上，对公元320年古罗马最繁荣时期的景象进行数字重建。"庞贝古城3D建模"项目③从2000年开始，最初是罗马瑞典学院发起的田野调查项目，目的是记录和分析整个庞贝城街区。2010年后，德隆大学接手该项目，使用数字考古方法和激光扫描、摄影测量和计算机视觉技术等，重建庞贝古城的房屋及其文物艺术品细节。这些实践项目实施过程中遇到的难点，也相应转化为学术讨论的议题，例如数字重建如何回应社会学中持有的对文化遗产数字化真实性和准确性的质疑④；如何借助元数据工具和著录标准等将重建对象的物理实体转化为可交换和归档的文本内容⑤；如何在重建过程中通过增加触觉、味觉等维度来增强数字重建的沉浸感等⑥。中国学界对数字重建的关注还主要停留在其技术性层面。一方面测绘与计算机等领域专家较为关注数字航空摄影与三维重建⑦等数字重建项目中核心应用的视觉技术，另一方面考古与历史学家则比较关注历史文献或档案在数字重建中的

---

① "片刻千载——甲骨文化展"网址：https://www.sdmuseum.com/art/2022/3/22/art_292605_4702.html。

②Gabriele Guidi, Bernard Frischer, Ignazio Lucenti, "Rome Reborn-Virtualizing the Ancient Imperial Rome," *Proceedings of the Workshop on 3D Virtual Reconstruction and Visualization of Complex Architectures*, 2007, https://www.isprs.org/proceedings/XXXVI/5-W47/pdf/guidi_etal.pdf.

③Nicoló Dell'Unto et al., "Digital Reconstruction and Visualization in Archaeology: Case-study Drawn from the Work of the Swedish Pompeii Project," *Proceedings of the 2013 Digital Heritage International Congress* (*Digital Heritage*), Marseille, France, October 2013, pp. 621-628; Nicoló Dell'Unto et al., "Experiencing Ancient Buildings from a 3D GIS Perspective: A Case Drawn from the Swedish Pompeii Project," *Journal of Archaeological Method and Theory*, vol. 23, no. 1, 2016, pp. 73-94.

④Juliane Stiller, Dirk Wintergrün, "Digital Reconstruction in Historical Research," pp. 47-61.

⑤ "What is the CIDOC CRM?" http://www.cidoc-crm.org/, accessed on August 31, 2023.

⑥Juliane Stiller, Dirk Wintergrün, "*Digital Reconstruction in Historical Research*," pp. 47-61.

⑦张力等：《数字航空摄影三维重建理论与技术发展综述》，《测绘学报》2022年第7期。

应用与价值[①]。

总体来讲，数字记忆与数字重建的研究现状都呈现多学科在不同专业视角下、基于实践开展微观议题讨论的特点，系统化基础理论研究尚显薄弱，对文化遗产数字化过程中数字记忆与数字重建的研究导向、重点、特征与差异性等方面总结不足，尚未有学术成果从方法论层面体系化阐释数字记忆和数字重建的学术过程与框架。

三、中国数字记忆实践项目

为系统性窥察中国数字记忆实践发展的现状，体系化总结数字记忆理论框架与方法论，本报告对中国图档博机构、科研机构以及高校开展的数字记忆实践项目进行了整体性梳理，并就其中的典型项目进行细致阐述，以期为中国数字记忆理论研究与实践发展提供参考。

（一）中国数字记忆实践项目概貌

中国数字记忆实践脱胎于1980年代文化遗产数字化的早期尝试，敦煌研究院当时提出"数字敦煌"的构想，旨在利用计算机技术和数字图像技术，实现敦煌石窟文物的永久保存和永续利用。在30年的数字化过程中，"数字敦煌"项目利用先进的科学技术与文物保护理念，对敦煌石窟和相关文物进行全面的数字化采集、加工和存储。2016年5月，"数字敦煌"资源库上线，基于该资源库，"数字敦煌"目前正在着力开展图像、视频、三维等多种数据和文献数据的汇集融合，打造一个面向公众开放共享的多元智能化石窟文物数字化资源平台[②]。"青岛记忆"是国内首个开展城市记忆建构的项目，被视为国内"数字记忆"实践的开端。"青岛记忆"由青岛市档案馆主持，通过拍摄数字影像、开展口述历史访谈、采集青岛方言、征集民间档案等形式，在国内率先形成了有规划的城市面貌档案库和方言数据库，并通过纪录片、公益广告、专题展览等方

---

① 顾珈静等：《基于视觉的明清古家具数字文化档案高精度三维重建》，《文物保护与考古科学》2022年第2期。

② "数字敦煌"平台简介：https://www.e-dunhuang.com/index.htm。

式生动地再现了青岛城市变迁①。2011年，国家图书馆开始构思和策划"中国记忆"项目，这是中国最早的大规模专题网站集群式数字记忆项目。该项目旨在整理中国现当代重大事件、重要人物专题文献，采集口述史料、影像史料等新类型文献，收集手稿、信件、照片和实物等信息承载物，形成多载体、多种类的专题文献资源集合，并通过在馆借阅、在线浏览、多媒体展览、专题讲座等形式向公众提供服务的文献资源建设与服务项目。2012年，"中国记忆"试点专题——"东北抗日联军专题"文献资源建设正式启动，截至目前，在"中国记忆项目"已上线"我们的文字""蚕丝织绣""中国当代音乐家""中国年画""东北抗日联军专题"等多个专题②。2013年，由中国人民大学人文北京研究中心、中国人民大学信息资源管理学院"数字记忆"团队发起的"北京记忆"项目正式启动，该项目是当前中国"数字记忆"实践项目中具有代表性和典型意义的综合项目之一。

　　2015年，由中国人民大学主办的"首届数字记忆国际论坛"召开后，"数字记忆"概念在全国风靡，随后各地数字记忆项目实践呈现多主体、多类型、多成果的特征发展起来。例如，2016年，中国人民大学信息资源管理学院"数字记忆"团队与浙江省台州市档案局（馆）合作，以仙居县高迁村为试点，组织开展"台州'古村落'数字记忆建设研究"课题并获得了国家档案局的科技立项。该项目以高迁古村落档案资源的主动建设与深度开发为基础，充分结合传统媒介方法、数字技术和数字艺术进行资源记录、采集、加工、组织、开发利用和创意呈现，在传承传统文化的基础上创新数字文化叙事，探索了一套构建古村落数字记忆的理论与方法，走出了一条古村落数字化保护的新路子。项目组在"多维叙事"理念指导下，完成了对高迁数字资源的采集、加工和总体资源建设。根据"前站后库"建设理念，项目组最终完成了高迁古村数字资源后库建设与高迁古村数字记忆门户网站搭建工作，开创了中国乡村数字记忆建构的先河③。"上海年华"项目（现整合为"上海文化总库"）是上海图书馆基于馆

---

① "青岛档案信息网"网址：http://www.qdda.gov.cn/qddaxxw/qddaxxw/csjy/index.html。
② "中国记忆项目网"网址：https://memory.nlc.cn/topic/index?page=0。
③ "记忆高迁　爱得我所——高迁数字记忆网站"网址：http://gqjy.bjjy.cn/。

藏老照片、老电影、老唱片影音资源建构的关于上海形象与声音的数字记忆项目，既体现了上海文化特色，又串联起上海著名人物、机构团队、历史建筑和城市街区的故事与知识，是独具"海派"特色的数字记忆项目①。榆林市档案馆2022年起建设"榆林数字记忆"项目，通过视频记录历史，将馆藏数字档案资源与数字视频记录结合，并计划于2024年建成公开②。近年来，高校与科研机构在数字记忆建构实践中发挥的作用越来越大。例如重庆大学在国内高校中率先建成的"数字记忆"平台一期子系统已顺利验收，旨在全面收集与重庆大学相关的各类资源，构建重庆大学1929年建校以来的历史、人文、教学、科研、发展等全媒体资源库，实现校内全媒体资源数据规范化和关联智能化的目标。"重庆大学数字记忆"平台计划到2029年，实现对重庆大学建校百年收藏的图书、论文、可公开的档案实物图片、音视频等相关资料的全面数字化③。安徽大学档案馆2018年起则以"老照片"为特色，建设"安徽大学九十周年数字记忆网"④。

（二）中国数字记忆典型项目分析

1. "北京记忆"项目

"北京记忆"项目是中国人民大学数字记忆团队自2013年起探索搭建的区域性城市数字记忆平台，旨在汇聚北京文化遗产多模态数字资源，多维呈现北京文化之数字全景，传播数字化文化新体验。该项目由国家一级教授、中国人民大学数字人文研究院院长冯惠玲教授领衔，依托中国人民大学信息资源管理学院、中国人民大学数字人文研究院，联合中国人民大学国学院、历史学院、艺术学院等多学院，团队成员来自信息管理、文学、史学、国学、艺术、新闻、数字科技等10余个学科，以及北京市档案馆、北京市文物局、颐和园、北海公园以及中国数字文化集团等文化遗产单位、文化数字化主管部门和多个互联网

---

① "上海文化总库"网址：https://scc.library.sh.cn/#/。

② 徐杰：《开启榆林时代发展篇章 筑就档案事业发展新高地——记"榆林数字记忆"建档项目》，《陕西档案》2022年第6期。

③ 《国内首个高校"数字记忆"平台启动二期建设 重庆大学将通过数据可视化、VR/AR、智能交互等技术呈现学校记忆》，2023年5月10日，http://www.cq.gov.cn/ywdt/jrcq/202305/t20230510_11951341.html，2024年1月13日。

④ "安徽大学九十周年数字记忆网"：http://digitalmemory.ahu.edu.cn/index.htm。

与新媒体传播企业。除此之外，该项目团队还被作为联合国教科文组织亚太遗产中心协作节点机构，该项目也被作为联合国南南合作组织的文化合作项目。

"北京记忆"数字平台采用"专题文化资源库＋场景化应用呈现"的总体架构。其中"专题文化资源库"，是城市记忆数字资源库，即构建一个容纳多模态城市记忆资源的专题数据库。专题文化资源库为场景化应用提供资源，可进行语义关联、数据挖掘和可视化，服务传统文化研究者和社会公众的需要，在项目架构中处于基础和支撑地位。"北京记忆"项目组发挥自身资源优势，与地方政府、档案馆、图书馆紧密合作，获取各类形态的城市记忆数字资源，其中包括文本、图片、视频、音频和三维模型等多种类、标准化、语义化的资源。场景化应用呈现，是城市记忆的传播平台，以专题或场景作为"记忆之场"，根据不同的记忆对象和记忆场景分别采用数字叙事、数字重建、地理信息系统、可视化、3D建模、数据建模、VR/AR、动漫游戏等多种方式呈现，构建综合的城市文化遗产数字传播平台。"北京记忆"数字平台的场景化应用呈现主要分为专题网站群和互动网站。"北京记忆"专题网站是以专题方式展示北京历史文化，提供城市记忆专题的完整叙事脉络和内容体系，是对城市历史文化专题的主动、系统、多维、具象的呈现。每个专题均由相关专家领衔、学生全程参与，专题建设团队在专业深入的研究基础上整合各类资源，借助高科技呈现技术，形成高质量优体验的综合文化网站、小程序、H5、短视频、游戏、动画、建模等的城市文化遗产数字传播平台。另外，平台上还有一个"我的北京"互动空间，由社会大众参与建设，众筹资源、众享文化。

"北京记忆"项目具有鲜明的"融合"特征，表现在以下三个层面：**（1）多模态记忆资源融合建设**。项目不仅可以处理文本数据，还可以处理图片、视频、音频、三维模型等多种类型的数据。整合和利用各种类型的城市记忆资源，构建出多模态的城市记忆资源库。**（2）多类型前沿技术融合应用**。项目在前端记忆呈现和后端资源管理方面，充分应用了当代前沿数字技术，将不同技术的优势与特定环节的管理或呈现需求相结合。例如，利用数字扫描、3D建模、全景拍摄、摄影测量等技术开展文化记忆资源的采集和数字化工作；利用文本识别、音频识别、图像修复、智能补全等技术开展数字记忆资源的识读和修复工作；

利用语义著录、智能标签、本体、知识图谱等技术开展数字记忆资源的组织与关联工作；利用人工智能、机器学习、大模型等技术开展数字记忆资源的数据挖掘与分析工作；利用数字展陈、数字出版、数字藏品、智能APP等方式开展数字记忆资源的开放利用与产品转化工作。**（3）多维城市记忆融合展示。**项目运用数字叙事理论，通过各种方式来展示和传播城市记忆。例如，通过包含文本、图片、视频、音频等多种元素的富媒体内容，展示城市的历史事件、地标建筑、文化人物等；通过虚拟现实（VR）或增强现实（AR）的三维模型，提供更真实、直观的城市历史和文化体验。

经过十年建设，"北京记忆"项目主要在城市记忆数字资源集成建设和北京城市文化专题叙事网站两个方面积累了重大成果。一方面，"北京记忆"数字资源库采用智能规范化管理流程与手段，对城市记忆数字资源开展全生命周期的保存与管理。该智能数字资源库的建设采用"存起来—算起来—亮起来"三步走的标准化细粒度城市记忆数字资源治理方案，即首先通过柔性元数据方案组配和系统化著录封装实现城市记忆数字资源标准化入库管理；其次通过交互式数据治理、语义层数据挖掘、矢量化数据关联实现城市记忆数字资源内容层深度计算；最后通过多维分类组织、实体自动识别以及跨模态全量资源检索，实现城市记忆资源文化元素的智能发现。

另一方面，"北京记忆"数字叙事网站（见图1）从2013年发起建设，是目前北京城市记忆与历史文化深度研究并数字化多维呈现的集成平台。现已有22个专题网站上线，在建专题有7个（见表1），还会有新的专题设想不断提出。其中，"京城大运河"专题，以动画建模、三维影像等数字方法描绘七百年京城大运河之历史变迁；"北京国学孔庙"专题，利用数字艺术，将平面线性阅读而又繁琐难懂的古代祭孔典籍，转化成具有视听和场景体验感的融媒体数字空间；"清陆军部衙署旧址"专题以三维模型再现"铁一号"砖瓦之上的中国传统文化与西方思想的碰撞与融汇。"北京记忆"的专题网站的特点主要有：（1）多资源：包括官方档案、书刊、音视频、口述、私人文献、实地采集等。（2）多维度立体叙事：涵盖时间维度、空间维度；精神维度、物质维度等。（3）多媒体技术的应用：例如，清陆军部衙署旧址专题利用VR全景和WebGL技术进行建筑扫描和建模，门墩、童谣、冰嬉、老行当等专题加入了数字动画，冰嬉专题还加入了游戏互动。（4）多学科、多主体：表现在信管、历史、哲学、艺术、地理（环境）等多学科专家合作，中国人民大学档案馆、北京师范大学、北京市档案馆、北京人大数字科技有限公司、魔诺克思（北京）科技发展有限公司等多机构参与。（5）多收益：体现在"北京记忆"项目组与大型数字出版集团与数字科技公司共同合作，完成"冰嬉大典""京剧脸谱"的数字出版，计划将北京记忆打造成一个数字文化IP，产生多元影响和效益。

图1　"北京记忆"项目首页

表1　"北京记忆"上线专题和在建专题

已完成专题（22个）			
北京说唱艺术	北京孔庙	北京城门	北京门墩
北京童谣	北京老行当	北京抗战	京张铁路
北京饮食文化	冰嬉大典	清陆军部衙署旧址	皇家出版社武英殿
京剧脸谱	燕南园	西山八大水院	史家胡同
爨底下村	老舍	槐映四九城	钱市胡同
楹联之美	双奥之城（数字展厅）		
建设中的专题（7个）			
京城大运河	北京票证	皇史宬	内联升
水峪村	《新青年》新文化运动的号角		颐和园长廊

2. "上海年华"项目

"上海年华"由上海图书馆建设，是基于馆藏资源，以数字记忆的方式保存和呈现上海开埠100余年来的文化记忆项目，包括"图片上海""电影记忆""上海与世博""辛亥革命在上海""抗战图片库""明星公司诞生90周年""上海历史文化年谱"等。该项目始于2006年，在十余年的时间中，建设了10余个专题资源库。2018年在利用语义网技术建设的文献知识库和基础知识库等数字人文建设成果的基础上高规格重启，该项目贯彻数字人文、文化记忆、公众科学等理念，采用语义网、关联数据、知识图谱、机器学习、历史地理信息系统（HGIS）、数据可视化等技术，引入数字人文数据基础设施建设的方法，在统一的素材库（文、图、影、音）和知识库（人、地、时、事、物）的基础上，建设了数十个面向特定主题的专题库，形成了整体性和系统性的上海记忆内容管理、数据加工、知识组织的全流程知识生产平台，建设了支持多维文献服务、数字人文研究、数字记忆展演、文旅融合服务的统一服务平台，成为进一步夯实数智时代"上海年华"品牌的新举措和新成果。

新的"上海年华"的知识生产平台旨在为多种类、全媒体数字资源的文献知识库，人、地、时、事、物的客观知识库和专家研究数据的智慧化加工提供全流程的知识生产，以建设支撑"上海记忆"的数据基础设施。该平台在"上海年华"已建成的丰富的专题资源库的基础上，在数字记忆理论的指导下，在数字人文数据基础设施方法的支撑下，又建设了"上海历史地名知识库""上海历史建筑知识库""上海历史文化事件库"等，形成了上海记忆知识图谱，以不同媒介、数据和知识承载了上海各个历史时期的重要事件和不同侧面的历史文化。

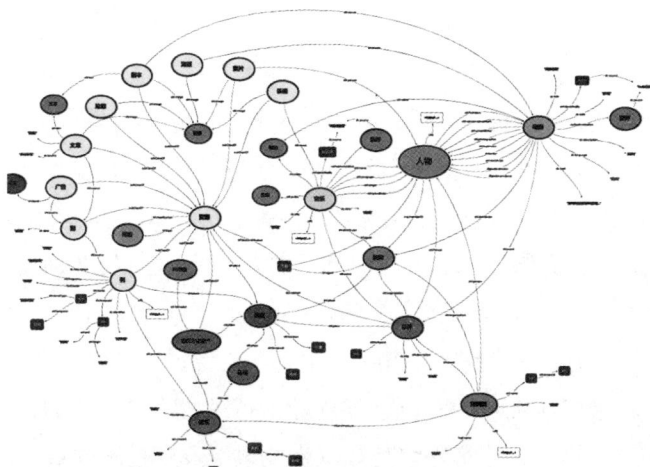

图 2　"上海记忆"本体模型[①]

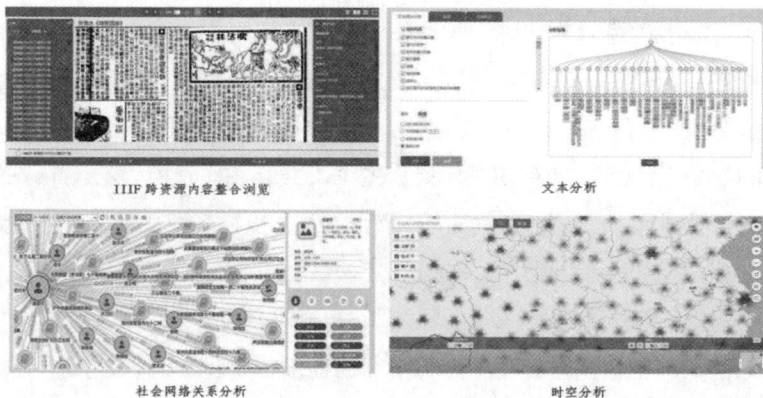

IIIF 跨资源内容整合浏览　　　　　　　文本分析

社会网络关系分析　　　　　　　时空分析

图 3　"上海年华"项目对数字人文研究的支持

---

①夏翠娟：《构建数智时代社会记忆的多重证据参照体系：理论与实践探索》，《中国图书馆学报》2022 年第 5 期。

　　"上海年华"项目采用一系列方法提升记忆资源的质量与功能，一是加强在资源编目中时间、地名和各类分类主题词的规范控制，当编目人员为资源的时间属性和空间属性著录时，系统直接链接到时间和地名规范词表，从中选择规范词而非输入自由词，使元数据与时间和地名规范词表对齐并建立关联关系。二是建立实体知识图谱，如从记忆资源和物质文化遗产中抽取相关人物，扩充和丰富人名规范库；将"上海历史文化事件知识库"中有关事件的人物/机构、时间、地点三要素与人名规范库、时间和地名词表关联。对水系、河流、湖泊、港道等自然地理名称，公园、学校、教堂、寺庙、酒店，以及街区、马路、居民点等城市空间加以数据化，对各类历史变迁信息进行时空建模和结构化、语义化，利用本体和关联数据技术在所有的人、地、时、事、物、资源之间建立普遍的知识关联。三是基于本体的知识组织方法。图2是支持多种类、全媒体数字记忆媒介语义关联的上海记忆的本体模型。

　　"上海年华"的统一服务平台建设的成果——上海文化总库，已于2022年上线服务。该平台充分利用数据基础设施提供的多种类、全媒体的数字记忆媒介和人物、机构、地点、建筑等客观知识库成果以及专家研究数据，重现了上海的红色文化、海派文化和江南文化共同孕育的城市记忆。在多种类、全媒体的数字资源对象管理发布和展示层面，引入了支持IIIF标准规范的工具套件，实现了数字资源对象的统一管理和发布，支持用户对数字资源对象的按需获取和在线标注。在数字人文研究支撑方面，支持数字人文研究的典型方法，包括文本分析的各种算法、支持社会网络关系分析的可视化组件、支持时空分析的HGIS平台、支持跨知识库检索的语义搜索引擎及检索结果的多维分面量化计算模型等，以支持跨资源内容整合浏览，支持基于文本分析、社会网络关系分析、时空分析、量化计算等记忆资源深度利用。在记忆资源的检索以及数据可视化分析和展示方面，引入"时空数据基础设施"的概念，建设了支撑上海记忆的时空数据基础设施。利用高德地图提供基于当代地图进行检索和地图可视化展示功能，基于GIS服务器、开源地图展示框架及商用地图展示框架进行二次开发，支持底图切换、时间和地名词表的集成，以及家谱、古籍、档案、近代书报刊等文化记忆资源和实体知识图谱的跨库数据检索。"上海年华"项目还开发了HGIS支撑平台，支持操控地图上的空间要素和时间轴上的时间范围来进行人、地、时、事、物、文献的知识检索、时空分析、数据可视化等，为其他功能模块（如检索与导航、SNS等）提供时空分析框架[①]。在数字记忆展演方面，利用数据可视化和VR/AR/ER/MR、数字孪生、全息投影等虚拟仿真技术，结合智能体感设备，以数字叙事的方式，设计开发了"上海之源"系列数字化互动展项，包括"上海历史文化年谱"展项、"上海文化地标"展项、"外滩长卷"展项等，为用户提供沉浸式的交互和体验，为今天乃至未来的上海建立了与过往实现情感链接、跨时空交互的数字空间"记忆之场"[②]。

四、中国数字重建实践项目

数字重建作为文化遗产与数字人文领域新兴的研究方向，尚未形成具有共识的理论框架与技术路线。数字重建在当前具有鲜明的实践驱动理论的阶段性发展特征，因此本报告对中国文化遗产领域重点机构与研究主体开展调研以窥中国数字重建实践的现状，并对当前最具代表性的数字重建项目进行典型性分析，以期为中国数字重建理论研究与实践发展提供参考。

（一）中国数字重建实践项目概貌

数字重建目前在中国的实践可以分为不可移动文物数字重建、可移动文物数字重建、城市数字重建几个层面，也反映出中国数字重建实践中技术应用的日趋综合性与复杂性，以及数字重建理念逐渐突破"实体"思维，开始超越文化遗产本体向历史文化时空的立体重建发展。

不可移动文物是国际国内数字重建实践最先应用的对象。不可移动文物的数字重建来自1990年保罗·赖利（Paul Reilly）引入的"虚拟考古学"一词，

---

① 夏翠娟、陈刚：《支撑城市记忆项目的时空数据基础设施建设》，《数字人文研究》2021年第1期。

② 夏翠娟：《构建数智时代社会记忆的多重证据参照体系：理论与实践探索》，《中国图书馆学报》2022年第5期。

最初是指基于计算机的考古发掘模拟①。后来在考古以及文化遗产领域的应用实践中，不可移动文物数字重建逐步发展为从调查、采集和处理不可移动文物相关数据，创建文物三维模型和数字文档，并将其置于涵盖历史背景、文化信息和周边环境的虚拟生态系统中，再借由虚拟现实、数字媒体或数字叙事等手段面向公众，以达到永续保持、永续利用的综合性过程。2009年，北京市海淀区圆明园管理处、清华大学建筑学院郭黛姬团队、伟景行科技股份有限公司三方合作，开展"数字圆明园"建设，被视为中国不可移动文物数字重建的起点项目。"数字圆明园"团队通过查阅历史资料，用计算机把当年圆明园的场景用数字模型建立起来，再通过各种各样的光学显示，将这些数字模型叠加到现存的废墟上，用立体显示技术真实地再现了圆明园原来的场景。数字重建不仅能够为不可移动文物再现提供技术支持，也能够为专业研究与文化传播提供可视资源保障。2018年西北大学艺术学院VR团队成功开发"唐懿德太子墓虚拟现实交互系统"，项目依据考古研究报告和历史遗存考察，对懿德太子墓进行了高精度还原，通过三维模型重建，形象丰富地记录遗产的原貌、空间位置、风格等，为用户提供了解唐朝陵墓和欣赏壁画的教育平台。同时借助虚拟现实等技术，重建懿德太子墓在虚拟空间中表达的文化内容和精神，让大众感知和学习墓葬原生空间传达的文化信息，沉浸其中并且感受古代文化礼仪的变迁。2022年，由武汉大学数字文化遗产研究中心和联合国教科文组织国际自然与文化遗产空间技术中心合作建设的颐和园佛香阁三维重建项目，应用三维激光扫描、近景摄影测量、古建筑物三维重建等技术，全面、完整、精细地记录了古建筑的现存状态及其历史信息，并成功完成了颐和园佛香阁精细测绘与三维重建，这为颐和园佛香阁实现时空意义上的永久保存留下了丰富的数据记录。

　　可移动文物的数字重建，更强调对文物的活化利用，并在文物的数字回归方面作出了卓越贡献。龙门石窟宾阳中洞窟门内壁的《帝后礼佛图》作为中国古代文化发展史和造型艺术史上具有特殊文化蕴含的重要作品，在完好传世1,408年后，于1930—1935年被文物奸商岳彬和纽约大都会艺术博物馆

①Paul Reilly, "Towards a Virtual Archaeology," *Proceedings of the Computer Applications and Quantitative Methods in Archaeology 1990 (BAR International Series 565)*, Oxford, UK, January 1990, pp. 133-139.

（Metropolitan Museum of Art）东方部主任普爱伦勾结盗售，分藏于纽约大都会艺术博物馆和纳尔逊·阿特金斯艺术博物馆（The Nelson-Atkins Museum of Art）。2015年，在唐仲英基金会支持下，芝加哥大学东亚艺术研究中心与西安交通大学艺术系三维造型艺术现代数字技术应用研究中心正式启动"海外流散中国文物数字工程"，其主要模式是：与海外博物馆合作，借助三维扫描技术对海外流散的中国文物进行数据采集，再与中国国内流散文物原址的文物保管单位合作，扫描被破坏的遗址原境，进而将文物与遗址这两套三维数字模型进行匹配和综合，实现对原境的重构，并在此基础上进行深度研究。"《文昭皇后礼佛图》复活记"①项目是通过第三方学术平台将海外流散的中国文物的信息带回中国研究，再将文物母体原境的信息整合在虚拟现实状态下的跨时空数据聚合、重组，以及逆向造型和原境还原。这是文物保护利用和文化遗产保护传承以及造型艺术史研究的一个全新方向，也是在探索、开创具有人类文明普遍意义的世界文化遗产保护和研究新方法、新领域。

城市数字重建则是在不可移动文物与可移动文物数字重建的基础上，综合更多的历史文化元素，并在时间与空间维度开展横纵向扩展与变化，数字化重建城市共时与历时文化现象。目前城市数字重建作为国际城市记忆建构项目中的最新方向，在很多大型城市记忆实践中都有新的突破。例如匈牙利首都布达佩斯的数字重建项目"迷失的布达佩斯"利用历史档案重建1930、1940年代的布达佩斯，并通过视频游戏，让人们身临其境地体验黄金时代的布达佩斯的建筑、道路、桥梁与宫殿，使其主要道路和广场可以通过步行、驾车和乘坐庞大的有轨电车系统来探索。"罗马重生"项目历时22年，重建了公元320年的古罗马城约14平方公里的3D模型，内含罗马城鼎盛时期的7,000栋建筑，复原了公元320年时古罗马的繁荣，是目前为止对罗马这座历史名城规模最大最完整的一次数字模拟重建。"莱比锡虚拟城市模型"项目则将城市空间数据与个人和家庭层面的研究信息相结合，构建了莱比锡中心城市三维模型，目前1880—1920年的城市模型已经上线开放，1749年和1015年的城市模型正在建设。相

---

① 《〈文昭皇后礼佛图〉"复活记"》，2023年2月24日，https://baijiahao.baidu.com/s?id=175870
5518663675949&wfr=spider&for=pc，2024年3月20日。

比之下，中国的城市数字重建实践还在起步阶段，探索性项目极为个别，目前较为具有代表性的为中国人民大学数字人文研究院冯惠玲教授牵头建设的"四维北京"（4D Beijing）项目。该项目立足历史文化资源与史学内容，旨在综合运用地理信息系统、数字建模、人工智能和VR/AR等技术，重现公元前1046年至今三千多年间北京城市格局变化脉络，呈现物理三维空间与时间维叠加的四维北京城市发展史。该项目是目前国际城市数字重建领域中，涵盖地理范围最大、时间跨度最长、历史文化要素类型最多的项目。项目首创在城市数字模型中嵌套历史事件与特色专题，在历史图景的叠加可视化方面具有无与伦比的想象力。

（二）中国数字重建典型项目分析

1."四维北京"项目

"四维北京"是目前城市数字重建项目的典型代表。该项目于2018年启动，是中国人民大学数字记忆团队在既有"北京记忆"数字资源平台基础上，拓展创新的数字重建方向新成果。该项目旨在根据历史地图和丰富史料，综合运用地理信息系统、数字建模、人工智能、VR/AR、虚幻引擎等技术，重现公元前1046年至今三千多年间北京城市格局变化脉络和重大历史事件，呈现物理三维空间与时间维叠加的四维北京城市发展史。

"四维北京"项目开展数字重建的对象是北京建城以来的城市空间演变，具体来讲包括城市内部各功能区的地理位置及分布特征的组合。其上限为公元前1046年武王伐纣、蓟燕分封，其下限可以延伸到建国后的北京旧城改造（乃至当下的城市副中心建设），这样的时间跨度，既可以呈现北京城历史文化的厚重，呈现城市空间演变的全过程，又能有效地打通古今，凸显本研究的现实关怀。与国际国内其他建筑类或城市空间类数字重建项目相比，"四维北京"的独特之处和创新点在于不仅还原建筑或城市的物理空间，同时嵌入发生在特定时空的历史文化事件及人文内涵，焕活城市历史。

"四维"是"四维北京"项目的核心理念。"四维"的第一层内涵是指对北京城市历史与文化在时间和空间上的四维呈现。经过传统的档案整理和保存，经由传统的历史地理学（史学）研究，固然可以将北京历史文化加以传承，但在地理信息系统、建筑设计等学科的有效介入下，凭借数字技术，可实现存在于点、线、面三维空间的北京城市发展史，也就是将古都北京的视觉形象"立起来"。并且，通过数字建模及VR/AR等数字技术手段的应用，可以使北京历史文化"活起来"，更加贴近生活，走入公众视野。"四维"的第二层内涵是指整个项目的多学科参与。"四维北京"的学科基础包括历史地理学、地理信息系统、建筑及城市规划、数字媒体艺术、档案学及信息资源管理等领域。"四维"的第三层内涵是指知识产品的多元共享。"四维北京"可以面向专家学者、决策与管理部门、北京历史文化爱好者等不同对象群体提供知识产品与服务。

　　"四维北京"项目创新了城市空间数字重建的"三步走"技术路径。第一步为资料获取，即利用翔实的历史地图及各类资料呈现北京城从起源至今的城市全线景观；第二步是截面建模，即以重要历史节点，例如重大历史时期、历史事件、考古发现等，制作北京城市截面建模，如燕都蓟城、秦汉蓟城、隋唐幽州、辽南京、金中都、元大都、明代北京城以及今天的北京城等，最终连接为北京建城史完整时间线；第三步是嵌入特色景观、专题与重大事件，包括在已完成的大规模截面建模中，为特色景观建构精模，以凸显北京历史文化的厚重精妙；嵌入特色专题，例如北京大运河、北京传统村落等，以丰富北京城市文化内涵；嵌入重大事件，如召公封燕、五四运动、北平和平解放，再现北京历史文脉，让北京史活起来。

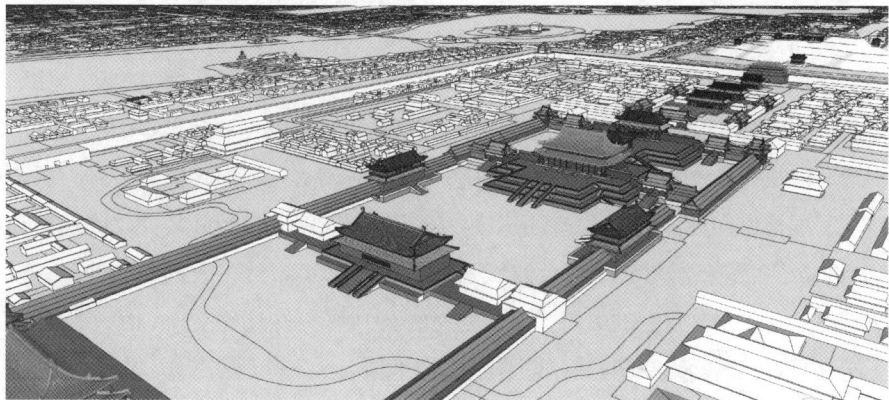

图4　"四维北京"一期清乾隆时期北京城数字重建效果图

2021年底，"四维北京"一期清乾隆时期北京城数字重建已全部完成。首期数字重建成果体现为项目组将搜集到的乾隆年间街道、建筑、古城墙和水系湖泊等图片数据利用地理信息技术中的ArcGIS软件对其进行地理配准和数字化，建成了乾隆年间相关空间数据及属性数据数据库，并依据《乾隆京城全图》以及相关史实资料，完成数字化建模乾隆北京城市格局60平方公里，城墙36公里，内外城楼及箭楼16座、角楼8座，中轴线两侧500米区域8平方公里，道路2,049条，庙宇40余座，三维模型房屋建筑5,000余栋等（图4）。

图5　"四维北京"五四运动重大事件数字重建

2022年，项目组启动了以"五四运动"为主体内容的历史嵌入和活化工程，实现城市文化数字替身培养、共同记忆平台搭造和文化寻根等诸多目标。截至目前，项目组已收集到与"五四运动"时期相关的文献1,300余种、梳理人物300余位、标记关键地点100余处、记录主要事件30余件。依据原始地图、真实历史照片和严谨有据的史料，目前已完成1919年五四运动空间（街区）建模，正在复原五四运动路线图并开展人物建模（图5）。

2. 数字云冈

"数字云冈"是不可移动文物数字重建的典型项目。云冈石窟是世界文化遗产，是北魏皇家艺术的典范，传承经典是云冈人共同的职责。2003年，云冈研究院正式启动三维数字化研究工作。2005年，云冈石窟外立面采集成功，完成了云冈石窟第一张厘米级精度外立面正射影像图，并绘制了第一张外立面线图。这是中国石窟寺第一张完整的外立面正射影像图。2007年，云冈研究院承担山西省科技攻关项目"云冈石窟数字化工程示范研究"，是山西省第一个文物数字化科研项目。2012年，专业的数字化研究科室云冈数字中心正式成立，旨在依托高精度测绘技术、地理信息系统技术（GIS）、计算机科学与网络技术等科技手段，永久数字化保存云冈石窟文物本体，解决石窟雕刻的数字化获取（几何与色彩）、存储和展示等难题[①]。

云冈石窟数字化是采用现代化测绘手段对现有洞窟现状进行原始数据采集处理，达到对数据的永久保存，然后将数据与石窟保护技术相结合，达到为石窟寺文物模拟复原修复和指导实体文物修复的目的，最后结合3D打印技术、AR、VR、物联网等技术实现其价值的永续利用。云冈石窟数字化发展历程[②]如下。

第一阶段，云冈研究院先是与武汉大学、浙江大学、北京建筑大学等国内多家知名科研院校合作，开始尝试在数据采集上应用三维激光扫描技术和数字近景摄影测量技术。2005年，研究团队采用地面三维激光扫描技术和无人机技术对云冈石窟东、西长近1,000米、高20多米的外立面进行整体测绘，首次制作云冈石窟外立面完整点云数据及正射影像图各一套。**第二阶段，**开始对洞窟内的数据进行数字化采集及三维模型重建，建立洞窟数字档案。2016年，云冈研究院数字化研究团队通过三维激光扫描技术，生成了洞窟中各个方向的剖面图，使洞窟得以多角度展示，为云冈石窟搭建起了三维的"数字档案"。在数据获取过程中，根据精度不同分别有手持扫描仪、地面站式扫描仪、关节臂扫描仪、无人机等扫描设备。**第三阶段，**数字化手段在云冈石窟展示展陈上的应用。

---

① 卢继文、宁波：《云冈石窟的文物数字化探索与实践》，《遗产与保护研究》2016年第2期。
② 李丽红：《云冈石窟数字化历程》，《文物鉴定与鉴赏》2022年第7期。

在展示展陈上，多元化的展示手段可以满足不同游客的需求和体验。2016年上线了"云冈石窟全景漫游"，不少游客通过此平台游览景区，实现了足不出户游云冈。在云冈石窟"数字档案"高清三维数据的支持下，云冈研究院打造了一套基于VR眼镜的沉浸式石窟体验系统，通过VR设备可以使游客在虚拟场景中漫游，如同身临其境。2017年，云冈研究院开始采用三维激光扫描技术、多图像三维重建技术与3D打印技术相结合的技术路线，对云冈石窟不可移动文物进行3D打印，先后实现了第3窟、第18窟、第12窟、第20窟等大型洞窟的1:1复制，其中第3窟1:1的3D打印是全球首次运用3D打印技术实现大体量、高精度文物复制，第12窟的复制还有了创新，实现了积木式的拆装，更方便于巡回展览。**第四阶段**，利用数字化手段实现云冈石窟景区的智慧游览参观管理体系、云冈石窟文物的产学研一体发展以及云冈学的提升。云冈研究院利用数字化手段完成了云冈石窟的数字化工程，目前完成了三分之一石窟的数字化工作，在石窟三维模型数据的基础上，打造游客、文物工作者之间的产学研一体化，为虚拟修复、考古研究、文物保护等提供数据保证。

"数字云冈"始终秉承"科学记录、融合翻译、智慧发展"的理念[1]，坚持时刻体现出应用价值[2]。在记录即保护阶段，"数字云冈"团队先后实现了第3窟、第18窟、第12窟、第20窟等大型洞窟的1:1复制，并在2016至2019年间持续对外开展学术交流。2018年云冈石窟在美国纽约石溪大学（Stony Brook University）参加"数字视野下的佛教文化与艺术展览"，第18窟单人VR展示系统参展，这是"数字云冈"成果第一次在海外展出，也是未来开展海外巡展的一次积极尝试。现阶段，"数字云冈"的工作重点在于数字文博工具平台的建设，计划至2025年实现云冈数字化全覆盖。未来在"数字云冈"先进计算中心基础上，将与石窟信息保全相关联，运用知识图谱、机器学习、人工智能等技术，建设石窟资源平台、监测预警平台、虚拟修复平台，实现对专业用户的服务，并通过"云上云冈"（公有云）推进智慧文旅融合，为公众用户提供满意的

---

[1]《数字化，正让云冈插上"翅膀"》，2021年4月13日，https://www.yungang.org/xsb/detail/2158.html，2023年6月27日。

[2]"云冈石窟"网址：https://www.yungang.org/xsb/index.html。

服务。在公共服务方面，2017年云冈石窟通过3D打印技术将第3窟复制窟落户青岛城市传媒广场，完成世界上首例大型不可移动文物原比例复制工作，成为中小学的教育基地。2018年，第18窟复制窟落户北京建筑大学大兴校区，成为云冈在京对外宣传窗口。同年，3D打印的第13窟七佛造像亮相福州第八届中国博物馆及相关产品与技术博览会，是云冈石窟第一个成体系的数字化成果展览。2019年，团队承接山西省科技厅重点研发计划，制作云冈石窟18窟多人VR展示系统，是云冈石窟第一个高精度的多人模式沉浸式体验系统。同年，在服务国家战略方面，"数字云冈"为一带一路峰会创作主题性雕塑"丝路光影"，3D打印的第20窟亮相外交部蓝厅山西全球推介会，在数字技术的加持下，云冈大佛的3D原大打印和移动展示实现了"积木化"。在完成云冈数字化工作的同时，"数字云冈"对外开展了一系列技术服务，其中包括明十三陵长陵祾恩殿、北京银山塔林、西安碑林博物馆、少林寺景区、运城永乐宫等30余处国保单位的数据采集。采集类型涵盖石窟寺、石刻、古建筑、古遗址、壁画及彩塑等，辐射范围遍及山西、陕西、河南、河北、北京、浙江、山东、重庆等地。

五、中国数字记忆与数字重建的未来趋势

在中国这样拥有悠久历史和丰富文化遗产的国家，优秀传统文化数字化的潜力和价值不言而喻，数字记忆与数字重建已成为文化数字化建设的重要方式。近年来，中国政府高度重视数字技术在文化领域的应用，2022年以来，中共中央、国务院先后印发《关于推进实施国家文化数字化战略的意见》《数字中国建设整体布局规划》等重要文件，为数字记忆与数字重建项目的建设带来了新的政策机遇。另外，云计算、人工智能、区块链等新兴数字技术快速发展，也为数字记忆和数字重建项目带来了技术机遇，可用的数字手段也越来越丰富。

未来，数字记忆和数字重建项目有望在以下几个关键领域实现深入发展。

1.加强数字叙事能力。 在多元多彩的数字人文项目中，数字记忆和数字重建直接面对和再现历史活动与面貌，意在焕活，对项目主持人用数字方法开展

历史叙事的功底和方法创新有很高的要求。"一切历史都是当代史"[①]，"历史就是活着的心灵的自我认识"[②]，这两类项目将坚持尊重史实，对多源数字资源进行深度挖掘和合理诠释，用适于数字阅读的方法将观者带入历史场景，探索数字叙事的理论和方法体系。

2.增进互动性和沉浸感。未来的数字记忆和数字重建将更加注重提升互动性和沉浸感。利用增强现实（AR）和虚拟现实（VR）等前沿技术，我们可以期待一种更为身临其境的体验，它允许用户以全新的互动和个性化方式与文化遗产进行交流。这些技术不仅能够创造与众不同的情感体验，而且可能根本性改变我们与历史及文化叙事的互动模式。

3.融合人工智能技术。人工智能技术在数字记忆和重建领域的应用将越来越普遍。人工智能可以用于自动化分析大量数据、识别模式，以及增强用户体验，如通过个性化推荐和智能搜索来提高信息检索的效率和准确性。另外，生成式AI可以根据现有的历史数据和资料生成新的图像、文本或音频内容，可以用于恢复损坏的文物图像或重建历史场景，提供更加丰富和真实的历史体验。

4.众包和社区合作。数字记忆和重建项目将继续深化众包和社区合作的模式，通过公众的贡献收集历史资料和见解。这种方式能让更多元化的声音和故事融入文化遗产的数字化景观中，确保对文化记忆的代表更具包容性。

5.跨学科合作的加强。数字记忆和数字重建将从不断增加的跨学科合作中受益，包括历史学、考古学、计算机科学和文化研究等多个领域的协同。这种多元化的合作能够丰富历史叙述，并确保所采用的技术和方法论更加严谨。

6.公众教育功能的凸显。数字记忆和数字重建在教育和公众参与方面的作用可能会更加显著。随着数字技术变得更加普及和用户友好，它们将越来越多地融入教育课程、博物馆和遗产地点中，提供充满互动和吸引人的学习体验。

在积极展望数字记忆与数字重建的发展前景的同时，我们也必须审慎对待知识产权、隐私保护和伦理等问题。项目方应明确所有参与数字化过程中的各

---

① 贝奈戴托·克罗齐：《历史学的理论和实际》，道格拉斯·安斯利英译，傅任敢译，北京：商务印书馆，1982年。
② 柯林武德著，扬·冯·德·杜森编：《历史的观念（增补版）》，何兆武、张文杰、陈新译，北京：北京大学出版社，2010年。

类材料及数字产品的版权归属，包括是否需要获得再发布或再使用的许可。这不仅关系到知识产权法，还可能涉及合同法。此外，任何包含个人信息或敏感数据的数字项目都必须遵循相关的隐私保护法律。而对于项目内容和呈现方式的代表性、包容性等伦理问题也需要谨慎考虑，这涉及确保这些资源对更广泛的受众开放，并保证多元文化叙述得到代表和保存，促进对历史的更全面理解。

我们相信，随着研究者和实践者的不懈努力，数字记忆和数字重建项目将为我们提供更加丰富、包容和互动的方式，推动文化遗产在数字时代的保护与传承，走向一个以数字化驱动的未来。

中国信息技术及其产业界数字人文发展报告*

夏翠娟 （上海图书馆、中国人民大学信息资源管理学院）

前 言

（一）背景与目标

新一轮信息技术的变革往往是学科研究范式革新的契机。过去十年，信息技术飞速发展，大数据元年、元宇宙元年、AIGC技术元年，接踵而至，引发全球范围内数字人文研究在技术应用上的跃进及相关问题的讨论向纵深方向延展。与此相呼应，中国语言文字学、历史学、文学、艺术、哲学以及信息资源管理、图档博美机构等领域数字人文研究渐次展开，并在与不同学科传统研究范式的碰撞中形成热点。产业界对新技术最为敏感也最为活跃，并与数字人文研究机构、研究团体和研究者共同成长，亲密合作，产生了大量前沿性、创新性、突破性的案例、产品和成果。这些无疑构成了中国数字人文的应有内容，反映了数字人文发展在组织机制上的属性与特征。基于此，《中国数字人文发展报告》特别设计了关于中国信息技术及其产业界数字人文发展的子报告，拟定期发布。

＊在为本研究报告搜集一手资料的访谈中，得到了北京汉王数字科技有限公司、北京书同文数字化技术有限公司、北京元引科技有限公司、上海福呈数据科技有限公司、上海慧游文化传播有限公司、武汉数文慧图科技有限公司（排名不分先后）的支持，在此一并致谢。尤其要郑重感谢的是东北师范大学图书馆刘青华研究馆员和他的6位图书情报硕士：陈梓婷、李云波、廖译、马玉琴、孙婉怡、张新悦（排名不分先后），他们在访谈资料的收集分析和参考资料的整理爬梳方面付出了宝贵的精力。另外还有湘潭大学图书馆的肖可以老师团队提供了访谈资料，在此一并感谢。

本报告的目标主要包括三个方面：一是全面梳理过去十年来对数字人文研究有重要影响的信息技术，深入调研其在数字人文研究中的应用现状，重点关注产业界技术应用的情况，分门别类地分析不同技术服务提供者的优势和特色，并力图描绘整体的发展脉络和图景，分析不足和尚需完善之处。二是把握近年来数字人文领域的技术应用前沿，着重关注不同技术服务提供者在新技术应用、新产品研发、数字人文研究产学研合作支撑方面取得的成就和重要突破。三是结合新兴信息技术和全球数字人文的发展趋势对产业界在数字人文领域的信息技术研发、应用、支撑提出新需求，为各研究机构、团体和个人提供参考，并助力产业界的高水平发展。

（二）内容及架构

本报告主要分为四个部分，内容按如下方式架构。

前言：说明报告撰写的背景与目标、内容结构编排、研究方法与流程。

第一节：中国信息技术及其产业界数字人文发展十年要点回顾。该节分为三大部分，第一部分从对数字人文发展有重要影响的信息技术的维度，梳理技术发展的现状、技术在数字人文领域的应用方式、不同技术服务提供者在技术研发和应用方法的优势和特色；第二部分从产业界的角度，按数字人文相关产品研发和服务提供方式，从产品级数据库建设、车间级数据加工服务、产品级平台工具研发、数字人文项目定制化开发服务四个层面梳理重要技术服务提供者的优势和特色；第三部分为综述和述评部分，力图描绘整体的发展脉络和图景，分析不足和尚需完善之处。

第二节：中国信息技术及其产业界数字人文最新进展透视。该节共分为三大部分：第一部分从技术的角度梳理技术研发及应用前沿，按9种重要的新技术分别进行阐述，提炼出产业界在不同技术研发和应用中作出突出贡献的重要技术服务提供者；第二部分从产品的角度，梳理不同技术服务提供者新推出的重要产品和服务，总结其优势和特色；第三部分从产学研合作的角度，梳理重要的新项目研发情况及产学研合作的成功案例。

第三节：结论与展望。根据第一节和第二节调研的情况，总结近年来产业界在数字人文领域取得的重要突破，提炼出亟待解决的问题，并结合新兴信息技术和全球数字人文的发展趋势对产业界在数字人文领域的信息技术研发、应用、支撑提出新需求。

（三）方法与流程

本研究报告的撰写主要采用文献研究、访谈调研和试用考察的方法，一方面收集数字人文研究者的学术文献，通过文献研究了解学者利用产业界已有数字人文数据库、知识库、数据集产品、数字人文相关研究平台和工具，及与产业界合作研究开发数字人文实践项目的情况，另一方面公开向产业界参与数字人文产品研发、服务提供、合作研究的技术服务提供者公开征集报告撰写的一手资料，并对其产品和实践项目进行试用考察，以与访谈资料相互印证。在文献研究、访谈调研和试用考察的基础上，进行描述、分析、归纳、提炼和总结。

一、中国信息技术及其产业界数字人文发展十年要点回顾

（一）对数字人文发展有重要影响的信息技术

1. 信息加工处理技术

信息加工技术是对信息进行描述、分类、排序、转换、浓缩、扩充、创新等的技术，该技术可处理包括文本、图像、音频、视频等多种形式的数字化媒介，进行格式的转换、文本的识别、数据的加工、知识的提取，以生成丰富的分析结果和可视化效果。在数字人文领域，常见的信息加工处理技术可分为数字化、文本化、数据化、语义化等，具体包括文本挖掘、自然语言处理、命名实体识别、图像版面分析、图像目标检测、图像对象识别、图像语义标注等。

信息加工处理技术近十年在许多公司和组织中得到了广泛应用。例如，在文书档案自动著录上，北京汉王数字科技有限公司能利用OCR+NLP技术，为不同类型的档案提供版式分析、识别提取要素设置与分析；古联（北京）数字传媒科技有限公司的古联智能数据研究室和"古联—北师大联合实验室"基于不同训练方法研发"古籍自动标点系统"，经用户反馈，该系统在大部分文献的自动标点和句读效果上表现优异；北京书同文数字化技术有限公司拥有自主版权

的以OCR为核心的在线无纸校对系统，能对古籍的全文数字化合理分配人力，使校对错误率逐步收敛降至最低；武汉数文慧图科技有限公司利用OCR、NLP等技术构建了知识图谱应用支撑平台，基于OCR技术实现各种复杂版式古籍的快速识别和转化，支撑古籍内容的深度挖掘、智能分析、知识构建。

2. 语义网及知识图谱技术

语义网（Semantic Web）是由万维网联盟（W3C）提出的一种全球计算机网络的扩展，旨在为互联网上的信息赋予更具语义化的表达方式。它通过使用统一的资源描述框架（Resource Description Framework, RDF）、本体（Ontology）、网络本体语言（Ontology Web Language, OWL）和RDF数据查询语言SPARQL（SPARQL Protocol and RDF Query Language）等技术，将数据与含义联系起来，促进机器之间的智能交流和自动化处理[1]。而知识图谱是以三元组组成的图数据为数据格式的语义知识库，通过符号形式描述物理世界中的概念及其相互关系并将相应的实例数据进行形式化编码[2]。

国内数字人文领域也活跃着一批提供知识图谱技术应用服务支撑的厂商，例如，汉王基于深度学习的知识图谱建设和管理系统，可从非结构化数据中抽取知识，构建知识图谱，进行知识挖掘、知识推理、知识问答，该系统的业务场景包括民国历史人物图谱、人事档案履历图谱、机构设立迁址图谱等；数文慧图"知识图谱开发平台"由知识图谱生产管理系统及应用开发套件组成，为知识图谱应用的开发者提供各类开发工具，辅助用户实现智能知识检索、知识问答、知识推荐与可视化知识图谱表达等丰富的互联网应用；上海起承文化发展有限公司的"中国非物质文化遗产基因数据库"是一个基于中国非物质文化遗产大数据的知识共享平台，通过收集多媒体资料构建非遗知识图谱，从工艺、色彩和图纹三个维度拆解重组非遗知识；北京元引科技有限公司在关系分析处理过程中结合关系数据库和图数据库的优势，抽取结构化数据中的关系数据进行知识图谱化，并将其存储到图数据库中。

---

[1] 孙鹏：《语义网中基于描述逻辑的本体推理研究》，硕士学位论文，吉林大学计算机科学与技术学院，2009年。
[2] 刘峤等：《知识图谱构建技术综述》，《计算机研究与发展》2016年第3期。

3. 大数据技术及数据可视化技术

大数据技术是指利用计算机、互联网、人工智能等技术手段处理和分析大量的、复杂的、多样化的数据的一种技术，主要通过各种传感器、设备、网络等手段，收集大量的数据，包括结构化数据和非结构化数据，然后将这些数据存储在大数据平台上，包括分布式文件系统、数据库等，进而对其进行批处理、流处理，应用机器学习、数据挖掘等技术，从中提取有价值的信息和知识，采用可视化的方式展现出来，方便用户查看与理解[①]。

在数字人文领域，西安云图信息技术有限公司利用大数据技术，构建了地学大数据的资源中心，整合了全球主要第三方在线资源，建立时空框架，跨网络节点共享，实现内部地图数据和研究成果的分享；并且推出数字图像高清修复技术处理服务，利用集群计算节点和大数据处理技术，对大批量低清晰度图像/影像数据进行快速高清修复，使得原始图像能得到2至6倍像素增强显示。

数据可视化技术是利用计算机图形学和图像处理技术，将数据转换成图形或图像在屏幕上显示出来，并进行交互处理的理论、方法和技术[②]。在数字人文研究中，数据可视化一般不是单独存在的，通常与远读、文本分析、社会网络关系分析、基于HGIS技术的时空分析等方法结合应用[③]。汉王的"文脉"知识资源细颗粒度标引管理与发布平台支持多种可视化展示方式，包括知识图谱、网络拓扑图、流程图等，方便用户从不同角度了解知识资源的分布和关系。元引科技为CBDB开发了一套数据可视化组件，充分利用开源可视化技术的优势，使用了D3、ECharts、AntV G2、AntV G6等可视化方案实现平台的图表、图谱展示及交互。支持社会网络关系分析、关键字云图自动生成等工具服务，利用可视化的方式更加直观地呈现数据背后的关联关系及隐藏信息。

4. 系统架构及系统开发技术

系统架构（System Architecture）是一个复杂系统的设计和组织方式，涉

---

① 葛芳芳：《大数据技术在农田规划设计中的应用》，《智慧农业导刊》2023年第19期。
② 李娜：《面向方志类古籍的多类型命名实体联合自动识别模型构建》，《图书馆论坛》2021年第12期。
③ 高丹、何琳：《数智赋能视域下的数字人文研究：数据、技术与应用》，《图书馆论坛》2023年第9期。

及硬件、软件、数据、服务和开发方法等多方面元素。系统架构及系统开发技术包括数据库、数据中台、前端开发框架、微服务架构、低代码开发等。其中，数据中台指聚合和治理跨域数据，将数据抽象封装成服务，提供给前台以业务价值的逻辑概念[①]；微服务架构是一种特殊的面向服务架构（SOA），是指将复杂应用进程细粒化划分成只具有单一功能的组件，根据组件的各自功能将其封装成离散的、可独立部署的微服务，进而实现服务间的解耦[②]。在架构中，数据库作为数据存储和管理的核心，支持数据的获取、处理和传输；数据中台则负责整合各类数据源，提供统一的数据服务和API接口；前端开发框架则用于构建用户界面，实现与用户交互的功能；微服务架构将应用拆分为多个小型服务，以实现模块化、独立部署和扩展；低代码开发则作为一种快速应用开发方法，简化开发过程并提高效率。

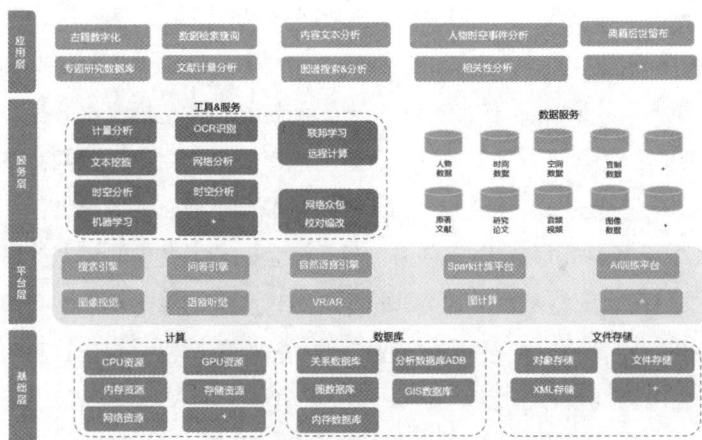

图 1　CNKI 数字人文研究平台技术架构[③]

上海起承文化发展公司为构建"中国非物质文化遗产基因数据库"，由起

---

① 段琳、吴东洋、龙江喜：《基于数据中台概念下的财务数据治理研究和实践》，《数字技术与应用》2020年第10期。
② 方志宁等：《基于微服务架构的统一应用开发平台》，《仪器仪表用户》2023年第3期。
③ 《CNKI数字人文研究平台在2020数字人文年会上正式发布》，2020年10月23日，https://www.sohu.com/a/426823662_693747，2024年3月20日。

承研究院与北京微创时代科技有限公司合作，开发了"文本数据清理与智能分词协作平台""非遗文化多媒体资源库""非遗文化知识库"和"一站式非遗知识服务平台"等系统，这些系统最终集成"中国非物质文化遗产基因数据库"的后台与前端，支持着网站的搜索和探索等功能。此外，中国知网架构的"中国知网数字人文研究平台"围绕数字人文研究机构及研究者的需求，整合知网文献资源、用户自有资源，提供研究工具。图1为中国知网"CNKI数字人文研究平台"技术架构。

5. 人工智能技术

近十年来，人工智能技术为数字人文的高质量、高效率发展提供了重要机遇，在数字人文的数据建模和知识生产（文本化数据化智慧化加工，语料库、资源库、知识库、数据集建设）、知识服务、界面批判中均起到越来越重要的作用。例如，汉王形成包括多模式识别、智能人机交互、自然语言处理（NLP）、智能视频分析等人工智能产业链关键技术。基于大规模语料训练，汉王天地大模型可实现端到端的转码输出，目前技术范围包括文本分类、信息抽取、知识抽取、机器问答、文本生成、机器翻译等；上海福呈数据科技有限公司的大语言模型通过深度神经网络和大量参数捕捉了语言的复杂特征，使得它们在理解文本和识别命名实体等任务上具有更强的能力，这些模型能够更好地理解上下文信息，即使是在文本中非常隐蔽或模糊的信息，也能被有效识别和利用；"腾讯SSV探元数字文化开放平台"与中国国家博物馆合作，利用人工智能技术开发了虚拟数智人"艾雯雯"。

6. 扩展现实（XR）、数字孪生、区块链等元宇宙相关技术

一般认为，区块链技术（Blockchain）、交互技术（Interactivity）、电子游戏技术（Game）、人工智能技术（AI）、网络及运算技术（Network）、物联网技术（Internet of Things）是元宇宙的六大支撑技术（简称BIGANT）。在2022年元宇宙概念兴起之前，诸如扩展现实、数字孪生、区块链等的相关技术在各行各业已经有了一定的应用，在数字人文领域也有少量的尝试。区块链技术的工作原理是通过发挥对等网络、共识算法与智能合约的大数据分析优势，创建

去中心化共享的数据交易账本，让各类型主体在科学确权、规范用权、严格控权的条件下进行数据对等交易。区块链技术对于公共图书馆古籍数字化版权保护具有较强的促进作用，其不仅可以有效破解古籍数字化版权用权与维权的现实制约，其所具备的防篡改、可追溯的功能，还可以在利益相关者间建立良性的古籍数字版权的链上确权和循证环境①。

例如，腾讯SSV数字文化实验室利用VR、AR、XR、区块链、数字孪生等元宇宙相关技术打造探元数字文化开放平台，可以为数字人文领域提供更直观、沉浸式的体验，同时，以数字孪生为底层支撑的文化遗产保护利用解决方案可为文化遗产提供"监测—修复—保护"的一站式保护；南京视网么信息科技有限公司应用AR、VR等技术开发了视网么APP、视网么CMS以及视网么SDK等产品，支持用户方便快捷地制作文本、音频、视频、3D动画等AR特效。

（二）产业界发展

1. 产品级数据库建设

随着数字人文领域的快速发展，各厂商纷纷推出适合用户需求的数据库产品。其中，北京爱如生数字化技术研究中心的"典海数字平台"以清修《四库全书》为特色，提供专题性全文检索版大型古籍数据库，"中国基本古籍库""中国方志库"等子库均具备强大的检索系统，支持分类检索、全文检索、条目检索等多种检索方式，使得数字产品在检索、阅读、管理和适用等方面更加高效。古联数字"籍合网"平台中的数据库以整合古籍资源为主，提供多样化的数据整合与展示方式，如"中华文史学术论著库""中华古籍书目数据库""中华石刻数据库"等数据库提供数据查询、检索、下载等一站式服务，极大方便了用户的使用。书同文专注提供古籍全文检索数据库，目前包含60个子库，内容涵盖常用古籍、为官入仕必修书、明清史料档案、中医中药、金石文玩、典章制度、法律法规等方面。在功能上专注于对古籍文献的深度处理和比较分析，提供多种版本对比功能。在古籍全文检索数据库制作过程中，沉淀了多个支撑古籍全

---

① 陈燕琳：《基于区块链技术的公共图书馆古籍数字化版权保护策略》，《图书馆工作与研究》2023年第5期。

文数字化的技术产品，例如古籍OCR、古籍众包校对系统、古籍识别及检索系统等。这些产品级数据库已在中国国家图书馆、上海图书馆、浙江省图书馆、故宫博物院、中华人民共和国外交部、中国社会科学院、中国人民解放军国防大学、清华大学、北京师范大学、首都师范大学、南开大学、香港中文大学、哈佛大学、耶鲁大学、柏林图书馆等国内外几百家高校、政府机构、图书馆或研究机构得到使用，对数字人文领域的基础设施建设起到了重要的作用。

2. 车间级数据加工服务

在数字人文领域，自动化数据处理的应用虽已广泛普及，但在当前的背景下，人工参与数据加工，尤其在审校、疑难问题的解决方面仍然具有不可替代的价值，因此，车间级数据加工服务在信息加工处理和知识生产过程中也起到了至关重要的作用。以汉王为例，汉王数据资源加工处理平台在知识加工方面，支持自动+人工标引、抽取的方式，形成领域本体集与专业词表，构建了具有行业特性的专业数据模型。

3. 产品级平台、工具研发

产品级平台和工具研发不仅能提供更优质的产品和服务，还可以实现降本增效和可持续发展，用产品化的思维来设计技术架构和用户界面，降低研发成本，提高用户粘性，进而推动行业的高质量发展和创新性进步。如表1所示，这些公司面向不同领域提供体系化的数据库、工具集、知识生产和数据加工平台。他们通过提供某一领域内高质量的资源和久经考验的工具，吸引和留住目标用户，形成核心竞争力。但同时，产品级平台和工具的研发对企业的持续投入要求较高，这也成为研发产品级平台和工具提供商不断创新的动力，使得他们成为机构和个人研发者的合作伙伴和数字人文领域技术创新应用的生力军。

数文慧图从文化领域知识图谱数据模型设计、生产到发布，实现了各类专题知识库的生产与管理，其知识图谱生产管理平台采用基于图数据库的混合存储技术，将所有数据以"实体—关系—事件—属性"的形式存储，直观地展示数据及其背后的关联，实现了基于语义的检索、复杂推理和智能问答。古联数字和爱如生公司推出具有创新性和实用性的平台和工具，为行业发展注入了新的动力。在非遗数字化保护工作方面，起承文化研发了"中国非物质文化遗产基因数据库"，该平台集成了多学科、多来源非遗数据，使得非遗数据得到了更加系统和科学的管理与应用。而西安云图作为一家专注于HGIS技术产品研发应用的公司，针对科研教学领域，研发了"地学大数据平台"和"历史地理虚拟实验室系统"，面向新文科实验室建设，支持历史地理、数字人文、数字考古领域的研究和教学，已为多个科研教学机构提供了技术支持。元引科技的引得数字人文工具——中文古籍文字识别套件，旨在为古籍数字化相关单位和个人提供一套强大而又简单易用的古籍数字化生产工具，实现了古籍文字识别的高准确率。同时提供一套基于浏览器的、简便易用的校对工具，从而有助于用户简单、高效地完成古籍数字作业。

表1　产品级平台、工具研发统计表

企业名称	产品名称	产品简介
武汉数文慧图科技有限公司	知识图谱开发平台	面向公共文化行业的应用开发支撑平台，基于多源多模态数据关联的知识库，实现知识融合与演化。
古联（北京）数字传媒科技有限公司	籍合网	国家级古籍数字化整理与应用的综合服务平台。
北京爱如生数字化技术研究中心	典海数字平台	机构版大型数据库共享平台，集书籍搜索、阅读、收藏等功能于一体的数字化平台。
上海起承文化发展有限公司	中国非物质文化遗产基因数据库	专注于中国非物质文化遗产数字化保护，是中国非物质文化遗产大数据的知识共享平台。
西安云图信息技术有限公司	地学大数据平台	面向地学科研数据管理、共享与教学的大数据平台。
	历史地理虚拟实验室系统	面向新文科实验室建设，支持历史地理、数字人文、数字考古领域的研究和教学。
北京书同文数字化技术有限公司	i-慧眼OCR	古籍非连笔手写汉字识别引擎。
	点字成金	云端众包古籍校对系统。

续表1

企业名称	产品名称	产品简介
北京元引科技有限公司	引得数字人文工具	中文古籍文字识别套件、中文古籍自动句读、中文古籍通用实体识别、命名实体识别。

4. 数字人文项目定制化开发服务

随着数字化转型的加速和越来越多的传统人文领域介入数字人文，一些研究机构和个人对信息技术服务的领域性、个性化需求越来越向细分和多样性发展，数字人文项目定制化开发服务在技术服务公司的业务中占据重要地位。表2所示为相关公司在数字人文项目定制化开发项目服务表中的部分案例，通过网络调研，可发现这些项目在数字化转型方面，将信息技术与人文领域的技术需求深度融合。例如在"吴门书画知识图谱"项目中，数文慧图对苏州博物馆馆藏的吴门书画作品进行了全面的数字化处理，包括高精度扫描、图像处理、数据挖掘等方面，还采用数据分析、人工智能等技术对相关数据进行处理和分析，挖掘其中的独特价值，为中国书画领域的学术研究、文化传承等数智化开发服务提供支撑。

在推动数字人文领域创新与发展方面，技术服务公司与学术界、文化遗产保护机构、文化创意产业、出版社等深度合作，成为共同成长的利益相关者，对探索技术和领域应用深度结合的数字人文项目的新应用和新模式形成了一定的推力。例如西安云图与陕西师范大学出版总社有限公司、首都师范大学历史地理研究中心合作，研制开发了"丝绸之路历史地理信息开放平台"。该平台以丝绸之路沿线丰富的历史地理信息为基础，利用先进的空间信息技术和大数据分析手段，对不同专题的历史人文数据集及其蕴含的历史地理数据进行处理、分析和多维、多层、多面呈现，为人文学者对数据集的界面批判提供支持。该公司还参与了巴蜀印象文化旅游平台的构建，一方面推进四川文化旅游产业发展，构建全域旅游新格局，另一方面借助科技优势，立足地图特色，实现文化经济体的增值增收，拓宽景区文化展现方式，填补"文化旅游+互联网"产品短缺，以此来传承历史、传播文化，也拓宽了HGIS技术的应用范围。

表 2　数字人文项目定制化开发项目表

企业名称	项目名称	项目介绍
武汉数文慧图科技有限公司	"天地之中"历史建筑群数字人文研究与知识服务平台	以海量数据为基础，构建专题知识库，展示黄河文明的历史、文化、艺术和科学价值，为学术研究和社会公众提供数字人文资源与服务。
	江西古代名人数字人文研究与服务平台	依托江西丰富的文物资源，构建古代名人知识图谱，提供权威、准确、丰富的知识展示传播服务，彰显江西历史文化的独特魅力。
	吴门书画知识图谱	以吴门画派代表性作品为核心，构建多源多模态数据关联的知识库，实现知识融合与演化。用户可探索文物背后的故事，深入理解吴门书画的美学、人文与内涵。
北京汉王数字科技有限公司	国家图书馆·中国历史文献总库	以国家图书馆馆藏为主，收录民国时期重要文献，支持全文检索等多种检索方式，提高文献利用效率。
西安云图信息技术有限公司	丝绸之路历史地理信息开放平台	利用空间信息技术和大数据，结合传统历史学和考古学，构建了丝绸之路沿线时空数据库，模拟了地理环境变迁过程，分析了人文发展变迁原因，提供可视化网络的综合历史地理信息平台。
	陕西历史文化数字地图库	通过创新出版形式，运用云计算、大数据技术，整合各类应用专题，四大模块呈现千年历史文化脉络，让历史"活"起来。
北京书同文数字化技术有限公司	故宫馆藏皇家档案文献全文数字化工程	支持故宫博物院进行故宫馆藏皇家档案文献全文数字化工程，已完工《清宫陈设档》《石渠宝笈》《天禄琳琅》《秘殿珠林》《故宫馆藏数字方志》全文检索数据库。
	中国第一历史档案馆馆藏清朝档案数字化一揽子工程	与中国第一历史档案馆合作，在对方专业主导下完成中国第一历史档案馆馆藏清朝档案数字化一揽子工程，已完工《大清历朝实录》《大清五朝会典》《军机处上谕档》的全文检索数据库。
北京元引科技有限公司	华东师范大学：数字方志集成平台	2019 年根据华东师范大学的"数字方志集成平台"的需求，定制开发了数字人文工具及可视化服务，支持集成统一方志资源发现、资源数据化、大数据分析、可视化展示。

除此之外，这些技术服务提供者还积极参与数字人文领域的学术会议，对推广数字人文理念、提高学者和大众对数字人文的认知度和接受度起到了不可忽视的作用，也为数字人文领域的可持续发展作出了一定的贡献。

二、中国信息技术及其产业界数字人文最新进展透视

（一）相关技术研发及应用前沿

1. 数字化扫描、翻拍、3D 建模技术

针对文物资源数字化，主要技术方法包括三维激光扫描、结构光扫描、多图像摄影测量技术等，可以高分辨率、非接触地获取文物本体的色彩和空间数据，输出二维数字图纸和三维数字模型[①]。如在"《永乐大典》高清影像数据库"建设中，字节跳动技术团队使用点光、平行光、漫反射光等不同的光源，同时利用阴影材质组件，还原了古籍的光影效果。并且通过构建模型，使之能够跟随鼠标360度转动，实现模型的惯性转动。

2. 数据化加工技术

数字化技术将各类纸质的、实物的、模拟的文化记忆载体（如图书、报刊、乐曲、录音、照片、画作、视频）和数字媒体（如文字、图像、音视频、数表）转换为二进制格式[①]。数据化技术则包括文本化如光学字符识别（OCR）技术、自然语言处理（NLP）、数据结构化、命名实体识别（NER）、图像标注、图像对象识别等技术。OCR技术是利用光学技术和计算机技术将图像格式或其他格式文字转换成计算机编码且易于人理解的形式[②]，在古籍汉字识别领域的研究主要分为：印刷体文字识别和手写体文字识别两大类。由于古籍中的手写体结构复杂、文本残缺模糊、字符相似度高等特点，需要借助深度学习技术来提高识

[①] 高丹、何琳：《数智赋能视域下的数字人文研究：数据、技术与应用》，《图书馆论坛》2023年第9期。

[②] 仁青东主：《基于深度学习的藏文古籍木刻本文字识别研究》，博士学位论文，西藏大学信息科学技术学院，2021年。

别的准确率[①]。NLP技术体系可以分为：基于字词级别的技术分析（包括自动分词、命名实体识别、词性标注等）和基于篇章级别的技术分析（包括信息抽取、文本分类和情感分析等）。命名实体识别（NER）是自然语言处理的组成部分，是指从文本中提取出命名实体，如人物、机构、地点、物品等信息[②]。例如，上海福呈基于GPT、BERT等大语言模型在海量文本数据上进行预训练，学习了语言的深层次结构和语义信息；元引科技研发的通用识别工具基于BERT+Bi-LSTM+CRF模型针对史部、明清小说训练，通过算法自动从非结构化文本中快速智能提取并标注文本中的实体。

3. 智慧化加工技术

智慧化加工主要指从内容中识别知识单元，形成智慧数据，以支持知识的智能计算、融合、预测和推理。例如利用知识本体的建模和RDF形式化这些结构化数据，为其赋予机器可理解的语义，在数据之间建立丰富的关联关系，形成关联数据集或知识图谱，可被认为是智慧化的一种。基于关联关系的计算而模拟人脑的认知过程进行前端"机器学习"，而在后端形成一定的机器"智能"，可被认为是智慧化的另一种途径。智慧化加工，是指在数字化、数据化加工后更进一步地将描述资源对象的非结构化、半结构化和结构化数据转换为可信的、情景化的、相关切题的、可认知的、可预测的、可消费的智慧数据的过程[③]。相关技术包括关联数据与知识图谱技术、机器学习技术、大模型与AIGC技术等[④]。

关联数据技术是一种在万维网上发布数据的方式，也是语义网（Semantic Web）的一种轻量级实现方式。基于关联数据的四原则，使用Http URI来唯一标识和定位网络资源，利用RDF为知识单元建立基本的语义单元，利用本体为这些语义单元建立语义关联关系，在万维网上形成数据的网络（Web of Data）

---

① 鞠孜涵等：《数字人文视域下古籍数据库建设关键技术研究——兼评稷下学文献资料数据库的建设思路》，《图书情报工作》2022年第19期。
② 朱武信、夏翠娟：《命名实体识别在数字人文中的应用——基于ETL的实现》，《图书馆论坛》2020年第5期。
③ 夏翠娟：《多模态文化遗产资源的智慧化服务模式研究——从可获得到可循证和可体验》，《信息资源管理学报》2023年第5期。
④ 刘炜、叶鹰：《数字人文的技术体系与理论结构探讨》，《中国图书馆学报》2017年第5期。

而非文档的网络（Web of Document），能很好地实现信息资源内部和跨网域资源知识体系的语义化关联①。知识图谱本质上是一个结构化的知识库，核心是知识模型，即概念、实体、关系和事件相互关联的语义描述集合，并通过链接和语义元数据的相互关系，将知识单元组成一个集成、统一、分析和共享的知识框架②。例如，数文慧图研发的半自动化知识图谱构建工具通过建立文化领域知识图谱数据模型，将RDF转换为高质量语料，并借助大量项目实践所形成的高质量语料进行模型调优；汉王的知识资源细颗粒度标引与发布平台支持对于以当前知识为中心节点的知识图谱展示，图谱可实现当前实体、关联实体、实体关系的标签展示、拖拽布局展示、多级知识实体展开收起、知识节点详情查看、知识联想检索等功能。

在数智时代，人工智能（AI）技术的应用越来越广泛，对于数字人文来说，机器学习技术尤其是深度学习技术能够大规模代替人工，进行资料的分类与组织、图像识别、语音识别、名称识别、模式识别、关系发现、自然语言检索、知识问答等，机器学习还能在智能化服务方面发挥独特优势，使服务更加人性化和个性化，更加精准③。以ChatGPT为代表的人工智能生成内容（AIGC）技术发展成熟并迅速席卷整个信息技术产业界，也使得在数字人文领域深耕的技术服务提供商不得不重新考虑发展重点和发展方向，有直接进入大模型开发的，也有的利用已有的大模型，通过迁移学习、微调、接口调用等方法优化已有的技术服务和产品。例如，汉王天地大模型具备行业独有的知识实时化能力，不仅可以对行业知识及时更新、持续学习，且专业问答内容透明可解释。其中古汉语大模型当前已具备优秀的知识问答、古文创作、古文翻译、摘要提取以及结构化信息抽取等能力，并且支持古文和现代文的双向转换。

---

① 常颖聪、路程、翟军平：《基于关联数据的古文知识组织应用研究》，《图书馆理论与实践》2019年第2期。

② 黄映思：《数字人文驱动下历史人物年谱知识图谱构建研究》，硕士学位论文，山西财经大学信息学院，2023年。

③ 仁青东主：《基于深度学习的藏文古籍木刻本文字识别研究》，博士学位论文，西藏大学信息科学技术学院，2021年。

4. 历史地理信息系统（HGIS）技术

地理信息系统（GIS）以计算机技术为基础，以地理空间数据为处理对象。历史地理信息系统（HGIS）就是在GIS中加入历史的维度[①]。例如，起承文化研发的"中国非物质文化遗产基因数据库"将非遗文化与地图结合进行可视化展示；西安云图研发的"历史地理虚拟实验室系统"有机地集成了GIS的技术方法、地理学家的空间视角和历史学家的时间视角，量化历史时期的地理过程并构建相应的时空模型；西安云图还开发了"丝绸之路历史地理信息开放平台"，使用时态GIS技术为平台提供了完善的时序分析功能，高效地回答与时间相关的各类问题，从时间与空间两个维度全面处理地理信息；上海福呈参与了南京大学陈静团队主持的"文都时空"项目，利用地图、图表、图形等可视化元素，将包含时空数据的经典文学文本转化为易于理解和分析的形式。

5. 文本分析技术

数字人文应用的文本分析技术主要包括词频分析、共现分析、关联关系分析等。例如，数文慧图研发的图文结合的语义理解与智能搜索引擎实现了图像的高性能检索和视觉语义分析，使搜索引擎能够更好地理解图像内容，实现了较高精度的图文结合的语义理解；基于上海图书馆丰富的历史文献资源和文本识别、知识提取、数据分析方面的实际需求，元引科技开发了文本分析工具包，作为数字人文研究技术支撑架构体系的一部分，提供了定制开发的文本处理、文本分析、视觉呈现等工具套件。

6. 社会网络关系分析（SNA）技术

社会网络关系分析是将社会关系看作节点与边组成的网络，通过可视化技术可以直观地揭示出文本中的人物关系、人物功能、关系强度等信息[②]。例如，元引科技将基于关系数据库构建的"中国历代人物传记资料库"（CBDB）从不同维度（官职、入仕途径、著作、财产、社会关系等）重组人物数据，支持面

[①]《"古籍智能"系列研讨会：第三讲 | 历史地理信息系统的建设与发展》，2022年4月18日，http://www.ai.pku.edu.cn/info/1088/2133.htm，2024年3月20日。
[②]方志宁等：《基于微服务架构的统一应用开发平台》，《仪器仪表用户》2023年第3期。

向群体传记学研究的数据统计分析、地理空间分析和社会网络关系分析。在技术层面，于关系数据库的基础上，充分利用图数据库的优势，从原有关系数据库的结构化数据中，抽取关系数据构建知识图谱，存储于图数据库Neo4j中，在后端进行业务整合，构建了集数据查询、多维可视化分析界面于一体的数字人文服务系统，将原来主要作为数据基础设施的CBDB升级为支持数字人文界面批评的服务产品。

7. 国际图像互操作框架（IIIF）标准规范及相关技术

国际图像互操作框架是由英国国家图书馆、牛津大学图书馆、哈佛大学等29个著名馆藏机构协作制定的一组支持馆藏数字图像资源互操作的框架标准，提供发布、访问与分享图像资源的统一标准规范与方法体系及其技术支撑组件，对图像资源进行统一的在线组织、展示、检索与应用，以促进全球图像资源的互操作与开放获取[1]。当前，IIIF标准规范和技术支持的已不仅仅限于图像，还包括动态/三维的图像、音视频、地图等数字资源对象。IIIF在中国数字人文实践领域的应用起步不晚，例如，应上海图书馆数字人文团队的要求，上海福呈在上海图书馆的诸多数字人文项目中，通过采用IIIF标准规范和相应的技术支持框架，实现了图像资源的加工、管理、发布和界面呈现，用户可以无缝地在不同的应用和平台之间访问和分享高质量的图像资源。上海慧游研发的"易图"IIIF云图像服务器创新性地将图像加工、标注、管理、服务建立在Serverless架构之上，能完整支持IIIF Image API最高级别Level 2的所有操作算子（裁剪、缩放、旋转、色彩及格式变换）；在上海图书馆的碑帖知识库项目中，项目团队提出了面向IIIF的图像资源加工转换、发布展示全流程管理的需求，上海慧游在Lightroom上进行二次开发，较好地实现了这一需求，加快并改善了大规模图像资源从数字化到上线服务的流程。

8. 数字叙事相关技术

近两年来，伴随着元宇宙概念的兴起，支持可视化呈现、交互式展演、沉浸式体验的数字叙事及其相关技术在数字人文领域得到大量关注和应用，其中

---

[1] 钱智勇等：《面向数字人文的典籍图像深度揭示与利用》，《大学图书馆学报》2022年第5期。

除了数据可视化之外，主要是支撑元宇宙的相关技术。结合一些元宇宙的应用、理念与技术，更多体现在数字藏品、虚拟数字人、数字孪生体、虚拟场景等方面。其中扩展现实（XR）技术在近年来的数字人文领域得到较多关注，尤其在数字互动叙事中应用广泛。

　　虚拟现实（VR）和增强现实（AR）技术，是利用电脑模拟产生三维空间的虚拟世界，通过用户视觉、听觉、触觉等感官实时、直接观察或操控虚拟空间中的事物，能让用户具有身临其境的感觉。VR和AR的结合被称为混合现实（MR），可以给数字人文以超越时空的"场景再现"能力，例如在人工智能等技术的辅助下，研究者和大众都可以借助穿戴设备，"穿越到"一定的历史场景中，与"古人"进行随心所欲的对话和交流[①]。通过构建虚拟的互动叙事空间，用户成了数字叙事的参与者和讲述者，甚至是创作者。数字互动叙事不仅为研究者提供了新的界面批判工具，还降低了历史人文资源理解和认知的门槛，将数字人文的服务对象从研究者扩展到了普通大众[②]。以南京视网么为例，视网么AR内置了简单易用的增强现实元宇宙创作工具，支持用户就像编辑PPT一样创作自己的元宇宙，还包含了丰富的AR元空间。

9. 数字化传播

　　近年来，数字人文产品也依托不断升级的互联网技术和移动互联网的普及得以迅速传播。网站、手机APP、微信小程序等互联网应用产品也大量被应用于数字人文资源建设和数字人文产品研发。除了常规的图文展示，WebGL 3D甚至可以支持3D模型的在线渲染和交互。以WebGL 3D绘图协议为例，其可以借助系统显卡在网络浏览器中流畅地展示3D场景或模型，还能创建复杂的数据可视化效果。互联网技术的普及和发展极大扩展了数字人文产品的传播范围，降低了大众接触数字人文资源的门槛，也让数字人文产品能够以便利的方式被使用。

[①] 高丹、何琳：《数智赋能视域下的数字人文研究：数据、技术与应用》，《图书馆论坛》2023年第9期。
[②] 铁钟等：《事件驱动的数据可视化交互设计：基于"数据叙事"的探索和实践》，《中国图书馆学报》2023年第4期。

（二）新推出的产品及其重要特色

1. 易图

上海慧游的核心产品"易图"[①]于2022年发布，由本地端、云端、区块链端三大模块组成。本地端既能够对单张图片进行像素级操作，又能够以私有方式调用AI模型进行图像分类、检测与语义分割。同时也利用了OpenAI对元数据进行命名实体识别，提高标注质量。云端采用存储与计算分离架构，不仅彻底解决了基于互联网提供图像等非结构化数据固有的流量瓶颈问题，还充分利用云计算平台的对象存储服务与Serverless计算服务的成本优势，将有效提供IIIF图像服务的性价比推到了新的高度。区块链端则是对于文化遗产数据永久保存的进一步尝试。"易图"IIIF解决方案主要目标是打破国内图档博机构中高质量数据的信息孤岛。此外，IIIF还能为当下炙手可热的AIGC提供高质量图像数据与标注，视觉模型将得到长足进步，从而反哺IIIF图像生产流程，形成数据飞轮效应。

2. "今秘阁古文通止"微信小程序

"今秘阁古文通止"微信小程序为上海慧游的另一产品。该产品从识别古文字入手，借鉴了传世古籍注疏的分层次文本解读方式，将全过程分为单字辨识、字词释义、全文翻译以及众包传播四个步骤。该小程序结合了AI计算机视觉、知识图谱、大语言模型等技术，通过多维度、多层次的方式帮助用户理解古文文献，实现文献的高效解读和国际化传播。其特色有：首先，通过其先进的技术手段，古文文献的可访问性得到了极大的提升。其次，在文献解读方面，为普通读者提供了对古文的深入理解，并协助专业研究者在文献挖掘、对比研究中更为高效和精准。最后，在国际化传播方面，它搭建了一个桥梁，使得中华文化得以跨越国界，走向全球。该小程序的研究表明，人工智能技术在古文文献解读和文化传承中具有巨大潜力和广阔前景。

3. "文脉"知识资源细颗粒度与知识标签标引平台

汉王的"文脉"知识资源细颗粒度与知识标签标引平台是一款专注于数字

人文领域的知识服务工具。平台立足于《智慧图书馆知识资源建设指南》中对于文献"种"的基础资源著录规范、细粒度文献著录规范及知识标引规范的要求，集成管理在数字化精细标引中形成的元数据资源（基础文献元数据、细粒度加工元数据、知识抽取数据）、对象数据资源（基础文献对象数据）及其他资源，具备元数据管理、知识建模、数据关联、资源库管理、标准规范管理、检索、阅读、图谱可视化、数据统计与分析等功能，为古籍数字化精细标引资源的资源检索发布、知识组织服务提供可视化、关联化、溯源化的深度分析挖掘服务。

4. 汉王天地大模型

汉王天地大模型是基于数字人文领域的数据海量、多源、异构、多模态、跨时空、跨领域、分布广、内涵杂等特点，面向古籍文本翻译、古籍句读、细颗粒度标引、知识抽取、摘要生成等业务问题，综合使用开源文本语料、结构化数据与高质量数据库、汉王自标注数据，所形成的具有古文翻译、自动句读、实体标注、自动摘要、古文生成、知识问答等能力的数字人文领域子模型。该模型基于大语言模型的通用性、快速自主学习和自我改进能力，实现对传统古籍文献的碎片化、标准化、结构化与可视化的数智赋能，进一步夯实数字人文研究的"数据基础"，优化"技术支持"，丰富"应用场景"，促进传统文献的生产方式创革、结构形态新变和获取方式拓展。

汉王天地大模型九大基础能力

1	2	3
多模态	语义理解	逻辑推理

4	5	6
数学计算	知识搜索	工具调用

7	8	9
内容生成	多语言	多轮对话

图 2　汉王天地大模型九大基础能力

5. 视网么 AR 技术平台

视网么提供了国内领先的产品级AR技术平台，致力于让AR变得触手可及。其产品自成体系，包括视网么APP、视网么CMS以及视网么SDK，可支持用户方便快捷地制作文本、音频、视频、3D动画等AR特效。视网么AR独有的产品模式大幅降低了AR的参与门槛，开创了AR技术发展的新模式。

6. 识典古籍与《永乐大典》高清影像数据库

北京大学—字节跳动数字人文开放实验室近两年推出了"识典古籍"这一产品，它是一个古籍智能检索、阅读和整理平台，可以将图片数据经过整理发布到阅读平台，还可以将阅读平台中粗校的数据进行精加工。其特色有：首先，免费开放，知识共享。其次，影印底本，来源权威。用户任意阅读一本古籍，均可通过点击"原本影像"，查看古籍的底本影印图像。再次，繁简转换，方便专业研究人员、古籍爱好者以更加高效便利的方式读懂古籍内容。最后，灵活检索，运行流畅。用户可以通过关键词检索，快速找到来自不同古籍的相关内容，方便大家对文献内容进行灵活运用。"《永乐大典》高清影像数据库"由北京大学—字节跳动数字人文开放实验室于2022年推出，数据库的主页设置了初见、流光、惊鸿、珠联、缀玉、遗编六个板块，分别承载了《永乐大典》的开本、流传、体式、编纂方法、辑出文献、全球分布等知识。为了让用户对古籍有可感受、可触摸的沉浸式体验，字节跳动技术团队结合了多项3D技术，通过书籍内页材质的延迟加载、模型源文件压缩、模型动画帧按需加载、模型预加载等手段，让每位用户都能流畅地欣赏《永乐大典》风貌。

7. 古籍非连笔手写汉字识别引擎与云端众包古籍校对系统

（1）"i-慧眼OCR"。书同文公司研发的古籍非连笔手写汉字识别引擎，又称"i-慧眼OCR"，能够实现秒级自动识别古籍上的手写（非连笔）、刻版印刷汉字，正常自动识读率90%之上，规范手写自动识别正确率95%以上。该引擎基于多个卷积神经网络（CNN）模型融合，进行了多种古籍版面（横竖排、大小字混排、背景水印混杂）、多种手写字体（非连笔、非甲骨文、非篆体）、不同底本质量、大字符集支持的训练集机器学习，可以达到版面自动分析、手写汉字自动识别的目的，降低了以往页面的色彩、框线、噪音、水印、倾斜、扫描或拍照边缘变形对识别的影响。

（2）"点字成金"。书同文公司研发的云端众包古籍校对系统。该系统着力构建众包模式下社会化生产的云端校对方式，融入了多角度校对模式，大概率圈定识别错误的范围，集合了古籍从图像扫描、自动识别、在线校对、线上线下勘误信息、点校，直至刊印、再版整个全文数字化生产周期中的富信息数据，并将它们进行有效关联，每个环节的产出数据可回溯校验，为不同需求的研究者提供数据支持，并在古籍全文数字化制作过程中推动社会化大众参与，开启古籍全文数字化生产众包模式。

8. 中国历代人物传记资料库（CBDB）引得版

元引科技近两年对"中国历代人物传记资料库"（CBDB）进行了进一步完善，主要包括以下两项。

（1）"历代地名沿革数据库"与"历代职官数据库"。"历代地名沿革数据库"主要收录了先秦至晚清期间中国各行政区划的演变数据，主要提供地名设立、废止时间、古今地名对照、今地经纬度等结构化信息，方便使用者对地名沿革的演变过程进行研究，更好地发挥地名的文化传承作用。

"历代职官数据库"收录了先秦到晚清期间，中国古代官职沿革的结构化数据，古代官制是我国奴隶制社会和封建社会时代国家机器结构的表现形式之一，它反映了当时政权的性质和施行统治的具体手段。研究历代官制，在史学工作中具有一定的地位和意义。人们在阅读古籍、研究古史时，往往不易掌握古代职官的名称、建置、品级、职掌等，从而存在学习、研究的困难。通过"中国历代职官数据库"可轻松进行检索查询，满足历史研究者及爱好者的学习和研究需求。

（2）数字人文工具——文本分析套组与视觉呈现套组。文本分析套组主要为数字人文学者提供风格计算、情感计量、主题模型、关系提取、文本对比分析等数字人文工具，为满足人文学者在大范围文本中进行文本分析比较、归纳整理、发现事实等定性定量的研究提供新技术、新手段，加快提升研究效率和质量。

视觉呈现套组为数字人文研究学者提供社会网络分析、文字云等工具服务。对于复杂难懂的数据，利用可视化呈现的方式能够更加直观地呈现数据背后的关联关系及隐藏信息，帮助我们快速发现规律，探寻事实背后的成因，辅助研究者更加深入地思考，避免思考过程中的干扰，能够直击本质，获得更准确的知识发现。

（三）新项目合作研发及成功案例

近两年是我国数字人文迅速发展、全面铺开的时期，在学界和产业界的协作下，数字人文领域不断推出新技术应用实践项目和新产品，对促进数字人文产学研合作起到了积极的作用。各技术服务提供商也积极与图档博美等文化记忆机构开展深度合作，通过共同开发项目、产品，助力机构加工处理、挖掘整合、活化利用已有的资源，加快了数字化转型的步伐，提升了资源的利用价值，推动了数字人文领域的繁荣发展。

1. 西安云图信息技术有限公司

（1）中国历史地理信息平台。西安云图以GIS技术为依托，基于复旦大学中国历史地理研究中心CHGIS项目以及各类历史GIS数据资源，构建了统一时空框架数据库和信息服务平台"中国历史地理信息平台"。通过历史地理时空数据的综合管理和集成、开放的数据共享机制，该平台可以实现各类多元异构空间和非空间数据的存储、管理、发布、共享、分析、可视化和综合应用，以支撑历史地理等相关领域的交叉综合研究、科研学术创新。

（2）霞客游陕西。"霞客游陕西"作为西安云图与陕西省卫星应用技术中心联合开发的项目，入选"2021年数字陕西建设优秀成果和最佳实践案例（数字产业化类）"。该项目全面汇集了陕西省地质遗迹相关的数据资源，包括陕西省现有地质遗迹资源的区域位置、遗迹级别、遗迹详情，以及相关的区域地质背景、地质构造、岩层分布、动植物化石等具有地质特色的信息，并通过微信小程序的方式将陕西省地质遗迹数据资源科普给社会公众，为用户提供地图查询、地图定位、科普问答、基于位置的智能路线推荐和地质遗迹点智能推荐、语音播放、三维全景体验、收藏、打卡、积分等一系列服务。

2. 北京汉王数字科技有限公司

（1）汉王数字人文众包管理平台。基于用户生成内容（User Generated Content, UGC）"众包"理念，上海图书馆与汉王数字开展合作，建立一个以档案、手稿等手写资料的元数据著录和全文标引为主题的众包系统。通过对馆藏手稿中人、地、时、事等内容特征进行深度标引，对无法OCR的全文进行抄录，通过任务发布平台、任务抄录平台以及管理平台，从任务发布到验收，为用户操作提供完善的众包流程和友好的使用环境，以共建共享的方式推动馆藏手写资料的数字人文研究。

（2）国家图书馆民国时期地方文献专题知识库。汉王数字与国家图书馆开展合作建立民国时期地方文献专题知识库，遴选了300余种、13万页馆藏民国时期出版的地方志等文献资料，综合运用语义分析、深度学习、自然语言处理等多项信息技术，实现文献篇章层级的内容自动标引，图表、人物、机构、事件、地理名称、物产等类别知识抽取和标引。目前共制作8.6万余条细粒度知识数据，并在细粒度知识数据之间建立起丰富的关联，对推进民国时期的数字人文问题探究起到非常重要的作用。

3. 北京元引科技有限公司

（1）吾与点古籍自动整理系统。为满足科研应用结果产出、提升学术影响力及前瞻性研究探索的需求，北京大学数字人文研究中心与元引科技联合开发了智能化古籍整理系统"吾与点古籍自动整理系统"，系统包含自动句读、命名实体识别等基本古籍整理功能。目前，断句模型在古文语料上的准确率达到94.90%，在古典诗、词语料的准确率分别达到99.39%和97.61%，命名实体模型在史部语料上的准确率达到97%。该系统极大地提升了古籍整理和古籍数字化的效能，为文史专家、古籍整理人士、古籍爱好者和普通网民提供了利用古籍资源的便利工具。

（2）璇琮数字人文智慧平台。为满足清华大学人文学院搭建数字人文教学环境平台的建设需求，元引科技和清华大学成立了联合小组，建立了全球首例基于古典文献整理与研究需求的"璇琮数字人文智慧平台"。该平台集合自动标点断句、专名识别、语义挖掘、社会关系网络可视化等数字人文工具，文本处理、文本分析、视觉呈现工具套组，兼具古籍、小说、经史等数据资源库，满足多维度、多场景的教学、训练需求，帮助清华大学培养学生数字人文信息素养、提升研发成果产出。

（3）上海图书馆历史人文大数据平台文本分析工具包。上海图书馆拥有大量的历史文献资源，包括古籍善本、稿本、抄本，民国期刊与报纸，名人手稿，老照片，老电影，碑帖拓片，盛宣怀档案以及全球规模最大的家谱资料等。面对越来越多的海量数据，学者需要新的技术、工具和平台对其进行组织、挖掘、统计、量化分析和智能化处理等，为了进一步满足用户对于历史人文数据及数字人文方法的实际应用需求，提高信息处理任务的处理效率，有效解决实际数据分析与数据处理问题，元引科技提供了根据上海图书馆实际需求定制开发的文本处理、文本分析、视觉呈现工具套组，满足了图书馆在提供更多历史人文数据资源的基础上，集成一系列支撑数据处理应用的工具的需求，这也成为上海图书馆数字人文服务的重要支撑。

4. 上海福呈数据科技有限公司

（1）上海图书馆"上海文化总库"。以上海图书馆"上海年华"项目组多年来建设的专题库为基础，"上海文化总库"试图整合与上海历史文化相关的各类资源和知识，包括记录上海形象和声音的老照片、老电影、老唱片影音资源，体现上海文化特色的红色文献资源，以及人物、机构团体、优秀历史建筑和街区的故事和知识，并用上海历史文化年谱将其串联起来，以构建独具海派文化特色的数字记忆。上海福呈支撑了上海图书馆数字人文团队提出的上述需求，建成了一个具备高度可扩展性和灵活性，支持多媒体、多种类的数字资源编目、标注、发布、展示的通用内容管理平台和知识服务平台——"上海文化总库"，为上海图书馆馆藏特色专题历史文献资源提供统一检索、多媒体资源服务、数字记忆展演支撑等服务。

（2）南京大学"文都时空"信息化平台。通过计算机与人工智能数字技术，空间叙事、历史叙事、图像研究、文化研究、文学研究等研究方法，主题分析、社交网络分析、情感分析等大数据分析方法，南京大学"文都时空"系统对以南京为主题或相关的文学作品、作家及作家群体、历史事件、地理位址等信息进行深度挖掘和重组、数据叙事和可视化表达，在交互平台与实际城市空间发生互动，让南京的文学叙事融入城市空间。进一步支持规划中的"城市文学空间体系"的建设和传播，丰富和延伸实体文学客厅、文学驿站等空间建设构想，整合融入南京城市的"文学场所网络"，实现线上和实体两个文学空间的有机互动。

5. 上海慧游文化传播有限公司

（1）上海图书馆碑帖知识库。为了实现碑帖的智能化处理，上海图书馆与上海慧游共同开发项目，首次打通了从图像像素级编辑到IIIF图像加工转换和发布展示的全流程，并凭借集成的多种先进AI技术，如AI计算机视觉技术，对拓片或法帖上的古老字迹进行快速且高效的图像识别、原文还原，让那些因岁月侵蚀而难以辨识的文献重获新生。当用户在阅读某篇碑帖时，系统会自动为其检索出相关的历史背景、人物关系、事件脉络等信息，使得文献的阅读不再是孤立的，而是能够在更大的历史背景下进行深度文献解读，帮助用户更好地理解和欣赏古文。

（2）复旦印谱虚拟图书馆。以慧游"易图"解决方案为依托，以香港印谱收藏家松荫轩主人林章松先生毕生收藏的印谱数字图像为主体，复旦大学图书馆"印谱文献虚拟图书馆"是在阿里云成功落地实施的国内首个大规模IIIF应用案例。该网站发布印谱共计1,439种，其中不乏海内珍本与孤本，据不完全统计占已知印谱总数的80%。原始数字化图像总计约3T，213,911张。其中使用AI识别技术分割出有效印章共389,254枚，实属海内之最。网站上线后，截至2023年7月16日，共有注册用户403人，广泛分布于国内几乎所有省份及日本、俄罗斯、英国、美国及东南亚地区的国家，为印章文化的传播起到了难以估量的作用。

6. 古联（北京）数字传媒科技有限公司

（1）南京历史文献数据库。以南京出版传媒集团搜集、整理并汇编出版的《金陵全书》为基础，古联数字承建开发了"南京历史文献数据库"。目前已上线第一阶段的70册《金陵全书》，包括《景定建康志》《至正金陵新志》《嘉庆江宁府志》等众多记载各朝代南京历史的重要文献。该库不仅可以进行全文检索、复制及添加笔记，还提供了"自动标点""繁简转化""纪年换算"等实用工具，充分发挥数字化技术在文献整理、文献阅读方面的优势，协助读者阅读古籍文献，最大程度推进古籍的创造性转化、创新性发展。

（2）殷墟甲骨文数据库。古联数字与陈年福教授合作开发，基于陈教授的甲骨文整理工作，进一步增补修订，收录了十四万余条甲骨卜辞，完整反映了甲骨卜辞的各项知识属性。卜辞提供清晰原文摹写、对应释文，标明甲骨来源、主题词和所属分组，配有甲骨联机字典，为古文字学者的学术研究提供可资检索的文本。"殷墟甲骨文数据库"作为国内首个搭配"甲骨字典"的专题性数据库，为甲骨文辞的释读提供了可资参考的材料，也为文史领域相关从业者使用甲骨文资源提供便捷的服务工具。

7. 腾讯公司探元计划

（1）数字中轴。"数字中轴"是由北京市文物局、北京中轴线申遗保护工作办公室联合腾讯公司发起，围绕中轴线的数字展陈体系建设、IP强化、文化遗产可持续发展指数三大模块进行全面建设的项目。通过开放腾讯数字技术，该项目致力于推进中轴线文化遗产创新活化，以期打造一个全真的"数字中轴"，实现文化遗产保护的可持续发展。

（2）甲骨文全球数字焕活。安阳市文物局、甲骨文信息处理实验室、中国文字博物馆、中国社会科学院考古研究所安阳工作站联合腾讯公司，共创突破"微痕提取"技术和"甲骨文全信息模型"助力全球采集。该项目能够基于字形匹配等AI算法形成考释研究工具箱助力甲骨文破译研究，并且通过"了不起的甲骨文"小程序形成专业、实用、有趣的焕活网络载体助力研学普及。

8. 武汉数文慧图科技有限公司

数文慧图在博物馆数字人文项目研发方面具有较多案例，如郑州二七纪念馆二七大罢工专题知识服务系统、中南民族大学民族图书书目数字人文研究平台、武汉大学古典戏曲文本分析与智能再造平台、江西师范大学江西赣鄱文化资源共享与服务平台、故宫博物院文物信息智能化检索服务/二期、广西壮族自治区博物馆广西铜鼓文化知识服务系统、平顶山博物馆古应国文化知识展、淮军公所博物馆中国古戏楼专题知识展、三星堆博物馆三星堆专题知识展等。在故宫数字文物库等平台中，通过构建知识图谱，梳理了数据资源的知识体系，建立其语义关联，从而提供更智能化的检索和服务；在武汉大学古典戏曲文本分析与智能再造平台中，将NLP、文本对比技术等应用于古典戏曲文本和古籍文献等，推动了文化研究领域的创新。

9. 魔诺克思（北京）科技发展有限公司

魔诺克思设计研发了中国人民大学数字人文研究院主持建设的"北京记忆""广州记忆""记忆高迁"等数字记忆项目的网站平台。其中"北京记忆"专题网站群由相关专家领衔，在专深研究基础上整合各类资源，借助高科技呈现技术，形成高质量优体验的数字人文产品。目前已建成22个专题文化网站，大部分采用响应式设计，能够在多终端下浏览访问。项目中应用了大量制作精良的视频、音频以及3D建模。部分3D建模通过WebGL技术实现了在浏览器中的免插件渲染和交互。用户可以在桌面端或移动终端上进行互动，从四维空间多层次、多角度地了解数字记忆内容，收获身临其境、印象深刻的体验。

三、总结与展望

在过去的十年里，信息技术在数字人文领域发展迅速，随着时间的推移，不同的技术逐渐崭露头角并对数字人文发展产生了重要影响，信息加工处理技术和语义网、知识图谱、大数据技术成为数字人文领域的热门技术。这些技术在数字人文领域得到广泛应用的底层逻辑是"数据密集型科学研究"成为科学研究的"第四范式"[①]，并被引入人文研究领域。在经历了人文计算阶段的语料库、数据库、知识库建设后，信息加工处理技术得到了广泛深入的应用和快速的发展，机器学习、深度学习等人工智能技术也被用在古文献文本处理和图像处理以生成可计算的结构化数据等方面，再加上用户生成内容技术的成熟和普及，使得人文研究者可以获得海量的数据。随着数据科学及其相关技术如数

---

① Tony Hey、Stewart Tansley、Kristin Tolle：《第四范式：数据密集型科学发现》，潘教峰、张晓林等译，北京：科学出版社，2012年。

据挖掘、数据分析、数据可视化技术的应用，人文研究者掌握了新型研究资料——数据，以及新型研究工具——数据技术，可以进行长时间、大空间的宏观研究。与此同时，云计算技术成为数字人文领域的重要支撑。随着云计算平台的普及和发展，研究人员可以轻松访问和管理大规模的数字人文数据集，同时实现数据共享和协同工作，促进了数字人文领域的合作与发展。近年来，元宇宙和人工智能（AI）技术的兴起对数字人文产生了深远影响。虚拟现实（VR）技术和增强现实（AR）技术、混合现实（MR）技术和交互设计技术开始在数字人文领域崭露头角，人们可以沉浸式地体验历史场景、文化遗产等，为数字人文研究提供了更生动、直观的方式，使得数字叙事、互动数据叙事成为数字人文研究中的新课题。尤其是以ChatGPT为代表的大语言模型进入公众的视野，不仅有望引起现有技术体系的全面升级换代，还有可能在数字人文领域产生研究范式的变革，有学者就提出AI驱动的研究是科学研究的"第五范式"。

（一）取得的重要进展

1.在智慧化加工处理方面：由于机器学习、深度学习等AI技术的广泛成熟应用，过去需要大量依赖专家人工完成的中文古籍文字处理和识别工作，可以更多地依靠技术平台工具自动化地解决，准确率和效率也大幅提高。数文慧图研发的基于深度学习训练的古籍OCR，实现了对明清古籍、碑帖、刻印等规范手写字体的准确识别。古联数字基于机器学习技术研发的智能OCR系统，使用Cascade R-CNN模型进行版面分析、CRAFT模型进行文字检测、CRNN进行文字识别，可以实现对版刻、稿抄本古籍图片的智能OCR，一般版刻、精抄本的文字识别准确率接近98%。北京元引科技OCR模型除对正常印刷体进行识别外，对常规书写体、碑帖拓片、写经体也进行了针对性预处理。汉王不仅实现了对满文手写体的OCR识别，同时实现了对藏文手写体的OCR识别，并解决了手抄本古籍识别问题，面对手抄本古籍内容，利用此技术，只要随手一拍就可以秒级转换为文本。书同文的"i-慧眼OCR"古籍非连笔手写汉字识别引擎基于多个卷积神经网络（CNN）模型融合，正常自动识读率达90%以上，规范手写自动识别正确率95%以上。数文慧图基于深度学习解决了部分古籍字体的OCR问题，实现了对明清古籍、碑帖、刻印等规范手写字体的准确识别，拓宽了古籍

OCR的应用范围；将大模型技术与知识图谱相结合，实现了文化领域知识图谱的自动化构建，大大提升了知识提取效率；实现了图像的高性能检索和视觉语义分析，使搜索引擎能够更好地理解图像内容，实现了较高精度的图文结合的语义理解。元引科技的引得数字人文工具——中文古籍文字识别套件采用了先进的深度学习算法，基于大量的古籍标注数据，支持8万余字超大字符集，横版识别准确率平均可达98%，竖版识别准确率平均可达94%，识别结果支持txt、word、PDF、json多种格式下载。其与北京大学联合开发的自动句读工具，针对古籍文本、晚清近代的部分无标点文献，在诗歌、报纸部分文本、近代小说等的处理上，平均准确率达到98%；在古文语料上的准确率达到94.90%，在古典诗、词语料上的准确率分别达到99.39%和97.61%。上述的准确率水平，表明当前基于预训练模型的深度学习方法在中华古籍文本上的句读已经取得与专业人员相媲美的表现。实体识别工具，采用BERT+Bi-LSTM+CRF模型，在大规模增量训练的BERT模型基础上，应用迁移学习对古籍命名实体的嵌入信息进行表示，并结合主动学习机制对部分古籍语料进行迭代式学习。

2.在产品级数据库、平台和工具研发方面： 出现了一批集资源库、数据库、知识库、数据集、知识生产工具集和数据分析工具于一体的集成平台。由于云原生技术、微服务架构等开发框架的应用，平台的开放性问题得到了有效解决，不同服务提供商的产品可作为模块或组件嵌入其他平台之中。例如几个具有国际影响力的中国数字人文研究项目如CText、CBDB、CHGIS、MARKUS、DocuSky之间就形成了密切的合作关系，在数据互操作和工具互调用方面形成了范例。在调研的十余家技术服务提供商中，元引科技表示，其开发的引得数字人文工具——中文古籍文字识别套件的识别结果可与其他数字人文工具进行流程化自动串联。

3.在定制化项目合作研发方面： 一方面，产业界为科研机构、院校从学科建设和可持续性发展的高度建设数字人文平台和教学科研环境提供整体的解决方案。元引科技和清华大学成立了联合小组，开发了"璇琮数字人文智慧平台"，支持清华大学搭建数字人文教学环境平台的建设需求。另一方面，平台化的解决方案也促进成本的降低和技术框架可扩展性、灵活性和适用性的提升。

因而，越来越多的合作项目可以快速地深入各领域的细分专题，在信息技术与专业领域深度合作方面取得了较大的进展。例如数文慧图正在致力于面向海量多源异构的文化数字资源，打造集古籍文献OCR、图文语义智能搜索、多模态细粒度标记、知识发现和推理、知识可视化、智能问答等多种智能工具于一体的数字人文研究工具和平台。在博物馆领域，数字人文研发尤其是知识图谱技术的应用方面有着众多成功案例，涉及文物、历史建筑、考古、吴门书画等不同的细分领域。

（二）新趋势与新需求

1. 资源数字化、数据化、智慧化加工的降本增效

在过去十年间，各文化记忆机构、科研院系、研究者们和中国信息技术产业界一起，在数字人文研究所依赖的资源数字化、数据化、智慧化加工方面已经取得了巨大的成就，但总的来说，在人文计算时代就需要完成的大量工作还没有全部完成，且存在着区域不平衡的问题，大量图档博美的资源还没有完成数字化转换，还停留在纸质的、实物的、模拟的状态；大量已经数字化的资源质量和精度也参差不齐，难以完成数据化的工作，即使已完成的文本实体识别、图像语义标注工作，其准确性也是一个难题，大部分情况下对准确性的要求以牺牲效率为代价；而完成大规模多模态资源的智慧化加工的更是占比极小。随着大模型技术的迅速发展，这些传统的以支持"数据驱动型研究范式"的工作任务有望实现降本增效，大大加快进程。

在自然语言处理与命名实体识别方面，随着大语言模型如GPT等通过在海量文本数据上进行预训练，学习了语言的深层次结构和语义信息，从而在多种NLP任务上取得了卓越的性能和效果。大语言模型的高效性使得它们能够在应用中快速处理大量文本，满足商业和工业领域对实时NLP处理的需求。大语言模型通过深度神经网络和大量参数捕捉了语言的复杂特征，使得它们在理解文本和识别命名实体等任务上具有更强的能力，不仅能够识别常见的实体类型，还能识别更复杂、更细粒度的实体，并理解它们在上下文中的具体含义。这些模型能够更好地理解上下文信息，即使是在文本中非常隐蔽或模糊的信息，也能被有

效识别和利用。由于其强大的上下文理解能力，大语言模型对输入文本中的噪声和错误具有更强的抵抗力。大语言模型通常采用端到端的学习方式，能够直接从输入文本到输出结果，减少了传统方法中需要的多个处理步骤，提升了效率。通过在大量通用文本上预训练，然后在特定任务上进行微调，大语言模型能够将在一种任务上学到的知识迁移到其他任务上，提升了模型的泛化能力。

2. 资源库、数据库、知识库、数据集的互操作和开源社区生态的建设

通过调研发现，各技术服务提供商在同质性产品和项目上有进行重复性开发的现象，关联数据、知识图谱及人工智能技术使得方法、模型、路径的可重用性大大加强；微服务架构使得系统可以根据功能分成不同的组件，相互之间可以方便地调用；尤其是大模型技术的发展调和了不同的技术路径，相对于同类任务如古文献、文书的OCR识别，同领域的资源库、数据库、知识库、语料库建设等，与其在同质性项目研发和技术应用上开展竞争，不如专注于技术架构和核心产品的灵活可扩展性、可重用性、互操作性。另外，中国信息技术界的开源社区生态建设不足，技术研发人员更多地参与国外的开源社区。但中国的数字人文有大量本地性的问题需要解决，如各类古文和多民族语言的单字辨识、字词释义、全文翻译等方面，中国的汉字和文言文具有极强的独特性。如果产业界联合学界建设面向中国数字人文的开源社区，也有助于产业界的高水平快速发展。

3. 大模型技术原创自主研发和垂域深度应用

目前包括大语言模型和多模态大模型在内的大模型技术在中国已成为超级年度热点，据北京澜舟科技有限公司创始人兼CEO、澜舟大模型技术负责人王宇龙所言[1]，中文大模型技术正在快速发展，国内外的大模型技术在过去一年中都有了很大的进展。国内的大模型技术正在百花齐放，包括百度、腾讯、阿里、商汤、华为等企业，以及北京智源人工智能研究院、中科院自动化研究所等研究机构都在积极开发建设。这些大模型的性能差异和易用性仍在市场检验的过

---

[1]《2022年中回顾丨大模型技术最新进展》，2022年7月25日，https://zhuanlan.zhihu.com/p/545709881，2024年3月20日。

程中。目前，中国10亿参数规模以上的大模型已发布79个，14个省市/地区都在开展大模型研发，主要集中在北京和广东。预训练技术是大模型的核心技术之一，它可以用一套技术解决不同语言和不同的NLP任务，有效地提升了开发效率。

然而，目前面向中国数字人文的大语言模型的自主原创研发和在不同领域的深度应用还处于起步阶段。在数字人文领域，尝试利用大模型技术主要通过预训练模型的迁移学习、已有大模型的微调、已有大模型接口调用等方式。要利用大模型技术解决领域应用问题，首先须建立多主体参与的研发团队，包括专业领域的工程师、计算机科学家、文史等领域的专家。这样的多学科团队可以保证在技术研发的同时，充分考虑到数字人文领域的特殊需求。建立深度学习与自然语言处理研究的开源社区：大模型技术的核心是深度学习和自然语言处理。建立起强有力的深度学习开源社区，专注于自然语言处理的算法和模型优化，是实现大模型技术垂直领域落地应用的关键。数据集构建：数字人文领域需要庞大而多样的数据集，以训练和验证大型模型。建立包含古籍文献、历史文献、艺术作品等多方面文化信息的数据集是一个复杂而必要的任务。制定技术路线图：制定详细的技术路线图，明确研发的重点和方向。这可能包括模型的架构设计、训练策略、优化方法等。合作与开放创新：与国内外的高校、研究机构、企业建立合作关系，共享资源和经验。在开放创新的基础上，推动技术的不断进步。关注文化特色和需求：在研发过程中，要深入理解数字人文领域的特殊需求和文化背景，确保大模型技术能够更好地服务于中国的文化传承和人文研究。推动产业化和应用：研发完成后，重点转向将技术应用于实际场景。建立合作伙伴关系，将大模型技术应用于数字人文领域的具体项目，推动产业化和市场化。不断迭代和优化：大模型技术是一个不断发展的领域，要保持团队的创新力和进取心，不断迭代和优化模型，以适应不断变化的需求和技术发展。

第三部分

比较研究视野下的
国外数字人文发展前沿

国外数字人文发展：五个维度的分析与比较

杨泽坤　（中国人民大学信息资源管理学院）

祁天娇　（中国人民大学信息资源管理学院）

张福虔　（中国人民大学信息资源管理学院）

前　言

随着信息技术的突破和大数据时代的到来，数字人文正在以前所未有的速度蓬勃发展。在过去的几十年里，很多国家在数字人文领域的投入和探索已经取得了显著成果，推动数字人文逐渐走向成熟。本报告旨在介绍国外数字人文发展的前沿趋势，以及在不同国家的发展路径，并与中国数字人文发展做简要比较，为中国数字人文的发展提供有益的参考。本报告将从研究机构、学术成果、实践探索、教育项目、研究热点五个视角分析国外数字人文发展动态，总结其对中国数字人文发展的启示和借鉴意义。

一、国外数字人文研究机构发展状况

数字人文自其发源时起，就具有鲜明的跨学科特征，传统的学科构架分析法并不适用于数字人文领域[①]，一方面数字人文的学术研究往往是由跨学科研究团队共同完成的，另一方面数字人文的学科建设、专业教育与实践工程往往由

---

① Willard McCarty, "Humanities Computing," in Miriam A. Drake ed., *Encyclopedia of Library and Information Science*, New York: Marcel Dekker, 2003, pp. 1224-1235.

跨学科的研究机构来推动。据2016年哈佛大学统计，全球有超过183个以"数字人文"为名称的中心、项目、实验室、团队或圈子[①]。截至2023年12月，国际数字人文中心合作网络"centerNet"上已注册的"数字人文中心"（Centers）就已达到203家[②]，且该数字还在不断增长。独立的数字人文跨学科机构或组织的兴起，是数字人文理论与实践研究发展的结果，之后又以机构和团体的力量推动着数字人文不断冲破学科限制，继续快速扩张[③]。

在现有国际数字人文研究机构中，有两类机构角色鲜明、价值突出。一是由若干不同国家和地区数字人文研究机构或团队联合形成的大型联盟式数字人文研究机构，二是由高等院校中集中多学科优势组建的校级或院级数字人文研究中心或数字人文实验室。本文将分别对这两类数字人文研究机构进行比较研究。

（一）联盟式数字人文研究机构

随着数字人文学科建设与研究实践在全世界各个国家和地区普遍开展，国际级、国家级和地区级数字人文联盟广泛建立。其中数字人文组织联盟（Alliance of Digital Humanities Organizations, ADHO）和国际数字人文中心网络（An International Network of Digital Humanities Centers, centerNet）是国际超大型数字人文联盟机构的代表。ADHO成立于2005年，与数字人文开放包容的"伞状"发展理念一致，也采用伞形组织架构，将从事数字和计算机辅助研究、教学、创作、传播等各个领域的人文主义者聚集在一起，强调促进和支持跨艺术和人文学科的数字教学与研究。目前ADHO联盟成员分布在文本分析、电子出版、文本编码、文本研究、新媒体和多媒体研究、数字图书馆、应用增强现实和互动游戏等多个领域，既有来自历史、语言、哲学、戏剧、音乐、计算机科学和视觉艺术等学科的学者，也有来自图书馆、档案馆等机构的资源

---

① 朱本军、聂华：《跨界与融合：全球视野下的数字人文——首届北京大学"数字人文论坛"会议综述》，《大学图书馆学报》2016年第5期。

② "Centers," https://dhcenternet.org/centers, accessed on December 30, 2023.

③ 祁天娇：《高校数字人文研究中心或实验室的建设与实践——基于全球百家案例的分析与启示》，《数字人文研究》2021年第2期。

管理专家，还有来自各种公私机构的管理者等。为推动、支持和推广全球数字人文学科研究与教育，ADHO搭建了一个协作框架，能够使组织中的各类成员协同合作，并为全球数字人文学科建设提供以社区为基础的咨询服务。通过年度数字人文大会和相关活动，ADHO在鼓励全球数字人文研究、出版、合作和教育等方面发挥了重要作用[①]。centerNet是由美国国家人文基金会（National Endowment for the Humanities, NEH）和马里兰大学（University of Maryland）于2007年4月举行的学术会议发展而来，目前已吸纳了来自19个国家的200余个机构成员，并在亚太地区、欧洲、北美、英国和爱尔兰建立了区域中心网络分支机构，且每个分支机构都有一个指导委员会。2009年，centerNet与ADHO等机构共同成为"人文艺术基础设施和网络联盟"（CHAIN）的创始成员。2012年，centerNet成为ADHO的成员机构。为实现对全球人文网络基础设施协作建设的支持，centerNet出版了在线出版物 *The Digital Humanities Commons*（《数字人文共享》），为国际各类数字人文研究机构提供项目、工具、人员和专业知识的共享平台。此外，Day(s) of DH作为centerNet的支柱活动，也为全球数字人文研究机构提供了一个虚拟的社区平台[②]。除ADHO和centerNet之外，CHAIN对于国际数字人文研究机构的互操作与可持续发展也发挥了重要作用。CHAIN即"人文艺术基础设施和网络联盟"（Coalition of Humanities and Arts Infrastructures and Networks），是由包括ADHO、centerNet等在内的若干数字人文联盟机构于2009年在伦敦国王学院举行的会议上共同发起建设的，旨在倡导改善人文学科的数字研究基础设施，并将其发展为可持续的商业模式，促进数字人文领域资源、工具和服务的技术互操作性等[③]。

　　在国际数字人文联盟机构的指导和支持下，各国家和地区联盟快速发展。根据ADHO和centerNet成员名单，本文精选了表1中的国家或地区级数字人文联盟机构进行比较分析。从中可以发现，早在1980年代，欧美国家就开始建立

[①]数字人文组织联盟（ADHO）简介，参见：https://adho.org/about/。
[②]国际数字人文中心网（centerNet）简介，参见：https://dhcenternet.org/centers。
[③]Martin Wynne et al., "Coalition of Humanities and Arts Infrastructures and Networks - CHAIN," *Digital Humanities Conference*, 2010, https://api.semanticscholar.org/CorpusID:52196232.

人文计算领域的联盟机构，在全球起到了重要的引领和推动作用，且这些联盟机构在发展过程中不断扩充国际会员，在原有地区或国家联盟的基础上逐步发展并具有了国际联盟的性质。其中一些联盟机构更是作为 ADHO 或 centerNet 的创始机构，共同推动了数字人文国际联盟的成立与发展。近年来，数字人文在欧美之外的各地普遍流行，地区级数字人文联盟不断涌现，都为推动本地区或本国数字人文学科建设与专业发展贡献了重要力量。

表 1 数字人文联盟机构

机构名称	成立时间	目标	链接
欧洲数字人文协会（The European Association for Digital Humanities, EADH）	1973	最初目的是支持计算方法在语言和文学研究中的应用，前身为"文学和语言计算协会（Association for Literary and Linguistic Computing, ALLC）"，EADH 成立后汇集并代表整个欧洲的数字人文学科，旨在形成欧洲数字人文利益共同体。	https://eadh.org/
美国计算机与人文协会（The Association for Computers and the Humanities, ACH）	1978	国际上最早对"计算机与人文课程"等相关问题进行研讨的国际组织之一。截至2015年共有21个国家代表参与，具有国际组织性质。通过出版物、会议、研讨会、外联、培训和其他活动，支持所有对数字人文感兴趣的学术团体或个人。	https://ach.org/
加拿大数字人文学会（The Canadian Society of Digital Humanities/Société canadienne des humanités numériques, CSDH/SCHN）	1986	由加拿大高校代表共同组成，前身为人文科学计算联合会。旨在将加拿大从事数字和计算机辅助研究、教学和创作的人文学者聚集起来，以英语和法语两种加拿大官方语言支持数字人文学科建设与发展。	https://csdh-schn.org/
澳洲数字人文学会（The Australasian Association for Digital Humanities Inc, aaDH）	2011	通过每两年组织一次澳大利亚数字人文会议以及系列活动，加强澳大利亚、新西兰和太平洋地区的数字人文研究社区联系，改善数字人文专业发展机会，并为当地项目扩展国际影响力。	https://aa-dh.org/
日本数字人文协会（Japanese Association for Digital Humanities, JADH）	2011	应对日本文字和文本资源数字化的挑战，加强日本数字人文专家与西方同行的合作，推进日本数字人文领域的发展。	https://www.jadh.org/

续表1

机构名称	成立时间	目标	链接
西班牙数字人文协会（Humanidades Digitales Hispánicas, HDH）	2012	促进数字人文学科的经验交流，探索计算机科学与人文领域的研究人员和利益相关者的合作前景。	https://humanidadesdigitaleshispanicas.es/
德语区数字人文研究协会（Digital Humanities im deutschsprachigen Raum, DHd）	2013	作为代表德语国家从事数字人文领域研究和教育的科学家利益的正式协会，是 ADHO 的成员机构。自 2014 年以来通过组织年度学科会议来推动德语国家数字人文社群建设与学科发展。	https://dig-hum.de/
法国国家数字人文协会（L'association francophone des humanités numériques/digitales, Humanistica）	2014	在法语空间内组织关于人文和社会科学研究和教学，就有关数字技术的主题讨论和集体反思，在法语世界推广数字人文，同时也在数字人文领域推广法语研究。	http://www.humanisti/
北欧和波罗的海国家数字人文协会（Digital Humanities in the Nordic and Baltic Countries, DHNB）	2015	通过对北欧和波罗的海地区开展的数字人文活动进行协调和通过组织会议、暑期学校等活动，促进该地区数字人文领域的研究。	http://dig-hum-nord.eu/
南非数字人文协会（Digital Humanities Association of Southern Africa, DHASA）	2016	支持来自南非地区或者针对该地区及其思想领域的数字人文研究，搭建南非洲数字人文学者的沟通网络，建设《南非洲数字人文协会杂志》（*The Journal of the Digital Humanities Association of Southern Africa*）以支持来自全球南方的学术思考。	https://digitalhumanities.org.za/

（二）高校数字人文研究机构

相比由政府、企业或社会团体等建设的数字人文研究机构，高校能够直接依托校内院系合作的机制优势、师生参与的人力优势以及长期积累的学术资源优势，更好地为数字人文独立研究机构的建设提供学科方法支持和领域资源支撑。目前最成功的数字人文学术项目与跨学科机构几乎都隶属于国际名校，一般以数字人文研究中心或实验室的形式存在，挂靠在某一院系，强调为数字学术和人文创新服务。实践证明，高校已经成为推动数字人文学术研究和独立机构建设的最重要力量。本文以centerNet为主要数据源，以网络开放文本为辅助数据源，共采集全球高效数字人文研究中心76个、高校数字人文实验室24个，分别见表2、表3。这100个高校数字人文研究机构在空间分布上呈现明显的欧美中心现象，尤其美国各大知名院校几乎都设有自己的数字人文研究机构，且在全球数字人文研究中占据了绝对优势。这些研究机构所依托的优势学科不同，因此主导的研究领域也各不相同，充分反映出数字人文的"大帐篷"学科包容性。但总体来讲，这些高校研究机构的设置对于数字人文社群建设与可持续发展至关重要，并且已然成为数字人文学科建设与教育推广的最关键力量。

表2　高校数字人文研究中心列表

序号	国别	高校	研究中心
1	美国	阿拉巴马大学 （University of Alabama System）	阿拉巴马数字人文中心 （Alabama Digital Humanities Center, ADHC）
2		北卡罗来纳大学教堂山分校 （University of North Carolina at Chapel Hill）	古代世界地图中心 （Ancient World Mapping Center, AWMC）
3		普林斯顿大学 （Princeton University）	普林斯顿数字人文中心 （The Center for Digital Humanities at Princeton）
4		内布拉斯加大学林肯分校 （University of Nebraska - Lincoln）	人文数字研究中心 （Center for Digital Research in Humanities）
5		布朗大学 （Brown University）	数字学术中心 （Center for Digital Scholarship）
6		加州大学洛杉矶分校 （University of California, Los Angeles）	人文技术 （Humanities Technology, HumTech）
7		哈佛大学 （Harvard University）	地理分析中心 （Center for Geographic Analysis）
8		哈佛大学、台湾"中研院"、北京大学	中国历代人物传记资料库 （China Biographical Database Project, CBDB）
9		乔治梅森大学 （George Mason University）	罗伊·罗森茨威格历史和新媒体中心 （Roy Rosenzweig Center for History and New Media）
10		马里兰大学 （University of Maryland）	马里兰人文技术研究所 （Maryland Institute for Technology in the Humanities, MITH）

续表2

序号	国别	高校	研究中心
11		中佛罗里达大学 （University of Central Florida）	人文和数字研究中心 （The Center for Humanities and Digital Research）
12		克利夫兰州立大学 （Cleveland State University）	公共历史和数字人文中心 （Center for Public History + Digital Humanities）
13		德克萨斯农工大学 （Texas A&M University）	数字人文研究中心 （Center of Digital Humanities Research）
14		伊利诺伊大学香槟分校 （University of Illinois at Urbana - Champaign）	人文、艺术和社会科学计算研究所 （Institute for Computing in Humanities, Arts, and Social Sciences）
15		麻省理工学院 （Massachusetts Institute of Technology）	比较媒体研究中心 （Comparative Media Studies）
16		麻省理工学院 （Massachusetts Institute of Technology）	数字人文中心 （Programs in Digital Humanities）
17		芝加哥大学 （University of Chicago）	历史与新媒体中心 （Center for History and New Media）
18	美国	加州大学北岭分校 （California State University, Northridge）	数字人文中心 （Center for the Digital Humanities）
19		纽约市立大学 （City University of New York, CUNY）	数字倡议研究生中心 （Graduate Center Digital Initiatives）
20		理查德·斯托克顿学院 （Richard Stockton College）	理查德·斯托克顿学院数字人文专业 （Digital Humanities at Richard Stockton College）
21		埃默里大学 （Emory University）	埃默里数字学术中心 （Emory Center for Digital Scholarship）
22		弗吉尼亚大学 （University of Virginia）	人文前沿技术研究所 （The Institute for Advanced Technology in the Humanities）
23		印第安纳大学伯明顿分校 （Indiana University Bloomington）	数字艺术与数字人文中心 （Institute for Digital Arts & Humanities）
24		堪萨斯大学 （University of Kansas）	人文数字研究中心 （Institute for Digital Research in the Humanities）
25		南伊利诺伊大学 （Southern Illinois University）	跨学科研究和信息学学术中心 （Interdisciplinary Research and Informatics Scholarship Center）

续表2

序号	国别	高校	研究中心
26		宾夕法尼亚大学 （University of Pennsylvania）	语言学数据协会 （Linguistic Data Consortium）
27		芝加哥洛约拉大学 （Loyola University Chicago）	文本研究和数字人文中心 （Center for Textual Studies and Digital Humanities）
28		杜克大学 （Duke University）	杜克数字人文中心 （Digital Humanities at Duke）
29	美国	密歇根州立大学 （Michigan State University）	数字人文与社会科学中心 （Center for Digital Humanities & Social Sciences）
30		南加州大学 （University of Southern California）	媒体艺术与实践 （Media Arts + Practice）
31		亚利桑那大学 （University of Arizona）	数字人文中心 （Center of Digital Humanities）
32		范德比尔特大学 （Vanderbilt University）	数字人文中心 （Center for Digital Humanities）
33		瑞尔森大学 （Ryerson University）	数字人文中心 （Center for Digital Humanities）
34		维多利亚大学 （University of Victoria）	人文计算和媒体中心 （Humanities Computing and Media Centre）
35	加拿大	阿卡迪亚大学 （Acadia University）	人文超媒体中心 （The Humanities HyperMedia Centre）
36		麦克马斯特大学 （McMaster University）	人文媒体视听资源与计算中心 （Humanities Media Audio - Visual Resource and Computing Centre）
37		乌得勒支大学 （Utrecht University）	数字人文中心 （Centre for Digital Humanities）
38	荷兰	莱顿大学 （Leiden University）	数字人文中心 （Centre for Digital Humanities）
39		剑桥大学 （University of Cambridge）	艺术、人文社会科学研究中心 （Centre for Research in the Arts, Social Sciences and Humanities）
40		牛津大学 （University of Oxford）	牛津电子研究中心 （Oxford e-Research Centre）
41	英国	牛津大学 （University of Oxford）	牛津文本档案馆 （Oxford Text Archive）
42		牛津大学 （University of Oxford）	牛津数字人文研究中心 （Digital Humanities Center at Oxford）
43		德蒙福特大学 （De Montfort University）	文本研究中心 （Center for textual studies）

续表2

序号	国别	高校	研究中心
44	英国	伦敦大学学院 （University College London）	艺术与人文之文化信息学研究中心 （Cultural Informatics Research Centre for the Arts and Humanities）
45		伦敦国王学院 （King's College London）	数字人文系 （Department of Digital Humanities）
46		伦敦大学学院 （University College London）	数字人文中心 （Centre for Digital Humanities）
47		谢菲尔德大学 （The University of Sheffield）	数字人文研究所 （The Digital Humanities Institute）
48		开放大学 （The Open University）	开放大学数字人文 （Digital Humanities at The Open University）
49	澳大利亚	纽卡斯尔大学 （The University of Newcastle）	文学与语言计算中心 （Center for Literary and Linguistic Computing）
50		澳大利亚国立大学 （Australian National University）	数字人文研究中心 （Centre for Digital Humanities Research）
51		澳大利亚国立大学 （Australian National University）	国家传记中心 （National Centre of Biography）
52		西悉尼大学 （Western Sydney University）	数字人文研究组 （Digital Humanities Research Group）
53	德国	特里尔大学 （Universität Trier）	特里尔数字人文中心 （The Trier Center for Digital Humanities）
54		莱比锡大学 （Universität Leipzig）	数字人文中心 （Humboldt Chair of Digital Humanities）
55	卢森堡	卢森堡大学 （University of Luxembourg）	欧洲文艺复兴中心 （Centre Virtuel de la Connaissance sur l'Europe）
56	匈牙利	罗兰大学 （Eötvös Loránd University）	数字人文系 （Department of Digital Humanities）
57	意大利	博洛尼亚大学 （University of Bologna）	数字人文前沿研究中心 （Digital Humanities Advanced Research Centre）
58	瑞士	洛桑联邦理工学院 （École Polytechnique Fédérale de Lausanne）	数字人文中心 （Digital Humanities Institute）
59	新西兰	惠灵顿维多利亚大学 （Victoria University of Wellington）	新西兰电子文本收藏中心 （New Zealand Electronic Text Collection）
60	奥地利	格拉茨大学 （University of Graz）	奥地利数字人文中心—信息建模中心 （Institute Centre for Information Modelling - Austrian Centre for Digital Humanities）

续表2

序号	国别	高校	研究中心
61	俄罗斯	彼尔姆国立大学 （Perm State University）	数字人文研究与教育中心 （Research and Education Center for Digital Humanities）
62	印度	印度理工学院印多尔分校 （Indian Institute of Technology Indore）	数字人文和出版研究小组 （Digital Humanities and Publishing Research Group）
63	日本	东京大学 （University of Tokyo）	人文发展中心 （Center for Evolving Humanities）
64		立命馆大学 （Ritsumeikan University）	日本艺术与文化数字人文中心 （Digital Humanities Center for Japanese Arts and Cultures）
65	中国	武汉大学	数字人文研究中心
66		南京大学	数字人文研究中心
67		南京大学	数字人文创研中心
68		曲阜师范大学	数字人文研究中心
69		南京农业大学	数字人文研究中心
70		中国人民大学	数字人文研究院
71		南京师范大学	数字与人文研究中心
72		上海大学	数字人文研究与发展中心
73		上海师范大学	数字人文研究中心
74		北京大学	数字人文研究中心
75		台湾"中研院"历史语言研究所 （Institute of History and Philology, Academia Sinica, Taiwan）	数位文化中心 （Academia Sinica Center for Digital Cultures）
76		台湾大学 （Taiwan University）	数位人文研究中心 （Research Center for Digital Humanities）

表3 高校数字人文实验室列表

序号	国别	高校	实验室
1	美国	里士满大学 （University of Richmond）	数字学术实验室 （Digital Scholarship Lab）
2		得克萨斯大学奥斯汀分校 （University of Texas at Austin）	数字书写和研究实验室 （Digital Writing&Research Lab）
3		南加州大学 （University of Southern California）	人文与关键代码研究实验室 （Humanities and Critical Code Studies Lab）
4		麻省理工大学 （Massachusetts Institute of Technology）	超级实验室 （HyperStudio）
5		麻省理工大学 （Massachusetts Institute of Technology）	新加坡—麻省理工学院 GAMBIT 游戏实验室 （Singapore - MIT GAMBIT Game Lab）
6		汉密尔顿学院 （Hamilton College）	数字人文倡议 （The Digital Humanities Initiative）
7		耶鲁大学 （Yale University）	数字人文实验室 （Digital Humanities Lab）
8		斯坦福大学 （Stanford University）	斯坦福人文实验室 （Stanford Humanities Lab）
9		哈佛大学 （Harvard University）	人文 2.0 实验室 （Humanities 2.0）
10		北卡罗来纳大学教堂山分校 （University of North Carolina at Chapel Hill）	数字创新实验室：卡罗莱纳数字人文 （Digital Innovation Lab: Carolina Digital Humanities）
11		加州大学戴维斯分校 （University of California - Davis）	加州大学戴维斯实验室 （The UC Davis ModLab）
12		肯塔基大学 （University of Kentucky）	人文计算研究合作实验室 （Collaboratory for Research in Computing for Humanities）
13	法国	蔚蓝海岸大学 （Université Côte d'Azur）	数字人文实验室 （Digital Humanities Lab）
14	加拿大	维多利亚大学 （University of Victoria）	电子文本文化实验室 （Electronic Textual Cultures Lab）
15		韦仕敦大学 （Western University）	文化分析与数字创新实验室 （The CulturePlex Laboratory）
16		道格拉斯学院 （Douglas College）	道格拉斯学院数字文化实验室 （Douglas College Digital Cultures Lab）
17		阿尔伯塔大学 （University of Alberta） 麦克马斯特大学 （McMaster University）	TAPoR 词汇分析实验室 （TAPoR Lexical Analysis Laboratory）

续表3

序号	国别	高校	实验室
18	新西兰	坎特伯雷大学 （University of Canterbury）	坎特伯雷大学艺术数字实验室 （UC Arts Digital Lab）
19	英国	伦敦国王学院 （King's College London）	国王数字实验室 （King's Digital Lab）
20	荷兰	格罗宁根大学 （University of Groningen）	数字人文实验室 （Digital Humanities Lab）
21	俄罗斯	圣光机大学① （ITMO University）	数字人文实验室 （Digital Humanities Lab）
22	罗马	马克思·普朗克艺术史研究所 （Max Planck Institute for Art History）	赫茨亚纳图书馆数字人文实验室 （Digital Humanities Lab of the Bibliotheca Hertziana）
23	澳大利亚	澳大利亚国立大学 （Australian National University）	数字人文实验室 （Digital Humanities Lab）
24	瑞士	洛桑联邦理工学院 （École Polytechnique Fédérale de Lausanne）	数字人文实验室 （Digital Humanities Lab）

二、国外数字人文学术成果发展情况

数字人文期刊是发布数字人文研究成果的主要途径，是推广数字人文这一交叉学科领域的重要方式。1966年以来，国外共创建了19本面向数字人文领域的期刊。截至2022年底，其中17本仍在运营中，2本已休刊。绝大多数国外数字人文期刊发文语言为英文，也有部分期刊发表德语、西班牙语、意大利语、匈牙利语的数字人文论文。近五年来（2018—2022），国外数字人文期刊的发文总量达到了1,565篇。下面依次介绍国外数字人文期刊的基本情况。

表4　国外数字人文期刊列表

期刊名	期刊运营年份	期刊语言	2018—2022年发文量
Language Resources and Evaluation	1966年至今	英语	203
Digital Scholarship in the Humanities	1986年至今	英语	81

①圣彼得堡国立信息技术、机械与光学研究型大学（Санкт-Петербургский государственный университет информационных технологий, механики и оптики），简称圣光机大学。

续表4

期刊名	期刊运营年份	期刊语言	2018—2022年发文量
International Journal of Humanities and Arts Computing	1994年至今	英语	69
Digital Studies/Le champ numérique	1996年至今	英语	60
Digital Medievalist	2003年至今	英语	20
Digital Humanities Quarterly	2007年至今	英语	241
Journal of Digital Humanities	2011—2014年	英语	0
Journal of the Text Encoding Initiative	2011年至今	英语	35
Frontiers in Digital Humanities	2014—2021年	英语	49
Journal of Data Mining and Digital Humanities	2014年至今	英语	63
International Journal for Digital Art History	2015年至今	英语	58
Journal of the Japanese Association for Digital Humanities	2015年至今	英语	23
Journal of Cultural Analytics	2016年至今	英语	93
Zeitschrift für digitale Geisteswissenschaften	2016年至今	德语、英语	87
Revista de humanidades digitales	2017年至今	西班牙语、英语	95
Umanistica Digitale	2017年至今	意大利语、英语	157
Digitális Bölcsészet/Digital Humanities	2018年至今	匈牙利语	57
International Journal of Digital Humanities	2019年至今	英语	44
Journal on Computing and Cultural Heritage	2020年至今	英语	130

Language Resources and Evaluation（《语言资源与评价》）期刊创办于1966年，是历史最为悠久的数字人文期刊。期刊原名为*Computers and the Humanities*（《计算机与人文学科》）。创立初期，旨在刊载将计算机方法应用于人文学科研究的重要新进展，致力于推广在考古、艺术史、历史、语言、文学、音乐和表演艺术领域使用计算机技术辅助的研究，以及数字文本、数据库、图像、声音、视频和多媒体的创建方法和应用。改名之后，该刊专注于语言资源的获取、创建、注释和使用，以及语言资源和相关应用程序的评估方法。语言资源主要指以机器可读形式呈现的语言数据和描述，用于辅助和增强语言处

理应用，例如书面或口语语料库、词典、本体等，以及用于获取、准备、注释、管理、定制和使用它们的基本软件工具。该刊被科学引文索引扩展版（SCIE）收录，2022年影响因子为2.7，五年影响因子为2.3。2018至2022年发文量为203篇。

Digital Scholarship in the Humanities（《人文学科的数字学术》）期刊由文学和语言计算协会（*Association for Literary and Linguistic Computing*, ALLC）创建于1976年，原名为*Literary and Linguistic Computing*（《文学和语言计算》）。创立初期主要刊载作者归属、风格、含义、文本处理、语言学和词典计量学相关的论文。2015年，期刊主办者数字人文组织联盟（ADHO）和欧洲数字人文协会（EADH）决定将期刊改为现名称，并接收所有人文学科的数字学术研究，以及所有与数字人文相关领域的学术研究成果，包括理论、方法、实验和应用研究相关的长篇论文和短篇论文，以及书籍和资源的评论。该刊被社会科学引文索引（SSCI）收录，2020年影响因子为0.894，2021年影响因子为1.299，2022年影响因子为0.8。2018至2022年发文量为81篇。

International Journal of Humanities and Arts Computing（《国际人文与艺术计算期刊》）于1994年创办，是一本开放获取的期刊，致力于刊发艺术与人文计算领域的研究。该期刊专注于概念性和理论性方法，同时也特别关注分析先进信息技术如何促进对艺术与人文传统主题的学术理解的案例研究和论文。该刊被艺术与人文科学引文索引（Arts & Humanities Citation Index）收录，近五年（2018—2022）发文量为69篇。

Digital Studies/Le champ numérique（《数字研究/数字领域》）是由加拿大数字人文学会（Canadian Society for Digital Humanities/Société Canadienne des Humanités Numériques, CSDH/SCHN）主办的开放获取学术期刊，创办于1996年。该刊着重关注技术与人文研究的交汇点，包括技术在文化、历史和社会问题上的应用，及这些应用的社会和制度背景、数字人文领域的历史和发展等。该刊尤其鼓励发表着眼于全球、多元文化、多语言环境下数字人文实践问题的论文，很少发表数字对象的批评性文章（如游戏批评、文学批评，仅在特刊的情况下发表）。2018至2022年发文量为60篇。

Digital Medievalist（《数字中世纪学家》）是面向中世纪学领域的数字人文期刊，创建于2003年，是开放获取的刊物。该刊主要发表原创研究论文、理论文章、技术笔记、评论、项目报告、书评，论文主题不一定专注于中世纪，但应为中世纪学学者感兴趣的数字化相关主题。该刊近五年（2018—2022）发文量为20篇。

Digital Humanities Quarterly（《数字人文季刊》）创办于2007年，由计算机与人文协会（Association for Computers and the Humanities, ACH）和数字人文组织联盟共同主办，主题涵盖数字媒介在人文学科中的应用。作为同样由数字人文组织联盟主办的期刊，开放获取的*Digital Humanities Quarterly*与非开放获取的*Digital Scholarship in the Humanities*形成了互为补充的局面。该刊发表的论文包括学术论文、案例研究、领域报告、社论、交互媒体实验，以及对书籍、网站、新媒体艺术装置、数字人文系统和工具的评论。2018至2022年发文量为241篇。

Journal of Digital Humanities（《数字人文期刊》）是由罗伊·罗森茨威格历史与新媒体中心（Roy Rosenzweig Center for History and New Media, RRCHNM）的PressForward项目进行的学术交流实验所发起的，旨在出版最有趣和创新的数字人文学术"灰色"文献。期刊创办于2011年，定位为内部实验性出版物，在完成了为研究机构提供创办交叉学科"灰色"文献期刊经验的使命后，于2014年休刊，未来计划复刊继续推广数字人文研究成果。

Journal of the Text Encoding Initiative（《文本编码倡议期刊》）创办于2011年，是文本编码倡议联盟（Text Encoding Initiative Consortium）的官方期刊。该刊主要出版每年一次的文本编码倡议会议和会员大会的论文集，以及关于电子文本编辑的最新报告、TEI编码的当前趋势和TEI的新应用案例的特刊。此外，该刊也发表介绍文本编码倡议与其他领域合作和探讨技术标准在数字人文中作用的论文，包括数字学术编辑、语言分析、语料库创建、大规模数字化、语义网络研究等。2018至2022年发文量为35篇。

Frontiers in Digital Humanities（《数字人文前沿》）是一本开放获取的期刊，发表计算机科学和人文学科交汇的所有研究领域的前沿论文，例如数字历

史、大数据等。期刊创建于2014年，于2021年休刊，2018年至2021年发文量为49篇。

Journal of Data Mining and Digital Humanities（《数据挖掘与数字人文期刊》）由法国国家科学研究中心（Centre National de la Recherche Scientifique, CNRS）、法国国家农业食品与环境研究院（Institut national de recherche pour l'agriculture, l'alimentation et l'environnement, INRAE）和国家计算机与自动化研究所（Institut national de recherche en informatique et en automatique, INRIA）联合主办。该刊关注计算机科学与人文学科之间的交叉，所发表的论文涵盖数据可视化、信息检索、统计学、文本挖掘等，开展超越传统人文学科范畴的研究。期刊创办于2014年，2018至2022年发文量为63篇。

International Journal for Digital Art History（《国际数字艺术史期刊》）创办于2015年，是一本开放获取的数字艺术史同行评议期刊，每年论文下载量超过2万次。该刊旨在收集世界范围内数字艺术史领域的前沿研究，并促进关于艺术史和信息科学主题的讨论，致力于激发数字艺术史学科未来发展方向的讨论，并构建跨国、跨学科的学者和从业人员网络。2018至2022年发文量为58篇。

Journal of the Japanese Association for Digital Humanities（《日本数字人文协会期刊》）由日本数字人文协会（Japanese Association for Digital Humanities, JADH）主办。该刊创建于2015年，收录论文的学科非常广泛，包括信息科学、哲学、宗教学、文学、语言学、艺术学、人类学、历史学、地理学、法学、政治科学、社会学、心理学、教育学等。2018至2022年发文量为23篇。

Journal of Cultural Analytics（《文化分析期刊》）是一本专注于文化计算研究的开放获取期刊，创办于2016年，旨在促进高质量地将计算和量化方法应用于文化对象（文本、音频、图像）、文化过程（阅读、聆听、搜索、分类、等级排序）和文化主体（艺术家、编辑、制片人、作曲家）的学术研究。该刊要求论文结合深入的理论、计算机专业知识以及特定领域的基础，提出引人深思的观点，探讨文化的运作方式，并显著扩大传统研究的范围，将人文、社会和计算科学相互融合。该刊近五年（2018—2022）发文量为93篇。

Zeitschrift für digitale Geisteswissenschaften（《数字人文期刊》）是2016年由德语区数字人文协会（Digital Humanities im deutschsprachigen Raum）创办的聚焦于数字人文领域的主题和讨论的开放获取电子期刊。该刊论文语言以德语为主，同时也发表部分英文论文。2018至2022年发文量为87篇。

Revista de humanidades digitales（《数字人文期刊》）由西班牙国家远程教育大学（Universidad Nacional de Educación a Distancia, UNED）、阿根廷科学技术研究国家委员会（Consejo Nacional de Investigaciones Científicas y Técnicas, CONICET）和墨西哥国立自治大学（Universidad Nacional Autónoma de México, UNAM）共同主办，创建于2017年，主要出版西班牙语和英语的数字人文论文，2018至2022年期刊发文量为95篇。

Umanistica Digitale（《数字人文》）是意大利数字人文协会（Associazione per l'Informatica Umanistica e la Cultura Digitale）于2017年创办的开放获取期刊。期刊论文接收范围十分广泛，涵盖了从社会科学中计算模型的理论和方法基础，到在人文领域开发和应用计算系统和数字工具，从研究互联网文化中的新现象，到分析科学交流和研究基础设施变化的内容。2018至2022年发文量为157篇。

Digitális Bölcsészet/Digital Humanities（《数字人文/数字人文》）创办于2018年，是由巴科尼·盖萨基金会（Bakonyi Géza Alapítvány）和罗兰大学（University of Eötvös Loránd）早期匈牙利文学系主办的开放获取期刊。该刊致力于为匈牙利的计算机辅助人文学研究的成果提供出版场所。近五年来（2018—2022）发文量为57篇。

International Journal of Digital Humanities（《数字人文国际期刊》）创建于2019年，专注于数字媒体以及人文学科中数字研究方法的发展、应用和反思，关注数字人文学的历史、当前实践和理论。该期刊发表原创研究文章和评论，涉及的主题包括数字文化遗产、档案数字化、数据可视化、信息检索、统计分析、大数据、自然语言处理、命名实体识别、主题建模、文本挖掘、数字学术编辑、语义网技术、网络理论、3D建模、数字可视化、数字人文教学等。近五年来（2018—2022）发文量为44篇。

Journal on Computing and Cultural Heritage（《计算机与文化遗产期刊》）致力于发表与信息和通信技术在文化遗产应用相关的论文，创刊于2020年，是目前最年轻的国外数字人文期刊。该刊被"科学引文索引扩展版"（SCIE）收录，2022年影响因子为2.4。该刊主要接收证明创新技术在文化素材的发现、分析、解释和展示方面的应用，阐明文化遗产领域应用计算技术所面临的挑战，或是提出计算机科学中的新研究机会的论文。

总体来说，在19本国外数字人文期刊中，英文期刊创办早、数量多，处于主导地位。其他语言的期刊创办时间较晚，在2016至2017年才开始创建，且每种语言目前只有一本刊物。相较于国外数字人文刊物，中文数字人文期刊创办时间晚一些，但是数量比德语、西班牙语、意大利语、匈牙利语数字人文期刊多，体现了中文数字人文研究社群较高的活跃度。在刊发论文的主题方面，国外期刊除数字技术在各国、各民族古典文学、历史、古文字研究中的应用外，也刊载基于数字技术分析流行文化的论文，以及数字技术与政治学、经济学、社会学相交叉的论文，涉及的主题和方向较为丰富多样。相比之下，中国数字人文期刊刊发的论文较多集中在古汉语、中国历史、中国文学等方向，对于中国流行文化的分析以及数字人文批判思考方面的论文较少。

三、国外数字人文的实践探索

国外数字人文实践丰富多彩，稳步发展。本报告将重点介绍项目、平台、数据集和工具集等方面的发展概况，并与国内情况进行简要对比。

（一）国外数字人文项目、平台和数据集

数字人文项目类型多样，包括但不限于文化遗产的数字化、文本和图像分析、历史数据的可视化及交互式数字媒体应用。ADHO的年度评奖展示了这些项目在创新、学术贡献和技术应用方面的杰出表现，反映了数字人文的多元化和产生的深远影响。这些项目不仅推动了人文学科的数字化转型，还在全球范围内促进了文化遗产的保护和传播。

数字人文的发展趋势指向更深层次的跨学科融合、技术创新和全球化合

作。随着人工智能、大数据分析等技术的发展，数字人文将在文本挖掘、语义分析等领域取得更大突破。同时，数字人文项目将更注重文化多样性和全球视角，推动不同文化背景下的学术交流与合作。此外，数字人文的普及和教育将成为重点，通过在线平台和教育项目普及人文学科的数字化知识和工具。

美国在数字人文领域拥有众多机构和研究项目，其数字人文机构数量占全球总数的约一半，为数字人文领域的领军者。欧洲国家，特别是德国、法国、瑞士、意大利等，拥有相当数量的数字人文机构，约占全球总数的五分之一。欧洲在数字人文研究中也扮演着重要的角色，反映了该地区在跨学科研究和文化遗产保护方面的关注。

国外数字人文项目建设起步早，发展相对成熟，涵盖了历史、文学、艺术、哲学等众多领域，数字人文不仅改变了这些学科的研究方式，也促进了新理论和方法的发展，积累了较为丰富的项目建设经验。

在文学研究领域，TextGrid项目，专注于文学文本的数字化编辑和分析，展示了文学作品的数字化处理和跨学科研究。在历史学领域，Old Bailey Online项目，提供18世纪伦敦刑事审判的详细记录，展现了历史数据的数字化和分析。在艺术学领域，张弘星的"中国图像志索引典"是一个重要项目，它集中了对中国艺术作品的广泛数字化索引和分析，展示了艺术史研究的数字化转型。在语言学领域，Digital Latin Library项目，致力于拉丁文献的数字化，展示了古典语言和文献的现代应用。在数字记忆领域，"欧洲时光机"项目致力于数字化地重现欧洲历史和文化遗产，这一项目对于研究历史文化背景提供了新视角，尤其是其最新的进展，加强了对历史进行重建的深度和广度。

在数字人文平台方面，数字人文平台的全球建设在近年来取得了显著的发展。这些平台不仅为研究人员提供了独特的数字工具和资源，还促进了跨学科的协作，推动了人文学科的方法论和认识论的变革。

欧洲在数字人文领域的努力特别突出，其项目大多集中在历史文献的数字化、文化遗产的保存和可访问性的提高。例如，"欧洲数字人文学会"（EADH）平台致力于支持计算在语言和文学研究中的应用，并随着计算技术在人文领域的增长和相关性扩大，其成员的兴趣也相应拓展，包括文本分析、语言语料库、历史、艺术史、音乐、手稿研究、图像处理和电子版等多个领域。

北美地区的数字人文项目比较侧重于技术创新和数据分析。例如，多个大学和研究机构开发了各种工具和平台，以支持文本分析、数据可视化和在线协作。这些工具和平台在促进学术研究的同时，也为公众提供了深入了解和参与人文研究的机会。如由美国的罗伊·罗森茨威格历史和新媒体中心（Roy Rosenzweig Center for History and New Media）开发的向全球用户提供开放访问的文化遗产资源Omeka平台、美国的加州大学圣塔芭芭拉分校开发的为学术界和创作者提供一个强大的数字出版工具的Scalar平台等。

亚洲的数字人文平台则往往更加注重本地和区域性文化遗产的数字化和研究。在这个区域，许多项目专注于本地语言文献的数字化，以及通过数字化手段保存和促进本地文化的传播。

在数字人文数据集方面，国外数字人文领域开发了很多内容丰富的数据集，用于支持各种人文科学研究。这些数据集包括文本、图像、音频、视频和元数据等，覆盖了历史、文学、文化、艺术和其他领域。以下是一些著名的国外数字人文数据集。

（1）Europeana：Europeana是一个涵盖欧洲各个国家和文化机构的数字文化遗产数据集，它包含了数百万个文档、图像、音频和视频，涵盖了多个领域的内容。可以支持多语言搜索，适用于教育和研究用途，提供高质量的数字化材料，方便用户在线访问和学习欧洲文化遗产。

（2）HathiTrust Digital Library：HathiTrust Digital Library是一个庞大的数字图书馆合作项目，旨在保存和提供访问大量数字化书籍和文档。它汇集了来自世界各地图书馆的内容，拥有超过1,700万卷图书和期刊，涵盖各种语言和学科。HathiTrust提供全文搜索功能，使读者能够快速找到特定书籍或文章。此外，它还支持不同格式的内容访问，包括PDF和适应平板电脑阅读的格式，满足不同用户的阅读需求。作为一个学术资源，HathiTrust对学者、研究人员和学生尤其有用，它不仅保留了难以找到的稀有文献，还提供了广泛的现代学术资源。此外，HathiTrust还致力于长期保存数字内容，确保这些宝贵的资源能够得到持续的保护和利用。

（3）Digital Public Library of America（DPLA）：DPLA是一个数字化图书馆项目，提供了数百万个开放访问的文档、图像和音频资源，覆盖了美国的历史和文化。DPLA提供强大的搜索工具和互动展览，使用户可以轻松探索和发现历史文档和艺术品。它还通过API和数据集支持创新，使研究者和开发者能够利用这些资源。DPLA旨在普及知识，促进教育和文化保护，使公众更容易获取和利用这些丰富的文化资源。

（4）The Library of Congress Digital Collections：美国国会图书馆的数字集合包括了各种文档、照片、地图、音频和视频，涵盖了美国历史的多个方面，其主要目的是提供对这些重要历史文档和收藏品的数字化访问。这些数字化的手稿收藏以不同格式的数字图像形式提供，并附有描述性信息、相关文章和论文。

（5）The British Library Digital Collections：英国国家图书馆的数字集合包括了珍贵的文献、地图、音频和图片资源，用于支持文献和历史研究。

（6）Chronicling America：Chronicling America是一个数字化的历史报纸集合，由美国国家数字报纸项目（NDNP）赞助，是美国国家人文基金会（NEH）和国会图书馆之间合作的成果。该集合提供了自1770年至1963年间出版的历史报纸页面的搜索功能。其中包含来自美国几乎所有州区的数百万报纸页面。此外，它还提供了有关历史报纸的信息，并定期更新以添加新内容。

这些数据集为数字人文研究者、学者和公众提供了丰富的资源，支持文献研究、历史研究、文化分析和其他人文科学研究领域。这些数据集通常以开放访问的形式提供，使研究者能够自由获取和使用这些宝贵的数字文化遗产。

国外数字人文数据集具有多样性和广度，覆盖了多个国家和文化领域。这些数据集内容多样、规模庞大，通常涉及多国之间的合作，吸引了全球范围内的文化机构和研究者。相比于国外的数据集，我国数字人文数据集在内容上更侧重于中国的文化和历史，包括中国的古代文献、文物、历史地理信息等，反映了我国数字人文学者保护和传承中国丰富文化遗产的努力；在体量上通常较小，近年来若干较大规模的数据集正在酝酿和启动。

（二）国外数字人文工具集

国外数字人文领域存在许多强大的工具，用于支持文本分析、数据可视化、数字展示和数字出版等数字人文研究活动。以下是一些著名的国外数字人文工具。

（1）Jupyter Notebook：Jupyter Notebook是一个开源的交互式计算环境，广泛用于数据分析、文本挖掘和可视化。它支持多种编程语言，包括Python、R和Julia，是数字人文研究中常用的工具。

（2）MALLET：MALLET（MAchine Learning for LanguagE Toolkit）是一个用于文本挖掘和主题建模的工具包。它可以帮助研究者分析大规模文本语料库，发现文本中的主题和模式。

（3）Voyant Tools：Voyant Tools是一个用于文本分析和可视化的在线工具，支持关键词分析、主题建模和文本可视化。它适用于数字人文研究中的文本分析任务。

（4）Omeka：Omeka是一个数字展示和文档管理平台，用于创建数字化展览和在线档案。它为研究者、博物馆和图书馆提供了一个方便的工具，用于展示和共享数字文化遗产。

（5）Scalar：Scalar是一个数字出版平台，支持多媒体数字出版物的创建和在线展示。它强调灵活性和互动性，用于创建富有多样性的数字出版物。

（6）OpenRefine：OpenRefine是一个用于数据清洗和转换的开源工具。它可以帮助研究者整理和规范数字化数据，以支持数字人文研究和分析。

（7）Gephi：Gephi是一个开源的网络分析和可视化工具，用于研究复杂网络结构。它适用于数字人文研究中的网络分析任务。

（8）Neatline：Neatline是一个数字展示工具，专为地理和时间相关的数字化项目设计。它支持地图和时间线的集成，用于探索地理信息和历史事件。

（9）Voyageur：Voyageur是一个用于地理信息可视化和故事叙述的工具，用于创建互动性地理信息项目，特别适用于历史和地理学研究。

（10）HTRC Data Capsule：HathiTrust Research Center（HTRC）的Data Capsule是一个用于处理版权文本和分析版权受限文献的工具，支持数字人文研究中的文本挖掘任务。

总体上看，国外数字人文工具的功能度和成熟度较高，经过多年的发展和改进，对数字人文研究与实践提供了广泛的支持，包括文本分析、网络分析、数字展示、地理信息系统等。这些工具通常具有较高的可扩展性和定制性，能够满足研究者的不同需求。近年来，国内数字人文工具开发有明显进展，有效支持了中国文化遗产的数字化保护和学术研究。但是这些工具的功能和成熟度需要更多的时间来发展和验证，开源工具的使用和社区支持也需要更多时间来建立和推进。

四、国外数字人文教育发展状况

发展数字人文教育对培养数字人文未来人才十分重要。截至2023年6月，国外共有30个国家的142所大学开展了数字人文学士、硕士、博士教育或其他教育项目，横跨欧洲、北美洲、南美洲、非洲、大洋洲五大洲（图1）。其中开展数字人文本科教育的有25所大学、硕士教育81所大学、博士教育16所大学，开展数字人文课程、证书项目等其他教育项目的有72所大学。图1为各个国家开展数字人文教育的大学数量。其中，美国开展数字人文教育的大学最多，达到22所；德国其次，有20所大学开展数字人文教育；法国第三，有15所大学开展数字人文教育。由于开展数字人文教育的国家和大学较多，下面依次介绍各大洲主要国家的情况。详细统计见表5。

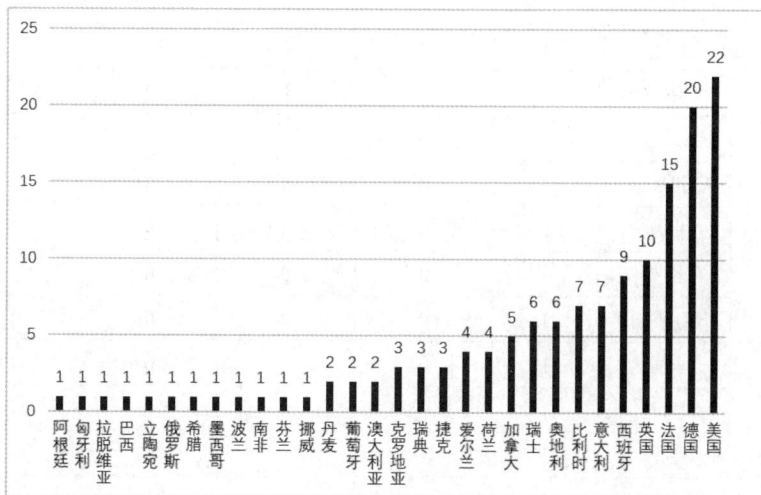

图1　外国开展数字人文教育的大学数量

表5　国外高校开展数字人文教育情况统计

大洲	国家	高校总数	学士项目高校数	硕士项目高校数	博士项目高校数	其他项目高校数
欧洲	德国	20	7	15	0	7
	法国	15	1	12	0	3
	英国	10	1	9	3	5
	西班牙	9	1	7	0	1
	比利时	7	0	4	0	5
	意大利	7	2	4	3	3
	奥地利	6	0	2	0	6
	瑞士	6	2	5	3	4
	爱尔兰	4	1	3	3	0
	荷兰	4	1	3	0	1
	捷克	3	0	0	0	3
	克罗地亚	3	0	0	0	3
	瑞典	3	0	2	0	3
	丹麦	2	0	1	0	1
	葡萄牙	2	0	0	1	2
	波兰	1	0	0	0	1
	俄罗斯	1	0	1	0	1
	芬兰	1	0	1	0	1
	拉脱维亚	1	0	1	0	0
	立陶宛	1	0	0	0	1
	挪威	1	0	0	0	1
	希腊	1	0	0	0	1
	匈牙利	1	0	0	0	1
南美洲	阿根廷	1	0	0	0	1
	巴西	1	0	0	0	1
非洲	南非	1	1	1	0	0
大洋洲	澳大利亚	2	2	1	1	1

续表5

大洲	国家	高校总数	学士项目高校数	硕士项目高校数	博士项目高校数	其他项目高校数
北美洲	美国	22	6	5	1	13
	加拿大	5	0	3	1	2
	墨西哥	1	0	1	0	0

（一）欧洲各国数字人文教育发展情况

欧洲开展数字人文教育整体较早，开展数字人文教育的国家有德国、法国、英国、西班牙、比利时、意大利、奥地利、瑞士、爱尔兰、荷兰、捷克、克罗地亚、瑞典、丹麦、葡萄牙、波兰、俄罗斯、芬兰、拉脱维亚、立陶宛、挪威、希腊、匈牙利。下面主要介绍数字人文教育较为发达的德国、法国、英国、西班牙、比利时五国的情况。

在德国，有20所开展数字人文教育的大学，其中达姆施塔特工业大学（Technische Universität Darmstadt）、哥廷根大学（Georg-August-Universität Göttingen）、科隆大学（Universität zu Köln）、莱比锡大学（Universität Leipzig）、慕尼黑大学（Ludwig-Maximilians-Universität München）、特里尔大学（Universität Trier）和维尔茨堡大学（Julius-Maximilians-Universität Würzburg）已构建起数字人文本硕一体化培养项目。德国也有许多大学招收博士开展数字人文研究，但尚未形成系统性的数字人文博士项目。哥廷根大学的数字人文文学双学士项目（Bachelor of Arts in Digital Humanities 2-Fächer）学制为三年，授课语言为德语，学生需修满180欧洲学分互认体系（European Credit Transfer System, ECTS）学分。项目课程由66学分数字人文专业课程+66学分其他专业课程+36学分通识课组成。哥廷根大学的数字人文文学硕士项目学制为两年，授课语言为英语。莱比锡大学的数字人文理学学士项目（Bachelor of Science in Digital Humanities）学制为三年，学生需修满180ECTS学分。项目课程由110学分必修课+60学分选修课+10学分研究项目组成。莱比锡大学的数字人文理学硕士项目学制两年，共120ECTS学分，授课语言为德语和英语。维尔茨堡大学的数字人文文学学士项目由维尔茨堡大学的德国语言学研究所（德国研究）和哲学系（历史、语言、文化和地理科学）负责开设，学制为三年，学生需修满180ECTS学分。维尔茨堡大学的数字人文文学硕士项目学制为两年，学生需修满120ECTS学分。

法国有15所大学开展数字人文教育，其中多数大学仅开设了数字人文硕士项目，仅有索邦大学（Sorbonne Université）一所学校开设了数字人文本科项目。其中勃艮第—弗朗什孔泰大学（Université Bourgogne Franche-Comté）开设了珍本与数字人文硕士项目（Master Rare Book and Digital Humanities），致力于培养珍本交易和珍本数字化保护方面的人才。项目学制两年，80%的课程为英语授课，20%的课程为法语授课。索邦大学开设了文学—计算机科学双学士学位项目（DOUBLE LICENCE Lettres - Informatique），学制3年，学生需修满180ECTS学分。项目旨在培养文学方面的计算机科学家和计算机科学方面的文学专家，致力于让学生平衡发展数学、计算机科学、算法、数据处理和编程领域以及法国文学、法语和比较文学领域的技能。

英国也是较早开展数字人文教育的国家之一，目前有10所大学开展数字人文教育，其中剑桥大学（University of Cambridge）和伦敦大学学院（University College London）开设了数字人文硕士和博士项目，而伦敦国王学院（King's College London）已实现本硕博一体化培养模式的构建。剑桥大学英语学院开设一年制的数字人文哲学硕士项目（Master of Philosophy in Digital Humanities），主要讲授数字人文途径和方法，以及数据和算法分析。剑桥大学的数字人文博士项目由英语学院运营，分为全日制和非全日制两种，全日制项目学制三到四年，非全日制项目学制四到七年。伦敦大学学院的数字人文文学硕士项目和数字人文理学硕士项目由信息学系运营，为一年制项目。伦敦国王学院开设了数字媒体与文化文学学士项目（Bachelor of Arts in Digital Media and Culture），学制为三年，同时还开设了数字人文文学硕士项目，全日制学制为一年，非全日制学制为两年。伦敦国王学院数字人文系提供数字人文博士项目，全日制博士项目为三年制，非全日制博士项目为六年制。每位博士生有两位导师，博士生需要每六个月提供进度报告。

西班牙目前有9所大学开展了数字人文教育，其中7所大学建设了数字人文硕士学位项目，仅有马德里卡洛斯三世大学（Universidad Carlos III de Madrid）一所学校开设了数字人文本科学位项目。马德里卡洛斯三世大学开设了科学、技术与人文（Science, Technology and Humanities）学士学位项目。巴塞罗那大学（Universitat de Barcelona）和巴塞罗那自治大学（Universitat Autònoma de Barcelona）均开设了一年制数字人文硕士项目，学分为60ECTS，其中巴塞罗那大学项目授课语言为西班牙语，巴塞罗那自治大学项目授课语言为90%西班牙语和10%英语。

比利时有7所大学开展数字人文教育，其中安特卫普大学（Universiteit Antwerpen）、根特大学（Universiteit Gent）、荷语布鲁塞尔自由大学（Vrije Universiteit Brussel）、荷语天主教鲁汶大学（Katholieke Universiteit Leuven）开设了数字人文硕士项目。荷语鲁汶天主教大学目前开设了数字人文理学硕士项目（Master of Science in Digital Humanities），为全英文授课，60ECTS学分，并提供部分奖学金。安特卫普大学提供一年制的数字文本分析硕士项目（Master of Digital Text Analysis），学生需要修满60ECTS学分。项目涉及的技术教学内容包括数据分析、自然语言处理、机器学习等。

（二）北美洲各国数字人文教育发展情况

北美洲开展数字人文教育的国家有美国、加拿大和墨西哥。

美国开展数字人文教育的大学最多，有22所，其中北卡罗来纳大学教堂山分校（University of North Carolina at Chapel Hill）、得克萨斯大学奥斯汀分校（University of Texas at Austin）、科罗拉多大学博尔德分校（University of Colorado Boulder）、佛罗里达大学（University of Florida）、哈佛大学（Harvard University）、加州大学伯克利分校（University of California, Berkeley）、加州大学洛杉矶分校（University of California, Los Angeles）、麻省理工学院（Massachusetts Institute of Technology）、明尼苏达大学德卢斯分校（University of Minnesota Duluth）、纽约大学（New York University）、耶鲁大学（Yale University）、芝加哥大学（University of Chicago）仅开设了数字人文课程、研究项目和短期教学项目，罗彻斯特理工学院（Rochester Institute of Technology）、密歇根州立大学（Michigan State University）、锡拉丘兹大学（Syracuse University）仅开设了数字人文学士项目，佛罗里达州立大学（Florida State University）、纽约市立大学（City University of New York）、塔夫茨大学（Tufts University）、芝加哥洛约拉大学（Loyola University Chicago）、杜克大学（Duke University）仅开设了数字人文硕士项目，而斯坦福大学（Stanford University）同时开展数字人文学士辅修学位和培训课程，伊利诺伊理工大学（Illinois Institute of Technology）同时开设了数字人文本科和博士项目。塔夫茨大学开设了前现代研究的数字工具文学硕士学位（Master of Arts in Digital Tools for Premodern Studies），学制两年，有全日制和非全日制两种模式，旨在让学生获得更深入的人文知识，并在研究和教学中应用数字技术方法。斯坦福大学开设了20学分的数字人文本科辅修学位项目（Minor in Digital Humanities），以及两年制的数字人文研究生证书（Graduate Certificate in the Digital Humanities）培训项目。伊利诺伊理工大学开设了数字人文理学学士项目和科技与人文博士项目（Ph.D. in Technology and Humanities）。博士项目需修满72个学分，研究领域包括传播与媒体研究、语言学、技术传媒、哲学、历史等。

　　加拿大共有5所大学开展数字人文教育，其中多伦多大学（University of Toronto）和卡尔顿大学（Carleton University）仅开设了数字人文课程和研究项目，阿尔伯塔大学（University of Alberta）和麦吉尔大学（McGill University）仅开设了数字人文硕士项目，而英属哥伦比亚大学（University of British Columbia）同时开设了数字人文硕士和博士项目。阿尔伯塔大学开设了数字人文文学硕士项目，学制为两至三年。麦吉尔大学提供数字人文特设文学硕士（Ad Hoc Master of Arts in Digital Humanities），学制为两年。英属哥伦比亚大学开设了两年制的数字人文文学硕士项目和四年制的数字人文博士项目。

　　墨西哥仅有蒙特雷理工学院（Tecnológico de Monterrey）一所大学开设在线数字人文硕士项目（Master in Digital Humanities Online），旨在培养能够以批判性视角和人文意识在技术和人文学科之间建立联系的专业人员，学制为两年，共六个学期。

（三）南美洲各国数字人文教育发展情况

南美洲开展数字人文教育的国家有阿根廷和巴西。

阿根廷科技情报中心（Universidad de Ciencias Empresariales y Sociales）开设了数字人文硕士证书课程（Diplomatura en Humanidades Digitales），课程为在线授课，时长6个月，25节课。该证书课程旨在向学生介绍数字人文学科的中心主题和研究方向，提供计算方法和工具方面的专业知识，并开辟与定量和算法研究、学术和教育相关的新视角。

巴西的巴西利亚大学（Universidade de Brasília）社会史实验室（Laboratório de História Social）开设了葡萄牙殖民美洲背景下的历史制图（Cartografia histórica no contexto da América Lusa）和社会历史与信息技术（História Social e Informática）两门数字人文课程。两门课程分别讲解了数字背景下的历史制图和人口统计学、社会网络分析等社会史常用的技术方法。

（四）非洲各国数字人文教育发展情况

非洲开展数字人文教育的国家仅有南非。

南非的夸祖鲁·纳塔尔大学（University of KwaZulu-Natal）开设了数字艺术（Digital Arts）学士和硕士项目，旨在培养新一代数字和新媒体艺术家。学士项目由八个模块组成，分别为数字媒体简介、数字艺术概论、应用数字艺术、电影研究、高级数字艺术1、高级数字艺术2、20世纪艺术、视觉文化与理论、数字理论。硕士项目由四个模块组成，分别为数字艺术工作室1、数字艺术工作室2、关键方法论、研究论文。

（五）大洋洲各国数字人文教育发展情况

大洋洲方面，澳大利亚有两所大学开展数字人文教育，分别为阿德莱德大学（University of Adelaide）和澳大利亚国立大学（Australian National University）。阿德莱德大学开设了数字人文本科学位，学生可选择24学分的主修学位或18学分的辅修学位。澳大利亚国立大学在本科层面开设了数字人文主修和辅修学位，在硕士层面提供数字人文与公共文化硕士项目（Master of Digital Humanities and Public Culture）和数字人文哲学硕士项目，在博士层面开设了数字人文博士项目。

　　与世界其他发达国家相比，中国数字人文学位教育发展还处在初期阶段，开展数字人文教育的高校数量较少，且缺乏面向海外学生的用英语授课的数字人文学位项目，国际化程度较低。然而，在建设数字人文本硕博一体化培养体系方面，中国处于领先地位，中国人民大学成为继伦敦国王学院、澳大利亚国立大学、洛桑大学之后世界上第四个成功开展数字人文本硕博培养项目的大学。与世界其他发展中国家相比，中国数字人文学位教育发展较快，在世界发展中国家里处于领先地位，这与中国数字人文学术研究的快速发展是密不可分的。在数字人文暑期学校开展方面，中国处于世界领先地位，有多所高校开设了数字人文暑期学校与工作坊，数量较外国更多，这是对中国数字人文学位教育的很好补充。

五、国外数字人文研究动态

　　分析国外数字人文研究动态，有助于了解国际数字人文研究的发展趋势，预测数字人文未来发展情况。总体上讲，国外数字人文研究以文本和文学分析为主，随着大数据、多模态等技术的出现，针对地图、视频、音乐等其他模态内容的研究正在蓬勃发展。通过检索2023年在国外数字人文期刊和国际数字人文大会上发表和展示的文献，以及对相关论文进一步的阅读和分析，我们总结出以下国外数字人文研究领域的动态：文体学、音乐和视频分析、计算文学研究、社会网络分析、自然语言处理、地理空间分析，并以在2023国际数字人文大会上作报告的论文为例分别详细阐述。

　　文体学，又称风格学，旨在研究文本的表现手段和表达方式。数字人文中的文体学研究主要使用计算机、统计学和人工智能技术，对大量文本进行分析，以揭示文本作者的写作风格及其演化过程。前沿研究主题包括对机器翻译的文本进行风格分析，探究不同语言文学翻译的风格，以及分析多位作者合作写作的作品的风格特征。例如，Jan Rybicki在2023国际数字人文大会报告的"Can Machine Translation of Literary Texts Fool Stylometry?"一文探究了机器翻译的文学作品是否能够保持与原作相似的风格，通过比较10位法国作家的文学作品的人类英译版和机器英译版，作者发现人类英译版和机器英译版的风格相似度较高，且机器英译版作品之间的相似度能够与法文原版作品相似度基本保持一致，这体现了风格学与机器翻译技术的融合。

音乐和视频研究致力于使用数字技术保存和分析音频和视频。数字人文中音乐的研究热点包括构建音乐本体，基于音乐编码倡议（Music Encoding Initiative, MEI）开展乐谱数字化，分析音乐节拍、旋律、和弦特征等。这些分析有助于将人类丰富的音乐资源以数字化形式保存。与视频相关的数字人文热点研究问题包括分析视频特征、视频元数据、电影风格流派等，旨在深入挖掘视频艺术的主题和内涵。例如，Clarisse Bardiot等人在2023国际数字人文大会报告的论文"Eulalie: A Documentary System for the Collaborative Preservation of Electroacoustic Music Based on the Doremus Ontology"构建了一个开放获取的电子原声音乐（electroacoustic music）信息系统Eulalie，该系统基于Doremus本体，并针对电子原声音乐的特点构建了数据库系统，以保存电子原声音乐作品。

计算文学研究旨在使用数字技术对文学作品进行分析和挖掘。计算文学是一个快速发展的数字人文子领域，学者研究的前沿问题包括对文学作品原始手稿进行光学字符识别，构建文学数据库，创建文学本体和元数据，使用计算机技术分析文学作品中的用词、情感、人物塑造，探究跨文化的文学现象，分析某类文学作品随年代变化的情况等。数字化技术为文学研究带来了巨大的机遇和挑战，通过数字人文的方法和工具，我们可以更深入地理解文学作品的内涵和价值。例如，Leonard Konle等人在2023国际数字人文大会报告的论文"Factors of Literary History: The Case of German-language Poetry (1850-1920)"使用逻辑回归方法分析哪些因素对1850至1920年德语诗歌中的情感表达产生影响，并发现写作时代、作者性别、作品类别等因素会影响情感表达。

社会网络分析将人际关系和各种主体之间的关系抽象表现为网络，并运用一系列数学和统计方法对网络进行分析。数字人文学者目前致力于对政治人物社会网络、文学中的词语网络、文学评论家网络、同人小说社区网络、艺术创作合作网络、学者合作网络、犯罪网络等人文社会科学中的网络展开分析，揭示这些社会网络中的领袖、小团体、信息传播路径等特征，并基于这些特征对特定事件开展研究。例如，Vayianos Pertsas等人在2023国际数字人文大会报告的"A Knowledge Graph for Humanities Research"一文基于社会网络分析和深度学习技术以及两万多篇人文学科论文构建了人文学科论文的知识图谱，这有助于构建更适合人文学者使用的论文搜索引擎。

自然语言处理旨在使用计算机技术构建模型来处理和分析文本。数字人文领域的前沿自然语言处理研究主题十分多样。通过构建情感分析模型，可以识别和理解文本中的情感倾向，使计算机能够识别文本中的情绪、情感和观点。通过构建文本分类和聚类模型，可以对大量文本进行分类和标注。通过对不同语言设计命名实体识别、关系抽取、语义角色标注模型，可以识别文本中的实体、关系和语义结构，使计算机能够理解文本的含义和上下文信息。这对于后续的语义分析、信息提取和知识图谱构建具有重要意义。此外，也有学者关注自然语言处理领域技术学者和人文学者存在对话困难的问题，旨在建立一系列机制加深双方的互相理解。例如，Heidi Jauhiainen等人在2023国际数字人文大会报告的"Automatic Word Segmentation for Egyptian Hieroglyphic Texts"一文构建了一个基于多种计算机技术的古埃及象形文字文本分词系统，以帮助古埃及学家更好地对古埃及象形文字文本展开研究。

地理空间分析旨在对地形、城市空间和建筑进行数字化研究。数字人文领域的地理空间研究致力于从地理和空间的角度对物体和事件进行重构和分析，热点主题包括对古代城市进行四维重建，还原城市在历史上的面貌；对文学作品中的人物活动轨迹开展分析，探究轨迹中体现的人物特征和作者写作意图；建设古代地图数据库，便于人文学者开展研究。例如，Andreas Niekler等人在2023国际数字人文大会报告的论文"Marco Polo's Travels Revisited: From Motion Event Detection to Optimal Path Computation in 3D Maps"使用自然语言处理方法提取出《马可·波罗游记》中的地名词和动词，并基于卫星图像和历史地理信息系统三维还原了马可·波罗的旅行路线。

总体来说，中国数字人文研究动态与国外情况较为类似，特点主要表现在各国数字人文的研究问题多关注本国和本民族文化，体现了学者所属的不同国家的文化特征。世界范围内数字人文研究的多元视角，以及日益丰富的理论、方法和技术为中国数字人文研究展现了广阔的前景。近年来，中国学者在国外数字人文期刊和会议的发文数量越来越多，逐渐深入地融入数字人文发展的世界潮流中。

第四部分

中国数字人文年度专题聚焦

AI技术在数字人文领域中的应用

杨建梁 （中国人民大学信息资源管理学院）

夏翠娟 （上海图书馆、中国人民大学信息资源管理学院）

黄思诗 （中国人民大学信息资源管理学院）

张茜雅 （中国人民大学信息资源管理学院）

赵　璇 （中国人民大学信息资源管理学院）

引　言

在当今信息技术快速发展的时代背景下，数字人文与人工智能（AI）技术的融合已成为学术研究和项目实践的一个重要趋势。这一融合不仅推动了传统人文学科的转型，还为人文研究提供了新的视角和方法。本报告旨在深入探讨AI技术在数字人文领域的应用，分析其对人文学科研究的影响，以及展望AI技术在未来数字人文研究中的潜力和发展方向。

数字人文作为一门新兴学科，致力于利用数字技术处理、分析、阐述和呈现人文现象的特征与脉络。随着计算技术的不断进步，数字人文已经从初期的资料分析到使用复杂的数据分析和可视化技术，很大程度上改变了传统人文学科的研究方法和范围。同时，AI技术，尤其是机器学习和深度学习，为处理大规模人文数据提供了强大的工具，使得研究人员能够揭示数据中隐含的模式和关联，从而对人文现象和历史事件进行更深入的分析和理解。

面对融合的趋势，本报告尝试对AI技术在数字人文领域中的应用进行分析和展望。基于AI技术与数字人文发展历程的平行与交叉，报告探讨了AI技术在数字人文领域的具体应用，包括数据处理、分析方法的智能化，以及数字人文呈现的丰富性。基于此，本报告提出了AI工程在数字人文领域实际应用的实施要点，包括事前分析、数据策略、模型构建与优化和结果评估与工具化。最后，报告展望了生成式AI技术在数字人文领域的潜在应用，及其可能带来的变革和机遇。本报告旨在系统性地分析AI技术在数字人文领域的应用特点，探讨其对人文学科研究的影响，以及为未来的跨学科研究提供理论和实践指导。通过本报告，笔者希望为数字人文领域的发展贡献新的思路和视角。

一、AI 技术在数字人文领域的应用之"理"

（一）AI 应用的基本逻辑

数字人文领域的迅速发展与人工智能技术的融合，不仅推动了传统人文学科的方法论革新，也为大规模数据处理和深度分析提供了新的可能性。在此背景下，理解AI在数字人文领域应用的基本逻辑，就成为了理解AI技术应用于当代数字人文研究与实践的关键。本报告旨在从四个维度来探讨此逻辑：规模驱动、机器主体、客观可解及人机可交互。

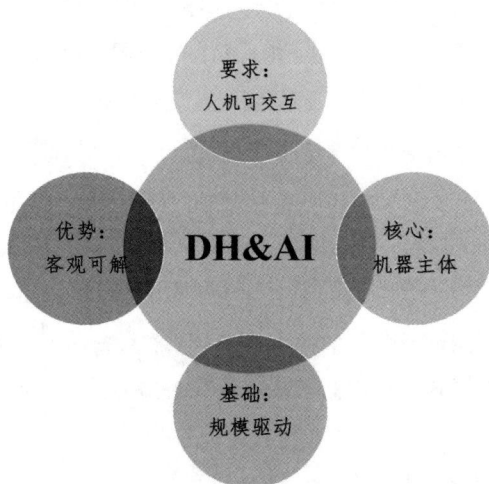

图 1　AI 技术在数字人文领域应用逻辑的构成维度

规模驱动是数字人文领域的基础特征，也是AI应用的内驱力。在传统的人文学科中，研究者通常专注于对有限数量文献或资料的精读和解读。然而，数字人文学科的出现打破了这一模式，研究对象扩展到了大规模的图书、报刊、档案、照片等资料。这种规模的扩大不仅增加了信息量，也提出了对数据处理和分析方法的新需求。例如，"远读"（Distant Reading）概念就是为了应对这种大规模数据的分析而提出的，它倡导通过计算方法来分析大量文本，而不是传统的逐字逐句的精读。

机器主体是AI应用的核心特征。与传统的工具使用不同，AI技术在数字人文研究中不仅仅是辅助工具，更是分析的主体。这一变化意味着机器在处理和分析数据时，不仅仅是执行预设的命令，更是在进行决策和判断。例如，在基于AI的资料分类、古籍命名实体识别、图像目标检测等领域中，AI技术的应用使得机器能够自动化地处理和分析大量数据，提高了研究效率和准确性。

客观可解是AI在数字人文领域中的一个重要优势。数字人文学科自诞生起就强调方法论的科学性和客观性，即其应用的过程和结果都应当是可以被复现的。AI技术的引入进一步增强了这一特点。通过算法和程序的运用，相同的研究方法可以在不同研究者手中产生一致的结果，从而保证了研究的客观性和可靠性。

人机可交互是AI应用的一项重要要求。目前，尽管AI技术在处理大规模数据和进行复杂计算方面表现出色，但其可解释性仍然是一个挑战。很多高级的AI模型虽然性能卓越，但其决策过程对人类而言往往是一个黑箱。因此，在数字人文领域中，提升人机交互的水平，使研究者能更好地理解AI的决策依据和逻辑，是非常必要的。这不仅有助于提升AI系统的透明度和可靠性，也使得研究者能更加深入地参与到研究过程中。

上述的四个维度共同构成了AI在数字人文领域应用的基本逻辑框架。规模驱动推动了研究对象的扩大和方法论的转变；机器主体的概念重塑了数据处理和分析的主体；客观可解确保了研究方法的科学性和可靠性；而人机可交互则是提升AI系统透明度和可解释性的关键。这些维度相互作用，共同推动了AI在数字人文领域的应用，也为未来的研究提供了新的方向和可能性。

（二）数字人文资源智慧化

数字人文研究与实践中的一个核心环节是实现数字人文资源的智慧化处理，建设"智慧数据"（Smart Data）[1]，而这一过程在很大程度上依赖于AI技术。数字人文资源智慧化的基础在于数字人文资源的数据化，即将机器难以识别的资料转换为机器可分析、计算的文本数据，并强调利用AI技术实现深度理解与分析，从数据中发现智慧。参考文档数据化的任务体系，数字人文资源数据化通常包括四个关键任务：转录识别、描述增强、关联构建和矢量处理[2]，这也是资源智慧化的核心内容。

转录识别是资源建设过程中的基础工作，旨在将非结构化的文档内容和元数据转换为机器可分析和计算的文本数据。在数字人文领域，许多文档资源如手稿、信件和早期印刷品等，常常是非标准化的文本格式，难以直接被计算机处理。AI技术，特别是基于深度学习的光学字符识别（OCR）和自然语言处理（NLP）技术，在此过程中起着至关重要的作用。通过这些技术，原先难以被机器读取的文档内容得以被转换为数字格式，进而存储于数据库中供后续分析使用[3]。此外，针对图像类型的资源而言，则可通过卷积神经网络实现图像目标检测[4]，为描述和揭示图像内部所含的有用信息奠定基础。在资源智慧化的实践中，文本的数据化基础大多为扫描的图像，而图像经识别与处理后又回归至对文本的进一步处理，因而二者通常交融存在。龙泉寺贤超法师团队开发的面向佛教古籍的OCR引擎是这方面的典型代表，其基于CNN+LSTM+CTC的深度学习框架，对《大藏经》的七万多张整图以及168万条文本行图像的数据集展开训练，成功实现面向古籍的单字识别、单列识别和半自动的多列识别，有效促进了各

---

①曾蕾、王晓光、范炜：《图档博领域的智慧数据及其在数字人文研究中的角色》，《中国图书馆学报》2018年第1期。

②杨建梁、刘越男、祁天娇：《文档数据化：概念、框架与方法》，《中国图书馆学报》2022年第3期。

③Donatella Firmani et al., "Towards Knowledge Discovery from the Vatican Secret Archives. In Codice Ratio-Episode 1: Machine Transcription of the Manuscripts," *Proceedings of the 24th ACM SIGKDD International Conference on Knowledge Discovery & Data Mining*, New York, USA, July 2018, pp. 263-272.

④周俊宇、赵艳明：《卷积神经网络在图像分类和目标检测应用综述》，《计算机工程与应用》2017年第13期。

类古籍的资源数据化工作。

描述增强关注资源的描述和标注，以提高其在机器中的可理解性。这一任务通常涉及 AI 对文档的内容和元数据进行深入的分析和标注。例如，利用文本分类和实体识别技术，AI 可以识别和标注文档中的关键概念[①]。通过这种方式，原本静态的文档数据得到了丰富的语义层面的增强，为后续的数据分析和知识发现奠定了基础。

关联构建是第三个关键任务，它着眼于通过 AI 技术揭示和建立资源之间的关联，从而促进知识的发现和提取。这一过程通常涉及知识建模、信息抽取、关联分析和知识融合等步骤。AI 技术在此过程中的应用使得原先分散在不同文档中的知识得以被综合起来，形成更加细粒度的知识表达，这对于理解复杂的人文现象和历史事件具有重要意义[②]。

矢量处理关注将文档资源转换为机器可计算分析的形式。这一任务的核心是通过 AI 技术对数据化后的文档进行特征工程或表示学习，将文档及其组成元素映射到向量空间中。这种向量化的表示使得文档、句子、词汇等可以被机器学习模型更有效地处理和分析，为后续的数据挖掘和知识发现提供了必要的基础[③]。

（三）数字人文方法智能化

随着人工智能技术在海量处理、语义理解、学习推理等方面的优势凸显，智能化的分析方法越来越多地被应用到数字人文领域，目前主要有文本情感分析、知识推理、知识问答等应用途径。

文本情感分析是自然语言处理中的一个子领域，是对具有情感倾向的主观文本进行抽取、分类及归纳推理的过程，在舆情监测、辅助决策、财经预测等

---

① 倪渊：《医疗知识图谱的构建及应用》，2018年12月8日，https://www.doc88.com/p-5416181142 5219.html，2023年9月4日。

② 雷洁等：《知识图谱驱动的科研档案大数据管理系统构建研究》，《数字图书馆论坛》2020年第2期。

③ Tomas Mikolov et al., "Distributed Representations of Words and Phrases and Their Compositionality," *Advances in Neural Information Processing Systems*, vol. 2, 2013, pp. 3111-3119.

领域均有较为成熟的应用。在数字人文领域，文本情感分析主要用于古诗词、小说等文学作品的情感挖掘和分析，通过基于深度学习的自然语言处理技术对文本的情感特征进行抽取和分类，在相关数据的支撑下对文学作品的情感倾向进行推断，有助于揭示传统文学作品研究中不易察觉的隐含情感，同时也可以弱化主观意图对于人文研究结论的影响。

知识推理是指基于知识库中现有的实体关系数据，通过计算机进行逻辑推断，从而发现新的知识[①]。在数字人文领域，知识推理可以从分散的、不同来源的人文数据中提取、连接并推导新的知识，其具体应用主要是利用知识图谱整合各种结构化和非结构化的文化资源，构建起一个互联的历史、文化和社会网络，然后通过知识推理发现新的、隐含的关联，可以用于生成新的假设或预测未来趋势，还可以使用知识推理验证历史事件的时间线和关系，自动修正与已知事实不一致的信息。

知识问答即基于知识的问答系统，结合自然语言处理、信息检索、数据挖掘等技术从知识库中提取答案，以回答用户提出的自然语言问题；随着大语言模型技术的发展，知识问答也将基于特定或通用领域预训练模型实现向智能问答的演化，以自动生成内容为研究提供参考。在数字人文领域，知识问答可基于数字人文知识库或相应预训练数据集实现知识的提取、整合与内容生成，如研究事实的基本检索、文艺作品等研究对象的解读分析、基于用户要求的内容生成等，以交互形式满足数字人文研究与教育的需求并提升效率。当前，典型应用场景之一为古典诗词的自动生成，如由南京农业大学团队构建的SikuGPT[②]，其核心流程在于首先通过《四库全书》及大量古典诗歌语料训练并优化预训练模型，其次基于模型生成不同风格的诗歌，最后对生成诗歌展开质量评价以验证模型性能并提供优化基础。

（四）数字人文呈现丰富化

数字人文呈现丰富化是指利用AI技术和其他相关技术，为数字人文领域的

---

① 刘峤等：《知识图谱构建技术综述》，《计算机研究与发展》2016年第3期。
② 刘江峰等：《AIGC助力数字人文研究的实践探索：SikuGPT驱动的古诗词生成研究》，《情报理论与实践》2023年第5期。

资源和内容提供更加多样化和沉浸式的呈现方式。目前，数字人文呈现丰富化主要体现在以下几方面。

第一，数字人的应用。亚运会开幕式中，1亿多名数字火炬手通过支付宝App参与了这一全球首次的数字人点火仪式；阿里研发的超写实数字人"厘里"[①]作为中国首位数字演员亮相。AI+数字人正在受到愈发广泛的关注和应用，大大扩展了传统人文活动的影响范围。

第二，虚拟现实（VR）和增强现实（AR）体验方面。"数字敦煌"项目借助VR技术和高清扫描，构建了智能化石窟文物数字化资源库；"再现圆明园"项目利用VR技术加之3D全景建模等对圆明园进行了虚拟再现；"南京地区侵华日军慰安所的AR故事地图"项目[②]利用GIS技术和AR技术，结合历史资料制成了AR故事地图；在水族古歌传承与保护[③]中，VR交互提供了一种带有现代数字科技含量的研究范式。

第三，数字重建和数字孪生方面。哈佛大学中国艺术实验室打造的"洛阳·幻城"线上展览[④]，以虚拟和仿真的方式复原了北魏洛阳城的重点建筑和整体风貌，结合互动游戏丰富了公众的理解和认知。意大利"AR-CIMUVE"项目[⑤]通过增强现实与三维模型的叠加实现虚拟环境、现实环境与科学知识深度融合，使得学生在参观遗迹时获得非线性的沉浸式学习体验。

第四，扩展现实（XR）方面。南京大学基于XR技术搭建的沉浸式五禽戏赏学系统，为普通用户了解学习非物质文化遗产提供了思路[⑥]。这类技术的发展

[①]《小美AI城带你畅游亚运会：数字人火炬手和虚拟数字人技术的惊艳表演》，2023年10月7日，https://finance.sina.com.cn/tech/roll/2023-10-07/doc-imzqhmri6245731.shtml，2023年10月15日。

[②]沈立力等：《汉语语境下数字人文项目分析与启示——2020年数字人文年会（DH2020）项目评选综述》，《图书情报工作》2021年第24期。

[③]潘光繁：《传承与创新：数字人文促进水族古歌的研究与应用》，《贵州民族研究》2023年第3期。

[④]"洛阳·幻城"线上展览，主页：https://digitalluoyang.com/cn.html。

[⑤]Corrado Petrucco, Daniele Agostini, "Teaching Cultural Heritage Using Mobile Augmented Reality," *Journal of e-Learning and Knowledge Society*, vol. 12, no. 3, 2016, pp. 115-128.

[⑥]李川、朱学芳、冯秋燕：《XR技术驱动下的非遗仿真数据服务方案探索》，《图书馆杂志》2023年第4期。

将有望使数字人文研究从平面走向立体，使用户从"旁观人文"向"走进人文"转变。

第五，数字叙事方面。牛津大学英语学院基于深度学习开发了莎士比亚交互叙事项目[1]，通过虚拟人物的交互式对话使学生深入理解其作品。清华大学的"九歌"人工智能诗歌写作系统结合多个诗歌生成模型，基于超过80万首人类创作的诗歌进行学习，能够自主进行诗歌创作，提高了公众对诗词创作的兴趣。

数字人文呈现丰富化能够提升数字人文资源的可视化、交互性、个性化和跨越边界的能力，使用户能够以多感官、个性化和交互性的方式体验和探索数字人文内容。

二、AI 工程在数字人文领域的应用之"道"

（一）事前分析

在数字人文领域应用人工智能之前进行详尽的事前分析是至关重要的。这样的分析不仅有助于确定AI应用的必要性和可行性，还可以确保资源得到有效利用，并最大程度地发挥AI技术的潜力。事前分析主要包括两个方面：AI应用的必要性分析和AI应用的可行性分析。

AI应用的必要性分析包括几个关键问题。第一，研究者需要判断使用AI解决资源数据化问题是否必要。在某些情况下，传统的数据处理方法可能足够有效，而面对大规模的人文资料，AI技术则可以提供更高效、更精确的处理方式。第二，研究者需要评估是否必须采用基于AI的分析方法。例如，在处理大规模文本数据或需要复杂模式识别的情况下，AI技术可能是首选。第三，研究者应考虑AI技术的应用是否能够使资料或数据的呈现更加丰富和多元。AI技术，特别是机器学习和深度学习，能够揭示数据中隐藏的模式和关系，从而为研究提供新的视角。

AI应用的可行性分析则涉及资源和环境因素。这包括评估是否有足够的训练AI的数据资源。AI模型的效果很大程度上取决于可用的训练数据的质量和数

---

[1] "WillPlay," https://www.english.ox.ac.uk/willplay, accessed on October 15, 2023.

量。数据的多样性、准确性和标注的详细程度都是重要考量因素。此外，还需要考虑是否有足够的AI算力。深度学习模型等先进的AI技术通常需要强大的计算资源。因此，研究者需要评估是否具备足够的硬件和软件资源来支持这些计算密集型的任务。最后，研究者应考虑场景是否符合AI的应用。不是所有的数字人文项目都适合应用AI技术，因此需要根据项目的特定需求和目标来决定是否采用AI。

事前分析对于成功应用AI技术至关重要。通过详细评估AI的必要性和可行性，研究者可以更有效地利用AI技术，同时避免不必要的资源浪费。此外，事前分析还可以帮助研究者设定明确的目标，选择合适的AI工具和方法，为整个项目的成功实施打下坚实的基础。随着AI技术在数字人文领域的不断发展和成熟，事前分析将变得越来越重要，为数字人文研究带来更多可能性和创新。

（二）数据策略

在人工智能工程中，尤其是在数字人文领域，数据集的构建是一个至关重要的环节。一个有效的数据策略不仅涉及数据集的规模和质量，还包括数据的注释方式、数据集的更新和维护机制。

高质量的数据集是AI应用取得成功的关键。在数字人文项目中，数据集通常包含大量文本、图像和其他类型的数据。这些数据需要准确的标注来训练AI模型。例如，在文本分析项目中，准确的标注可以帮助AI模型更好地理解语言的复杂性和文本的语义。在图像识别项目中，精确的标注则是进行有效识别的前提。因此，构建数据集时，需要有专业知识的人员对数据进行详细、准确的标注。人在回路（Human-in-the-loop）策略是数据集构建中的另一个重要方面。这种策略意味着在AI的训练和应用过程中，人类专家的参与是不可或缺的。专家不仅在数据标注过程中发挥作用，还在模型训练过程中提供必要的反馈，帮助调整和优化模型。这种策略特别适用于数字人文项目，因为这些项目通常涉及复杂的文化和历史背景，需要深厚的专业知识来指导AI模型的训练。主动学习（Active Learning）是一种高效的数据集构建策略。在这种策略中，AI模型被设计为能够识别自身不确定或性能不佳的数据点，并主动请求人类专家的反馈。这种方法可以有效地减少标注所需的劳动力和时间，同时确保数据集的质量。在数字人文领域，主动学习特别有价值，因为它可以帮助模型更快地适应特定的研究主题和数据类型。强化学习人类反馈（Reinforcement Learning from Human Feedback, RLHF）是AI训练的另一个创新方法。在这种方法中，AI模型不仅从数据集中学习，还通过与人类交互获得反馈，以此来调整其行为。这种方法对于数字人文项目尤其有益，因为它允许模型在理解复杂的人文内容和背景方面更加精确。对数字人文数据集进行持续的评估也是非常关键的。评估不仅涉及数据集的质量和完整性，还包括数据的多样性和代表性。在数字人文项目中，数据集需要涵盖广泛的时期、地区和文化，以确保AI模型的广泛适用性和准确性。此外，数据集的评估还应包括定期审查和更新，以确保数据的时效性和相关性。

数字人文领域的AI训练数据策略需要综合考虑数据的标注质量、人类专家的参与、主动学习方法的应用，以及强化学习中的人类反馈。通过这些策略，可以构建出高效、高质量的数据集，为数字人文项目中AI的应用打下坚实的基础。同时，持续的数据集评估也是确保长期成功和持续改进的关键。随着AI技术在数字人文领域的进一步发展，这些策略将变得越来越重要。

（三）模型构建与优化

在数字人文领域应用人工智能（AI）技术时，构建和优化AI模型是一个关键环节。这个过程不仅需要技术专家的参与，还需要考虑到项目的具体场景和问题，确保所选模型与研究目标相符。

与专业人员合作是模型构建的重要方面。在数字人文项目中，数据通常涉及复杂的历史、文化和语言特征。因此，合作伙伴的专业知识对于指导模型的构建至关重要。历史学家、语言学家和文化研究专家可以为AI模型提供必要的背景知识，帮助技术团队更好地理解数据的特点和研究的需求。此外，专业人员还可以参与数据标注和模型评估，确保模型的输出与专业标准和实际应用需求相符。

基于场景和问题选择的AI模型是重要前提。不同类型的AI模型适用于不同的任务和数据类型。例如，文本分析可能需要自然语言处理（NLP）模型，如BERT或GPT系列，而图像识别则可能需要卷积神经网络（CNN）。此外，考虑到数字人文项目的特点，选择能够处理大规模、非结构化数据的模型也非常重要。因此，在模型选择过程中，研究团队需要综合考虑数据的特性、研究的目标和技术的可行性。

充分训练AI模型是确保模型可用可靠的关键。在训练过程中，需要确保数据集的代表性和多样性，以避免偏差和过拟合。此外，采用适当的训练策略，如交叉验证和正则化，也非常重要。在数字人文项目中，由于数据的特殊性，可能还需要实施定制的训练方法，例如使用迁移学习来适应特定的文化和历史背景。

持续优化AI模型是确保模型长期有效的保障。在线学习等策略可以帮助模型适应新数据和不断变化的研究需求。通过在线学习，模型可以实时更新，以反映最新的研究成果和数据趋势。此外，模型优化还包括定期评估模型性能，以及根据评估结果调整模型参数和训练策略。持续的监测和优化可以帮助发现潜在的问题，如偏差和泛化能力不足，并及时进行调整。

模型构建与优化是数字人文领域应用AI的一个复杂过程，这一过程需要专业人员的深入参与、合适的模型选择、充分的模型训练，以及持续的模型优化。通过这些步骤，可以构建出高效、准确、适应性强的AI模型，为数字人文研究提供强大的技术支持。随着AI技术的不断发展，这些策略和方法将持续演进，为数字人文领域带来更多的创新和突破。

（四）结果评估与工具化

在数字人文领域应用人工智能工程时，结果评估和工具化是确保项目成功的关键环节。结果评估不仅涉及模型的效果和效率，还包括道德和体验方面的考量。同时，有效的工具化是将AI算法转变为实用工具，以支持数字人文研究和实践的重要步骤。结合相关数字人文研究和实践，结果评估可以分为效果评估、效率评估、道德评估和体验评估。

效果评估是对AI模型能力水平的全面评价。这包括使用经典的评估指标，如F1分数、召回率（Recall）、准确率（Precision）、均方误差（MSE）、平均倒数排序（MRR）和归一化折扣累积增益（NDCG）等。这些指标可以帮助研究人员理解模型在特定任务上的表现，例如在文本分析、图像识别或预测任务中的准确性和可靠性。在数字人文项目中，效果评估还应考虑到数据的特殊性质，如历史文本的复杂性和多样性。效率评估关注AI算法的运行效率。这不仅包括理论上的时间复杂度评估，还包括实际应用中的运行时间和资源消耗。特别是在处理大规模数字人文数据时，模型的运行效率直接影响到研究的可行性和效果。因此，定期评估和优化模型的效率是非常必要的。道德评估是确保AI应用符合道德标准的重要步骤。这包括检查AI模型的判断或生成结果是否存在偏见、是否可能泄露隐私或存在其他道德问题。例如，在分析历史文档或文化资料时，需要确保AI模型的输出不会误解或曲解原始材料的意义。同时，也需要确保AI处理数据的过程符合隐私保护和数据安全的标准。体验评估是评价AI算法在人机交互方面的表现。在数字人文项目中，良好的用户体验对于工具的实用性和接受度至关重要。这包括评估用户界面的友好程度、系统的响应时间和交互过程的直观性。有效的体验评估可以帮助项目团队改进工具，使其更易于使用，更符合用户的需求。"工具化"是AI算法应用的重要方面，意味着将AI算法转变为实际可用的工具或系统，以支持数字人文研究和实践。这包括将算法集成到用户友好的界面中，确保算法的稳定性和可靠性，并根据实际应用场景进行适配和优化。工具化的成功不仅取决于技术的高度发展，还取决于工具与数字人文研究者的实际需求和工作流程的契合程度。

结果评估和工具化是数字人文领域AI应用中不可或缺的环节。通过全面的效果、效率、道德和体验评估，可以确保AI模型的有效性和适用性。同时，将AI算法有效地工具化，使之成为数字人文研究和实践的有力支持，是实现AI在数字人文领域成功应用的关键。随着AI技术的不断进步，这些策略和方法将继续演进，为数字人文研究带来更多的可能性和创新。

三、生成式 AI 在数字人文领域的应用之 "未"

（一）生成式 AI 在数字人文中可能扮演的角色

生成式AI（Generative Artificial Intelligence）能够通过深度学习模型生成与人类创作相似的内容（如图像、文本等），能够对各种复杂和多样化的提示作出回应①。其底层技术由两部分组成，一是生成式技术，直接用于内容生成，如生成对抗网络和扩散模型；二是建构技术，虽然不能直接生成内容，但对于人工智能生成内容（AIGC）的发展至关重要，主要由主干架构（如Transformer）和自监督预训练（如BERT）组成②。生成式AI具备强大的内容生成能力，旨在模拟人的创造性思维，为用户提供更自然和高效的交互体验，在教育、游戏和元宇宙、社交媒体、广告、影视创作、音乐、绘画、程序开发、手机应用等领域都存在广阔的应用前景。目前的典型前端应用是OpenAI公司开发的人工智能聊天机器人ChatGPT，真正实现了完全自主的"人工智能内容生成"③。

其中，基于大语言模型的AIGC具备文本理解与生成、推理、自适应、交互与沟通、跨模态转换等能力，在数字人文研究领域具有广泛的应用场景。在人文资源建设阶段，大语言模型可用于繁体字转录识别纠错、语料库建设、实体识别、文本智能分类等业务场景；在研究人文资源时，可以利用大语言模型对海量文献的语义进行关联分析，推动人文研究的新发现；在数字人文的教育和传播方面，基于大语言模型的AIGC可以辅助生成教育内容，如历史文化解读、文言文翻译、个性化知识问答等形式，在节省人力成本的同时提供丰富的专业服务。

此外，生成式AI模型在图像生成和分析方面也展现出巨大潜能。研究者可以根据人文资料中的描述，使用图像生成模型重建历史场景和文物，使之在数字世界中"复活"，为学术研究提供直观的图像资料。这不仅可以帮助研究者更好地理解和描绘特定的历史时期或事件，也可以为公众提供更为沉浸式的学习体验。生成式AI还可以用于人文图像的处理与描述，如Cloudinary公司利用生成式AI实现了图像的自动修复、删除、填充、替换和描述④。

---

① Weng Marc Lim et al., "Generative AI and the Future of Education: Ragnarök or Reformation? A Paradoxical Perspective from Management Educators," *The International Journal of Management Education*, vol. 21, no. 2, 2023, DOI: 10.1016/j.ijme.2023.100790.
② Zhang Chaoning et al., "A Complete Survey on Generative AI (AIGC): Is ChatGPT from GPT-4 to GPT-5 All You Need?" *ArXiv*, March 2023, https://doi.org/10.48550/arXiv.2303.11717.
③ 冯志伟、张灯柯、饶高琦：《从图灵测试到ChatGPT——人机对话的里程碑及启示》，《语言战略研究》2023年第2期。
④ "Generative AI Demos," https://ai.cloudinary.com/, accessed on October 22, 2023.

（二）变革与机会

随着生成式AI技术的不断进步和应用，数字人文领域可能迎来一系列创新变革。

第一，生成式AI将帮助文化遗产的保护与重建，为公众提供更加沉浸的虚拟文化体验。 通过生成式AI和VR、AR、XR等技术，未来可以训练专门的城市建模神经网络，使其能从文字、图片中自动抽取城镇结构特征如道路、分区等信息进行三维重建，加之应用物理模拟让建筑表面材质和光影效果等细节更逼真，使公众以前所未有的视角"游览"历史城镇，为文物保护和城市规划提供参考；或让公众通过设备直接参与其中，增进公众的认知体验与文化感触。

第二，生成式AI将助推数字人文资源生成。 部分生成模型如GPT系列已经能产生较长、连贯的文本[①]；而在图像领域，生成对抗网络（GAN）技术能合成逼真的人像、场景图片，当前代表性项目有"The Next Rembrandt""The Painting Fool""The AI Song Contest"等。未来有望训练出专门的人文领域生成模型，根据现有资源库内的主题、时代风格等属性，自动生成与原资源属性相近的文本、图片等数字文献资源，进一步推动文化创作的多样性和创新性。

第三，生成式AI将赋能文物数字修复。 现有研究试图用GAN修复单个文物图像的局部损毁[②]，但难以还原大面积失传区域。未来有望收集大量完整的文物图像，和损毁文物图片组合，训练出专业的修复模型，利用损毁文物的局部线索自动完成更大范围的数字修复工作。此外，通过对相似文物的风格学习，模型甚至可能利用少量线索为已经完全失传的文物数字复原外形与细节。

第四，生成式AI将促进跨文化交流与理解。 早期研究试图应用神经MT方法于拉丁文与现代语言间的翻译，未来有望组织更多学者共同构建专业人文领域语料库，应用自适应MT和多语言预训练技术，训练出能较好翻译拉丁文、古希腊文等人文文献的专业模型。同时，随着NLP领域预训练模型的发展，未

---

① 曾建华：《人工智能与人文学术范式革命——来自ChatGPT的挑战与启示》，《北京师范大学学报（社会科学版）》2023年第4期。
② 曹建芳等：《基于循环生成对抗网络的壁画色彩修复算法》，《山东科技大学学报（自然科学版）》2023年第4期。

来系统可能通过对语境及相关背景的深度学习[①]，自动给出文章节选的详细注解，帮助读者更好地理解原文，从而极大促进珍贵历史文献的开放与传播，增进人们对其他文化的理解和尊重。

总之，生成式AI将极大推动数字文献资源的积累与应用，助力人文科研的自动化与智慧化，引领人文研究迈向一个前所未有的崭新时代。

结　语

人工智能技术的发展正在影响人类文明的进程。数字人文的兴起正在引发人文领域的变革。展望未来，我们可以预见人工智能技术在数字人文领域将不断深化其影响力，带来更加广泛的变革。随着AI技术的进步，特别是在自然语言处理、多模态模型和数据分析等方面的创新，数字人文将能够更加深入地挖掘和解读复杂的人文数据。这不仅将扩展人文学科的研究边界，还将促进新的研究方法和理论的产生，甚至推动数字人文研究范式的根本性改变，即从数据驱动的第四范式转向AI驱动的第五范式。研究将更多依赖于AI技术的深度理解与决策能力，基于其自学习、自适应的算法等，面向数字人文问题提供更加综合和智慧化的解决方案，为理解人类历史、文化和社会提供更加丰富的视角和更深层的洞察。

然而，AI技术在数字人文中的应用也存在一些局限和潜在风险。AI技术所依赖的训练数据仍不具有完全的代表性，或包含基于特定时期与历史文化背景的倾向，有待实现对于新数据的多元文化语境的充分理解与分析。同时，AI算法的复杂性和不透明性也对数据处理结果的可解释性、可验证性带来挑战，这一自动化过程也有待实现与人文学科所强调的主观性的深入分析与批判性思考等研究传统的有效结合。此外，数据隐私及伦理同样是不容忽视的问题。总而言之，AI技术在数字人文中的应用前景广阔，但也需要注意其不足与风险。实现AI在数字人文中良好应用的重点在于，在适应AI技术进步趋势和维护人文研究核心价值之间找到平衡。

[①] 马修·威尔肯斯、杨晓燕：《数字人文文化分析领域及大语言模型应用前景解析——马修·威尔肯斯博士访谈》，《数字人文研究》2023年第2期。

附　录

阅读导图

制图：夏翠娟　严承希　薛　雨

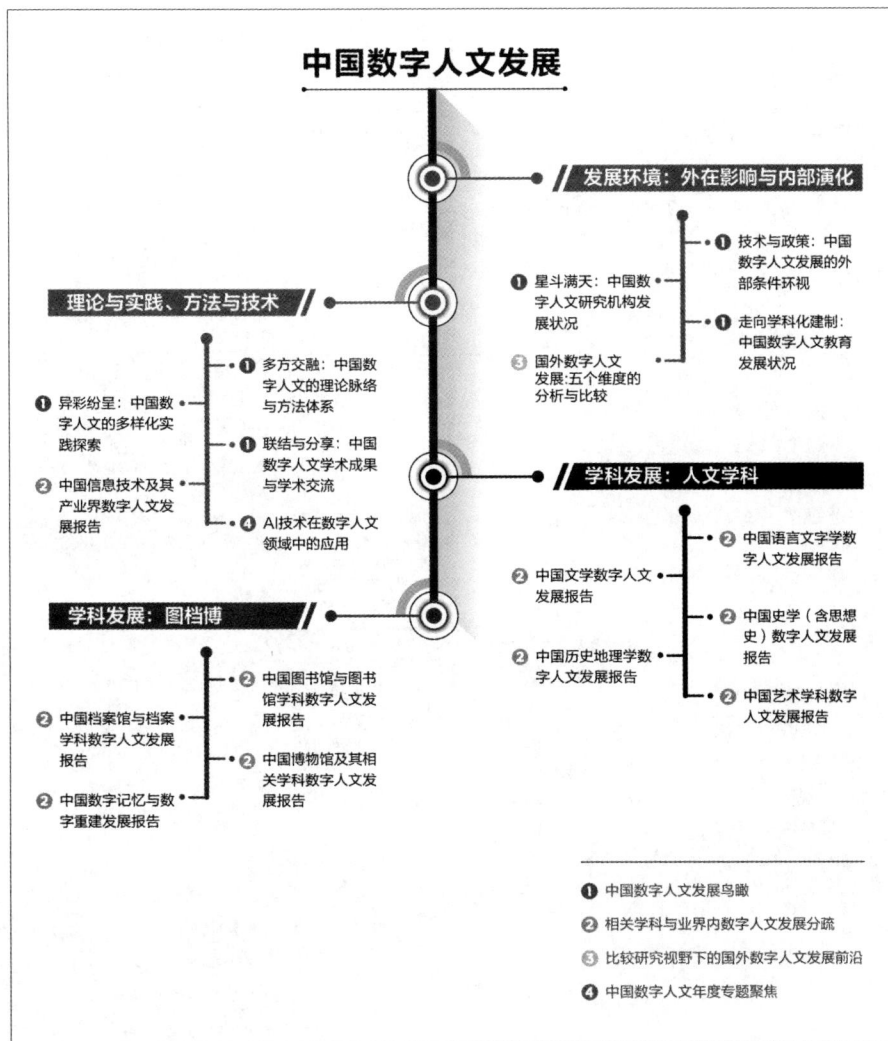

中国数字人文发展

发展环境：外在影响与内部演化

❶ 星斗满天：中国数字人文研究机构发展状况

❸ 国外数字人文发展·五个维度的分析与比较

❶ 技术与政策：中国数字人文发展的外部条件环视

❶ 走向学科化建制：中国数字人文教育发展状况

理论与实践、方法与技术

❶ 异彩纷呈：中国数字人文的多样化实践探索

❷ 中国信息技术及其产业界数字人文发展报告

❶ 多方交融：中国数字人文的理论脉络与方法体系

❶ 联结与分享：中国数字人文学术成果与学术交流

❹ AI技术在数字人文领域中的应用

学科发展：人文学科

❷ 中国文学数字人文发展报告

❷ 中国历史地理学数字人文发展报告

❷ 中国语言文字学数字人文发展报告

❷ 中国史学（含思想史）数字人文发展报告

❷ 中国艺术学科数字人文发展报告

学科发展：图档博

❷ 中国档案馆与档案学科数字人文发展报告

❷ 中国数字记忆与数字重建发展报告

❷ 中国图书馆与图书馆学科数字人文发展报告

❷ 中国博物馆及其相关学科数字人文发展报告

❶ 中国数字人文发展鸟瞰

❷ 相关学科与业界内数字人文发展分疏

❸ 比较研究视野下的国外数字人文发展前沿

❹ 中国数字人文年度专题聚焦

图 1　中国数字人文发展主题树

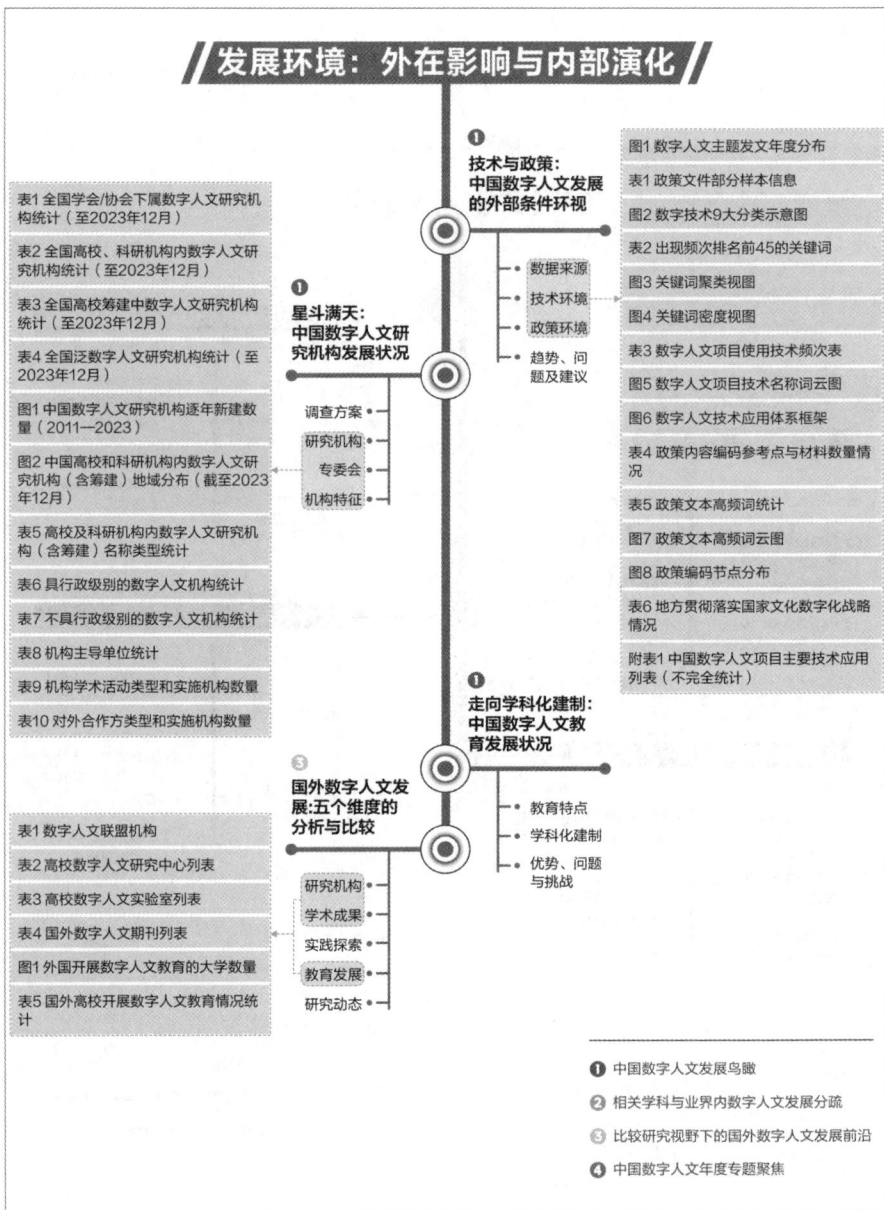

图 2　中国数字人文发展环境

理论与实践、方法与技术

❶ 多方交融：中国数字人文的
理论脉络与方法体系

- 学术史
- 学科概念
- 方法论

❶ 异彩纷呈：中国数字人文的
多样化实践探索

- 发展总览
- 基础设施
- 领域应用
- 实践模式
- 发展建议

❶ 联结与分享：
中国数字人文学
术成果与学术交流

- 学术成果
- 学术交流

图1 年度发文量走势

图2 论文资助基金分布

图3 发文机构分布

图4 数字人文研究热点时序图

表1 2005—2023 年数字人文研究高频
关键词

图5 数字人文研究学科分布

图6 数字人文论文发表高频期刊

表2 接收数字人文相关选题期刊

表3 五届中国数字人文年会概览（2019
—2023）

表4 北京数字人文工作坊2023议题

表5 "星火训练营"讲座内容（2021—
2023）

表6 中国获得国际数字人文奖的情况

❷ 中国信息技术
及其产业界数字
人文发展报告

图1 CNKI数字人文研究平台技术架构

表1 产品级平台、工具研发统计表

表2 数字人文项目定制化开发项目表

图2 汉王天地大模型九大基础能力

- 发展要点
- 最新进展
- 总结与展望

❹ AI技术在数字人
文领域中的应用

- 应用之"理"
- 应用之"道"
- 应用之"未"

图1 AI 技术在数字人文领域应用逻辑的
构成维度

❶ 中国数字人文发展乌瞰

❷ 相关学科与业界内数字人文发展分疏

❸ 比较研究视野下的国外数字人文发展前沿

❹ 中国数字人文年度专题聚焦

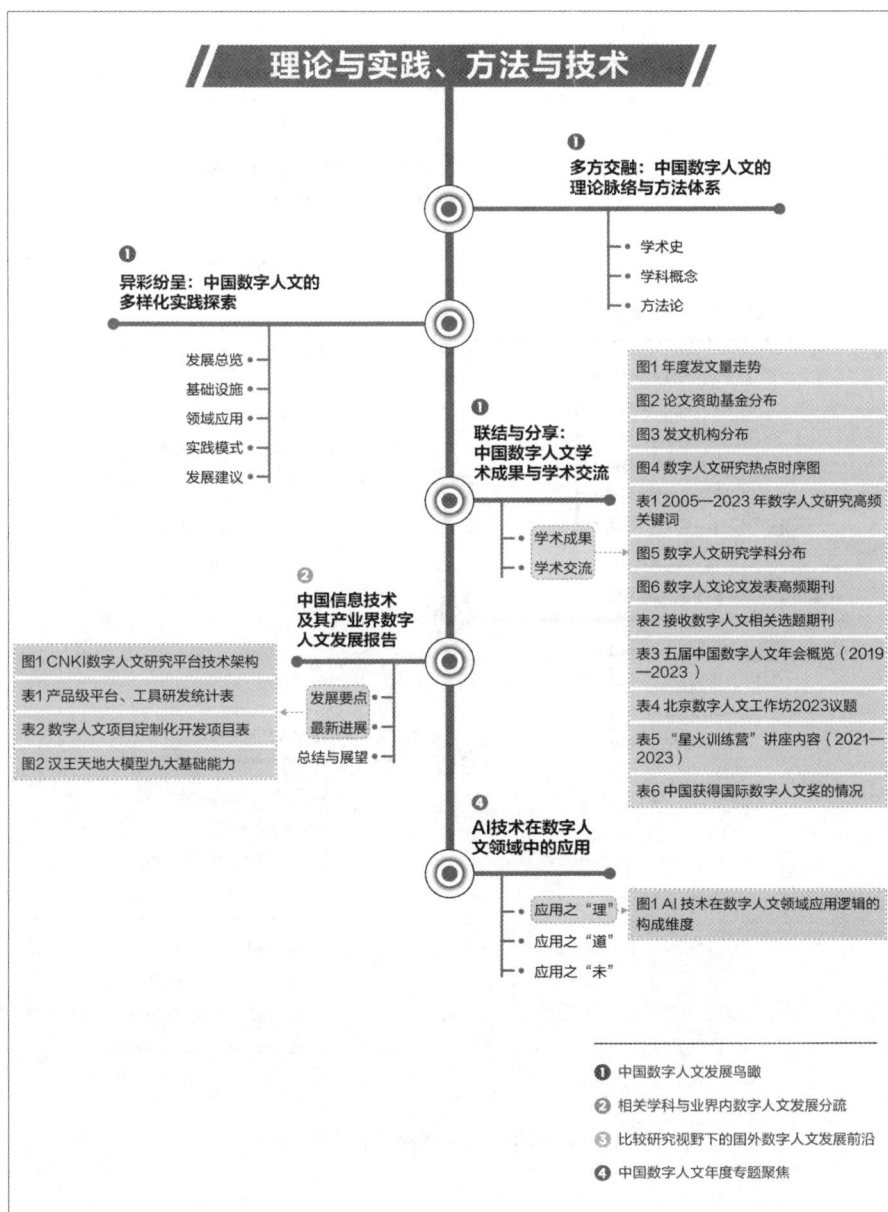

图 3　中国数字人文理论与实践、方法与技术

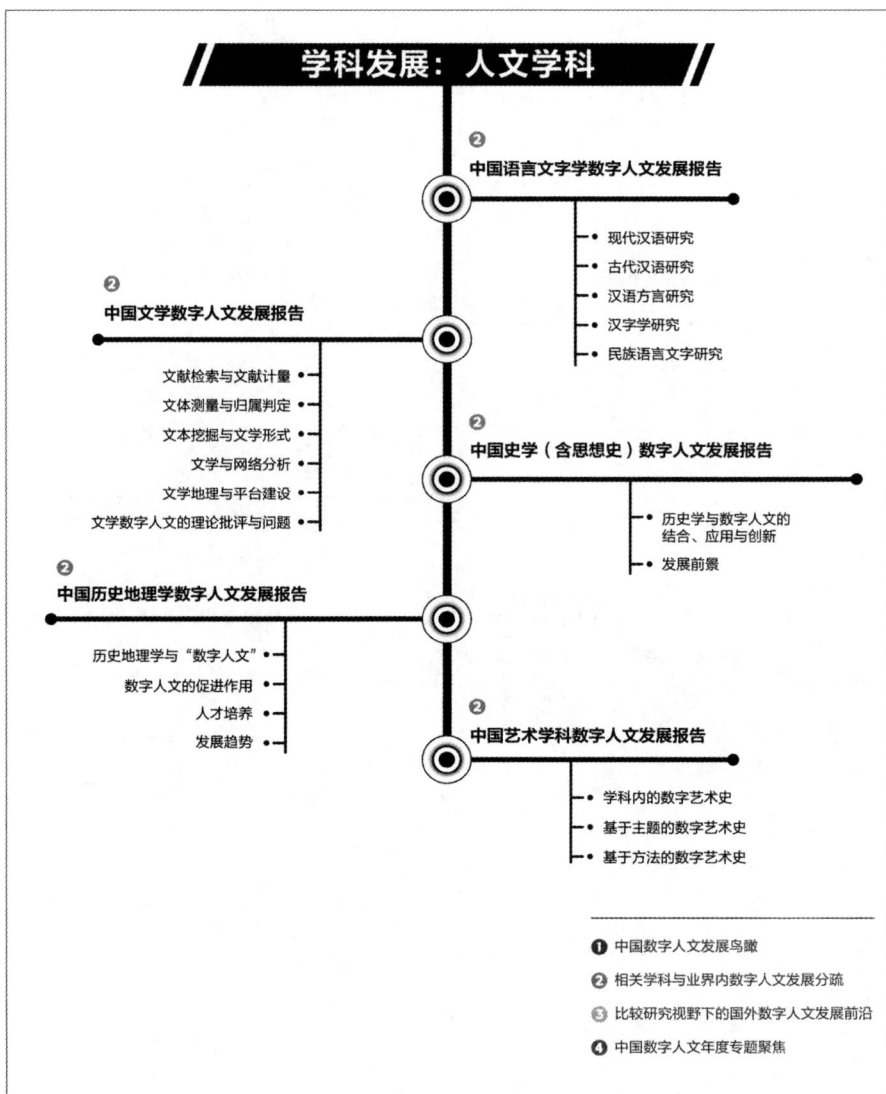

图 4　中国数字人文学科发展（人文学科）

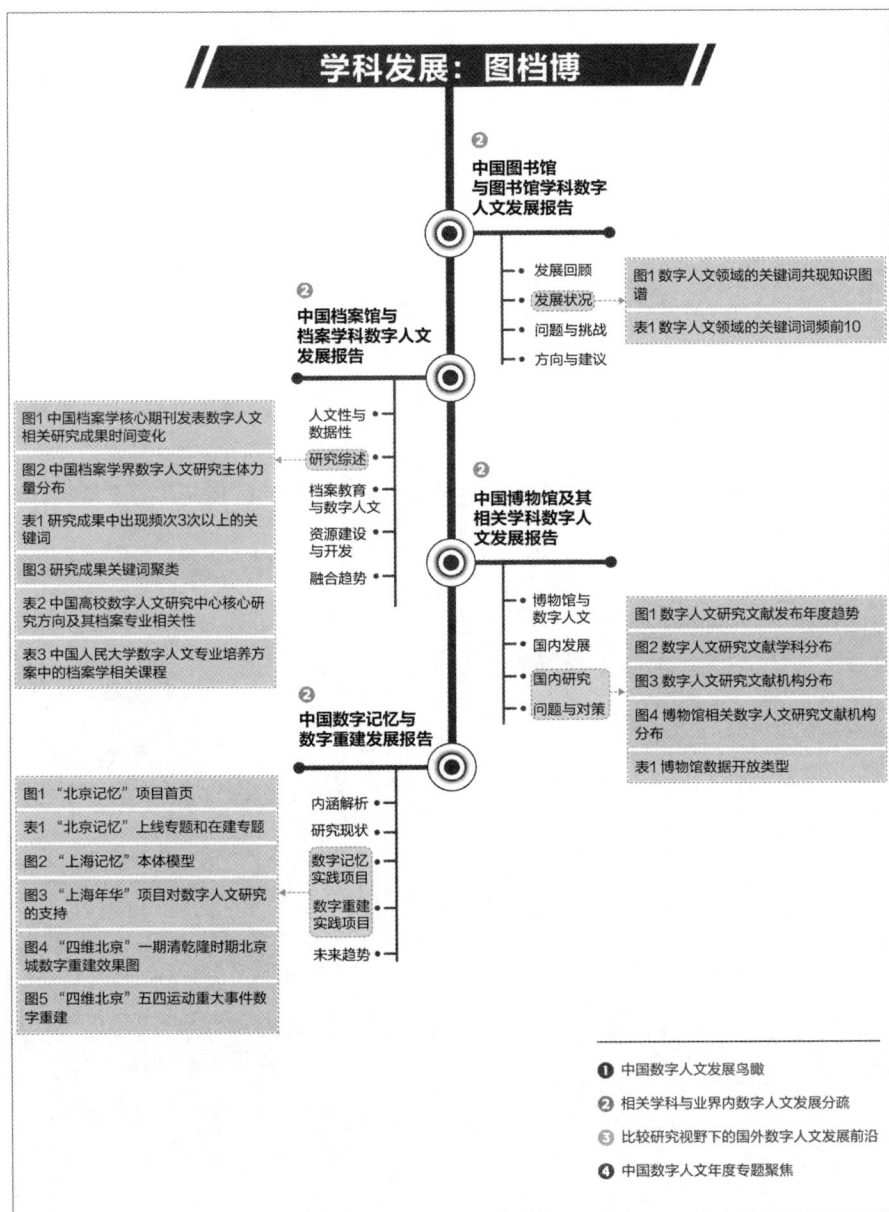

学科发展：图档博

中国图书馆与图书馆学科数字人文发展报告 ❷
- 发展回顾
- 发展状况
- 问题与挑战
- 方向与建议

图1 数字人文领域的关键词共现知识图谱

表1 数字人文领域的关键词词频前10

中国档案馆与档案学科数字人文发展报告 ❷

图1 中国档案学核心期刊发表数字人文相关研究成果时间变化

图2 中国档案学界数字人文研究主体力量分布

表1 研究成果中出现频次3次以上的关键词

图3 研究成果关键词聚类

表2 中国高校数字人文研究中心核心研究方向及其档案专业相关性

表3 中国人民大学数字人文专业培养方案中的档案学相关课程

- 人文性与数据性
- 研究综述
- 档案教育与数字人文
- 资源建设与开发
- 融合趋势

中国博物馆及其相关学科数字人文发展报告 ❷
- 博物馆与数字人文
- 国内发展
- 国内研究
- 问题与对策

图1 数字人文研究文献发布年度趋势

图2 数字人文研究文献学科分布

图3 数字人文研究文献机构分布

图4 博物馆相关数字人文研究文献机构分布

表1 博物馆数据开放类型

中国数字记忆与数字重建发展报告 ❷

图1 "北京记忆"项目首页

表1 "北京记忆"上线专题和在建专题

图2 "上海记忆"本体模型

图3 "上海年华"项目对数字人文研究的支持

图4 "四维北京"一期清乾隆时期北京城数字重建效果图

图5 "四维北京"五四运动重大事件数字重建

- 内涵解析
- 研究现状
- 数字记忆实践项目
- 数字重建实践项目
- 未来趋势

❶ 中国数字人文发展鸟瞰
❷ 相关学科与业界内数字人文发展分疏
❸ 比较研究视野下的国外数字人文发展前沿
❹ 中国数字人文年度专题聚焦

图5　中国数字人文学科发展（图档博）